Moderne Makroökonomik

Ganzheitliche Sicht

Von

Dr. Helge Majer

Universitätsprofessor für Volkswirtschaftslehre

R. Oldenbourg Verlag München Wien

Die Deutsche Bibliothek - CIP-Einheitsaufnahme

Majer, Helge:
Moderne Makroökonomik : ganzheitliche Sicht / von Helge Majer. -
München ; Wien : Oldenbourg, 2001
  ISBN 3-486-25549-5

© 2001 Oldenbourg Wissenschaftsverlag GmbH
Rosenheimer Straße 145, D-81671 München
Telefon: (089) 45051-0
www.oldenbourg-verlag.de

Gedruckt auf säure- und chlorfreiem Papier
Gesamtherstellung: Druckhaus „Thomas Müntzer" GmbH, Bad Langensalza

ISBN 3-486-25549-5

Vorwort

Dies ist Ingrids Buch. Es betont (1) eine ganzheitliche Sicht der Ökonomik, (2) die Priorität der Fragestellung vor der Methode und (3) die zentrale Rolle menschlicher Bedürfnisse.

Zur ganzheitlichen Sicht: *Ronald Inglehart* untersuchte für 40 Industrieländer den Zusammenhang zwischen Bruttoinlandsprodukt und Lebensqualität. Das Ergebnis: Für die „reichen" Länder verbessert sich bei steigendem Bruttoinlandsprodukt die Lebensqualität kaum mehr. Quantitatives Wirtschaftswachstum und Lebensqualität haben sich seit 1975 entkoppelt; dies zeigen alle einschlägigen Untersuchungen.
Akzeptiert man die Aussage, dass das Ziel allen Wirtschaftens darin liegt, die Bedürfnisse der Menschen zu befriedigen und für diese eine hohe Lebensqualität zu erreichen, dann bedeutet das Ergebnis von *Inglehart* für die Makroökonomik den Verlust der zentralen Stellung des Bruttoinlandsprodukts. Andere Lebensbereiche müssen zur Makroökonomik hinzutreten: Eine breite Sicht ist nötig.
Natürlich wird in einem Textbuch über Makro*ökonomik* die Ökonomik den Kern der Darstellung ausmachen. Dies ist auch im vorliegenden Buch der Fall, das das bewährte gesamtwirtschaftliche Angebots-Nachfrage-System der beiden Vorgängerbücher (Makroökonomik. Theorie und Politik sowie Repetitorium der Makroökonomik, jeweils 6. Aufl. im Oldenbourg Verlag) aufnimmt und weiterentwickelt. Dieser Kern ist in Teil II mit den Kapiteln II.1-II.6 dargestellt. Breite Sicht heißt aber, den Blick zu öffnen für Bereiche, in denen die Verknüpfungen zur Ökonomik schon in (eigene) Lehrbücher eingegangen sind. Das sind die ökologische Ökonomik, die Polit-Ökonomik und die Institutionenökonomik.

Zur Priorität der Fragestellung: Im Zentrum der makroökonomischen Lehrbücher stehen oft die Methoden und Modelle, anhand derer spezifische Fragestellungen untersucht werden. Dies ist vergleichbar mit einem Handwerker, der einen Hammer besitzt, und nun in allen Fragen die zentrale Rolle von Nägeln entdeckt. Im vorliegenden Textbuch wird im umfangreichen Teil II ein Werkzeug*schrank* beschrieben, der Hypothesen und Modelle aus der Makroökonomik, aber auch aus der ökologischen Ökonomik, der Polit-Ökonomik und der Institutionenökonomik enthält. Hat man eine spezifische Fragestellung zu bearbeiten, dann können die benötigten Werkzeuge (Hypothesen, Argumente, Modelle) aus diesem Werkzeugschrank entnommen und in einem Werkzeug*kasten* zusammengestellt werden; diese Werkzeuge bilden dann die spezifischen Hilfsmittel, um die Fragestellung zu bearbeiten. Zentral erscheinen mir also nicht die Modelle

selbst, sondern ihre Anwendungen auf spezifische Fragen. Dies wird für
drei wichtige gesamtwirtschaftliche Ziele in Teil III gezeigt.

Die zentrale Rolle menschlicher Bedürfnisse in einem makroökonomischen Textbuch sollte selbstverständlich sein. Sie wird hier nochmals
betont, indem Menschenbilder, Bedürfnisse und Ziele (Motivationen)
herausgestellt werden (Teil I, Grundlagen).

Ich möchte allen herzlich danken, die mich direkt oder indirekt unterstützt
haben. Herzlichen Dank an *Carsten Stahmer* für wertvolle Hinweise zu
den volkswirtschaftlichen und umweltökonomischen Gesamtrechnungen.
Die Umstellung der VGR zur ESVG wurde so weit wie möglich in diesem
Buch berücksichtigt. Wichtige Anregungen zum Aufbau des Buches
erhielt ich von Frau Dr. *Karin Thöne*, meinen Kollegen *Frank C.
Englmann, Siegfried F. Franke, Bernd Woeckener* und deren Mitarbeiterin-
nen und Mitarbeitern. Viele konkrete wichtige Hinweise habe ich von
Dipl.-Kfm. *Oliver Alber*, insbesondere aber von Dipl.-Kfm. *Joachim
Bauer* und Dipl.-Sozialökonom *Endres C. Mund* erhalten, die sich für
wichtige Teile des Buches verantwortlich eingesetzt haben. Frau *Hailan Li*
fertigte mit höchster Zuverlässigkeit die schwierigen Zeichnungen an, Herr
Matthias von Herrmann bewältigte souverän die technische Architektur
und Frau *Gisela Maurer-Widmann* koordinierte und arbeitete zielstrebig
dort, wo es brannte. Alle haben sich außergewöhnlich engagiert und prima
zusammengearbeitet.

Ich wünsche mir, dass meine intensive Fehlersuche erfolgreich war und bin
dankbar für jeden Hinweis. Die letzte interne Wette habe ich gewonnen.

                                                                        Helge Majer

Inhaltsverzeichnis

Teil I: Grundlagen

Teil II: Systembausteine

Teil III: Fragestellungen

Verzeichnis der Abbildungen

Verzeichnis der Tabellen

Verzeichnis der Symbole und Indices

a	Spekulationsneigung dL_s/di
a_0, a_1, a_2, a_3, a_4	Koeffizienten (o. Dim.)
AKI	Anschaffungskosten der Investitionen (in €)
AKU	Äquivalenzkennziffer der Umwelt (o.D.)
b	Investitionsneigung dI/di
b_0, b_1, b_2	Koeffizienten (o. Dim.)
B	Zentralbankgeldmenge, Geldbasis (in Mrd. €)
BG	Bargeldumlauf (in Mrd. €)
BUDG	Kostenbudget einer Bürokratie
c	Konsumneigung dC/dY_s (o. Dim.)
c_i	Konsumneigung dC/di (o. Dim.)
C_v	Konsumneigung dC/dV (o. Dim.)
C_a	autonomer Konsum (in Mrd. €)
C_a^*	autonomer Konsum in der neoklassischen Konsumfunktion
C	reale Konsumnachfrage der privaten Haushalte (in Mrd. €)
d	Exportneigung dEx/dP (o. Dim.)
D	Abschreibungen
D_s	Devisenangebot (in Mrd. $)
D_d	Devisennachfrage (in Mrd. $)
E	zukünftige Gesamtertragsrate von Bonds
e	Wechselkurs (€/$), Kassakurs
e_t	erwarteter Wechselkurs (€/$), Terminkurs
Ex	realer Export (in Mrd. €)
Ex_a	autonomer Export (in Mrd. €)
g	Nettokapitalexportneigung $d(KEx-KIm)/di$ (o. Dim.)

g_{BG}	Bargeldquote (o. Dim.)
g_{SP}	Spareinlagenquote (o. Dim.)
g_{TE}	Termineinlagenquote (o. Dim.)
$g_{ÜR}$	Überschussreservenquote (o. Dim.)
G	reale Staatsausgaben (in Mrd. €)
G_C	reale Konsumnachfrage des Staates (in Mrd. €)
G_I	reale Investitionsnachfrage des Staates (in Mrd. €)
GS	Gewinnsumme , Betriebsüberschuss und Selbständigen-einkommen (in Mrd. €); erwartete Gewinne
I	realer Zinssatz (o. Dim.)
i_{Akt}	Zins für Aktien (o. Dim.)
i_{Aus}	realer ausländischer Zins (o. Dim.)
i_{Bond}	Zins für Bonds (o. Dim.)
i_{krit}	kritischer Marktzins für Bonds
I	reale private gesamtwirtschaftliche Bruttoinvestitionen (in Mrd. €)
I_a	autonome Investitionen (in Mrd. €)
Im	reale Importe (in Mrd. €)
Im_a	autonome Importe (in Mrd. €)
k	gewünschter Kassenhaltungskoeffizient (o. Dim.)
k^*	reziproke Umlaufgeschwindigkeit v_Y
K	realer Kapitalstock (in Mrd. €)
K^*	Kapitalstock bei maximaler Auslastung (in Mrd. €)
K_K	künstlicher Kapitalstock
K_{NL}	natürlicher Kapitalstock
$\overline{K}$	Kurs (o. Dim.)
KB	Nettokredite an Banken
KEx	reale Kapitalexporte (in Mrd. €)

KIm	reale Kapitalimporte (in Mrd. €)
KO	Kosten (in Mrd. €)
KÖ	Nettokredite an öffentliche Haushalte
KR	Kredite der Banken an Nichtbanken
L	Geldnachfrage (in Mrd. €)
L_S	Spekulationskasse (in Mrd. €)
L_T	Transaktionskasse (in Mrd. €)
ΔLQ	Zuwachs an Lebensqualität
M	Geldangebotsmultiplikator (o. Dim.)
M	Geldmenge / Geldangebot (in Mrd. €)
MR	Mindestreserven
N	Beschäftigte
N^*	Erwerbspersonen (Vollbeschäftigung), in Mio.
N_d	Nachfrage nach Arbeitskräften (in Mio.)
N_s	Angebot an Arbeitskräften (in Mio.)
NL	natürliche Lebensgrundlagen
P	Preisniveau (o. Dim.)
P_s	Angebotspreisniveau (o. Dim.)
P_{Aus}	Ausländisches Preisniveau (o. Dim.)
P_e	erwartetes Preisniveau (o. Dim.)
P_d	Nachfragepreisniveau (o. Dim.)
POP	Popularität der Regierung
Q	Produktionsmenge
Q^*	Produktionspotential
$Q_{öff.}$	Menge des öffentlichen Gutes
r	Kapitalkostensatz, Profitrate (o. Dim.)
r_{SE}	Mindestreservesatz für Sichteinlagen (o. Dim.)
r_{SP}	Mindestreservesatz für Spareinlagen (o. Dim.)

r_{TE}	Mindestreservesatz für Termineinlagen (o. Dim.)
RB	Einlagen der Banken bei der Zentralbank
s	Sparneigung dS/dY_v (o. Dim.)
S	reales Sparen (in Mrd. €)
SA	sonstige Aktiva minus Passiva
SE	Sichteinlagen
SP	Spareinlagen (in Mrd. €)
STAB	Stabspersonal einer Bürokratie
T	reale Steuern (in Mrd. €)
T_{dir}	reale direkte Steuern (in Mrd. €)
T_{ind}	reale indirekte Steuern, Produktionssteuern (in Mrd. €)
TE	Termineinlagen (in Mrd. €)
tot	terms of trade (o. Dim.)
TR	Transfers des staatlichen an den privaten Sektor
TTR	Saldo von Steuern und Transfers
u	Arbeitslosenquote (Arbeitslose/abhängige zivile Erwerbspersonen), in %
u^*	strukturelle Arbeitslosenquote (in %)
u_k	konjunkturelle Arbeitslosenquote (in %)
ÜR	Überschussreserven (in Mrd. €)
V	reales Vermögen (in Mrd. €)
v	Umlaufgeschwindigkeit des Geldes (o. Dim.)
w	Nominallohnsatz (in €)
w/P_s	Reallohnsatz (in €)
w_a	autonomer Lohnsatz (in €)
WP	Wertpapiermenge (in Mrd. €)
WP_d	Wertpapiernachfrage (in Mrd. €)
WP_s	Wertpapierangebot (in Mrd. €)

WPE	Wertpapierertrag pro Periode (in €)
WR	Währungsreserven
WS	Lohnsumme , Arbeitnehmerentgelt (in Mrd. €)
x	Einstellungsneigung der Unternehmen
Y	reales Bruttoinlandsprodukt (Angebot/Nachfrage) (in Mrd. €)
Y^*	Vollbeschäftigungseinkommen, Angebot/Nachfrage (in Mrd. €)
Y_m^{br}	reales Bruttoinlandsprodukt zu Marktpreisen (in Mrd. €)
Y_s	reales gesamtwirtschaftliches Angebot (in Mrd. €)
Y_d	reale gesamtwirtschaftliche Nachfrage (in Mrd. €)
Y_v	verfügbares Nettonationaleinkommen (in Mrd. €)
Y_{ZB}	reales Bruttoinlandsprodukt in Bezug auf die Zahlungsbilanz (in Mrd. €)
z	Importneigung (o. Dim.)
ZB	Zahlungsbilanz
α	Produktionselastizität der Arbeit
β	Produktionselastizität des Kapitals
β_1, β_2	Akzelerator
δ	Prohibitivzins
ε	Hicksscher (Super-) Multiplikator
γ	Auslastungsgrad
η	Elastizität
λ	sonstige Einflussfaktoren
μ	Präferenzen
π	Technologieniveau
ρ	Bündel politischer Faktoren

υ	festes Verhältnis zwischen Arbeitsvermögen und den anderen Vermögensarten
ω	relative Kursgewinnrate
Ω	Parameter der *Okun*-Gleichung
ξ	Grenzleistungsfähigkeit des Kapitals

Verzeichnis der Indices

*	Vollbeschäftigungsgröße (Neoklassik)
∧	Wachstumsrate
a	Autonom
Aus	Ausländisch
br	Brutto
pr	Privat
st	Staatlich
t	Zeitindex
d	Nachfrage („demand")
s	Angebot („supply")

Makroökonomik
Eine breite Sicht

Teil I
Grundlagen

		1 Problemstellung und Plan des Buches		
2 Menschenbilder	3 Ziele		4 Definitorische Zusammenhänge	5 Lenkungssysteme

Ist der homo oeconomicus ein geeignetes Menschenbild für die Makroökonomik und welche Bedürfnisse und Ziele haben seine Brüder und Schwestern?

Wie lassen sich individuelle Ziele in gesamtwirtschaftliche Ziele einbetten und welche Probleme ergeben sich aus dem magischen Sechseck?

Was ist das Besondere an diesem Text?

Wie lassen sich die wichtigsten Tatbestände und Begriffe in der Ökonomie, der Ökologie und in der Gesellschaft zuordnen?

Welche grundsätzlichen Möglichkeiten gibt es außer dem Markt, eine Volkswirtschaft zu lenken?

1 Problemstellung und Plan des Buches

Fragen

1. Welche Fragestellungen untersucht die Makroökonomik?
2. Welche Untersuchungsbereiche unterscheidet die Makroökonomik?
3. Welche Methoden verwendet die Makroökonomik?
4. Welche zentralen Trends kann man in unserer Gesellschaft beobachten?
5. Wie entwickeln sich Gesundheit und Lebensqualität in 40 Ländern mit dem Wachstum des Sozialprodukts (Nationaleinkommens)?
6. Welche Konsequenzen ergeben sich aus diesen Trends für eine „Einführung in die Makroökonomik"?

Fragestellungen der Makroökonomik
In der Makroökonomik werden gesamtwirtschaftliche Zusammenhänge beschrieben und erklärt. In der Makroökonomik geht es nicht um die einzelwirtschaftlichen Akteure (z.B. um einen privaten Haushalt) und die Handlungen von Individuen, wie in der Mikroökonomik. In der Makroökonomik fassen wir die einzelwirtschaftlichen Akteure in großen Gruppen (sog. Sektoren) zusammen, z.B. alle privaten Haushalte in einer Volkswirtschaft, und untersuchen die Ergebnisse ihrer wirtschaftlichen Aktivitäten, z.B. die Aggregate Nationaleinkommen und Konsumausgaben aller privaten Haushalte. Diese Aggregate sind in der 1999 revidierten deutschen Volkswirtschaftlichen Gesamtrechnung (Europäisches System Volkswirtschaftlicher Gesamtrechnungen von 1995 ESVG) definiert und systematisiert. Im Zentrum stehen Bruttoinlandsprodukt und Nationaleinkommen, ihre Entstehung, Verwendung und Verteilung, ihre Schwankungen und ihr Wachstum. Daraus ergeben sich vielfältige Fragestellungen:
- Welche Produktionsmittel („Inputs") sind nötig, um Produkte, Produktionsverfahren und Dienstleistungen („Outputs") zu erstellen? Wie entwickeln sich also die Inputs Beschäftigung, Kapitalstock und andere Produktionsfaktoren?
- Wie wird das Nationaleinkommen verwendet? Welcher Anteil entfällt auf Konsum und Investitionen der privaten und der öffentlichen Haushalte im Inland und im Ausland (Exporte und Importe)?
- Welcher Anteil des Nationaleinkommens fließt ins Sparen und in den Konsum und aus welchen Quellen stammt es?
- Güter- und Faktorpreise bestimmen die angebotenen und nachgefragten gesamtwirtschaftlichen Mengen. Daher stellt sich auch die Frage nach

den Determinanten von Güterpreisen, Löhnen, Energiepreisen und anderen Faktorpreisen.

- Da diese Aggregate in konstanten Preisen angegeben werden sollen, um die quantitativen Veränderungen berechnen zu können, spielt auch das Preisniveau eine wichtige Rolle.

Die Makroökonomik zeigt in Modellen, wie diese Größen beschrieben und erklärt werden können.

Untersuchungsbereiche der Makroökonomik
Die Untersuchungsbereiche ergeben sich aus den dargestellten Fragestellungen. Dabei haben sich spezifische Vertiefungen herausgebildet, die zudem trennen zwischen Theorie und Politik: Wachstumstheorie und Wachstumspolitik befassen sich mit der langfristigen Entwicklung und Gestaltung des realen, preisbereinigten Nationaleinkommens, Konjunkturtheorie und Konjunkturpolitik mit dessen zyklischen Schwankungen und Beeinflussungsmöglichkeiten. Arbeitsmarkttheorie erklärt die Funktionsweise des Arbeitsmarktes und liefert Ansatzpunkte für die Beschäftigungspolitik. Geldtheorie und Geldpolitik untersuchen Geldwert und Inflation und suchen sie zu beeinflussen. In der Außenwirtschaftstheorie stehen Wechselkurse, Kapitalströme sowie Exporte und Importe von Waren und Dienstleistungen im Zentrum, wiederum getrennt in Theorie und Politik. Und ein eigener Zweig der Makroökonomik hat sich mit der Finanzwissenschaft abgespalten, der sich allein auf die Untersuchung der Rolle des Staates konzentriert.

Fragestellungen, Untersuchungsbereiche und Methoden
Das wesentliche Kennzeichen Makroökonomik besteht also darin, dass sie, meist auf der Grundlage von Partialmodellen, einen Problembereich aus der wirtschaftlichen Wirklichkeit herausschneidet und eng definierte ökonomische Fragen (zentriert durchs Nationaleinkommen) mit ökonomischen Methoden (Marktökonomik) auf ökonomische Untersuchungsbereiche eingeengt untersucht. Die Spezialisierungen auf den reinen ökonomischen Kern erweisen sich auf kurzen Wegstrecken der ökonomischen Forschung als sinnvoll. Analysiert man jedoch die lange Frist und betrachtet man unterschiedliche Gesellschaftssysteme mit unterschiedlichen Wohlfahrtsniveaus, dann stellt sich rasch heraus: Die Erklärung der Interdependenz von Ökonomie, Ökologie, Gesellschaft und Politik erfordert einen erweiterten, breiten Ansatz.

Es können auch Argumente dafür gefunden werden, Theorie und Politik zu trennen – in der Forschung. Für ein (einführendes) Lehrbuch bezweifle ich den Nutzen dieser Trennung. Ein Lehrbuch muss wichtige gesellschaftliche Fragestellungen aufnehmen und die Gratwanderung zwischen tiefem theoretischem Gehalt und didaktischer Vereinfachung gehen. Ein einführendes Lehrbuch der Makroökonomik beschäftigt sich im Kern natürlich mit ökonomischen Theorien und ökonomischer Politik, aber es muss auch auf die wirtschaftliche und gesellschaftliche Wirklichkeit eingehen, das Denken in Zusammenhängen vermitteln und die Lust an Vertiefungen wecken. Wenn die Studierenden aus dem Hörsaal hinausgehen in die Realität der Welt, sollten sie doch in ihrer Beobachtung, beim Lesen ihrer Zeitungen und beim Fernsehen das wiedererkennen, was im Hörsaal gelehrt wurde. Das ist die Ökonomie, doch das sind auch Politik, Ökologie, Gesellschaft und deren zentrale Trends.

Zentrale Makro-Trends in unserer Gesellschaft
Wir können von einer Einführung in die Makroökonomik erwarten, dass sie ökonomisch fundierte Antworten auf wichtige gesellschaftliche Fragestellungen gibt, aber auch, dass sie zentrale Trends in Wissenschaft und Gesellschaft aufnimmt und diese bei ihren Antworten berücksichtigt. Ich will fünf solcher Trends herausarbeiten:
- Der Paradigmenwechsel in den Naturwissenschaften, insbesondere Physik und Biologie, und die Wiederentdeckung der Ganzheit (Holismus),
- das Politikversagen, insbesondere der Wirtschafts-, Beschäftigungs- und Sozialpolitik,
- die Individualisierung der Gesellschaft,
- die Knappheit von Wissen und der Verlust der natürlichen Lebensgrundlagen,
- die Entkoppelung von Wirtschaftswachstum und Lebensqualität.

Paradigmenwechsel in den Naturwissenschaften
Die Vorstellung von (linearen) Ursache-Wirkungsbeziehungen beruht auf der mechanistischen Beschreibung der Welt durch *Isaak Newton*. Auf dieser Grundlage sind die meisten Ökonomen in den 60er Jahren noch davon ausgegangen, dass eine gesamtwirtschaftliche „Feinsteuerung" nach Maßgabe gegebener Ziele möglich ist. So sah das „Stabilitätsgesetz" von 1967 konkrete wirtschaftspolitische Maßnahmen vor, die bei Verletzungen der gesamtwirtschaftlichen Ziele ergriffen werden sollten. Spätestens seit der Verleihung des Nobelpreises an den Chemiker *Ilya Prigogine* zeigt sich ein Paradigmenwechsel in den Naturwissenschaften. Die „neue Physik" wird heute nicht mehr angezweifelt. Sie geht aus von irreversibler Zeit, nicht-linearen Zusammenhängen und Selbstorganisation (*H. Haken*: Synergetik). Ein wesentliches Ergebnis besteht darin, dass zukünftige Ereignisse und Wirkungen in den meisten Fällen unvorhersagbar sind. Das hat einschneidende Konsequenzen für die direkten gesamtwirtschaftlichen

Steuerungsmöglichkeiten. Man geht besser von nicht-linearen Ursache-Wirkungs-Ketten aus und hofft allenfalls auf indirekte Lenkungsmöglichkeiten.

In der Biologie und in den Umweltwissenschaften hat sich der Begriff der Retinität verfestigt, der umfassenden Vernetzung aller Lebenselemente. Leben wird nicht mehr mit dem Bild einer Maschine beschrieben, sondern mit dem Muster interdependenter Vernetzung. Kann man dann in der Ökonomik von einem einzigen Lenkungsmechanismus, dem Markt, ausgehen?

Zum Paradigmenwechsel gehört auch die Wiederentdeckung der Ganzheit (Holismus).

Politikversagen

Enttäuschungen über das Versagen der ökonomischen Makro-Politik drängen die Individuen in ihre privaten Handlungsräume zurück. Ein Beispiel hierfür ist das Scheitern der Vollbeschäftigungspolitik mittels einer gesamtwirtschaftlichen Investitions-Steuerung. Hier geht es letztlich darum, einer Akteursgruppe, den Unternehmern, geldwerte Vorteile zukommen zu lassen in der Hoffnung, dass diese einer anderen Akteursgruppe, nämlich den Arbeitnehmern, Erwerbsarbeit und Einkommen verschaffen. Wer versteht es, dass Güter produziert werden müssen, die zwar Arbeitsplätze erhalten, aber von zweifelhaftem Nutzen für die Konsumenten sind?

Die (Finanz-)Krise des Sozialstaats (Wohlfahrtsstaat) verlangt eine Verlagerung der öffentlichen Gelder auf Private. Die Makro-Politik hat demnach ein finanzielles Interesse, das Individuum zu stärken – und in finanzielle Eigenverantwortung einzubinden.

Der Trend der Individualisierung

Individueller Wohlstand und Demokratie verbinden sich zu wachsendem Selbstbewusstsein der Individuen, die sich zu selbstverantwortlichem Handeln bekennen.

Der Siegeszug des Individualismus scheint noch nicht zu Ende zu sein. Die theoretische Begründung ist schon fast zu einer Bewegung geworden, dem methodologischen Individualismus. Der Zusammenbruch des „real existierenden Sozialismus" im Osten hat der Bedeutung der Einzelpersönlichkeit und seiner Wünsche einen weiteren Schub gegeben. Individuelle Ziele und Bedürfnisse scheinen immer mehr in den Mittelpunkt zu rücken. Dies hat natürlich Konsequenzen für die Ökonomie (die Wirtschaft) und für die Ökonomik (die Lehre von der Wirtschaft).

Die Trennung von Mikro- und Makroökonomik verwischt immer mehr. In der Mikroökonomik stehen die Individuen und deren ökonomische Tätigkeiten im Zentrum der Analyse. Die Makroökonomik dagegen betrachtet Aggregate; das sind nach bestimmten Kriterien zusammengefasste Einheiten, wie z.B. Konsumenten, Investoren, Sparer. Trotz aller Bemühungen um eine Mikro-Fundierung der Makroökonomik stehen beide Untersuchungsebenen weitgehend unverbunden nebeneinander. Andererseits können wir eine „Mikro-Ökonomisierung" der Makroökonomik beobachten: Hat man noch in den 60er Jahren von „Wirtschaftssubjekten" gesprochen, die die einzel- und gesamtwirtschaftlichen Modelle „bevölkerten", so sind es heute wirtschaftliche Akteure.

Knappheit von Wissen
Alle makro-ökonomischen Untersuchungen über den Strukturwandel kommen zu dem Ergebnis, dass unsere Industriegesellschaft sich zu einer Dienstleistungsgesellschaft entwickelt. Diese wird vor allem durch Wissensproduktion und Wissensverwendung geprägt sein (Informations- und Wissensgesellschaft). Neues Wissen können auf absehbare Zeit nur Menschen schaffen. Daraus folgt, dass Hoch-Qualifizierte knapp werden. Bildung i.w.S. rückt ins Zentrum.

Verlust der natürlichen Lebensgrundlagen
An dem schleichenden und zugleich schubweisen Verlust der natürlichen Lebensgrundlagen herrscht kein Zweifel. Die Sorge um die Erschöpfung von Ressourcen, Energie und Fläche (Quellen) ist der Erkenntnis gewichen, dass die Senken Luft, Boden und Wasser nur begrenzt Rest- und Schadstoffe aufnehmen können, wenn sie nicht ihre Funktionsfähigkeit verlieren sollen. Die Knappheit kann aufgrund synergetischer Entwicklung in irreversiblen Verlust umschlagen. Ökologische Fragestellungen und der „Produktionsfaktor" Naturnutzung rücken ins Zentrum.

Entkoppelung von Wirtschaftswachstum und Lebensqualität
„Der Übergang von der Modernisierung zur Postmodernisierung spiegelt den abnehmenden Grenznutzen des ökonomischen Determinismus wider: Ökonomische Faktoren spielen unter ökonomischen Mangelbedingungen tendenziell die entscheidende Rolle, doch sobald der Mangel überwunden ist, wird die Gesellschaft zunehmend von anderen Faktoren geprägt. ... Sobald eine Gesellschaft eine bestimmte Entwicklungsschwelle überschritten hat, bringt zusätzliches Wirtschaftswachstum nur einen minimalen Gewinn bei Lebenserwartung und subjektivem Wohlbefinden. Nichtökonomische Lebensaspekte haben einen wachsenden Einfluß darauf, wie lange und wie gut ein Mensch lebt. Ab diesem Punkt bestünde eine rationale Strategie darin, die Lebensqualität stärker zu betonen, als die infle-

xible Jagd nach dem Wirtschaftswachstum fortzusetzen, als sei dies für sich genommen schon ein Wert" (*Inglehart*, 1998, S. 93 und 98).

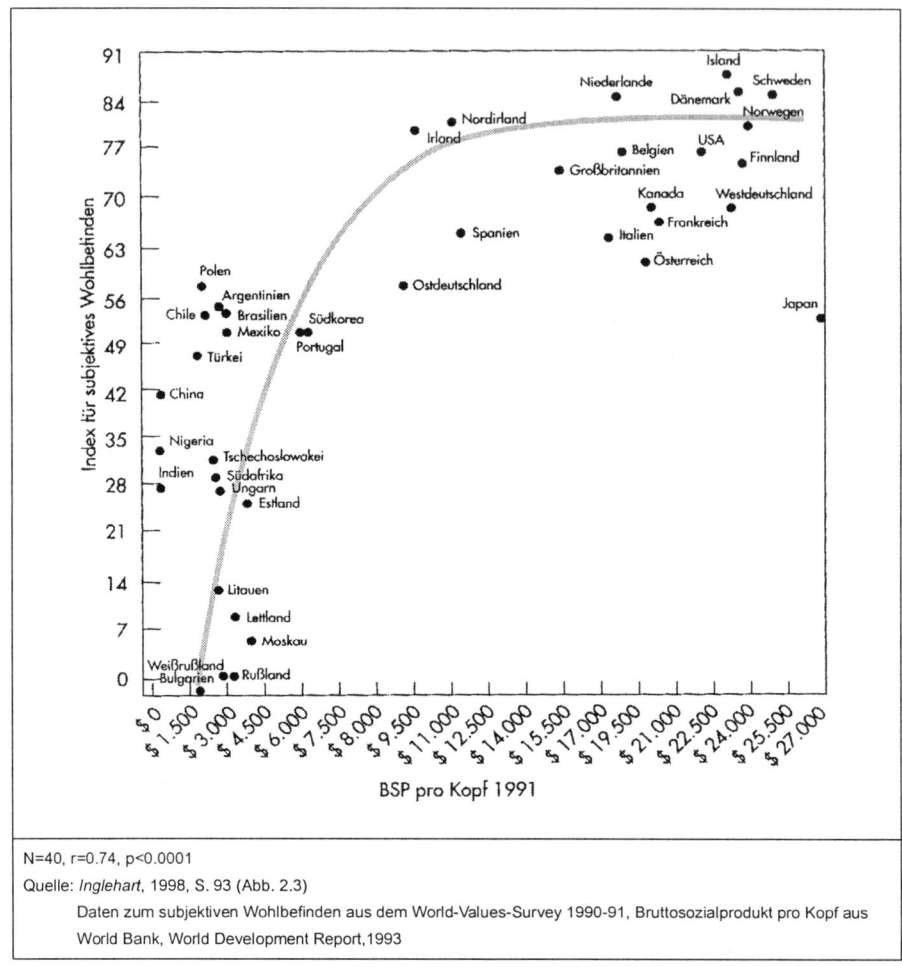

N=40, r=0.74, p<0.0001

Quelle: *Inglehart*, 1998, S. 93 (Abb. 2.3)

Daten zum subjektiven Wohlbefinden aus dem World-Values-Survey 1990-91, Bruttosozialprodukt pro Kopf aus World Bank, World Development Report,1993

Abb. I.1 Lebensqualität und Bruttosozialprodukt in 40 Gesellschaften

Konsequenzen: Eine breite Sicht
Ich meine, eine moderne Einführung in die Makroökonomik muss, soweit es geht, diese zentralen Trends berücksichtigen, auch wenn die makroökonomische Theorie (in den Lehrbüchern) noch nicht die Konsequenzen daraus gezogen hat. Im einzelnen:

- Wenn Wirkungen nur noch unvollkommen vorhersagbar sind und Strukturen und Mustern große Erklärungskraft zukommt, dann bedeutet dies den Abschied von der Machbarkeit gesamtwirtschaftlicher Steuerungserfolge. Eine mögliche Lösung könnte in der Vielfalt liegen, und dies bedeutet hier die Darstellung von und Hinwendung zu mehreren Lenkungssystemen wie Markt, Hierarchie, Netzwerken und Verhandlungen.

- Die zweite Konsequenz ist, dass das Individuum oder der Akteur ins Zentrum der Betrachtung rückt, und zwar nicht nur „der" Unternehmer als Akteur, sondern alle gesellschaftlichen Akteure in ihren jeweiligen Rollen und Interessenbezügen.

- Die dritte Konsequenz lautet, dass mit der Knappheit von Wissen und natürlichen Lebensgrundlagen der Mensch und die Natur wieder als entscheidende „Produktionsfaktoren" betrachtet werden müssen und entsprechend wird die Bedeutung von Sachkapital und Technik relativiert. Des weiteren ist zu beachten, dass die Methoden und Modelle zur Erklärung der industriellen Produktion für die Analyse der Bereitstellung von Dienstleistungen nur begrenzt taugen.

- Die vierte Konsequenz für dieses Buch: Wenn das Individuum in den Mittelpunkt der Makroökonomik rückt, dann müssen auch die Bedürfnisse dieses Individuums (im Sinne von Lebensqualität) und deren Befriedigung an erster Stelle stehen. Ist der Mensch ein Wirtschaftsmensch (homo oeconomicus) oder ein wirtschaftender Mensch (*R. Blum*)? Wir lernen von *Ronald Inglehart,* dass die menschlichen Bedürfnisse in steigendem Maße nicht mehr an das Wachstum des Nationaleinkommens (Sozialprodukts) gekoppelt sind; sie sind in zunehmendem Maße nicht-ökonomisch. Wenn diese Beobachtung zutrifft, dann wird bei aller Bedeutung des Ökonomischen das Nicht-Ökonomische immer wichtiger.[1] Die Makroökonomik muss in zunehmendem Maße das Zusammenwirken von Ökonomie, Ökologie, nationaler und internationaler Politik und Gesellschaft sowie von deren Institutionen beachten. Dies erfordert eine breite Sicht.[2]

---

[1] Zur Illustration: Essen, Kleiden und Wohnen sind zentrale Bedürfniskategorien mit einem entscheidenden ökonomischen Kern. Der Anteil der Ausgaben der privaten Haushalte für Nahrungs- und Genussmittel an den Gesamtausgaben ist zum Ende der 90er Jahre auf 16% gesunken; sie lagen 1950 bei fast 30%. Auch die Ausgaben für Bekleidung sind anteilsmäßig stark zurückgegangen. Dagegen sind die Ausgaben für Freizeit, Mobilität, Bildung anteilsmäßig gestiegen. Beide Trends zeigen (auf hohem Niveau!) einen Bedeutungsverlust des Ökonomischen zugunsten nicht-ökonomischer Aktivitäten.

[2] Eine andere Möglichkeit besteht darin, die ökonomische Sichtweise auf alle anderen Bereiche auszuweiten. Der Nobelpreisträger *Garry S. Becker* hat diese „Kolonisierungsversuche" anderer Wissenschaftsbereiche am weitesten getrieben, indem er „the economics of toothbrushing", „the economics of love-making" etc. postuliert. Ich meine, dass diese Vorgehensweise in eine Sackgasse führt.

Plan des Buches

Auf diesen Überlegungen aufbauend habe ich diese Einführung in die Makroökonomik in drei Teile gegliedert: I. Grundlagen, II. Systembausteine und III. Fragestellungen. Bei den Grundlagen wird schon deutlich, wie ich die oben aufgestellte Forderung nach einer breiteren Sicht der Dinge erfüllen will: Vom homo oeconomicus, dem wirtschaftlichen Einzelwesen, zu einer Vielzahl von Menschenbildern, die für eine makro-ökonomische Betrachtung taugen. Von den ökonomischen zu den menschlichen Bedürfnissen, die makro-ökonomischen Ziele eingebettet in umfassende Ziele, von der Marktökonomik zu einer Vielzahl von Lenkungssystemen, von der Volkswirtschaftlichen Gesamtrechnung zu einer sozialen, ökonomischen und ökologischen Gesamtrechnung, und so weiter. In Teil I werden also Grundlagen dargestellt: Menschenbilder, Ziele, Gesamtrechnungen und Lenkungssysteme.

Teil II bildet mit den Kapiteln II.1 bis II.6 das Herzstück der (theoretischen) Makroökonomik; hier findet sich die Darstellung des bewährten gesamtwirtschaftlichen Angebots-Nachfrage-Systems, das ich bis zur 6. Auflage des „Vorgängerbuches" entwickelt habe (Makroökonomik. Theorie und Politik). Auch hier systematisiere ich neu, nehme Erweiterungen vor und entwickle die Umrisse einer transdisziplinären Sicht der Makroökonomik, die soziale, ökonomische, ökologische, politische, institutionelle und außenwirtschaftliche Lenkungsaspekte und Erklärungsansätze einschließt. In Teil II geht es also darum, die Systembausteine einer erweiterten Makroökonomik zu entwickeln. Diese Systembausteine sind repräsentative Kurven (aus sog. Reduzierte-Form-Gleichungen), die in ein gesamtwirtschaftliches Angebots-Nachfrage-System eingebracht werden.

In Teil III stelle ich die Probleme in den Vordergrund, die unsere Gesellschaft an der Jahrhundertwende bewegen und formuliere daraus Fragen. Ich zeige dann, wie man diese Fragen mit geeigneten Werkzeugen aus Teil II angehen kann, und wie man hoffentlich auch zu schlüssigen Antworten kommt. In Teil III werden also wichtige ökonomische Fragen gestellt.

Die Metapher des Werkzeugschranks und Werkzeugkastens

Ich stelle mir vor, dass wir in gewisser Weise Handwerker sind, die spezifische Probleme lösen müssen. Dafür müssen wir zunächst Wissen über die Grundlagen unseres Handwerks kennen lernen, die Materialien, die grundlegenden Namen für Geräte, die Begriffe für (bewährte) Verfahren und ihre Systematik. Teil I enthält dieses für die Makro-Steuerung notwendige Grundlagenwissen.

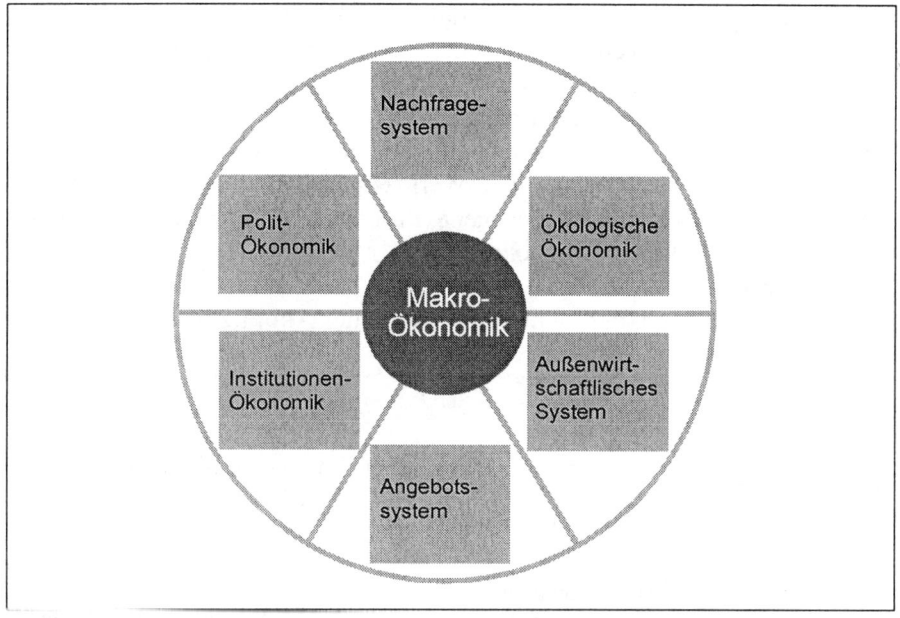

Abb. I.2 Systembausteine einer modernen Makroökonomik

Teil II fasse ich als einen Werkzeugschrank auf, in dem alle Werkzeuge zusammengestellt und eingeordnet werden, die man zur Beantwortung von ökonomischen Fragestellungen verwenden kann. Nehmen wir eine Steinmetzin oder Goldschmiedin, dann sind in den Werkzeugschränken alle Werkzeuge dieser Handwerkerinnen enthalten und übersichtlich sortiert, und die Summe und Art der Werkzeuge ist wahrscheinlich eine feste Größe. Alle Werkzeuge im Schrank haben sich aber in langer Praxis bewährt.[3] Das bedeutet auch: Es gibt eine Vielzahl von Werkzeugen, jedes für seinen eigenen Zweck. Ich gehe davon aus, dass mit *einem* Werkzeug nicht *alle* Probleme gelöst werden können. Mit dieser Konzeption verabschiede ich mich von dem Anspruch, mit *einem* Modell *alle* Fragen beantworten zu können und bekenne mich zur Vielfalt der Methoden und Erklärungsansätze.

In herkömmlichen Lehrbüchern wird bei der Ableitung und Beschreibung der Werkzeuge (Modelle) gezeigt, welche Probleme sie lösen können. Das ist vergleichbar mit einer Steinmetzin, die mit der Restaurierung einer Kreuzblume am Aachener Dom beauftragt ist, aber darauf besteht, einen

---

[3] Hierbei handelt es sich wiederum um eine Auswahl: Nur solche Erklärungsansätze habe ich als Systembausteine ausgewählt, die sich schon dem Test intensiver wissenschaftlicher Diskussion gestellt haben und für die schon etablierte Lehrbücher vorliegen.

Grabstein zu polieren, weil sie eben dafür ihr Werkzeug mitgenommen hat. Deshalb gehe ich in Teil III von einem klar definierten Problem aus, für das ich aus dem Werkzeugschrank (Teil II) die benötigten Werkzeuge in einem Werkzeugkasten zusammenstelle. Nun weiß jeder und jede aus eigener Erfahrung, dass wir (nicht nur bei unseren handwerksbezogenen Arbeiten) immer wieder vergessen, Werkzeuge im Werkzeugkasten mitzunehmen, oder dass unvorhergesehene Probleme auftauchen, für die wir noch weitere Werkzeuge brauchen. Dann müssen wir eben nochmals in Teil II nachsehen.

Der Werkzeugschrank der Ökonomen ist mit der Abb. I.2 dargestellt.

Antworten (zu den Fragen von Seite 3)

1. Ausgehend von Volkswirtschaftlichen Gesamtrechnungen und ihren Definitionsgleichungen wird in der traditionellen Makroökonomik die Entstehung, Verwendung und Verteilung (Aufteilung) des Bruttoinlandsprodukt beschrieben und erklärt.

2. Die traditionelle Makroökonomik spezialisiert sich auf Einzeluntersuchungsbereiche wie Konjunktur, Wachstum, Geld, Beschäftigung, Außenwirtschaft, wobei eine Unterscheidung zwischen Theorie und Politik vorgenommen wird.

3. Auf der Grundlage von Partialmodellen werden ausschließlich meist eng definierte *ökonomische* Fragestellungen untersucht.

4. Wichtige Trends sind der Paradigmenwechsel in den Naturwissenschaften, die Wiederentdeckung der Ganzheit, Politikversagen, Individualisierung, Mikro-Ökonomisierung der Makroökonomik, Knappheit von Wissen, Knappheit von natürlichen Lebensgrundlagen, Übergang von der Modernisierung zur Post-Modernisierung sowie die Entkoppelung von Bruttoinlandsprodukt und Lebensqualität.

5. Nach Ergebnissen von *Ronald Inglehart* stagnieren in 40 untersuchten (reifen) Gesellschaften Lebensqualität und Gesundheit bei steigendem Bruttosozialprodukt; dabei werden nicht-ökonomische Tätigkeiten zunehmend wichtiger. Dies wird auch von anderen Studien bestätigt.

6. Eine moderne Einführung in die Makroökonomik sollte diese Trends beachten, und zwar durch die Berücksichtigung und Hinwendung zu unterschiedlichen Lenkungssystemen, die Berücksichtigung aller Akteure und deren menschlicher Bedürfnisse, die Berücksichtigung von Wissen, Bildung und natürlichen Lebensgrundlagen sowie durch Transdisziplinarität und eine ganzheitliche, breite Sichtweise.

2 Menschenbilder

Fragen

1. Warum untersucht man Menschenbilder?

2. Wie kann der homo oeconomicus beschrieben werden?

3. Wie lauten die wichtigsten Befunde aus der Wirtschaftspsychologie, mit denen das Modell des homo oeconomicus verbessert werden kann?

4. Welche Eigenschaften heben die Beschreibungen von Menschenbildern anderer Disziplinen hervor?

5. Wie beschreibt *Adam Smith* die Anreize zum ökonomischen Tausch?

6. Welches Menschenbild vertritt *Jevons*?

7. Welches Menschenbild beschreibt *J.M. Keynes*?

8. Wie fundiert *Schmölders* sein Menschenbild?

9. Welche herausragende Forderung erfüllt das Menschenbild bei *Hans Jonas*?

10. Welche Bedürfnisse hat der Mensch bei *Maslow*?

11. Welche generellen Schlussfolgerungen ergeben sich aus der Zusammenstellung von Menschenbildern für eine Makroökonomik?

Überblick: Menschenbilder in der Makroökonomik?
Warum sollen wir uns in der Makroökonomik mit Menschenbildern beschäftigen? Schließlich ist das Individuum oder „Wirtschaftssubjekt" traditionsgemäß Gegenstand der Mikroökonomik und von dort könnten wir das Ergebnis übernehmen, dass das Menschenbild für ökonomische Modelle mit dem homo oeconomicus hinreichend beschrieben ist. Diese Übertragung ist sehr problematisch: Wie im nächsten Absatz nochmals gezeigt wird, ist der homo oeconomicus ein isoliertes Einzelwesen, isoliert von Zeit, Raum und anderen Menschen. Für die Makroökonomik taugt dieses Menschenbild wenig, denn hier spielen Zeit und Raum, aber vor allem andere Menschen und Lebenswelten eine entscheidende Rolle. Wir wollen uns also deshalb mit Menschenbildern beschäftigen, um aus diesen Erkenntnissen die Ziele (vielleicht auch die Wünsche, Bedürfnisse und Präferenzen) der individuellen Akteure in einem gesellschaftlichen Umfeld zu erfahren. Die Bekanntschaft der Brüder und Schwestern des homo oeconomicus könnte uns vielleicht helfen, menschliche Verhaltensweisen in der Makroökonomie besser zu verstehen.

Normative und nicht-normative Menschenbilder
Wir können trennen zwischen normativen und nicht-normativen (positivistischen) Beschreibungen.

- Im ersten Fall gehen wir von einer Vorstellung aus, wie „der Mensch" sein soll. Im Hintergrund steht dabei oft, dass Krisen verschiedenster Art (Arbeitslosigkeit, Naturkatastrophen, Kriege, Nord-Süd-Konflikt, etc.) bewältigt werden müssen und es dazu eines Menschen mit besonderen Fähigkeiten bedarf.
- Die nicht-normativen Beschreibungen gehen ausschließlich von den Gegebenheiten und von durch Erfahrung beweisbaren Tatsachen aus. Der Mensch ist so, wie er ist.

Beide Sichtweisen kommen in der folgenden Beschreibung vor. Sie sind auch nicht immer eindeutig voneinander zu trennen. Wenn aber Generationen von Studierenden das extrem vereinfachende Menschenbild eines homo oeconomicus gelehrt wird, kann es nicht ausbleiben, dass diese in ihrem praktischen Leben auch von diesem „worst-case"-Menschenbild ausgehen, vielleicht auch ihre eigenen egoistischen Anlagen betonen und solche egoistischen Verhaltensweisen auch anderen leichter unterstellen.
In der folgenden Abb. I.3 „sitzt" der homo oeconomicus zwischen den Feldern „rational" und „utilitaristisch".

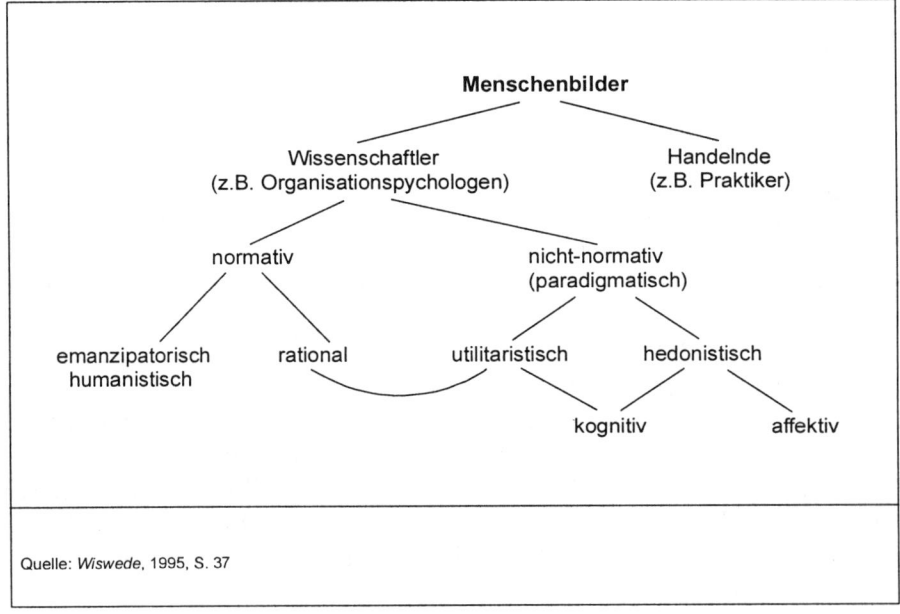

Quelle: *Wiswede*, 1995, S. 37

Abb. I.3 Denkschulen über Menschenbilder

homo oeconomicus

Der „wirtschaftliche Mensch" (*R. Blum*) ist ein isoliert handelndes Einzel-wesen, das, ausschließlich orientiert an seinem Eigeninteresse, „allein vom Streben nach möglichst viel Lust (Nutzen, Befriedigung) und möglichst wenig Unlust (Schmerz, Enttäuschung) geleitet ist" (*Scherhorn*, 1991, S. 155) und dabei seinen Nutzen mit Hilfe des Erwerbs von Gütern maxi-miert. Die Nutzenfunktion oder das Präferenzsystem sind festgelegt und können auch durch Lernen nicht verändert werden. „Die Beziehungen zu Mitmenschen schrumpfen auf Tauschbeziehungen zusammen. Das Ver-ständigungsmittel sind Preise" (*Blum*, 1991, S. 116). Der homo oeconomi-cus hat wohl kaum eine Chance für verantwortliches Handeln (*Scherhorn*, 1991, S. 161).

Dieses Menschenbild wurde von der großen Mehrzahl der Ökonomen (und inzwischen auch einiger Soziologen und einer noch größeren Anzahl von Politikwissenschaftlern) mit einer geradezu aggressiven Missachtung der Ergebnisse der Verhaltenswissenschaften verteidigt (vgl. *Rabin*, 1998, S. 41). Dabei dürfte wenig Zweifel darüber bestehen, dass fast in jedem Menschen ein „Stück" homo oeconomicus steckt. Aber dieser hat wenigs-tens ein oder mehrere Geschwister, wie zahlreiche Untersuchungen, insbe-sondere aus der psychologischen Forschung, zeigen. Nach diesen Ergeb-nissen könnte das Modell des homo oeconomicus sinnvoll verfeinert und erweitert werden.

Befunde der Wirtschaftspsychologie

Die wichtigsten Befunde der Wirtschaftspsychologie sind (vgl. *Rabin*, 1998, S. 11ff.; *Wiswede*, 1995, S. 32ff.):

- Die Akteure haben Schwierigkeiten, ihre eigenen Präferenzen zu er-kennen, vor allem die zukünftigen, sie sind weder stabil noch wider-spruchsfrei.
- Die Präferenzen hängen nicht vom absoluten Niveau, sondern von den relativen Positionen ab.
- Akteure weichen oft von rein selbst-süchtigem Verhalten ab zugunsten von Fairness, Altruismus, aber auch Rache.
- Individuen lernen.

Wiswede beschreibt in seinem Lehrbuch über Wirtschaftspsychologie allein 20 Theorien, die für Ökonomen höchst aufschlussreich sind, davon sieben Motivationstheorien, acht Kognitionstheorien und fünf Interakti-onstheorien. Entsprechend gibt es natürlich auch nicht nur ein Menschen-bild; der homo oeconomicus hat in der Tat viele Brüder und Schwestern.

Menschenbilder anderer Wissenschaftsbereiche

In der folgenden Tabelle I.1 sind die Menschenbilder wichtiger Autoren zusammengestellt. Ein Ergebnis daraus könnte lauten, dass es einen wirtschaftlichen und einen wirtschaftenden Menschen gibt. „Der wirtschaftende Mensch jedoch, der eingebunden ist mit seiner ökonomischen Rationalität in ein Netz gesellschaftlicher, sozialer und volkswirtschaftlicher Organisation, hat eine Zukunft und sollte sie auch in einer Überflussgesellschaft haben" (*Blum*, 1991, S. 126). Natürlich ist der Mensch immer in eine ökonomische „Rationalität" eingezwungen, aber „er lebt eben nicht von Brot allein". Weitere wichtige Ergebnisse für die Makroökonomik sind:

Autor	Kurzbeschreibung
Adam Smith	DER SYMPATHISCHE EGOIST „Nicht von dem Wohlwollen des Fleischers, Brauers und Bäckers erwarten wir unsere Mahlzeit, sondern von ihrer Bedachtnahme auf ihr eigenes Interesse. Wir wenden uns nicht an ihre Humanität, sondern an ihre Eigenliebe, und sprechen ihnen nie von unseren Bedürfnissen, sondern von ihren Vorteilen" (*Smith*, 1973, S. 30f., zit. nach *Woll*, 1994, S. 18f.) In der „Theory of Moral Sentiments" beschreibt *Smith* den Menschen als ein sympathisches (etwas naives) Gefühlswesen, insgesamt ein Zusammenspiel von Selbstinteresse und Sympathiegefühl (*Hartfiel*, 1968, S. 75ff).
Karl Marx	DAS ABHÄNGIGE GESELLSCHAFTSWESEN Der Mensch existiert als gesellschaftliches Wesen. Die gesellschaftlichen Verhältnisse machen aus dem Menschen eine Charaktermaske, Warenfetisch und Geldfetisch sind seine neuen Götzen, die Arbeit ist entfremdet.
William S. Jevons	DER HOMO OECONOMICUS „Alle Handlungen werden aus den Prinzipien Lust oder Unlust erklärt ... Die nützlichen Dinge vermehren die Lust- und verringern die Unlustgefühle ... *Jevons* definiert den Nutzen wie folgt: ‚Freude und Leid sind zweifellos die wichtigsten Gegenstände der Wirtschaftsrechnung. Unsere Bedürfnisse mit der geringsten Anstrengung auf das Höchste zu befriedigen, den größten Betrag des Wünschenswerten mit den geringsten, unerwünschenswerten Kosten verschaffen – oder in anderen Worten, die Freude auf ein Maximum zu bringen, ist die Aufgabe der Wirtschaft' " (Utilitarismus und Egoismus) (*Woll*, 1994, S. 59f.). „Der Mensch ist also von Natur aus egoistisch und zieht natürlicherweise die bessere Situation der schlechteren vor"

Autor	Kurzbeschreibung
	(ebenda, S. 62, auch *Bentham*). „*Jevons*'s homo oeconomicus ist eine ‚pleasure machine'...Nutzenmaximierung heißt hier also Maximierung von Freude ... Bedürfnisse sind exogene Größen und werden als gegeben angenommen" (*Woll*, 1994, S. 65).
Joseph Schumpeter	DER DYNAMISCHE UNTERNEHMER „*Schumpeters* dynamischer Unternehmer beruht nicht auf dem Menschenbild des utilaristischen Rationalisten. Er entspricht der *Kant*'schen Pflichtethik" (*Woll*, 1994, S. 100).
John Maynard Keynes	DER PSYCHOLOGISCHE MENSCH Unternehmer entscheiden über Investitionen nach kurzfristigen Erwartungen. „'Diese acht Beweggründe könnten die Beweggründe der Vorsicht, Voraussicht, Berechnung, Verbesserung, Unabhängigkeit, Unternehmungslust, des Stolzes und Geizes genannt werden, und wir könnten auch eine entsprechende Liste von Beweggründen für den Verbrauch aufstellen, wie Genuß, Kurzsichtigkeit, Freigiebigkeit, Fehlrechnung, Prahlerei und Verschwendung' " (*Keynes*, 1974, S. 93). „Das grundlegende technische Gesetz, auf das wir uns von vornherein sowohl auf Grund unserer Kenntnis der menschlichen Natur als auch der einzelnen Erfahrungstatsachen mit großer Zuversicht stützen dürfen, ist, daß die Menschen in der Regel und im Durchschnitt geneigt sind, ihren Verbrauch mit der Zunahme in ihrem Einkommen zu vermehren, aber nicht im vollen Maße dieser Zunahme" (ebenda, S. 83).
Günter Schmölders	DER SOZIAL-PSYCHOLOGISCHE MENSCH „ ... es genügt nicht mehr, das Verhalten des Menschen grundsätzlich oder auch vorwiegend dem Scheine der rationalen und utilaristischen Zweckhandlung zu unterstellen, sondern es geht darum, die ganze Vielfalt der rationalen und irrationalen Motivationen privat- und finanzwirtschaftlichen Handelns wenigstens in einem ersten großen Überblick ins Auge zu fassen" (*Schmölders*, 1970, S. 9, zit. nach *Woll*, 1994, S. 192). „ ... die empirische Forschung zeigt nun, dass menschliches Handeln wie überall, so auch bei allen Kaufentscheidungen die ganze Variationsbreite zwischen dem planvoll überlegten, einsichtigen Verhaltens des ‚homo oeconomicus' mit voller Marktübersicht und Voraussicht der Zukunft bis zum gänzlich reaktiven „Impulskauf' ohne oder gar wider Willen des handelnden Menschen umfaßt; die Literatur des ‚Marketing' verrät eine schon fast zynisch zu nennende Unterschätzung des freien Willens der Käufer, denen gewisse Modewaren oder Güter des ‚demonstrativen Konsums' geradezu aufgezwungen werden sollen" (*Schmölders*, 1984, S. 63, zit. nach *Woll*, 1994, S. 197f.).

Autor	Kurzbeschreibung
Hans Jonas	DER VERANTWORTENDE MENSCH Ökologische Herausforderung und Technikfolgen erfordern einen Menschen, der nicht nur durch einseitige Rationalität des Einzelnen, sondern auch durch individuelle und kollektive Verantwortung für Zukunft geprägt ist. Diese kann durch Vernunft und Gefühl wahrgenommen werden.
Gerhard Scherhorn	DER SELBSTREFLEKTIVE MENSCH Die Menschen sollten von äußerer und innerer Autonomie, von Empathie und Integration geprägt sein. „Äußere Autonomie heißt keine Gebundenheit des Individuums in seinen Entscheidungen an den Willen anderer" (*Woll*, 1994, S. 230). „Innere Autonomie würde bedeuten, dass das Subjekt von der äußeren Freiheit oder Unabhängigkeit, die ihm gegeben ist, in freier Entscheidung einen selbstbestimmten Gebrauch macht." Und: „Ins Zentrum des Interesses rückt daher die selbstkritische Kompetenz, die ‚prozedurale Unabhängigkeit', d.h. die Fähigkeit durch Selbstreflexion zu der inneren Gewißheit zu gelangen, daß die Entscheidung, gleichgültig wie konventionell oder unkonventionell sie sein mag, wirklich authentischen Vorstellungen und Idealen des Handelns entspricht" (*Scherhorn* 1991, S. 157 und 165, zit. nach *Woll*, 1994, S. 230f.).
Ralf Dahrendorf	DER HOMO SOCIOLOGICUS Der Mensch als Rollenträger (*Hartfiel*, 1968, S. 251ff.).
Abraham H. Maslow	DER GANZHEITLICHE, SUCHENDE MENSCH Ganzheitliches (holistisches), humanes Menschenbild. Der Mensch strebt nach der Befriedigung seiner Grundbedürfnisse sowie weiterer Bedürfnisse (Sicherheitsbedürfnisse, Bedürfnisse nach Zugehörigkeit und Liebe, soziale Bedürfnisse) zur Selbstverwirklichung.

Quelle: eigene Zusammenstellung aus: *Woll* (1994), *Biervert/Held* (1991), *Hartfiel* (1968), *Schlösser* (1992), *Wiswede* (1995), *Maslow* (1977)

Tab. I.1 Menschenbilder in der Ökonomik

Schlussfolgerungen
- Die große Mehrzahl der Autoren geht von einem mehrdimensionalen Menschenbild aus. Dabei scheint man sich - wenigstens implizit – darüber einig zu sein, dass es für das Wirtschaften besonderer „Talente" bedarf, wohl auch das des Eigennutzes. „Yet pure self-interest is far from a complete description of human motivation, and realism suggests that economists should move away from the presumption that people are solely self-interested" (*Rabin*, 1998, S. 16f.).

- Die Unterscheidung des Wirtschaftsmenschen vom wirtschaftenden Menschen (*R. Blum*) erscheint sehr fruchtbar, weil mit dem wirtschaftenden Menschen einerseits die Bedeutung des Ökonomischen unterstrichen, andererseits aber der ganze Mensch gesehen wird.
- Die Werthaltungen sind sehr breit gefächert. Verantwortungsbereitschaft ist ein wichtiges Element.
- Die Ziele und Motive sind sowohl durch Vernunft und Gefühl als auch durch Kognition, Motivation und Interaktion gespeist.[1] Ziele können sowohl durch Eigennutz als auch durch Gemeinsinn (Fairness, reziproker Altruismus) geprägt sein. Selbstreflexion ist keine Ausnahmeerscheinung.
- Präferenzen und Bedürfnisse umfassen den gesamten Lebensraum. Mit Sicherheit spielen Lust- und Unlustgefühle eine wichtige Rolle bei der Suche nach dem individuellen Glück.

Offen bleibt vorerst, welcher Zusammenhang zwischen Menschenbild, Zielen und ökonomischem Handeln besteht. Der homo oeconomicus äußert ausschließlich ökonomische Bedürfnisse, und seine Entscheidungsfindung steht unter rationalen Erwartungen.

Antworten (zu den Fragen von Seite 13)

1. Der Mensch kann nicht nur als Individuum angesehen werden, er ist gleichzeitig ein gesellschaftliches Wesen. In der Makroökonomik kommen normative und positivistische Beschreibungen des Menschenbilds vor.

2. Als ein isoliertes Einzelwesen. Er handelt rational unter Kenntnis aller Daten nach seinem Selbstinteresse, ist nutzenmaximierend (viel Lust, wenig Unlust) bei einem festen Präferenzsystem.

3. Es sollte vor allem angenommen werden, dass die Präferenzen nicht bekannt sind und dass Präferenzen vom relativen Niveau abhängen; außerdem spielen neben Eigeninteresse auch Fairness und Altruismus eine wichtige Rolle; es liegt Myopie vor.

4. Der ganze Mensch handelt unter Eigeninteresse und unter vielen anderen Motiven; dabei entsteht eine komplexe Struktur aus kognitiven und emotionalen Faktoren.

5. Das Eigeninteresse der „Produzenten" führt zur Befriedigung der Bedürfnisse der Konsumenten.

---

[1] Dabei bedeuten (nach *Wiswede*, 1995, S. 59, S. 79 und S. 98):
Kognition: „Prozesse, die durch Wahrnehmungen reduziert, verarbeitet, gespeichert, reaktiviert und verwendet werden",
Motivation: „Ein aktivierender Prozess mit richtungsgebender Tendenz",
Interaktion: „Das Verhalten von Individuen, das auf mutmaßliche Reaktionen anderer Personen abgestimmt ist".

6. Er orientiert sein Menschenbild des homo oeconomicus am Utilitarismus und Egoismus.

7. Ein sehr differenziertes; er formuliert ein psychologisches (technisches) „Gesetz" von relativ sinkendem Konsumzuwachs bei steigendem Einkommenszuwachs.

8. Er argumentiert mit Erkenntnissen aus der Wirtschaftspsychologie und ermittelt kognitive und emotionale Gründe für menschliches Handeln.

9. Menschen sollen Verantwortung für die Zukunft wahrnehmen.

10. *Maslow* geht von einem ganzheitlichen (holistischen), humanistischen Menschenbild mit (sozial-) psychologischer Fundierung aus. Nach seinem Modell strebt der Mensch im Anschluss an die Befriedigung von Grundbedürfnissen und weiteren Bedürfnissen nach Selbstverwirklichung.

11. Eine Makroökonomik sollte folgende Tatsachen und Unterscheidungen beachten: Es existiert ein mehrdimensionales Menschenbild, geprägt von Selbstinteresse und altruistischen Verhaltensweisen; der wirtschaftliche und der wirtschaftende Mensch (*R. Blum*) sind zu unterscheiden; Menschen möchten und sollen Verantwortung übernehmen; Ziele und Motive können sowohl durch Kognition und Emotion, Interaktion und Selbstreflexion geprägt sein. Das Menschenbild des „homo oeconomicus" greift für eine breitere Makroökonomik zu kurz.

3 Ziele

3.1 Überblick

Ableitung und Einbettung
Welche Ziele spielen in der Makroökonomik eine Rolle, wie können sie abgeleitet und eingebettet werden? Abgeleitet werden die makro-ökonomischen Ziele auch von den mikro-ökonomischen; hier helfen uns die Beschreibungen der Menschenbilder des vorangegangenen Kapitels. Eingebettet werden können die gesamtwirtschaftlichen Ziele in ein gesell-schaftliches Zielsystem.

Wirtschaftsmensch und wirtschaftender Mensch
Fragen wir nach der „Eignung" des Menschenbildes homo oeconomicus für die Modelle der Makroökonomik, dann zeigt sich die Begrenzung darin, dass dieser Einzelmensch mit seinen egoistischen Bedürfnissen und seinem Handeln in der Volkswirtschaft (und Gesellschaft) nicht nur sub-optimale Lebensformen verwirklichen könnte. Dies zeigt das Gefangenen-dilemma.[1] Würden wir aus diesem Menschenbild gesamtwirtschaftliche Zielsetzungen ableiten, dann würden ausschließlich wirtschaftliche Ziele resultieren. Betrachten wir den wirtschaftenden Menschen (wieder nach der Beschreibung von *R. Blum*), dann lassen sich aus dessen Zielsystem für die Gesamtwirtschaft sowohl wirtschaftliche als auch weitere Ziele ablei-ten.

Gesamtwirtschaftliche Ziele und Zielkonflikte
Die Kernfrage nach den makro-ökonomischen Zielen wird mit Hilfe des Zielvierecks des sog. Stabilitätsgesetzes beantwortet; dies sind im wesent-lichen ökonomische Ziele. Es erweist sich aber nach dem oben Gesagten als sinnvoll (und wichtig), auch andere Ziele zu berücksichtigen. Damit ergeben sich sechs gesamtwirtschaftliche Ziele.
Sind diese miteinander vereinbar (verträglich)? Die theoretische und empirische Analyse zeigt, dass dies bei den wichtigsten Zielen nicht der Fall ist. Das Hauptproblem bei der Verfolgung von gesamtwirtschaftlichen Zielen besteht darin, dass sie miteinander in Konflikt stehen: Wird ein Ziel verbessert, dann muss dies mit der Verschlechterung eines anderen Ziels

---

[1] Danach würde der homo oeconomicus einen großen Teil seines Lebens im Gefängnis zubringen; im anderen Fall lebt er in seinem selbst geschaffenen.

erkauft werden. Wird z.B. die Inflation bekämpft, dann handeln wir uns dafür Arbeitslosigkeit ein.

Fragen

1. Welches Problem tritt bei eigennützigem Verhalten auf?

2. Welche Annahmen werden beim „Gefangenendilemma" gesetzt?

3. Welches Ergebnis bringt das Spiel (Gefangenendilemma) und warum wird dieses Ergebnis erreicht?

4. Welche Konsequenzen ergeben sich daraus für die Makroökonomik?

5. Welche Grundlagen bestehen für gesamtwirtschaftliche Ziele in Deutschland?

6. Was besagt das Stabilitätsgesetz?

7. Was versteht man unter einem „magischen Viereck", was heißt „magisches Sechseck"?

8. Welcher Indikator wird für das Ziel der „Stabilität des Preisniveaus" verwendet und welche Hauptprobleme treten dabei auf?

9. Welcher Indikator wird für das Ziel des „hohen Beschäftigungsstandes" verwendet und welche Hauptprobleme treten dabei auf?

10. Welcher Indikator wird für das Ziel des „stetigen und angemessenen Wirtschaftswachstums" verwendet und welche Hauptprobleme treten dabei auf?

11. Welcher Indikator wird für das Ziel des „außenwirtschaftlichen Gleichgewichts" verwendet und welche Hauptprobleme treten dabei auf?

12. Welcher Indikator wird für das Ziel einer „gerechten Einkommens- und Vermögensverteilung" verwendet und welche Hauptprobleme treten dabei auf?

13. Welcher Indikator wird für das Ziel des „Erhalts der natürlichen Lebensgrundlagen" verwendet und welche Hauptprobleme treten dabei auf?

14. Welche theoretischen Möglichkeiten unterscheidet man bei Zielbeziehungen?

15. Empirische Zielbeziehung I: Was besagt die *Phillips*-Kurve?

16. Empirische Zielbeziehung II: Was besagt die *Okun*-Kurve?

17. Empirische Zielbeziehung III: Was besagt die *NL*-Kurve?

3.2 Individuelle Ziele

Individuelle Ziele und soziales Optimum
Ziele, Motive und Interessen hängen von dem unterstellten Menschenbild ab. Die Betrachtung der Menschenbilder hat gezeigt, dass die wirtschaftlichen und gesellschaftlichen Akteure sowohl eigennützige als auch gemein-

sinnige Ziele verfolgen. Dieses Ergebnis entspricht denjenigen zahlloser Experimente der Spieltheorie, nach denen rein eigennütziges Verhalten zu sub-optimalen Ergebnissen führt: handelt ein Individuum rational und unter der Zielsetzung von Eigennutz bestimmter Nutzenmaximierung, dann läuft es in die sog. Rationalitätenfalle. Würden die betrachteten Akteure (Spieler im Gefangenendilemma) auch gemeinnützige Ziele verfolgen, dann könnten sie ihre „Auszahlungen" (Nutzen) wesentlich erhöhen. Dies Problem wird mit dem sog. Gefangenendilemma beschrieben.

Problem und Annahmen des Gefangenendilemmas
Das wichtigste Problem bei öffentlichen oder halb-öffentlichen Gütern oder bei Kooperation besteht darin, dass Freifahrerverhalten auftritt (vgl. Kapitel II.7.3). Denn öffentliche Güter können nicht nur durch den Staat, sondern auch durch Kooperation von Privaten zur Verfügung gestellt werden. Warum z.B. kooperieren die Privaten nicht, obwohl jeder einzelne durch Umweltschutz bessergestellt würde? Die Gründe lassen sich am spieltheoretischen Modell des Gefangenendilemmas zeigen.

Spielinhalt
Zwei Männer, A und B, die unter dem Verdacht stehen, gemeinsam einen Banküberfall begangen zu haben, werden von der Polizei verhaftet und in verschiedene Zellen gesperrt. Jeder kann entweder gestehen oder leugnen. Wenn A gesteht, sein Komplize aber nicht, wird A als Kronzeuge freigelassen, während B zu 20 Jahren Gefängnis verurteilt wird. Das gleiche gilt für B. Sind beide geständig, muss jeder fünfzehn Jahre absitzen. Wenn beide leugnen, dann kann ihnen nur unerlaubter Waffenbesitz nachgewiesen werden; sie müssen je ein Jahr einsitzen.

Annahmen
Die Lösung dieses Spiels hängt wesentlich von den Verhaltensannahmen über die Spieler und die Umgebungsbedingungen ab:
* Egoistisches nutzenmaximierendes Verhalten (homo oeconomicus),
* kein Vertrauen in den anderen Spieler („worst-case"-Verhalten),
* keine Kommunikation zwischen den Spielern (Einzelzellen).

Strategien
Als Strategien stehen den Spielern zur Verfügung: „leugnen" oder „gestehen". Die „Auszahlungsmatrix" wurde schon oben erläutert.

A \ B	leugnen	gestehen
leugnen	1 / 1	20 / 0
gestehen	0 / 20	15 / 15

Ergebnis
Die „Falle" besteht in der Kronzeugenregelung, die für den geständigen
Gefangenen, der zu Lasten seines Mitgefangenen aussagt, Straffreiheit
bedeuten könnte. Jeder traut dem anderen den „Verrat" zu, als Kronzeuge
auftreten zu können. Durch dieses gegenseitige Misstrauen landen beide
im Feld 15/15, sie müssen jeder 15 Jahre absitzen; bei Kooperation wären
sie mit einem Jahr weggekommen. Warum? A muss damit rechnen, dass B
gesteht, da B so die Aussicht auf Freispruch hat (Kronzeugenregelung)
oder zumindest keine 20 Jahre sitzen muss. Um daher nicht 20, sondern
nur 15 Jahre absitzen zu müssen, gibt A lieber gleich alles zu. B ist A
gegenüber genauso misstrauisch und verfährt daher genauso. Also geben
beide unabhängig voneinander die Tat zu und landen auf 15/15. Beide
wollen also das Risiko „20 Jahre Haft" ausschließen und die Chance
Freispruch wahrnehmen. Dies gelingt aber bei isolierter Strategie nicht.

Welche Prämissen entsprechen eher der Wirklichkeit?
Es liegen inzwischen Hunderte von Experimenten vor, die nahe legen, dass
die beiden Spieler in die „Rationalitätenfalle" tappen. Lässt man aber zu,
dass Vertrauen zwischen den beiden aufgebaut werden kann (Erfahrung,
Lernen) und können die beiden kommunizieren und freiwillig kooperieren,
dann resultiert in den meisten Fällen die optimale Lösung. Das Ergebnis
hängt aber auch ganz entscheidend von den institutionellen Bedingungen
ab. Neben der freiwilligen Kooperation, Gruppenbildung und Verhand-
lungslösungen ist es auch denkbar, Eigentumsrechte zuzuweisen oder
Regeln bzw. Sanktionen (z.B. Öko-Steuern, Verbote von bestimmten
Handlungen) einzuführen.

Konsequenzen für die Zielsetzung einer Makroökonomik
Die Konsequenz daraus lautet, dass das Modell des homo oeconomicus
gesamtwirtschaftlich und gesellschaftlich sub-optimale Ergebnisse bringt.
Neben eigennützigen (wettbewerblichen) Verhaltensweisen sind gemeinsinnige (kooperative) Verhaltensweisen wichtig.
Wie gelangt man nun von den individuellen Werten und Zielen zur gesamtwirtschaftlichen Ebene? Welche Relevanz haben also diese eher
mikro-ökonomischen Erörterungen eines ganzheitlichen Menschen mit

umfassenden Präferenzen für die Verbesserung von Lebensqualität für eine Makroökonomik? Wenn wir die Zielsetzung der Makroökonomik so definieren, dass Voraussetzungen, Zusammenhänge und Methoden aufgezeigt werden sollen, die zu einer Verbesserung der Lebensqualität führen, dann sind diese Vorbemerkungen unverzichtbar. Denn die Zielsetzung der Makroökonomik ist wohl heute noch so beschrieben, dass Mittel und Wege aufgezeigt werden sollen, wie die (materiellen) Knappheiten mit makroökonomischer Steuerung überwunden werden können und – was damit natürlich sehr eng zusammenhängt – wie das reale Nationaleinkommen gesteigert werden kann. Die implizite Prämisse lautet dann: Was gut ist für die Ökonomie ist auch gut für die Gesellschaft.

Was ist, wenn beide Zielsetzungen nicht vereinbar sind? Es könnte sein, dass eine Verbesserung der Lebensqualität zu einem Rückgang des Nationaleinkommens oder dessen Wachstumsrate führt. Ist es (auch) eine Aufgabe der Makroökonomik, dies zu zeigen? Ich meine, ja. Mit dieser Ansicht begründe ich die Notwendigkeit einer transdisziplinären Makroökonomik, die von einem ganzheitlichen Menschen in einer Gesellschaft ausgeht.

3.3 Gesellschaftliche und gesamtwirtschaftliche Ziele

3.3.1 Zielgrundlagen und das „magische" Sechseck

Zielgrundlagen
Unsere Einsichten über die Wirkungszusammenhänge in einer Volkswirtschaft dienen letztlich dazu, die Volkswirtschaft so zu steuern, dass gesetzte Ziele erreicht werden. Es ist daher wichtig, solche Ziele zu formulieren und vorzugeben. Die wirtschaftspolitischen Kernziele sind in der Bundesrepublik für die wirtschaftspolitischen Entscheidungsträger in Bund und Ländern (Wirtschaftsminister, Finanzminister etc.) im wesentlichen nach wie vor im Stabilitäts- und Wachstumsgesetz von 1967 festgelegt. Diese Ziele sind ausschließlich ökonomischer Natur und somit konsistent mit dem homo oeconomicus.

Das Stabilitätsgesetz ist inzwischen über 30 Jahre alt. Es entspricht weder der oben entwickelten ganzheitlichen Konzeption der Makroökonomik, noch einem modernen theoretischen Verständnis, und es lässt auch wichtige Probleme der heutigen Zeit unberücksichtigt. Zum Beispiel wurde der Schutz der natürlichen Lebensgrundlagen im Grundgesetz verankert, ohne dass dies eine Novellierung des Stabilitätsgesetzes angestoßen hätte, gerade als ob das Grundgesetz für das Stabilitätsgesetz irrelevant wäre oder als ob die natürlichen Lebensgrundlagen keine gesamtwirtschaftliche Relevanz hätten. Auch die lang anhaltende Diskussion über den Standort Deutschland und die damit verbundene Frage der Einkommens- und Vermögensverteilung hatte für das Stabilitätsgesetz keinerlei Konsequenzen. Es ist daher nur konsequent, die ökonomischen Kernziele des Stabilitäts- und Wachstumsgesetzes mit diesen beiden Zielen zu erweitern, ganz im Sinne eines erweiterten Menschenbildes. Inwieweit die gesamtwirtschaftlichen Ziele Preisniveaustabilität, hoher Beschäftigungsstand, außenwirtschaftliches Gleichgewicht und stetiges, angemessenes Wirtschaftswachstum inhaltlich erweitert werden sollten, werde ich an entsprechender Stelle darstellen.

Einbettung
Ist damit Vollständigkeit erreicht? Sind die gesamtwirtschaftlichen Ziele systematisch in gesellschaftliche Ziele eingebettet? Ich gehe aus von den gesellschaftlichen Zielen Freiheit, Effizienz, Sicherheit und Gerechtigkeit. Mit der folgenden Abb. I.4 habe ich versucht, eine grobe Zuordnung zu geben. Die Zuordnungen sprechen wohl für sich selbst, außer der Preisniveaustabilität; diese kann unter zwei Gesichtpunkten gesehen werden: Preisniveaustabilität sorgt für

- Effizienz, weil sie ökonomische Transaktionen rechenbar und (in der Zeit) vergleichbar macht,
- Gerechtigkeit, weil sie Schuldner und Gläubiger, Bezieher fester Einkommen und Gewinnbezieher etc. nicht bevorzugt oder benachteiligt.

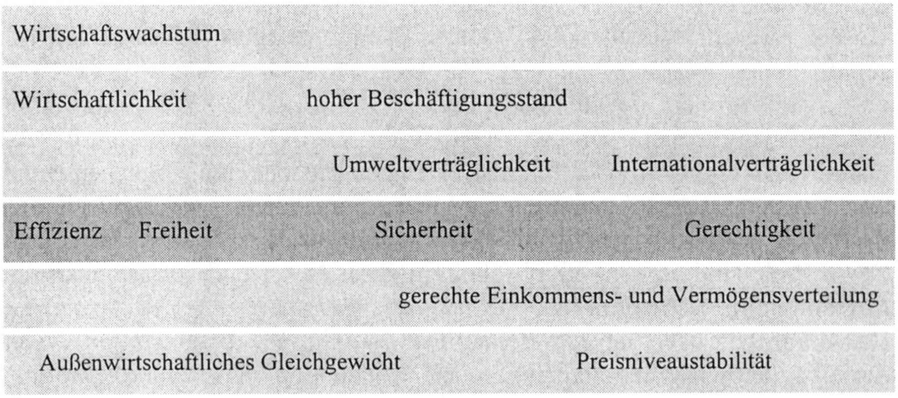

Wirtschaftswachstum		
Wirtschaftlichkeit	hoher Beschäftigungsstand	
	Umweltverträglichkeit	Internationalverträglichkeit
Effizienz Freiheit	Sicherheit	Gerechtigkeit
	gerechte Einkommens- und Vermögensverteilung	
Außenwirtschaftliches Gleichgewicht	Preisniveaustabilität	

Abb. I.4 Gesellschaftliche und gesamtwirtschaftliche Ziele

Das „Stabilitätsgesetz" und das magische Sechseck

Am 8. Juni 1967 hat der Bundestag mit Zustimmung des Bundesrates das „Gesetz zur Förderung der Stabilität und des Wachstums der Wirtschaft" beschlossen. Dort heißt es im §1:

> „Bund und Länder haben bei ihren wirtschafts- und finanzpolitischen Maßnahmen die Erfordernisse des gesamtwirtschaftlichen Gleichgewichts zu beachten. Die Maßnahmen sind so zu treffen, dass sie im Rahmen der marktwirtschaftlichen Ordnung gleichzeitig zur Stabilität des Preisniveaus, zu einem hohen Beschäftigungsstand und außenwirtschaftlichem Gleichgewicht bei stetigem und angemessenem Wirtschaftswachstum beitragen".[2]

Damit haben die finanz- und wirtschaftspolitischen Entscheidungsträger von Bund und Ländern ein Zielbündel zu verwirklichen, dessen Realisierung durch die Forderung der Gleichzeitigkeit zu einer außerordentlich schwierigen Aufgabe wird: Noch niemals in der Geschichte der Bundesrepublik konnten alle vier gesamtwirtschaftlichen Ziele gleichzeitig verwirklicht werden. Wegen dieser Schwierigkeit wird das Zielviereck auch oft als „magisches Viereck" der Wirtschaftspolitik bezeichnet. Nehmen wir als weitere wichtige Ziele eine „gerechte Einkommens- und Vermögensverteilung" und die „Erhaltung der natürlichen Lebensgrundlagen" hinzu, dann wird aus dem magischen Viereck die schier unlösbare Aufgabe eines magischen Sechsecks (Abb. I.5).

Die gesamtwirtschaftlichen Ziele lauten demnach:

- Stabilität des Preisniveaus,
- hoher Beschäftigungsstand,
- außenwirtschaftliches Gleichgewicht,
- stetiges und angemessenes Wirtschaftswachstum,
- gerechte Einkommens- und Vermögensverteilung,
- Erhaltung der natürlichen Lebensgrundlagen.

Hinzu kommt, dass die Geld- und Kreditpolitik durch die Europäische Zentralbank (und die Deutsche Bundesbank) unabhängig von der Finanzpolitik ihre eigenen Ziele verfolgt, nämlich den Geldumlauf und die Kreditversorgung der Wirtschaft zu regeln und insbesondere die Stabilität der Währung zu sichern (z.B. Gesetz über die Deutsche Bundesbank oder Verträge von Maastricht). Dieses Ziel der Währungssicherung betrifft vor allem die Binnenwährung, und da das Preisniveau (P) als der reziproke Wert des Geldwertes (GW) definiert ist ($P = 1/GW$), haben Europäische Zentralbank und Bundesbank insbesondere für Preisniveaustabilität zu sorgen. Sie sind bei dieser Aufgabe unabhängig von Weisungen anderer,

---

[2] BGBI, Jg. 1967, Teil 1, S. 582.

sollen aber die allgemeine Wirtschaftspolitik der Bundesregierung oder der Europäischen Union (EU) unterstützen. Diese wiederum sind nach dem Vertrag von Maastricht dazu verpflichtet, ganz konkrete Zielmargen in Bezug auf die Inflationsrate und den Zins, aber auch für den Schuldenstand und die Neuverschuldung (maximal 60% und 3% des jeweiligen Nationaleinkommens) einzuhalten.

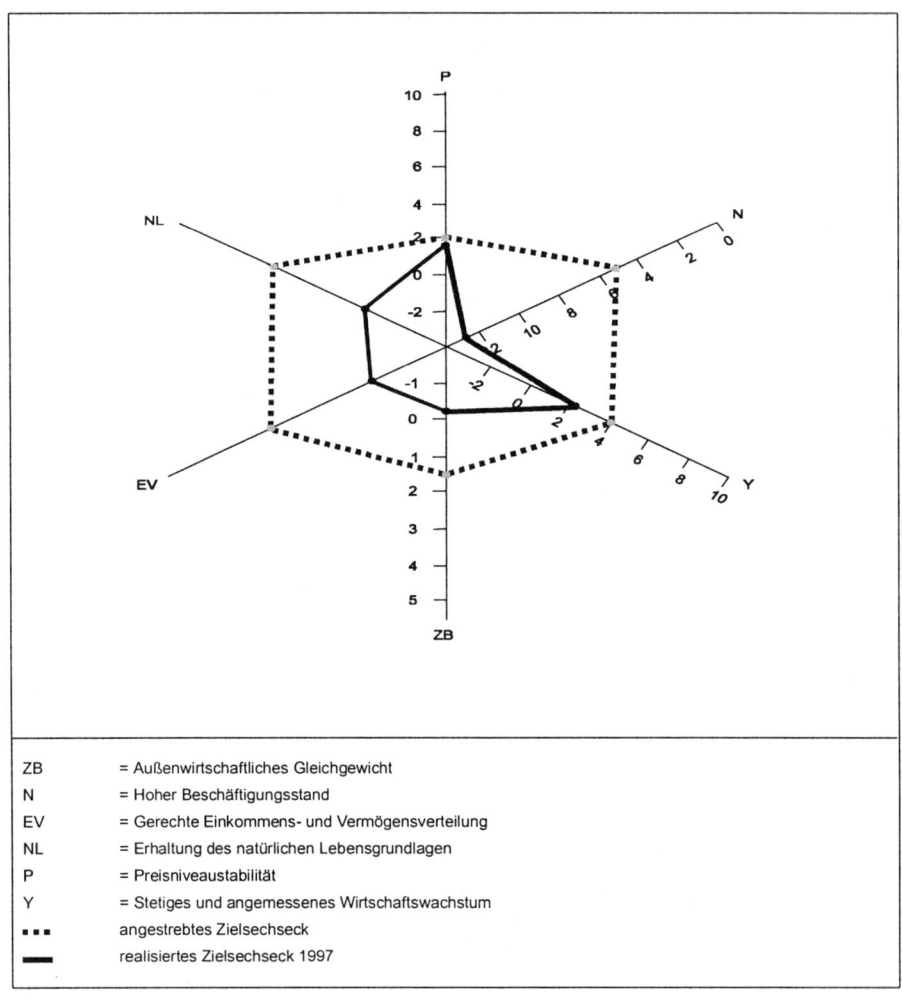

ZB	= Außenwirtschaftliches Gleichgewicht
N	= Hoher Beschäftigungsstand
EV	= Gerechte Einkommens- und Vermögensverteilung
NL	= Erhaltung des natürlichen Lebensgrundlagen
P	= Preisniveaustabilität
Y	= Stetiges und angemessenes Wirtschaftswachstum
▪▪▪	angestrebtes Zielsechseck
▬	realisiertes Zielsechseck 1997

Abb. I.5 Magisches Sechseck

3.3.2 Definition und Messung der Zielgrößen

Überblick
Die gesetzten gesamtwirtschaftlichen Ziele müssen quantifizierbar sein, damit Abweichungen des Ist vom Soll angegeben werden können. Die Wahl der Zielindikatoren und die quantitativen Zielwerte bestimmen die wirtschaftspolitischen Maßnahmen wesentlich. Für die Verteilungsziele gibt es keine allgemein akzeptierten Indikatoren und Zielwerte. Dies gilt auch für das Umweltziel.

Stabilität des Preisniveaus
Das Preisniveau ist der gewogene Durchschnitt der Preise eines Warenkorbes. Von den Möglichkeiten
- Bruttoinlandsprodukt,
- 4-Personen-Arbeitnehmerhaushalt mit mittlerem oder höherem Einkommen
- 2-Personenhaushalt,
- alle privaten Haushalte,

legt man heute den Warenkorb aller privaten Haushalte zugrunde und definiert das Preisniveau mit Hilfe eines Lebenshaltungskostenindex. Die Wachstumsrate dieses Index,

$$\hat{P} = \left(\frac{P_t - P_{t-1}}{P_{t-1}} \right) \cdot 100$$

die Inflationsrate, ist die Messgröße für die Preisniveaustabilität. Die Zielgröße lag in den 50er und 60er Jahren bei etwa 2% pro Jahr, später wurde sie mit ca. 4% angegeben, heute geht man wieder von etwa 2% aus. Die Abb. I.6a zeigt die Entwicklung von 1970-1998; nur in wenigen Jahren stimmten Ziel- und Ist-Größe miteinander überein.[3]
Bei der Berechnung des Preisindex treten vor allem drei Probleme auf: Die Basierung des Index auf ein „Normaljahr", die Veränderung der Präferenzen in einem festen Warenkorb, und die Berücksichtigung der Qualitätsveränderungen.

Hoher Beschäftigungsstand
Maßgeblich für die Definition ist die Erwerbstätigkeit; Eigenarbeit (Reproduktionsarbeit oder „Hausarbeit") und Bürgerarbeit werden bei diesem

---

[3] Die Daten sind entnommen bzw. berechnet aus verschiedenen Jahrgängen des Jahresgutachtens des Sachverständigenrates zur Begutachtung der gesamtwirtschaftlichen Entwicklung.

Ziel nicht betrachtet. (vgl. Kapitel III.3). Der Beschäftigungsstand wird mit Hilfe der Arbeitslosenquote (u) definiert und gemessen. Prinzipiell können drei Bezugsgrößen für die Anzahl der Arbeitslosen herangezogen werden. Diese Größen ergeben sich aus der Definition der Erwerbspersonen:

Erwerbspersonen			
abhängig Erwerbstätige (Beschäftigte)	mithelfende Familien- Angehörige	Selbständige	Arbeitslose
Erwerbstätige			

Heute verwendet man fast ausschließlich die vom Sachverständigenrat (zur Begutachtung der gesamtwirtschaftlichen Entwicklung) bevorzugte Definition:[4]

$$ u = \frac{Arbeitslose}{abh. \ Beschäftigte} = \frac{N_s - N_d}{N_d} $$

u = Arbeitslosenquote
N_s = Arbeitsangebot
N_d = Arbeitsnachfrage

Die Abb. I.6b zeigt den Verlauf der Arbeitslosenquote von 1970-1998. In den 60er Jahren sprach man bei einer Arbeitslosenquote von 0,8% von Vollbeschäftigung, heute könnte dieser Zielwert bei 4-5% liegen, wenn man sich an der niedrigsten Arbeitslosenquote einer post-industriellen Gesellschaft (z.B. den USA) orientiert.

Mit der Arbeitslosenquote werden nur diejenigen Arbeitslosen gemessen, die sozialversicherungspflichtig sind und sich arbeitslos gemeldet haben. Alle anderen Arbeitslosen, „die arbeiten können und wollen", werden nicht erfasst. Man bezeichnet diese Größe als „stille Reserve"; sie liegt in Deutschland bei ca. zwei Millionen Menschen.

---

[4] Soll das Gleichheitszeichen gelten, dann müssen Arbeitsangebot und -nachfrage auf die abhängig Beschäftigten eingegrenzt werden.

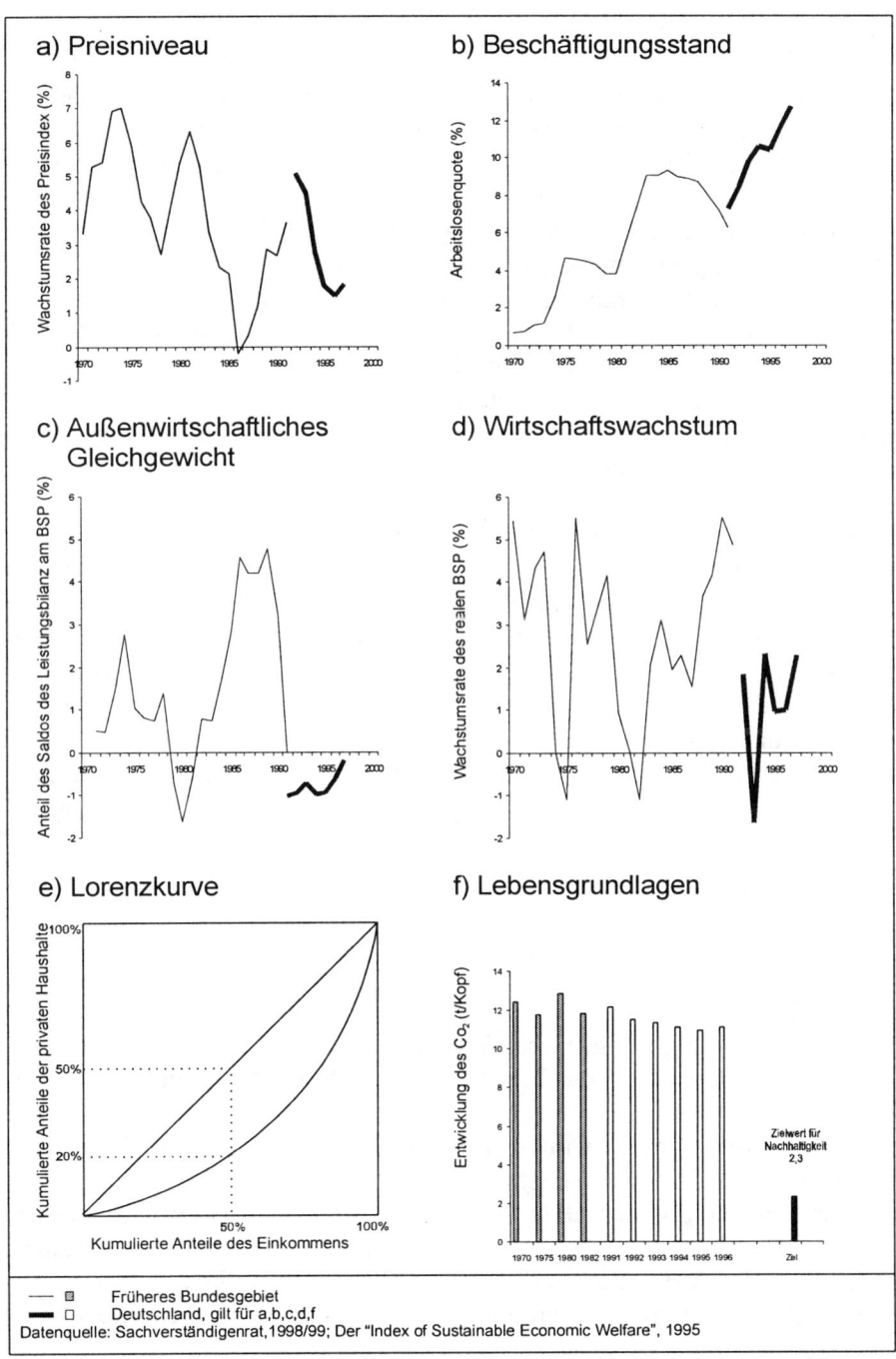

Abb. I.6 Entwicklung der Indikatoren der gesamtwirtschaftlichen Ziele

Außenwirtschaftliches Gleichgewicht
Dieses Ziel wird von der Bundesregierung mit dem Anteil des Außenbei-
trags (Saldo von Handels- und Dienstleistungsbilanz) am Bruttonationaleinkommen angegeben; der Zielwert liegt bei 1,5%. Dieser Zielwert wurde
nur in wenigen Fällen, sozusagen en passant, erreicht, in den Jahren 1980
und 1990 wurde er sogar negativ. Durch die hohen Geldüberweisungen
von Gastarbeitern in ihre Heimatländer und die zunehmenden Beiträge der
Bundesregierung an internationale Organisationen ist die Bedeutung der
unentgeltlichen Übertragungen (Übertragungsbilanz) stark angestiegen.
Ein besserer Indikator ist daher der Anteil des Leistungsbilanzsaldos am
Nationaleinkommen. Der Leistungsbilanzsaldo ist die Zusammenfassung
von Warenhandels-, Dienstleistungs- und Übertragungsbilanz (vgl. Abb.
I.6c). Dieses Maß für das Ziel des außenwirtschaftlichen Gleichgewichts
ist dringend revisionsbedürftig.

Stetiges und angemessenes Wirtschaftswachstum
Als Indikator für die Steigerung der Wohlfahrt wird das Wachstum des
realen Bruttonationaleinkommens ($\hat{Y}$) zugrunde gelegt. Als Zielgröße
wird eine möglichst stetige Entwicklung des Bruttoinlandsprodukts angestrebt: Die zyklischen Schwankungen der Wachstumsrate des Bruttoinlandsprodukts (Abb. I.6d) sollen gering sein. Dies ist die Aufgabe der
Konjunkturpolitik. Demgegenüber hat die Wachstums- und Strukturpolitik
dafür zu sorgen, dass die Wachstumsrate des Bruttoinlandsprodukts „angemessen" ist. Als angemessen wird ein $\hat{Y}$ von 4% pro Jahr bezeichnet,[5]
wobei

$$\hat{Y} = \left(\frac{Y_t^r - Y_{t-1}^r}{Y_{t-1}^r} \right) \cdot 100$$

Die Abb. I.6d zeigt, dass dieser Wert in nur wenigen Jahren erfüllt war.
Seit etwa 15 Jahren hat die Trendgerade des Wachstums diesen Zielwert
nie wieder erreicht.
Das Bruttoinlandsprodukt misst nur einen Teil der ökonomischen Aktivitäten. Insbesondere die schattenwirtschaftlichen Aktivitäten sowie die
Eigenarbeit der privaten Haushalte werden nicht gemessen. Der Zusammenhang zwischen Wohlfahrt und der Entwicklung des Bruttoinlandsprodukts hat sich wesentlich verschlechtert, so dass es heute angemessen
wäre, das Wachstum des Bruttoinlandsprodukts als Zwischenzielgröße zu

---

[5] Dies ist der Zielwert, der immer wieder im Jahreswirtschaftsbericht erwähnt wird. Der Prognosewert
für die EU liegt im Jahr 2000 bei ca. 3%.

verwenden, als Zwischenziel zur Wohlfahrtssteigerung (vgl. Kapitel III.4). Das Bruttoinlandsprodukt hat jedoch den Vorteil, dass es als eindimensionaler Indikator in monetären Größen ausgedrückt werden kann und mit der strengen Systematik der Volkswirtschaftlichen Gesamtrechnungen ein fester definitorischer Rahmen und allgemeine Bewertungsakzeptanz vorliegt.

Gerechte Einkommens- und Vermögensverteilung
Wie kann die Einkommens- und Vermögensverteilung gemessen werden? Bei dieser Frage nach dem Indikator wird man für die Einkommensverteilung wohl im ersten Ansatz die Entwicklung von Lohnquote und Reallöhnen, also die funktionale Einkommensverteilung, heranziehen. Die (bereinigte) Lohnquote gibt den Anteil der Einkommen der Arbeitnehmer und Arbeitnehmerinnen am Volkseinkommen an. Wenn 1998 diese Lohnquote 70% beträgt, dann liegt die Gewinnquote bei 30%. Als Verteilungsmaß für „die" Arbeiter und Kapitalisten ist diese Quote jedoch angesichts hoher Vermögenswerte von Arbeitnehmern nicht geeignet.
In einem zweiten Ansatz könnte die Entwicklung der Reallohnposition Aufschluss über die Einkommensverteilung geben, und zwar im Vergleich zur Produktivitätsentwicklung. Es könnte als gerecht angesehen werden, wenn die Arbeitnehmer einen hohen Anteil an diesen Produktivitätssteigerungen erhalten würden. Da diese Produktivitätssteigerung in Geld (Lohn und verbesserte Sozialleistungen) oder Zeit (Arbeitszeitverkürzung) ausbezahlt werden kann, ist auch die Entwicklung der Arbeitszeit zu beachten. Die „eigentlichen" Verteilungsmaße sind jedoch für die personelle Einkommens- und Vermögensverteilung mit *Lorenz*-Kurven gegeben. In Abb. I.6e ist auf der Abszisse der kumulierte Anteil der Haushalte abgetragen, die einen bestimmten kumulierten Anteil Einkommen beziehen. Auf der Diagonale besteht Gleichverteilung; 50% der Haushalte beziehen 50% des Einkommens. Je größer die Fläche zwischen der *Lorenz*-Kurve und der Diagonalen, desto ungleicher ist die Einkommensverteilung.
Welche Lohnquote ist gerecht, welche Reallohnposition? Welche *Lorenz*-Kurve gibt die gerechte Verteilung wieder? Es ist offensichtlich, dass diese Zielgröße nicht allgemeingültig angegeben werden kann. Diese Fragen können ohne Wertung nicht beantwortet werden. Immerhin hat sich der Sachverständigenrat zur Begutachtung der gesamtwirtschaftlichen Entwicklung in seinem Jahresgutachten 1998/99 mit dieser Frage auseinandergesetzt; für einen „Rat", der wertfreie Aussagen anstrebt, ein bemerkenswerter Vorgang. Trotz möglicher Kritik sollte man den Rat darin ermuntern, dies zur Tradition werden zu lassen.

Ziel	Indikator	Hauptproblem
Stabilität des Preisniveaus	Wachstumsrate des Preisindex für die Lebenshaltung aller privaten Haushalte	Basisjahr, Änderungen der Präferenzen bei festem Warenkorb, Qualitätsmessung
hoher Beschäftigungsstand	Arbeitslosenquote = registrierte Arbeitslose/abhängige Beschäftigte	Berücksichtigt nur (sozialversicherungspflichtig) registrierte Arbeitslose, keine Eigen- und Bürgerarbeit
außenwirtschaftliches Gleichgewicht	Saldo der Handelsbilanz/Bruttoinlandsprodukt	Erfasst nicht unengeltliche Übertragungen
stetiges und angemessenes Wirtschaftswachstum	Wachstumsrate des realen Bruttoinlandsprodukts	Wird als Indikator für die Wohlfahrt (und Lebensqualität) immer schlechter, weil wichtige Größen nicht berücksichtigt und andere falsch gemessen sind
gerechte Einkommens- und Vermögensverteilung	Lohnquote, Reallohnposition, *Lorenz*-Kurve	„Gerechtigkeit" ohne Wertung nicht feststellbar
Erhaltung der natürlichen Lebensgrundlagen	Äquivalenzkoeffizienten der Umweltmedien und Stoffe	Messung schwierig, für Aggregation sind Gewichte zu bestimmen

Tab. I.2   Ziele, Indikatoren und Hauptprobleme

Erhaltung der natürlichen Lebensgrundlagen

Die Erhaltung der natürlichen Lebensgrundlagen betrifft ein vieldimensionales System, das quantitativ mit einer Zielgröße nicht zu beschreiben ist. Bei den zahlreichen Vorschlägen besteht das Hauptproblem in der Bewertung der einzelnen Belastungsfaktoren und deren Aggregation in einem Indikator. Im Statistischen Jahrbuch finden wir z.B. eine Tabelle über die Gesamtemission ausgewählter Schadstoffe (SO_2, NO_2, CO_2 etc.) sogar nach Verursachergruppen. Doch was sagen diese Einzelinformationen über die Qualität der natürlichen Lebensgrundlagen in einem Land aus?

Der Vorschlag einer „ökologischen Buchhaltung" von *Carsten Stahmer* u.a. erfüllt die Kriterien eines umfassenden, einheitlichen Bewertungsmaßstabs und damit der Aggregationsmöglichkeit. Umweltqualität lässt sich auch aus einer „ökologischen Buchhaltung" (*R. Müller-Wenk*) mit Hilfe von Äquivalenzkoeffizienten messen, die

> „die relative ökologische Knappheit einer Materialart (Rohstoff) oder eines Auffangmediums für Fremdstoffe (Wasser, Luft, Boden) angeben. Diese Knappheit ist bei den Rohstoffen abhängig von den jährlichen Ausbeutungsmengen und dem Stand der noch nicht ausgebeuteten, bekannten Reserven ..., bei den Verunreinigungen von der jährlichen Eintragungsrate des Fremdstoffes in das Medium und der kritischen ... Eintragungsrate".

Je höher der Äquivalenzkoeffizient, desto geschädigter ist die Umwelt. Gefährdungsstufen geben Intervalle der Koeffizienten an, die Dringlichkeiten oder Zielverletzungsgrade angeben. Solche Indikatoren werden in der praktizierten Wirtschaftspolitik jedoch noch nicht angewendet.

Die wichtigsten Probleme liegen in der Messung von Tatbeständen, die noch nicht sichtbar sind (Latenz) sowie in der Aggregierung (und Gewichtung) von vielen (gemessenen) Einzelindikatoren. In der Abb. I.6f sind Daten über den CO_2-Ausstoß pro Kopf in Deutschland zusammengestellt, den wir hier als repräsentativen Indikator für den Zustand der natürlichen Lebensgrundlagen interpretieren wollen.

3.3.3 Theoretische Zielbeziehungen

Problemstellung

Die gesamtwirtschaftlichen Ziele stehen zueinander in bestimmten Beziehungen, die sich im Zeitablauf ändern können. Im günstigsten Fall werden beim Einsatz wirtschaftspolitischer Maßnahmen für ein Ziel auch die anderen gefördert. Im ungünstigsten Fall verbessert sich durch die Maßnahme ein Ziel, (ein) andere(s) werden (wird) aber verletzt. Dies scheint insbesondere bei den Zielen Preisniveaustabilität und hoher Beschäftigungsstand sowie außenwirtschaftlichem Gleichgewicht zuzutreffen. Die verträglichen Ziele Beschäftigung und Wirtschaftswachstum zeigen neuer-

dings ebenfalls eher einen Konflikt auf. Bei der Zielbeziehung des Erhalts
der natürlichen Lebensgrundlagen und wirtschaftlichem Wachstum liegt
eine fundamentale Unverträglichkeit vor.

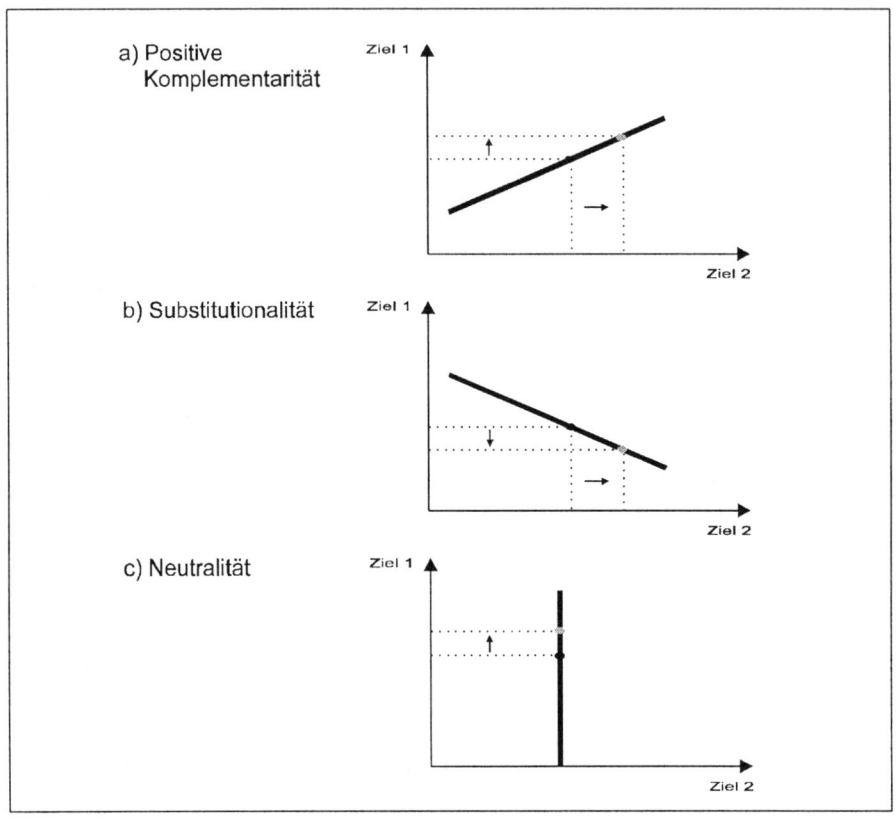

Abb. I.7 Theoretische Zielbeziehungen

Zielbeziehungen: Theoretische Möglichkeiten
Wir können neutrale, substitutive und komplementäre Zielbeziehungen
unterscheiden (Abb. I.7a-c). Eine komplementäre Zielbeziehung ist in der
Abb. I.7a dargestellt. Angenommen, es werden bei beiden Zielen hohe
Zielwerte angestrebt, dann heißt Komplementarität (Ziel-Verträglichkeit),
dass beim Einsatz wirtschaftspolitischer Maßnahmen zur Förderung des
Ziels 1 auch das Ziel 2 gefördert wird. Verschlechtern sich trotz des Einsatzes wirtschaftspolitischer Maßnahmen beide Ziele, dann kann man von
negativer Komplementarität sprechen.
Die Linie in Abb. I.7b verdeutlicht Substitutionalität der Ziele: es werden
wirtschaftspolitische Instrumente eingesetzt, die ein Ziel verbessern und

das andere verschlechtern. Man „tauscht" die Verbesserung des einen Ziels gegen eine Verschlechterung des anderen („trade-off", Zielkonflikt). Die Abb. I.7c gibt Neutralität der Ziele wieder, die Ziele sind vollständig unabhängig voneinander. Die wirtschaftspolitische Praxis zeigt, dass Zielkonflikte eher die Regel als die Ausnahme sind, und dies bei wichtigen Zielen.

Eine Zielmatrix
Betrachtet man alle Zweier-Zielbeziehungen der Ziele Preisniveaustabilität (*P*), hoher Beschäftigungsstand (*N*), außenwirtschaftliches Gleichgewicht (*ZB*), stetiges angemessenes Wirtschaftswachstum (*Y*), gerechte Einkommens- und Vermögensverteilung (*EV*) und Erhaltung der natürlichen Lebensbedingungen (*NL*), dann erhält man die in der Matrix zusammengestellten Kombinationen; dabei ist eine Dreiecksmatrix ausreichend. Es ist nicht trivial, diese Matrix auszufüllen, denn Zielbeziehungen sind zeit-, raum- und umfeldabhängig. Dennoch sollen – in einigen Feldern und mit Vorbehalt – dominante Ergebnisse eingetragen werden: k = komplementär, s = substitutiv, n = neutral.

	P	*N*	*ZB*	*Y*	*EV*	*NL*
P		s	s		k	
N			s	k/s	k	s/k
ZB				k		
Y					k	s
EV						k
NL						

Tab. I.3 Zielbeziehungen

Die dunkler getönten Felder stehen seit vielen Jahren immer wieder im Mittelpunkt der Diskussion.

Ein Beispiel
Ich will die Eintragungen mit dem Beispiel P/N erläutern. Wenn N niedrig ist (Arbeitslosigkeit), dann ist die Verhandlungsmacht der Gewerkschaften

bei Lohnverhandlungen gering, sie können nur niedrige Lohnsteigerungen durchsetzen, die, bei Überwälzung, zu niedrigen Preisniveausteigerungen führen. Die vermutete Zielbeziehung ist substitutiv. Wenn sowohl s als auch k angegeben sind, dann liegen beide Fälle vor, je nach den Bedingungen, die vorausgesetzt werden.

3.3.4 Empirische Zielbeziehungen

Überblick
In diesem Abschnitt sollen die wichtigsten empirischen Zielbeziehungen kurz vorgestellt werden, um die wichtige Frage der Zielbeziehungen zu verdeutlichen. Ich werde diese Fragen später immer wieder aufnehmen, und zwar sowohl die theoretischen Begründungen der Zielkonflikte als auch ihre empirischen Ausprägungen.

Preisniveaustabilität und hoher Beschäftigungsstand
Die Beziehung zwischen den Zielen Preisniveaustabilität und hoher Beschäftigungsstand wurde immer wieder als substitutiv bezeichnet. In der Form einer Beziehung zwischen der Inflationsrate und der Arbeitslosenquote ist diese Zielbeziehung als (modifizierte) *Phillips*-Kurve bekannt; ihre Diskussion füllt viele Bände (vgl. ausführlicher in Kapitel II.6.2.8). Das Ergebnis dieser Diskussion ist jedoch außerordentlich unbefriedigend: Im Zeitraum von 1951-1998 sind für die Bundesrepublik für verschiedene Subperioden alle Beziehungen zwischen den beiden Zielen aufgetreten:
- Beide verbessern sich (z.B. 1958/59),
- beide verschlechtern sich (z.B. 1970/74) oder
- eines verbessert sich, während sich das andere verschlechtert (z. B. 1967/69).

Mit den Daten von 1959-1969 lässt sich die (modifizierte) *Phillips*-Kurve gut untermauern. Dies hat manchen dazu verleitet, von einem gesetzmäßigen Zusammenhang zu sprechen, von einer „Menükarte" der Wirtschaftspolitik. Die Politiker hätten es dann in der Hand gehabt, das Menü, also die Kombination von Inflationsrate und Arbeitslosigkeit, zu wählen, das (vielleicht) eine Wiederwahl gewährleisten würde. Die gesamtwirtschaftliche Analyse zeigt, dass es sich nicht um ein „Gesetz" handelt. Um dies nachzuweisen, sind die Ursachen dieser Zielbeziehung aufzudecken.

Preisniveaustabilität, Beschäftigungsstand und außenwirtschaftliches Gleichgewicht
Im Jahr 1998 kamen über 20% der Gesamtnachfrage der Bundesrepublik Deutschland aus dem Ausland; die Auslandsabhängigkeit ist also außeror-

dentlich hoch. Die deutsche Volkswirtschaft hat eine offene außenwirtschaftliche Flanke, die oft verhindert, dass für den Binnenmarkt notwendige Maßnahmen durchgeführt werden können. Bleiben zum Beispiel wegen hoher Inlandszinsen die Bauaufträge aus und sollte die Europäische Zentralbank zinssenkende Maßnahmen ergreifen, so kann dies durch die außenwirtschaftlichen Bedingungen unmöglich sein. Z.B. 1999: Die internationale Reservewährung DM (€) ist abwertungsbedroht, weil wegen der hohen US-Zinsen (im Vergleich zum Inland) die Geldanlage in den USA lohnender ist, es fließt Kapital ab. Würden die Inlandszinsen weiter gesenkt, würde noch mehr Kapital ins Ausland abfließen, der Abwertungsdruck verstärkt, die Ölrechnung teurer, das Leistungsbilanzdefizit größer (vgl. Kapitel II.4).

Wirtschaftswachstum und Erhaltung der natürlichen Lebensgrundlagen
Lange Zeit wurde zwischen diesen beiden Zielen ein gravierender Konflikt unterstellt (*NL*-Kurve: Kurve der natürlichen Lebensgrundlagen), der bis zu der Forderung nach „Nullwachstum" führte. Man argumentierte spätestens seit dem ersten Bericht an den Club of Rome 1972, dass vermehrte Produktion sowohl die Umweltmedien Luft, Wasser und Boden belaste als auch zur Ausbeutung der natürlichen Ressourcen führe. Inzwischen gewinnt die Ansicht immer mehr Anhänger, dass umweltsparender technischer Fortschritt beide Ziele zugleich fördere und somit den Zielkonflikt auflösen könne. Dies stellt allerdings besondere Anforderungen an die Struktur des zu wachsenden Bruttoinlandsprodukts.

Beschäftigungsstand, Wirtschaftswachstum und natürliche Lebensgrundlagen
Die Bundesregierung versucht, durch die Förderung des wirtschaftlichen Wachstums (Erhöhung der Wachstumsrate des realen Bruttoinlandsprodukts) auch die Arbeitslosenquote zu senken. Die (theoretische) Beziehung zwischen diesen beiden Zielen stützt diese wirtschaftspolitische Strategie (vgl. *Okun*-Kurve, Kapitel II.3.10: Vermehrte Nachfrage führt zu höheren Auftragseingängen, zu höherer Auslastung der Produktionskapazitäten und (sollte) höhere Beschäftigung nach sich ziehen). Dennoch scheinen die Daten eher einen Zielkonflikt nahezulegen: „jobless growth".
Wenn Beschäftigung und Wirtschaftswachstum komplementär sind (*Okun*-Kurve) und Wirtschaftswachstum und der Erhalt der natürlichen Lebensgrundlagen (*NL*-Kurve) substitutiv, dann müssten auch Beschäftigung und der Erhalt der natürlichen Lebensgrundlagen substitutiv sein: Umweltschutz verursacht Arbeitslosigkeit. Dieser Zielkonflikt wird von den Umweltschützern bestritten, wobei sie vor allem auf die lange Frist verweisen.

Antworten (zu den Fragen ab Seite 22)

1. Das Gefangenendilemma: Rationale und eigennützige Nutzenmaximierer laufen in eine „Rationalitätenfalle", die ihnen gemeinsam ein sub-optimales Ergebnis beschert.

2. Zwei Gefangene; egoistisches, nutzenmaximierendes Verhalten; Gültigkeit der „Kronzeugenregelung"; keine Kommunikation zwischen den Gefangenen; kein Vertrauen der Gefangenen untereinander.

3. Das erreichte Ergebnis bei isolierter Strategie ist schlechter als das erreichbare Ergebnis bei gemeinsamer Strategie (kollektiver Aktion). Der jeweilige Spieler hat die Wahl zwischen zwei Strategien: gestehen und leugnen. Diese Strategien ergeben in der „Auszahlungsmatrix" des Spiels Auszahlungen in Gefängnisjahren, wobei die Kronzeugenregelung berücksichtigt wird. Wenn jeder Spieler in isolierter Entscheidung das jeweils für ihn beste Ergebnis (geringste Zahl an Knast-Jahren) wählt, dann ist es (für beide) am besten zu gestehen (Mangel an Vertrauen) und als Kronzeuge zu agieren. (Kommuniziertes) Vertrauen, dass der andere den einen nicht „verpfeift", führt zu weniger Gefängnisjahren als im „worst-case".

4. Das Modell des homo oeconomicus ist für eine Makroökonomik nicht geeignet; das Hauptziel makro-ökonomischer Methodik muss die Verbesserung der Lebensqualität sein; wichtig ist das Einbeziehen nicht-ökonomischer Lebensbereiche. Diese Voraussetzungen führen zur Notwendigkeit einer breiteren (transdisziplinären) Makroökonomik.

5. Grundlagen sind im wesentlichen das Gesetz zur Förderung der Stabilität und des Wachstums der Wirtschaft (von 1967), die Verträge von Maastricht, das Gesetz über die Deutsche Bundesbank, die gesellschaftliche Diskussion über die Einkommens- und Vermögensverteilung sowie den Erhalt der natürlichen Lebensgrundlagen und die gesellschaftlichen Ziele Freiheit, Effizienz, Gerechtigkeit und Sicherheit.

6. Bund und Länder sollen Maßnahmen ergreifen, die gleichzeitig die Stabilität des Preisniveaus, einen hohen Beschäftigungsstand, außenwirtschaftliches Gleichgewicht und ein stetiges, angemessenes Wirtschaftswachstum fördern.

7. Das magische Viereck stellt das Problem dar, gleichzeitig die Stabilität des Preisniveaus, einen hohen Beschäftigungsstand, außenwirtschaftliches Gleichgewicht und stetiges, angemessenes Wirtschaftswachstum zu erreichen. „Magisch" soll den Schwierigkeitsgrad der Aufgabe andeuten. Beim magischen Sechseck kommen noch eine gerechte Einkommens- und Vermögensverteilung und der Erhalt der natürlichen Lebensgrundlagen als Zielgrößen hinzu.

8. Man verwendet die Wachstumsrate des Index für die Lebenshaltung aller privaten Haushalte (Inflationsrate). Problematisch ist die Festlegung eines Basisjahres, die Aktualisierung des Warenkorbs wegen Veränderungen des Verbraucherverhaltens sowie die Berücksichtigung von Qualitätsveränderungen.

9. Man betrachtet die Arbeitslosenquote als Quotient aus (registrierten) Arbeitslosen und abhängigen Erwerbspersonen. Die „Stille Reserve" wird bei dieser Methode nicht gemessen.

10. Man verwendet die Wachstumsrate des realen Bruttoinlandsprodukts. Die Hauptprobleme dieses Indikators sind seine systematische Abnahme da der Nenner (Bezugsgröße ist immer ein vergangenes Bruttoinlandsproduktsniveau) in der Wachstumsformel immer größer wird, dass er nur die Wertschöpfung der Wirtschaft richtig misst, dass die Leistungen des Staates verfälscht und die Haushaltsproduktion gar nicht erfasst werden, dass er sich inzwischen von der Lebensqualität entkoppelt hat, und dass er keine Verteilungen (Strukturen), sondern nur die Entwicklung des Niveaus wiedergibt.

11. Man betrachtet den Quotienten aus Außenbeitrag und Bruttoinlandsprodukt, die Devisenposition eines Landes wird anhand der Leistungsbilanz gemessen. Problematisch ist, dass unentgeltliche Übertragungen ins Ausland (strukturell) stark zugenommen haben und den Außenbeitrag inzwischen bei weitem übersteigen.

12. Es ist kein allgemein anerkannter Indikator verfügbar; verwendet werden daher die Einzelindikatoren Lohnquote, *Lorenz*-Kurve und Maße der personellen Einkommens- und Vermögensverteilung. Es treten unterschiedliche Schwierigkeiten auf: Statistiken über die personelle Einkommensverteilung liegen nur als Stichproben vor; über die Vermögensverteilung gibt es nur unsichere Daten; außerdem kann das Kriterium der „Gerechtigkeit" nicht wertfrei bestimmt werden, da es interessen- und rollengebunden ist.

13. Auch hier ist kein allgemein anerkannter Gesamtindikator verfügbar, man verwendet daher viele (ungewichtete) Einzelindikatoren; dabei ist der Äquivalenzkoeffizient der Umwelt noch am besten aggregierbar. Es existieren insgesamt viele Einzelinformationen, die unverbunden nebeneinander stehen; das Hauptproblem sind aber die gravierenden Messprobleme des Zustandes und der Entwicklung der Umweltqualität (Latenz, unbekannte Wirkungsrichtungen und Verknüpfungen).

14. Man unterscheidet Neutralität (Ziele hängen nicht miteinander zusammen), negative oder positive Komplementarität (bzw. Zielverträglichkeit; Ziele entwickeln sich in dieselbe Richtung), sowie Substitutionalität (auch Zielkonflikt oder Trade-off; ein Ziel wird auf Kosten des anderen, das sich verbessert, verschlechtert).

15. Sie gibt den trade-off an zwischen der Lohnänderung und der Arbeitslosenquote; in der „modifizierten" *Phillips*-Kurve werden Inflationsrate und Arbeitslosenquote zueinander in Beziehung gesetzt (ebenfalls trade-off). Danach sind sinkende Inflationsraten mit höherer Arbeitslosigkeit verbunden.

16. Sie gibt die positiv komplementäre Beziehung zwischen Bruttoinlandsprodukt und Beschäftigungsstand (oder Arbeitslosenquote) wieder. Wirtschaftswachstum führt danach zu einem Rückgang der Arbeitslosenquote.

17. Sie gibt den Zielkonflikt zwischen Bruttoinlandsprodukt und Umweltqualität an. Wirtschaftswachstum verschlechtert die Umweltqualität.

4 Definitorische Zusammenhänge

4.1 Überblick

Von den Zielen zur ex post Analyse

Wir haben begonnen mit einer ausführlichen Beschreibung der Menschenbilder und den daraus abgeleiteten individuellen Zielen. Dort zeigte sich, dass viele der Brüder und Schwestern des homo oeconomicus sowohl eigennützige als auch gemeinsinnige Ziele verfolgen. Die Optimalität dieser Konstellation wird eindrucksvoll bestätigt von zahlreichen Experimenten der Spieltheorie (Gefangenendilemma): die eigennützige Verfolgung individueller Ziele unter bestimmten (heute durchaus beobachtbaren) Bedingungen ist sub-optimal. Wir gehen dann über zu den makroökonomischen Zielen (allerdings ohne die Transformation zu begründen), und betten die wirtschaftspolitischen in die gesellschaftlichen Ziele ein. Die sechs wirtschaftspolitischen Ziele sollen gleichzeitig erreicht werden. Da dies offensichtlich der Kräfte eines Magiers bedarf (der aber noch niemals angetreten ist), sprechen wir von einem „magischen Sechseck", das es zu verwirklichen gilt. Der Magier würde wohl auch an den theoretisch und empirisch aufzeigbaren Zielkonflikten und negativen Komplementaritäten scheitern. Damit ist beschrieben, welche Zielrichtung die Volkswirtschaft nehmen könnte.

Im nächsten Schritt geht es darum zu zeigen, wie diese Ziele erreicht werden können. Dafür muss ein Modell (oder es müssen mehrere Modelle) beschrieben und formuliert werden, in dem oder in denen die Zielgrößen als abhängige Variablen von Maßnahmen (unabhängige Variablen) erscheinen. Diese ex ante Analyse bedarf grundlegender Definitionen, auf denen sie mit ihren Hypothesen aufbauen kann. Diese definitorischen Zusammenhänge müssen abgeleitet und beschrieben werden.

Fragestellungen

Im vorliegenden Kapitel geht es darum, ein Grundgerüst von Begriffen zusammenzutragen und diese in eine Systematik zu bringen. Wie lauten die Schlüsselbegriffe der Ökonomik und wie lassen sie sich systematisieren? Mit welchen Schlüsselbegriffen können die Bereiche Ökologie und Gesellschaft charakterisiert werden und wie hängen sie zusammen? Wie kann diese Grundgerüst für die Messung verwendet werden?

Antworten der Ökonomen: Volkswirtschaftliche Gesamtrechnungen
Die Ökonomen antworten mit einer Güterklassifikation, mit einer Definition ökonomischer Aktivitäten und dem darauf aufgebauten System von Volkswirtschaften Gesamtrechnungen, die 1999 an das Europäische System Volkswirtschaftlicher Gesamtrechnungen (ESVG) angeglichen wurde, das wiederum aus dem „System of National Accounts" (SNA) der UN abgeleitet wurde. Im vorliegenden Buch werden diese neuen Konzeptionen zugrunde gelegt. Diese Umstellung ist in vielen Publikationen und vor allem in Lehrbüchern noch nicht vollzogen. Dadurch entsteht die Schwierigkeit, dass häufig noch die alten Begriffe verwendet werden. Ich werde daher nicht nur eine „Übersetzungstabelle" einfügen, sondern immer wieder die alten Begriffe in Klammern hinzufügen.
Im Mittelpunkt der Volkswirtschaftliche Gesamtrechnungen stehen das Bruttonationaleinkommen (früher: Bruttosozialprodukt) und das Bruttoinlandsprodukt (das es auch in der ESVG noch gibt); alle anderen Begriffe sind darauf bezogen. Sehr häufig verwende ich den Begriff des Nationaleinkommens, der dem früheren Sozialprodukt (Nettosozialprodukt) entspricht. Im Englischen hieß das schon immer „national income". Der Begriff des Bruttonationaleinkommens klingt sehr umständlich; ich werde daher, wenn nicht eine exakte Definition notwendig ist, statt Bruttosozialprodukt Bruttoinlandsprodukt verwenden.
Das Bruttoinlandsprodukt lässt sich auf unterschiedliche Weise berechnen und darstellen: Mit

• einem Kontensystem,
• einem Kreislaufschema und
• mit einer Input-Output-Tabelle.

Aus diesen Darstellungsformen lassen sich die wichtigsten Definitionsgleichungen ableiten, die wir für die Erklärung der gesamtwirtschaftlichen Nachfrage und des gesamtwirtschaftlichen Angebots brauchen, die Nachfragegleichung und die Angebotsgleichung.

Antworten der Ökologen und Sozialwissenschaftler
Die Antwort der Ökologen lautet Umweltökonomische Gesamtrechnung (UGR) und diese versucht, die Rohstoff- und Materialströme einer Volkswirtschaft begrifflich zu fassen und systematisch darzustellen. Die UGR ist erst wenige Jahre alt, die Ergebnisse sind bemerkenswert. Sie zeigen einen bislang von den Ökonomen ignorierten Bereich, der aber die Grundlage ist für jegliche Produktionsaktivität. Würde man monetäre Bewertungen finden und könnte man einen Vergleich mit den ökonomischen Kosten anderer Produktionsfaktoren anstellen, dann würde sich zeigen, dass die Materialkosten weit über den Arbeitskosten einer Volkswirtschaft liegen. Die Konsequenzen daraus sind offensichtlich: Bei Einsparzwängen würden

Neue Begriffe (ESVG)		Bisherige Begriffe (national angewendet)
Arbeitnehmerentgelt		Bruttoeinkommen aus unselbständiger Arbeit
Bruttolöhne und -gehälter		Bruttolohn- und -gehaltssumme
Betriebsüberschuss		Entstandene Einkommen aus Unternehmertätigkeit und Vermögen der inländischen Sektoren
	-	Entstandene Einkommen aus Unternehmen ohne eigene Rechtspersönlichkeit
Selbständigeneinkommen		Entstandene Einkommen aus Unternehmen ohne eigene Rechtspersönlichkeit
Primäreinkommen (= Nettonationaleinkommen)		Von Inländern empfangen Einkommen aus unselbständiger Arbeit und aus Unternehmertätigkeit und Vermögen (= Volkseinkommen)
	+	indirekte Steuern
	-	Subventionen
	(=	Nettosozialprodukt zu Marktpreisen)
	+	Empfangene Subventionen aus der übrigen Welt
	-	Geleistete Produktions- und Importabgaben an die übrige Welt
Bruttonationaleinkommen		Bruttosozialprodukt
	+	Empfangene Subventionen aus der übrigen Welt
	-	Geleistete Produktions- und Importabgaben an die übrige Welt
Konsumausgaben der privaten Haushalte und der privaten Organisationen ohne Erwerbszweck		privater Verbrauch
Konsumausgaben des Staates		Staatsverbrauch
Sparen		Ersparnisbildung
Produktions- und Importabgaben		indirekte Steuern
Einkommens- und Vermögenssteuern		direkte Steuern

Quelle: Statistisches Bundesamt (Hrsg.), Revision der VGR 1999

Tab. I.4 VGR und ESVG: Alte und neue Begriffe

nicht Arbeitskräfte eingespart oder entlassen, sondern es würde Material eingespart.[1]

Die Antwort der Sozialwissenschaftler heißt System von Sozialindikatoren, das auf der Definition von Lebensqualität beruht. Wie ich mit der Abb. I.1 im ersten Kapitel gezeigt habe, entwickeln sich die ökonomischen und die sozialwissenschaftlichen Indikatoren für gutes Leben oder Lebensqualität auseinander:

- Die Abb. I.1 zeigt, dass für reife Gesellschaften trotz steigendem Wirtschaftswachstum (ökonomischer Indikator) die Lebensqualität (sozialwissenschaftlicher Indikator) stagniert.
- Die Abb. III.9 macht deutlich, dass sich die beiden Indikatoren Bruttoinlandsprodukt und Index of Sustainable Economic Welfare mit einer sich öffnenden Schere entwickeln.

Umstellungshemmnisse, Messbarkeit und Bewertungsakzeptanz
Wir können fragen, warum bei diesen Tatbeständen die Ökonomen nicht Maße für Lebensqualität übernehmen. Die Antwort besteht in zwei Argumenten.

- Nicht alle Bereiche und Aspekte von Lebensqualität können in monetären Einheiten gemessen werden. Damit entfällt eine Basis für unsere quantitative Denkweise.
- Die seit fast 30 Jahren entwickelten und vorgeschlagenen Bewertungsverfahren stoßen auf keine allgemeine Akzeptanz der Statistiker, Wissenschaftler und anderen Akteure. Das ist anders für die geltende ESVG: Hier werden auch sehr einschneidende Annahmen, wie z.B. „private Haushalte produzieren nicht", akzeptiert.

Fragen

1. Wofür dienen definitorische Zusammenhänge?
2. Warum müssen die Volkswirtschaftlichen Gesamtrechnungen (ESVG) ergänzt werden durch eine ökologische und eine soziale?
3. Wie können ökonomische Güter eingeteilt werden?
4. Welche Ergänzungen sind nötig?
5. Welche ökonomischen Aktivitäten gibt es in einer Volkswirtschaft?
6. Welche gesamtwirtschaftlichen Akteure unterscheidet die ESVG?

---

[1] Der alternative Nobelpreisträger für Physik *Hans Peter Dürr* bezeichnet den Einsatz von Energie als Beschäftigung von „Energiesklaven". Im beschriebenen Fall würden also Energiesklaven entlassen.

7. Wie lautet die Gesamtsystematik für die ESVG-Konten?

8. Was versteht man unter einem Wirtschaftskreislauf?

9. Wie lässt sich der Wirtschaftskreislauf darstellen?

10. Welche Annahmen gelten für das gesamtwirtschaftliche Produktionskonto und welche Positionen enthält es?

11. Warum gibt es kein Produktionskonto der privaten Haushalte?

12. Wie lautet die gesamtwirtschaftliche Nachfragegleichung und wie leitet man sie ab?

13. Wie hoch der Anteil der Nachfragekomponenten an der Gesamtnachfrage?

14. Wie hängen Gesamtnachfrage und Bruttoinlandsprodukt miteinander zusammen?

15. Wie lautet die Angebotsgleichung?

16. Was versteht man unter der Lohnquote?

17. Welche Unterschiede bestehen zwischen „brutto" und „netto" sowie „Marktpreisen" und „Faktorkosten"?

18. Wie kann man das Kreislaufschema einer Gesamtwirtschaft skizzieren und welche Positionen enthält es? Wie nennt man die Konten und welche Annahmen gelten?

19. Was versteht man unter einer Input-Output-Tabelle und welche Teilmatrizen enthält sie?

20. Welche Aussagen ermöglicht eine Input-Output-Tabelle?

21. Welche Teilbilanzen enthält die Zahlungsbilanz?

22. Warum ist die Leistungsbilanz besonders wichtig?

23. Was besagt das Bruttoinlandsprodukt und welche Tatbestände soll es messen?

24. Auf welchen drei wesentlichen Prämissen ist die Berechnung des Bruttoinlandsprodukts aufgebaut?

25. Welche Unzulänglichkeiten weist das Bruttoinlandsprodukt als Wohlfahrtsmaß auf?

26. Wie ist Lebensqualität definiert?

27. Welcher Zusammenhang besteht zwischen Lebensqualität, Wohlstand und Wohlfahrt?

28. Welche Komponenten der Lebensqualität enthält das Bruttoinlandsprodukt?

29. Welche Posten (der Lebensqualität) fehlen im Bruttoinlandsprodukt?

30. Welche Posten (der Lebensqualität) sind falsch zugeordnet?

31. Welche Komponenten enthält das SPES-Indikatorensystem?

32. Welche Zielsetzungen kann man mit Sozialindikatoren verfolgen?

33. Was soll in einer ökologischen Gesamtrechnung dargestellt werden?

34. Welche Darstellungsform wählt die umweltökonomische (ökologische) Gesamt-rechnung?

35. Welche Probleme muss eine umweltökonomische Gesamtrechnung lösen?

36. Was besagt der Pressure-State-Response-Ansatz?

37. Was bedeutet Bewertungsakzeptanz?

38. Was kann man unter einer „mehrdimensionalen Betrachtungsbrille" verstehen?

4.2 Güterarten

Ökonomische Güter
„Mit dem größten Teil aller wirtschaftlichen Entscheidungen wird über ökonomische Güter verfügt. Güter dienen direkt oder auf Umwegen der Befriedigung menschlicher *Bedürfnisse*. Ihr Verbrauch oder Gebrauch erhöht damit die menschliche *Wohlfahrt*" (*Stobbe*, 1994, S. 2). *Stobbes* Einteilung ökonomischer Güter geht aus der folgenden Tabelle hervor:

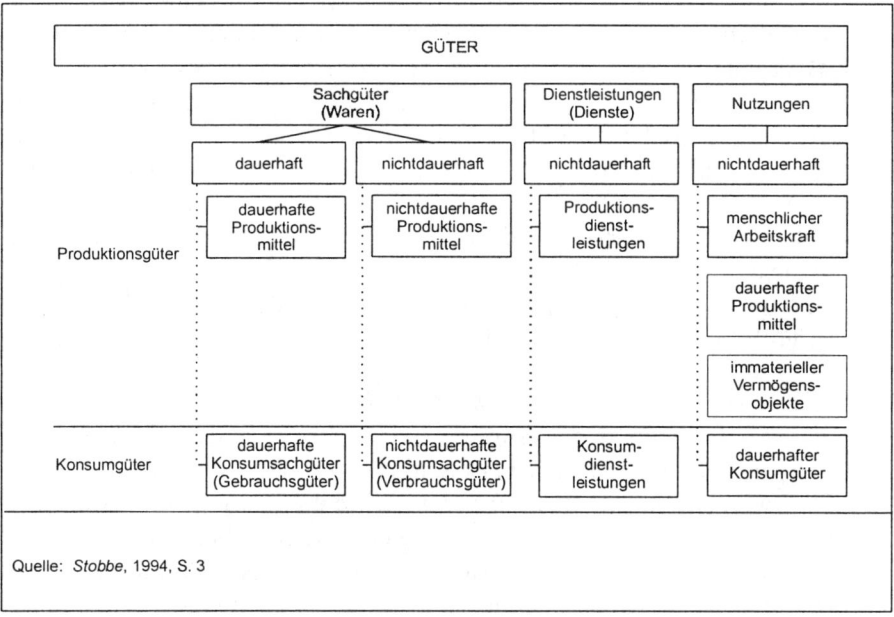

Quelle: *Stobbe*, 1994, S. 3

Tab. I.5 Einteilung der ökonomischen Güter

Notwendige Ergänzungen

Diese (ökonomische) Güterklassifikation ist sehr stark von den produktionstechnischen Bedingungen einer Industriegesellschaft geprägt. Für die post-industriellen Gesellschaften müssen einige zusätzliche Tatsachen berücksichtigt werden:

- Dienstleistungen sind zu einer sehr wichtigen Güterkategorie geworden. Inzwischen beläuft sich der Anteil der sog. Dienstleistungen in hochentwickelten Gesellschaften auf zwei Drittel des Bruttoinlandsprodukts, in Deutschland liegt dieser Anteil bei 60-70%. Anzumerken ist, dass der Begriff der Dienstleistungen heute schon sehr stark ausdifferenziert ist (siehe unten).
- Öffentliche Güter wie Bildung, Umwelt, externe Sicherheit etc. machen fast die Hälfte des Bruttoinlandsprodukts aus.
- Nutzungen werden im Vergleich zum Besitz immer wichtiger, und zwar aus Kosten- und Umweltgründen.
- In den Produktionsprozessen und bei Nutzungen fallen sog. Kuppelprodukte an. Diese Kuppelprodukte können erwünscht oder nicht erwünscht sein. Letztere kann man, in Abgrenzung vom Gut, als Un-Güter bezeichnen. Die Frage, ob Kuppelprodukte „erwünscht" oder „wirtschaftlich" sind, hängt sehr stark von den Zielen der Akteure ab. Z.B. kann der Anfall von Kalk bei der Energieerzeugung in einer „Durchlauf-Wirtschaft" als unerwünschtes Kuppelprodukt betrachtet werden, das als Un-Gut abfallwirtschaftlich entsorgt werden muss. In einem kreislaufwirtschaftlichen Zusammenhang kann das Un-Gut Kalk als Basis für eine Gipsfabrik dienen, die Verputzplatten herstellt. Ein solcher kreislaufwirtschaftlicher Verbund wurde mit der dänischen Industriesymbiose Kalundborg vorbildlich verwirklicht; dort fallen fast keine unerwünschten Kuppelprodukte an, weil der Wirtschaftskreislauf fast vollständig geschlossen wurde.

Wohlfahrtserhöhung durch ökonomische Güter?

Die Frage, ob durch den Verbrauch oder Gebrauch der ökonomischen Güter die menschlichen Bedürfnisse und die Wohlfahrt erhöht werden, wie *Stobbe* sagt, wird von der herrschenden Lehre eindeutig positiv beantwortet. Man geht davon aus, dass diese Güter ausschließlich nutzenstiftende Wirkungen auf das Individuum haben. In der Makroökonomik haben wir es, im Gegensatz zur Mikroökonomik, mit vielen Individuen zu tun. Viele von Individuen genutzte Güter wirken oft sowohl auf das nutzende Individuum, aber vor allem auf andere Individuen negativ. Nehmen wir Pkws, Handys und Zigaretten als Beispiele, dann wird deutlich, dass alle diese Güter wesentliche negative Auswirkungen auf den Nutzen Dritter haben; es entstehen externe Kosten, die der primäre Nutzer (Verursacher) nicht trägt. Die Erhöhung der Wohlfahrt hängt also davon ab, welche saldierten ökonomischen, sozialen und ökologischen Wirkungen (Folgen und unbeabsichtigte Nebenfolgen i.S.v. *Ulrich Beck*) diese Güter aufweisen. Dies bestimmt letztlich die Lebensqualität; ich werde darauf im Kapitel 4 in Teil III ausführlich eingehen.

4.3 Wirtschaftskreislauf und Volkswirtschaftliche Gesamtrechnung

4.3.1 Vorbemerkungen

Ökonomische Aktivitäten als Grundlage für die Konten der ESVG
Die Volkswirtschaftlichen Gesamtrechnungen (ESVG) sind ein systematisches Rechenwerk, das die ökonomischen Aktivitäten einer Volkswirtschaft abbilden will (vgl. Statistisches Bundesamt, 1999, S. 29 sowie Wirtschaft und Statistik 4/1999). Diese sind
- Güter produzieren,
- Einkommen verwenden,
- Vermögen bilden,
- Kredite nehmen und geben.
Diese Aktivitäten lassen sich als Ströme in drei Formen darstellen: Durch ein System von Konten, durch die Grafik eines Wirtschaftskreislaufs und durch eine Input-Output-Tabelle. Letztlich beruhen aber alle Darstellungen auf einem System von Konten, das – durch Buchung und Gegenbuchung – in sich geschlossen ist. Die neuen Volkswirtschaftliche Gesamtrechnungen (ESVG) unterscheiden bei den Akteursgruppen zwischen
- marktbestimmter Produktion, mit den auf Marktpreisen basierten Herstellungskosten bewertet, und
- Nichtmarktproduktion, die von der Kostenseite her bewertet wird. Hier wird zusätzlich differenziert zwischen Nichtmarktproduktion für Eigenverwendung (vor allem Wohnungseigennutzung der privaten Haushalte und selbsterstellte Anlagen bei den anderen Akteuren) und sonstige Nichtmarktproduktion (Staat und Organisationen ohne Erwerbszweck).
In jeder Volkswirtschaft gibt es fünf Akteursgruppen, die in den Volkswirtschaftlichen Gesamtrechnungen als Sektoren bezeichnet werden:
- Nichtfinanzielle (AG, GmbH) und finanzielle (Banken, Versicherungen) Kapitalgesellschaften,
- Staat (auch öffentliche Haushalte),

	Kapitalgesellschaften im Inland	private Haushalte (unselbständig und selbständig) im Inland	Staat	private Organisationen ohne Erwerbszweck	übrige Welt	gesamte Volkswirtschaft
Güter produzieren	Produktionskonto der Kapitalgesellschaften	Produktionskonto der inländischen privaten Haushalte			Auslandkonto	gesamtwirtschaftliches Produktionskonto
Einkommen verwenden		Einkommenskonto der inländischen privaten Haushalte				gesamtwirtschaftliches Einkommenskonto
Vermögen bilden		Vermögensänderungskonto der inländischen privaten Haushalte				Vermögensänderungskonto
Kredite nehmen und geben						gesamtwirtschaftliches Kreditänderungskonto
alle ökonomischen Aktivitäten						Bruttonationaleinkommens zu Marktpreisen

Tab. I.6 Gesamtwirtschaftlicher Kontenrahmen

- private Haushalte einschl. der Selbständigen, Freiberufler, Landwirte etc.,
- private Organisationen ohne Erwerbszweck,
- die übrige Welt (das Ausland),

und man kann natürlich alle Akteure der Volkswirtschaft in einem Sektor „Gesamte Volkswirtschaft" zusammenfassen.

Marktproduktion findet ausschließlich in den Unternehmen statt; das ist der Sektor Kapitalgesellschaften und das sind die Selbständigen im Sektor private Haushalte. In allen anderen Sektoren, einschließlich der nicht selbständigen privaten Haushalte, finden wir Nichtmarktproduktion.

Die genannten Akteursgruppen (Sektoren) können jeweils alle vier ökonomischen Tätigkeiten ausüben. Dies ergibt dann das Kontensystem in Tab. I.6.

Wirtschaftskreislauf und Darstellungsformen

Ich habe nur einige Felder dieser Matrix mit den entsprechenden Kontennamen bezeichnet; nach diesem Vorbild kann der Leser oder die Leserin die Tabelle unschwer selbst vervollständigen. Natürlich sind auch Konsolidierungen einzelner Kontengruppen in beliebigem Aggregationsgrad möglich. Zum Beispiel können die Produktionskonten von Firmen einer Branche zusammengefasst werden. Der gesamte Kontenrahmen ist durch das Prinzip von Buchung und Gegenbuchung verknüpft und stellt ein geschlossenes System dar. Außerdem kann die Darstellung der Ströme ergänzt werden durch eine Bestandsrechnung. Wichtigste Bestandsrechnung ist die Vermögensrechnung.

Der Wirtschaftskreislauf ist die schematische Darstellung von monetären und realen Strömen, die zwischen zusammengefassten Wirtschaftssubjekten (Sektoren, Polen) strömen. Zum Beispiel fließt in einem vereinfachten Kreislaufschema ein realer Strom in Form von Konsumgütern von den Unternehmen (Kapitalgesellschaften und Selbständigen) zu den (unselbständigen) privaten Haushalten, dem ein monetärer Gegenstrom in Form von Konsumausgaben entspricht, der von den privaten Haushalten zu den Unternehmen fließt. Weiterhin fließt von den privaten Haushalten der reale Strom der Arbeitsleistungen zu den Unternehmen, der sich mit dem monetären Strom der Geldeinkommen (in umgekehrter Richtung) deckt.

In der Input-Output-Rechnung können die interindustriellen Lieferverflechtungen aufgezeichnet werden. Es lässt sich damit zeigen, welcher Sektor welche Lieferungen oder Leistungen an welche anderen Sektoren gibt. Die „Zusammensetzung" der Endproduktion (z.B. des privaten Konsums) nach Liefersektoren oder nach Faktoreinsätzen (Löhne, Gewinne, etc.) lässt sich somit nachvollziehen.

Aus allen Darstellungen lässt sich – in unterschiedlicher Weise – das Nationaleinkommen oder Bruttoinlandsprodukt berechnen. Dieses ist als die Summe aller in einer Volkswirtschaft produzierten Endprodukte die Schlüsselgröße der Makroökonomik.

4.3.2 Das gesamtwirtschaftliche Produktionskonto: Definitionsgleichungen für Gesamtangebot und -nachfrage sowie das Bruttoinlandsprodukt

Annahmen
Für die Ableitung des gesamtwirtschaftlichen Produktionskontos in einer offenen Volkswirtschaft sind die sektoralen Konten der ersten Zeile der Tab. I.6 zu konsolidieren. Die praktische Ausführung ist jedoch mit Schwierigkeiten verbunden, die vor allem mit der Auswahl und Bewertung der sektoralen Produktion verbunden sind:

- Für die Produktion des Unternehmenssektors (Kapitalgesellschaften und Selbständige) liegen die zu Herstellungskosten bewerteten Produktionswerte (Umsätze + selbsterstellte Anlagen + Vorratsänderungen) der Unternehmen zugrunde. „Umsätze", die nicht über die Bücher der Firmen laufen (z.B. die Ergebnisse der sog. Schattenwirtschaft), erscheinen nicht in den Konten.
- Für die Bewertung der Leistungen des Staates und der privaten Organisationen ohne Erwerbszweck liegen keine „Endproduktpreise" vor. Man hat sich daher darauf geeinigt, die (geschätzten) Kosten öffentlicher Leistungen als Bewertungsmaßstab zu verwenden.
- Für die Bewertungen der Leistungen der unselbständigen privaten Haushalte (z.B. den Wert der Hausarbeit) liegen Mengen (in Zeiteinheiten), aber keine Preise vor. Man hat sich daher darauf geeinigt, die Produktion dieses Sektors nicht zu berücksichtigen. Diese heroische Annahme klingt im feinen Statistikerdeutsch (*Essig*, 1999, S. 31f.) wie folgt:

„Dienstleistungen im Haushaltsbereich durch Haushaltsmitglieder (Hausarbeit) liegen konzeptionsgemäß außerhalb der Produktionsgrenze der Volkswirtschaftlichen Gesamtrechnungen."

Diese Annahme erweist sich für eine Gesellschaft mit hohem Freizeitanteil (großem autonomem Sektor) als gravierend.

Das gesamtwirtschaftliche Produktionskonto
Nun können wir das folgende gesamtwirtschaftliche Produktionskonto aufstellen:

Aufwand	Ertrag
Abschreibungen (D)	privater Konsum (C)
Produktionssteuern minus Subventionen ($T_{prod} - Z$)	staatlicher Konsum (G_C)
Bruttolöhne und -gehälter (WS)	private Brutto-Investitionen $\left(I_{pr}^{br}\right)$
Betriebsüberschuss (GS)	staatliche Brutto-Investitionen (G_I)
Importe (Im)	Exporte (Ex)
Gesamtwirtschaftliches monetäres Angebot (Y_s)	gesamtwirtschaftliche monetäre Nachfrage (Y_d)

*Die Symbole in Klammern bezeichnen reale, preisbereinigte Größen

Tab. I.7 Gesamtwirtschaftliches Produktionskonto

Bruttoinlandsprodukt, Angebot und Nachfrage
Am gesamtwirtschaftlichen Produktionskonto lässt sich sehr überzeugend der Zusammenhang zwischen Bruttoinlandsprodukt, gesamtwirtschaftlichem Angebot und gesamtwirtschaftlicher Nachfrage zeigen. Nehmen wir zur Erläuterung das Bild einer Münze. Die Münze stelle das Bruttoinlandsprodukt dar, das wir mit dem Symbol Y („yield") bezeichnen. Die eine Seite der Münze stellt das Bruttoinlandsprodukt aus der Sicht der Kosten und des Angebots dar (linke Seite des gesamtwirtschaftlichen Produktionskontos) und wir bezeichnen diese Seite als das gesamtwirtschaftliche Angebot Y_s. Die andere Seite der Münze stellt das Nationaleinkommen aus der Sicht der Erträge und der Nachfrage dar (rechte Seite des gesamtwirtschaftlichen Produktionskontos) und wir bezeichnen diese Seite als die gesamtwirtschaftliche Nachfrage Y_d.

Nachfragegleichung
Damit erhalten wir die folgenden Definitionsgleichungen:
für die Endnachfrage (letzte Verwendung):

$$Y_d = C + I_{pr}^{br} + G_C + G_I + Ex$$

Y_d = reale gesamtwirtschaftliche Nachfrage (in Mrd. €)
I_{pr}^{br} = reale Investitionsnachfrage der privaten Unternehmen (Mrd. €), brutto

G_I = reale Investitionsnachfrage des Staates (Mrd. €), brutto
C = reale Konsumnachfrage der privaten Haushalte (Mrd. €)
G_C = reale Konsumnachfrage des Staates (Mrd. €)
Ex = reale Exportnachfrage des Auslands (Konsum- und Investitionsgüter, Mrd. €)

Alle Größen sind von mir real definiert; sie sind also preisbereinigt, indem die Mengen mit konstanten Preisen einer Basisperiode bewertet werden. Die Investitionen sind brutto (br) angegeben, sie enthalten die Abschreibungen. Wir fassen die staatlichen Ausgaben für Konsum und Investitionen zusammen und erhalten

$$Y_d = C + I + G + Ex$$

G = reale Staatsausgaben (Mrd. €)

Diese Gleichungen machen Aussagen über die Vergangenheit, wenn die in der Klammer enthaltenen Größen als ex-post-Größen, also Vergangenheitswerte, eingesetzt werden. Über die Ursachen dieser Größen ist hier nichts gesagt.

Komponenten der Gesamtnachfrage
Allerdings könnte man die (deflationierten) Anteile der Komponenten C, I, G und Ex an der Gesamtnachfrage berechnen und damit angeben (sozusagen in einer ersten Ursachenrunde), welche der Größen die Beschäftigung am meisten beeinflusst haben. Aus der Statistik lässt sich für 1998 berechnen:[2]

Konsumquote C/Y_d = 0,46

Investitionsquote I/Y_d = 0,18

Staatsausgabenquote G/Y_d = 0,16

Exportquote Ex/Y_d = 0,20   mit Y_d = 2.229,23 Mrd. €

Wir sehen, dass die Konsumausgaben der privaten Haushalte und die Exporte die gewichtigsten Komponenten der Endnachfrage darstellen.
Diese Gleichung kann auch Grundlage für Prognosen sein, wenn die in der Klammer enthaltenen Größen als ex-ante-Größen, also geplante Größen, interpretiert werden, die man durch Hypothesen erklärt.

---

[2] Jahresgutachten 1999/2000 des Sachverständigenrates zur Begutachtung der gesamtwirtschaftlichen Entwicklung

Gesamtnachfrage und Bruttoinlandsprodukt
In wirtschaftswissenschaftlichen Analysen wird nicht die gesamtwirtschaftliche Nachfrage, sondern meist das Bruttoinlandsprodukt zugrunde gelegt. Es ist definiert als die Differenz zwischen Gesamtnachfrage und Importen; im gesamtwirtschaftlichen Produktionskonto werden die Importe von der linken Seite mit einem Minuszeichen auf die rechte Seite gebracht:

$$Y_m^{br} = Y_d - Im$$

Y_m^{br} = reales Bruttoinlandsprodukt zu Marktpreisen (m)
Y_d = reale gesamtwirtschaftliche Nachfrage (in Mrd. €)
Im = reales Importangebot (in Mrd. €)

Gesamtnachfrage und Bruttoinlandsprodukt sind identisch, wenn wir von einer geschlossenen Volkswirtschaft ausgehen können. Daher kann man für diesen Fall die Nachfrage oder das Nationaleinkommen analysieren. In einer offenen Volkswirtschaft sind in der (gesamtwirtschaftlichen) Nachfrage die Exporte, im Angebot die Importe enthalten.

Angebotsgleichung
Ganz analog gehen wir nun bei der Definition des Angebots vor: Die linke Seite des volkswirtschaftlichen Produktionskontos enthält die Kostenkomponenten. Dies ergibt

$$Y_s = \frac{WS}{P_s} + \frac{GS}{P_s} + \frac{Im}{P_s}$$

Y_s = reales gesamtwirtschaftliches Angebot (in Mrd. €)
WS = Summe der Bruttolöhne und -gehälter (nominale Lohnsumme in Mrd. €)
GS = Summe der Betriebsüberschüsse (nominale Gewinnsumme in Mrd. €)
Im = reales Importangebot (in Mrd. €)
P_s = Angebotspreisniveau (ohne Dimension)

Für eine geschlossene Volkswirtschaft gibt die Angebotsgleichung die monetären Aufwendungen für die Produktionsfaktoren wieder, die bei der Angebotserstellung eingesetzt werden. Dies ist nichts anderes als die (funktionelle) Einkommensverteilung, denn Y_s ist hier das Nationaleinkommen (bzw. das Primäreinkommen).[3]

---

[3] Genau genommen müssen (für die geschlossene Volkswirtschaft) noch die Produktionssteuern und Subventionen berücksichtigt werden.

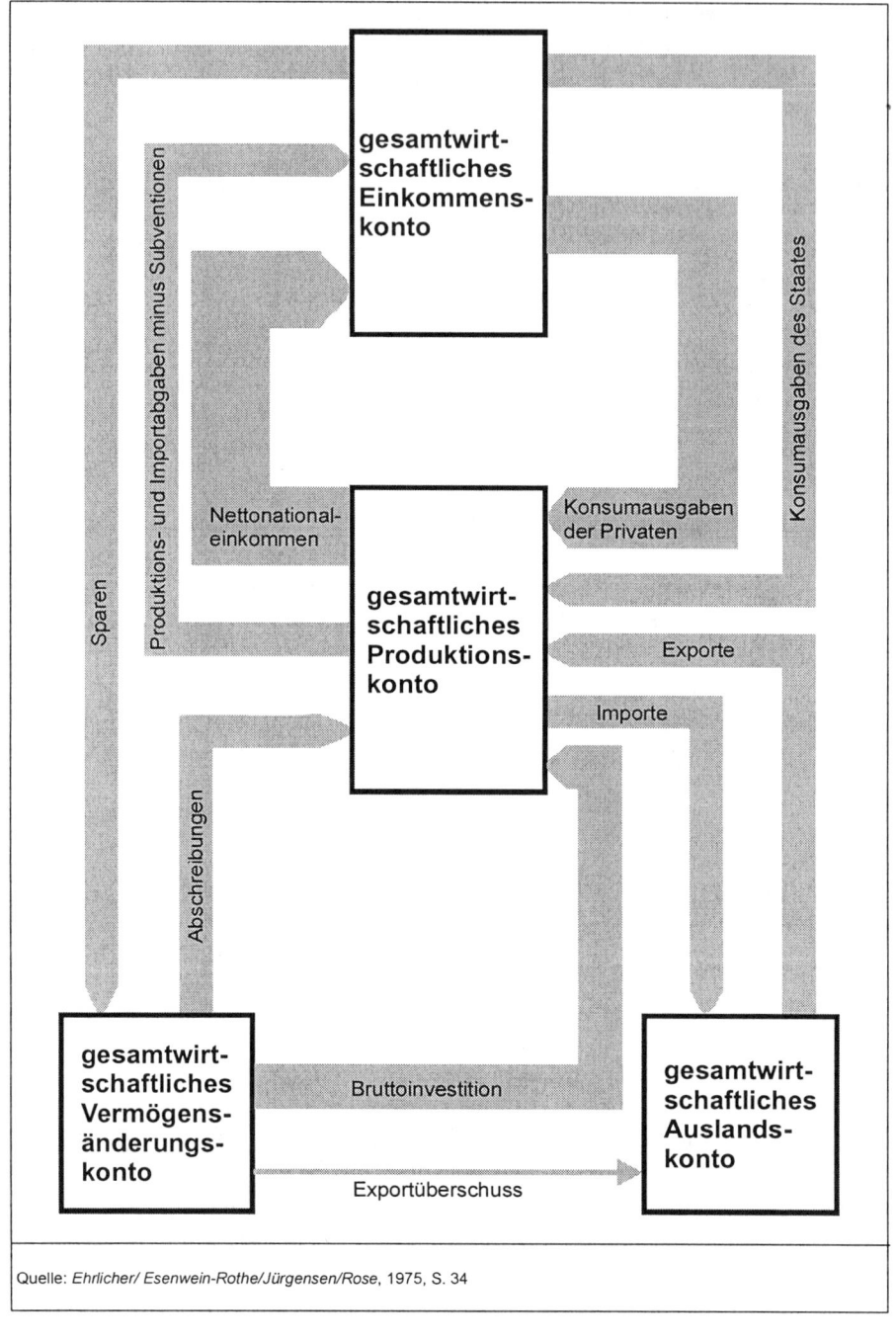

Quelle: *Ehrlicher/ Esenwein-Rothe/Jürgensen/Rose*, 1975, S. 34

Abb. I.8 Wirtschaftskreislauf

Brutto und netto, Marktpreise und Faktorkosten
Ergänzend will ich noch anmerken, dass diese Berechnungen zahlreiche Besonderheiten enthalten, die aber in einem Lehrbuch der Volkswirtschaftlichen Gesamtrechnung nachgelesen werden müssen. Zwei Hinweise aber an dieser Stelle zu den wichtigsten Besonderheiten, zum Unterschied zwischen Brutto- und Nettorechnung und zum Unterschied von Marktpreisen und Faktorkosten.

- Der Unterschied zwischen Brutto- und Nettoinvestition sowie Brutto- und Nettonationaleinkommen besteht in den Abschreibungen. Das sind die (fiktiven) monetären Ansätze für den Verschleiß von (materiellen und immateriellen) Investitionsgütern. Bei den immateriellen Investitionsgütern handelt es sich um Obsoleszenz (Veraltung). Der Unterschied zwischen Brutto- und Nettoproduktionswert besteht in den Vorleistungen; die Lieferungen von Halbfertigfabrikaten und Rohstoffen von einem Sektor in den anderen erscheinen bei den liefernden Sektoren auf der Ertragsseite, bei den kaufenden Sektoren auf der Aufwandsseite. Bei der Konsolidierung der Konten kürzen sich diese Positionen heraus.
- Der Unterschied zwischen Nettonationaleinkommen zu Marktpreisen und zu Faktorkosten besteht in den Produktionssteuern minus Subventionen. Das Nettonationaleinkommen zu Faktorkosten ist mit dem Nationaleinkommen oder Primäreinkommen identisch.

4.3.3 Das Kreislaufschema

Grafische Darstellung des Wirtschaftskreislaufs
Der Wirtschaftskreislauf besteht in einer grafischen Darstellung des Kontensystems. Konten oder Sektoren sind als „Pole" abgebildet. Ströme, die die Pole verlassen, entsprechen der rechten Seite des entsprechenden Kontos, Ströme, die in die Pole hinein fließen, entsprechen der linken Seite des Kontos. Dem Kontenausgleich entspricht die Bedingung, dass die Summe aller hinausgehenden und hinein fließenden Ströme gleich ist. Wie die folgende Abbildung zeigt, lässt sich der Wirtschaftskreislauf mit dem Kreislaufschema sehr anschaulich darstellen.

4.3.4 Input-Output-Rechnung

Grundstruktur der Input-Output-Tabellen
Mit Hilfe von Input-Output-Tabellen können die Verflechtungen in einer Volkswirtschaft dargestellt werden. Für Strukturanalysen (sektorale, regionale Strukturen) ist diese Darstellungsform unerlässlich. Die Grundtabelle

	Vorleistungskäufe			Endproduktkäufe			
	Produktions-güter	Investitions-güter	Konsum-güter	Konsum-güter-nachfrage	Investitions-güter-nachfrage	Export-nachfrage	Gesamt-nachfrage
Produktions-güter							
Investi-tions-güter							
Kon-sum-güter							
Zwischen-summe Vorleis-tungen							
Importe							
Produkti-onssteuern ./. Subven-tionen							
Brutto-löhne und -gehälter							
Be-triebs-über-schuss							
Gesamt-summe							

Tab. I.8 Grundschema der Input-Output-Tabelle

besteht aus drei Matrizen: Die Vorleistungsmatrix, die Endnachfragematrix und die Primäraufwandsmatrix. Die vierte (freie) Matrix kann für die Abbildung der räumlichen Dimension (oder andere Zwecke) verwendet werden. In der folgenden Input-Output-Tabelle sind drei Industriezweige (statt der üblichen 58) berücksichtigt, und zwar je einer der Produktionsgüterindustrie, der Investitionsgüter- und der Konsumgüterindustrie. Primäraufwandsmatrix und Endnachfragematrix entsprechen der linken und rechten Seite des gesamtwirtschaftlichen Produktionskontos. Neu ist die Vorleistungsmatrix, in der die Lieferverflechtungen der Industrie dargestellt werden. Im dunkel schattierten Feld stehen z.B. die Lieferungen der Investitionsgüterindustrie an die Konsumgüterindustrie, hier in DM oder Euro. Für dieses Feld können Input-Output-Koeffizienten berechnet werden, die Auskunft geben über die Produktionsanteile der beteiligten Sektoren. Erst eine Input-Output-Tabelle ermöglicht es, die intersektoralen Verflechtungen einer Volkswirtschaft abzubilden und zu analysieren.

Exkurs: Die Zahlungsbilanz

Zahlungsbilanz und Teilbilanzen
Die Zahlungsbilanz ist die Aufzeichnung der Transaktionen zwischen dem Inland und dem Ausland in Kontenform. Die Zahlungsbilanz besteht aus einer Reihe von Teilbilanzen, die durch Buchung und Gegenbuchung so miteinander verbunden sind, dass die Gesamtbilanz, die Zahlungsbilanz, immer ausgeglichen ist. Diese Teilbilanzen sind:

- Die Handelsbilanz zeichnet alle Exporte (linke Seite) und Importe an Waren auf.
- In der Dienstleistungsbilanz sind (links) Einnahmen aus Dienstleistungsverkäufen oder Dienstleistungsexporte sowie (rechts) Ausgaben für Dienstleistungskäufe (Dienstleistungsimporte) aufgezeichnet. Die Hotelübernachtung eines Deutschen in den USA stellt einen Dienstleistungsimport (in US $) dar.
- Der Saldo von Waren- und Dienstleistungsbilanz heißt Außenbeitrag.
- Die Übertragungsbilanz enthält die unentgeltlichen laufenden Übertragungen vom Inland ins Ausland und umgekehrt. Das sind insbesondere Überweisungen von ausländischen Arbeitskräften in ihre Heimatländer sowie Zahlungen an internationale Organisationen (EU, NATO, UN, etc.).
- Der Saldo von Waren-, Dienstleistungs- und Übertragungsbilanz wird als Leistungsbilanz bezeichnet.
- Die Bilanz des kurzfristigen Kapitalverkehrs zeichnet die kurzfristigen Kreditbeziehungen auf, die Bilanz des langfristigen Kapitalverkehrs die

langfristigen (wie z.B. Direktinvestitionen als Käufe von ausländischen Firmen durch Inländer). Beide Konten ergeben zusammengefasst die Kapitalverkehrsbilanz.

- In der Devisenbilanz der Zentralbank werden die Devisenströme erfasst.
- Schließlich fasst man alle sonstigen Posten und statistischen Ermittlungsfehler in einer Restbilanz zusammen.

Leistungsbilanz entscheidend
Wichtigste Teilbilanz ist die Leistungsbilanz, denn sie enthält die „Nettoposition" von Devisen, die für den langfristigen Ausgleich verfügbar gemacht werden müssen. Devisen (ausländische Zahlungsmittel) können nur durch Verkäufe von Waren oder Dienstleistungen, oder durch Übertragungen „verdient" werden; Devisenkredite müssen (i.d.R.) wieder zurückbezahlt werden und können Defizite in der Leistungsbilanz allenfalls überbrücken.

4.3.5 Das Bruttoinlandsprodukt

Die Schlüsselgröße der Nationalökonomen: das Bruttoinlandsprodukt
Ein wichtiges, wenn nicht das wichtigste Ergebnis der Volkswirtschaftlichen Gesamtrechnungen ist die Berechnung des Bruttoinlandsprodukts. Das Bruttoinlandsprodukt ist die Summe aller in einer Periode in einer Volkswirtschaft produzierten Waren und Dienstleistungen ohne die eingesetzten Vorleistungen, d.h. es misst die wirtschaftliche Leistung einer Volkswirtschaft, Werte, die in einer Berichtsperiode neu geschaffen wurden. Damit wird die wichtigste makro-ökonomische Größe bereitgestellt, denn vier der sechs gesamtwirtschaftlichen Ziele verwenden das *BIP* als Basis: Preisniveaustabilität, außenwirtschaftliches Gleichgewicht, stetiges und angemessenes Wirtschaftswachstum und gerechte Einkommensverteilung; die Vermögensverteilung lässt sich aus der VGR nicht ermitteln. Indirekt kann man über eine sog. Beschäftigungsfunktion, in der die Erwerbsarbeit vom Niveau des Bruttoinlandsprodukts abhängt, auch auf das Ziel des hohen Beschäftigungsstandes rekurrieren.

Maß für Wohlfahrt
Entscheidend ist die Frage, ob auch für eine entwickelte Gesellschaft wie die deutsche das Bruttoinlandsprodukt ein geeignetes Maß ist, Zielgrößen abzuleiten. Diese Frage ist für die große Mehrzahl der Nationalökonomen nach wie vor irrelevant, und zwar sowohl im Hinblick auf die „heroischen" Annahmen der Berechnung (Bewertung, Nichtberücksichtigung der

„Haushaltsproduktion") als auch im Hinblick auf die Tauglichkeit des Bruttoinlandsprodukts als Indikator für die Wohlfahrt der Menschen in einer Gesellschaft. Für eine zweite Frage allerdings, ob das Bruttoinlandsprodukt ein geeignetes Maß für die Wohlfahrt und/oder Lebensqualität einer Gesellschaft und deren Mitglieder ist, wurde die Antwort schon 1971 von *Tobin* und *Nordhaus* und 1975 von *Christian Leipert* gegeben. Die einen fragen: „Is growth obsolete?" und entwickeln ein „Measure of Economic Welfare", das wichtige Einwände zum Bruttoinlandsprodukt berücksichtigt, der andere stellt in seiner Dissertation „Die Unzulänglichkeiten des Bruttosozialprodukts als Wohlfahrtsmaß" fest.

Maß für Konjunktur und Wachstum?
Nun könnte man sagen, dass das Bruttoinlandsprodukt auf jeden Fall ein passables ökonomisches Maß ist, um die Wirtschaftslage und deren Auf und Ab (Konjunktur- oder Wachstumszyklen) zu beschreiben. Doch auch hier gibt es keinesfalls eine eindeutige Antwort. Sogar *Schumpeter* will die Antwort dem renommierten Harvard-Kollegen und Gesamtrechner *Simon Kuznets* überlassen:

„Ich überlasse Mr. *Kuznets* gerne die Beschäftigung mit diesen Problemen und möchte lediglich feststellen, daß es einen für alle Zwecke geeigneten Begriff des ökonomischen Wachstums bzw. der Kontraktion nicht gibt; daß dieser Begriff – ebenso wie andere Begriffe, z.B. der Begriff des Einkommens – je nach Problemlage definiert werden muß; und daß der Begriff in jedem Einzelfall durch den vom Untersuchenden gewählten Index oder durch irgendein anderes von ihm präferiertes Kriterium definiert wird" (*Schumpeter*, 1987, S. 196).[4]

Und *Sir John Hicks* (1948, S. 172) definiert die Konzeption des Nationaleinkommens („national income"):

„In der Praxis liegt der Zweck von Einkommensrechnungen darin, den Menschen einen Anhaltspunkt dafür zu geben, was sie konsumieren können, ohne zu verarmen. Folgen wir dieser Idee, dann sieht es so aus, daß wir das Einkommen von jemandem als den maximalen Wert dessen definieren, den er oder sie in einer Woche konsumieren kann und wir davon ausgehen können, daß er oder sie am Ende der Woche noch so gut dasteht wie zu Beginn. Das heißt, daß eine Person deshalb spart, um in der Zukunft besser dazustehen; wenn sie mehr als ihr Einkommen konsumiert, plant sie, schlechter dazustehen. Erinnern wir uns daran, daß der praktische Zweck von Einkommen darin besteht, ein Führer für solides Wirtschaften zu sein, dann ist es ziemlich klar, daß dies die zentrale Bedeutung sein muß".

Maß für ökonomische Aktivitäten?
In dieser Diskussion ist es hilfreich, nochmals die Zielsetzung des Bruttoinlandsprodukts darzustellen: Ein eindimensionales (monetäres) Maß

---

[4] *Schumpeter* kannte natürlich keine Volkswirtschaftliche Gesamtrechnung im heutigen Sinn.

abzuleiten, das die wirtschaftliche Leistung abbildet. Das Bruttoinlandsprodukt ist auf der Grundlage der *ökonomischen* Aktivitäten (Produzieren, Einkommen Verwenden, Vermögen Bilden) konzipiert; Lebensqualität geht aber über die ökonomischen Tätigkeiten hinaus. Insgesamt spielen der Haushaltssektor (im *BIP* nicht als Produktionssektor berücksichtigt) und die Freizeit für die Lebensqualität eine große Rolle.

Prämissen der Berechnung des Bruttoinlandsprodukts
Die Tatsache, dass die heutige Makroökonomik und Wachstumstheorie das Bruttoinlandsprodukt als Indikator verwendet, liegt jedoch nicht nur in der Tradition der Wohlfahrtsökonomik begründet, in der es darum ging, die Knappheit ökonomischer (und privater) Güter zu überwinden. Das Bruttoinlandsprodukt ist auch der Indikator, der die wirtschaftlichen Tätigkeiten in einer Volkswirtschaft in ihrer Gesamtheit am besten darstellt (wenn man von der Haushaltsproduktion absieht). Das Bruttoinlandsprodukt wird aufgrund allgemein akzeptierter Bewertungsregeln gemessen. Außerdem ist die Konzeption des Bruttoinlandsprodukts mit der Volkswirtschaftlichen Gesamtrechnungen (ESVG) in ein systematisches Rechensystem eingebettet, das auch als eine wichtige Basis für die Modellanalyse gilt.

Die Annahmen dieses Rechensystems bestimmen damit maßgeblich die Aussagegrenzen des Bruttoinlandsprodukts. Es sind vor allem die folgenden:

- Als Selektionsprinzip gilt, dass alle Güter und Dienstleistungen, die über Märkte (über die Theke oder über die Bücher) laufen, im Bruttoinlandsprodukt enthalten sind.[5] Ferner werden die öffentlichen Leistungen berücksichtigt. Dieses Selektionsprinzip bedeutet, dass sich die ESVG auf materielle Güter (Waren) und Dienstleistungen konzentriert.

- Als Bewertungsmaßstäbe gelten Herstellungskosten, die aus Marktpreisen abgeleitet sind und (geschätzte) Kosten. Herstellungskosten (Marktpreise) für die (marktgehandelten) Güter, vor allem der Privaten, können als zufriedenstellender Ausdruck für Leistungen dienen. Die staatlichen Leistungen (öffentliche Güter) werden zu ihren (geschätzten) Kosten bewertet. Dies ist eine sehr grobe Näherung für Leistungen.

- Der private Haushaltssektor für Nichtselbständige, dessen Bedeutung in einer Gesellschaft mit viel Freizeit außerordentlich hoch ist, wird in der ESVG praktisch nicht berücksichtigt: Definitionsgemäß produzieren diese (privaten) Haushalte nicht.

---

[5] Es gibt aber auch eine Reihe von unterstellten Transaktionen, z.B. selbsterstellte Anlagen und Nutzung von Eigentumswohnungen.

Die Unzulänglichkeiten des Bruttoinlandsprodukts: Fehlende Posten
Die Unzulänglichkeiten des Bruttoinlandsprodukts als Wohlfahrtsmaß (*Christian Leipert*) lassen sich aus folgenden Prämissen herleiten:

- Nur solche Güter können die Wohlfahrt beeinflussen, die über Märkte „erfasst" werden. Die Aktivitäten der Schattenwirtschaft, die sich auf ca. 15% des Bruttoinlandsprodukts belaufen (z.Zt. ca. 500 - 600 Mrd. DM), sind nicht berücksichtigt (wenn auch implizit enthalten, wie z.B. Bauleistungen).
- Die Bewertung der Güter und Dienstleistungen mit Marktpreisen (Herstellungskosten) gibt die Wertschätzungen der Wirtschaftssubjekte wieder, wenn die Märkte vollkommen sind. Doch welche Märkte sind vollkommen? Sie lassen sich an den Fingern einer Hand abzählen. Monopolistische Marktstrukturen und administrierte Preise verzerren die Bewertung.
- Die Eigenleistungen der privaten Haushalte erscheinen nicht im Bruttoinlandsprodukt. Damit werden „Produktionsleistungen" nicht berücksichtigt, die zwischen 40% und 60% des Bruttoinlandsprodukts liegen.
- Die Zeitallokation der Bevölkerung, insbesondere das Ausmaß der Freizeit, wird nicht erfasst. In den letzten hundert Jahren ist die Arbeitszeit aber auf 30% - 40% des Ausgangswertes gesunken.
- Die Einkommensverteilung wird aus der Niveauentwicklung des Bruttoinlandsprodukts nicht deutlich. Wie soll Wachstum bewertet werden, das nur die Einkommen einer Bevölkerungsgruppe erhöht?
- Umweltqualität und Bestand an nicht-erneuerbaren Ressourcen werden nicht deutlich. Hier spielt die Irreversibilität der Zeit die wichtigste Rolle: Negative Folgen lassen sich nicht rückgängig machen.
- Dies gilt auch für die Ausstattung mit Infrastruktur. Im *BIP* ist nur die in der jeweiligen Periode hinzukommende Infrastruktur erfasst, nicht aber der Gesamtbestand. Wachstum setzt aber eine intakte private und öffentliche Infrastruktur voraus.

Die Unzulänglichkeiten des Bruttoinlandsprodukts: Falsche Posten
Die angeführten Punkte betreffen wohlfahrtsrelevante Tatbestände, die im Bruttoinlandsprodukt gar nicht erfasst sind. Zudem werden im Bruttoinlandsprodukt wohlfahrtsrelevante Tatbestände falsch erfasst. Dies sind:

- Die öffentlichen Leistungen werden zu ihren (geschätzten) Kosten bewertet, nicht nach dem Nutzen (Output). Das bedeutet: Messen wir, dass mehr Lehrer eingesetzt oder die vorhandenen Lehrer besser bezahlt werden, dann schließen wir, dass auch die Bildungsleistungen gestiegen sind.

- Viele öffentliche Leistungen sind keine Outputs (Endprodukte), sondern Inputs (Vorleistungen). Sie müssten vom Bruttoinlandsprodukt abgezogen werden. Dies gilt zum Beispiel für Infrastrukturinvestitionen. Allerdings werden ihre Abschreibungen berücksichtigt.

- Negative externe Effekte verursachen soziale Kosten, die als Wohlfahrtssteigerung erfasst werden, aber das Wohlfahrtsniveau lediglich aufrecht erhalten („defensive Ausgaben" nach *Christian Leipert*). Beispiele hierfür sind Ausgaben zur Beseitigung von Umweltschäden oder für die medizinische und therapeutische Behandlung von „Zivilisationskrankheiten" und die durch Unfälle entstehenden Kosten.

4.4 Lebensqualität und Sozialindikatoren

Lebensqualität, Wohlfahrt und Wohlstand
Lebensqualität, Wohlfahrt und Wohlstand sind lose Verwandte. Wohlstand bezieht sich auf die individuelle, ökonomische, meist materielle Ausstattung eines privaten Haushalts; eine Wohlstandsgesellschaft besteht aus Individuen, die zu großen Teilen wohlhabend sind. Aus diesem privaten materiellen Reichtum ergeben sich auch erweiterte Lebensmöglichkeiten. Wohlfahrt umfasst den privaten und den öffentlichen Bereich und besitzt eine sozio-ökonomische Dimension. Die öffentlichen Hände versuchen, durch Umverteilung für höhere soziale Gerechtigkeit zu sorgen. In einem Wohlfahrtsstaat besteht ein umfassendes System von sozialer Sicherung (z.B. Renten-, Kranken-, Unfall- und Arbeitslosenversicherung), das auch als „soziales Netz" bezeichnet wird. Lebensqualität, erstmals von *A.C. Pigou* 1920 erwähnt („quality of life"), umfasst Wohlstand und Wohlfahrt, führt aber darüber hinaus und schließt alle Lebensbereiche ein: Ökonomie, Gesellschaft, Politik, Wissenschaft und Technik sowie Kultur. Da man unterschiedlicher Ansicht darüber sein kann, welche Lebensbereiche eingeschlossen und welche menschlichen Aktivitäten und Ziele betrachtet werden sollen, spielt das Bewertungselement eine wichtige Rolle. Wie wir später sehen werden, liegen die Bewertungen auf hoher Aggregationsstufe sehr eng beisammen. (Im Detail scheiden sich aber die Geister.)

Lebensqualität
Lebensqualität ist definiert im Spannungsfeld von objektiven Lebensbedingungen und subjektivem Wohlbefinden. Der „Komplex" oder das „Gebilde" Lebensqualität muss beschrieben oder umrissen und dann in Komponenten strukturiert werden. Dabei steht zunächst nicht im Vordergrund, ob oder wie gut diese Komponenten oder Bereiche der Lebensqualität gemessen werden können. Solche Bereiche sind z.B. Wohnen, Bil-

dung, Versorgung und Einkommen sowie Umwelt. Sie sind zum Teil im Bruttoinlandsprodukt enthalten. Die folgende Tab. I.9 zeigt, welche monetär bewertbaren Wohlfahrtsbereiche in welchem Ausmaß im Bruttoinlandsprodukt erfasst werden.

Gewichtungen
Die Rechnungen zur Revision des Konzepts des Bruttoinlandsprodukts zeigen, dass neben den Markttransaktionen die Haushaltsproduktion, die Freizeit und die Umweltwirkungen der Produktion und des Konsums eine entscheidende Rolle spielen. Nun gibt es aber weitere wichtige Bereiche, die in den Wohlfahrtsbegriff eingeschlossen werden müssen, um etwas über Lebensqualität aussagen zu können. Viele dieser Bereiche können in Geldeinheiten nicht (oder nur sehr schwer) bewertet werden. In unserer Gesellschaft zum Beispiel werden Verkehrs- und Drogentote, Selbstmorde von Jugendlichen, Ehescheidungen etc. als wichtige Probleme (Folgen) angesehen. Wie können diese Dimensionen des menschlichen Lebens gemessen, gegebenenfalls auch in € ausgedrückt werden? Die Wissenschaft bietet hierfür ein System von Sozialindikatoren an.

Das SPES-Indikatorensystem
An anderer Stelle habe ich Lebensqualität als das Zufriedenheitsniveau der Gesellschaftsmitglieder definiert. Diese Definition erhält nur einen Inhalt, wenn Bereiche der Lebensqualität oder Zufriedenheit definiert werden. Je höher das Aggregationsniveau, desto größer wird die Übereinstimmung darüber sein, ob der betreffende Sachverhalt zur Lebensqualität zu zählen ist oder nicht. Auf einem hohen Aggregationsniveau besteht denn auch bei allen Autoren der damit beschäftigten Organisationen hohe Übereinstimmung. Nehmen wir z.B. das SPES-Indikatorensystem (Sozial-Politisches-Entscheidungs- und Indikatoren-System) von *Wolfgang Zapf* und Mitarbeitern, dann ergeben sich folgende Bereiche:

I.	Bevölkerung	VII.	Umwelt
II.	Einkommen und Versorgung	VIII.	Arbeit, sozialer Wandel und Mobilität
III.	Bildung	IX.	Freizeit
IV.	Wohnung	X.	politische Partizipation
V.	Gesundheit	XI.	Verkehr
VI.	Sicherheit		

Bereich der Lebensqualität	In der Volkswirtschaftlichen Gesamtrechnung berücksichtigte Positionen	... nicht berücksichtigte Positionen	Bemerkungen
Versorgung	Alle Güter und Dienstleistungen, die über Märkte gehandelt werden	Teilweise erfasst: Nicht marktgerichtete Versorgung • Do-it-yourself, Tauschringe • Unvergütete Hausarbeit • Schwarzarbeit	Die nicht marktgerichtete Versorgung nahm in den letzten Jahren stark zu
Einkommen	Alle Einkommen, die aus marktgerichteten Tätigkeiten entstammen	Einkommen, die aus nicht marktgerichteten Aktivitäten stammen (Schattenwirtschaft)	
Bildung	Alle Bildungs- und Ausbildungsaktivitäten die über Märkte laufen wie Privatschulen, Lehrlingsausbildung, Bildungsaktivitäten der öffentlichen Hand sind durch ihre Kosten enthalten	Teilweise erfasst: Erziehungs- und Ausbildungsarbeit der Eltern (und anderer Verwandter), Studienleistungen von Schülern und Studierenden	Die „Verkäufe" von Bildungsaktivitäten, die Outputs, werden durch die Kosten, die Inputs angegeben. Mehr Kosten (Input) heißt dann mehr Bildung (Output)
Wohnung	Alle marktgerichteten Vermietungen		
Gesundheit	Nur marktgerichtete Gesundheitsvorsorge und -versorgung. Öffentliche Gesundheitsversorgung (Krankenhäuser etc.) wird mit den Kosten bewertet	Private Krankenpflege ohne Entgelt	Die Outputs werden mit den Kosten (Inputs) bewertet

Quelle: *Majer*, 1986, S. 75 f.

Tab. I.9 Lebensqualitätsbereiche und Bruttoinlandsprodukt

Bereich der Lebensqualität	In der Volkswirtschaftlichen Gesamtrechnung berücksichtigte Positionen	... nicht berücksichtigte Positionen	Bemerkungen
Umwelt	Marktgerichtete Umweltschutzausgaben, insbes. Investitionen	Umweltschäden, die nicht beseitigt werden	Das „Umweltvermögen" ist nicht bewertet
politische Partizipation	Ausgaben (insbes. öffentliche) für politische Meinungsbildung, Parteien, demokratische Institutionen	monetärer Gegenwert für die Aktivitäten und die Freiheitsspielräume der Bürger / Ehrenamt und bürgerschaftliches Engagement in Bürgerinitiativen und Parteien	Ist monetäre Bewertung überhaupt möglich
Sicherheit	In staatlichen Konsum- und Investitionsausgaben meist in Kosten enthalten. Bewertung meist in Kosten für innere und äußere Sicherheit. Käufe von Gütern und Diensten durch Markt bewertet.	Nachbarschaftshilfe	Großteil der Outputs wird als Kosten angegeben
Arbeit	indirekt über Käufe von Arbeitsmitteln	monetäre Bewertung der Arbeitsbedingungen	keine Sozialproduktskategorie
Freizeit	Käufe von Freizeitgütern, Investitionen der "Freizeitindustrie"	Freizeitnutzen, der über den Gegenwert der Käufe hinausgeht	

Tab. I.9 Lebensqualitätsbereiche und Bruttoinlandsprodukt

Quelle: *Majer*, 1986, S. 75 f.

Gesundheit als Beispiel

Diese Bereiche (Zielbereiche) sind in zahlreiche Untergruppen aufgespalten. Ich will den Bereich Gesundheit herausgreifen und mit den in den meisten Mitgliedsländern der OECD gemeinsamen „gesellschaftlichen Anliegen" weiter argumentieren. Gesundheit wird beschrieben als „die Wahrscheinlichkeit eines gesunden Lebens durch alle Stadien des Lebenszyklus" und „die Auswirkungen von Beeinträchtigungen der Gesundheit auf die Individuen". Aus letzterem ergeben sich Unterziele:

1. „Die Qualität der medizinischen Versorgung, gemessen an der Verminderung von Schmerzen und der Wiederherstellung funktioneller Fähigkeiten",
2. „Allgemeine Verfügbarkeit der medizinischen Versorgung" und
3. „Die Fähigkeit der chronisch Kranken und der dauernd Behinderten, sich effektiver am gesellschaftlichen Leben zu beteiligen." (OECD, 1973, zitiert nach *Leipert*, 1975, S. 274).

Aus diesen Unterzielen können soziale Indikatoren abgeleitet werden. Mit diesen Indikatoren werden dann Bereiche (besser Unterbereiche) der individuellen Lebensqualität angegeben. Sie werden als angestrebte Zielwerte der Gesellschaftsmitglieder interpretiert.

Objektive und subjektive Aspekte der Lebensqualität

Soziale Indikatoren können die subjektive und die objektive Position der Individuen (und, aggregiert, der Gesellschaft) beschreiben. Mit den objektiven Indikatoren werden die Lebensbedingungen der Menschen beschrieben (*Zapf*, 1984, S. 23):

„Unter Lebensbedingungen verstehen wir die beobachtbaren, ‚tangiblen' Lebensverhältnisse: Einkommen, Wohnverhältnisse, Arbeitsbedingungen, Familienbeziehungen und soziale Kontakte, Gesundheit, soziale und politische Beteiligung."

Und weiter zu den subjektiven Positionen:

„Unter subjektivem Wohlbefinden verstehen wir die von den Betroffenen selbst abgegebenen Einschätzungen über spezifische Lebensbedingungen und über das Leben im allgemeinen. Dazu gehören insbesondere Zufriedenheitsangaben, aber auch generelle kognitive und emotive Gehalte wie Hoffnungen und Ängste, Glück und Einsamkeit, Erwartungen und Ansprüche, Kompetenzen und Unsicherheiten, wahrgenommene Konflikte und Prioritäten."

Nach dieser Sicht muss Lebensqualität aus beiden Aspekten „zusammengesetzt" werden, den objektiven Lebensbedingungen und dem subjektiven Wohlbefinden. Erst durch diese beiden Aspekte wird Lebensqualität inhaltlich bestimmbar. Der subjektive Aspekt gibt dabei an, wie die Individuen die Lebensqualität bewerten.

Well-being

Objektive und subjektive Seite müssen nicht übereinstimmen. Dies lässt sich mit einer einfachen Darstellung plausibel machen (*Zapf*, 1984, S. 25):

subjektives Wohl-befinden objektive Lebensbedingungen	gut	schlecht
gut	well-being	Dissonanz
schlecht	Adaption	Deprivation

Lebensqualität ist objektiv und subjektiv erreicht im Feld „well-being", sie ist nicht erreicht im Feld „Deprivation". Dissonanz lässt sich bei Gesellschaftsgruppen feststellen, deren objektive Lebensbedingungen gut sind; der Fall der Adaption kommt hingegen weniger häufig vor.

Fazit: Viele Daten ohne Bewertungsakzeptanz
Wir können nun ein Fazit ziehen: Was taugen soziale Indikatoren als Maß für Lebensqualität und inwieweit können sie die Grundlage für eine soziale Berichterstattung oder Gesamtrechnung sein? Ohne Frage gelingt es, „die" Lebensqualität mit sozialen Indikatoren in allen ihren Facetten, also umfassend darzustellen. Als Ergebnis erhalten wir aber dann eine Vielzahl von Einzelinformationen, die ungewichtet nebeneinander stehen. Die Menge an Informationen könnte nur dann zu einer Gesamtaussage zusammengefasst werden, wenn bei gleicher Dimension eine Gewichtung der einzelnen Informationen gelingen könnte. Die Mehrdimensionalität eines Systems sozialer Indikatoren stellt somit das wichtigste Problem des Ansatzes dar. Wir können auch sagen, dass Lebensqualität eine mehrdimensionale Konzeption ist (*Binswanger*, 1990, S. 23).
Konkret geht es also darum, die Bedeutung einzelner Indikatoren oder von Indikatorenbündeln im Gesamtsystem abzubilden. Diese Aufgabe ist fast unlösbar. Es gilt, im einzelnen abzuwägen, für wie wichtig ein Indikator wie die Bettenzahl in Krankenhäusern im Vergleich zur Autobahndichte beurteilt wird. Wie wichtig ist die Anzahl von Schichtarbeiterstunden „im Vergleich" zum CO_2-Ausstoß von Kraftwerken? Wie verhält sich die Selbstmordrate zur Anzahl von Ehescheidungen? Welche Bedeutung hat die gestiegene Wohnungsgröße im Vergleich zur Anzahl von Hochschulabsolventen? Aus diesen wenigen Beispielen wird deutlich: die Bewertungs- und Gewichtungsaufgabe ist schier unlösbar. Eine allgemeine Bewertungsakzeptanz wie für das Bruttoinlandsprodukt ist nicht gegeben.

Zielsetzungen von Sozialen Indikatoren
Für die Zielsetzung, einen (eindimensionalen) Gesamtindikator für die Lebensqualität einer Gesellschaft zu bilden, ist ein System von sozialen Indikatoren offenbar nicht geeignet. Allerdings kann ein Sozialindikato-

rensystem andere Zielsetzungen hinreichend erfüllen. Eine erste Zielsetzung kann darin bestehen, Aussagen eindimensionaler Wohlfahrtsmaße (wie des Bruttoinlandsprodukts) zu ergänzen. Es wäre denkbar, solche Bereiche oder Lebensbedingungen zu bestimmen, die im Bruttoinlandsprodukt oder in einem Nettowohlfahrtsmaß nicht erfasst sind. Eine begrenzte Zahl von Indikatoren, die (vielleicht begründete) Aussagen über eng definierte Wohlfahrtsbereiche geben, könnte wertvolle Ergänzungen geben. Eine zweite Zielsetzung kann darin bestehen, einzelne Wohlfahrtsbereiche zu beschreiben und zu analysieren. In diesen Arbeiten werden die Wohlfahrtsbereiche Haushalt und Familie, Wohnen, Einkommensverteilung, Verkehr, Bildung, Gesundheitslage und -versorgung usw. beschrieben und analysiert.

4.5 Ökologische Gesamtrechnung

Ergänzung der ESVG
Im Sommer 1990 hat das Statistische Bundesamt in Wiesbaden die neue Konzeption einer umweltökonomischen (ökologischen) Gesamtrechnung vorgestellt, mit der die Statistiker auf die wachsenden Zerstörung der Umwelt reagierten. Dieses Rechensystem soll neben den Volkswirtschaftlichen Gesamtrechnungen einen eigenen Stellenwert erhalten. Es soll nicht der *BIP*-Korrektur dienen, sondern es soll die ESVG dadurch ergänzen, dass es den Stand und die Verflechtungen des Verbrauchs an natürlichen Quellen sowie den Eintrag von Rest- und Schadstoffen in die natürlichen Senken darstellt. Inzwischen ist eine erste physische Input-Output-Tabelle (PIOT) entstanden, die für 1990 alle Materialflüsse nach den 58 Produktionsbereichen der Input-Output-Rechnung darstellt, und es wird ein zusätzlicher Produktionsbereich für externe Umweltschutzleistungen sowie ein Bereich für die Verbrauchsaktivitäten der privaten Haushalte gebildet. Dabei werden insgesamt neun Rohstoffe, 49 Gütergruppen und elf Rest- und Schadstoffe unterschieden. Somit kann ein Großteil der gesamten Materialflüsse der Volkswirtschaft in physischen Einheiten abgebildet werden, eine Pionierleistung der Statistik (vgl. *Stahmer/Kuhn/Braun*, 1997, S. 7).

Die Gesamtkonzeption
Der methodische Ansatz wird von *Walter Radermacher* und *Carsten Stahmer* als „Konzept der dualen Versorgung" bezeichnet:

„Im Kern geht der Ansatz der dualen Versorgung davon aus, daß Wohlstand aus zwei miteinander verbundenen Systemen gespeist wird: zum einen durch Waren und (Dienst-) Leistungen des gesellschaftlichen Systems, zum anderen durch Güter und Leistungen der

Natur. ‚Sustainability' als Ziel heißt, es muß sichergestellt werden, daß diese beiden Versorgungssysteme ihre Leistungen auch in Zukunft noch erbringen können ... Die Brücke zwischen den Systemen bilden gesellschaftliche Entscheidungen, die auf sozialen Präferenzen einschließlich der Verantwortung für zukünftige Generationen beruhen" (*Radermacher/Stahmer*, 1996, S. 186).

Vier Probleme müssen gelöst werden

Dabei treten insbesondere vier Probleme auf, die gelöst werden müssen (ebenda, S. 176f.):

- Das Bewertungsproblem, das aus der Tatsache entsteht, dass Nutzen und Kosten wirtschaftlicher Handlungen auseinanderfallen und die daraus entstehenden externen Kosten internalisiert werden müssen,

- das Zurechnungsproblem, das aus den zeitlich und räumlich auseinanderliegenden Handlungen und ihren Folgeschäden resultiert,

- das Identifizierungsproblem, das die eigentliche Quantifizierung betrifft und

- das Komplexitätsproblem, das den makro-ökonomisch schwer zu beschreibenden Zusammenhang der beiden Systeme thematisiert.

Die UGR

Der Aufbau der UGR (umweltökonomischen Gesamtrechnungen) geht aus der folgenden Abbildung hervor (*Radermacher/Stahmer*, 1996, S. 194).

Der Pressure-State-Response-Ansatz

Die OECD hat 1992 einen Klassifikationsansatz entwickelt, der die Grundlage vieler Indikatorensysteme geworden ist und der auch in der Abbildung zum Teil angewandt wird. Der Ansatz

„geht von der Annahme aus, dass der Zustand der Umwelt zum einen durch *Belastungen* des ökonomischen Systems bestimmt wird (Entnahme von Ressourcen, Abgabe von Reststoffen), zum anderen aber auch durch die Art und Weise, wie das ökonomische System auf Änderungen der natürlichen Umwelt *reagiert* (Entscheidungen, Aktionen). In diesem Ansatz sollen Indikatoren Antworten auf drei *Fragen* geben:
- Wie ändert sich die Umweltqualität und der Bestand an natürlichen Ressourcen (State)?
- Woraus resultiert die Änderung (Pressure)?
- Wie reagieren wir (Response)?" (*Rennings*, 1994, S. 133f.).

Rasche Fortschritte nötig

Wir stützen uns bei wirtschaftlichen Entscheidungen seit vielen Jahrzehnten auf Informationen, die fast ausschließlich aus der rein ökonomischen Sphäre kommen. Dies kann nicht richtig sein. Daher sind der UGR und den Berechnungen eines Öko-Nationaleinkommens rasche Fortschritte zu wünschen, insbesondere um zu einer internationalen Bewertungs- und Methodenakzeptanz zu kommen.

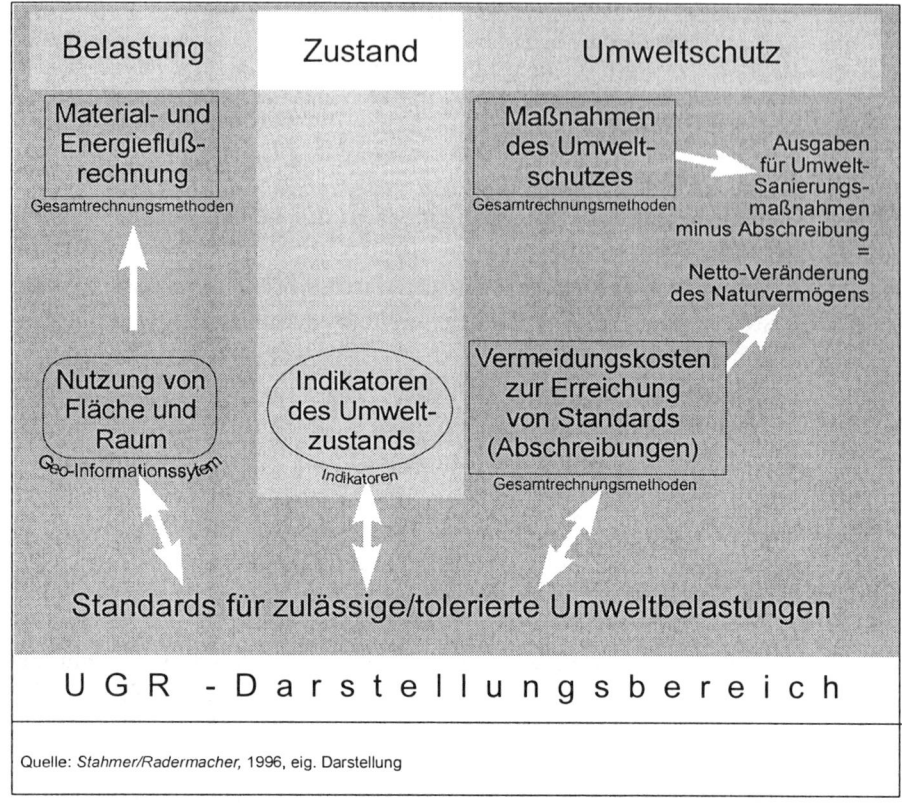

Quelle: *Stahmer/Radermacher*, 1996, eig. Darstellung

Abb. I.9   Umweltökonomische Gesamtrechnungen

4.6 Fazit

Die ökonomische Rechnungslegung ist eine Unternehmensrechnung
Es ist wichtig, systematisch den Zustand der Gesellschaft beschreiben zu
können. Diese empirischen Zustandsbeschreibungen sind für die einzelnen
Bereiche Ökonomie, Ökologie und Soziales sehr unterschiedlich. Dies
hängt mit den Lösungen und der Akzeptanz für die Bewertungen zusammen. Die ökonomische Rechnungslegung (Volkswirtschaftliche Gesamtrechnungen) stellt auf die Bewertung mit Herstellungskosten, Marktpreisen (und geschätzten Kosten) ab, und in diesen Bereichen liefert sie auch
zufriedenstellende Ergebnisse. Für den Haushaltsbereich versagt sie: Beim
Staat teilweise, weil Leistungen mit ihren (geschätzten) Kosten bewertet
werden, bei den privaten Haushalten versagt sie, weil sie annimmt, dass
die Mehrzahl der privaten Haushalte nicht produziert. Somit ist die ESVG

im Kern eine sehr gut ausgebaute Unternehmens-Produktions-Rechnung. Darauf fußt auch das Schlüsselkonzept des Bruttoinlandsprodukts. Daraus lassen sich für die Modellbildung die entsprechenden Definitionsgleichungen und Verknüpfungen ableiten.

Es fehlt die Bewertungsakzeptanz für soziale und ökologische Zustände
Für eine post-industrielle Gesellschaft werden die nicht-ökonomischen Bedürfnisse und Bereiche immer wichtiger. Das ist im wesentlichen die Produktion der öffentlichen, privaten und ökologischen Haushalte. Für ein Gesamtsystem ist es wichtig, auch diese Bereiche abzubilden. Das System der Sozialindikatoren und die ökologische (umweltökonomische) Gesamtrechnung liefern hierfür systematische Datengrundlagen. Allerdings sind die Mess- und Bewertungsprobleme noch nicht gelöst; erst seit knapp zehn Jahren liegt die Konzeption einer umweltökonomischen Gesamtrechnung vor. Die Bewertungsakzeptanz ist noch nicht gegeben. Diese Teilsysteme lassen sich ferner nicht mit der ESVG verbinden, weil die Maßgrößen unterschiedliche Dimensionen haben. Vieles im sozialen und ökologischen Bereich lässt sich nicht monetär messen.

Mehrdimensionale Betrachtungsbrille nötig
Um die Veränderungen der Lebensqualität beurteilen zu können, sollte man daher vielfältige Indikatorensysteme zu Rate ziehen. Das Bruttoinlandsprodukt liefert die eindimensionalen monetären Werte und es lässt auch Strukturbetrachtungen zu. Die umweltökonomische Gesamtrechnung stellt in physischen Größen Zustand und Verknüpfungen der einzelnen Quellen- und Senkenbereiche der natürlichen Umwelt her. Und das System der Sozialindikatoren liefert eine Menge an Informationen über einzelne Lebensbereiche, von denen die wichtigsten gebündelt und bewertet werden müssten. Das bloße Starren auf die jährlichen Wachstumsraten des Nationaleinkommens führt in die Irre; es ist, als würde ich Aussagen über meine (geografische) Umgebung ausschließlich auf die Beobachtungen mit einem Fernrohr stützen. Nötig ist eine mehrdimensionale Betrachtungsbrille.

Antworten (zu den Fragen ab Seite 45)

1. Für eine Prognose (ex ante Analyse) ist die Formulierung von Zielen eine wichtige Voraussetzung. Sie stellen in Modellen die abhängigen Variablen dar. Um die unabhängigen Variablen zu bestimmen, bedarf es Definitionsgleichungen.

2. Die ESVG ist der zentrale Ausgangspunkt für die traditionelle Makroökonomik. Für jede Wirtschaftstätigkeit ist jedoch die Erhaltung der natürlichen Lebensgrundlagen unabdingbare Voraussetzung. Daher bedarf es auch einer ökologischen Gesamtrechnung. Da in post-industriellen Gesellschaften die Verbesserung der Le-

bensqualität ins Zentrum rückt, muss eine soziale „Gesamtrechnung" (Sozial-Indikatoren-System) den definitorischen Übergang vom Nationaleinkommen zur Lebensqualität liefern.

3. Ökonomische Güter sind knappe Güter. Sie können in Verbrauchsgüter und dauerhafte Güter eingeteilt werden. Außerdem werden Dienstleistungen unterschieden. Als Endprodukte werden nicht nur Konsumgüter, sondern auch Investitionsgüter definiert.

4. Ergänzungsbedarf besteht vor allem im Bereich der (Dienst-)Leistungen, der Nutzung von Gütern und der Beachtung von anfallenden Kuppelprodukten.

5. Es sind: Güter produzieren, Einkommen verwenden, Vermögen bilden, Kredite geben und nehmen.

6. Nichtfinanzielle und finanzielle Kapitalgesellschaften, Staat, private Haushalte, Organisationen ohne Erwerbszweck, übrige Welt, gesamte Volkswirtschaft.

7. Es wird eine (Konten-)Matrix gebildet. In der Zeile stehen die ökonomischen Aktivitäten, in der Spalte die wirtschaftlichen Akteursgruppen.

8. Der Wirtschaftskreislauf ist die schematische Darstellung von monetären und realen Strömen, er gründet also darauf, dass zwischen wirtschaftlichen „Polen" oder Sektoren Geld-, Güter- und Leistungsströme fließen.

9. Der Wirtschaftskreislauf lässt sich mit einem Kontensystem, einem Kreislaufschema oder einer Input-Output-Tabelle darstellen.

10. Grundlage sind die zu Herstellungskosten (auf der Basis von Marktpreisen) bewerteten Umsätze der Wirtschaftsunternehmen. Die Leistungen des Staates werden zu ihren (geschätzten) Kosten bewertet. Unselbständige private Haushalte produzieren Annahme gemäß nicht; die privaten Haushalten von Selbständigen tragen zur Marktproduktion bei. Auf der (linken) Aufwandsseite sind die Abschreibungen und Produktionssteuern minus die Subventionen, die Faktorentgelte (Bruttolöhne und -gehälter, Zinsen, Mieten, Pachten, Betriebsüberschüsse) sowie die Importe aufgeführt. Auf der (rechten) Ertragsseite die Verkäufe von Konsum- und Investitionsgütern an Private und Staat sowie ans Ausland (Exporte), bewertet zu Marktpreisen (Herstellungskosten).

11. Es gibt keine Bewertungsakzeptanz über die Produktionstätigkeit der unselbständigen privaten Haushalte.

12. Addiert man die (rechte) Ertragsseite des gesamtwirtschaftlichen Produktionskontos, dann erhält man die Summe aus allen Nachfragen inländischer und ausländischer Haushalte und Unternehmen: $Y_d = C + I + G + Ex$ oder $Y_d = C_{pr} + G_C + I_{pr} + G_I + Ex$.

13. Konsumquote = 0,46; Investitionsquote = 0,18; Staatsausgabenquote = 0,16; Exportquote = 0,20

14. $BIP = Y_d - Im$

15. $Y_d = (WS/P) + (GS/P) + Im + \Phi$

16. $(WS/P)/Y_s$

17. „brutto" und „netto": Brutto- und Nettoproduktionswert unterscheiden sich – grob gesprochen – durch die Vorleistungen, Brutto- und Nettonationaleinkommen durch die Abschreibungen. „Marktpreise" minus Produktionssteuern plus Subventionen ergibt „Faktorkosten".

18. In Form von Polen (Akteuren) und Strömen: Als Pole definiert man zentrale Konten wie das gesamtwirtschaftliche Produktionskonto, das Einkommens(verwendungs)konto der privaten Haushalte sowie der Unternehmen (Kapitalgesellschaften und Selbständige), das Vermögensänderungskonto und das Auslandskonto. Die Buchungen auf der linken (rechten) Seite der Konten werden als Ströme in die Pole (aus den Polen) dargestellt. Die Summe der in einen Pol hineinfließenden Ströme entspricht der der herausströmenden.

19. Eine Input-Output-Tabelle ist die Aufzeichnung der Lieferverflechtungen der Sektoren einer Volkswirtschaft. Sie besteht aus der Teilmatrix der (interindustriellen) Vorleistungskäufe, der Matrix des Primäraufwands und der Endproduktmatrix.

20. Eine Input-Output-Tabelle ermöglicht Aussagen über die sektorale (und auch, bei Erweiterungen) regionale Struktur einer Volkswirtschaft und die Lieferverflechtungen der einzelnen Sektoren.

21. Sie enthält die Handels-, Dienstleistungs,- Übertragungs-, Kapitalverkehrs- und Devisenbilanz.

22. Die Leistungsbilanz ist die Konsolidierung der Handels-, Dienstleistungs- und Übertragungsbilanz. Sie gibt den Devisenbedarf einer Volkswirtschaft wieder.

23. Das Bruttoinlandsprodukt ist die Summe aller in einer Volkswirtschaft in einer Periode produzierten Waren (Güter) und Dienstleistungen für die Endverwendung, ohne die Vorleistungen. Es soll die wirtschaftliche Leistung messen (Güter produzieren und Einkommen verwenden), es gibt aber auch die Einkommensentstehung und -verteilung an.

24. Auf dem Selektionskriterium Marktaktivität, dem Bewertungskriterium Marktpreise und, beim Staat, den Kosten; definitionsgemäß erfolgt keine Produktion durch die unselbstständigen privaten Haushalte.

25. Im Vergleich zu einem Maß der Lebensqualität fehlen einige Posten, andere sind falsch zugeordnet. Beide Maße entkoppeln sich.

26. Lebensqualität ist definiert im Spannungsfeld von subjektivem Wohlbefinden und objektiven Lebensbedingungen; sie umfasst Wohlstand und Wohlfahrt und schließt alle Lebensbereiche ein.

27. Wohlstand bezieht sich auf die individuelle Ausstattung der privaten Haushalte, Wohlfahrt schließt sozio-ökonomische Tatbestände mit ein, Lebensqualität gibt die objektiven Lebensbedingungen und das subjektive Wohlbefinden der Menschen umfassend wieder.

28. Alle Komponenten der Lebensqualität, die direkt oder indirekt Marktvorgänge enthalten oder zu Marktvorgängen führen.

29. Die gesamten schattenwirtschaftlichen Aktivitäten, die Eigenleistungen der privaten Haushalte, die Wirkungen der Zeitallokation (Arbeitszeitverkürzungen und Lebenszeitverlängerungen), die Einkommensverteilungswirkungen, die Umweltqua-

lität sowie die Infrastruktur (nur Abschreibungen).

30. Die öffentlichen Leistungen (Bewertung zu geschätzten Kosten; öffentliche Leistungen sind außerdem z.T. Vorleistungen, nicht Endprodukte), sowie die negativen externen Effekte.

31. Bevölkerung, Einkommen und Versorgung, Gesundheit, Verkehr, Bildung, Wohnen, Freizeit, Sicherheit, Umwelt, politische Partizipation, Arbeit, sozialer Wandel und Mobilität

32. Die Ergänzung anderer Rechensysteme und die Untersuchung von Bereichen der Lebensqualität.

33. Stand und Verflechtungen des Verbrauchs an natürlichen Quellen (Rohstoffe, Energie und Fläche) sowie der Eintrag von Rest- und Schadstoffen in die natürlichen Senken.

34. Die Darstellung mittels einer Input-Output-Tabelle.

35. Sie muss Probleme der Bewertung, der Zurechnung, der Identifizierung und der Komplexität lösen.

36. Der Ansatz ermittelt durch Indikatoren Angaben zur Umweltqualität und zum Bestand der natürlichen Ressourcen (State), zu Ausmaß und Grund von Qualitätsveränderungen (Pressure) sowie zu Maßnahmen zur Verbesserung (Response).

37. Es ist kein allgemein anerkanntes Sozialindikatorensystem vorhanden, das die Produktion der öffentlichen, privaten und ökologischen Haushalte zufriedenstellend abbildet und in eine ökologische Gesamtrechnung einbezieht.

38. Dass nicht ein einzelner, sondern vielfältige Indikatoren zur Beurteilung der Lebensqualität herangezogen werden.

5 Lenkungssysteme

5.1 Überblick

Die Abstimmung von Einzelplänen
Wie können die oben beschriebenen Bedürfnisse der Individuen optimal (pareto-optimal) befriedigt werden? Pareto-Optimalität ist erreicht, wenn sich die Situation eines einzelnen Akteurs nicht mehr verbessern lässt, ohne dass sich die Situation eines anderen verschlechtert. Wir wissen, dass die Individuen im Wirtschaftsprozess oder in ihren gesellschaftlichen oder politischen Beziehungen unterschiedliche Ziele und Interessen vertreten, die sich auch aus ihren spezifischen Funktionen, Aufgaben und Rollen ergeben. Wer stellt sicher, dass das Bedürfnis eines Individuums (in traditioneller Ökonomensprache: „Wirtschaftssubjekts"), seinen Hunger zu stillen und sein daraus resultierender Bedarf nach Essen (bestimmter Qualität) befriedigt wird, und dass ein anders Wirtschaftssubjekt, hier ein Anbieter, die nachgefragte Menge und Qualität zu einem für den Nachfrager erschwinglichen (Einkommen) Preis an einem bestimmten Ort zu einer bestimmten Zeit anbietet? Wer stellt sicher, dass für eine angebotene Arbeitsleistung ein „angemessener" Lohn bezahlt wird? Wer stellt sicher, dass die Verkehrswege (Infrastruktur) zur Verfügung gestellt werden, auf denen private Personenkraftwagen fahren können? Es geht also darum, viele Einzelpläne von individuellen Akteuren so aufeinander abzustimmen, damit ein pareto-optimales Ergebnis resultiert.

Lenkungssysteme
Für die Lösung dieser Abstimmungsaufgabe gibt es eine Reihe von möglichen Systemen: Markt, Hierarchie, Netzwerke, Berufskulturen, Verhandlung und Selbstorganisation. Markt und Hierarchie sind dabei zu einem Gegensatzpaar stilisiert worden, das sich aus der spezifischen ordnungspolitischen Interpretation von Hierarchie ergab, nämlich Hierarchie als zentralplanwirtschaftlichem Lenkungsansatz. Durch den Niedergang der sozialistischen Zentralplanwirtschaft in der UdSSR Ende der 80er Jahre blieb das „kapitalistische" Lenkungssystem Markt als „Sieger" in der Arena des kalten Krieges zurück. Seitdem scheint es nur noch das Lenkungssystem Markt zu geben, verfolgt man die wissenschaftliche und publizistische Diskussion. Der Markt als Allheilmittel aller Probleme, bei denen Koordination auftritt. *Gary S. Becker*, der auch über die „economics of toothbrushing, love-making", etc. geschrieben hat, bekam für seine Arbeiten den Nobel-Preis in Wirtschaftswissenschaften, und die Theorie der ratio-

nalen Wahlhandlung („rational choice") begann ihren Siegeszug durch die Disziplinen Ökonomik, Politikwissenschaft und Soziologie.

Warum dominiert der Markt als Lenkungssystem?
Der Markt wird von den meisten Ökonomen als das dominierende Lenkungssystem hervorgehoben. Dies liegt erstens am „Praxistest": Die zentralplanwirtschaftlichen Lenkungssysteme sind Ende der 80er Jahre zusammengebrochen. Zweitens erfüllt der Markt am besten die Erfordernisse des immer stärker werdenden Individualismus. Drittens hat der Markt durch seine Allokationseffizienz und Arbeitsteilung zu einem nie da gewesenen Massenwohlstand geführt. Und viertens scheint der Markt vielen als die einzige ökonomische Ordnung, die zu einem demokratischen Gesellschaftssystem passt.

Plädoyer für Vielfalt
Ohne Frage hat der Markt als Lenkungssystem große Vorzüge, doch er hat auch gravierende Defizite. Dies gilt ebenso für die anderen Lenkungssysteme. Für mich ist daher eine eindeutige Antwort auf die oben gestellten „Wer-stellt-sicher-dass"-Fragen, einen optimalen Mix von unterschiedlichen Lenkungssystemen einzusetzen. Dieser naheliegende Gedanke der Vielfalt war über viele Jahrzehnte verpönt: Im Anschluss an die ordoliberalistischen Ideen von *Walter Eucken* und anderen („Freiburger Schule") befürchtete man, dass jede Abweichung vom Konkurrenzprinzip und jedes nicht-markt-konforme Element zu einem für die Verkehrswirtschaft tödlichen Infekt führen würde. Jeder noch so geringe Eingriff in die Investitionsentscheidungen der Unternehmer wird mit Investitionslenkung disqualifiziert, und das neue Instrument der „freiwilligen Selbstvereinbarung" in der Umweltpolitik wird als nicht-ordnungskonform eingeordnet.
Ich meine, dass man dem Markt als Lenkungssystem keinen Gefallen tut, wenn man ihn als allzuständiges und ideales Lenkungssystem in den Himmel lobt. Die unbestreitbaren Vorzüge des Marktes sollte man konsequent nutzen und seine Nachteile, ohne ideologische Scheuklappen und ohne Dominanzstreben, durch andere Lenkungssysteme auszugleichen versuchen.

Wie können Lenkungssysteme ausgewählt und zugeordnet werden?
Lenkungssysteme sollen das menschliche Verhalten so lenken, dass gesamtwirtschaftlich und gesellschaftlich optimale Ergebnisse resultieren. Es wäre sehr hilfreich, wenn sich ein System entwickeln ließe, das einerseits die wesentlichen Determinanten menschlichen Verhaltens umfasste, andererseits die Einordnung von unterschiedlichen Lenkungssystemen gestattete. Das in diesem Kapitel dargestellte Anreizsystem soll dies leisten.

Fragen

1. Wofür braucht man Lenkungssysteme und welche gibt es?

2. Warum dominiert das Lenkungssystem „Markt" am Ende des 20. Jahrhunderts? Was spricht für einen Mix von Lenkungssystemen?

3. Wie könnten die Elemente eines Handlungsmodells beschrieben werden?

4. Welche Zielsetzungen verfolgt ein Anreizsystem?

5. Welche Subsysteme machen das Anreizsystem aus?

6. Wie ist das Zielsystem strukturiert und welche Fragen beantwortet es?

7. Wie ist das Regelsystem strukturiert und welche Fragen beantwortet es?

8. Wie ist das Sanktionssystem strukturiert und welche Fragen beantwortet es?

9. Wie ist das Informationssystem strukturiert und welche Fragen beantwortet es?

10. Wie sind die einzelnen Subsysteme miteinander verknüpft?

11. Wie koordiniert der Markt Einzelpläne?

12. Welche Bedingungen müssen erfüllt sein, wenn der Markt funktionieren soll?

13. Wann tritt Marktversagen auf?

14. Gibt es ein inhärentes Lenkungsdefizit des Marktes und warum tritt es auf?

15. Was bedeutet: *Marshalls* Kreuz?

16. Warum sinkt der Devisenkurs? Wie lässt sich der Devisenmarkt darstellen?

17. Warum steigen die Zinsen auf dem Geldmarkt?

18. Welche Voraussetzungen müssen auf einem Arbeitsmarkt gelten?

19. Wie werden durch Hierarchie Einzelpläne subordiniert?

20. Welche Aspekte sollte man bei Hierarchie unterscheiden?

21. Welche Gründe werden gegen die Effizienz von Bürokratien vorgebracht?

22. Welche Rolle spielen Verantwortung und Kontrolle?

23. Welche Arten von Staatsversagen unterscheidet *Jänicke*?

24. In welchen Zusammenhängen treten Netzwerke auf?

25. Wie definiert man soziale Netzwerke?

26. Wodurch entstehen Beziehungen?

27. Welche Merkmale weisen Netzwerke auf?

28. Was versteht man unter Innovationsnetzwerken?

29. Wie lässt sich die Statik und Dynamik von Netzwerken beschreiben?

30. Wodurch können Netzwerke lernen?

31. Was besagt die Austauschtheorie?

32. Welche Rolle spielt Vertrauen in Netzwerken?

33. Was versteht man unter „selbstorganisatorischen Systemen"?

34. Wer verhandelt bei Tarifkonflikten?

35. Was besagt die Lohngleichung und wofür braucht man sie?

36. Gibt es eine Renaissance von Verhandlungen?

37. Wie lässt sich Vielfalt und Reform bei Lenkungssystemen zuordnen?

5.2 Determinanten des menschlichen Verhaltens: ein Anreizsystem

Das unterstellte Handlungsmodell
Zielabweichungen treten wegen eines nicht-konformen Verhaltens der
Akteure auf. Wirtschaftspolitische Maßnahmen zielen darauf, das Verhalten der Akteure so zu beeinflussen, dass die Zielabweichungen beseitigt
werden. Dafür muss das Verhalten aber erklärt werden können. Dies soll –
in Umrissen – das folgende Anreizsystem leisten; es erklärt das menschliche Verhalten und zeigt dadurch Ansatzpunkte zur Beeinflussung dieses
Verhaltens auf. Dadurch kann zur Erfüllung von (kollektiven) Zielen
beigetragen werden. Das zugrundeliegende Handlungsmodell besteht aus
kognitiven, emotionalen und rationalen Elementen: Sinn und Wahrnehmung (Kognition) → Einsicht in Handeln (Emotion/Motivation) →
Handlungsoptionen → Auswahl (Rationalität) → Handeln.

Subsysteme des Anreizsystems
Das Anreizsystem besteht aus dem
- Zielsystem, in dem sich das unterstellte Menschenbild der relevanten
  Akteure niederschlägt (Werthaltungen, Ziele und Präferenzen). Das
  Zielsystem kann sich auch auf Gruppen beziehen,
- Regelsystem, das beschreibt, an welchen formalen und informellen
  Regeln sich das Verhalten der Akteure ausrichtet,
- Sanktionssystem, das dann eintritt, wenn die Akteure die Regeln nicht
  einhalten,
- Informationssystem, das dafür sorgt, dass zwischen den einzelnen
  Teilsystemen und innerhalb der Teilsysteme ein Austausch von Nach-

richten stattfinden kann, der auch zu Veränderungen der Elemente der Teilsysteme führt. Das Informationssystem verknüpft die einzelnen Subsysteme.

Das Beispiel eines Tennismatchs

An einem Tennismatch erläutert, bedeutet dies zum Beispiel: Die Ziele der beteiligten Spieler sind auf Maximierung der Punkte (Treffer) ausgerichtet. Die Spieler sind stark leistungsorientiert und haben starke Präferenzen, die Geldpreise zu gewinnen. Das formale Regelsystem im Tennis ist bekannt. Informelle Regeln betreffen Sitten, Gebräuche, die sich in der „Tennisspielergemeinde" herausgebildet haben: Vor dem Schlag Schnürsenkel nachbinden ist erlaubt; der Gewinner gratuliert als erster, und so weiter (nach *John McEnroe*). (Vorsicht: Die Regeln dürfen nicht mit Strategien verwechselt werden.) Der Schiedsrichter und seine Linienrichter etc. überwachen die Einhaltung der Regeln. Sanktionen (Belohnungen oder Bestrafungen) werden erwirkt, wenn im Sinne der Regeln Erfolge oder Misserfolge auftreten (Ass, Ball im Aus). Auch der vorwurfsvolle Blick des Schiedsrichters kann eine „Bestrafung" sein. An Tafeln und über Lautsprecher werden die Zwischenergebnisse mitgeteilt (Informationssystem).

Teilsystem	Ausprägung	Beispiele für private Haushalte	Beispiele für den Staat	Beispiele für Unternehmen
1. Zielsystem	individuelle Ziele			
	• kurzfristig	• Nutzenmaximierung	• Budgetmaximierung	• Gewinnmaximierung
	• mittel- und langfristig	• Lebensbedingungen der Nachkommen sichern	• Existenzsicherung der Behörde	• Existenzsicherung des Unternehmens, Zugriff auf Natur- und Humanressourcen
	Gemeinschaftsziele			
	• kurzfristig			
	• mittel- und langfristig	• intertemporale und interregionale Verantwortung übernehmen	• Umwelt-, Sozial- und Internationalverträglichkeit	• Wirtschaftlichkeit, intertemporale und interregionale Verantwortung
2. Regelsystem	formale Regeln			
	• Organisationen	• private Haushalte, Verbraucherverbände	• Ministerien, Ämter, Einrichtungen	• Unternehmen, BDI, DIHT, IHK
	• Eigentumsrechte	• Privat-Vermögen	• Vermögen	• Produktiv-Vermögen
	• Verträge	• Mietverträge	• Beschaffungsverträge	• Tarifverträge, Lieferantenverträge
	• Gesetze, Verordnungen	• BGB, Ladenschlussgesetz, Straßenverkehrsordnung,	• Sozialgesetzbuch, Haushaltsordnung	• Betriebsverfassungsgesetz, BimSchG, BGB
	• Märkte	• Handel		• Arbeitsmarkt, Gütermärkte

Tab. I.10 Anreizsystem

Teilsystem	Ausprägung	Beispiele für private Haushalte	Beispiele für öffentliche Haushalte	Beispiele für Unternehmen
2. Regel-system	informelle Regeln • Normen (als strengster Oberbegriff), sozialen Sanktionen unterliegende Verhaltensregelmäßigkeit. • Sitten, Gebräuche, Konventionen, gemeinsame Rollenerwartung, durchschnittliches Verhalten, Bewertungsstandard (Knigge)	• Mülltrennung • Urlaubsziele, Autoklasse	• Ethos des Beamten, des Offiziers („Effie Briest") • Büroroutinen	• Kodex eines guten Managements • Zahlungsmoral
3. Sanktions-system	pekuniäre Sanktionen, Belohnungen und Bestrafungen • mit Zwang · Preise · Steuern, Gebühren, Abgaben · Beiträge	· niedrige Preise (Belohnung) · niedrige Steuern (Belohnung)		· hohe Preise (Belohnung) · niedrige Steuern (Belohnung)

Tab. I.10 Anreizsystem

Teilsystem	Ausprägung	Beispiele für private Haushalte	Beispiele für öffentliche Haushalte	Beispiele für Unternehmen
3. Sanktions-system (Forts.)	• ohne Zwang (Geschenke, Spenden)	• Geschenke	• Geschenke	• Umweltpreis
	• nicht-pekuniäre Sanktionen		• Verbot der Vorteilnahme	
	• mit Zwang (Auflagen, Verbote und Gebote)	• Müllentsorgung		• Grenzwerte für Schadstoffe
	• ohne Zwang · Zeichen (sichtbar)	· Orden, Auszeichnung	· Zeitungsbericht	· EU-Logo für Öko-Audit, Blauer Engel
	· unsichtbar	· gesellschaftliche Anerkennung (Nachbarschaftsbeziehungen, nach *Ellickson*)	· Belobigung eines Amtes, Bericht in Medien	· guter Ruf
4. Informations-system	• Sender		• Formular	• Werbebotschaft
	• Empfänger			• Vertrauenseigenschaften des Produkts
	• Übertragungen (Redundanz, Vollständigkeit, Wahrhaftigkeit, Plausibilität)			

Tab. I.10 Anreizsystem

Anreizsystem und Lenkungssystem

Wie können nun die unterschiedlichen Lenkungssysteme Markt, Hierarchie, Netzwerke, Kulturen und Verhandlungen in das eben beschriebene Anreizsystem eingeordnet werden?

- Beim Markt werden die Schwerpunkte des Anreizsystems bei den individuellen (eher kurzfristigen) Zielen liegen, bei formalen Regeln (der „Markt" ist mit seinen Eigentumsrechten ein formales Regelsystem), bei pekuniären Sanktionen und bei Informationen, die durch das Preissystem vermittelt werden.

- Für das Lenkungssystem Hierarchie liegen die Schwerpunkte des Anreizsystems bei individuellen und gemeinschaftlichen Zielen, die alle Fristen umfassen können, bei formalen Regeln, bei pekuniären und nicht-pekuniären Sanktionen und bei Informationen, die eine starke Asymmetrie zugunsten übergeordneter Instanzen aufweisen.

- Netzwerke lassen sich schwerpunktmäßig beschreiben durch individuelle und gemeinsinnige Ziele für die mittlere und lange Frist, vor allem informelle Regeln, nicht-pekuniäre Sanktionen und intensive Information auf persönlicher Kommunikation aufbauend. Diese Zuordnungen dürften auch die (Berufs-)Kultur als Lenkungsinstrument betreffen.

5.3 Markt

Koordination von Einzelplänen

Der Markt ist der ökonomische Ort des Tausches, auf dem sich Anbieter und Nachfrager treffen. Bei vollkommener Konkurrenz (und erfüllten Homogenitätsbedingungen sowie vollkommener Transparenz) bildet sich für ein bestimmtes Gut in Qualität und Menge zu bestimmter Zeit und an einem bestimmten Ort ein einziger Preis (Gleichgewichtspreis) heraus, der „den Markt räumt"; es bestehen keine Angebots- oder Nachfragemengenüberschüsse mehr. Die Pläne (Erwartungen) der Wirtschaftsakteure werden erfüllt. Bei Planabweichungen, z.B. in Form einer Nachfrage, die über dem herrschenden Angebot liegt, zeigt der Preis den Marktteilnehmern die Marktsituation an (hier: Knappheit) und steigt. Der steigende Preis lockt durch seine höheren Stückgewinne neue Anbieter an, die durch ihr zusätzliches Angebot die Knappheit beseitigen und dadurch die Pläne der Wirtschaftssubjekte koordinieren. Bei Überfluss (Angebotsmengenüberschuss) sinkt der Preis. Das Marktergebnis tritt „per Saldo" immer auf, wenn die Preise auf den einzelnen Märkten nach oben und unten flexibel sind, also auch bei monopolistischer Konkurrenz. Die in den Preisen enthaltenen „Informationen" (Bedürfnisse, Kosten, Erwartungen) sind in der Regel zeitpunktbezogen („spot"), können aber auch für zukünftige Transaktionen („Terminmärkte") genutzt werden.

Bedingungen für die Funktionsfähigkeit des Marktes
Der Markt funktioniert nur mit einem funktionsfähigen Preissystem, und wenn bestimmte Prinzipien erfüllt sind (*Eucken*: sechs konstituierende und weitere regulierende Prinzipien); wesentlich sind das Primat der Währungspolitik, Konstanz der Wirtschaftspolitik, Prinzip der offenen Märkte, freie Verfügbarkeit der Privaten über ihr Eigentum (Eigentumsrechte) und Haftung. Regulierende Prinzipien sind Wettbewerbsordnung (Monopolkontrolle, Verhinderung von unlauterem Wettbewerb, Preisauszeichnungspflicht, Schutzvorschriften für Gesundheit und Umwelt), Einkommenspolitik im Sinne einer progressiven Besteuerung (Sozialpolitik), Wirtschaftsrechnung und Sicherung institutioneller Bedingungen (Infrastruktur, Gesetze, Verträge, Arbeitsangebot, etc.). Bemerkenswert ist, dass *Eucken* schon vor 50 Jahren den Schutz von Umwelt und Ressourcen herausstellte. Wie schon *Adam Smith* festgestellt hat, funktioniert der Markt („als unsichtbare Hand") vor allem deshalb so effizient, weil er vom Selbstinteresse der Individuen geleitet wird. Positiv ausgedrückt kann man auch sagen, dass die Individuen in dem Sinne selbstverantwortlich handeln, dass sie aufgrund ihrer individuellen Pläne („interne" Kosten und Nutzen) ihren Netto-Nutzen maximieren. Wenn diese Bedingungen erfüllt sind, dann kann man das Marktsystem im Anschluss an *Friedrich von Hayek* auch als „selbstorganisatorisches System" bezeichnen.

Marktversagen
Die Grenzen oder Nachteile des Marktes werden als „Marktversagen" bezeichnet. Märkte funktionieren nur unter bestimmten Bedingungen „wunschgemäß", es liegt oft Marktversagen vor:
- Lässt sich überhaupt eine zahlungsfähige Nachfrage bilden? (Landwirtschaftliche Produktion, gesellschaftliche und politische Leistungen),
- Märkte geben den kurzfristige Interessen (Zielen) der Marktteilnehmer Priorität vor den langfristigen (Ölförderung),
- es fehlt die vorsorgliche Problemvermeidung (Umweltschutz),
- die Allgemeininteressen (kollektive Ziele) werden unzureichend berücksichtigt,
- es besteht die Gefahr von Monopolbildung,
- es treten externe Effekte auf.

Insbesondere bei öffentlichen Gütern lassen sich die Marktpreise nicht anwenden, weil

- das Ausschlussprinzip nicht angewandt werden kann (niemand kann von der Nutzung des Gutes – ohne sehr hohe Kosten – ausgeschlossen werden) und dadurch „Trittbrettfahrerverhalten" entsteht (da auch Nicht-Zahler nicht ausgeschlossen werden können),
- keine Konsumrivalität besteht,
- bei Bereitstellung hohe externe Effekte (Kosten oder Nutzen) vorliegen.

Externe Kosten als inhärentes Funktionsdefizit des Marktes
Das Auftreten externer Kosten muss als ein fundamentales Funktionsdefizit des Marktsystems bezeichnet werden (z.B. Schutz der natürlichen Lebensgrundlagen). Bei meritorischen Gütern (*Musgrave*), die eine Mischung der Merkmale privater und öffentlicher Güter aufweisen, wird oft aus traditionellen Gründen und zur Verfolgung öffentlicher Zielsetzungen (Gesundheitsschutz, Sicherheitsauflagen) die Nicht-Markt-Lösung bevorzugt. Typische Beispiele in fast allen Ländern sind Bahn und Post. Also muss der Staat in der Wirtschaft eine wichtige Rolle übernehmen. Allerdings zeigen gerade diese beiden Beispiele, dass auch gravierendes Staatsversagen vorliegen kann. Darauf werde ich im nächsten Abschnitt eingehen.

Siegeszug des Marktprinzips – auch in den ökonomischen Lehrbüchern
Das Marktprinzip hat seit dem Zusammenbruch des Sowjetsystems einen Siegeszug um die Welt angetreten; „die Globalisierung der Märkte" ist ein offensichtliches Etikett. Die o.g. Fälle des Marktversagens, und diese sind in einigen Fällen mit gravierenden negativen Wirkungen verbunden, werden ignoriert. Im ersten Fall werden alle menschlichen Handlungen dem ökonomischen Prinzip unterworfen, im letzten Fall wird die ökonomische Effizienzrechnung ausgehebelt, weil die Leistungen nicht messbar sind und die Bezugsgrößen der Effizienz (Output/Input) nicht angegeben werden können.

Marshalls Kreuz
Dennoch: Unter Nationalökonomen ist der Markt nahezu ein Wundermittel. Studierende dieser „Zunft" sind in öffentlichen Räumen, Bussen und Bahnen in der Regel sofort zu erkennen, wenn sie ein Manuskript studieren: Nämlich am allgegenwärtigen „Kreuz *Marshalls*" (Angebots-Nachfrage-Diagramm). Sie haben gelernt, auf Fragen wie
- Wovon hängt die Inflation ab?
- Wovon hängt der Zins ab?
- Wovon hängt die Arbeitslosigkeit ab?
- Wovon hängt der Kurs des Euro ab?

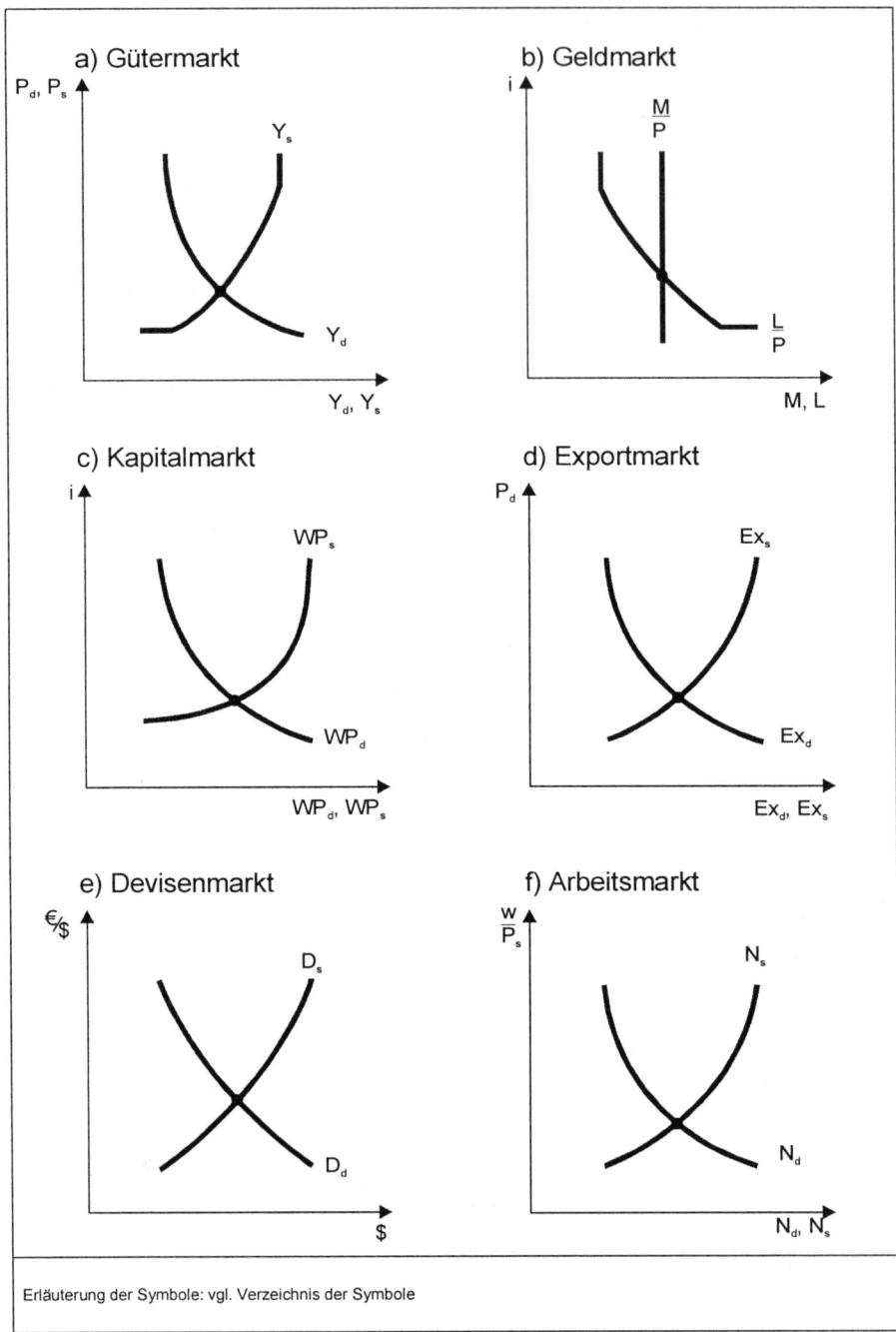

Abb. I.10 Märkte

schlicht zu antworten: „Von Angebot und Nachfrage". Dabei spielt es zunächst keine Rolle, ob die Frage mikro- oder makro-ökonomische Tatbestände enthält. Im letzteren Fall werden eben aggregierte Angebots- und Nachfragekurven unterstellt, wie etwa in den Abbildungen I.10a-f.

Beantwortet die ökonomische Methode alle Fragen?
Bei allen diesen Abbildungen erkennt der Leser und die Leserin die aus der Mikroökonomik bekannten Gleichgewichts„preise". Preise sind auf dem Gütermarkt die Güterpreise, auf dem Geldmarkt die Zinsen, auf dem Devisenmarkt die Kurse, auf dem Arbeitsmarkt die Lohnsätze. Dieser Erklärungsansatz mit Hilfe von Angebots-Nachfrage-Diagrammen ist sehr gehaltvoll, wenn die betrachteten Märkte wirklich als solche dargestellt werden können. Das ist – in der Tendenz – bei den Gütermärkten der Fall für Güter, die von den privaten, dem Wettbewerb ausgesetzten Unternehmen angeboten werden. Das ist ebenfalls der Fall bei Geldmärkten, Kapitalmärkten und, in besonders idealer Weise, beim Devisenmarkt. Hier findet ein Austausch, ein Handel auf Märkten statt. Trifft dies beim Arbeitsmarkt ebenfalls zu, werden dort Menschen oder Arbeitskräfte gehandelt wie „Elektronikschrott und Bananen"? Ich meine nicht.

5.4 Hierarchie

Subordination von Einzelplänen
Im Marktsystem koordiniert der Preis die Einzelpläne der Akteure. Das System der Hierarchie subordiniert die Einzelpläne unter einen Zentralplan (Zentralverwaltungssystem); die Entscheidungen werden in einem pyramidenförmigen Ordnungs- und Führungssystem von oben nach unten weitergegeben. Die oberste Hierarchieebene legt die Leitbilder und groben Ziele fest, die dann i.d.R. von der zweiten Ebene sehr detailliert ausgefüllt und dann zur nächsten Hierarchieebene als Anweisung zur „zuständigen" Entscheidungseinheit weitergeben werden. Der „Vollzug" des Plans oder Planaspekts wird nach oben gemeldet, weil Kontrollen befürchtet werden müssen. Es liegt auf der Hand, dass der Plan eine hohe Prognosegüte aufweisen muss, da kaum Puffer vorgesehen sind, die Ungenauigkeiten oder Fehler abfedern könnten. Da die unteren Hierarchieebenen lediglich vorgegebene Weisungen ausführen müssen, wird ihr Kreativitätspotential nicht gefordert, geschweige denn ausgeschöpft. Durch den Entmündigungsprozess entstehen Ausweichstrategien und Überwachungsmechanismen, die eine effiziente Leistungserstellung maßgeblich behindern.

Organisations- und Lenkungsaspekt von Hierarchien

Ich unterscheide zwischen einem Organisations- und einem Lenkungsaspekt von Hierarchie. Hierarchische Strukturen sind das bekannteste Organisationsprinzip bei wirtschaftlichen Einheiten wie privaten Unternehmen und Haushalten („der" Wirtschaftsvorstand bei privaten Haushalten ist aber eher für die Statistik interessant). Die Abstimmung der Einzelpläne in den Unternehmen und Haushalten erfolgt heute noch weitgehend durch Subordination, ob diese nun in Märkten agieren oder nicht. Der interne Abstimmungsmodus der einzelnen Planeinheiten folgt also in der Regel hierarchischen Prinzipien; dass es hier immer mehr erfolgreiche Ausnahmen gibt, ist ein Ausdruck des Wertewandels zu selbstorganisatorischen Strukturen (siehe unten).

In Bezug auf den Lenkungsaspekt von Hierarchie ist entscheidend, wem die Planeinheiten (Unternehmen und Haushalte) verantwortlich sind und in welchem wirtschaftlichen und gesellschaftlichen Umfeld sie sich befinden. Sind sie privaten Vermögensbesitzern verantwortlich (Aktionären, Kommanditisten, Familienmitgliedern) und haben sie Möglichkeiten für eine eindeutige Rechnungslegung (Erfolgsrechnung, Haushaltsrechnung) für eine eindeutig definierte Leistung, dann können diese Planeinheiten bei berechenbarem Misserfolg einer Geschäftsaktivität zur Rechenschaft gezogen werden. Sind die Planeinheiten in diffusen Verantwortungsbeziehungen (z.B. im Bereich öffentlicher Verwaltungen) und ist der Misserfolg nicht berechenbar (weil die Leistung nicht eindeutig definiert werden kann), dann können Konsequenzen schwer eingefordert werden. In der öffentlichen Diskussion über „Markt oder Plan" werden diese beiden Aspekte von Hierarchie immer wieder verwechselt.

Ineffiziente Bürokratien

Horst Recktenwald (1980) hat wichtige Punkte zusammengetragen, die insbesondere die Unwirtschaftlichkeit des staatlichen Sektors belegen sollen:

* Bürokratische Organisationseinheiten sind schwerfällig und arbeiten unwirtschaftlich (Bürokratiekritik),
* bei öffentlichen Leistungen sind Nutzer und Zahler in der Regel verschiedene Personenkreise. Damit fehlt die Verantwortungsbereitschaft (Zuständigkeitsproblem),
* im Verwaltungsapparat fehlt Erfolgskontrolle und materielle Effektivitätsanzeige,
* der Staat ist eine Selbstbedienungsorganisation für Staatsdiener,
* es bestehen strukturelle Hindernisse gegen Produktivitätssteigerungen,
* der Budgetmechanismus ist unüberschaubar,

- Preise und Qualitäten sind unzulänglich, zu hoch bzw. zu schlecht,
- innerhalb und außerhalb der Staatssektors bestehen wichtige Steuerungsprobleme,
- die Rationalitäts- und Innovationsschwächen sind gravierend,
- die Zeitperspektive des Staatssektors ist wegen der Wahlzyklen (Bundestags- und Landtagswahlen) sehr kurz.

Dies ist der organisatorische Aspekt von Staatsversagen, der kurzfristig auch bei großen privaten Firmen auftreten kann. Langfristig werden die privaten Unternehmen aber dazu gezwungen, denjenigen, denen sie verantwortlich sind, eine positive Erfolgsrechnung vorzulegen. Dies führt dann, wenigstens kurzfristig, zur Beseitigung oder Linderung der Mängel. Unabhängig davon sind ökonomische Ineffizienzen in bürokratisch-hierarchisch organisierten Institutionen inhärent. Langfristig können diese Probleme nur durch organisatorische Reformen beseitigt werden, insbesondere durch eine Abflachung der hierarchischen Strukturen und eine Delegierung von Verantwortung auf alle Mitarbeiterebenen, die sich und den Erfolg ihrer Arbeit dann selbst kontrollieren. Immer wenn die Entscheidungsträger gleichzeitig Kontrolleure sind, und wenn der Erfolg nicht exakt messbar ist und zugerechnet werden kann, treten die von *Recktenwald* beschriebenen Ineffizienzen auf.

Eine breitere Sicht von Staatsversagen
In Bezug auf den Lenkungsaspekt von Hierarchie kann man nach *Martin Jänicke* weitere Arten von Staatsversagen unterscheiden:

- Politisches Staatsversagen (Verzicht auf politische Gestaltung und vorsorgliche Intervention bedeutet Symptombekämpfung).
- Ökonomisches Staatsversagen (siehe die ausführliche Beschreibung der mangelnden Effizienz des Staates, oben).
- Funktionelles Staatsversagen (mangelnde Effektivität d.h. Wirkung der Staatstätigkeit. Dies ist die Ohnmacht des Staates).

Das sind schwerwiegende Einwände gegen staatliche Tätigkeit überhaupt. Sie lassen sich - was das politische Staatsversagen betrifft - auch nicht lösen (*Jänicke*), indem die „Herstellung öffentlicher Güter" nicht durch technokratische Produktion, sondern durch politisch-regulative Intervention bzw. Gestaltung organisiert wird. Andererseits muss bei Marktversagen die bürokratische Organisation eintreten. Und hier hilft nur eine Reform derselben („public management").

5.5 Netzwerke, Berufskultur

Anwendungen der Netzwerkanalyse
Netzwerke sind zwischen Markt und Hierarchie angesiedelt; sie stellen sich immer mehr als ein Lenkungsinstrument heraus, das in meso-ökonomischen Bereichen, also zwischen Mikro- und Makroumgebungen, eine wichtige Rolle spielt (Industriebranchen, Regionen, sozio-ökonomische Klassen, Wissenschaft, Gesundheitswesen und anderen „communities"). Berufskulturen wie „die" Ingenieure, „die" Mediziner, „die" Eisenbahner, „die" Wissenschaftler lassen sich in ihrem kollektiven Verhalten ebenfalls mit Hilfe der Netzwerktheorie analysieren und verstehen. Aus der Vielzahl von Netzwerkansätzen greife ich im folgenden soziale Netzwerke heraus.

Der Netzwerkbegriff
Über den Begriff sozialer Netzwerke herrscht weitgehende Einigkeit: Ein Netzwerk ist eine System von besonderen Beziehungen zwischen einer bestimmten Anzahl von Personen mit der zusätzlichen Besonderheit, dass das gesellschaftliche Verhalten dieser Personen mit Hilfe der Merkmale „ihrer" Beziehungen interpretiert werden kann. Wesentliche Merkmale sind (*Grabher*, 1993, S. 8ff.):

- Gegenseitigkeit („reciprocity"). Dies bedeutet die implizite (langfristige) Erwartung der Akteure, dass eine Aktivität (irgendwann) erwidert wird.
- Interdependenz. Sie gibt Netzwerken Stabilität, indem in einem langsamen Prozess sich Vertrauen entwickelt über eine gemeinsame Sprache, über Vertragsregeln, standardisierte Abläufe und Routinen, technische Philosophien, Umgang mit organisatorischen Problemen und explizite Regeln.
- Lockere Verbindung („loose coupling"). Sie sorgt ebenfalls für Stabilität des Netzwerks, indem sie Redundanz herstellt und dadurch Krisen und Risiken abpuffern kann; interaktives Lernen wird so gefördert.
- Macht. Macht ist in seiner unsymmetrischen Form ein funktionales Netzwerkelement.

Reziprozität kann als die entscheidende Voraussetzung für das Funktionieren von Netzwerken angesehen werden. Sie enthält eine „Pflicht zur Gegenleistung". Die Interaktion zwischen den Akteuren findet statt durch

- Information und Kommunikation (neue Ideen, auch Gerüchte),
- Austausch und Transaktion (Güter und Dienste),
- Normen, Werte, Einstellungen (Erwartungen, die mit der Beziehung verbunden werden).

Statik und Dynamik von Netzwerken
Natürlich werden auch Netzwerke von regionalen Akteuren durch Beziehungen gebildet. Diese Beziehungen wiederum bestehen (nach *Grabher*, 1993) in

- Zielen,
- Aktivitäten und
- Ressourcen.

Veränderungen treten in den Netzwerken dann auf, wenn sich

- Ziele, Ressourcen und Aktivitäten ändern, wenn
- Machtverschiebungen zwischen den Akteuren stattfinden, und wenn
- Lernprozesse in Gang kommen.

Ressourcenänderungen betreffen nicht nur materielle oder finanzielle Ressourcen, sondern auch Veränderungen im Wissenspotential oder in den technischen Kenntnissen. Damit sind auch Machtverschiebungen im Netzwerk verbunden.

Erklärung von Netzwerkbeziehungen
Die Frage lautet, welche theoretischen Ansätze der Erklärung von Netzwerkbeziehungen verwendet werden können. Die bekannteste und für Ökonomen einleuchtende ist die Austauschtheorie. Die Austauschtheorie besagt, dass Menschen in sozialen Netzwerken in ökonomische, manipulative und kommunikative Beziehung zueinander treten, wenn sie sich daraus eine Nutzensteigerung erwarten, wobei intrinsische und extrinsische Beweggründe dafür vorliegen können (*Scheidt*, 1995, S. 275).

Netzwerke und Markt
Überlappen sich soziale und ökonomisch orientierte Netzwerke, dann besteht das Problem, dass die unterstellten Menschenbilder zueinander passen sollten. Soziale Austauschprozesse unterscheiden sich signifikant von marktlichen Tauschprozessen. Beim Markttausch werden zwei Entitäten mit gleichem Wert getauscht. Bei sozialen Austauschprozessen muss dies nicht der Fall sein. Im selben System kann nicht gleichzeitig Misstrauen (Opportunismus) und Vertrauen unterstellt werden.

Die Bedeutung von Vertrauen
Falls Lernprozesse in einem sicheren Umfeld besser gedeihen, dann überbrückt Vertrauen diese Unsicherheit (*Scheidt*, 1995, S. 299). Beschreibt man aber Vertrauen als die Erwartung in eine bestimmte Verhaltensweise, dann werden dadurch Lernprozesse eher abgeblockt. Vertrauen setzt einen Vertrauensvorschuss (Freiwilligkeit) als Vorleistung voraus, eine Mehrleistung, die nicht verlangt wird und die einen besonderen Einsatz des Interaktionspartners verlangt, Kommunikationsmöglichkeiten herzustellen

(ebenda, S. 316f.). Diese „persönlichen Aufwendungen" in Kommunikations- und Kooperationsmöglichkeiten können als wichtige Voraussetzung dafür betrachtet werden, dass Lernprozesse überhaupt entstehen können. Nach *Dasgupta* ist Vertrauen nicht „blind", sondern beruht auf Wissen über den Partner. Dieses Kooperationsmodell setzt eine „Begegnungsgeschichte" voraus. Dabei ist Aufrichtigkeit überzeugend, wenn die vertrauensbildenden Aktivitäten mit Kosten verbunden sind (*Scheidt*, 1995, S. 321).

5.6 Selbstorganisation

Erklärungsbereiche
Krugman zeigt in einem sehr populären Buch über Selbstorganisation, dass die Prinzipien und Mechanismen, die das Wachstum von tropischen Stürmen und eines Embryos erklären auch die Schwankungen von Konjunkturen und die Entstehung von großen Metropolen erklären können. Dies nimmt Vermutungen auf, die *Friedrich von Hayek* schon vor Jahrzehnten geäußert hat, dass nämlich das Wettbewerbssystem als ein selbstorganisatorisches System bezeichnet werden kann. *Krugman* zeigt dies kurz mit Hilfe eines nicht-linearen Ansatzes zur Erklärung von Konjunkturschwankungen (*Krugmann*, 1996, S. 61-73). Die Grundidee der Modelle der Selbstorganisation lautet, dass sich in Ungleichgewichten (Chaos) durch ein Zusammenspiel von Determinismus und Stochastik (gezeigt z.B. in *Hermann Hakens* Mastergleichung) Ordner auftreten, die eine neue stabile Struktur schaffen. Solche nicht-linearen Modelle sind natürlich für eine einführende Makroökonomik viel zu anspruchsvoll. Doch die Kenntnis darüber sollte unsere Sensibilität für den Ablauf von sozio-ökonomischen Prozessen schärfen.

Das Beispiel des Laserstrahls
Haken zeigt dies am Beispiel des Laserstrahls, den er ausführlich untersucht hat. Der Laserstrahl lässt sich mit Hilfe einer sinusförmigen Kurve darstellen. Wird Energie zugeführt, dann verändert sich die Kurve nicht, weitere Energiezufuhr verändert sie ebenfalls nicht bis zu einem kritischen Schwellenwert von Energiezufuhr, bei dem die Sinuskurve ausbricht, d.h. in eine andere Form umschlägt (z.B. eine Exponentialfunktion). Dies auf das Investitionsverhalten angewandt (von *Hakens* Physikerkollegen *Wolfgang Weidlich*) bedeutet, dass trotz negativer Nachrichten und pessimistischer Erwartungen keine Änderung des Investitionsverhaltens der Unternehmer zu verzeichnen (messen) ist, bis zu einem spezifischen Schwellenwert, bei dem dann der Investitionsaufschwung in einen Ab-

schwung umschlägt (übrigens: solche Erklärungen lassen sich schon in der sehr alten psychologischen Konjunkturtheorie von *W.A. Jöhr* nachlesen).

5.7 Verhandlungen: das Beispiel Tarifkonflikt

Tarifverträge und Lohngleichung
Verträge sind ein wichtiges konstitutives Element von Märkten, von Hierarchien und von Netzwerken. Lieferbeziehungen werden durch Verträge fundiert und konkretisiert, Löhne entstehen nicht auf dem sog. Arbeitsmarkt allein, sondern durch das Zusammenspiel von ökonomischen Knappheiten (freie Stellen) und Verhandlungen zwischen den Tarifparteien (Tarifhoheit). Der Ablauf dieser Verhandlungen folgt festen Regeln: Kündigung des Tarifvertrags, Forderungen der Gewerkschaften, Angebot der Arbeitgeberverbände, Arbeitskampf (Streik), Aussperrung, Schlichtung und Vertragsabschluss. Letztlich geht es neben psychologischen (Verhandlungsgeschick), finanziellen („Kriegskasse" der Gewerkschaften) und politischen (Akzeptanz in der Bevölkerung) Faktoren um die ökonomischen Schlüsselgrößen in der sog. Lohngleichung

$$\hat{w} = f(\hat{\pi}, \hat{\rho}_e, \lambda)$$

wobei die Symbole Wachstumsrate des Nominallohnsatzes, Wachstumsrate der Arbeitsproduktivität, erwartete Inflationsrate und „Umverteilungskomponente" bedeuten. Die Lohngleichung erklärt Lohnsteigerungen durch die angegebenen Faktoren und wird daher als Berechnungsgrundlage für Lohnforderungen verwendet.

Die Tarifverhandlungen im Frühjahr 1999
Die IG Metall hatte im Frühjahr 1999 die Lohnrunde mit der Forderung einer Erhöhung der Tariflöhne um 6,5% eröffnet, die Arbeitgeberverbände setzten dagegen ein Angebot von 2,3% plus eine ertragsabhängige Einmalzahlung von 0,5% des Lohns. Der Abschluss lag bei 3,6% Lohnsteigerung. Die „Daten" der Lohngleichung gehen aus der folgenden Tab. I.11 hervor.[1] Die Tabelle zeigt, dass die Abschlüsse sehr wohl mit der Lohngleichung beschrieben werden können. Dabei ist zu beachten, dass die Tabellenwerte in den Verhandlungen selbst noch geschätzte Werte sind und somit auch „verhandelt" werden können. Die Umverteilungskomponente hängt im wesentlichen von der Wirtschaftslage, vom Organisationsgrad der Gewerkschaften und von einem tatsächlichen oder angeblichen „Nachholbe-

---

[1] Süddeutsche Zeitung v. 19.2.99, S. 21 (berichtigt).

darf" der Arbeitnehmer ab. Ist die Wirtschaftslage gut und der Organisationsgrad hoch, dann ist Streik eine Waffe, die die Unternehmen sehr empfindlich treffen kann, weil dadurch Gewinneinbußen und dergl. verbunden sind.[2] Wichtig sind auch die Bündnismöglichkeiten einzelner Tarifparteien auf politischer Ebene (Couleur der Regierung); konservative Regierungen stärken in der Regel die Arbeitsgeberseite (80er und 90er Jahre), sozialdemokratische die Gewerkschaften (70er Jahre). Die Tarifabschlüsse der Schlüsselbranche metallverarbeitende Industrie in Nordwürttemberg werden i.d.R. bundesweit übernommen (Lohnführerschaft des Flächentarifvertrags).

Verhandlungen können zu künstlichen Ritualen degenerieren. Ich würde argumentieren, dass die gemeinsamen Interessen von Arbeitgebern und Arbeitnehmern mehr herausgestellt und die Verhandlungen von „Runden Tischen" begleitet werden sollten, um eine gesamtwirtschaftliche und gesamtgesellschaftliche Einbettung zu erreichen.

Jahr	Wachstumsrate der Arbeitspro-duktivität (BIP je Arbeitsstunde)	Anstieg des Preisindex für die Lebenshaltung	Tarifforderungen der IG Metall	Tarifabschlüsse im IG Metallbe-reich (Nordwürt-temberg)
1992	4,1	4,0	9,5	5,4
1993	0,6	3,6	9,5	3,0
1994	3,4	2,7	6,0	2,0
1995	1,6	1,7	6,0	3,4
1996	2,6	1,4	6,0	3,6
1997	3,6	1,8	5,0	1,4
1998	2,0*	0,9	5,0	2,5
1999	1,4-2,2*	1,2-1,5*	6,5	3,6

Quelle: Süddeutsche Zeitung v. 19.2.99, S. 21 (berichtigt)   *geschätzt

Tab. I.11 Entwicklung der Tarifforderungen und -abschlüsse

---

[2] Diese sind aber häufig mit Entlassungen verbunden; eine stumpfe Waffe.

Verhandlungen als neues Paradigma?
Das Instrument der Verhandlungen hat seit Herbst 1998 an Bedeutung gewonnen. In einem „Bündnis für Arbeit" werden gemeinsam von den wichtigsten gesellschaftlichen Akteuren Wege aus der Arbeitslosigkeit gesucht und es scheint sich daraus eine produktivitätsorientierte Lohnpolitik zu ergeben. Energiekonsensgespräche zielen auf einen einvernehmlichen Ausstieg aus der zivilen Nutzung der Kernkraft. Selbstverpflichtungsvereinbarungen zwischen Wirtschaft und Umweltministerium über die FCKW- und CO_2-Reduktion sollen die globalen Umweltprobleme lindern. Liegen einerseits theoretische Erfahrungen darüber vor (Neo-Korporatismus, Mediation), so wird von ordnungspolitischen „Puristen" ein Verbändestaat befürchtet.

5.8 Fazit

Vielfalt lindert Defizite
Einer Vielfalt von Problemstellungen und Beziehungssystemen sollte eine Vielfalt von Lenkungssystemen gegenüberstehen. Dabei hat jedes Lenkungssystem seine spezifischen Vor- und Nachteile, und es ist Verbesserungen (Reformen) zugänglich. Es besteht Konsens darüber, dass Märkte die Koordination der individuellen Wirtschaftspläne sehr effizient übernehmen können. Entscheidend ist dabei, dass die Akteure die Verantwortung für ihre Handlungen übernehmen, indem sie versuchen, ihren eigenen Nettonutzen zu maximieren. Das „Sanktionssystem" des Marktes übernimmt die Kontrolle, ob die Ergebnisse ein Erfolg sind oder nicht; wird zu viel angeboten, entstehen Überschüsse, die der Markt durch sinkende Preise und sinkende Stückgewinne bestraft. Gleichzeitig werden die Kapazitäten nach unten angepasst. Durch diese marktwirtschaftliche Anpassung werden die Arbeitnehmer mitbestraft, indem sie ihren Arbeitsplatz verlieren, obgleich sie am Entscheidungsprozess nur indirekt (Betriebsräte, Mitbestimmung) beteiligt sind. In diesen Situationen werden Verhandlungen ein wichtiges Lenkungsinstrument.

Reform von Lenkungssystemen
Die Marktkräfte in den Fällen zu stützen, in denen sie wirtschaftlich effiziente Ergebnisse bringen, ohne den Markt als Allheilmittel zu überhöhen, ist das eine. Wenn Marktversagen auftritt, insbesondere für langfristige Entscheidungen, die Bewertungen von nicht- oder semi-ökonomischen Zusammenhängen, das Auftreten von externen Kosten, sollten besser geeignete Lenkungsinstrumente eingesetzt werden. Das Instrument der hierarchischen Entscheidung ist oftmals sehr effizient, insbesondere dann,

wenn es um Sozial- und Umweltvertäglichkeit in den Zielsetzungen geht. Aber es muss kein hierarchischer Vollzug sein, der in aufgeblähten Büro- kratien zelebriert wird. Die Politikwissenschaft hat in den letzten Jahren sehr effiziente Entscheidungs- und Kontrollverfahren entwickelt, die auch in vielen Verwaltungen mit großem Erfolg eingeführt wurden (Verwal- tungsreform: Dezentralisierung von Entscheidungen, Delegierung von Budgetverantwortung, etc.). Die Ökonomik muss in jedem Fall die Ent- scheidungsmechanismen des politisch-administrativen Systems kennen, um die Wirkungen von Maßnahmen einschätzen zu können.

Mit Netzwerken und selbstorganisatorischen Systemen liegen neuere Ansätze vor, eine Gesellschaft von Akteuren zu steuern, die sich zu großen Teilen (2/3) jenseits der ökonomischen Knappheit befinden.

Antworten (zu den Fragen ab Seite 79)

1. Lenkungssysteme benötigt man, um Einzelpläne von Akteuren aufeinander abzu- stimmen. Es gibt den Markt, Hierarchie, Netzwerke, Berufskulturen, Verhandlun- gen und Selbstorganisation.

2. Es gewährleistet eine hohe kurzfristige Allokationseffizienz und einen hohen Wohlstand; mitverantwortlich sind der Niedergang der sozialistischen Planwirt- schaften sowie der Trend zur Individualisierung und Demokratisierung. Jedes Len- kungssystem hat Vorteile und Defizite.

3. Sinn und Wahrnehmung (Kognition) → Einsicht in Handeln (Emotion/Motivation) → Handlungsoptionen → Auswahl (Rationalität) → Handeln.

4. Es soll das menschliche Verhalten erklären und Ansatzpunkte für die Beeinflus- sung menschlichen Verhaltens für die Erfüllung von (kollektiven) Zielen aufzeigen.

5. Zielsystem, Regelsystem, Sanktionssystem und Informationssystem.

6. Das Zielsystem beschreibt die Motivationen und Präferenzen der Akteure und wird vom Menschenbild bestimmt; es unterscheidet individuelle und gemeinsinnige so- wie kurz-, mittel- und langfristige Ziele. Das Zielsystem beantwortet die Frage nach den Interessen und Zwecken, die verfolgt werden (sollen); wie kann selbstbe- stimmtes (intrinsisches) Verhalten erklärt werden.

7. Das Regelsystem unterscheidet formale und informelle Regeln. Formale Regeln sind Organisationen, Eigentumsrechte, Verträge, Gesetze, Verordnungen, Märkte, informelle sind Sitten, Gebräuche, Routinen, Konventionen. Es beschreibt also die Regeln, nach denen sich das Verhalten der Akteure ausrichtet. Wie kann fremdbe- stimmtes (extrinsisches) Verhalten erklärt werden.

8. Das Sanktionssystem besteht aus Belohnungen und Bestrafungen, die entweder mit Geld verbunden sind oder nicht, und die mit oder ohne Zwang verhängt werden. Das Sanktionssystem zeigt, welche Belohnungen und Bestrafungen zu erwarten sind, wenn Regeln befolgt oder verletzt wurden.

9. Das Informationssystem folgt dem Sender-Empfänger-Modell; die Information

muss so codiert sein, dass sowohl Sender als auch Empfänger sie verstehen. Das Informationssystem sorgt dafür, dass die Inhalte der Subsysteme bekannt werden, und es macht Veränderungen dieser Inhalte möglich.

10. Die wesentliche Verknüpfung erfolgt durch das Informationssystem. Eine Rückkoppelung könnte wie folgt lauten: Die Ziele eines Individuums gehen nicht konform mit den existierenden Regeln. Dies führt zu Regelverletzungen und Sanktionen (Bestrafungen). Andere Individuen ziehen Vorteile aus der Befolgung der Regeln und erhalten Belohnungen. Die Informationen darüber führen zu Änderungen im Zielsystem des ersten Individuums.

11. Koordinationsinstrument sind nach oben und unten flexible Preise, die durch Steigen oder Sinken Marktungleichgewichte (Knappheit, Überfluss) anzeigen und durch ihre Verknüpfung mit Stückgewinnen Ausgleich schaffen.

12. Es müssen Privateigentum und Vertragsfreiheit, eine funktionsfähige Wettbewerbsordnung einschließlich Monopolkontrolle sowie bestimmte institutionelle Bedingungen gewährleistet sein.

13. Wenn keine zahlungsfähige Nachfrage vorhanden ist und im Bereich der langfristigen Vorsorge (z.B. Ölförderung) oder Problemvermeidung (Umweltschutz); der Marktmechanismus berücksichtigt außerdem die Allgemeininteressen nur unzureichend, darüber hinaus besteht die Gefahr von Monopolbildung und es entstehen externe Effekte.

14. Es treten externe Effekte auf, insbesondere externe Kosten; das ist deshalb der Fall, weil in einem privatwirtschaftlichen System nur mit internen Kosten gerechnet wird.

15. Die Darstellung von individuellen Angebots- und Nachfragekurven.

16. Das Sinken des Devisenkurses hängt ab von der Veränderung von Devisenangebots- bzw. Devisennachfragefunktion (Rechts- bzw. Linksverlagerung). Der Devisenmarkt lässt sich in einem zweidimensionalen Diagramm darstellen, in dem das Angebot und die Nachfrage von und nach Devisen in Abhängigkeit vom Devisenkurs aufgezeigt wird. Die Nachfragekurve ist negativ, die Angebotskurve positiv geneigt.

17. Wenn sich bei gegebener Geldnachfrage die Angebotsfunktion von Geld vom Ursprung des Marktdiagramms weg verschiebt (z.B. wenn die Zentralbank die Mindestreservesätze senkt).

18. Es muss angenommen werden können, dass Arbeitskräfte handelbar sind und einen „Preis" (je Zeiteinheit) für ihre Leistungen haben. Die Leistungen können ebenfalls handelbar sein.

19. Die Planziele werden auf der obersten Hierarchieebene vorgegeben, von der nächsten ausgefüllt und von den unteren Ebenen ausgeführt. Der Planvollzug wird in umgekehrter Reihenfolge mitgeteilt.

20. Den Organisations- und den Lenkungsaspekt.

21. Häufige Einwände gegen die Effizienz von Bürokratien sind: Bürokratische Organisationseinheiten sind schwerfällig; fehlende Verantwortungsbereitschaft (Zuständigkeitsproblem); fehlende Erfolgskontrolle und materielle Effektivitätsanzeige;

Staat als Selbstbedienungsorganisation für Staatsdiener; strukturelle Hindernisse gegen Produktivitätssteigerungen; unüberschaubarer Budgetmechanismus; Preise und Qualitäten schlecht; Steuerungsprobleme; Rationalitäts- und Innovationsschwächen; Wahlzyklen.

22. Diejenigen, die Verantwortung übernehmen, können auch kontrollieren. Wenn Mitarbeiter auf unteren Hierarchieebenen Verantwortung übernehmen und (selbstverantwortlich) kontrollieren, steigt die Effizienz.

23. Politisches, ökonomisches und funktionelles Staatsversagen.

24. Zwischen Mikro- und Makrozusammenhängen.

25. Soziale Netzwerke sind Systeme von besonderen Beziehungen zwischen einer bestimmten Anzahl von Personen.

26. Die Interaktion zwischen den Akteuren findet statt durch: Information, Kommunikation; Austausch und Transaktion; Normen, Werte und Einstellungen.

27. Gegenseitigkeit, Interdependenz, lockere Verbindung und Macht.

28. Institutionelle Vorkehrungen für systemisches Lernen zwischen Firmen.

29 Statik: Ziele, Aktivitäten und Ressourcen; Dynamik: Veränderungen von Zielen, Aktivitäten und Ressourcen, sowie Machtverschiebungen und Auftreten von Lernen.

30. Durch die Aufnahme von Beziehungen, die emergente Eigenschaften aufweisen.

31. Akteure treten nur dann in Beziehung miteinander, wenn sie einen (unmittelbaren) Nutzen daraus ziehen können.

32. Vertrauen überbrückt die Unsicherheit.

33. In selbstorganisatorischen Systemen ändert sich nach Erreichen eines Schwellenwertes der qualitative Zustand. Das Zusammenspiel von stochastischen und deterministischen Faktoren sorgt für Stabilität.

34. Gewerkschaften und Arbeitgeberverbände.

35. Die Lohngleichung erklärt die Lohnsteigerungen anhand des Produktivitätswachstums, der Inflationsrate und weiterer Faktoren. Sie dient als Berechnungsgrundlage für Lohnforderungen.

36. Bündnis für Arbeit, Energiekonsensgespräche etc. sprechen dafür.

37. Unzulänglichkeiten einzelner Lenkungssysteme können ausgeglichen werden, indem man sie durch andere ergänzt (Vielfalt) oder ihre Qualität verbessert (Reform).

6 Gesamtfazit: Was lernen wir für den zweiten Teil?

Trends für eine moderne Makroökonomik
Ich habe fünf wichtige Trends herausgearbeitet, die in einer modernen Makroökonomik berücksichtigt werden sollten:
* Der Paradigmenwechsel in den Naturwissenschaften und die Wiederentdeckung der Ganzheit,
* das Politikversagen, insbesondere der Wirtschafts-, Beschäftigungs- und Sozialpolitik,
* die Individualisierung der Gesellschaft,
* die Knappheit von Wissen und der Verlust der natürlichen Lebensgrundlagen,
* die Entkoppelung von Wirtschaftswachstum und Lebensqualität.

Konsequenzen aus den Trends
Der Paradigmenwechsel in der Physik und die daraus folgenden Auswirkungen können in einem einführenden Textbuch nicht befriedigend berücksichtigt werden. Allerdings kann bei den Ergebnissen, die, wie die Multiplikatortheorie, von eindeutigen Ursache-Wirkungsbeziehungen ausgehen, die Relevanz des jeweiligen Ergebnisses kritisch evaluiert werden. Die Wiederentdeckung der Ganzheit hat wichtige Konsequenzen: Wir betrachteten jeweils „Gesamtheiten" bei den Menschenbildern, bei Zielen, bei „Gesamtrechnungen" und bei Lenkungssystemen. Dies wird im zweiten Teil fortgesetzt: Es geht dann um alternative Hypothesen für kurz- und langfristige Betrachtungen, beim Angebot um eine Ausweitung der „Produktionsfaktoren". Dies ist auch eine Konsequenz der zu erwartenden Knappheit von Wissen und natürlichen Lebensgrundlagen. Ganzheit bei den relevanten Systemen bedeutet Erweiterung um die ökologische Ökonomik, um den politit-ökonomischen Bereich, und um institutionenökonomische Aspekte.
In der Makroökonomie kommen jedoch nicht nur Einzelmenschen vor, sondern es geht darum interdependente Entscheidungen zu treffen. Das zu unterstellende Menschenbild muss daher auch die Beschreibung von sozialen Beziehungen enthalten: Es geht um den wirtschaftenden Menschen, der in sozial-ökonomischen Bezügen steht.
Für die wirtschaftspolitischen Strategien werde ich eine Gesamtkonzeption vorschlagen; der Wirtschafts- und Finanzminister der ersten SPD-geführten Regierung nach 1945 *Karl Schiller* sprach von „einer Politik aus einem Guss". Die Individualisierung wird sich vor allen in den verwende-

ten Begriffen niederschlagen, aber auch in der Anwendung von mikroökonomischen Erklärungsansätzen. Die Entkoppelung von Wirtschaftswachstum (des Wachstums des *BIP*) und Lebensqualität bedeutet für mich, dass die zentrale Bezugsgröße Bruttoinlandsprodukt relativiert wird.

Ganzheit und Vielfalt als prägende Idee
Am Beispiel der Lenkungssysteme wird meine Intention deutlich: Den Markt und die Marktkräfte in den Fällen zu stützen, in denen sie wirtschaftlich effiziente Ergebnisse bringen, ohne den Markt als Allheilmittel zu überhöhen, ist das eine. Wenn Marktversagen auftritt, insbesondere für langfristige Entscheidungen, die Bewertungen von nicht- oder semiökonomischen Zusammenhängen, das Auftreten von externen Kosten, sollten besser geeignete Lenkungsinstrumente eingesetzt werden. Das Instrument der hierarchischen Entscheidung ist oftmals sehr effizient, insbesondere dann, wenn es um Sozial- und Umweltverträglichkeit in den Zielsetzungen geht. Aber es muss kein hierarchischer Vollzug sein, der in aufgeblähten Bürokratien zelebriert wird. Die Politikwissenschaft hat in den letzten Jahren sehr effiziente Entscheidungs- und Kontrollverfahren entwickelt, die auch in vielen Verwaltungen mit großem Erfolg eingeführt wurden (Verwaltungsreform: Dezentralisierung von Entscheidungen, Delegierung von Budgetverantwortung, etc.). Die Ökonomik muss in jedem Fall die Entscheidungsmechanismen des politisch-administrativen Systems kennen, um die Wirkungen von Maßnahmen einschätzen zu können.

Das Don-Quichote-Argument
Es dürfte nur wenige Wissenschaftler geben, die eine Verengung der Welt auf das Ökonomische als die perfekte Sichtweise betrachten, die die Methoden der Makroökonomen als wenig verbesserungsbedürftig, die die Politik, Ökologie und Institutionen als irrelevante Fragestellungen, die den Markt als alleiniges Lenkungssystem, etc. ansehen. Aber, so könnte das Argument lauten, ein einführender Text in die Makroökonomik muss den Stand der herrschenden Lehre darstellen, und nicht mehr. Alles andere ist der sinnlose Kampf eines einzelnen gegen die Windmühlenflügel der herrschenden Lehre, die noch nicht so weit ist, die Welt perfekt zu erklären.
Muss ein einführender Text auch offensichtlich revisionsbedürftige Theorien nochmals ausbreiten, vielleicht in didaktisch geschickterer Form und einem modernen Layout? Wenn sich Neues und Besseres abzeichnet, das keinesfalls perfekt ist, aber dennoch in Lehrbuchform für Spezialgebiete vorliegt, und wenn die „alten" Theorien die wirtschaftliche Wirklichkeit immer unvollkommener erklären, dann muss eine Erweiterung vorgenommen werden.

Makroökonomik
Eine breite Sicht

Teil II
Systembausteine

				1 Methoden und Modelle			
2 Nachfrage-System	3 Angebots-System	4 Außenwirtschaftliches System	5 Ökologisches System			7 Politökonomisches System	8 Institutionen

Wie lassen sich mit Hypothesen über die Nachfrage von Akteursgruppen Nachfrage-Kurven ableiten?

Wie lautet der Zusammenhang zwischen Produktion und Angebot und wie lassen sich daraus Angebots-Kurven ableiten?

Wie erklärt man Außenhandel und internationale Kapitalströme und wie wirken diese auf das Zahlungsbilanzgleichgewicht?

Wie hängen ökonomisches und ökologisches System zusammen und welche Konsequenzen ergeben sich daraus?

Wie können die Kurven der Teilsysteme in ein Gesamtsystem eingebracht werden?

6 Gesamtwirtschaftliches Angebots-Nachfrage System

Welche Rolle spielen Staat und Politik und welche Verbindungen bestehen zur Makroökonomie?

Was versteht man unter Institutionen und Organisationen und wie beeinflussen sie die Makroökonomie?

1 Methoden

1.1 Überblick

Die Methoden der Ökonomen basieren auf den Naturwissenschaften
Die Ökonomen haben ihre Methoden von der Physik (und anderen naturwissenschaftlichen Disziplinen) übernommen. *Isaak Newton* hat die Bewegungen von Himmelskörpern mit der Vorstellung einer universalen Maschine und deren Mechanik beschrieben, und die Ökonomen haben in ihren Methoden diese Sichtweise übernommen. Das wirtschaftliche Handeln und das Funktionieren der Volkswirtschaft beruht auf unverrückbaren Gesetzen, reversibler Zeit und eindeutigen Beziehungen zwischen Ursache und Wirkung. Die Methoden der Analyse entspringen ebenfalls den Naturwissenschaften: Infinitesimalrechnung auf der Grundlage eindeutig definierter Funktionen („well behaved functional relations"). Die Entdeckung des Blutkreislauf durch den englischen Arzt *Dr. Harvey* regte *Francois Quesnay* dazu an, in seinem tableau economique einen Wirtschaftskreislauf zu beschreiben. Ich will mit diesen Vorbemerkungen sagen, dass man die „ökonomische Methode" nur verstehen kann, wenn man sich die Analogie zwischen Naturwissenschaft und Ökonomie und deren Erklärung zu eigen macht.
Demnach versuchen Ökonomen, die von ihnen zu beschreibenden und erklärenden Probleme in Modelle zu fassen. Da die wirtschaftliche Wirklichkeit sehr kompliziert ist, sind diese Modelle abstrakte Abbildungen. Analog zu den Methoden in den Naturwissenschaften können diese Modelle mit mathematischen Hilfsmitteln dargestellt werden und die beschriebenen oder erklärten Variablen sind auch messbar.

Methodisches Vorgehen
Ich habe in diesem Kapitel vier wichtige Punkte herausgearbeitet und mit Hilfe von Beispielen erklärt:
*   Der erste Ausgangspunkt eines Modells ist eine Tautologie. Die Tautologie, z.B. $Y = Y$, wird so lange umgeformt und/oder erweitert, bis ökonomische Größen wie z.B. Produktivität oder Investitionsquote miteinander verknüpft sind. Aussagen über Verhaltesweisen (Verhaltenshypothesen) werden so lange wie möglich vermieden.
*   Zweitens verwendet man lieber Gleichgewichtsbedingungen. Dies ist die Annahme, dass sich Bereiche des Ungleichgewichts durch Gleichgewichtslagen trennen lassen, in denen alle Erwartungen der wirtschaftlichen Akteure erfüllt werden. Dieser naturwissenschaftliche Be-

griff des Gleichgewichts kommt in der wirtschaftlichen Realität fast nie, und dann eher zufällig vor.

- Die Analyse in Partialmodellen hat (nicht zufällig) vieles gemein mit Laborversuchen in Physik oder Chemie. Die Bedingungen der Untersuchung werden dramatisch vereinfacht und man versucht, aus dieser vereinfachten Sicht möglichst allgemeine Ergebnisse abzuleiten. Eine der wichtigsten Theorien des letzten Jahrhunderts, die Multiplikatortheorie, wurde mit einem ganz einfachen Modell abgeleitet, das weder Staat, Außenhandel, Geldwirtschaft etc. enthält. Dennoch erhalten wir mit diesen Prämissen („wenn") spezifische Ergebnisse („dann").
- Die Erklärungsansätze verschiedener Ökonomen unterscheiden sich wesentlich in den Prämissen, Hypothesen (über Wirkungszusammenhänge) und den Ergebnissen. Symptomatisch hierfür sind die Erklärungsansätze von Keynesianern und Neoklassikern. Aus diesen beiden Theorien wurden Therapien abgeleitet, die sich fast vollständig widersprachen und lange Zeit unversöhnlich nebeneinander standen.

Beispiele für die traditionelle Methode
Ich werde diese Probleme mit den Beispielen I bis III darstellen. Diese Beispiele beruhen noch vollständig auf der „alten" oder traditionellen Ökonomik, die sich auf die Mechanik *Newtons* bezieht. Inzwischen hat sich aber, wie schon im ersten Teil erwähnt, in der Physik ein Paradigmenwechsel vollzogen. Man geht jetzt von irreversibler Zeit aus, unterstellt nicht-lineare Verknüpfungen zwischen den Variablen und geht ab von den großen, alles erklärenden Modellen. Diese neuen Methoden haben sich in der Ökonomik bislang noch nicht durchgesetzt und es kann auch nicht die Aufgabe eines einführenden Textbuches sein, dies zu leisten. Dennoch werde ich bei den Schlussfolgerungen und Konsequenzen darauf eingehen.

1.2 Modelle

Fragen

1. Wie lautet die Definition eines Modells?
2. Welche Arten von Modellen kann man unterscheiden?
3. Was ist eine „Reduzierte-Form-Gleichung"?
4. Welche Arten von Gleichungen enthält ein ökonomischen Modell in der Regel?
5. Welcher Unterschied besteht zwischen ex post und ex ante?
6. Was versteht man unter einer Hypothese?

7. Welche Vereinfachungen gibt es für Modelle?

8. Welches Problem besteht bei linearen Verknüpfungen von Variablen?

9. Was versteht man unter reversibler, was unter irreversibler Zeit?

10. Was hat Linearität mit Steuerbarkeit zu tun?

11. Welcher Unterschied besteht zwischen einem statischen und einem dynamischen Modell?

12. Was heißt komparative Statik?

13. Was sind endogene, was exogene Variablen?

14. Was versteht man unter autonomen Größen in einem Modell?

15. Wodurch unterscheidet sich ein mikro-ökonomisches Totalmodell von einem makro-ökonomischen Partialmodell?

16. Was bedeutet „ceteris paribus"?

17. Welche Grenzen hat ein Modell, das auf Tautologien aufgebaut ist?

18. Wie lautet das einfache Multiplikatormodell und was kann damit gezeigt werden?

19. Welche konkurrierenden Hypothesen gibt es für die Ursachen der Arbeitslosigkeit und ihre Therapie?

20. Welche Schlussfolgerungen kann man aus diesen unterschiedlichen Hypothesen ziehen?

21. Wie lässt sich Methodenvielfalt begründen?

22. Was heißt Modellsimulation und wie wird sie begründet?

23. Was sind Szenarien?

24. Sind Plausibilitätsüberlegungen für ex ante Aussagen geeignet?

25. Welche Schlussfolgerungen ziehen Sie aus den Ergebnissen der Neuen Physik und der modernen Biologie?

Definition
Die wirtschaftliche Wirklichkeit ist kompliziert. Sie kann nur durch Vereinfachung und Abstraktion abgebildet werden. Wir verwenden dazu wirtschaftstheoretische Modelle, die als vereinfachte, gedankliche Abbilder der wirtschaftlichen Wirklichkeit die wichtigsten Faktoren eines Ausschnittes dieser Komplexität wiedergeben. Sie sollen empirisch gehaltvoll sein, die Realität also annähernd beschreiben können.

Arten von Modellen
Zunächst können Ideal- und Realmodelle unterschieden werden. Erstere heben in sehr abstrakter Form wenige als wichtig erachtete Größen heraus; Aussagen von Idealmodellen sind nicht empirisch überprüfbar. Realmo-

delle beschreiben (Beschreibungsmodelle) oder erklären (Erklärungsmodelle) die wirtschaftliche Wirklichkeit; sie sind also empirisch gehaltvoll.

„In einer Gegenüberstellung verschiedener wachstumstheoretischer Modelle gelangt *Georgescu-Roegen* (1976) zu folgender Typisierung ökonomisch-theoretischer Betrachtungsweisen: mathematisch-imaginativ, mechanisch-deskriptiv und analytisch-physiologisch. Zur ersteren Gruppe zählt er rein mathematische Probleme, die von Annahmen ausgehen, die keinerlei operationale Bedeutung für sich beanspruchen können ... Zur Kategorie der mechanisch-deskriptiven Methode zählt *Georgescu-Roegen* jene Modelle, die in Analogie zur Vorgangsweise in der Mechanik ökonomische Prozesse auf reversible Bewegungen reduzieren ... Schließlich wäre noch die analytisch-physiologische Methode zu erwähnen, die sich von den beiden anderen genannten Methoden vor allem dadurch unterscheidet, daß sie dem mit realen Prozessen untrennbar verbundenen qualitativen Wandel besondere Aufmerksamkeit schenkt" (Böhm, 1987, S. 22). Die Arbeiten von *Schumpeter* sind der letztgenannten Methode zuzurechnen.

Die Kausalstruktur dieser (letztgenannten) Modelle ist durch ein System von Verhaltens- und/oder technologischen Gleichungen dargestellt, die in der Regel über eine Definitionsgleichung oder Tautologie verknüpft sind. Die sehr umfangreichen Modelle der 70er Jahre (das „Bonner Modell" hatte ca. 1500 Gleichungen) wurden immer mehr durch einfache Modelle abgelöst, die nicht alle Variablen erklären, sondern nur eine mutmaßliche „Lösung", vielleicht aus der Empirie, als „Reduzierte-Form-Gleichung" angeben. Sind die Parameter des Modells empirisch geschätzt, dann handelt es sich um ein ökonometrisches Modell (wie das „Bonner Modell").

Definitionsgleichungen und Hypothesen
Nationalökonomen gehen in ihren Modellen von Definitionsgleichungen oder Tautologien aus (die immer „wahr" sind). Definitionsgleichungen haben wir im ersten Teil mit der Nachfragegleichung und der Angebotsgleichung und mit der Definitionsgleichung des Bruttonationaleinkommens (früher: Bruttosozialprodukts) kennen gelernt. Eine (beliebte) Tautologie ist z.B. $Y \equiv Y$, die dann so erweitert wird, dass ökonomische Schlüsselgrößen isoliert werden. Die damit beschriebenen Größen werden meist in linearen Beziehungen als Hypothesen verknüpft (Verhaltensgleichungen oder Strukturgleichungen des Modells). Diese Hypothesen sind „nomologische Aussagen" über Regelmäßigkeiten, die in bestimmten Räumen und Perioden gültig sind, bis sie durch empirische Tests widerlegt (*Popper*: falsifiziert) werden. Theorie- und Modellbildung ist die laufende Suche nach (zeit-raum-gebundenen) Regelmäßigkeiten. Wird in den Sozialwissenschaften von „Gesetzen" gesprochen, dann sind dies keine „Naturgesetze", sondern zeit-raumgebundene Regelmäßigkeiten. Definitionen und Tautologien gestatten ex post Aussagen, also Aussagen über die Gegenwart und Vergangenheit. Für ex ante Aussagen oder Prognosen für die Zukunft benötigt man Hypothesen.

Modellvereinfachungen und Prämissen
Ökonomische Modelle sind, nach ihrer Definition, vereinfachte Abbilder der wirtschaftlichen Wirklichkeit. Die Vereinfachung von Modellen betrifft:

- Die Ursache-Wirkungsbeziehung,
- den Einfluss der Zeit,
- den Aggregationsgrad,
- den Ausschnitt aus dem Gesamtzusammenhang,
- Annahmen oder Prämissen über die Anzahl von Variablen,
- endogene und exogene Variablen,
- ceteris paribus.

Die Ursache-Wirkungsbeziehungen
Wir unterscheiden die abhängige Variable (Wirkung), die von der oder den unabhängigen Variablen bestimmt oder beeinflusst wird (Ursache). Die Ursache-Wirkungsbeziehungen sind in den meisten ökonomischen Modellen linear. Dieser Fall ist am einfachsten zu handhaben (insbes. für Einführungstexte), er ist aber auch aus der Geschichte der Nationalökonomik zu erklären. Die großen Erfolge der Naturwissenschaften, insbesondere der Physik *Isaak Newtons*, haben die Ökonomen im 18. Und 19. Jh. dazu angeregt, die dort verwendeten Methoden und Konzepte zu übernehmen; das „tableau economique", Vorbild moderner Kreislaufanalyse, wurde als Analogie zum Blutkreislauf verstanden; die Newtonsche Mechanik der Beschreibung der Bewegungen von Himmelskörpern hat die Sicht einer „mechanistisch" funktionierenden Volkswirtschaft angeregt. Dabei wird im Sinne der klassischen Vorbilder aus der Physik (*Isaak Newton*) auch angenommen, dass die Zeit reversibel ist. Das bedeutet, dass Ursache und Wirkung eindeutig miteinander verbunden und umkehrbar sind. Um mit einem Bild zu sprechen: der Pfeil verlässt die Sehne des Bogens (Ursache), trifft ins Ziel (Wirkung) und kann vom Ziel wieder auf der Sehne landen.

Einfluss der Zeit I: Steuerbarkeit und Vorhersagbarkeit
Die Zeit spielt in ökonomischen Modellen in mehrerer Hinsicht eine Rolle, und zwar als „Zeitpfeil" und zeitliche Kausalstruktur der Modellgleichungen. Der Zeitpfeil betrifft die Frage, ob Zeit reversibel (siehe oben) oder irreversibel ist. Im Pfeil-und-Bogen-Beispiel würde irreversible Zeit bedeuten, dass der Pfeil niemals wieder auf die Sehne des Bogens zurückkommen kann. Die zu unterstellenden Verknüpfungen zwischen den Variablen sind nicht-linear. Bei irreversibler Zeit und Nicht-Linearität bestehen zwischen den Variablen Rückkoppelungen und Verstärkungseffekte (die

dramatische Formen annehmen können). In der „neuen Physik" wird ausschließlich von irreversibler Zeit ausgegangen, im Gegensatz zur Ökonomik. Dies hat wichtige Konsequenzen für die Steuerbarkeit von sozio-ökonomischen Systemen. Um mit einem Beispiel zu sprechen: Eine Maschine (mit reversibler Zeit) lässt sich einfacher steuern als ein natürliches Biotop (irreversible Zeit). Bei irreversibler Zeit ist die Vorhersagbarkeit von zukünftigen Zuständen nicht eindeutig möglich.

Einfluss der Zeit II: Statik und Dynamik
Die zeitliche Kausalstruktur betrifft die Verknüpfung der Variablen. Beziehen sich die Variablen einer Verhaltensgleichung alle auf denselben Zeitpunkt (auch Zeitperiode), dann spricht man von statischen Modellen. In diesen Modellen wird eine unendliche Anpassungsgeschwindigkeit zwischen den Variablen unterstellt. Beziehen sich die Variablen einer Verhaltensgleichung auf unterschiedliche Zeitpunkte (auch Zeitperioden), dann spricht man von dynamischen Modellen. Sind die Beziehungen zwischen Modellgrößen also alle nur auf einen Zeitpunkt t bezogen, dann ist das Modell statisch, hängt eine Größe der Periode t von einer anderen der Periode t-1 (oder anderer Perioden) ab, dann ist das Modell dynamisch. Als komparativ-statische Analyse bezeichnet man den Vergleich von zwei Modellgleichgewichten in zwei verschiedenen Zeitpunkten. Ein Ausgangsgleichgewicht, gekennzeichnet durch die Identität von Plänen (Erwartungen) und Realität, wird durch das Auftreten eines neuen Ereignisses gestört. Es entsteht ein neues Gleichgewicht (wenn die Stabilitätsbedingungen des Modells erfüllt sind). Die komparativ-statische Analyse kann die Anpassungsprozesse nicht erklären. Hierfür ist ein dynamisches Modell notwendig. Modellgrößen, die im Modell erklärt werden, also variabel sind (Variablen), bezeichnet man als endogene Variablen. Natürlich lässt sich die wirtschaftliche Wirklichkeit besser mit dynamischen Modellen abbilden. Andererseits sind (wiederum für Einführungstexte) statische Modelle in linearer Formulierung viel einfacher zu handhaben.

Der Aggregationsgrad
Betrachtet man einzelwirtschaftliche Fragestellungen, in denen nur ein privater Haushalt und/oder ein privates Unternehmen interessieren, dann spricht man von mikro-ökonomischen Modellen. Sind alle Akteure einer Volkswirtschaft in die Betrachtung eingeschlossen, dann arbeiten wir mit einem makro-ökonomischen Modell. Makro-ökonomische Modelle enthalten nur hochaggregierte (zusammengefasste) Größen. In der Makroökonomik werden z.B. nicht die einzelnen privaten Haushalte und ihre Konsumausgaben betrachtet oder die einzelnen Unternehmen und ihre Investitionsausgaben. Vielmehr werden die Konsumausgaben aller priva-

ten Haushalte oder großer Gruppen (z.B. Arbeiterhaushalte, Unternehmerhaushalte) und die Investitionsausgaben aller Unternehmen untersucht. Bei der Zusammenfassung solcher einzelwirtschaftlichen Größen und ihrer Beziehungen (Aggregation) müssen statistische und logische Regeln beachtet werden. Meso-ökonomische Modelle liegen im Zwischenbereich, z.B. für die Analyse von Industriesektoren.

Total versus partial
Oft betrachtet man nur Ausschnitte aus einer Volkswirtschaft mit Hilfe von Partialmodellen (z.B. den Gütermarkt), demgegenüber umfasst ein makroökonomisches Totalmodell alle Märkte (Güter-, Geld-, Arbeits- und Kapitalmarkt). Das Partialmodell muss so formuliert werden, dass die Verbindungen zu anderen Teilen (Partialmodellen) nicht so zentral sind, dass sich die Modellergebnisse ändern würden, wenn das betrachtete Partialmodell erweitert würde.

Anzahl und Art von Variablen
Je größer die Anzahl von Variablen in einem Modell, die erklärt werden müssen, desto unübersichtlicher wird es. Die Kunst des Modellbauens liegt darin, zwischen wesentlichen und unwesentlichen Variablen zu unterscheiden und nur die wesentlichen zu berücksichtigen. Diese können zusätzlich reduziert werden, indem man offensichtliche Korrelationen ausnützt. Z.B. ist das Bruttonationaleinkommen als sehr komplexe Größe mit vielen anderen ökonomischen Variablen positiv korreliert und kann in ökonomischen Modellen als eine Art von „catch-all"-Variable verwendet werden. Ein anderes Beispiel ist, die Zeit als unabhängige Variable zu verwenden. Eine Variable kann im Modell oder außerhalb des Modells erklärt werden. Im ersten Fall sind es endogene Variablen, im zweiten exogene Variablen oder autonome (vom betrachteten Modell unabhängige) Größen.

Ceteris paribus
In Verbindung mit den Hypothesen gestatten die erläuterten Annahmen (Vereinfachung, Abstraktion) Wenn-Dann-Aussagen (bedingte Prognosen) über Ursache-Wirkungsbeziehungen. In der wirtschaftlichen Wirklichkeit verändern sich nahezu alle Faktoren dauernd. Für eindeutige Aussagen ist es aber hilfreich zu wissen, wie die Wirkungen der Veränderung einer einzigen Größe auf alle anderen Größen aussehen. Das Hilfsmittel hierfür ist die sog. ceteris-paribus-Klausel (c.p.): alle Größen oder Variablen werden als fest („eingefroren") betrachtet, außer der einen exogenen, deren Wirkungen untersucht werden sollen. Die Ceteris-paribus-Analyse kann nur bei linearen Beziehungen angewandt werden.

Beispiel I: *Eine tautologische „Beschäftigungsfunktion"*
In der öffentlichen Diskussion wird oft eine „Beschäftigungsfunktion"
zugrunde gelegt, von manchen wird sie fast wie eine magische Formel
gebraucht, die aus einer reinen Tautologie abgeleitet ist:

$$\hat{Y} = \hat{\pi} + \hat{N}^* + \hat{h}$$

^	=	Wachstumsraten
Y	=	Nationaleinkommen (Sozialprodukt)
π	=	Arbeitsproduktivität
N^* =		Anzahl Beschäftigte
h	=	Stunden

Die Gleichung besagt, dass bei einem Produktivitätswachstum $\hat{\pi}$ von z.B.
1,5%, einem Wachstum des Nationaleinkommens $\hat{Y}$ von 2,5% und konstanter geleisteter Arbeitszeit $\hat{h} = 0$ die Wachstumsrate der Beschäftigten
$\hat{N}^*$ 1,0% beträgt. Dies ist so „wahr", wie $Y = Y$ ist, denn dies lässt sich
durch reine Erweiterung aus $Y = Y$ ableiten:

$$Y = Y$$

$$Y = Y \cdot \frac{N^* \cdot h}{N^* \cdot h} \quad \text{mit} \quad \pi = \frac{Y}{N^* \cdot h} \quad \text{ergibt} \quad Y = \pi \cdot N^* \cdot h,$$

und dies nach der Zeit abgeleitet: $\quad \hat{Y} = \hat{\pi} + \hat{N}^* + \hat{h}$

Immerhin: Diese einfache Tautologie hat wesentlich dazu beigetragen, die
Diskussion um eine Arbeitszeitverkürzung zu begründen. Denn durch $-\hat{h}$
können negative Beschäftigungswirkungen aufgefangen werden.

Beispiel II: *Das Multiplikatormodell*
Zur Erläuterung für ein lineares, statisches, raum-unabhängiges, makro-
ökonomisches Partialmodell soll der Einkommensmultiplikator in einem
Modell erklärt werden. Die Frage lautet: Wie verändert sich das Nettonationaleinkommen (früher: Volkseinkommen oder Sozialprodukt), wenn
autonome Investitionen erhöht werden? Dies ist die Schlüsselfrage der
keynesianischen Steuerung der Volkswirtschaft. Das einfachste Modell
kann wie folgt formuliert werden:

Das Modell

Wir gehen aus von einer geschlossenen Volkswirtschaft (kein Export!) ohne Staat ($T = 0$; $G = 0$) aus, dann reduziert sich die Nachfragegleichung auf:

$$Y_d = C + I \qquad \text{Definitionsgleichung}$$

$$C = C_a + c \cdot Y_s \qquad \text{Verhaltensgleichung (Hypothese über das Konsumverhalten)}$$

$$I = I_a \qquad \text{Verhaltensgleichung (Hypothese über das Investitionsverhalten)}$$

$$Y_d = Y_s \qquad \text{Gleichgewichtsbedingung (die Nachfrage entspreche immer dem herrschenden Angebot)}$$

Y_d = reale Gesamtnachfrage
C = reale Konsumnachfrage
I = reale Investitionsnachfrage
C_a = autonomer Konsum
c = Konsumneigung
Y_s = reales Angebot (Einkommen)
I_a = (autonome) Investitionen

Für die Lösung (Erklärung) von vier Variablen Y_d, C, I und Y_s benötigt man die gleiche Anzahl von Gleichungen. Durch Einsetzen erhält man die Lösung

$$Y_d = \frac{1}{s}\left(C_a + I_a\right)$$

s = Sparneigung.

Der Multiplikator lautet $1/s$ für $\Delta I_a = 0$ und $\Delta C_a > 0$

$$\Delta Y_d = \frac{1}{s} \cdot \Delta C_a ,$$

oder für $\Delta C_a = 0$ und $\Delta I_a > 0$ heißt der sog. Investitionsmultiplikator

$$\Delta Y_d = \frac{1}{s} \cdot \Delta I_a$$

Eine Erhöhung der autonomen Investitionen in Höhe von ΔI_a erhöht die reale Nachfrage multiplikativ um den Faktor $1/s$, die reziproke Sparneigung.

Erklärung an einem Beispiel
Dieser Multiplikatorprozess soll an einem Beispiel erläutert werden. Angenommen, wir erhöhen die autonomen Investitionen um 10.000 €, indem wir an unser Haus eine zweite Garage bauen. Wir wollen ferner annehmen, unsere Investition sei vorher Null gewesen. Dann gilt: ΔI = 10.000. Nun wollen wir annehmen, der Bauunternehmer habe einen Gewinnanteil einbehalten und den Rest vollständig an seine Arbeiter weiterbezahlt (es entstehen also keine Fremdleistungen). Wenn die Konsumneigung aller gleich $c = 0,5$ ist, dann werden diese Haushalte 5.000 ausgeben und 5.000 sparen. Die Ausgaben schaffen Einkommen bei den Unternehmen, die für die getätigten Ausgaben ($c \cdot \Delta Y_s$) Güter und Dienstleistungen angeboten und produziert hatten. Werden die dort entstandenen Einkommen wieder mit einem Anteil von $c = 0,5$ ausgegeben, dann entstehen neue Einkommen in Höhe von $c^2 \cdot \Delta Y_s$, das Gesparte verschwindet aus dem Einkommenskreislauf. Oder: Die Grenze des Prozesses liegt bei den Sickerverlusten durch Sparen, je höher $s = dS/dY_s$ desto höher ist der Sickerverlust.

Darstellung des Prozesses mit einem dynamischen Modell
Man kann diesen Prozess nur mit Hilfe eines dynamischen Modells darstellen. Ein einfaches Modell wäre:

$$Y_{d\,t} = C_t + I_t$$
$$C_t = C_a + cY_{s\,t-1}$$
$$I_t = I_{a\,t}$$
$$Y_{d\,t} = Y_{s\,t}$$

t und t-1 bedeuten die Zeitindizierung der Modellvariablen. Die Verhaltenshypothesen bestimmen den Anpassungs- (und den Multiplikator-) Prozess: Die Konsumenten richten ihre laufenden Konsumausgaben am Einkommen (Angebot) der letzten Periode (t-1) aus, die Unternehmer passen ihre Produktion (Y_s) sofort (in der gleichen Periode t) an die herrschende Nachfrage an. Diese Differenzengleichung erster Ordnung hat dieselbe Lösung wie im statischen Modell.
In der Ausgangssituation (Periode 0) befinde sich das System im Gleichgewicht, es gelte $Y_d = Y_s = 100$, $C = 70$ und $I = 30$, ferner gelte $C_a = 20$ und $c = 0,5$. In der Periode 1 finde eine Störung statt: Die Investitionen werden um 30 erhöht ($\Delta I = 30$). Aus der vorhergehenden Sequenztabelle geht hervor, wie die Wirtschaftssubjekte nach dieser Störung konsumieren und investieren: Die Produktion wird sofort angepasst ($Y_s = 130$), der Konsum

richtet sich nach dem Einkommen (Angebot) der Vorperiode und bleibt deshalb gleich.

Periode	$Y_{s\,t} = Y_{d\,t} = C_t + I_t$	$C_t = C_a + c \cdot Y_{s\,t\text{-}1}$	$I_t = I_a{}_t,\ \Delta I_{t+1} = 30$	$\mid \Delta Y_s \mid$
0	100	70	30	
1	130	70	60	30
2	115	85	30	15
3	107,5	77,5	30	7,5
4	103,75	73,75	30	3,75
…	…	…	…	…
∞	100	70	30	0

Tab. II.1 Multiplikatorprozess bei einmaligem Investitionsstoß

Einmalige oder dauerhafte Erhöhung der Investitionen
Für die nächste Runde ist es entscheidend, ob die Erhöhung der Investitionen einmalig oder dauerhaft war. In der Tabelle II.1 ist eine einmalige Erhöhung unterstellt; die Einkommen gehen wieder zurück und sie nähern sich schließlich wieder dem Ausgangseinkommen an.
Diese Entwicklung verläuft vollständig anders, wenn eine dauerhafte Störung unterstellt wird. Die Investitionen bleiben nach der Periode 1 auf dem erhöhten Niveau von 60. Die Nachfrage wird dauerhaft erhöht und strebt gegen ein neues, höheres Gleichgewicht. Aus der Multiplikatorformel für das betrachtete Modell lässt sich der Nachfragezuwachs berechnen:

$$\Delta Y_d = \frac{1}{s} \cdot \Delta I$$

$$\Delta Y_d = \frac{1}{0,5} \cdot 30 = 60$$

Das neue Gleichgewicht liegt bei $Y_d = Y_s = 160$.

Beispiel III: *Konkurrierende Hypothesen über Arbeitslosigkeit*
Wirtschaftstheoretische Modelle zur Erklärung von Ursache-Wirkungs-zusammenhängen (hier der Ursachen der Arbeitslosigkeit) bestehen aus Hypothesen, die aus der subjektiven Einschätzung der beobachteten wirtschaftlichen Wirklichkeit gewonnen wurden. Diese subjektive Beschrei-

bung lässt sich (vereinfachend) drei nationalökonomischen Forschungs-
richtungen zuordnen: Keynesianer, Monetaristen und Angebotsökonomen.
Die Frage lautet: Wie kann Unterbeschäftigung beseitigt werden? Welche
Einflussgrößen bestimmen den Beschäftigungsstand?

Keynesianer
Im Anschluss an den bedeutenden Nationalökonomen *John Maynard
Keynes* (1883-1946) gehen die Nachfragetheoretiker (Keynesianer) davon
aus, dass die effektive Gesamtnachfrage (Y_d) den wichtigsten Bestim-
mungsgrund für die Beschäftigung (N) darstellt; zunächst bei gegebenen
Produktionsbedingungen (Näheres vgl. Kapitel II.3):

$$N = N(Y_d) \quad \text{mit} \quad \frac{dN}{dY_d} \geq 0$$

Ist die Beschäftigung zu niedrig, dann müssen die Nachfrager mehr Kon-
sum- und/oder Investitionsgüter kaufen, die Beschäftigung steigt. Wenn
die Nachfrage der Privaten (Haushalte und Unternehmen) nicht ausreicht,
um einen hohen Beschäftigungsstand zu sichern, dann muss der Staat seine
Nachfrage erhöhen, in der Regel soll er sich auch verschulden. Die Keynesianer nehmen an, dass staatliche Nachfragevariation die Regel darstellt,
denn die Volkswirtschaft sei in sich instabil und bedürfe der dauernden
Stabilisierungsaktivitäten des Staates.
Diese Einschätzung der gesamtwirtschaftlichen Funktionszusammenhänge
wird von den Monetaristen abgelehnt. Sie nehmen an, dass die Marktkräfte
bei freier Entfaltungsmöglichkeit von sich aus für einen stabilen Wirt-
schaftsablauf sorgen und dass diese Marktkräfte auch von selbst die Voll-
beschäftigungssituation wieder herstellen, wenn Arbeitslosigkeit auftritt.
Wichtig sei, dass die Geldlöhne und Preise (nach oben und unten) flexibel
sind. Herrscht Unterbeschäftigung vor, dann werden sinkende Geldlöhne
wieder einen höheren Beschäftigungsstand herstellen; im Zweifel muss die
Lohnstarrheit nach unten überwunden werden. Die Beschäftigungsfunktion
lautet:

$$N = N\left(\frac{w}{P}\right) \quad \text{mit} \frac{dN}{d\frac{w}{P}} \leq 0$$

w/p = Reallohn
N = Beschäftigte

Monetaristen

Eine staatliche Nachfragesteigerung durch ein Beschäftigungsprogramm wirkt nach Ansicht der Monetaristen wie ein Strohfeuer, denn die Schuldenaufnahme des Staates erhöhe nur die Zinsen und verdränge dadurch private Nachfrager, die wegen der hohen Zinsen ihre Kaufpläne zurückstellten. Damit werde nur private Nachfrage durch öffentliche ersetzt, der Gesamteffekt sei gering oder sogar Null.

Die unterschiedlichen Hypothesen ergeben dramatische Unterschiede in der Therapie. Es ist, als würde ein Arzt einen schwach darniederliegenden Patienten sofort an den Tropf hängen (um staatliche Nachfrage und Kaufkraft in die Wirtschaft hineinzupumpen), während sein Kollege den Patienten zur Ader lassen würde (und durch Reallohnsenkungen Kaufkraft entzöge). Es wird wichtig sein, die Annahmen und Hypothesen der Theorien von Keynesianern und Monetaristen genau zu prüfen.

Angebotsökonomen

Die Richtung der Angebotsökonomen enthält ein breites Spektrum von Meinungen. Die gemäßigten Vertreter sind der Ansicht, man müsse die Angebotsbedingungen verbessern, indem Gewinne, Eigenkapitalquote der Unternehmen und Investitionsfähigkeit gesteigert werden. Diese bessere und flexiblere Basis der Produktion und die damit verbundenen Investitionen würden dann Arbeitsplätze schaffen.

Die etwas radikaleren Vertreter sehen die Ursache für Schwäche und Inflexibilität des Angebots vor allem beim Staat. Angebotspolitik heißt dann (radikaler) Abbau des staatlichen Einflusses auf die Wirtschaft. Insbesondere müssten Steuern und staatliche Regulierungen abgebaut werden. Den Wirtschaftssubjekten müssen Leistungsanreize gegeben werden. Häufig zitierte Werke stammen von *Adam Smith* (1732-1790) und *Friedrich von Hayek* (1899-1992)

Die theoretische Basis der Angebotsökonomen ist mikro-ökonomisch ausgerichtet und es bestehen Schwierigkeiten einer Übertragung auf die Gesamtwirtschaft. Auch die Angebotstheoretiker bezeichnen staatliche Beschäftigungsprogramme als Strohfeuer: Eine Erhöhung der Staatsnachfrage verursache zunächst einen Preiseffekt; relativ zu den anderen Preisen steigen die Preise der vom Staat nachgefragten Güter. Diese Preissteigerungen halten private Nachfrager davon ab, diese Güter zu erwerben, die Nachfrage nach privaten Gütern sinkt, die nach öffentlichen ist gestiegen. Die Wirkung der Staatsnachfrage verpufft, weil Preissteigerungen private Nachfrage verdrängen. Ähnlich kann man mit einem Zinseffekt argumentieren: Schuldenaufnahme des Staates treibt die Kapitalmarktzinsen in die Höhe, und dies verdrängt zinsabhängige Konsum- und Investitonsausgaben.

Bewertung

Zur Beurteilung dieser Positionen muss man sagen, dass es keine wahre, alleingültige Theorie (Satz von Hypothesen) der Beschäftigung gibt. Jede der beschriebenen Lehrmeinungen deckt Teilerklärungen des Problems ab, die für bestimmte Situationen gelten. Eine allgemeine Theorie müsste alle Positionen einschließen, und in einer solchen Theorie müssten sowohl Angebots- als auch Nachfrageseite ebenso wie der Geldmarkt enthalten sein. Man müsste ferner versuchen, Hypothesen über die Verhaltensweisen der Wirtschaftssubjekte in einem bestehenden Erklärungssystem so austauschbar zu machen, dass sie der herrschenden Situation entsprechen.

	Stabilität der Volkswirtschaft	Hypothese über die dominierende Ursache von Arbeitslosigkeit
Nachfragetheoretiker	instabil	Nachfrageschwäche
Monetaristen bzw. Neoklassiker	stabil	Reallohn zu hoch
Angebotsökonomen	eher stabil	unbefriedigende (inflexible) Angebotsbedingungen

Fazit: Methodenvielfalt

Angesichts der Erkenntnisse der „Neuen Physik" (*Prigogine, Haken,* u.a.) ergibt sich für modernes modelltheoretisches Arbeiten eine Reihe von Konsequenzen. Da sich die (heutige) Ökonomik noch weitgehend an den Vorbildern aus den Naturwissenschaften orientiert, ist der Gedanke, eine Angleichung an die dortigen neuen Erkenntnisse und Methoden vorzunehmen, nicht gerade abwegig:

- Die mechanistischen Gesetze von *Isaak Newton* sind zur Erklärung der Weltzustände nicht mehr geeignet. Die Wirklichkeit kann nicht mit linearen Beziehungen von Variablen abgebildet werden,
- es bestehen nicht-lineare Verknüpfungen mit Rückkoppelungen,
- es muss von irreversibler Zeit ausgegangen werden; nach Störungen einer Ausgangssituation kann der ursprüngliche Zustand nicht wieder hergestellt werden,
- es muss die Interdependenz des Gesamtsystems betrachtet werden, da zwischen den Teilsystemen i.d.R. wichtige Rückkoppelungen bestehen,
- neben quantitativen Verknüpfungen liegen auch wichtige qualitative Beziehungen vor, die z.T. die quantitativen (oder quantifizierbaren) sogar dominieren.

Andererseits liegt der beschriebene Stand ökonomischer Modellanalyse vor. Aus einem Vergleich der obigen Darstellung von Modellvereinfachungen und den modernen Methoden ergeben sich fundamentale Anpassungen, die natürlich nicht von heute auf morgen vollzogen werden können. Einige Konsequenzen lassen sich jedoch mit vertretbarem Aufwand ziehen:

- Für die didaktischen Zwecke einer einführenden Makroökonomik lassen sich einige Kernmodelle der Ökonomik durchaus mit Gewinn verwenden, auch wenn sie statisch, partial, linear etc. sind.
- Dies bedeutet, Methodenvielfalt anzuwenden.

1.3 Simulationen, Plausibilitätsüberlegungen und Szenarien

Simulationen
Die Problemstellung lässt sich am besten mit einem Beispiel darstellen, das von *Nelson* und *Winter* stammt, der Modellierung einer Schachpartie. Die Komplexität des Schachspiels ist sehr hoch, ebenso wie die einer Volkswirtschaft. In den 60er und 70er Jahren hat eine Reihe von Ökonomen und mathematischen Statistikern versucht, die Komplexität der Volkswirtschaft mit sehr großen Modellen abzubilden; auf das „Bonner Modell" mit seinen ca. 1.500 Gleichungen habe ich schon oben hingewiesen. Das Modell ist gescheitert und ebenso würde es denen gehen, die versuchten, alle möglichen Züge in allen möglichen Schachpartien darzustellen. Müssen wir also resignieren? *Nelson* und *Winter* raten dazu, die Grundstruktur eines Schachspiels zu modellieren und dann pragmatisch die isolierte und überschaubare Frage, die interessiert, zu untersuchen. Diese Grundstruktur muss natürlich sehr sorgfältig formuliert werden, und es ist sinnvoll, auch die Koeffizienten empirisch zu bestimmen. Praktisch wäre das zum Beispiel der Fall, wenn wir strategische Hilfestellungen in einer konkreten Partie bei einem konkreten Spielstand benötigen, sagen wir beim siebten Zug. Wir sollten dann die Grundstruktur des Modells nutzen können, um – ex post – den fünften und sechsten Zug zu simulieren, und dann – ex ante – den achten und neunten Zug. Das sollte das Modell bewältigen können, und das genügt i.d.R. auch als Ergebnis.

Plausibilitätsüberlegungen
Häufig wird zwischen sog. Praktikern und sog. Theoretikern unterschieden. Dabei übersieht man oft, dass Praktiker nur dann erfolgreich sein können, wenn sie komplexe Zusammenhänge überschaubar strukturieren können. Dies ist aber nichts anders als Theorie; implizit ist ein Modell

vorhanden, aber nicht ausformuliert. Vielleicht kann man im Anschluss an diese Überlegung zwischen expliziten und impliziten Modellen unterscheiden. Je mehr Erfahrung eine Person, ein Wissenschaftler oder Experte hat, desto treffsicherer ist das Modell. Dabei werden diese Experten einerseits von bekannten Begriffen ausgehen; das sind die oben beschriebenen Definitionsgleichungen, die als Basis dienen. Andererseits haben diese Experten auch Hypothesen über die ihrer Ansicht nach wichtigsten Variablen, und sie verknüpfen diese. Aber hier spielt neben der (empirischen) Erfahrung auch Intuition eine wichtige Rolle. Außerdem sind qualitative Einflussfaktoren und Bewertungsergebnisse wichtig. Die Treffsicherheit solcher Prognosen ist sehr hoch. Ein gutes Beispiel ist der Sachverständigenrat zur Begutachtung der gesamtwirtschaftlichen Entwicklung (SVR), der für seine Prognosen über kein formales (eigenes) Modell verfügt, dessen Mitglieder aber über ein sehr großes Erfahrungswissen verfügen, das sie in die Prognose einbringen können.

Szenarien
Szenarien sind dokumentierte Plausibilitätsüberlegungen für zukünftige Entwicklungen. Im Gegensatz zu Plausibilitätsüberlegungen sind die Ergebnisse von Szenarien nachvollziehbar aus den expliziten Annahmen und Schritten, die vollzogen wurden. Ausgangspunkt ist eine empirisch gestützte, breit angelegte und sorgfältige Aufbereitung des Status quo. Die Ursachen und Ursachenbündel, die zu diesem Status quo geführt haben, werden ebenfalls dokumentiert; sie können durchaus voneinander abweichen und unterschiedlichen Modellen, Theorien oder Paradigmen entstammen. Dann werden auf dieser Grundlage Annahmen für i.d.R. drei Szenarien getroffen, ein pessimistisches, ein im Trend liegendes und ein optimistisches. Entscheidend ist, dass die Ergebnisse aus den Prämissen nachvollzogen werden können. Dabei werden weiche und harte Methoden verwendet sowie qualitative und quantitative.

Fazit
In den Naturwissenschaften kann der „isolierte" Versuch durchgeführt werden; die Laborbedingungen für eine eindeutige Zielsetzung (Untersuchung des freien Falls) lassen sich immer wieder herstellen und die Ergebnisse des Versuchs können beliebig wiederholt werden. Welch bessere Möglichkeit könnte es geben, eine hochkomplexe Welt zu erklären? Dies hat bei den Ökonomen dazu geführt, mit Partialmodellen ähnliches zu versuchen; *David Ricardo* hat mit seinen glänzenden Analysen der Volkswirtschaft das Beispiel gegeben und *Heinrich von Thünen* hat das notwendige mathematische Instrumentarium für die Marginalanalyse hinzugefügt. Inzwischen sind die Erkenntnisgebiete von *Adam Smith* oder *John Steward*

Mill in zahlreiche Einzeldisziplinen zerfallen. Bei den Medizinern ist es ähnlich. Inzwischen haben sich jedoch einige wichtige Voraussetzungen verändert:

- Das analytische Zerteilen „der Welt" führte immer deutlicher zu irreführenden und falschen Ergebnissen, weil diese Welt immer enger verknüpft wurde durch Umwelteinflüsse, technischen Wandel, Wertewandel, Kommunikation und Wissen.
- Die „neue Physik" und die moderne Biologie haben das Weltbild des 19. Jh. völlig umgestülpt, und zwar einmal durch die Wiederentdeckung von Ganzheit als auch durch die Entwicklung neuer Methoden und Modelle.
- Komplexität kann heute mit leistungsstarken Computern und anderen Methoden unvergleichbar besser untersucht werden als vor 50 oder 100 Jahren (*Ricardo* publizierte seine „Principles" 1817).

Vielfalt in den Sichtweisen, Hypothesen und Methoden scheint mir eine sinnvolle Möglichkeit, die Stagnation der Nationalökonomik zu überwinden und sie aus ihrer Sackgasse herauszulocken.

Antworten (zu den Fragen von Seite 106)

1. Ein ökonomisches Modell ist ein vereinfachtes gedankliches Abbild der wirtschaftlichen Wirklichkeit.

2. Ideal- und Realmodelle; Beschreibungs- und Erklärungsmodelle

3. Lösung eines Modells in Form einer Gleichung.

4. Definitionsgleichungen oder tautologische Gleichungen; Verhaltensgleichungen (oder Gleichgewichtsbedingungen); technologische Gleichungen.

5. Ex post bezieht sich auf Gegenwart und Vergangenheit, ex ante auf die Zukunft.

6. Eine Hypothese ist der vermutete Zusammenhang zwischen mehreren Größen aufgrund von Beobachtungen über zeit-raumbezogene Regelmäßigkeiten.

7. Ursache-Wirkungsbeziehung; Einfluss der Zeit; Aggregationsgrad; Ausschnitt aus dem Gesamtzusammenhang; Annahmen oder Prämissen über die Anzahl von Variablen; endogene und exogene Variablen; ceteris paribus.

8. Unzulässige Vereinfachung; Rückkoppelungen werden nicht abgebildet.

9. Reversible Zeit heißt, dass der Zeitpfeil (von der Gegenwart in die Zukunft) umkehrbar ist, Ursache und Wirkung können in beide Richtungen wirken, Wirkungen können wieder rückgängig gemacht werden; irreversible Zeit bedeutet, dass der Zeitpfeil nicht umkehrbar ist, Wirkungen können nicht rückgängig gemacht werden.

10. Linearität bedeutet, dass Ursache und Wirkung eindeutig miteinander verknüpft sind, mit der Beeinflussung der Ursache („Steuer am Fahrzeug") erfolgt die Steue-

rung der Wirkung („Schwenk der Räder"). Bei Nicht-Linearität hängt Steuerung von deterministischen und stochastischen Einflüssen ab, der Steuerungserfolg ist unsicher.

11. In einem statischen Modell spielt die Zeit keine Rolle; alle Variablen beziehen sich auf denselben Zeitpunkt oder dieselbe Periode. Bei einem dynamischen Modell bezieht sich mindestens eine Variable auf einen anderen Zeitpunkt oder eine andere Periode als die anderen Variablen.

12. Vergleich unterschiedlicher statischer Zustände in unterschiedlichen Zeitpunkten oder Perioden (meist nach Störungen einer Gleichgewichtslage).

13. Endogene Variablen werden im betrachteten Modell erklärt, exogene Variablen werden von außen in das Modell eingebracht („nachrichtlich") und als konstant angenommen.

14. Exogene Variable.

15. Im mikro-ökonomischen Totalmodell werden die ökonomischen Handlungen von individuellen Akteuren (Anbieter und Nachfrager) auf allen Märkten betrachtet, im makro-ökonomischen Partialmodell werden die Handlungswirkungen zusammengefasster Akteure für einen oder mehrere – aber nicht alle – Märkte dargestellt.

16. Bestimmung der Wirkung der Veränderung einer (exogenen) Variablen unter Konstanz aller anderen.

17. Es sind nur ex post Aussagen möglich.

18. Das einfache Multiplikatormodell unterstellt eine geschlossene Volkswirtschaft ohne Staat und betrachtet nur den Gütermarkt. Es besteht aus vier Variablen, die mit Hilfe von vier Gleichungen (eine Definitionsgleichung, zwei Verhaltensgleichungen und eine Gleichgewichtsbedingung) gelöst werden. Dabei sind in den Verhaltensgleichungen exogene Größen vorhanden. Die Lösung des Modells zeigt, dass die Veränderung einer exogenen Größe zu einer multiplikativen Veränderung der abhängigen Variablen (hier: Y) führt. Der Multiplikator wird durch den Verhaltensparameter des Modells bestimmt, hier das Reziprok der Sparneigung.

19. Die konkurrierenden Hypothesen stammen von den Keynesianern, den Monetaristen und den Angebotsökonomen. Ursachen der Arbeitslosigkeit liegen in Nachfrageschwäche (bei inhärent instabiler Volkswirtschaft), zu hohem Reallohn und ungenügenden Angebotsbedingungen (bei inhärent stabiler Volkswirtschaft). Die Therapie heißt Steigerung der Nachfrage (durch den Staat initiiert), Senkung des Reallohn und Verbesserung der Angebotsbedingungen.

20. Es gibt keine Wahrheiten; Methodenvielfalt.

21. Bei der Beantwortung von konkreten Fragestellungen (vgl. Teil III) wird es sich allerdings empfehlen, weitere Argumente heranzuziehen, die sich aus anderen Systemzusammenhängen ergeben. Diese können aus Nachbardisziplinen der Ökonomik kommen (Sozialpsychologie, Soziologie, Politikwissenschaften, Ökologie) oder aus (konkurrierenden) Sichtweisen von Ökonomen.

22. Modellsimulation bedeutet Problemanalyse auf der Grundlage eines Modells mit unterschiedlichen Parameterkonstellationen. Damit können Teillösungen erzielt werden; man gewinnt Erfahrung über die Robustheit von Beziehungen.

23. Ein Szenario ist die nachvollziehbare Beschreibung von zukünftigen Entwicklungen aufgrund einer Ausgangssituation.

24. Plausibilitätsüberlegungen sind für ex ante Aussagen geeignet, weil sie auf „impliziten" Modellen von Experten beruhen.

25. Vielfalt in den Sichtweisen, Hypothesen und Methoden scheint mir eine sinnvolle Möglichkeit, die Stagnation der Nationalökonomik zu überwinden und sie aus ihrer Sackgasse herauszulocken

2 Das Nachfrage-System

2.1 Überblick

Fragestellungen

Die Frage nach dem Sinn des Wirtschaftens führt unmittelbar zu der Antwort: Die Befriedigung von menschlichen Bedürfnissen. Mit der Beschreibung von Menschenbildern im ersten Teil haben wir Ansatzpunkte kennen gelernt, menschliche Bedürfnisse abzuleiten.

Werden Bedürfnisse für bestimmte Güter, Dienstleistungen oder Leistungen geäußert, dann liegt ein Bedarf vor; in Geld ausgedrückter Bedarf bildet die Nachfrage von Individuen. Aggregierte Nachfrage setzt sich zusammen aus der Nachfrage einzelner Gruppen. In der Ökonomik werden die Gruppen Haushalte und Unternehmen unterschieden. Beide können als private oder als öffentliche Personen, im Inland und im Ausland Nachfrage entfalten. Damit ergeben sich die Nachfragekomponenten. Die Frage lautet dann, wovon die Nachfrage der inländischen privaten Haushalte, der öffentlichen Haushalte, die Investitionen der privaten und öffentlichen Unternehmen und die Nachfrage der ausländischen Akteure (Exportnachfrage) abhängt.

Diese Frage der Bestimmungsgründe der Nachfrage ist aus zweierlei Gründen wichtig.

- Erstens ist eine Prognose der gesamtwirtschaftlichen Nachfrage notwendig, um bestimmen zu können, welches Angebotsniveau zur Verfügung gestellt werden soll. M.a.W.: Soll die Nachfrage befriedigt werden, dann muss ihr Niveau bekannt sein.

- Zweitens ist die Bestimmung der Gesamtnachfrage deshalb wirtschaftspolitisch wichtig, weil mit der Theorie von *Keynes* der Beschäftigungsgrad (und damit die Arbeitslosigkeit) von der Gesamtnachfrage abhängt. Will man also mit den Einsichten von *Keynes* die Arbeitslosigkeit reduzieren, dann muss die gesamtwirtschaftliche Nachfrage erhöht werden.

Die keynesianische Theorie erklärt die kurzfristige Nachfrage. Es ist weiter interessant zu wissen, von welchen Faktoren die langfristige Nachfrage abhängt.

Antworten

Die Frage nach den Bedürfnissen werde ich vor allem mit der Theorie von *Maslow* beantworten. Diese Theorie unterscheidet Bedürfnisstufen, und diese weisen ökonomische (vor allem materielle) und nicht-ökonomische (vor allem nicht-materielle) Elemente auf. Wir lernen damit auch die wichtige Unterscheidung zwischen absoluten und relativen Bedürfnissen kennen. Die relativen Bedürfnisse sind wesentlich für die makroökonomische Analyse.

Die Frage der Bestimmungsgründe der Nachfrage der einzelnen Gruppen (private und öffentliche Haushalte und Unternehmen) beantworten wir, indem Hypothesen zur Erklärung dieser Nachfragekomponenten abgeleitet und begründet werden. Diese Hypothesen können kurzfristig sein und sind *Keynes* zuzuordnen, die langfristigen stammen von der neoklassischen Theorie. Es gilt daher, zwei Theoriestränge abzuleiten, einen keynesianischen und einen neoklassischen. Die Unterschiede lassen sich einfach benennen: Konsumfunktion und Erklärung des Zinses. In der kurzen Frist hängen die Konsumausgaben der privaten Haushalte ab vom laufenden verfügbaren Einkommen. Langfristig, und für Volkswirtschaften mit hohem Pro-Kopf-Einkommen, werden die Konsumausgaben bestimmt von Zinsen und Vermögen, das als abgezinstes Lebenseinkommen interpretiert werden kann. Bei der Erklärung des Zinses geht es beim kurzfristigen um die Beschreibung des Geldmarktes, beim langfristigen um die des Kapitalmarktes. Als Ergebnis erhalten wir zwei gesamtwirtschaftliche Nachfrage-Kurven, eine für die kurze, eine für die lange Frist. Im Unterschied zur Nachfrage-Gleichung, die im ersten Teil abgeleitet wurde, beschreibt die Nachfrage-Kurve nicht nur die Vergangenheit, sondern sie macht aufgrund der aufgestellten Hypothesen Aussagen über die Zukunft möglich.

Die Bedeutung des Gleichgewichtskonzepts

Das Konzept des Gleichgewichts spielt bei diesen Ableitungen eine wichtige Rolle. Erst diese Annahmen über die Gleichheit von Angebot und Nachfrage (auf einzelnen Märkten) erlauben es, eindeutige Funktionen zu bestimmen, die die Ungleichgewichtsbereiche voneinander trennen. Unabhängig von diesen geometrischen oder mathematischen Voraussetzungen ist es wichtig, die ökonomischen Implikationen dieser Gleichgewichtsannahmen zu beschreiben. Die Ableitung der kurzfristigen Nachfrage-Kurve wird denn von Gleichgewichtskurven auf dem Gütermarkt (sog. *IS*-Kurve) und dem Geldmarkt (sog. *LM*-Kurve) bestimmt, sodass sich die gesamtwirtschaftliche Nachfrage-Kurve als eine Kurve simultanen Gleichgewichts auf beiden Märkten darstellt.

Analytische Ableitungen

Das zweite Kapitel ist sehr formal und den Leserinnen und Lesern wird einige Geduld abverlangt. Deshalb habe ich die wichtigsten Verzweigungen in dem folgenden Schema dargestellt, auf das beim Durcharbeiten dieses Kapitels immer wieder zurückgegriffen werden kann.

		Kurzfristige Hypothesen (*Keynes*)	Langfristige Hypothesen (Neoklassik)		
⇓	⇐			⇒	⇓
Konsum hängt vom verfügbaren laufenden Einkommen ab		⇓	⇓		Konsum hängt vom langfristigen permanenten Lebens-Einkommen ab
⇓		kurzfristiger Zinssatz wird auf dem Geldmarkt gebildet	langfristiger Zinssatz wird auf dem Kapitalmarkt gebildet		⇓
Gütermarktgleichgewicht		Geldmarktgleichgewicht	Kapitalmarktgleichgewicht		Gütermarktgleichgewicht
IS-Kurve als partielle Gleichgewichtskurve für den Gütermarkt		*LM*-Kurve als partielle Gleichgewichtskurve für den Geldmarkt	⇓		*IS*-Kurve als partielle Gleichgewichtskurve für den Gütermarkt
⇓ ⇒	kurzfristige Nachfrage-Kurve als simultane Gleichgewichtskurve für Güter- und Geldmarkt	⇓ ⇐	⇓ ⇒	langfristige Nachfrage-Kurve	⇓ ⇐
	⇓ zahlreiche Ansatzpunkte für direkte wirtschaftspolitische Steuerung			⇓ Geldmenge als einzige Steuerungsgröße	

Die Hypothesen für die Nachfragekomponenten und die Erklärung des Geld- und Kapitalmarktes sind mit formalen Gleichungen formuliert, und diese Gleichungen werden dazu verwendet, die Bestimmungsgleichung für die gesamtwirtschaftliche Nachfrage-Kurve abzuleiten. Diese Vorgehensweise soll zeigen, wie ökonomische Modelle mit unterschiedlichen Hypothesen formuliert werden und wie diese Hypothesen (als Wenn-Bedingungen) die Ergebnisse (als Dann-Aussagen) bestimmen. Nur diese formale Ableitung zeigt letztlich im Detail, wie die unterschiedlichen Hypothesen über das kurz- und langfristige Konsumverhalten die unterschiedlichen Nachfrage-Kurven bestimmen. Bei der Ableitung der späteren Kurven werde ich diese formale Ausführlichkeit zugunsten grafischer Ableitungen aufgeben.

Beitrag zum Gesamtsystem
Dieses Kapitel über das Nachfrage-System liefert einen zentralen Beitrag zum gesamtwirtschaftlichen Angebots-Nachfrage-System: Die Nachfrage-Kurven, jeweils für die Erklärung der kurzen und der langen Frist. Mit der kurzfristigen (keynesianischen) Nachfrage-Kurve werden auch die *IS*- und *LM*-Kurven abgeleitet, mit denen die kurzfristigen Zinsen erklärt werden. Mit der langfristigen neoklassischen Nachfrage-Kurve wird ein Kapitalmarktgleichgewicht abgeleitet, das die langfristigen Zinsen erklärt. Somit ist mit der Nachfrageseite ein zentraler Teil der Volkswirtschaft beschrieben. Um in einem Bild zu sprechen: Bezeichnen wir die Volkswirtschaft oder das Bruttonationaleinkommen als eine Münze, dann ist mit der Nachfrage eine Seite dieser Münze beschrieben. Die zweite Seite der Münze besteht im Angebot. Diese Seite habe ich am Ende des Kapitels bei der Wirkungsanalyse mit einer sehr einfachen Angebots-Kurve, die einen Unterschätzigungsfall darstellt, vorweggenommen. Dies wird dann im dritten Kapitel ausführlich erläutert und erweitert. Immerhin zeigt die erste Wirkungsanalyse mit der kurzfristigen und langfristigen Nachfrage-Kurve, dass die beiden unterschiedlichen Hypothesen über die Konsumdeterminanten und die Zinsbildung völlig verschiedene wirtschaftspolitische Schlussfolgerungen und Therapien nach sich ziehen.

2.2 Bedürfnisse, Bedarf und Nachfrage

Fragen

1. Was versteht man unter Bedürfnis?
2. Wodurch werden Bedürfnisse bestimmt?

3. Wie können Bedürfnisse klassifiziert werden?

4. Wie hängen Bedürfnis und Bedarf zusammen?

5. Beziehen sich Bedürfnis und Bedarf immer auf Güter?

6. Auf welchen Grundlagen beruht die Bedürfnistheorie von *Maslow*?

7. Welche Motivationen und Bedürfnisse unterscheidet *Maslow* und wie hängen die Bedürfnisse miteinander zusammen?

8. Welche Kritikpunkte werden gegen *Maslows* Theorie vorgebracht?

9. Von wem stammt die Theorie der feinen Leute und was besagt sie?

10. Bringt Selbstverwirklichung ökonomische Nachfrage?

11. Was bringt die Beschreibung der menschlichen Bedürfnisse für die Makroökonomik?

12. Gibt es ein Bedürfnis nach Arbeit?

13. Gibt es gute und schlechte Nachfrage?

14. Was sind Endprodukte?

15. Was versteht man unter einer gesamtwirtschaftlichen Nachfrage-Kurve?

Begriffliches

Bedürfnisse werden gemeinhin als Gefühl des Mangels beschrieben, das die Tendenz zu dessen Aufhebung enthält. Bedarf heißt, dass ein Bedürfnis nachfragewirksam geworden sind. Unsere Beschäftigung mit Menschenbildern hat uns einige Einsichten in die Persönlichkeitsstruktur des wirtschaftenden Menschen gegeben. Mit dieser Persönlichkeitsstruktur sind auch die Präferenzen beschrieben. Dies sind persönliche Bewertungen von Handlungsergebnissen (Einstellungen, Anschauungen, Geschmack, Vorlieben und Abneigungen). Diese leiten sich ab aus allgemeinen Werthaltungen oder Wertvorstellungen, die langfristigen Veränderungen unterliegen (Wertewandel). Der Wertewandel kann durch Veränderungen der materiellen Ausstattung (Wohlstand, Überfluss) oder durch Rollenstadien im Lebenszyklus ausgelöst werden. Die wohl bekannteste These zum Wertewandel stammt von *Ronald Inglehart*: Er versucht empirisch nachzuweisen, dass in den letzten Jahrzehnten eine Wertesubstitution von materiellen zu post-materiellen Lebensstilen statt fand. Diese Lebensstile umfassen das Verbrauchsverhalten, die Arbeitsbedingungen und die Verwendung (und Gestaltung) der „Freizeit". Wenn diese These *Ingleharts* auch nicht so deutlich bestätigt werden kann, so zeigt sich dennoch mit der Betrachtung der Menschenbilder eine Öffnung der Bedürfnisse, die über die ökonomischen Grenzen hinausgeht.

Maslows Bedürfnistheorie
Die bei den Ökonomen wohl bekannteste Theorie über menschliche Bedürfnisse stammt von *Maslow*. Sie ist eine Integration zahlreicher Ansätze (Funktionalismus, Holismus, Gestaltpsychologie, der modernen Psychologie und des philosophischen Humanismus). *Maslows* Motivationstheorie ist ein vehementer Angriff auf die Enge des ökonomischen Ansatzes, wie er sich im Menschenbild des homo oeconomicus niederschlägt. *Maslow* fordert die Ökonomen auf, doch endlich die Realität anzuerkennen und nicht ihre persönlichen Projektionen als Theorie zu verbrämen. Die menschliche Natur sei letztlich und im Grunde nicht „verderbt und böse". Man könne diese Meinung „nunmehr nur noch durch entschlossene Blindheit und Ignoranz aufrechterhalten, durch die Weigerungen, die Tatsachen zu berücksichtigen" (*Maslow*, 1977, S. 9). *Maslow* sieht durchaus die Schwächen des Menschen; schließlich ist er ein erfahrener Therapeut. Und er sieht auch die Möglichkeit, mit unzähligen Beispielen den Egoismus „des" Menschen aufzuzeigen und sein zutiefst ganzheitliches Wesen zu verneinen. Doch der entscheidende Punkt bei *Maslow* besteht darin, ein Streben des Menschen herauszustellen, das über mehrere Bedürfnisgruppen schließlich zur Selbstverwirklichung (Autonomie) führt. Indem sich der Mensch durch eine Hierarchie von Bedürfnissen unterschiedlicher „Ordnung" hinaufarbeitet, läutert er gewissermaßen seinen Charakter und entwickelt sich zum ganzen Menschen.

Maslows Bedürfnisgruppen
Maslow unterscheidet in seiner Theorie der menschlichen Motivation fünf Gruppen, „Ensembles" oder Ebenen von Bedürfnissen (*Maslow*, 1977, S. 74ff.):

- Die grundlegenden Bedürfnisse (Existenzbedürfnisse, physiologische Bedürfnisse oder Triebe), wie Hunger, Schutz vor Kälte, Nässe, Hitze sowie Sexualität. Diese grundlegenden Motivationen äußern sich vor allem in den Bedürfnissen nach Nahrung, Kleidung, Wohnung.
- Sicherheitsbedürfnisse, wie „Sicherheit; Stabilität; Geborgenheit; Schutz; Angstfreiheit; Bedürfnis nach Struktur, Ordnung, Gesetz, Grenzen; Schutzkraft" (S. 79).
- Die Bedürfnisse nach Zugehörigkeit und Liebe (sog. soziale Bedürfnisse).
- Die Bedürfnisse nach Achtung (sog. Wertschätzungsbedürfnisse), und zwar einmal nach Stärke, Leistung, Bewältigung und Kompetenz, Vertrauen angesichts der übrigen Welt und Unabhängigkeit und Freiheit, andererseits nach gutem Ruf oder Prestige (Status, Berühmtheit und Ruhm, nach Dominanz, Anerkennung, Aufmerksamkeit, Bedeutung, Würde oder Wertschätzung).

- Selbstverwirklichung (Autonomie). Der Mensch muss „seiner eigenen
  Natur treu bleiben" (S. 88f.) und nach ihr leben. Hierzu gehören auch
  die ästhetischen Bedürfnisse.

Die Gruppe der ersten vier bezeichnet er auch als Defizitbedürfnisse, weil
bei ihrer Befriedigung Sättigung auftritt; sie sind sozusagen „tilgbar".
Selbstverwirklichung ist ein sog. Wachstumsbedürfnis und unterliegt
keiner Sättigung. *Maslows* Arbeiten sind nun in spezifischer Weise so
interpretiert worden, dass eine „Bedürfnispyramide" besteht, eine hierarchische Gliederung der oben genannten Bedürfnisarten, innerhalb derer
sich die Menschen „hocharbeiten"; es besteht ein Trend zu höheren Bedürfnissen. Diese Sicht würde *Maslows* Theorie unzulässig vereinfachen.

„Bisher schien es in unseren Beschreibungen, als wäre die Hierarchie der Grundbedürfnisse
eine feste Ordnung, doch tatsächlich ist sie nicht annähernd so starr, wie wir unterstellt
haben. Zwar haben die meisten Menschen, die wir beobachtet haben, die Grundbedürfnisse
ungefähr in der Rangordnung, die angedeutet wurde. Doch es gab eine Anzahl von Ausnahmen" (*Maslow*, 1977, S. 95f.).

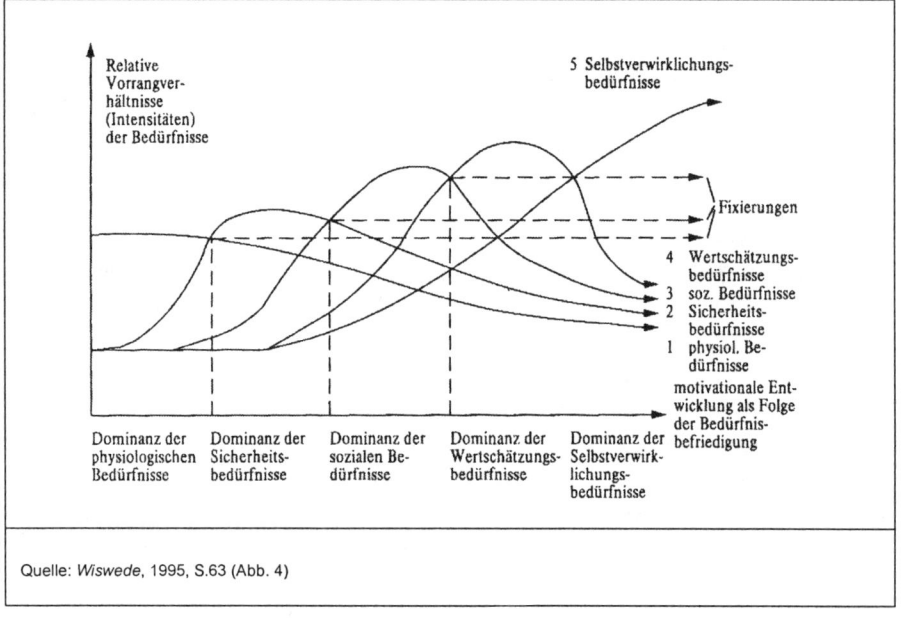

Quelle: *Wiswede*, 1995, S.63 (Abb. 4)

Abb. II.1 *Maslows* Bedürfnishierarchie

Dies wird ausführlich beschrieben. So ist denn die Darstellung von *Wiswede* der einer festen Pyramide vorzuziehen; sie ist in Abb. II.1 wiedergegeben.

Aus dieser Abbildung geht hervor, dass die Menschen zunächst ihre Existenzbedürfnisse wie Essen, Kleiden und Wohnen befriedigen, bevor sie sich der Befriedigung von Sicherheitsbedürfnissen etc. zuwenden.

Kritik an Maslows Theorie
Die Kritik an *Maslow* setzt an zwei Stellen an. Erstens wird gefragt, ob die Liste der Bedürfnisse vollständig ist. Ohne Frage sind auch Macht und Leistung wichtige Motive (*Wiswede*). *Maslow* selbst hat in seinem Buch auch Macht und Leistung beschrieben, wenn auch nicht als eigene Bedürfnisgruppe. Zweitens wird die behauptete Abgrenzung und Abfolge von Hierarchiestufen bezweifelt. Bei *Maslow* sind jedoch, wie gesagt, die Bedürfniskategorien auch durchlässig und die Aufeinanderfolge ist keineswegs in streng abgegrenzten Schritten vorgesehen. Allerdings gibt *Maslow* letztlich eine sehr ausführliche und breit abgestützte Begründung für seine Vermutung, dass ein Trend zu durchaus „höheren" Bedürfnissen besteht. Dass sich die Menschen von einer „Klasse" (Autoklasse, Reiseklasse) zur anderen hocharbeiten, kann heute durchaus beobachtet werden; was wohl noch aussteht, ist der durchschlagende und allgemeine Trend zur Selbstverwirklichung. *Maslow* gibt jedoch ausführliche Begründungen zu den Kräften und Mechanismen, die diesen Trend stützen.

Bedürfnis wonach?
In der Diskussion über Bedürfnisse ist in der Regel implizit angenommen, dass Bedürfnisse immer mit einen bestimmten Gut und dessen Kauf verbunden sind.

„Das Bedürfnis bezieht sich ... nicht auf ein bestimmtes Gut, sondern zunächst, falls nicht bereits eine habituelle Fixierung vorliegt, auf ein beliebiges Gut, das einem bestimmten Zweck dienen, also ‚psychisches Wohlsein oder jene Aktivitäten ermöglichen (kann), die unser Kulturleben ausmachen' " (*Schmölders*, 1978, S. 57).

Das Bedürfnis kann sich auf ein materielles oder nicht-materielles Gut richten. Immer ist eine spezifische Qualität unterstellt. Die Qualität ist definiert als ein Bündel von Eigenschaften, die einem spezifischen Zweck (Ziel, Motivation) unterworfen sind. Das heißt, dass sich das Bedürfnis auch auf Eigenschaften von Gütern und Dienstleistungen richten kann (*K. Lancaster*). Bedürfnisse können aber auch ohne den Erwerb von Gütern befriedigt werden. Oder pointierter: Dasselbe Bedürfnisniveau (Ophelimitätsniveau der Mikroökonomik) lässt sich durch ökonomische und/oder durch nicht-ökonomische Aktivitäten (Tätigkeiten) erreichen. Zum Beispiel kann das *Maslowsche* Bedürfnis nach Wertschätzung oder Achtung durch die Nachbarn mit dem Kauf eines Gutes oder dessen Eigenschaften befriedigt (demonstrativer Konsum nach *Th. Veblen*), oder durch Auftreten als „Persönlichkeit", Verhalten oder andere zwischenmenschliche „Tätigkeiten" erlangt werden.

Bedarf

Bedürfnisse haben nur dann ökonomische Wirkungen, wenn sie zu einer Kaufhandlung führen. „Wir können das ‚Bedürfnis' als ungerichteten, den ‚Bedarf' als gerichteten Spannungszustand und folglich die Kaufhandlung als einen diese Spannung lösenden Akt interpretieren" (*Schmölders*, 1978, S. 58). Ob nun ein ökonomischer Bedarf entsteht, hängt von dem Grad an Autonomie oder Selbstbestimmtheit ab. Geht man davon aus, dass Selbstverwirklichung eher nicht-ökonomische (nicht-materielle) Aktivitäten verlangt, liegt dann die Selbstverwirklichung des Menschen im Interesse der Ökonomie?

Veblens Theorie der feinen Leute

Thorstein Veblen hat Ende des letzten Jahrhunderts eine provokante Theorie vorgelegt, mit der er den Nachweis versuchte, dass sich die Konsumbedürfnisse der Menschen am Vorbild der „leisure class" orientieren. Man kann diesen Nachweis als durchaus gelungen bezeichnen und für die heutigen Verhältnisse feststellen, dass die Lebensstile (und der Protz und die Verschwendungssucht) einer reichen Klasse in Medien (besonders wirkungsvoll in Hollywood-Filmen) transportiert werden und die Sättigung von (materiellen) Bedürfnissen hinausschieben. Hier könnte die aus der Psychologie bekannte Unterscheidung von primären und sekundären Bedürfnissen angewandt werden. Erstere sind „triebbedingt" wie Hunger, Durst und Sexualität. Die sekundären Bedürfnisse hingegen sind erworben und betreffen Geltungs- und Machtstreben, soziale, geistige und künstlerische Interessen.

Bringt Selbstverwirklichung ökonomischen Nutzen und Nachfrage?

Liest man die sehr ausführlichen Biografien *Maslows* über die Menschen, die sich nach seiner Ansicht selbstverwirklicht haben, dann ist damit wohl immer ein bestimmter Ausstattungsgrad an materiellen Gütern vorausgesetzt. Diese Biografien legen die Existenz einer Bedürfnispyramide nahe. Der gesellschaftliche Hintergrund wird allerdings gegeben durch die Verhältnisse in den USA in den 1960er Jahren. Eine analoge Fragestellung, untersucht am Beispiel von Schweden, der Schweiz oder Neuseelands, würde wahrscheinlich andere Ergebnisse bringen; der ökonomische Nutzen (in Geldeinheiten) der Selbstverwirklichung im amerikanischen Kulturkreis (fremdbestimmte Konsumgesellschaft) wäre wohl größer. Die Frage ist also, inwieweit die gesellschaftlichen Akteure Konsumsouveränität ausüben können oder nicht. Diese Frage hat (auch) in den 60er Jahren eine Rolle gespielt. Seitdem sie aber die Beziehung zwischen Konsumein-schränkung oder -verzicht und Verlust von Arbeitsplätzen erfolgreich ins öffentliche Bewusstsein brachte, ist diese Diskussion verstummt.

Das Bedürfnis nach Arbeit
Selbstverwirklichung ist wesentlich mit einer erfüllten Tätigkeit verbun-den, und dies wird in der Regel Erwerbsarbeit sein. Die Tätigkeit kann aber auch in Eigenarbeit oder Bürgerarbeit bestehen, die nur indirekte ökonomische Wirkungen zeigt. Das Bedürfnis nach Erwerbsarbeit ist kreislaufanalytisch mit dem Kauf von ökonomischen Gütern verbunden. Diese Sicht ist neueren Datums (der drohende Verlust von Arbeitsplätzen in der Rüstungsindustrie macht die Produktion von Waffen notwendig); in der traditionellen Nationalökonomik wird Arbeit mit Leid korreliert und die Sehnsucht des „Arbeiters" besteht darin, so leben zu können wie die „feinen Leute".

Gibt es gute und schlechte Nachfrage?
Die Frage nach der „gesellschaftlich notwendigen Arbeit" wurde (von Sozialisten und Kommunisten) immer wieder gestellt, die Frage nach guter oder schlechter Nachfrage meines Wissens seltener. Nachfrage, die menschliche Bedürfnisse befriedigt, weil sie von Menschen kommt, ist immer gut, so das Argument (hier wird natürlich Konsumentensouveränität unterstellt). Der individualistische Ansatz wird denn auch den Individuen die freie Handlungsmöglichkeit zubilligen. Anders steht es mit der Befrie-digung kollektiver Bedürfnisse und der kollektiven Nachfrage. Hier wer-den die getroffenen politischen Entscheidungen nicht immer akzeptiert. Ein wesentlicher Grund dafür liegt in der Akzeptanz entsprechender Len-kungssysteme. Wer den Markt als alleiniges Lenkungssystem sieht, wird wohl kaum mit den öffentlichen Gütern in Menge und Art zufrieden sein, die durch andere Lenkungssysteme (aufgrund von kollektiven Zielsetzun-gen) bereit gestellt werden.

Was sind Endprodukte?
Daran schließt die Frage an, was man unter Endprodukten zu verstehen hat. Auch dies ist eindeutig keine wertfreie Entscheidung. Liest man die Diskussion der *Ruggles', John Hicks* und *Simon Kuznets* Ende der 1930er Jahre nach, dann zeigt sich dies deutlich. Hier ging es um die Frage, ob Investitionsgüter auch Endprodukte sind, wie (natürlich) Konsumgüter. Die Frage wurde durch den Einfluss von *Hicks* zugunsten der Investitions-güter entschieden. Dies hat natürlich weitreichende Konsequenzen, denn damit müssen die Ökonomen nicht nur Maßnahmen entwickeln, wie man Konsumgüter fördern kann, sondern sie müssen auch zur Steuerung von

Investitionen etwas sagen. Dass die letztere Fragestellung mit der angebotsorientierten Politik heute dominiert, hätte *Hicks* wohl nicht erwartet.

*Zielsetzung: Ableitung von gesamtwirtschaftlichen Nachfragefunktionen
(Nachfrage-Kurven)*
Ein wesentlicher Kern makro-ökonomischer Analyse besteht darin, gesamtwirtschaftliche Nachfrage-Kurven abzuleiten. Eine dieser Nachfrage-
Kurven, nämlich die im P/Y_d-System, wird dann – einer im Kapitel II.3
noch abzuleitenden – gesamtwirtschaftlichen Angebots-Kurve im P/Y_s-
System in einem Diagramm gegenübergestellt. Damit kann, für unterschiedliche Annahmen, der Makroprozess einer Volkswirtschaft dargestellt
werden.

Antworten (zu den Fragen von Seite 127)

1. Bedürfnisse sind definiert als ein Gefühl des Mangels mit der Tendenz zur Über-
   windung. Nachfragewirksame Bedürfnisse bezeichnet man als Bedarf.

2. Präferenzen (geordnete Bedürfnisse) hängen von den Persönlichkeitsstrukturen,
   den Werten und deren Wandel sowie von den materiellen Ausstattungen ab.

3. Nach *Maslows* Bedürfnisebenen. Absolut, primär selbstbestimmt, autonom versus
   relativ, sekundär, fremdbestimmt.

4. Bedürfnisse werden durch eine Kaufhandlung zum Bedarf.

5. Bedürfnisse sind in der Regel ungerichtet, und wenn sie auf Güter konzentriert
   sind, dann auf ein beliebiges Gut, das einen bestimmten Zweck erfüllen soll. Bedarf kann sich auf materielle, immaterielle Güter und/oder auf deren Eigenschaften
   richten.

6. Die Bedürfnistheorie von *Maslow* ist eine Integration des Funktionalismus, des
   Holismus (ganzheitlicher Mensch), der Gestaltpsychologie, der modernen Psychologie, des Behaviorismus und des philosophischen Humanismus.

7. *Maslow* unterscheidet fünf Bedürfniskategorien oder -ebenen: Grundlegende
   Bedürfnisse, Sicherheitsbedürfnisse, Bedürfnisse der Zugehörigkeit und Liebe,
   Achtungs- oder Wertschätzungsbedürfnisse und Selbstverwirklichung. Es besteht
   ein Trend zu höheren Bedürfnissen; allerdings bestehen auch Nicht-Linearitäten
   und Rückkoppelungen zwischen den Bedürfniskategorien.

8. Erstens seien die Bedürfniskategorien nicht vollständig, z.B. gehörten auch Macht
   und Leistung dazu. Zweitens könne man nicht von einer Bedürfnispyramide ausgehen, in der die Individuen von „unten" nach „oben" aufsteigen.

9. *Thorstein Veblen*. Die Masse der Konsumenten richtet sich mit ihren Bedürfnissen
   am Vorbild der feinen Leute („leisure class") aus.

10. Die Unterscheidung in absolute und relative Bedürfnisse wird breit abgestützt. Je
    stärker das Gewicht der absoluten Bedürfnisse, desto größer sind Autonomie und

Selbstbestimmtheit (des Konsums) und desto eher treten Sättigungen (im materiellen ökonomischen Bereich) auf. Je stärker das Gewicht der relativen Bedürfnisse, desto wichtiger ist die Gesellschaft. Dies hängt von der Autonomie des Individuums ab, und diese wird vom gesellschaftlichen Umfeld bestimmt. In einer stark ausgeprägten Konsumgesellschaft wird Selbstverwirklichung auch mit materiellen Gütern verbunden sein.

11. Man kann das Einzelwesen des homo oeconomicus der Mikroökonomik nicht auf die Makroökonomik übertragen; hier steht der Mensch in sozialen Zusammenhängen.

12. Es gibt ein Bedürfnis nach selbstverwirklichter Arbeit oder nach Tätigkeit. Fremdbestimmte Erwerbsarbeit wird wohl i.d.R. und im Durchschnitt als Leid („Arbeitsleid") empfunden.

13. Vom individualistischen Standpunkt aus gibt es keine schlechte Nachfrage; das, was ein Individuum nachfragt, ist immer gut oder vernünftig oder rational. Vom kollektivistischen Standpunkt aus muss beachtet werden, dass durch die individualistische Nachfrage Wirkungen auf andere ausgehen (sog. externe Effekte). Treten die externen Effekte als Kosten auf, dann gibt es auch schlechte Nachfrage im Sinne von gesellschaftlich schädlicher Nachfrage. Wenn die Wirkungen „internalisiert" werden, d.h. wenn sie in die Pläne der Individuen eingehen, dann kann dies wieder zu anderen Konstellationen führen.

14. Produkte für letzte Zwecke, die keinen Veredelungsvorgang mehr brauchen. Konsumgüter sind Endprodukte; Investitionsgüter wurden als solche definiert.

15. Die gesamtwirtschaftliche Erklärung des Nachfrageverhaltens aller Nachfrager.

2.3 Gütermarkt und Gleichgewicht

2.3.1 Nachfragegleichung und Nachfragefunktion

Fragen

1. Welcher Unterschied besteht zwischen der Nachfragegleichung und der Nachfragefunktion?

2. Was bedeuten ex post und ex ante?

3. Wie lautet die Nachfragegleichung?

4. Wie lauten die Hypothesen über das Verhalten der Verbraucher?

5. Welches Handlungsmodell wird von *Katona* unterstellt?

6. Welche Determinanten bestimmen den privaten Konsum?

7. Wie lauten die Schritte zur Hypothesenbildung?

8. Wie ist das verfügbare Einkommen der privaten Haushalte definiert?

9. Welche wichtigen Konsumhypothesen gibt es und wer vertritt sie?

10. Wie lassen sich wichtige Konsumhypothesen der Definition des Einkommens in der Zeit zuordnen?

11. Wie lautet die Hypothese über kurzfristiges Konsumverhalten (*Keynes*)?

12. Wie lautet die Hypothese über langfristiges Konsumverhalten (*Friedman*)?

13. Was versteht man unter Geldillusion?

14. Was bedeutet Konsumneigung?

15. Wovon hängt das Konsumverhalten ab?

16. Was versteht man unter autonomem Konsum?

17. Wie ist die Einkommenselastizität des Konsums definiert?

18. Welchen Prämissen unterliegt eine Konsumprognose?

19. Wie hängen Konsum und Sparen miteinander zusammen?

20. Welche grundsätzlichen Ansatzpunkte bestehen für wirtschaftspolitische Maßnahmen?

Nachfragegleichung und Nachfragefunktion

Die Nachfragegleichung haben wir als Definitionsgleichung der gesamtwirtschaftlichen Nachfrage schon im ersten Teil kennen gelernt; hier nochmals (für eine offene Volkswirtschaft mit Staat):

$$Y_d = C + I + G + Ex$$

Y_d = reale gesamtwirtschaftliche Nachfrage (in Mrd. €)
C = reale Konsumnachfrage der privaten Haushalte (Mrd. €)
I = reale Investitionsnachfrage der privaten Unternehmen (Mrd. €), brutto
G = reale Staatsausgaben für Konsum und Investitionen (Mrd. €)
Ex = reale Exportnachfrage des Auslands (Konsum- und Investitionsgüter, Mrd. €)

Mit dieser Nachfragegleichung sind, wie gesagt, nur Aussagen für die Gegenwart und Vergangenheit möglich (ex post). Außerdem geht diese Nachfragegleichung davon aus, dass als Endprodukte sowohl Konsum- als auch Investitionsgüter betrachtet werden.

Für Aussagen über die Zukunft (ex ante, Prognosen) müssen die Komponenten der Nachfragegleichung durch Hypothesen erklärt werden. Diese Hypothesen sind in vielen Untersuchungen empirisch abgesichert worden; entscheidende Arbeiten stammen von *Katona* (1960). *Katona* beschreibt die Grundlagen des Verhaltens von Konsumenten und Unternehmern ausführlich, vor allem gestützt auf Daten US-amerikanischer Erhebungen:

„Dieses Buch stützt sich auf die These, daß wirtschaftliche Vorgänge ihre Wurzel im Verhalten des Menschen haben und daß diese einfache, aber wichtige Tatsache in der modernen Wirtschaftswissenschaft bisher noch keine ausreichende Berücksichtigung gefunden hat" (*Katona*, 1960, S. XXV).

Und der Nobelpreisträger Tobin:

„The careers of the Consumption Function and George Katona have been intertwined since 1945 ... As a social psychologist, he was probably not surprised to find that he annoyed many of the brethren of his adopted scientific fraternity. What put them off was his disdain for utility-maximizing or profit-maximizing models of individual behavior, and his failure to base his statistical inferences and macro-economic conclusions on explicit formal system-wide models. But today we can appreciate, even from the perspective of economic theory and econometrics themselves, Katona's perception, prescience, and persistence" (*Tobin*, 1972, S. 37).

Verhaltensgleichungen: Hypothesen über das Verhalten der Nachfrager
Mit der Entscheidung, als Endprodukte sowohl Konsum- als auch Investitionsgüter zu bezeichnen, wurden auch die Akteure der Nachfrage festgelegt: Konsumenten und Investoren. Diese können in privaten oder öffentlichen Haushalten und Unternehmen sowie im Inland und Ausland agieren.

Nachfragekomponente	Akteure der Nachfrage	Hypothesen
C = Konsumausgaben	private Haushalte	Konsumfunktion
I = Investitionsausgaben	private Unternehmen	Investitionsfunktion
G = Staatsausgaben für Konsum und Investitionen	öffentliche Haushalte und Unternehmen	Staatsausgabenfunktion
Ex = Nachfrage nach Konsum- und Investitionsgütern aus dem Ausland	private Haushalte, private Unternehmen, öffentliche Haushalte und öffentliche Unternehmen im Ausland	Exportfunktion

Tab. II.2 Nachfragekomponenten und Hypothesen

Der Sinn dieser Komponentenbildung liegt darin, möglichst homogene Erklärungsansätze für diese Nachfragekomponenten zu finden. Ich gehe davon aus, dass die Entscheidungsstrukturen von privaten Haushalten wesentlich abweichen von denen der Unternehmen, und dass diese wiederum entscheidend abweichen von denen öffentlicher Haushalte und Unternehmen. Die Revision der Volkswirtschaftlichen Gesamtrechnungen im Frühjahr 1999 hat (mit der ESVG) diese Homogenität für die privaten

Haushalte stark verbessert, weil nun im Haushaltssektor auch Selbständige enthalten sind. Die Hypothesen über das Nachfrageverhalten dieser Akteure werden dann als „Funktionen" (z.B. Konsumfunktion) beschrieben. Setzt man diese Funktionen in die Komponenten der Nachfragegleichung ein, dann ergibt sich eine Nachfragefunktion oder Nachfrage-Kurve, die für prognostische Zwecke (ex ante) genutzt werden kann.

Katonas Modell
Um zu zeigen, welche Überlegungen hinter den verwendeten Hypothesen stehen, soll im folgenden die Grobstruktur des Modells von *Katona* skizziert werden (vgl. *Strumpel*, 1972, S. 85):

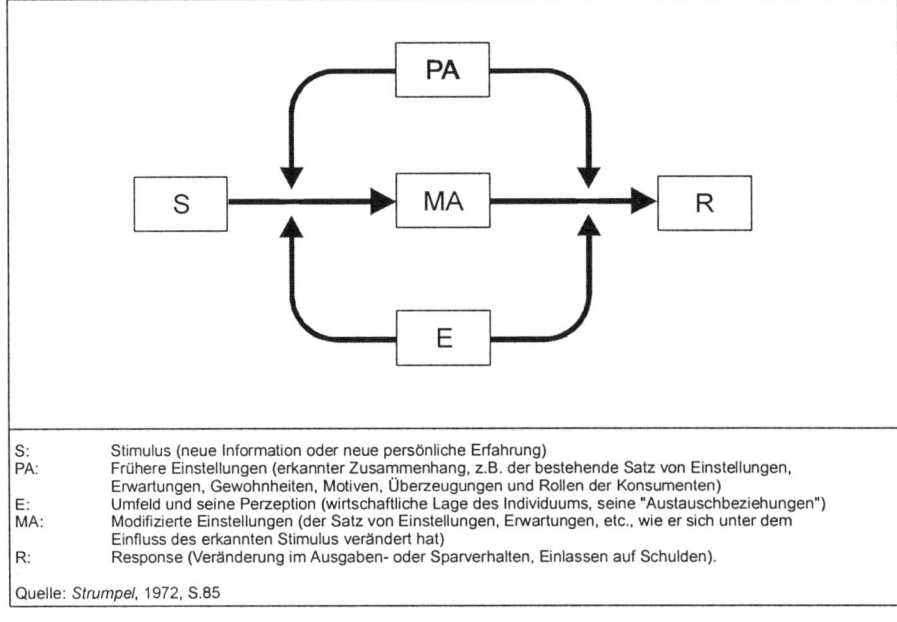

S:	Stimulus (neue Information oder neue persönliche Erfahrung)
PA:	Frühere Einstellungen (erkannter Zusammenhang, z.B. der bestehende Satz von Einstellungen, Erwartungen, Gewohnheiten, Motiven, Überzeugungen und Rollen der Konsumenten)
E:	Umfeld und seine Perzeption (wirtschaftliche Lage des Individuums, seine "Austauschbeziehungen")
MA:	Modifizierte Einstellungen (der Satz von Einstellungen, Erwartungen, etc., wie er sich unter dem Einfluss des erkannten Stimulus verändert hat)
R:	Response (Veränderung im Ausgaben- oder Sparverhalten, Einlassen auf Schulden).

Quelle: *Strumpel*, 1972, S.85

Abb. II.2 *Katonas* Konsumtheorie

2.3.2 Die Konsumfunktion

Determinanten
Von welchen Größen hängen die Konsumausgaben der privaten Haushalte ab? Eine Durchsicht der Literatur oder von Presseberichten ergibt die folgenden Faktoren:
- Reales Einkommen,
- Einkommenserwartungen,

- staatliche Realtransfers,
- Preise (z.B. Energiekosten),
- Zinsen,
- Konsumentenkredite,
- Sparen,
- Vermögen,
- Bevölkerungszahl und
- Einkommensverteilung.

Schritte der Hypothesen- und Theoriebildung
Mit diesem ersten Schritt der Hypothesen- und Theoriebildung, dem Sammeln von Fakten und Einflussgrößen, haben wir eine große Zahl von Variablen, zu groß, um eine aussagekräftige und handhabbare Hypothese formulieren zu können. Hierfür sollten höchstens zwei bis drei Schlüsselgrößen herausgeschält werden, und für einen einführenden Text in die Makroökonomik wäre es ideal, wenn die Darstellung einer gehaltvollen Hypothese in einem zweidimensionalen Diagramm gelingen würde. Unsere Ansprüche sind also keineswegs bescheiden: die Hypothese über das Verhalten der Konsumenten soll aussagekräftig und empirisch gehaltvoll sein, aber sie soll auch didaktisch einfach dargestellt werden können. Wir müssen sortieren: dies ist immer der zweite Schritt der Hypothesenbildung, die wesentlichen von den unwesentlichen Einflussfaktoren zu trennen.

Bündelung der Einflussfaktoren im verfügbaren Einkommen
Die ersten vier Faktoren lassen sich ohne Schwierigkeiten zusammenfassen: das erwartete, reale, verfügbare Einkommen. Das verfügbare Einkommen der privaten Haushalte wird wie folgt berechnet: Das Nettonationaleinkommen zu Faktorkosten wird bereinigt um die nicht den privaten Haushalten zufließenden Gewinne, dann werden die Steuern subtrahiert und die staatlichen Transfers hinzuaddiert.

$$Y_v = Y - TTR \quad \text{mit } TTR = \frac{T \cdot P - TR}{P}$$

Y_v = reales verfügbares Einkommen der Haushalte (Angebot)
Y = reales Nettonationaleinkommen (früher: Volkseinkommen, auch Angebot)
T = reale Steuern
TR = Transferzahlungen
TTR = realer Saldo aus Steuern und Transfers
P = Preisniveau

Die Preisniveauveränderungen können durch die Annahme berücksichtigt werden, dass die privaten Haushalte frei von Geldillusion sind: Sie planen nach realen Größen; die Haushalte sind in der Lage, reale von nominalen Einkommensänderungen zu trennen und sie lassen sich nicht dazu verleiten, bei Inflation aufgrund von nominalen Einkommenssteigerungen auch mehr zu konsumieren. Die Hypothese über das Konsumverhalten lautet dann, wenn wir nur die ersten vier Faktoren berücksichtigen:

$$C = C\,(Y_v) \quad \text{mit } 1 \ge \frac{dC}{dY_v} \ge 0$$

C = reale Konsumnachfrage der privaten Haushalte

Die Steigung der Funktion, dC/dY_v, ist positiv, aber kleiner oder gleich als eins, weil die Haushalte nicht mehr als ihr Einkommen ausgeben können. Sie können nur sparen oder konsumieren. (Sie könnten natürlich Kredite aufnehmen oder Sparguthaben auflösen. Dies soll aber hier nicht berücksichtigt werden).

Testen wir diese Hypothese mit Hilfe statistischer Daten, indem wir Werte für C und Y_v für verschiedene Jahre (der Vergangenheit) gegenüberstellen und annehmen, dass diese realisierten Werte mit den ursprünglichen Erwartungen der privaten Haushalte übereinstimmen, dann ergeben sich sehr gute statistische Werte: Der Zusammenhang ist außerordentlich eng, die Variation von Y_v erklärt 83% der Variation von C.[1]

---

[1] Für 1960-1975 lässt sich berechnen: C = 33 + 0.7 Y, mit R^2= 0.83 und DW = 1.47. Vgl. *Richter/Schlieper/Friedmann* (1978), S. 221. Zu den Grenzen einer solchen Analyse vgl. ebenda. R^2 ist das „Bestimmtheitsmaß", das den Erklärungsanteil der unabhängigen Variablen in % angibt; der *Durbin-Watson* Koeffizient (DW) ist ein Maß für das Ausmaß der Autokorrelation, d.h. des Vorhandenseins weiterer, nicht spezifizierter Variablen. Der Wert von 1.47 bedeutet geringe Autokorrelation.

Hypothesen	mathematische Formulierung	Aussagen und Besonderheiten
Absolute Einkommenshypothese (*J. M. Keynes*)	$C_t = C(Y_t)$	Kurzfristige Betrachtung. Im Gleichgewicht ist das erwartete Einkommen Y gleich dem produzierten Angebot (Primäreinkommen).
Permanente Einkommenshypothese (*M. Friedman*)	$C_t = C^T + C^P$ $C^P = C(Y^P)$	Langfristige Betrachtung, die das auf die Gegenwart abdiskontierte Lebenseinkommen (Y^P) in den Mittelpunkt stellt. Das permanente Einkommen dominiert laufende Konsumentscheidungen. Führt gegenüber (1) Erwartungen ein. C^T ist der kurzfristige Konsum.
Habit-persistence-Hypothese (*T. M. Brown*)	$C_t = a + b \cdot Y_t + c \cdot C_{t-1}$	Berücksichtigt einen Gewohnheitsfaktor, der bewirkt, dass trotz fallendem Einkommen der Konsum durch einen „ratchet effect" (Sperrklinkeneffekt) nicht zurückgeht.
Relative Einkommenshypothese (*J. Duesenberry*)	$\dfrac{C_t}{Y_t} = a - b \cdot \dfrac{Y_t}{Y_{max}}$	Analog. Y_{max} ist das maximale in der Vergangenheit erzielte Einkommen.
Reale Vermögenseffekte (*D. Patinkin, J. Tobin*)	$C = C\left(Y, \dfrac{M}{P}\right)$	Über (1) hinausgehend wird als zusätzlicher Bestimmungsgrund die reale Kassenhaltung M/P bzw. das Vermögen eingeführt.

Tab. II.3 Konsumhypothesen

Hypothesen über das kurzfristige Konsumverhalten (Keynes)
Unter den Konsumforschern gibt es denn auch keinen Dissens darüber, dass das verfügbare Realeinkommen die dominierende Variable für die Konsumausgaben der privaten Haushalte darstellt. Allerdings werden abweichende Ansichten darüber vertreten, wie das Einkommen und der Zusammenhang zu definieren sei. Richten sich die Konsumenten am laufenden, auf heute bezogenen Einkommen aus, am zukünftigen oder am vergangenen? Alle drei Möglichkeiten der Interpretation haben in der Literatur ihren Platz, die Hypothesen sind in der Tabelle II.3 zusammengestellt. Die wichtigste Hypothese ist wohl die absolute Einkommenshypothese, jedenfalls für die kurze Frist. Sie besagt, dass die Unternehmen eine

bestimmte Produktion planen, die dann auch die Zahlungen festlegt, die an die „Produktionsfaktoren" (Arbeit und Kapital) fließen. Diese Zahlungen bestimmen dann die Konsumnachfrage. Grundlage der Beziehung sind reale Größen. Wenn wir diese Annahme der kurzfristigen Gültigkeit dieser Konsumhypothese setzen, dann lassen sich auch die langfristigen Determinanten Bevölkerungsentwicklung, Vermögen und Einkommensverteilung als Variablen vernachlässigen; sie werden für die kurzfristige Konsumfunktion konstant gesetzt. Die kurzfristige Konsumfunktion dürfte eher für Gesellschaften gelten, bei denen die (monatlichen) Einkommenszahlungen noch stark die laufenden Konsummöglichkeiten bestimmen, wie z.B. Spanien, Griechenland, Polen; sie lautet $C = C(Y_v)$.

Hypothesen über das langfristige Konsumverhalten (Neoklassik)
Die langfristige Konsumfunktion ist durch die „permanente Einkommenshypothese" von *Milton Friedman* bestimmt: die Konsumausgaben hängen danach vom (abgezinsten) Lebenseinkommen der Konsumenten ab. Interpretiert man dies als reales Vermögen (V) der Haushalte, dann bestimmen dieses und der Zins (i) als Determinanten die langfristige Konsumfunktion. Die nationalökonomischen Klassiker sahen den Zins sogar als alleinige Determinante der Konsumausgaben an. Die Begründung lautet wie folgt: Das Einkommen der privaten Haushalte kann nur auf Konsum und Sparen aufgeteilt werden ($Y_v = C + S$ und $C = Y_v - S$). Die Sparentscheidungen der privaten Haushalte werden bei den Klassikern ausschließlich vom Zins bestimmt; je höher der Zins, desto mehr wird gespart. Dies bedeutet, dass bei $S = S(i)$ auch $C = C(i)$ sein muss. Heute geht man bei den Neoklassikern davon aus, dass der Konsum neben dem Einkommen auch vom Zins bestimmt wird. In entwickelten Volkswirtschaften (Schweiz, Deutschland, Schweden, Frankreich, USA) sind die privaten Haushalte auch bei durchschnittlichen Einkommen recht gut mit Vermögen ausgestattet (langlebige Gebrauchsgüter, Sparbücher, Haus- und Grundbesitz etc.). Konsumentscheidungen (insbesondere für dauerhafte Güter) hängen dann nicht so sehr vom laufenden Einkommen, sondern mehr vom erwarteten Einkommen und vom Vermögen ab. Eine langfristige (neoklassische) Konsumfunktion könnte dann wie folgt formuliert werden:

$$C = C_a^* \ (i, \ V) \quad \text{mit} \ \frac{dC}{di} < 0 \ \text{und} \ \frac{dV}{di} > 0$$

C	=	reale Konsumnachfrage
C_a^*	=	autonomer Konsum
i	=	Realzins
V	=	reales Vermögen

Die kurzfristige Konsumfunktion: Zwischenfazit
Wenn das verfügbare Einkommen kurzfristig die Konsumausgaben wesentlich bestimmt, dann lässt sich die dazugehörige Konsumfunktion gut im folgenden Diagramm darstellen:

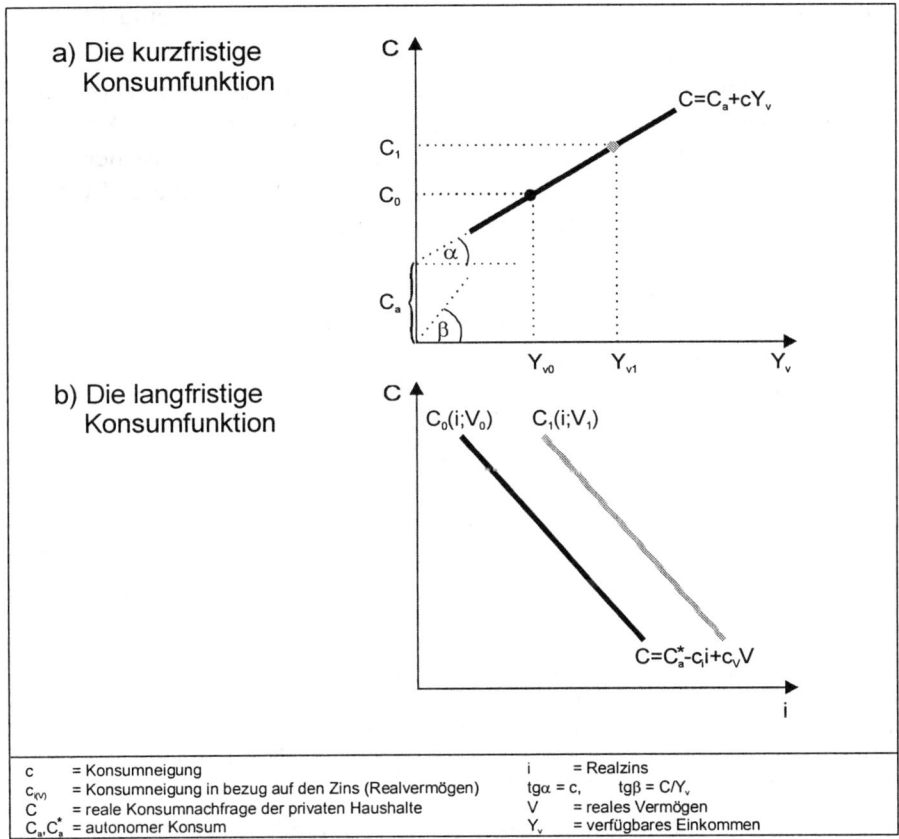

Abb. II.3 Konsumfunktionen

An dieser Konsumfunktion sollen im folgenden die wichtigsten Größen, Zusammenhänge und Annahmen gezeigt werden. Auf den Achsen der Abb. II.3 sind Konsumausgaben und verfügbares Einkommen der privaten Haushalte einer Volkswirtschaft (oder anderen räumlichen Einheit) für die Periode t in konstanten Preisen (und Mrd. DM oder €) aufgetragen. Damit wird ein statisches Modell unterstellt; die konstanten Preise bedeuten, dass die privaten Haushalte keiner Geldillusion unterliegen.

Geldillusion

Geldillusion liegt vor, wenn sich die Akteure von der nominalen Veränderung einer Größe dazu verleiten lassen, eine andere nominale Größe zu verändern und sie dabei nicht vorher prüfen, ob sich auch das Preisniveau verändert hat. Ein Beispiel wäre: Das verfügbare Einkommen $Y_{v,t=0}$ von 1.000 Geldeinheiten erhöhe sich in $t = 1$ auf 1.100. Gleichzeitig liege die Inflationsrate $\hat{P}$ bei 10%, das Preisniveau $P_{t=0}$ steige von 100 in $t = 1$ auf 110. Wenn nun ein privater Haushalt aufgrund von $Y_{t=1}$ =1.100 seine Konsumausgaben entsprechend erhöht und feststellt, dass an realer Kaufkraft nur $Y_{t=1}/P_{t=1}$=1.100/110=1.000 zur Verfügung standen, dann ist der Haushalt der Illusion stabilen Geldwertes aufgesessen und hat die Entwertung des Geldes durch Inflation nicht realisiert.

Was bedeutet Konsumneigung?

Die Konsumneigung ist nichts anderes als die Steigung der Konsumfunktion. Sie beschreibt das Verhalten der Konsumenten in bezug auf die unabhängige Variable (hier: Y_v). Die Frage lautet: Wenn das Einkommen um eine Einheit (z.B. 1 DM oder 1 €) steigt, welcher Anteil davon wird dann für den Konsum ausgegeben? Beträgt die Konsumneigung für eine bestimmte Einkommenshöhe z.B. $dC/dY_v = 0{,}8$, dann werden von der zusätzlich verfügbaren Geldeinheit 0,80 konsumiert.

Es ist plausibel, davon auszugehen, dass die Konsumneigung bei hohen Einkommen niedriger ist als bei geringen Einkommen. *J. M. Keynes* drückt dies wie folgt aus:

„Das grundlegende technische Gesetz, auf das wir uns a priori aufgrund unserer Kenntnis der menschlichen Natur als auch der detaillierten Erfahrungstatsachen mit großem Vertrauen stützen dürfen, ist, daß die Menschen in der Regel und im Durchschnitt geneigt sind, ihren Konsum bei einer Zunahme des Einkommens zu erhöhen, aber nicht in gleichem Maße der Zunahme" (*Keynes*, 1936, S. 96).

Die Konsumneigung nimmt demnach ab, während in der Abb. II.3 (aus Gründen der Vereinfachung) von einer konstanten Konsumneigung ausgegangen wird.

Wovon hängt das Konsumverhalten ab?

Die Konsumneigung wird in den makro-ökonomischen Modellen i.d.R. als fester Verhaltensparameter „c" vorgegeben. Das Verhalten der Konsumentinnen und Konsumenten wird nicht explizit erklärt. Überlegen wir, welche Determinanten die Konsumneigung bestimmen, dann haben wir zwei Anhaltspunkte: erstens Abb. II.2 (der Verhaltensdeterminanten von *Katona*), zweitens das Anreizsystem im Kapitel I.5.2 (Tab. I.10). Dieses Anreizsystem kann universell für die Erklärung von Verhalten herangezogen werden. Danach beschreibt die Konsumneigung das Verhalten der privaten

Haushalte. Das Verhalten hängt ab vom Anreizsystem, das bestimmt wird von

- den Zielen (individuell und kollektiv, kurz-, mittel- und langfristig),
- den Regeln (formale Regeln wie Verträge, Eigentumsrechte, Gesetze, Verordnungen; informelle Regeln wie Konventionen, Sitten, Gebräuche),
- den Sanktionen (Belohnungen und Bestrafungen in Geld und in anderer Form) und
- den Informationen (über die Ziele anderer, die Regeln und Sanktionen).

Beispiele für diese Erklärungskategorien sind in der dritten Spalte der Tab. I.10 aufgeführt. Sie sprechen für sich selbst und können durch den erläuternden Text interpretiert werden.

Autonomer Konsum

Trotz des dominierenden Einflusses des realen verfügbaren Einkommens auf den Konsum sind aber weitere Größen für die Konsumentscheidung wichtig, wie wir gesehen haben. Dies ist in der Abb. II.3 berücksichtigt, denn die Funktion verläuft nicht durch den Nullpunkt des Diagramms. Der angedeutete Achsenabschnitt auf der Ordninate gibt den Einfluss dieser anderen Einflussgrößen des Konsums wieder. Wir „sammeln" diese Größen in einem Bündel, das als autonomer Konsum C_a bezeichnet wird. In der Formulierung

$$C_t = C_{at} + c \cdot Y_{vt} \quad C_a > 0, 0 < c < 1$$

C_t	=	reale Konsumnachfrage
C_{at}	=	autonomer Konsum
c	=	Konsumneigung
Y_{vt}	=	reales verfügbares Nettonationaleinkommen
t	=	Zeit

sind in C_a alle Einflussgrößen von C berücksichtigt wie Zins, Vermögen, Bevölkerungsgröße, Einkommensverteilung, Konsumentenkreditbedingungen etc., außer dem Realeinkommen, das in Y_v enthalten ist. C_a wird als konstant angenommen; es ist der Verschiebungsparameter („shift parameter") der Konsumfunktion. Denn eine Änderung von C_a verschiebt die Konsumfunktion. Die allgemeine Definition von autonomen Größen lautet: Ein Bündel von allen Einflussgrößen der abhängigen Variablen, außer der oder den Unabhängigen. Mit dem Beispiel der (neoklassischen) Konsumfunktion erläutert, in der i und V als unabhängige Variablen den Konsum bestimmen: der autonome Konsum C_a^* ist ein Bündel aller Einflussgrößen von C, außer i und V.

Die Annahme der Konstanz von C_a kann zweierlei bedeuten:
- Alle im Bündel C_a enthaltenen Einflussgrößen des Realkonsums sind konstant.
- Die in C_a enthaltenen Größen verändern sich, aber die Veränderungs-richtungen sind so, dass sie sich gegenseitig kompensieren. Dies wäre z. B. der Fall, wenn ein konsumsteigernder Vermögensanstieg durch einen konsumsenkenden Bevölkerungsrückgang gerade ausgeglichen würde.[2]

In den folgenden Gleichungen lasse ich der Einfachheit halber die Zeitindices t weg, wenn sie sich alle auf dieselbe Periode beziehen.

Einkommenselastizität des Konsums
Die Konsumfunktion lässt sich mit Hilfe der Elastizität (Einkommenselastizität des Konsums) gut charakterisieren. Die Elastizität ist bekanntlich (aus der Mikroökonomik) definiert als der Quotient aus der relativen Veränderung (Wachstumsrate) der abhängigen und der relativen Veränderung (Wachstumsrate) der unabhängigen Variablen, oder, anders formuliert, als der Quotient von Konsumneigung und Durchschnittskonsum:

$$\eta_C = \frac{\dfrac{dC}{C}}{\dfrac{dY_v}{Y_v}} = \frac{\hat{C}}{\hat{Y}_v} = \frac{\dfrac{dC}{dY_v}}{\dfrac{C}{Y_v}} = \frac{\operatorname{tg}\alpha}{\operatorname{tg}\beta}$$

Die Elastizität der Konsumfunktion in Abb. II.3 steigt mit wachsendem Y_v weil α gleich bleibt und β sinkt. Eine Konsumfunktion mit $\eta = 1$ ist eindeutig definiert: tg α = tg β, $C_a = 0$.

Konsumprognose
Die Konsumfunktion wird für Prognosezwecke herangezogen (ex ante). Daran lassen sich auch die Prämissen der Konsumfunktion der Abb. II.3 gut deutlich machen. Aus einer Pressemitteilung können wir entnehmen: „Insbesondere eine Beschneidung der staatlichen Sozialtransfers müsste ... negative Auswirkungen auf die Nachfrage und damit die Beschäftigung haben ..." Die Realeinkommen sind „im vergangenen Jahr bereits um 0,2% zurückgegangen ..." Was würde unser einfaches Modell mit diesen Informationen prognostizieren? Wir argumentieren mit der Abbildung II.4.

---

[2] Findet keine Kompensation statt oder besteht keine Unabhängigkeit zwischen dem Einkommen und den in C_a enthaltenen Größen, dann wird die Darstellung in einem zweidimensionalen Koordinatensystem schwierig.

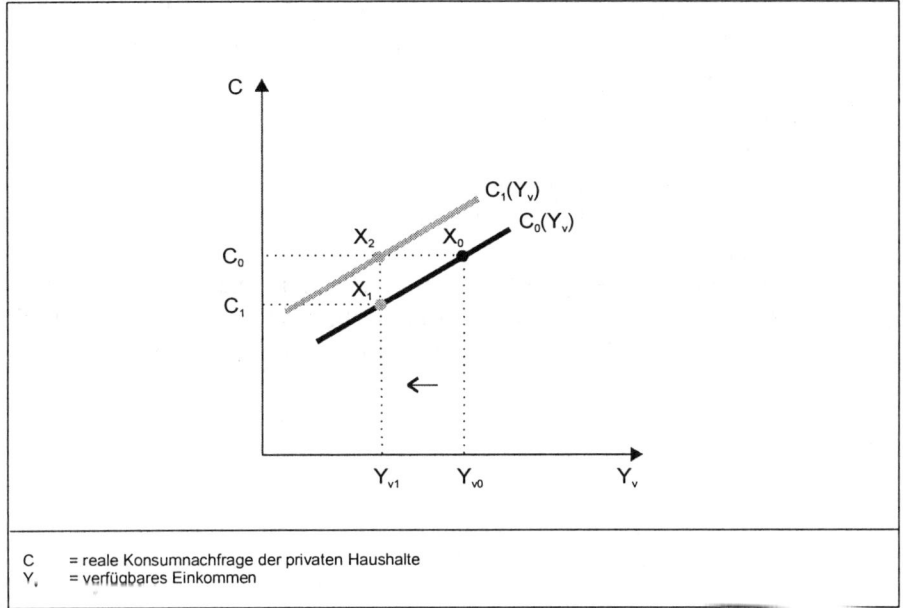

Abb. II.4 Konsumprognose

Der Rückgang des verfügbaren Realeinkommens von Y_{v0} auf Y_{v1}, eventuell verstärkt durch sinkende Sozialtransfers (die im verfügbaren Einkommen berücksichtigt sind) bewirkt nach unserer Konsumfunktion einen Rückgang des Realkonsums auf C_1; wir gehen auf der Konsumfunktion von X_0 nach X_1; dies stellt unsere Prognose (z.B. fürs Jahr 2000) dar. Angenommen, Ende des Jahres stellen wir fest, dass X_2 eingetroffen ist, der Konsum bleibt auf dem Niveau C_0. Wie kann dies erklärt werden? Kurz gesagt: Die Annahmen unseres Prognosemodells treffen nicht zu:

- Die Konsumneigung könnte gestiegen sein, weil sich das Anreizsystem verändert hat. Dies würde dem Text (Erwartungen, informelle Regeln) entsprechen.
- Die lineare Konsumfunktion gibt den tatsächlichen Verlauf (z.B. abnehmende Konsumneigung) unvollkommen wieder.
- Die Konsumenten orientieren sich am vergangenen Maximaleinkommen (relative Einkommenshypothese) oder halten aus Gewohnheit ihren Konsumstandard aufrecht (*Brown*: Sperrklinkeneffekt). Die Konsumausgaben steigen mit steigendem Einkommen, sie sinken aber (kurzfristig) nicht mit sinkendem Einkommen.

- Die Konsumenten orientieren sich am permanenten Einkommen (*M. Friedman*), am auf die Gegenwart abgezinsten Lebenseinkommen, und das laufende verfügbare Einkommen hat keinen Einfluss auf den Konsum, weil für die Zukunft höhere Realeinkommen erwartet werden.
- Der autonome Konsum ist gestiegen, weil die Zinsen gesunken sind, oder weil die Bevölkerung wieder steigt, und/oder weil die Einkommensverteilung gleichmäßiger geworden ist, weil das Realvermögen gestiegen oder weil ein Schub neuer Konsumgüter auf den Markt gekommen ist, etc.

Aus diesen Anmerkungen wird nochmals deutlich, dass die Annahmen eines Modells oder einer Hypothese (auch über Geldillusion) wesentlich die Prognoseergebnisse beeinflussen. Wir erhalten Wenn-Dann-Aussagen.

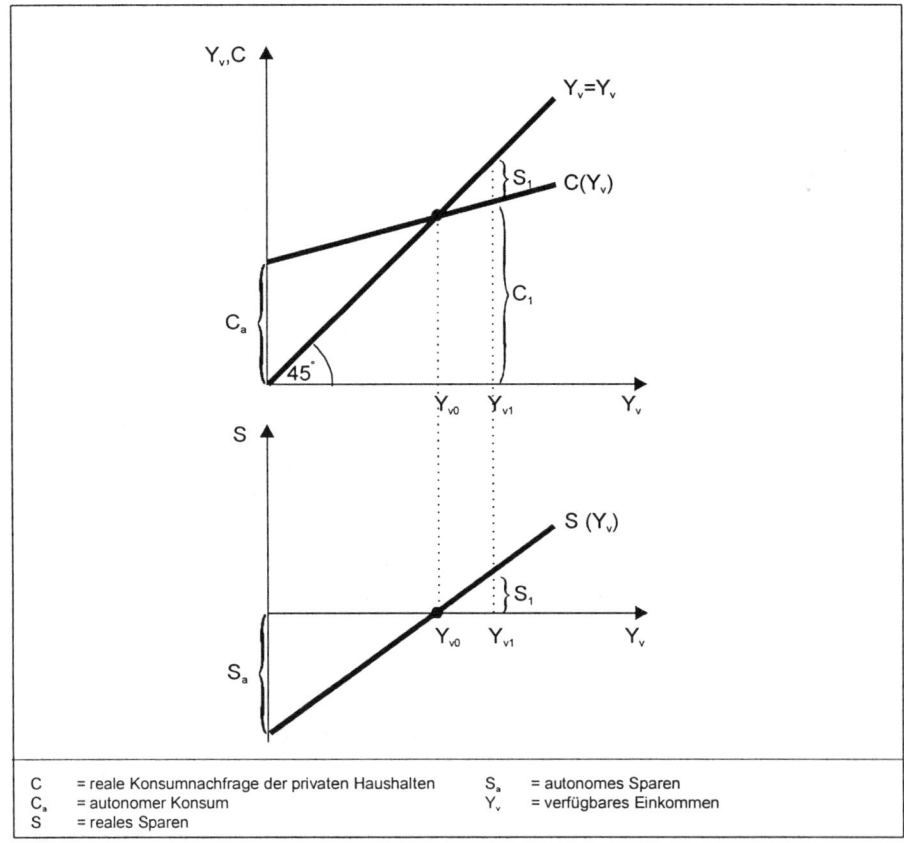

C	= reale Konsumnachfrage der privaten Haushalten	S_a	= autonomes Sparen
C_a	= autonomer Konsum	Y_v	= verfügbares Einkommen
S	= reales Sparen		

Abb. II.5 Konsum- und Sparfunktion

Konsum und Sparen

In der makro-ökonomischen Theorie wird oft anstelle der Konsumfunktion die Sparfunktion verwendet. Deshalb ist es wichtig, den genauen Zusammenhang zwischen Konsum und Sparen zu kennen. Die Antwort liegt auf der Hand: Mit der Konsumfunktion ist gleichzeitig auch die Sparfunktion festgelegt. Dies kann grafisch anhand der Abb. II.5 gezeigt werden. Basis ist die Aufteilungsidentität aus der Volkswirtschaftlichen Gesamtrechnung

$$Y_v = C + S \quad \text{oder} \quad S = Y_v - C$$

Y_v = reales verfügbares Nettonationaleinkommen oder Angebot
C = reale Konsumnachfrage
S = reales Sparen

Die grafische Darstellung von Y_v erfolgt durch eine 45°-Linie, die des Konsums durch die Konsumfunktion. Im Schnittpunkt der beiden Kurven ist $S = 0$. Setzen wir die Konsumfunktion oben ein, dann ergibt sich

$$S - Y_v \quad (C_a + c \cdot Y_v)$$
$$S = -C_a + (1-c)Y_v$$

Ferner gilt wegen

$$\Delta Y_v = \Delta C + \Delta S$$
$$\frac{\Delta Y_v}{\Delta Y_v} = 1 = \frac{\Delta C}{\Delta Y_v} + \frac{\Delta S}{\Delta Y_v} = c + s$$

Konsum- und Sparneigung ergänzen sich zu eins. Dies gilt auch für die Konsum- und Sparquote: $C/Y_v + S/Y_v = 1$. Definieren wir ferner das autonome Sparen $S_a = -C_a$, dann können wir für die Sparfunktion (für konstantes s) schreiben:

$$S = S_a + s \cdot Y_v \quad \text{mit } S_a < 0 \text{ und } 1 > s > 0$$

S = reales Sparen
S_a = autonomes Sparen
s = Sparneigung

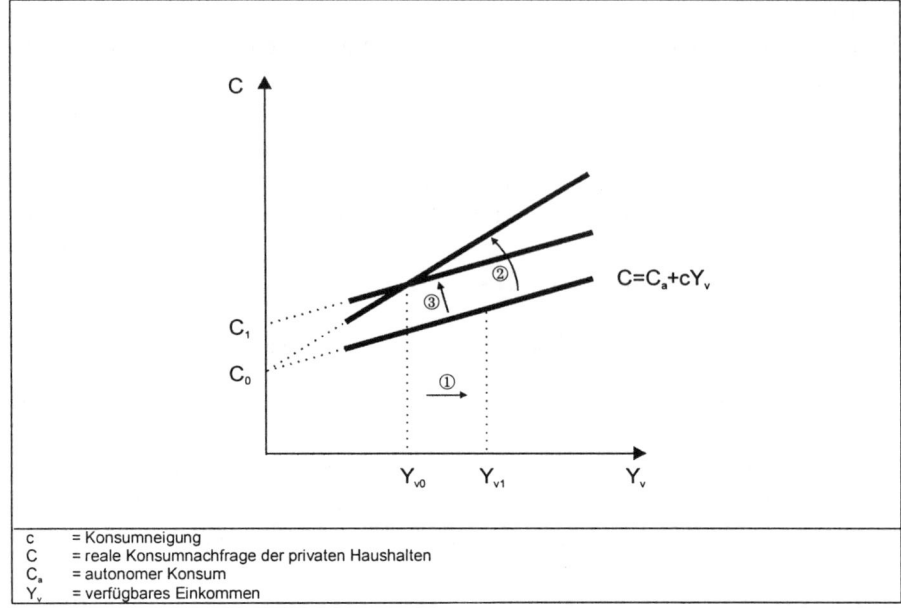

Abb. II.6 Ansatzpunkte für wirtschaftspolitische Maßnahmen: Konsum

Ansatzpunkte für wirtschaftspolitische Maßnahmen
Welche Ansatzpunkte ergeben sich aus der Konsumtheorie für eine Makrosteuerung? Folgen wir der Hypothese von *Keynes*, dass der Beschäftigungsgrad von der Gesamtnachfrage abhängt, dann gilt: $C \uparrow \rightarrow Y_d \uparrow \rightarrow N \uparrow$ unter der Prämisse, dass die anderen Komponenten von Y_d (Investitionen, Staatsausgaben und Export) in der Summe wenigstens konstant bleiben.
Aus der Konsumfunktion lassen sich grundsätzlich (ceteris paribus!) drei Gruppen von Maßnahmen ableiten, die C erhöhen (vgl. Abb. II.6):
1. Alle Maßnahmen, die die unabhängige Variable, hier das verfügbare Einkommen, erhöhen (z.B. Senkung der Lohnsteuer oder Erhöhung der realen Transferzahlungen als Bewegung auf der Konsumfunktion),
2. alle Maßnahmen, die die Konsumfunktion im C/Y_v –Diagramm gegen den Uhrzeigersinn drehen, die also das Konsum- (oder Spar-) Verhalten entsprechend ändern [eine Erhöhung bzw. Senkung der Konsumneigung bzw. der Sparneigung nach Maßgabe des Anreizsystems, z.B. durch Ausgabeappelle von Politikern wie „moral suasion", Liberalisierung des Ladenschlussgesetzes (formale Regeln), Vertrauen schaffende Wirtschaftspolitik mit positiven Zukunftserwartungen (informelle Regeln)],

3. alle Maßnahmen, die die Konsumfunktion nach links oben verlagern, z.B. autonomen Konsum erhöhen (Verschiebung der Konsumfunktion durch z.B. Senkung des Diskontsatzes oder der Zinsen, Verbesserung der Konsumkreditbedingungen, gleichmäßigere Einkommensverteilung).

Antworten (zu den Fragen von Seite 135)

1. Die Nachfragegleichung definiert die gesamtwirtschaftliche Nachfrage (Definitionsgleichung), die Nachfragefunktion (Nachfrage-Kurve) erklärt diese Nachfrage (Lösung von Strukturgleichungen).

2. Ex post ist eine Betrachtung der Vergangenheit (und Gegenwart), ex ante eine Aussage (Prognosemöglichkeit) für die Zukunft.

3. $Y_d = C + I + G + Ex$

4. Die Erklärung der Nachfragekomponenten: Konsumfunktion; Investitionsfunktion; Staatsausgabenfunktion; Exportfunktion.

5. Ein auftretender Stimulus modifiziert die Einstellungen des Akteurs, abhängig von früheren Einstellungen, dem Umfeld und seiner Perzeption. Die endgültige Modifikation der Einstellungen bewirkt eine „Response", eine Veränderung des Verhaltens.

6. Reales Einkommen, Einkommenserwartungen, staatliche Realtransfers, Preise (z.B. Energiekosten), Zinsen, Konsumentenkredite, Sparen, Vermögen, Bevölkerungszahl und Einkommensverteilung.

7. Erster Schritt: Sammeln von Fakten und Einflussgrößen; zweiter Schritt: Auswahl von wesentlichen Variablen.

8. $Y_v = Y - TTR$ mit $TTR = T - \dfrac{TR}{P}$

9. Absolute Einkommenshypothese (*Keynes*); permanente Einkommenshypothese (*M. Friedman*); Habit-persistence-Hypothese (*T.M. Brown*); relative Einkommenshypothese (*J. Duesenberry*); realer Vermögenseffekt (*Patinkin/Tobin*).

10. Vergangenheit (Habit-persistence, relative Einkommenshypothese), Gegenwart (absolute Einkommenshypothese); Zukunft (permanente Einkommenshypothese).

11. Absolute Einkommenshypothese.

12. Permanente Einkommenshypothese.

13. Nominale Veränderungen einer Größe werden als reale Veränderungen interpretiert.

14. (Verhaltens-)Parameter einer unabhängigen Variablen in der Konsumfunktion als (partielle) Ableitung dieser unabhängigen Variablen in Bezug auf die abhängige (den Konsum); Steigung der Konsumfunktion.

15. Vom Ziel-, Regel-, Sanktions- und Informationssystem und deren Determinanten.

16. Ein Bündel aller Einflussgrößen des Konsums, außer der oder den unabhängigen Variablen.

17. Quotient aus relativer Veränderung der abhängigen Variablen (Wachstumsrate) und der relativen Veränderung der unabhängigen Variablen (Wachstumsrate); Quotient aus Grenz- und Durchschnittsgröße.

18. Allen Annahmen der verwendeten Konsumfunktion, z.B. Spezifikation der Funktion, Geldillusion.

19. Für ein konstantes (verfügbares) Einkommen lässt sich eine spielgelbildliche Abhängigkeit zeigen. Es gilt für $C = C_a + c \cdot Y_v$ auch $S = S_a + c \cdot Y_v$ und $c + s = 1$.

20. Ceteris Paribus: Veränderung der unabhängigen Variablen; Drehung der Funktion (durch Veränderung der Verhaltensparameter); Verschiebung der Funktion (durch Veränderung der autonomen Größen bzw. der Lageparameter).

2.3.3 Die Investitionsfunktion

Fragen

1. Wie lauten die Determinanten der Investitionsausgaben?

2. Welche Arten von Investitionen gibt es?

3. Warum bedeutet Investition zukünftigen Konsum?

4. Was verstehen Neoklassiker umfassend unter Kapital?

5. Wie lautet die zinsabhängige Investitionsfunktion?

6. Was versteht man unter der Investitionsneigung?

7. Wovon hängt das Investitionsverhalten ab?

8. Welche Investitionsmotive gibt es?

9. Wie ist die Zinselastizität der Investitionen definiert und welche Aussagen sind damit möglich?

10. Was versteht man unter der Grenzleistungsfähigkeit des Kapitals?

11. Wie lautet die Formel für die Berechnung des Kapitalwerts?

12. Welche Größen in der Kapitalwertformel sind Erwartungswerte?

13. Wie nennen die Betriebswirte ξ?

14. Welche wirtschaftspolitischen Ansatzpunkte ergeben sich aus der Kapitalwertformel?

15. Welche Konstellationen von ξ und i beeinflussen in welcher Weise die Investitionsausgaben?

16. Wie kann ξ berechnet werden?

17. Was sagt die Akzelerationshypothese aus? Welche unterschiedlichen Interpretationen gibt es?

18. Warum ist die Akzelerationshypothese eine Brücke zwischen individuellen Bedürfnissen und Investition?

19. Welche Investitionsfunktion ist richtig?

20. Welche Prämissen gefährden die Treffsicherheit einer Investitionsprognose?

21. Welche grundsätzlichen Ansätze zur Steuerung der Investitionen gibt es?

Determinanten

In der Literatur und in Pressemitteilungen werden meist die folgenden Bestimmungsgründe von Investitionen genannt:

- Zins,
- Gewinn,
- Erwartungen,
- Nachfrage (und Kapazitätsauslastung) und
- technischer Fortschritt (Rationalisierung).

Anders als bei der Erklärung des Konsums ist aber der Zusammenhang zwischen realen Investitionen und Realzins nicht so eng, dass wir den Zins als die dominierende Variable betrachten können.[3] Wir wollen daher versuchen, neben dem Zins auch die anderen Hauptdeterminanten bei der Formulierung der makro-ökonomischen Investitionsfunktion zu berücksichtigen. Ferner ist die wichtigste Alternative, die Akzelerationstheorie, darzustellen.

Investitionen in Sachkapital und die Investitionsentscheidung

Unter dem Begriff Investition ist im vorliegenden Zusammenhang die Sachkapitalbildung zu verstehen. Wir unterscheiden

- Ausrüstungsinvestitionen. Das bedeutet den Kauf von Ausrüstungs- und Produktionsgütern wie Maschinen, Produktionsstraßen und Geräten aller Art, die für die Produktion notwendig sind, aber auch Nettozugang zu Suchbohrungen, Computerprogrammen und Urheberrechten (immaterielle Anlageinvestitionen). Hierunter fällt für einen Spediteur der Kauf eines Lastwagens, für den Taxibetrieb der Kauf eines Pkw, für das Reisebüro der Kauf eines PC-Systems und für den Arzt der Erwerb der Laborgeräte.
- Wertsachen (Gold sowie entsprechende Bankprovisionen).

---

[3] Für 1961-1974, also ohne das Depressionsjahr 1975, haben *Richter, Schlieper, Friedmann* (1978, S. 242) die folgende Investitionsfunktion geschätzt: I = 44.23 - 3i mit R^2 = 0.79 und DW = 1.93.

- Bauinvestitionen. Das bedeutet die Herstellung und/oder den Kauf von Gebäuden (für Büros oder Wohnungen), Fabrikanlagen und -hallen, etc.
- Lagerinvestitionen. Dies sind finanzielle Mittel, die durch das Vorhalten von Lagern gebunden werden.

Investitionsentscheidungen werden von Kapitalgesellschaften und selbständigen Haushalten getroffen; Unselbständigen-Haushalte können nur konsumieren und sparen. Aus der Definition von Sachinvestitionen lassen sich schon Anhaltspunkte für die Determinanten finden; Ausrüstungsinvestitionen werden eher von den erwarteten Gewinnen, Bau- und Lagerinvestitionen eher von den Zinsen bestimmt.

Investitionen in weiteres „Kapital"

Investition bedeutet „Zukunftsvorsorge" oder heutiger Konsumverzicht und zukünftiger Konsum. Um ein einfaches Bild zu verwenden: Wenn *Robinson Crusoe* seinen gefangenen Fisch nicht verzehrt (konsumiert), sondern als Köderfisch zum Fangen weiterer Fische verwendet (investiert), dann ist dieser Konsumverzicht in der Gegenwart zukünftiger Konsum. Denn der mit dem Köderfisch gefangene Fisch gibt morgen eine Mahlzeit. Solcher Konsumverzicht kann sich auch auf den Verzicht von Zeit und Geld für andere Bereiche beziehen:

Bildungsinvestitionen sind solche, die in das sog. Humankapital eingehen. Als Humankapital bezeichnen viele (vor allem neoklassische) Nationalökonomen das Wissen, das sich Menschen angeeignet haben.

Sozialinvestitionen bestehen in Sozialkapitalbildung.[4] Darunter versteht man den Aufbau von menschlichen Beziehungssystemen (sozialen Netzwerken) einschl. aller damit verbundenen Voraussetzungen (Vertrauensbildung, etc.). In der traditionellen Investitionstheorie wird nur die Sachkapitalbildung betrachtet.

Zinsabhängige Investitionen

In allen makro-ökonomischen Lehrbüchern wird als (kurzfristige) Investitionshypothese unterstellt, dass die realen Investitionen (I) vom (kurzfristigen) Realzins (i) abhängen; langfristige Investitionen sind vom langfristigen Realzins bestimmt. Dies ist in der Abb. II.7 dargestellt. Die Zinsabhängigkeit der Investitionen folgt einem Kostenkalkül: je höher der Zins, desto höher sind die Finanzierungskosten der Investition. Bei langfristigen Investitionen wird der Zins zu einem wichtigen Kostenfaktor (z.B. Bauinvestitionen). Aber auch bei Lagerinvestitionen ist der Zins eine wichtige

---

[4] Die Begriffe Sachkapital, Humankapital und Sozialkapital sind der untaugliche Versuch, unvergleichbares auf einen Nenner zu bringen. Weder der Mensch (Humankapital) noch die sozialen Beziehungen (Sozialkapital) funktionieren wie eine Maschine (Sachkapital).

Determinante, sofern die „Lager" nicht auf Lkws eingerichtet sind („just in time").

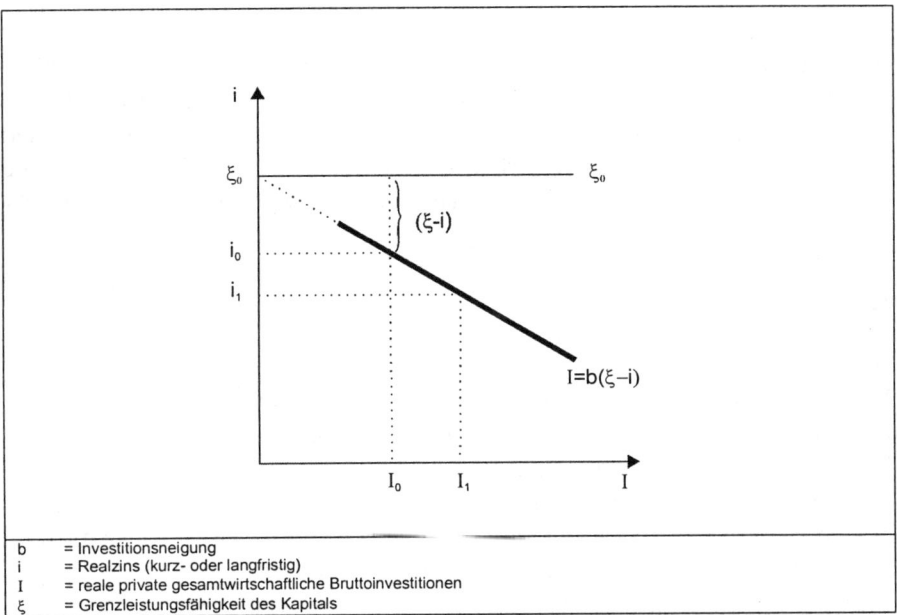

b = Investitionsneigung
i = Realzins (kurz- oder langfristig)
I = reale private gesamtwirtschaftliche Bruttoinvestitionen
ξ = Grenzleistungsfähigkeit des Kapitals

Abb. II.7 Investitionsfunktion

Der Zinssatz in Abb. II.7 kann als kurzfristige (*Keynes*) oder als langfristig (Neoklassik) interpretiert werden. In der Abbildung sind demnach „zwei" Investitionsfunktionen dargestellt; die langfristige wird wohl steiler verlaufen.

Die folgenden Anmerkungen beziehen sich auf eine kurzfristige Investitionsfunktion. Bei der Abb. II.7 ist anzumerken, dass die unabhängige Variable Zins nicht auf der Abszisse, sondern auf der Ordinate abgetragen ist.[5] Der Einfluss des (erwarteten) Gewinns ist in dieser Darstellung und der folgenden analytischen Formulierung noch nicht zu erkennen. Außerdem wird unterstellt, dass die Unternehmer keiner Geldillusion unterliegen.

$$I = b \, (\xi - i) \text{ mit } b < 0, \, \xi > 0$$

I = reale Investitionsnachfrage der privaten Unternehmen

---

[5] Auch dies ist Usus in allen makro-ökonomischen Lehrbüchern.

b = Investitionsneigung
ξ = Grenzleistungsfähigkeit des Kapitals
i = Realzins

Gewinnabhängige Investitionen
Ausrüstungsinvestitionen hängen vor allem von den erwarteten Gewinnen ab. Wir haben es also mit einer ertrags- oder marktabhängigen Determinanten zu tun. Je höher der Anteil der Ausrüstungsinvestitionen an den Gesamtinvestitionen, desto stärker ist die Gewinnabhängigkeit. Um die erwarteten Gewinne in der zinsabhängigen Investitionsfunktion berücksichtigen zu können, wäre die eleganteste Lösung, die Gewinne in einer Art Zins auszudrücken. Dies ist auch der Fall; die Grenzleistungsfähigkeit des Kapitals ξ ist eine solche Größe.

Investitionsneigung
Die Steigung der Investitionsfunktion ist mit b, der Investitionsneigung, angegeben. Entgegen der Darstellung in Abb. II.7 ist die Annahme plausibel, dass die Steigung der Funktion mit steigendem Zins abnimmt. Eine Erklärung dieses Verlaufs kann mit den Erwartungen der Unternehmer argumentieren: Sinkt der Zinssatz bei einem hohen Zinsniveau, dann wird die damit verbundene Zunahme der Investitionsausgaben relativ gering sein, weil die Unternehmer weitere Zinssenkungen erwarten und sich somit bei ihren Ausgaben zurückhalten. Liegt das Zinsniveau schon niedrig, dann sind die Zinssenkungserwartungen geringer. Die in Abb. II.7 dargestellte, vereinfachte Verlaufsform, ignoriert diese Erwartungen. Wichtig ist noch der Hinweis, dass die Investitionsfunktion wenigstens einen gedachten Schnittpunkt mit der Ordinaten aufweisen sollte. Die Investitionsneigung $b = dI/di$ beschreibt das Verhalten der Unternehmer: wie reagieren sie mit Investitionsnachfrage, wenn der Zins sich verändert? Je flacher die Funktion im i-I-Diagramm verläuft, desto größer ist die Investitionsneigung, desto mehr wird in Reaktion auf eine Zinssenkung investiert.

Wovon hängt das Investitionsverhalten ab?
Die Investitionsneigung gibt das Verhalten der Unternehmer in Bezug auf den Zins und dessen Veränderungen wieder und wird (analog zur Konsumneigung) bestimmt von den Subsystemen eines Anreizsystems: Ziele, Regeln, Sanktionen und Informationen. Die ausführlichen Erläuterungen und Beispiele gehen aus der Tab. II.10 hervor. Es ist wichtig herauszustreichen, dass es bei der Investitionsentscheidung immer um Beurteilungen der Zukunft geht. Erwartungen über Erträge und Kosten sind ganz entscheidend. Letztlich müssen alle im Anreizsystem aufgeführten Faktoren

als erwartete Größen interpretiert werden. Somit hängt das Investitionsverhalten sehr stark von den Einschätzungen und der Risikoaversion der Unternehmer ab. Eigentümer-Unternehmer werden eher ein Risiko eingehen als (angestellte) Manager.

Investitionsmotive
Unbefriedigend ist, dass das Unternehmerverhalten nur in Bezug auf den Zins in der Investitionsfunktion erscheint. Geht man mit dem ifo-Institut für Wirtschaftsforschung davon aus, dass die Unternehmer drei Investitionsmotive haben, nämlich
- Kapazitätserweiterung,
- Rationalisierung,
- Ersatzinvestitionen,

dann geht es beim Investitionsverhalten darum, welche Komponente schwerpunktmäßig gewählt wird. Rationalisierungsinvestitionen werden vor allem in Reaktion auf Lohnkostensteigerungen getätigt; sie bewirken die „Freisetzung" von Arbeitskräften.

Zinselastizität der Investitionen
Die Elastizität der Investition in bezug auf den Zins kann wieder ausgedrückt werden als der Quotient aus relativer Veränderung der abhängigen Variablen und der relativen Veränderung der Unabhängigen. Dies Wachstumsratenverhältnis geht aus der folgenden Gleichung hervor. Die Elastizität

$$\eta_{I,i} = \frac{\mathrm{d}I}{I} \left/ \frac{\mathrm{d}i}{i} \right.$$

ist negativ und bleibt mit sinkendem Zinssatz etwa konstant, je nachdem, ob die Grenz- oder die Durchschnittsgröße mehr sinkt.

Die Grenzleistungsfähigkeit des Kapitals als autonome Größe
Aus der Abb. II.7 wird deutlich, dass die Lage der Investitionsfunktion von der Höhe der Grenzleistungsfähigkeit des Kapitals (ξ) abhängt. Was bedeutet dieses ξ? Aus der Abbildung lässt sich soviel sagen: ξ ist der Zinssatz, bei dem nicht investiert wird, bei dem die Investitionen also Null sind.[6] Dies muss begründet werden. Die Argumentation läuft dabei über die sog. Kapitalwertmethode, mit deren Hilfe man die Rentabilität der Investitionen berechnen kann. Man geht – meist in einzelwirtschaftlicher

---

[6] Dies wird bei Betrachtung der gesamtwirtschaftlichen Investitionen natürlich nie der Fall sein, außer in extremen Krisensituationen. Deshalb ist der Ast der Investitionsfunktion, der die Ordinate schneidet, gestrichelt gezeichnet.

Betrachtung – aus von einem Vergleich zwischen den Anschaffungskosten AKI_t eines Investitionsgutes im Zeitpunkt t und den Gewinnen (Gewinnsummen) GS_0, GS_1, GS_2, GS_3, ..., GS_n, die man über die Nutzungsdauer $t = n$ des Investitionsgutes erwartet. Die Geldbeträge der zukünftigen Jahre sind mit $t = 0$ vergleichbar zu machen, denn Geldanlagen bringen Zinserträge. 100 Geldeinheiten, die ich nächstes Jahr habe, sind heute weniger wert, nämlich 100 Geldeinheiten minus den Zinsen für ein Jahr (bei $i = 10\%$ sind es DM 90.91). Allgemein:

$$GS_t = GS_0(1+i)^t \quad \text{und} \quad GS_0 = \frac{GS_t}{(1+i)^t}$$

GS_t = erwarteter Gewinn (Gewinnsumme) im Jahr t
GS_o = Gewinn im Jahr 0
i = Zins
t = Zeit

Abzinsung der zukünftigen Gewinne
Um die zukünftigen Gewinne mit den heutigen Anschaffungskosten der Investition vergleichbar zu machen, müssen sie abgezinst werden. Wir erhalten dann

$$AKI_0 \underset{\geq}{\overset{\leq}{}} \sum_{t=0}^{n} \frac{GS_t}{(1+i)^t} \quad \text{mit } t = 0, 1, 2, ..., \text{n}$$

AKI_0 = Anschaffungskosten der Investitionen

Entscheidungsregeln für die Investition
Sind die erwarteten Gewinne gleich den Anschaffungskosten der Investition, dann lassen sich dieselben Gewinne erzielen, wenn man das Geld (AKI_0) auf dem Markt anlegt, und man erspart sich zudem die Mühe der Investition in Sachvermögen. Die Investition wird Null sein.

$$AKI_0 = \sum_{t=0}^{n} \frac{GS_t}{(1+i)^t} \quad \text{oder} \quad \xi = i.$$

Dies ist exakt die in Abb. II.7 dargestellte Situation für $\xi = i$ (auf der Ordinate). Wir definieren: Die Grenzleistungsfähigkeit des Kapitals ist der Zinssatz, bei dem die Anschaffungskosten einer Investition gleich der Summe der abgezinsten Gewinne sind (der Zinssatz wird über die Nutzungsdauer t als konstant angenommen).

Ist die erwartete (abgezinste) Gewinnsumme höher als die Anschaffungskosten, dann lohnt sich eine Investition. Es gilt dann

$$AKI_0 \leq \sum_{t=0}^{n} \frac{GS_t}{(1+i)^t} \quad \text{oder} \quad \xi > i.$$

Ist die erwartete (abgezinste) Gewinnsumme kleiner als die Anschaffungskosten, dann lohnt sich die Investition nicht. Es gilt dann

$$AKI_0 \geq \sum_{t=0}^{n} \frac{GS_t}{(1+i)^t} \quad \text{oder} \quad \xi \leq i.$$

Mit der Grenzleistungsfähigkeit des Kapitals oder - wie es die Betriebs-
wirtschaftler nennen - dem internen Zinsfuß, lassen sich also die Gewin-
nerwartungen in die zinsabhängige Investitionsfunktion einführen.

Die Berechnung der Grenzleistungsfähigkeit des Kapitals
Wie kann man ξ berechnen? Der Gewinn ist definiert als die Differenz von
Umsatz und Kosten. Für das Investitionsprojekt eines Unternehmens wird
man die folgenden Daten ermitteln müssen: (1) Nutzungsdauer, (2) erwartete Umsätze während der Nutzungsdauer, insbes. auch Preise, Absatz-
mengen und andere absatzpolitische Parameter, (3) erwartete Kosten,
insbes. auch Vorleistungspreise, Löhne, Faktoreinsatzmengen, Kostensteu-
ern, (4) erwartete Gewinnsteuern, Inflationsrate, politisches Klima etc.
Damit wird deutlich, dass die anfangs aufgeführten Investitionsfaktoren
Gewinn, Erwartungen und Nachfrage mit diesem Ansatz der Grenzleistungsfähigkeit des Kapitals vollständig erfasst sind. Darüber hinaus kann
man sagen, dass auch der (investitionsgebundene) technische Fortschritt
(über die Nutzungsdauer), die Kapazitätsauslastung (über die Kosten) in
die Betrachtung eingehen. In der oben formulierten Investitionsfunktion
wurde die Grenzleistungsfähigkeit ξ konstant gesetzt, damit werden auch
diese Faktoren „eingefroren", eine Annahme, die bei der Analyse der
Investitionen sorgfältig beachtet werden muss. ξ kann damit näherungsweise als die autonome Größe in der Investitionsfunktion bezeichnet
werden.
Wir haben soweit ausschließlich einzelwirtschaftlich argumentiert. Wie
steht es mit der Messung der gesamtwirtschaftlichen Grenzleistungsfähigkeit? Zu dieser Frage liegen heute noch keine ausrechenbaren Ergebnisse
vor. Bekannt sind allerdings die Vorstellungen von Unternehmern über die
von ihnen erwartete „Kapital"verzinsung, vor allem, seitdem der „share-

holder-value" als unternehmerische Zielgröße für Aktiengesellschaften eine zentrale Rolle spielt.

Die Akzelerationshypothese

Ein zweiter wichtiger Ansatz zur Erklärung der Investitionen stellt die Produktion in den Mittelpunkt: die Akzelerationstheorie. Diese Hypothese liegt in vielen Varianten vor, je nachdem, wie die „Produktion" definiert wird. Allgemein lässt sich formulieren

$$I = I_a + \beta_1^*(Y) \quad \text{oder} \quad I = I_a + \beta_2^*(\Delta Y) \quad \text{jeweils mit } I_a, \beta^* > 0$$

I = reale Investitionsnachfrage
I_a = autonome Investitionen
β^* = Akzelerator
Y = Produktion, Nachfrage, Angebot

Als Investitionsneigung erscheint hier der Akzelerator β^*. Y kann interpretiert werden als Produktion, Angebot, Nachfrage oder Auslastungsgrad der Produktionskapazitäten. ΔY kann als Veränderung des (verfügbaren) Einkommens (nach *J.R. Hicks*) oder des Konsums (nach *P. Samuelson*) interpretiert werden. Dann liegt eine dynamische Beziehung vor, die in der Konjunkturtheorie (zusammen mit dem Multiplikator) eine wichtige Rolle spielt, weil sie Investitions- und Einkommenszyklen auslöst. I_a sind die autonomen Investitionen, also ein Bündel aller Einflussgrößen der Investition, außer der unabhängigen Variablen Y.

Welche Investitionsfunktion ist richtig?

Die Frage sollte eher lauten: welche Investitionsfunktion sollte für welche Zwecke verwendet werden? In makro-ökonomischen Lehrbüchern dominiert eindeutig die zinsabhängige Investitionsfunktion. Die Akzelerationshypothese wird vor allem in Konjunkturmodellen verwendet. Sie sollte nach meiner Ansicht breiter eingesetzt werden, denn sie könnte in der Interpretation von *Samuelson* eine Brücke zum privaten Konsum, dem Bedarf und den Bedürfnissen der Individuen schlagen. Das Ziel von Investitionen, zukünftige Konsummöglichkeiten zu sichern, wäre eindeutig formuliert; die Gewinnerzielung als wichtiges Ziel, würde aber zweitrangig. Ich werde im vorliegenden Text trotzdem die zinsabhängige Funktion verwenden.

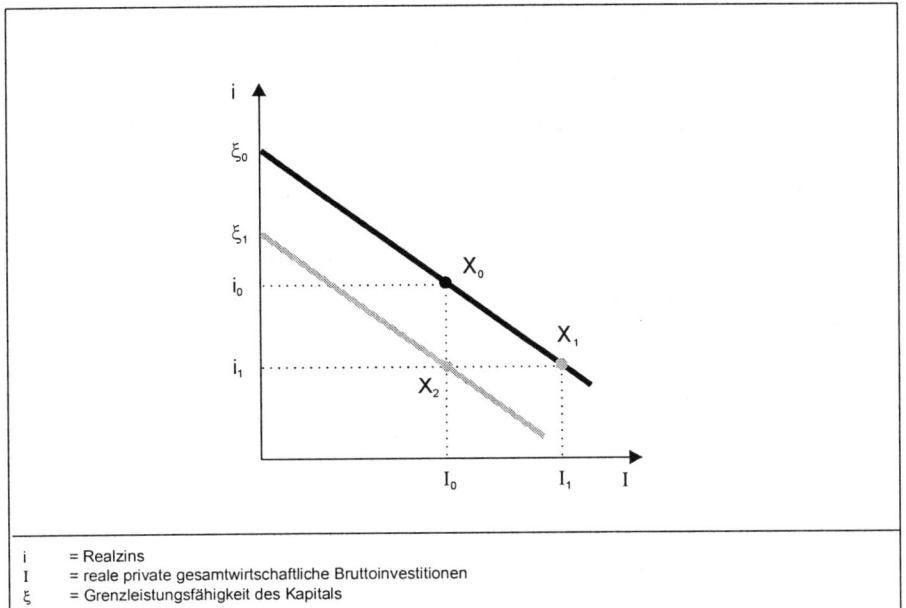

Abb. II.8 Investitionsprognose

Investitionsprognose
Diese (zinsabhängige) Investitionsfunktion soll nun für Prognosezwecke
herangezogen werden. In einer älteren Pressemitteilung heißt es: „Die
Investitionen der deutschen Industrie werden ... um sieben Prozent
schrumpfen und 1983 trotz Investitionszulage und sinkender Zinsen real
nur stagnieren ....“ Kann unsere einfache Investitionsfunktion diese Aussage erklären? Wir wollen mit der Abb. II.8 argumentieren, wobei eine
konstante Investitionsneigung unterstellt ist.
Sinkende Zinsen ($i_0 \to i_1$) und Investitionszulagen ($\xi_0 \to \xi_1$) lassen in
unserem Prognosemodell die Investitionen steigen ($I_0 \to I_1$). Wir wollen
annehmen, dass wir tatsächlich nicht von Punkt X_0 in Abb. II.8 zu X_1
gelangen, sondern bei X_2 landen: die Investitionen sollen stagnieren, d.h.
sie sollen bei I_0 verharren. Es ist offensichtlich, dass bestimmte Annahmen
des „Prognosemodells“ nicht zutreffen. Statt nach außen müsste sich die
Investitionsfunktion nach innen verlagert haben. Es könnte sich um folgende Ursachen handeln:
• Die Investitionsneigung *b* könnte gesunken sein, z.B. weil der Anteil
   der Bau- und Lagerinvestitionen zurückgegangen ist oder weil die Unternehmen weitere Zinssenkungen erwarten.

- Die lineare Investitionsfunktion gibt den tatsächlichen Verlauf nur näherungsweise wieder.
- Die Grenzleistungsfähigkeit des Kapitals ist unter ξ_0 gesunken, d.h. die positive Wirkung der Investitionszulage wurde durch negative überkompensiert. Diese könnten sein: Pessimistische Absatzerwartungen wegen beobachtbarer Sättigungstendenzen, mangelnde Preiserhöhungsspielräume durch zurückhaltende Geldmengenexpansion der Bundesbank, erwartete Schwierigkeiten im Exportgeschäft; pessimistische Erwartungen über Lohnsteigerungen oder andere Kostensteigerungen, erwartete Steuererhöhung, unterausgelastete Kapazitäten und hohe Fixkosten.
- Investitionsbestimmende Faktoren sind aufgetreten, die im Modell weder durch i noch durch ξ erfasst werden.

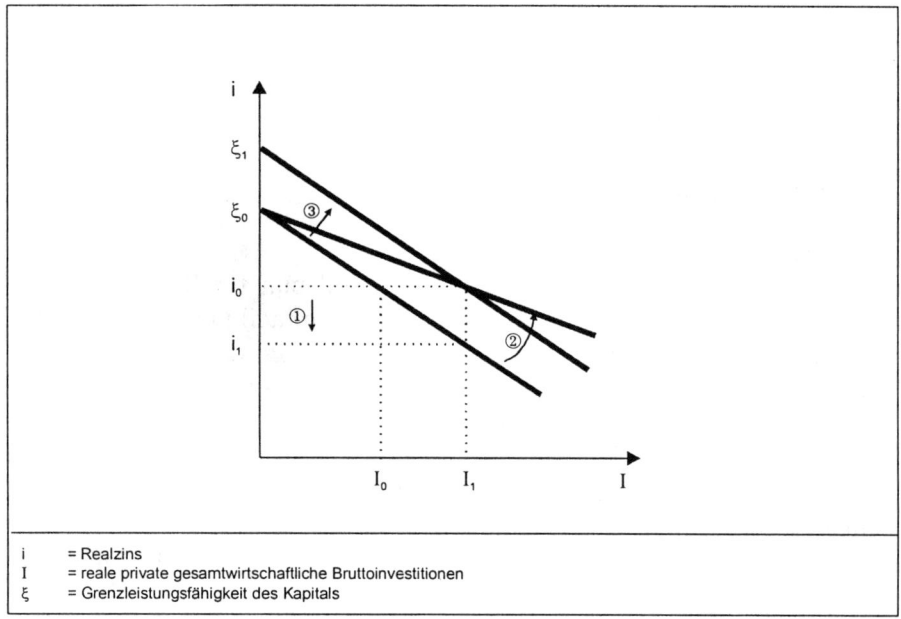

i = Realzins
I = reale private gesamtwirtschaftliche Bruttoinvestitionen
ξ = Grenzleistungsfähigkeit des Kapitals

Abb. II.9 Ansatzpunkte für wirtschaftspolitische Maßnahmen: Investitionen

Ansatzpunkte für wirtschaftspolitische Maßnahmen
Mögliche wirtschaftspolitische Maßnahmen zur Stimulierung der Investitionen sind aus dem Gesagten deutlich geworden (vgl. Abb. II.9):
1. alle Maßnahmen, die die unabhängige Variable, hier die Zinsen senken, z.B. Senkung des Diskontsatzes, Ausweitung der Geldmenge,

2. alle Maßnahmen, die die Investitionsfunktion im i/I –Diagramm gegen den Uhrzeigersinn drehen, die also das Investitionsverhalten entsprechend ändern [eine Erhöhung der Investitionsneigung nach Maßgabe des Anreizsystems, z.b. steigendes Vertrauen in die Stabilität des Wirtschafts- und Gesellschaftssystems (informelle Regeln), Steuerentlastung der Wirtschaft durch Steuerreform (formale Regeln)],

3. alle Maßnahmen, die die Investitionsfunktion nach rechts oben verlagern, z.b. die Grenzleistungsfähigkeit des Kapitals erhöhen durch Investitionszulagen, Stärkung der Gewinne durch Steuersenkungen, Herstellen günstiger Zukunftserwartungen durch unternehmerfreundliche Wirtschaftspolitik.

Antworten (zu den Fragen von Seite 152)

1. Zins, Gewinn, Erwartungen, Nachfrage, Kapazitätsauslastung, technischer „Fortschritt".

2. Ausrüstungs-, Bau- und Lagerinvestitionen, wobei mit ersterem auch immaterielle Anlagegüter erfasst sind.

3. Die Mittel für die heutige Investition werden aus heutigem Konsumverzicht erwirtschaftet; sie ermöglichen mit ihren Produktionskapazitäten morgen Produktion von Konsumgütern.

4. Sach-, Human- und Sozialkapital.

5. $I = b\ (\xi - i)$, in realen Größen, $b < 0$. Der Zins kann kurzfristig oder langfristig definiert sein.

6. Die Steigung der Investitionsfunktion. Die erste Ableitung der unabhängigen Variablen (Zins) in Bezug auf die abhängige (Investition).

7. Vom Anreizsystem mit seinen Subsystemen Ziel-, Regel-, Sanktions- und Informationssystem.

8. Erweiterung, Rationalisierung, Ersatz.

9. $\eta_{I,i} = \dfrac{dI}{I} / \dfrac{di}{i}$ Antwort auf die Frage: Um wie viel % steigen die Investitionsausgaben, wenn die Zinsen um ein % zurückgehen?

10. Die Grenzleistungsfähigkeit des Kapitals ist der Zinssatz, bei dem die Anschaffungskosten einer Investition gleich sind der Summe der abgezinsten erwarteten Gewinne. In dieser Situation wird nicht investiert.

11. $AKI_{0\geq}^{\leq} \sum\limits_{t=0}^{n} \dfrac{GS_t}{(1+i)^t}$ mit $t = 0, 1, 2, ..., n$

12. Alle Größen, die in GS_t enthalten sind.

13. Interner Zinsfuß.

14. Anschaffungskosten: Investitionsprämien, Senkung der MwSt, Bürgschaften (z.B.

Hermes-Export-Bürgschaft). Erwartete Gewinne: Senkung der ESt und KSchSt, Preissteigerungen, Umsatzsteigerungen auf inländischen und ausländischen Märkten, Abwertung der einheimischen Währung, Senkungen der Lohnkosten, Sozialversicherungsbeiträge, Rohstoffpreise, Kapitalkosten, etc., positive Zukunftserwartungen durch ein günstiges Investitionsklima, technischer Fortschritt.

15. $\xi = i$, es werden keine Investitionen getätigt.

16. $\xi > i$, es werden Investitionen getätigt.

17. $\xi < i$, es werden keine Investitionen getätigt, weil die Summe der abgezinsten erwarteten Gewinne kleiner ist als die Anschaffungskosten der Investition.

18. ξ ist keine exakte Rechengröße; sie existiert jedoch in der Vorstellung von Unternehmern als Zielgröße für die Kapitalverzinsung.

19. $I = I_a + \beta_1^* (Y)$ Es gibt mehrere Interpretationen von Y, und zwar als Produktion, Angebot und Nachfrage, als Kapazitätsauslastung, als Konsum und Konsumänderung.

20. Bedürfnisse → Bedarf → Konsumänderung → Investitionsausgabe.

21. Es gibt keine „richtige" Investitionsfunktion. Die Anwendung richtet sich nach den Zwecken.

22. Veränderung von b, ξ oder anderer, nicht berücksichtigter Faktoren.

23. Variationen von i, von b und von ξ, c.p.

2.3.4 Die Staatsnachfragefunktion

Fragen

1. Von welchen Bestimmungsgründen hängt die Nachfrage des Staates ab?

2. Wie lassen sich Staatsaufgaben abgrenzen?

3. Können Staatsausgaben aus der Definition öffentlicher Güter abgeleitet werden?

4. Wo liegen die Grenzen von Staatseinnahmen?

5. Wo liegen die Grenzen für Staatsverschuldung?

6. Welche Annahmen werden mit dem Ansatz „autonomer Staatsausgaben" getroffen?

Determinanten

Von welchen Faktoren hängt die Nachfrage des Staates nach konsumtiven und investiven Leistungen ab? Diese Frage ist in aller Kürze sehr schwer zu beantworten; sie ist Untersuchungsgegenstand eines ganzen Zweiges der Volkswirtschaftslehre, der Finanzwissenschaft (vgl. jedoch ausführlich Kapitel II.7.2 f.). Drei Faktoren (Komplexe) sind dabei entscheidend:

- Die Aufgaben und Ausgaben,
- die Einnahmen und
- Einflussgrößen des gesellschaftlich-wirtschaftlichen Umfeldes.

Staatsaufgaben
Die Aufgaben des Staates sind damit verbunden, öffentliche Güter zur Verfügung zu stellen. Dies sind Güter, die nur vom Staat produziert werden sollen, weil beim Erwerb durch ein Individuum auch andere dieses Gut nutzen können, ohne dafür zahlen zu müssen: Neben dem individuellen Nutzen liegt auch ein sozialer Nutzen durch andere, die nicht ausgeschlossen werden können, vor (externe Nutzen, z.B. Landesverteidigung). Reine öffentliche Güter (oder Kollektivgüter) lassen sich aber nur in begrenzter Auswahl definieren. Würde man dieses Kriterium für den Umfang der Staatsaufgaben gelten lassen, dann wäre man nahe an einem „Nachtwächterstaat", der nur für die innere und äußere Sicherheit sowie für die Rechtsprechung zu sorgen hat, wie dies im 19. Jahrhundert der Fall war.

Staatseinnahmen (Arten und Grenzen)
Staatseinnahmen können eine Grenze und ein Stimulans für Staatsausgaben sein. Die wichtigsten Einnahmen sind Steuern (direkte Steuern wie Lohn- und Einkommensteuer; indirekte Steuern wie Mehrwertsteuer) und Kreditaufnahme (Schulden). Für beide Quellen liegen (subjektive) Grenzen vor. Die Bürger und Bürgerinnen sind offenbar nur bereit, eine bestimmte Steuerlastquote zu akzeptieren. Wird diese Grenze überschritten, dann steigen Steuervermeidung (z.B. Schwarzarbeit) und Steuerhinterziehung. Die Grenzen der Staatsverschuldung sind ebenfalls nicht objektiv bestimmbar, auch die Forderung nach Deckungsgleichheit von staatlichen Investitionen und Neuverschuldung (Art. 115 Grundgesetz) im wirtschaftlichen Gleichgewicht ändert daran wenig; es bestehen erhebliche Spielräume durch die Definition von gesetzlichen Grenzen und die Interpretation von gesamtwirtschaftlichen Gleichgewichten und Ungleichgewichten. Die Grenze der Verschuldung dürfte dann definitiv erreicht sein, wenn die wichtigsten gesamtwirtschaftlichen Ziele durch den Staat wesentlich (und nachweisbar) verletzt sind und die Bürger (und ihre Parteien) dem Einhalt gebieten können (z.B. könnten die Banken ihre Kredite sperren; z.Zt. finanzieren sie ca. 2/3 der Staatsschuld).

Lenkungsaufgabe

Bei der Betrachtung der Staatstätigkeit kann sich die Darstellung im vorliegenden Buch darauf beschränken, die wichtigsten Wirkungen auf die gesamtwirtschaftlichen Ziele aufzuzeigen. Dabei treten hier die sozialen Aufgaben des Staates hinter den ökonomischen zurück. Die „traditionelle" ökonomische Lenkungsaufgabe des Staates besteht darin, Konjunktur- und vor allem Beschäftigungsschwankungen auszugleichen. Diese erfolgt über Defizit- oder Überschussbildung. Sie kann aber nur geleistet werden, wenn Ausgaben- bzw. Verschuldungsspielräume bestehen. Die Finanzminister von Bund und Ländern sind heute mit Ausgabezwängen konfrontiert, die oft über 90% der Etatrahmen ausfüllen, so dass die Spielräume für neue gezielte Maßnahmen stark zusammenschrumpfen.

Trägheit staatlicher Einnahmen und Ausgaben

Sehen wir uns die Statistik an, dann zeigt sich eine weitgehende Konstanz der Staatsausgaben und Staatseinnahmen, bezogen auf das Bruttonationaleinkommen (= Staatseinnahmen- bzw. Staatsausgabenquoten). Dies liegt auch an der großen Heterogenität dieser Größen; die verschiedenen Komponenten gleichen sich durch gegenläufige Bewegungen aus. Einzig signifikante Änderung in der Struktur der Staatseinnahmen ist die Zunahme der Verschuldungsquote seit 1975; bei den Ausgaben ist der relative Rückgang der Verteidigungsausgaben, die relative Zunahme der Sozial- und Verkehrsausgaben auffällig. In der kurzen Frist zeigt die Staatstätigkeit wenig Bewegung.

Autonome Staatsausgaben und Staatseinnahmen

Wenn nur die Veränderungen in der kurzen Frist untersucht werden sollen, wie in der vorliegenden Makroökonomik, dann erübrigt sich eine detaillierte Erklärung der Determinanten der Staatsnachfrage und eine autonome „Staatsausgabenfunktion" genügt.

$$G = G_a \text{ mit } G_a > 0$$

G = reale Staatsausgaben (Konsum und Investitionen)

$$T = T_a \quad \text{mit } T_a > 0$$

T = reale Staatseinnahmen (Steuern)

Die realen Staatsausgaben sind danach in ihrer Höhe nicht näher erklärt, sie werden von außen („nachrichtlich") eingegeben. Ich bezeichne solche autonomen Funktionen als „Helikopter-Funktionen": Ein Helikopter landet und setzt ein Paket ab mit der Aufschrift „G_a = 500". Bevor überhaupt die Frage gestellt werden kann, warum G_a ausgerechnet diese Höhe (und eine bestimmte Struktur) aufweist, ist der Helikopter wieder entschwunden; die Frage ist sowieso im Lärm der Rotoren untergegangen.

Grenzen der „Helikopterfunktion"
Diese Vorgehensweise ist sehr einfach, aber natürlich nicht voll befriedigend. Lässt sie sich trotzdem mit guten Gründen rechtfertigen? Es wird erstens angenommen, dass die Absicht, G zu variieren, auch tatsächlich Realität wird und es ist unberücksichtigt, dass die Absicht, z.B. eine beschlossene Ausgabenvariation und die Ausführung im politischen und bürokratischen Prozess in der Regel kaum zusammenfallen. Deshalb muss die Formulierung „der Staat erhöht seine Ausgaben G" umgeschrieben werden in „es resultiert eine Erhöhung der staatlichen Ausgaben." Es wird zweitens (aus der Argumentation heraus) angenommen, dass die staatlichen Entscheidungsträger (selbstlos) bestrebt sind, die Konjunkturschwankungen zu glätten, um das Gemeinwohl zu verbessern. Auf der Grundlage der Ergebnisse der „Neuen Politischen Ökonomie" kann dies mit Grund bezweifelt werden (vgl. Kapitel II.7.4).

„Wenn man es überzeichnet formulieren wollte, so könnte man sagen, daß ... den aktiv Beschäftigten und der Wirtschaft immer mehr Geld (entzogen wird) ... um es in immer höherem Maße in unproduktive Verwendung zu lenken"[7].

Auch hier ist dann angenommen, dass per Saldo die wohlmeinenden Ziele durchschlagen. Drittens versteht man mit dem Helikopter-Ansatz natürlich in keiner Weise die komplizierten Wirkungsmechanismen innerhalb der verschiedenen staatlichen Akteure (politisch-administratives System), die daraus sich ergebenden Ziel-, Mittel- und Trägerkonflikte, sowie die Wirkungsmechanismen zwischen „Staat" und Privaten. Die Vorzüge des Helikopter-Ansatzes liegen darin, mit einfachsten didaktischen Mitteln (ceteris paribus) die Wirkungen der staatlichen Tätigkeit auf die Wirtschaft und die Privaten abzuschätzen. Auf die Aussagegrenzen dieses Ansatzes für die Ergebnisse muss an entsprechender Stelle hingewiesen werden.

Antworten (zu den Fragen von Seite 164)

1. Aufgaben, Ausgaben, Einnahmen, Rahmenbedingungen.

2. Stiften vor allem sozialen Nutzen.

---

[7] Der ehemalige Finanzminister *Hans Matthöfer* in „Die Zeit" v. 7.5.82, so der Vorwurf der Gegner staatlicher Lenkung.

3. Danach wären öffentliche Güter eindeutig vom Staat zu produzieren. Bei meritorischen Gütern ist private und öffentliche Produktion möglich. Daher ist Abgrenzung nicht möglich.

4. Individuelle und gesellschaftliche Belastungsgrenzen. Art. 115, GG.

5. Kreditwürdigkeit des Staates.

6. Kurze Frist; kein Unterschied zwischen Absicht und Ausführung staatlicher Maßnahmen; ausschließlich wohlfahrtsorientierte Politik; Vernachlässigung der Wirkungsmechanismen zwischen den Akteuren; ceteris paribus.

2.3.5 Die Exportfunktion

Fragen

1. Wie lauten die Determinanten der Exportnachfrage?

2. Welche Größen gehen in die Exportpreise ein?

3. Was versteht man unter den terms of trade? Was sagen sie aus?

4. Wie lautet die Exportfunktion?

5. Was sagt die Exportneigung aus?

6. Wie ist die Elastizität der Exportnachfrage definiert und wofür wird sie benötigt?

7. Was versteht man unter autonomem Export?

8. Welche Ansatzpunkte für Maßnahmen zur Förderung des Exports gibt es?

9. Was bedeuten GATT und IWF?

Determinanten

Die Exporte eines Landes hängen vor allem von den folgenden Faktoren ab:

*   Der absoluten und relativen (bezogen auf andere Länder) Ausstattung eines Landes mit Produktionsfaktoren (Arbeitskräfte, Kapital, natürliche Bodenschätze),

*   den absoluten und relativen Preisen der Produktionsfaktoren,

*   den Devisenkursen,

*   den Zöllen und

*   der Marktsituation (Elastizitäten der Exportnachfrage und des -angebots).

Exporthypothese

Wie kann aus diesem Bündel von Einflussgrößen eine einfache und empirisch gehaltvolle Hypothese über die Exportnachfrage gebildet werden? Wir wollen davon ausgehen, dass die Faktormengen und -preise (also die Produktionsbedingungen eines Landes) sich in den Endproduktpreisen niederschlagen. Konkurrenzfähige Endproduktpreise auf den internationalen Märkten können durch Subventionen (z.B. europäische Stahlindustrie), Steuererleichterungen oder Zölle beeinflusst werden, oder ganze Märkte werden unabhängig von den Produktionsbedingungen und Preisen des einzelnen Landes auf der Grundlage der Technologie des Schwächsten reguliert (z.B. EU-Agrarmarkt). Diese Faktoren modifizieren unsere Hypothese der Dominanz von Endproduktpreisen. Wenn jedoch diese Einschränkungen in allen Ländern auftreten und wenn die Mehrzahl der Märkte noch intakt ist, dann lässt sich der Zusammenhang zwischen Durchschnittskosten (errechnet aus Faktormengen und -preisen) und Endproduktpreisen als erste Approximation aufrecht erhalten. Gehen wir ferner davon aus, dass die Zölle wenig Variation aufweisen (auch nach Verhandlungsrunden des GATT, des Allgemeinen Zollabkommens, nicht mehr), bei den wichtigsten Handelspartnern Deutschlands gibt es gar keine Zölle mehr (EU), dann kann diese Größe ohne starke Vergröberung der Hypothese konstant gesetzt werden. Es bleiben dann als Determinanten der Exportnachfrage die Exportpreise und die Devisenkurse. Beides lässt sich in den so genannten terms of trade ausdrücken.

Terms of trade als Hauptdeterminante

Die realen Austauschbedingungen (terms of trade) sind definiert als der Quotient aus Exportpreisniveau (in €) und Importpreisniveau (in €). Da letzteres üblicherweise in Fremdwährungseinheiten (z.B. US $) ausgedrückt ist, muss der Wechselkurs (*e*), der Preis des Euro für eine Fremdwährung (z.B. US $), berücksichtigt werden. Setzen wir Exportpreisniveau gleich dem inländischen (*P*) und Importpreisniveau gleich dem ausländischen (*P*~Aus~), dann lassen sich die terms of trade (*tot*) definieren als

$$tot = \frac{P(\quad)}{P_{Aus}(\$) \cdot e(\quad / \$)}$$

tot	=	reale Austauschverhältnisse (terms of trade)
P	=	Exportpreisniveau, hier gleich Inlandspreisniveau
P~Aus~	=	Importpreisniveau, hier gleich Auslandspreisniveau
e	=	Wechselkurs

Die terms of trade geben an, welche Menge inländischer Güter bei gegebenem Wechselkurs gegen ausländische Güter getauscht werden kann. Steigen die terms of trade, steigen z.B. die Exportpreise stärker als die Importpreise, dann kann man mit der gleichen Exportgütermenge eine größere Menge an Importgütern erwerben. Andererseits verschlechtert sich aber die Wettbewerbsposition des Inlandes gegenüber dem Ausland durch die Steigerung der Exportpreise. Eine Verbesserung der terms of trade senkt daher die reale Exportnachfrage (*Ex*).

Die Exportfunktion
Dies kann in folgender Exportfunktion ausgedrückt werden:

$$Ex = Ex_a + d \cdot \left(\frac{P_{Aus} \cdot e}{P} \right) \quad \text{mit } d,\, P_{Aus},\, Ex_a > 0$$

Ex =   reale Exportnachfrage (Mrd. €)
Ex_a =   autonome Exportnachfrage
d =   Exportneigung
P_{Aus} =   Auslandspreisniveau
P =   Inlandspreisniveau
e =   Wechselkurs (€/$)

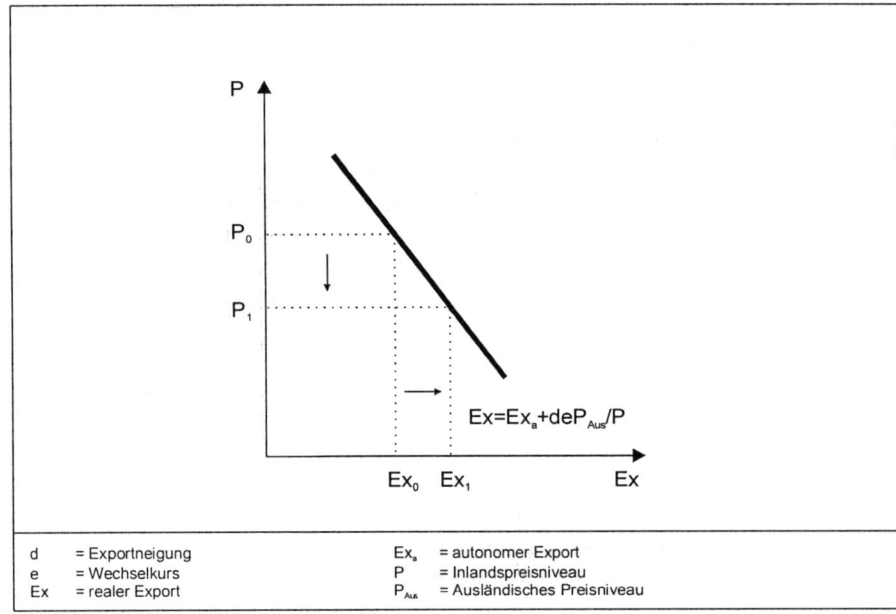

Abb. II.10 Exportfunktion

Diese Funktion berücksichtigt nur die Exportnachfrage (des Auslands, „$-Land"); das Exportangebot (des Inlands, „€-Land") ist als unendlich elastisch angenommen. Es wird unterstellt, dass sich das Exportangebot immer sofort an die Exportnachfrage angleicht.

Exportneigung und Elastizität der Exportnachfrage
Die Exportneigung *d* drückt die Reaktion der Exporteure auf Änderungen der terms of trade aus. Sie bestimmt die Steigung der Exportfunktion im *P/Ex*-Diagramm. *d* wird bestimmt vom Anreizsystem und dessen Subsystemen Ziel-, Regel-, Sanktions- und Informationssystem (vgl. Tab. I.10). Für das Verhalten der Exporteure ist beim Regelsystem vor allem die Weltwirtschaftsordnung (WTO, Welthandelsorganisation) und die Weltwährungsordnung (Währungsblöcke $, €, ¥; Internationaler Währungsfonds IWF) relevant (vgl. Kapitel II.4.2). Die Reaktion von Veränderungen der *tot* auf die Exportnachfrage hängt von der Elastizität der Exportnachfrage ab; sie ist definiert als

$$\eta_{Ex,tot} = \frac{\hat{Ex}}{\hat{tot}} \quad \text{mit } d < 0, P_{Aus}, e, P > 0$$

Autonomer Export
Mit Ex_a sind alle weiteren Determinanten der Exportnachfrage berücksichtigt, die nicht von den terms of trade bestimmt werden: Qualität, Vertriebsnetz, Absatzpolitik, Zölle etc.). In grafischer Darstellung erhalten wir, eine konstante Exportneigung *d* unterstellt, die Funktion in Abb. II.10.

Ansatzpunkte für wirtschaftspolitische Maßnahmen
Mögliche wirtschaftspolitische Maßnahmen zur Stimulierung der Exportnachfrage sind aus dem Gesagten deutlich geworden:
1. alle Maßnahmen, die die unabhängige Variable, hier die terms of trade senken, z.B. Anti-Inflationspolitik im Inland wie Einschränkung der Geldmenge,
2. alle Maßnahmen, die die Exportfunktion im *P/Ex*–Diagramm gegen den Uhrzeigersinn drehen, die also das Exportverhalten entsprechend ändern (eine Erhöhung der Exportneigung nach Maßgabe des Anreizsystems, z.B. steigendes Vertrauen in die Stabilität der Exportländer (informelle Regeln), Hermes Bürgschaften (formale Regeln),
3. alle Maßnahmen, die die Exportfunktion nach rechts oben verlagern, z.B. autonomen Exporte erhöhen durch Exportzulagen (soweit nach EU-Recht zulässig), Stärkung der Innovationsfähigkeit durch vermehrte staatliche FuE-Förderung (Forschung und Entwicklung).

Antworten (zu den Fragen von Seite 168)

1. Absolute und relative Ausstattung eines Landes mit Produktionsfaktoren; absolute und relative Preise der Produktionsfaktoren; Devisenkurse; Zölle; Marktsituation.

2. Faktorkosten, Gewinnaufschläge, Subventionen, Steuern, Zölle.

3. Die realen Austauschbedingungen (terms of trade) sind definiert als der Quotient aus Exportpreisniveau (in €) und Importpreisniveau (in €). Da letzteres üblicherweise in Fremdwährungseinheiten (z.B. US $) ausgedrückt ist, muss der Wechselkurs (e), der Preis des Euro für eine Fremdwährung (z.B. US $), berücksichtigt werden. Die terms of trade geben an, welche Menge inländischer Güter bei gegebenem Wechselkurs gegen ausländische Güter getauscht werden können. Steigen die terms of trade, steigen z.B. die Exportpreise stärker als die Importpreise, dann kann man mit der gleichen Exportgütermenge eine größere Menge an Importgütern erwerben. Andererseits verschlechtert sich aber die Wettbewerbsposition des Inlandes gegenüber dem Ausland durch die Steigerung der Exportpreise. Eine Verbesserung der terms of trade senkt daher die reale Exportnachfrage (Ex).

4. $Ex = Ex_a + d \cdot \left(\dfrac{P_{Aus} \cdot e}{P} \right)$ mit $d, P_{Aus}, e, Ex_a > 0$

5. Beschreibt das Verhalten der Exporteure. Wie verändert sich die Exportnachfrage, wenn sich die *tot* ändern?

6. $\eta_{Ex,tot} = \dfrac{\hat{Ex}}{\hat{tot}}$ sagt aus, wie stark sich die Exportnachfrage aufgrund einer Änderung des (in *tot* enthaltenen) Inlandspreisniveaus ändert.

7. Bündel aller Einflussgrößen des Exports, außer der der unabhängigen Variablen (*tot*).

8. Veränderungen der unabhängigen Variablen (*tot*), der Exportneigung oder der autonomen Exporte.

9. WTO: World Trade Organization (Welthandelsorganisation); IWF: Internationaler Währungsfonds.

2.3.6 Zwischenergebnis: Die *IS*-Kurve

Fragen

1. Kann Y_d aus den Strukturgleichungen des Gütermarktes errechnet werden?

2. Welche zusätzlichen Gleichungen werden eingeführt?

3. Wie lautet, in allgemeiner Formulierung, die Lösung des Gütermarktgleichgewichts?

4. Wie lautet die *IS*-Kurve, welchen Prämissen unterliegt sie und wie wird sie im Diagramm dargestellt?

5. Wie wird die *IS*-Kurve analytisch abgeleitet und wie kann man sie geometrisch beschreiben?

Kann die Nachfrage errechnet werden?

In den vorangegangenen Abschnitten haben wir nun alle Komponenten der Gesamtnachfrage durch Hypothesen erklärt und die Frage ist daher berechtigt, ob sich nun die Gesamtnachfrage berechnen lässt. Bekanntlich benötigt man für die Lösung eines Systems von n Variablen auch n Gleichungen; für die Darstellung in einem zweidimensionalen Diagramm genügen (n-1) Gleichungen. Wir überprüfen, ob diese Bedingung für den keynesianischen (kurzfristigen) Fall gegeben ist.

$$Y_d = C + I + G + Ex \qquad \text{Gesamtnachfrage}$$

$$C = C_a + c \cdot Y_v \qquad \text{Konsumfunktion}$$

$$Y_v = Y_s - TTR \qquad \text{Verfügbares Einkommen}$$

$$I = b \cdot \left(\xi - i \right) \qquad \text{Investitionsfunktion}$$

$$G = G_a \qquad \text{Staatsausgabenfunktion}$$

$$Ex = Ex_a + d \cdot \left(\frac{P_{Aus} \cdot e}{P} \right) \qquad \text{Exportfunktion}$$

Damit haben wir die zwölf Variablen Y_d, C, I, G, Ex, i, P_{Aus}, e, P, Y_s, Y_v und TTR, die Parameter C_a, c, b, ξ, G_a, Ex_a und d und sechs Gleichungen. Für die Darstellung in einem zweidimensionalen System fehlen also fünf Gleichungen.

Einige vereinfachende Annahmen für die Lösung in i und Y_d

Wir wollen das System „auffüllen" mit einigen einfachen Annahmen („Helikopter-Funktionen"), die später verfeinert werden sollen:

$$P_{Aus} = P_{Aus,a} \qquad \text{Das Auslandspreisniveau sei gegeben.}$$

$$e = e_a \qquad \text{Es herrsche ein System fester Wechselkurse.}$$

$$TTR = TTR_a \qquad \text{Der Saldo aus direkten Steuern und Transferzahlungen sei konstant.}$$

$$P = P_a \qquad \text{konstantes Preisniveau}$$

Festes Auslandspreisniveau?

Mit gegebenem Auslandspreisniveau ist unterstellt, dass wir ein kleines Land untersuchen, das mit seinen ökonomischen Aktivitäten auf den Weltmärkten das Preisniveau des Auslands (der Rest der Welt ist Ausland) nicht beeinflussen kann. Für den Fall der Bundesrepublik ist diese Annahme nicht realistisch, denn die Bundesrepublik gehört zu den größten handeltreibenden Nationen der Welt, die EU ist der größte Handelsblock der Welt. Für eine realitätsnähere Analyse müsste das Auslandspreisniveau P_{Aus} mit einem Zwei-Länder-Modell erklärt werden. Dies würde aber den Rahmen der vorliegenden Einführung sprengen.

Feste Wechselkurse?

Die Annahme fester Wechselkurse beschreibt einen wichtigen Teil der Außenhandelssituation der Bundesrepublik: Die DM steht zu den Währungen der Mitgliedsländer des Europäischen Währungssystems (EWS) über den Euro in einem festen Kursverhältnis. Die Bundesrepublik wickelt mit diesen Ländern der Europäischen Gemeinschaften fast zwei Drittel ihres Außenhandels ab. Für den restlichen Außenhandel gilt ein flexibles Wechselkurssystem: der Kurs richtet sich nach Devisenangebot und -nachfrage (vgl. Kapitel II.4.3).

Autonome Steuern und Transfers?

Mit $T = T_a$ und $TTR = TTR_a$ haben wir die Analyse sehr stark vereinfacht. Mit Sicherheit wären einkommensabhängige Steuern und Transferausgaben eine bessere Annahme. Andererseits „passt" das autonome T zu den autonomen Staatsausgaben G; beide können nicht unabhängig voneinander gesehen werden.

Konstantes Preisniveau

Die Annahme eines konstanten Preisniveaus bedeutet Unterbeschäftigung, wie ich in Kapitel II.2.6 ausführlich erläutern werde.

Die Ableitung der IS-Kurve

Akzeptieren wir diese Hypothesen, dann liegt nun ein System mit zehn Gleichungen zur Erklärung von zwölf Variablen vor. Die Variablen Y_d, Y und i sind „frei", wie die folgende Gleichung zeigt:

$$Y_d = Y_d(Y_s, i), \quad \text{oder „ausgerechnet"}$$

$$Y_d = C_a + G_a + Ex_a + b \cdot (\xi - i) + (d \cdot P_{Aus,a} \cdot e_a - c \cdot TTR_a) \cdot \frac{1}{P_a} + c \cdot Y_s$$

Y_d	=	reale Gesamtnachfrage
s	=	Sparneigung
C_a	=	autonome Konsumnachfrage
b	=	Investitionsneigung
ξ	=	Grenzleistungsfähigkeit des Kapitals
G_a	=	reale autonome Staatsnachfrage
Ex_a	=	reale autonome Exportnachfrage

d =   Exportneigung
$P_{Aus,a}$ =   autonomes Auslandspreisniveau
e_a =   autonomer fester Wechselkurs (€/US $)
TTR_a =   realer autonomer Saldo aus Steuern und Transfers
P_a =   autonomes inländisches Preisniveau
i =   realer Zinssatz

Setzen wir nun die Gleichgewichtsbedingung für den Gütermarkt $Y_s = Y_d$ in diese Gleichung ein, dann resultiert (in allgemeiner Form)

$$Y_d = Y_d(i) \quad \text{mit} \quad \frac{dY_d}{di} < 0.$$

Dies ist die sog. *IS*-Kurve. Die *IS*-Kurve ist eine Gleichgewichtskurve für den Gütermarkt. Das Gleichgewicht ist (für eine geschlossene Volkswirtschaft ohne Staat) gekennzeichnet durch die Gleichheit von geplanter Investition und gewünschtem Sparen. Diese Gleichgewichtsbedingung $I = S$ ist identisch mit der Gleichgewichtsbedingung $Y_s = Y_d$, wie ich später zeigen werde (vgl. Abb. II.19).

Wegen $P = P_a$ wird auch hier ein Unterbeschäftigungsfall unterstellt. Die Gleichgewichtsbedingung $Y_s = Y_d$ bedeutet, dass die Anbieter immer sofort die Menge zur Verfügung stellen, die nachgefragt wird.[8] Die Pläne von Anbietern und Nachfragern gehen also gesamtwirtschaftlich immer in Erfüllung. Für eine Unterbeschäftigungssituation ist diese Gleichgewichtsannahme $Y_s = Y_d$ nicht unplausibel, weil die Nachfrage wegen der freien Produktionskapazitäten in der Tat schnell befriedigt werden kann. Diese Bedingung ist in allgemeiner Formulierung als *Saysches* Theorem bekannt, wenn auch nicht unumstritten: Jedes Angebot schafft sich (irgendwann und irgendwo) einmal seine Nachfrage.

Die Berechnung der IS-Kurve
Setzt man die oben zusammengestellten Gleichungen in die Nachfragegleichung ein, dann ergibt sich die folgende *IS*-Kurve:

$$Y_d = \frac{1}{s} \cdot \left(C_a + b \cdot \xi + G_a + Ex_a\right) + \frac{1}{s} \cdot \left(dP_{Aus,a} \cdot e_a - c \cdot TTR_a\right) \cdot \frac{1}{P_a} - \frac{b}{s} \cdot i$$

Y_d =   reale Gesamtnachfrage
s =   Sparneigung
C_a =   autonome Konsumnachfrage
b =   Investitionsneigung

---

[8] Genauer handelt es sich hier um die Gleichgewichtsbedingung $Y_s = Y_d$.

ξ = Grenzleistungsfähigkeit des Kapitals
G_a = autonome reale Staatsnachfrage
Ex_a = autonome reale Exportnachfrage
d = Exportneigung
$P_{Aus,a}$ = autonomes Auslandspreisniveau
e_a = fester Devisenkurs (€/US $)
TTR_a = realer autonomer Saldo aus Steuern und Transfers
P_a = autonomes Preisniveau
i = realer Zinssatz

Die *IS*-Kurve (*I* = *S*-Kurve!) ist der geometrische Ort aller Punkte aller Gütermarktgleichgewichte für alternative Kombinationen von i (Zins) und Y_d (Gesamtnachfrage). Diese *IS*-Kurve lässt sich (für konstantes Preisniveau) im i-Y_d-Diagramm mit Abb. II.11 darstellen.

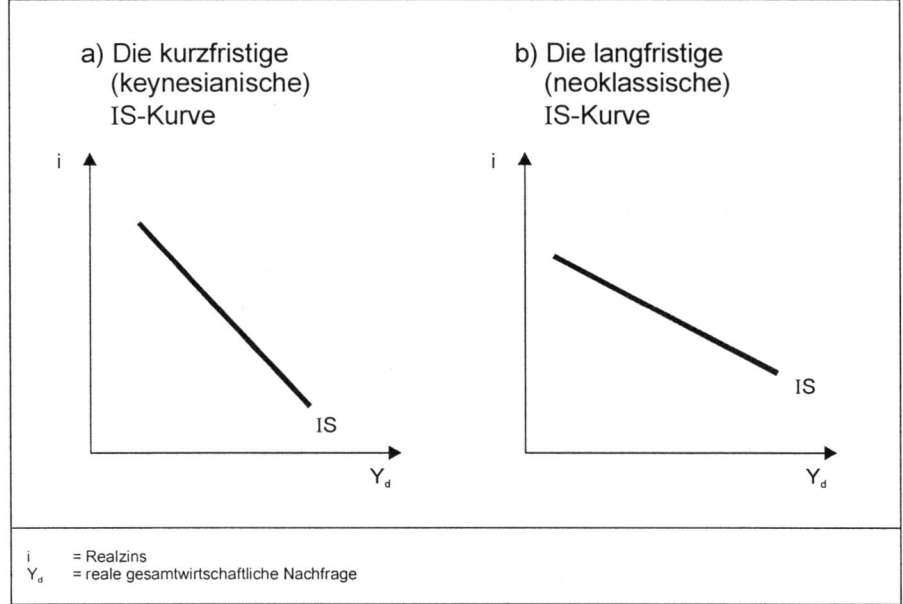

Abb. II.11 *IS*-Kurve

Das Problem: Die fehlende Gleichung
Das Zwischenergebnis lautet, dass sich die Gesamtnachfrage aus den Bestimmungsgleichungen des Gütermarktes allein nicht berechnen lässt. Es fehlt eine Gleichung, die den Zins erklärt. Es wäre sinnvoll, wenn es nicht nur um die Ableitung eines einzelnen spezifischen Zinssatzes ginge, sondern wenn eine weitere Kurve für das i/Y_d-Diagramm abgeleitet werden

könnte, die die *IS*-Kurve schneidet. Daraus könnte der Gleichgewichtszins bestimmt werden.

Lösung I: Erklärung des kurzfristigen Zinses
Der kurzfristige Zins wird durch das Zusammenspiel von Geldangebot und Geldnachfrage auf dem Geldmarkt gebildet. *Hicks* und *Hansen* haben im Anschluss an die Geldtheorie von *Keynes* vorgeschlagen, eine Geldmarkt-gleichgewichtskurve abzuleiten, die, wie die *IS*-Kurve auf dem Güter-markt, für den Geldmarkt alternative Kombinationen von Y_d und i als Gleichgewicht ausgibt. Das Ergebnis heißt *LM*-Kurve.

Lösung II: Erklärung des langfristigen Zinses
Der langfristige Zins wird durch das Zusammenspiel von Kapitalangebot und Kapitalnachfrage auf dem Kapitalmarkt gebildet. Dieser neoklassische Erklärungsansatz ermittelt einen langfristigen Zins für die Berechnung der Gesamtnachfrage.

Antworten (zu den Fragen von Seite 172)

1. Nein, denn für eine Lösung muss die Anzahl der Variablen der Anzahl der Glei-chungen entsprechen. Im vorliegenden Fall sind 12 Variablen und sechs Gleichun-gen vorhanden.

2. Es werden mit vier zusätzlichen „Helikopter-Gleichungen" das Auslandspreisni-veau, der Wechselkurs, das Preisniveau und die Steuern (und Transfers) „erklärt".

3. $Y_d = Y_{d0}\,(Y_s,\,i)$

4. $Y_d = Y_{d1}\,(i;\,P_a)$ mit $Y_s = Y_d$ und $P = P_a$. Es gilt auch $I = S$ (für die geschlossene Volkswirtschaft ohne Staat). Die *IS*-Kurve ist im i/Y_d-Diagramm negativ geneigt. Sie ist der geometrische Ort aller Gütermarktgleichgewichte für alternative Kombi-nationen von i und Y_d.

5. Die Strukturgleichungen zur Erklärung des Gütermarktes werden in die Nachfrage-gleichung eingesetzt. Es wird die Gleichgewichtsbedingung $Y_s = Y_d$ hinzugefügt. Die Lösung in i und Y_d ergibt die *IS*-Kurve, die auch als zinsabhängige Nachfrage-kurve interpretiert werden kann.

2.4 Geldmarkt, Kapitalmarkt und Zinsbildung

2.4.1 Das Geldangebot

Fragen

1. Welche Unterschiede bestehen zwischen Geld- und Kapitalmarkt?
2. Wie lautet die Fishersche Verkehrsgleichung? Was sagt sie aus?
3. Wie lautet die Steuerungsformel für die potentialorientierte Geldpolitik?
4. Wie ist die Zentralbankgeldmenge definiert?
5. Wie sind M_1, M_2 und M_3 definiert?
6. Wie wird die Beziehung zwischen B und M beschrieben?
7. Wie ist der Geldangebotsmultiplikator definiert?
8. Was versteht man unter Mindestreserven?
9. Welche Determinanten bestimmen die Einlagen bei den Banken?
10. Wovon hängt der Geldangebotsmultiplikator ab?
11. Was versteht man unter Geldschöpfung?
12. Welche Faktoren bestimmen eine Prognose des Geldangebots?
13. Welche Ansatzpunkte bestehen für geld- und kreditpolitische Maßnahmen?

Überblick

Der Zins hängt ab von Angebot und Nachfrage, kurzfristig auf dem Geldmarkt, langfristig auf dem Kapitalmarkt. Auf dem Geldmarkt werden Zentralbankgeld (unter den Banken) und kurzfristige Geldmarktpapiere gehandelt. Seine Funktion besteht darin, die Wirtschaftssubjekte mit (kurzfristigen) Zahlungsmitteln zu versorgen. Der Geldmarktzins wird durch Geldangebot und Geldnachfrage bestimmt. Hypothesen über die Determinanten von Geldangebot und Geldnachfrage sind somit Hypothesen über die Zinsbestimmung. Im Geldmarktgleichgewicht sind Geldangebot und -nachfrage gleich und es herrscht ein Zins. Auf dem Kapitalmarkt werden langfristige Wertpapiere gehandelt. Seine Funktion besteht darin, Unternehmen und Staat Mittel für die Finanzierung langfristiger Projekte zur Verfügung zu stellen.

Geldmenge und Preisniveau: die Fishersche Verkehrsgleichung

Was haben Geldmenge und Preisniveau miteinander zu tun? Sie sind in einer der ältesten Tautologien miteinander verknüpft, heute bekannt unter

dem Namen „Fishersche Verkehrsgleichung" oder „Quantitätsgleichung":
Das Handelsvolumen muss dem Geldvolumen entsprechen. Fassen wir das
Handelsvolumen enger als gesamtwirtschaftliche Nachfrage, dann gilt

$$M \cdot v \equiv P_d \cdot Y_d$$

M = Geldmenge
v = Umlaufgeschwindigkeit des Geldes (bezogen auf Y_d)
P_d = Preisniveau
Y_d = reale Gesamtnachfrage

Leitet man diese Fishersche Verkehrsgleichung nach der Zeit ab, um
Wachstumsraten zu erhalten, dann ergibt sich

$$\hat{M} + \hat{v} = \hat{P}_d + \hat{Y}_d$$

^ = Wachstumsraten

Steuerungsformel für das Wachstum der Geldmenge
Damit haben wir die Steuerungsformel für das Wachstum der Geldmenge,
nach der sich alle wichtigen Notenbanken richten: Die Summe der
Wachstumsraten von Geldmenge ($\hat{M}$) und Umlaufgeschwindigkeit des
Geldes ($\hat{v}$) ist gleich der Summe der Inflationsrate ($\hat{P}_d$) und der Wachs-
tumsrate der realen Gesamtnachfrage ($\hat{Y}_d$).[9] Löst man die Gleichung nach
der Wachstumsrate der Geldmenge auf, dann erhält man $\hat{M} = \hat{P}_d - \hat{v} + \hat{Y}_d$.
Wichtig ist nun, wie diese Größen in der praktischen Geld- und Kreditpo-
litik gemessen und interpretiert werden. Entscheidend ist wohl, dass in der
Gleichung mit Erwartungswerten gearbeitet wird. (Damit verlässt man den
sicheren Boden der ex post Analyse und arbeitet mit ex ante Größen.)
Denn die Geld- und Kreditpolitik strebt ein inflationsfreies Wachstum des
Produktionspotenzials an.
• Das Produktionspotenzial ist die maximal mögliche Produktion in einer
  Volkswirtschaft, die Produktion bei Vollbeschäftigung aller Produkti-
  onsfaktoren. In der Regel geht man bei der Berechnung des Produkti-
  onspotenzials von voll ausgelastetem Kapitalstock aus.[10]

---

[9] Bei der Ableitung nach der Zeit entsteht noch ein weiterer Term, der vernachlässigt werden kann, da
     er sehr klein ist.

[10] Dies ist der Ansatz des Sachverständigenrats zur Begutachtung der gesamtwirtschaftlichen Ent-
     wicklung.

- Die Inflationsrate wird darauf normiert, was man unter Preisniveaustabilität versteht; das ist die sog. unvermeidbare Inflationsrate.
- Die Umlaufgeschwindigkeit des Geldes nimmt wegen der zunehmenden Nutzung von Kreditkarten zu, so dass eine positive Wachstumsrate unterstellt werden kann.

Unterstellen wir $\hat{P}_d = 1{,}5\%$, $\hat{Y}_d = 5\%$ und $\hat{v} = 0{,}5\%$, dann liegt das potentialorientierte inflationsfreie Geldmengenwachstum bei 6% p.a. Dies wird in einen „Zielkorridor" eingepasst. Die Schwierigkeit besteht darin, dass die Zentralbank M nicht direkt steuern kann; dafür müssen wir uns einige Definitionen ansehen.

Definitorische Beziehungen der Geldmenge
Die Zentralbank kann nur die Zentralbankgeldmenge steuern. Diese Zentralbankgeldmenge entspricht – etwas vergröbert – der Geldbasis („high powered money"). Die Definition der Zentralbankgeldmenge wird am besten mit Hilfe der Bilanz der Zentralbank verdeutlicht, sie entspricht der Passivseite. Die anderen Geldmengenbegriffe ergeben sich aus der Passivseite der konsolidierten Bilanz des Bankensystems.

Zentralbankbilanz		
AKTIVA	zum 31. 12. 1999 (Mrd. €)	**PASSIVA**
Nettowährungsreserven (*WR*) Nettokredite an öffentliche Haushalte (*KÖ*) Nettokredite der Banken (*KB*) Sonstige Aktiva minus Passiva (*SA*)	Bargeldumlauf (*BG*) Einlagen der Banken (*RB = MR + ÜR*)	

Konsolidierte Bankenbilanz		
AKTIVA	zum 31. 12. 1999 (Mrd. €)	**PASSIVA**
Mindestreserve (*MR*) Überschussreserve (*ÜR*) Kredite an Nichtbanken Einlagen der Banken bei der Zentralbank (*RB*)	Sichteinlagen (*SE*) Termineinlagen (*TE*) Spareinlagen (*SP*)	

Konsolidierte Bilanz des Bankensystems	
AKTIVA zum 31. 12. 1999 (Mrd. DM) **PASSIVA**	
1. Nettowährungsreserven der Zentralbank (WR) 2. Nettokredite der Zentralbank an öffentliche Haushalte ($KÖ$) 3. Nettokredite der Zentralbank an Banken (KB) 4. Einlagen der Banken bei der Zentralbank ($RB = ÜR + MR$) 5. Kredite der Banken an Nichtbanken (KR)	6. Bargeldumlauf (BG) 7. Einlagen der Banken bei der Zentralbank ($RB = MR + ÜR$) 8. Sichteinlagen bei den Banken (SE) 9. Termineinlagen bei den Banken (TE) 10. Spareinlagen bei den Banken (SP)

Die Positionen 4 und 7 kürzen sich heraus.

Daraus ergibt sich:

$$B = BG + MR + ÜR$$
$$M_1 = BG + SE$$
$$M_2 = M_1 + TE$$
$$M_3 = M_2 + SP$$

Steuerungsarithmetik
Die Geldmenge wird verändert, wenn sich die Positionen auf der Passivseite direkt ändern, oder wenn sich die Posten auf der Aktivseite verändern. Aus der konsolidierten Bilanz des Bankensystems ergibt sich: $M_3 = WR + KÖ + KB + KR$.
Eine Veränderung von B kann direkt durch Veränderung der Passivseite erfolgen, oder indirekt durch Veränderung der Aktivseite, denn die Bilanz lässt sich als Gleichung schreiben: die Summe der Größen auf der linken Seite ist gleich der auf der rechten Seite. Damit beeinflusst insbesondere auch eine Veränderung der Nettowährungsreserven die Zentralbankgeldmenge. Will sich die Bundesbank die Wachstumsrate der inländischen Geldmenge konstant halten, muss sie sich gegen diese Einflüsse von außen abschirmen und inländische Geldkomponenten reduzieren („Neutralisierung").

Die Beziehung zwischen B und M: Der Geldangebotsmultiplikator
Das Zwischenergebnis: Die Bundesbank soll M steuern, sie kann direkt aber nur B beeinflussen. Für die Beurteilung der Bundesbankpolitik ist es

daher wichtig, die Beziehung zwischen B und M aufzudecken. Wir schreiben diese Beziehung als

$$M = m \cdot B \quad \text{mit } m > 0$$

M = Geldmenge oder Geldangebot (M_1, M_2 oder M_3)
m = Geldangebotsmultiplikator (bezogen auf M_1, M_2 oder M_3)
B = Zentralbankgeldmenge, Geldbasis (Basisgeld)

und bezeichnen m als den Geldangebotsmultiplikator. Von welchen Faktoren wird m beeinflusst? Zunächst muss geklärt werden, welchen Geldmengenbegriff wir als Geldangebot zugrunde legen wollen. Entscheiden wir uns für den weitesten Begriff, M_3, dann ergibt sich für M_3 rein definitorisch

$$m_3 = \frac{M_3}{B} = \frac{BG + SE + TE + SP}{BG + \ddot{U}R + MR}$$

m_3 = Geldangebotsmultiplikator, bezogen auf M_3
M_3 = Geldmenge
BG = Bargeldumlauf
SE = Sichteinlagen
TE = Termineinlagen
SP = Spareinlagen
$\ddot{U}R$ = Überschussreserven der Banken
MR = Mindestreserven der Banken bei der Zentralbank

Elemente einer Theorie des Geldangebots I: Mindestreserven
Eine Theorie des Geldangebots hat nun Hypothesen aufzustellen, die die Bestimmungsgründe von *BG, SE, TE, SP, ÜR* und *MR* formulieren. Diese Begriffe hängen über den Geldangebotsmultiplikator miteinander zusammen. Die Banken erhalten Bargeld von ihren Einlegern, dem Publikum, in Form von jederzeit abrufbaren Sichteinlagen (*SE*) auf dem Girokonto und/oder Termineinlagen (*TE*) mit Befristung bis unter vier Jahren und/oder Spareinlagen (*SP*) mit gesetzlicher Kündigungsfrist. Von diesen Gesamteinlagen müssen die Banken einen bestimmten Anteil (nach Einlagearten gestaffelt) zinslos bei der Zentralbank hinterlegen Diese Anteile heißen Mindestreservesätze (*r*), sie sind kleiner als eins und größer als Null. Man kann die Mindestreserve in Mrd. € berechnen, indem man die Einlagearten (in Mrd. €) mit den Mindestreservesätzen multipliziert:

$$MR = r_{SE} \cdot SE + r_{TE} \cdot TE + r_{SP} \cdot SP \quad \text{mit} \quad 0 < r_{SE} < 0,3$$
$$0 < r_{TE} < 0,2$$
$$0 < r_{SP} < 0,1$$

MR = Mindestreserve (Einlage der Banken bei der Zentralbank)
r_{SE} = Mindestreservesatz für Sichteinlagen
r_{TE}, r_{SP} analog

Die Mindestreservesätze werden von der Zentralbank bestimmt. Ihre Höhe hängt von der aktuellen Bundesbankpolitik ab. Es ist jetzt schon deutlich, dass hohe Mindestreservesätze den Liquiditätsspielraum der Banken beengen müssen, weil die Mindestreserve nur in Bargeld bezahlt werden darf. Um die Mindestreserven berechnen zu können, müssen noch die Werte für die Sicht-, Termin- und Spareinlagen (*SE*, *TE* und *SP*) angegeben werden. Welche Faktoren bestimmen diese Einlagen?

Elemente einer Theorie des Geldangebots II: Einlagen bei den Banken
Die Sicht-, Termin- und Spareinlagen bilden zusammen mit dem Bargeld das Finanzvermögen der Wirtschaftssubjekte. In der neueren Geldangebotstheorie geht man davon aus, dass die Wirtschaftssubjekte versuchen, die Zusammensetzung ihres Vermögens (Portfolio) so zu strukturieren, dass das Risiko minimiert und der Ertrag maximiert wird. Diese Portfolio-Theorie kann hier aber nicht weiter verfolgt werden. Im folgenden soll vielmehr die „traditionelle Geldangebotstheorie" dargestellt werden, die mit ganz einfachen Verhaltensannahmen arbeitet: Danach strukturieren die Wirtschaftssubjekte (private und öffentliche Haushalte, Unternehmen) ihr Geldvermögen (Bargeld, Sichteinlagen, Termin- und Spareinlagen) nach Maßgabe der (festen) Koeffizienten g wie folgt:

$$BG = g_{BG} \cdot SE \text{ mit } g_{BG} > 0$$
$$TE = g_{TE} \cdot SE \text{ mit } g_{BG} > 0$$
$$SP = g_{SP} \cdot SE \text{ mit } g_{BG} > 0$$
$$\ddot{U}R = g_{\ddot{U}R} \cdot SE \text{ mit } g_{BG} > 0$$

BG = Bargeldumlauf
SE = Sichteinlagen
TE = Termineinlagen
SP = Spareinlagen
$\ddot{U}R$ = Überschussreserven
g_{BG} = Bargeldkoeffizient
g_{TE} = Termineinlagenkoeffizient
g_{SP} = Spareinlagenkoeffizient
$g_{\ddot{U}R}$ = Überschussreservenkoeffizient

Durch Einsetzen erhalten wir

$$m_3 = \frac{1 + g_{BG} + g_{TE} + g_{SP}}{g_{BG} + g_{\ddot{U}R} + r_{SE} + r_{TE} \cdot g_{TE} + r_{SP} \cdot g_{SP}}$$

Der Geldangebotsmultiplikator ist größer als eins, weil der Zähler größer ist als der Nenner. Der Multiplikator steigt, wenn

- der Bargeldkoeffizient g_{BG} sinkt, weil Kreditkarten stärker genutzt werden,
- die Mindestreservesätze sinken,
- Termineinlagen- und Spareinlagenkoeffizienten steigen.

Ergebnisse
Wir können demnach festhalten, dass der Geldangebotsmultiplikator abhängt vom Verhalten der Banken, des Publikums (Haushalte und Unternehmen im In- und Ausland) und der Zentralbank. Wenn die „traditionelle Geldangebotstheorie" dieses Verhalten nicht weiter erklärt, sondern mit den (festen) Koeffizienten g_{BG}, g_{TE}, g_{SP}, $g_{\ddot{U}R}$, r_{SE}, r_{TE} und r_{SP} ausdrückt, dann können damit die Wirkungen von Verhaltensänderungen grob dargestellt werden. Die daraus resultierende Geldangebotsfunktion nimmt dann auch die folgende einfache Form an:

$$M = m \cdot B_a \quad \text{mit } m > 0$$

M = Geldangebot
m = Geldangebotsmultiplikator
B_a = autonome Zentralbankgeldmenge

unter der Voraussetzung, dass B konstant ist ($B = B_a$), oder, wenn auch m konstant ist,

$$B = B_a \quad \text{und} \quad M = M_a$$

B_a = autonomes Zentralbankgeld
M_a = autonomes Geldangebot

Da der Zins aus dem Zusammenspiel von Geldangebot und -nachfrage erklärt werden soll, wird diese „Geldangebotsfunktion" in einem Zins-Geldmengen-Diagramm dargestellt (Abb. II.12).

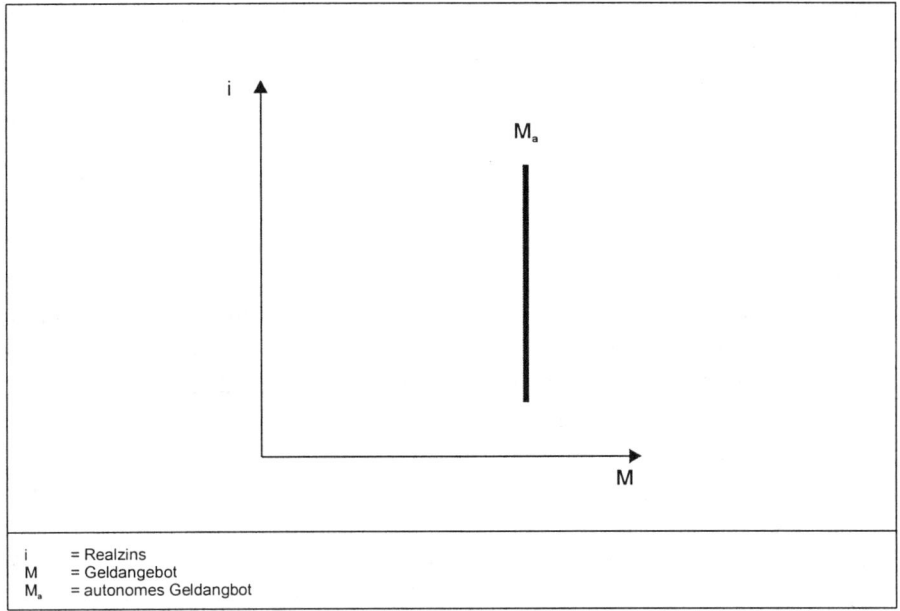

Abb. II.12 Geldangebotsfunktion

Geldschöpfung und Geldvernichtung

In einer älteren Pressemitteilung heißt es: „Wichtige Anstöße für den Geldschöpfungsprozess gingen in letzter Zeit vor allem von der Kreditgewährung der Banken an ihre inländischen Kunden aus, die sich etwas verstärkt hat." Was bedeutet hier Geldschöpfung? Offenbar können die Geschäftsbanken durch den Geldmengenmultiplikator die Geldmenge beeinflussen und damit die Geldmengenpolitik der Zentralbank stören. Mit Geldschöpfung der Banken ist natürlich nicht der Druck von Banknoten gemeint (dieser ist den Zentralbanken vorbehalten), sondern die Schöpfung von Giralgeld oder Bankengeld. Denn wir wissen, dass sich die Geldmenge M_1 zusammensetzt aus Bargeld (Banknoten und Münzen) und Sichtguthaben (Giralgeld, Deposíten). Die Banken verwenden einen Teil der Einlagen ihrer Kundeneinlagen dazu, Kredite zu vergeben. Diese Kredite werden den Kunden auf ihren Girokonten gutgeschrieben, daher Giralgeld. Die Zentralbank kann diesen Kredit- und Geldschöpfungsprozess nicht bestimmen, aber beeinflussen. Denn die Kreditvergabe auf der Basis der Einlagen findet ihre Grenze dort, wo die Banken mit Notenbankgeld, das nicht sie selbst, sondern nur die Zentralbanken schaffen können, bezahlen müssen. Dies sind vor allem zwei Fälle:

• Die Kunden heben bar ab; dies betrifft g_{BG},

- die Mindestreserve bei der Zentralbank muss bar einbezahlt werden; dies betrifft r_{SE}, r_{TE} und r_{SP}.
- Ferner werden die Banken eine Überschussreserve aus Vorsichts-, Sicherheits- oder Gewinnmotiven halten; dies betrifft $g_{\ddot{U}R}$ – je höher diese Koeffizienten, desto weniger Zentralbankgeld (Kundeneinlagen) steht den Banken für die Kreditvergabe zur Verfügung.

Geldangebotsprognose
Die Prognosequalität dieser „Geldangebotsfunktion" entspricht der Qualität ihrer Annahmen: Die Hypothesen über die zukünftige Entwicklung der enthaltenen Größen (also von B, den r und g) müssen „von außen" eingegeben werden. Werden solche Hypothesen eingesetzt, dann lässt sich die Veränderung von M angeben. M steigt (c.p., also bei Konstanz aller anderen Größen), wenn

- der Umlauf an Banknoten und Münzen steigt, weil dann die Bargeldkomponente in B steigt,
- die Einlagen der Banken bei der Zentralbank steigen, weil dann die Mindestreserve- oder Überschussreservekomponente in B steigt ($B = BG + MR + \ddot{U}R$),
- die Mindestreservesätze sinken, weil dann der Nenner des Geldangebotsmultiplikators kleiner, der Multiplikator größer wird; m.a.W., weil die Banken dann mehr Geld zur Verfügung haben, das sie ausleihen können (mit dem sie Giralgeld schöpfen können),
- der Bargeldkoeffizient sinkt, weil dann der Geldangebotsmultiplikator steigt; es wird weniger Bargeld abgehoben, die Banken können mehr Kredite gewähren,
- die Termineinlagen- und Spareinlagenkoeffizienten steigen; auch hier erhalten die Banken eine größere Basis für die Kreditgewährung, obgleich von den höheren Einlagen (*TE* und *SP*) Mindestreserve an die Bundesbank abgeführt werden muss.

Fehlprognosen werden bei diesem einfachen „Modell" vor allem auftreten, weil die Verhaltensfunktionen die Realität nicht gut wiedergeben und weil die Interdependenz der Verhaltensweisen nicht berücksichtigt ist.

Ansatzpunkte für geld- und kreditpolitische Maßnahmen
Der primäre Zweck der „traditionellen" Geldangebotsfunktion liegt darin, die Wirkungen der geld- und kreditpolitischen Maßnahmen der Zentralbank wiederzugeben. Diese Politik kann auf

- den Geldpreis ausgerichtet sein; sie variiert damit die Zinssätze Diskont- und Lombardsatz. Beide Zinssätze bestimmen, zu welchem Preis sich die Banken refinanzieren können. Die Banken reichen der Zentralbank diskontfähige Wechsel oder lombardfähige Wertpapiere ein und erhalten einen Betrag an Notenbankgeld, der um den Diskont- oder Lombardsatz reduziert ist. Liegt z.B. der Diskontsatz bei 4% p.a., dann erhält die Bank für einen 3-Monats-Wechsel in Höhe von DM 1000,- eine Auszahlung von DM 990,-. Bei einem Diskontsatz von 8% p.a. erhält die Bank DM 980,-, der Kredit ist teurer geworden. Wie wirkt diese Diskonterhöhung auf die Geldmenge? Die Kreditschöpfung wird teurer. Dies schlägt sich in sinkenden Liquiditätsreserven nieder, $g_{\ddot{U}R}$ sinkt. In Zeiten angespannter Liquidität $g_{\ddot{U}R} < 0$ ($\ddot{U}R$ wird negativ) sinkt m und die Geldmenge geht zurück. Es ist ferner möglich, dass die Banken in einer solchen Situation die Kreditlinien für ihre Kunden kürzen. Die Möglichkeit der Refinanzierung wird ferner bestimmt durch das Wechselvolumen, das zur Diskontierung eingereicht werden kann. Dieses Volumen wird als Rediskontkontingent von der Bundesbank festgesetzt,

- die Beeinflussung von Geldmengengrößen ausgerichtet sein; sie verändert damit die Zentralbankgeldmenge direkt. Erhöht die Bundesbank die Mindestreservesätze, dann sinkt der Multiplikator und die Zentralbankgeldmenge steigt. Die Geldmenge geht trotz dieser gegenläufigen Effekte zurück, weil der Multiplikator relativ stärker sinkt als die Mindestreserven steigen. Betreibt die Zentralbank Offenmarktpolitik, indem sie den Banken aus ihrem Bestand an Geldmarktpapieren (Liquiditäts- und Mobilisierungspapiere) ein günstiges Geldanlagenangebot macht (hohe Abgabesätze) und nehmen die Banken dieses Angebot an, dann findet ein Tausch von Geldmarktpapieren gegen Notenbankgeld statt: die Zentralbankgeldmenge sinkt, ebenfalls M.

Antworten (zu den Fragen von Seite 178)

1. Auf dem Geldmarkt werden kurzfristige Titel gehandelt (Zentralbankgeld und Geldmarktpapiere); es bildet sich dort ein kurzfristiger Zins. Auf dem Kapitalmarkt werden langfristige Finanzierungstitel angeboten und nachgefragt; es bildet sich ein langfristiger Zins.

2. $M \cdot v \equiv P \cdot Y_d$ Die Fishersche Verkehrsgleichung ist eine ex post Identität. Sie besagt, dass reale Tauschvorgänge monetär unterlegt sein müssen.

3. $\hat{M} + \hat{v} = \hat{P}_d + \hat{Y}_d$ und $\hat{M} = \hat{P}_d - \hat{v} + \hat{Y}_d$ Y_d wird als Produktionspotential Y^* interpretiert, in $\hat{P}_d$ geht die so genannte unvermeidbare Inflationsrate ein und die Veränderung der Umlaufgeschwindigkeit des Geldes wird nahe Null angenommen.

4. $B = BG + RB + \ddot{U}R$

5. $M_1 = BG + SE$, $M_2 = M_1 + TE$, $M_3 = M_2 + SP$

6. $M = m \cdot B$ mit $m > 0$

7. $m_3 = \dfrac{M_3}{B} = \dfrac{BG + SE + TE + SP}{BG + \ddot{U}R + MR}$

8. Den Anteil der Einlagen, den die Banken zinslos bei der Zentralbank hinterlegen müssen. Die Mindestreservesätze sind nach Fristigkeit der Einlagen gestaffelt.

9. Man kann in einem ersten Erklärungsansatz die Einlagen (Sicht-, Termin- und Spareinlagen) von den Sichteinlagen abhängig sehen, die eine Proxyvariable für das Einkommen sind.

10. Vom Verhalten der Zentralbank und des (Banken-) Publikums (Haushalte und Unternehmen).

11. Die Geschäftsbanken können Giralgeld schöpfen, indem sie Einlagen ihrer Kunden zum Teil weiter verleihen. Diese Kredite werden Bankkunden auf ihr Girokonto gutgeschrieben; es ist neues Giralgeld entstanden. Die Grenzen liegen dort, wo die Banken kein „eigenes" Geld mehr verwenden können (wie im internen Bankverkehr), sondern auf Zentralbankgeld zurückgreifen müssen (Mindestreserve, Barabhebung).

12. Hypothesen über die zukünftige Entwicklung von B, r und g (bezogen auf unterschiedliche Kategorien).

13. Veränderung der Geldpreise (Zinsen) und der Geldmenge (M).

2.4.2 Die Geldnachfrage

Fragen

1. Welche Gründe und Motive bestimmen die Geldnachfrage?

2. Wie wird die Geldnachfrage noch bezeichnet?

3. Welche Vermögensarten unterscheidet *Milton Friedman*?

4. Was versteht man unter einem Portfolio und wie wird es strukturiert?

5. Welche vereinfachte Form der Geldnachfragefunktion hat *Friedman* mit *Anna Schwartz* getestet?

6. Wie lautet die (monetaristische) Geldnachfragefunktion?

7. Wie definiert *Keynes* die Geldnachfrage, wie heißt seine Theorie und mit welchen Motiven wird sie begründet?

8. Wie wird die Transaktionskasse erklärt?

9. Wie lauten die Determinanten der Spekulationskasse?

10. Wie kann die Entscheidungsregel für den Kauf und Verkauf von „bonds" abgeleitet werden?

11. Was besagt die Kursgewinnrate?

12. Wie ist die Gesamtertragsrate von Wertpapieren definiert?

13. Was versteht man unter Hausse und Baisse und was hat dies mit den Erwartungen der Wertpapieranleger zu tun?

14. Wie lautet die Nachfragefunktion nach Spekulationskasse?

15. Wie lautet die Gesamtnachfragefunktion nach Geld?

16. Wie lässt sich die Gesamtnachfragefunktion nach Geld in einem Diagramm darstellen?

Determinanten und Erklärungsansätze

Welche Gründe bestimmen die Geldnachfrage (Liquiditätspräferenz, Kassenhaltung)? Geht man von den Determinanten aus, die in der Geldnachfragetheorie der nationalökonomischen Klassiker[11] (Transaktionsmotiv) und von *J. M. Keynes* (Transaktions-, Vorsichts- und Spekulationsmotiv) die wichtigste Rolle spielen, dann sind dies Einkommen und Zins. Die neuere Geldnachfragetheorie (*Friedman*) zeigt aber, dass dies eine sehr enge Sicht der Geldnachfrage darstellt: Geld wird vielmehr als eine von verschiedenen Vermögensformen angesehen. Danach muss man die Zusammensetzung des Gesamtvermögens nach Vermögensformen (das Portfolio) erklären, um die Determinanten der Geldnachfrage zu beschreiben. Dies soll anhand des Ansatzes von *Milton Friedman* erläutert werden.

Friedmans Geldnachfragetheorie

Friedman geht von folgenden Vermögensarten aus:

- Geld,
- Obligationen (Bonds),
- Aktien,
- Sachvermögen,
- menschliches Arbeits- und Leistungsvermögen.

Die Struktur des Gesamtvermögens wird Portfolio genannt. Die Wirtschaftssubjekte versuchen, dieses Portfolio zu optimieren, indem sie für ihre (gegebenen) Präferenzen (Präferenz für Aktien, Hausbesitz oder Gold) nach Anlagerisiko und nach den erwarteten Erträgen strukturieren. Als Ergebnis dieser Festlegung (Strukturierung) ergibt sich auch das Volumen des Geldvermögens. Die Erklärung der Geldnachfrage (der Komponente

---

[11] Hauptanliegen der klassischen Theorie der Geldnachfrage ist die Analyse der Bestimmungsfaktoren der Umlaufgeschwindigkeit des Geldes. Diesen und weitere präzisierende Hinweise in II.2.4.2 verdanke ich Herrn Dipl.-Volkswirt *Ralf Marzian*.

Geldvermögen) ergibt sich demnach als Rest aus den Entscheidungen über die Zusammensetzung des Portfolios, oder mit anderen Worten, die Entscheidung über die Höhe der Geldnachfrage ist eine Gesamtentscheidung über das Vermögensportfolio.[12]

Eine umfassende Geldnachfragetheorie hätte die Präferenzen, die Risiken und Erträge für diese Möglichkeiten der Vermögenshaltung als erklärende Größe der Geldnachfrage aufzuführen. Je mehr Befriedigung und Ertrag die Nichtgeldvermögen abgeben und je weniger Risiko damit verbunden ist, desto geringer wird die Nachfrage nach Geld sein. *Milton Friedman* hat versucht, eine solche Theorie zu entwickeln. Seine Geldnachfragefunktion lautet:

$$\frac{L}{P} = f\left(i_b, i_e, w_{pe}, \varpi, Y, \eta\right)$$

L = nominale Geldnachfrage
P = Preisniveau
i_b = Zins für Bonds
i_e = Zins für Aktien
w_{pe} = erwartete Inflationsrate
ϖ = (festes) Verhältnis zwischen Arbeitsvermögen und den anderen Vermögensarten
Y = Realeinkommen
η = Präferenzen

Vereinfachungen

Dieser theoretische Ansatz kann nur durch sehr vereinfachende Annahmen überschaubar gemacht werden. Dies hat *Friedman* auch mit umfangreichen empirischen Untersuchungen (zusammen mit *Anna Schwartz*) für die USA getan und letztlich ist ein (empirisch sehr stabiler) Zusammenhang herausgekommen, in dem die Realkasse lediglich vom Realeinkommen abhängt.[13] Das heißt: Geld wird lediglich für Transaktionszwecke verwendet; die Wertpapiertransaktionen können letztlich vernachlässigt werden; Zinsen spielen bei der Geldnachfrage keine Rolle, dies ist eine der wichtigsten Konsequenzen von *Friedmans* Geldnachfragetheorie. Die Diskussion darüber, ob die Geldnachfragefunktion mit diesen Annahmen stabil

---

[12] Aus einer Pressemitteilung wird deutlich, dass die „Durchschnittsanleger" sich sehr wohl nach diesen Kriterien richten: „kursrisikofrei", „Kursentwicklung", „hochliquide Form", „individuelle Lage und persönliches Bedürfnis". Ferner: Liquidität, also Kassenhaltung „kostet natürlich Zinsen".

[13] Das Realeinkommen muss als permanentes Einkommen interpretiert werden; das ist das abgezinste Lebenseinkommen. Die neue Geldnachfragetheorie hat in Form der „Theorie der relativen Preise" und der „makro-ökonomischen Portfoliotheorie" diesen Ansatz der Portfoliowahl konsequent weiterentwickelt. Insofern sind von den Friedmanschen Überlegungen wichtige Impulse ausgegangen.

ist, also passable Prognoseergebnisse liefert, dauert an. Die neoklassische Geldnachfragefunktion lautet dann:[14]

$$\frac{L_T}{P} = k^* \cdot Y_d \quad \text{mit } k^* > 0$$

L_T = gesamte Geldnachfrage gleich der Nachfrage für Transaktionszwecke
P = Preisniveau
k^* = reziproke Umlaufgeschwindigkeit v
Y_d = reale Gesamtnachfrage

k^* ist hier eine institutionell bestimmte Größe, die mit dem später verwendeten gewünschten Kassenhaltungskoeffizienten (einer Verhaltensgröße) nur im Gleichgewicht übereinstimmt. Y_s, der einen Seite von Y, steht die andere Seite, nämlich Y_d gegenüber und wird als langfristiges (Lebens-)Einkommen interpretiert.[15]

Keynes' Liquiditätspräferenztheorie des Zinses
Demgegenüber geht *J. M. Keynes* in seiner Liquiditätspräferenztheorie davon aus, dass die Geldnachfrage neben dem Transaktionsmotiv (und einem Vorsichtsmotiv) von den Anlagemöglichkeiten von Geld abhängt (Spekulationsmotiv). *Keynes* unterstellt damit, dass aus dem Spektrum der Vermögensformen nur Bonds (festverzinsliche Wertpapiere) und Geld eine Rolle spielen. Damit lässt sich die Geldnachfrage in zwei Komponenten aufspalten, in L_T (Transaktions- und Vorsichtskasse) und L_S (Spekulationskasse):

$$L = L_T + L_S$$

L = Gesamtnachfrage nach Geld
L_T = Nachfrage nach Geld für Transaktionszwecke (und Vorsichtszwecke)
L_S = Nachfrage nach Geld für Spekulationszwecke

Transaktionskasse
Die Geldnachfrage für Transaktionszwecke hängt vom Niveau der ökonomischen Transaktionen ab und dieses kann am besten durch die nominale Nachfrage angegeben werden.[16] Je nach Lohn- und Gehaltszahlungsmodalitäten, Einkaufsgewohnheiten und Zahlungssitten (Scheck, Bargeld)

---

[14] Diese Geldnachfragefunktion entspricht nicht exakt der monetaristischen, doch die Grundidee ist damit wiedergegeben, dass die Geldnachfrage nicht zinsabhängig ist.

[15] Damit sind zwei Schritte mit verschiedenen Annahmen vorgenommen: Erstens ist Y_s als langfristiges Einkommen interpretiert und zweitens wurden Y_s und Y_d gleichgesetzt (Gleichgewichtsannahme).

[16] Der Einfachheit halber habe ich die Vorsichtskasse der Transaktionskasse zugeschlagen.

wünschen die Wirtschaftssubjekte einen bestimmten Anteil ihres Nominal-
einkommens in Kasse zu halten. Man nennt diese Verhaltensgröße (gewünschter) Kassenhaltungskoeffizient k. Die Geldnachfrage für Transaktionszwecke lässt sich daher schreiben

$$L_T = k \cdot P \cdot Y_d \quad \text{mit } k > 0$$

L_T = Transaktionskasse
k = gewünschter Kassenhaltungskoeffizient
P = Preisniveau
Y_d = reale Gesamtnachfrage

Determinanten der Spekulationskasse
Wie lässt sich nun die Geldnachfrage für Spekulationszwecke erklären?[17]
Die Wirtschaftssubjekte stehen vor der Wahl, Geld oder Wertpapiere zu
halten; sie haben sozusagen zwei Schatullen zur Verfügung, in der einen
liegt das Geld, in der anderen die Wertpapiere.
Die Geldhaltung (für Spekulationszwecke) bezeichnen wir mit L_S; als
Wertpapiere legen wir festverzinsliche Schatzanweisungen („bonds") mit
unendlicher Laufzeit zugrunde, die kurzfristig ver- und gekauft werden
können. Diese Bonds erbringen einen Effektivzins, der sich aus dem
Quotienten von Bardividende WPE (€) und Kurswert ($\overline{K}$) ergibt:

$$i_0 = \frac{WPE}{\overline{K}_0} \quad \text{und} \quad i_1 = \frac{WPE}{\overline{K}_1} \quad \text{oder}$$

$$\overline{K}_0 = i_0 \cdot WPE \quad \text{und} \quad \overline{K}_1 = i_1 \cdot WPE$$

WPE = Wertpapierertrag pro Periode in € (Bardividende)
i_0 = heutiger Effektivzins (heutige Rendite)
$\overline{K}_0$ = heutiger Kurswert
i_1 = zukünftiger Effektivzins
$\overline{K}_1$ = zukünftiger Kurswert

Die wichtigste Determinante für die Nachfrage nach Spekulationskasse
(L_S) ist der Zins. Je höher der Zins, desto teurer ist die Geldhaltung aufgrund entgangener Zinserträge, desto geringer ist die Geldnachfrage aufgrund des Spekulationsmotivs. Andererseits ist unmittelbar einleuchtend,

---

[17] Ich ergänze meine Darstellung aus Makroökonomik. Theorie und Politik. Eine anwendungsbezogene
Einführung, 6. Aufl., München-Wien 1997 durch *W.H. Branson*, Makroökonomie, 4. Aufl., München-Wien 1997, S. 313ff.

dass bei gegebenem Geldvermögen L_S umso größer ist, je kleiner die Nachfrage nach Bonds ist. Die Bondnachfrage wiederum wird bestimmt von den erwarteten Kursverlusten und -gewinnen. Erwarten die Wirtschaftssubjekte weder Kursverluste noch -gewinne, dann ist der Bondmarkt im Gleichgewicht und die Spekulationskasse verändert sich nicht. Erwarten die Wirtschaftssubjekte Kursverluste (Kursgewinne), dann verkaufen (kaufen) sie Bonds, die Nachfrage nach Spekulationskasse steigt (fällt).

Ableitung der Entscheidungsregel für den Kauf und Verkauf von Bonds
Die Bedingungen für diese Entscheidungsregel sollen näher herausgearbeitet werden. Wir bezeichnen den aktuellen Kurs mit $\overline{K}_0$ (Geldkurs), den erwarteten mit $\overline{K}_1$ (Brief). Aus der relativen Veränderung dieser Kurse lässt sich nach dem Modell regressiver Erwartungen eine „Kursgewinnrate" berechnen:

$$w_g = \frac{\overline{K}_1 - \overline{K}_0}{\overline{K}_0}$$

$w_g =$ relative Kursgewinnrate
$\overline{K}_0 =$ herrschende Kurse
$\overline{K}_1 =$ erwartete Kurse

Man kann die Kursgewinnrate auch schreiben als

$$w_g = \frac{\dfrac{WPE}{i_1} - \dfrac{WPE}{i_0}}{\dfrac{WPE}{i_0}} \quad \text{oder} \quad w_g = \frac{i_0}{i_1} - 1$$

wobei nun analog zum herrschenden und erwarteten Kurs ein herrschender und erwarteter Effektivzins (oder Rendite) i_0 und i_1 eingeführt wurden. Gesucht ist nun der „kritische" Wert des Marktzinses i, für den der Ertrag des Wertpapiers Null ist. Bei diesem kritischen Zins ist das Individuum indifferent in Bezug auf Kauf oder Verkauf von Wertpapieren; der kritische Zins „trennt" sozusagen die Entscheidung von Kauf oder Verkauf. Wenn die Summe aus Wertpapierertrag WPE und erwartetem Kurs K_1 gleich dem herrschenden Kurs K_0 ist, dann treten bei einem Verkauf des Papiers weder Verluste noch Gewinne auf, der Wertpapiermarkt ist im Gleichgewicht und niemand wird kaufen oder verkaufen. Die Ertragsrate E ist definiert aus der Summe der heutigen Rendite (herrschender Effektivzins) und der erwarteten Gewinnrate:

$$E = i_0 + (i_0/i_1) - 1 \quad \text{mit } w_g = (i_0/i_1) - 1$$

E = zukünftige Gesamtertragsrate
i_0 = herrschender Effektivzins (Rendite)
i_1 = erwarteter Effektivzins (Rendite)

Wenn $E = 0$, dann wird das Individuum weder kaufen noch verkaufen. Dann gilt

$$i_0 + \frac{i_0}{i_1} - 1 = 0 \quad \text{oder} \quad i_0 = \frac{i_1}{1 + i_1} = i_k$$

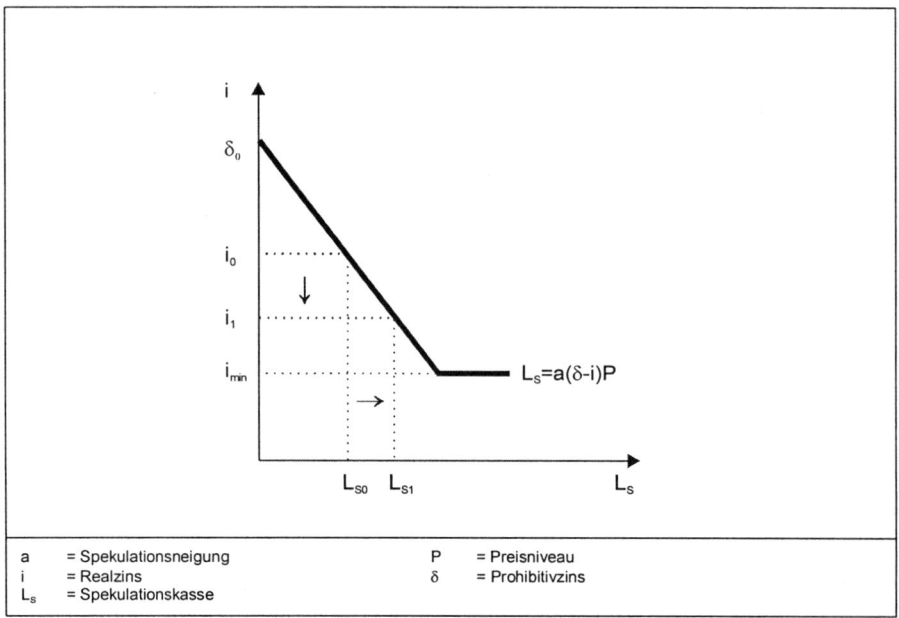

Abb. II.13 L_S-Kurve

Wenn dieser kritische Marktzins i_k erreicht wird, ist der Wertpapiermarkt im Gleichgewicht. Wie ermittelt das Individuum aber i_k? *William Branson* schreibt dazu: „Im Modell regressiver Erwartungen nehmen wir an, dass jedes Individuum einen Erwartungswert des Zinssatzes entsprechend einem normalen langfristigen Durchschnittszinssatz bildet" (*Branson*, 1997, S. 314). Risikoüberlegungen spielen in diesem Fall keine Rolle. Wenn $E > 0$ und $i > i_k$, dann werden die Akteure auf dem Wertpapiermarkt kaufen, wenn $E < 0$ und $i < i_k$ dann werden sie Wertpapiere verkaufen.

Baisse und Hausse auf dem Wertpapiermarkt
In Abb. II.13 sind zwei extreme Zinssätze (Kurswerte) angegeben: δ und i_{min}. Dabei gilt: $\delta = |\ i_k > i\ |$ und $i_{min} = |\ i_k < i\ |$. Im ersten Fall muss das Individuum nach unserer Regel (alle) Wertpapiere kaufen, es besitzt also nur noch Wertpapiere und keine Spekulationskasse mehr. Im zweiten Fall muss das Individuum alle Wertpapiere verkaufen und es besitzt nur noch Spekulationskasse.
Mit dem Prohibitivzins δ ist eine Situation auf dem Wertpapiermarkt beschrieben, bei der die Kurse so niedrig (die Effektivzinsen so hoch) sind, dass fast niemand mit einem weiteren Sinken rechnet, die aktuellen Kurse entsprechen den erwarteten. In dieser Baisse-Situation hält fast niemand Kasse, denn bei diesen niedrigen Kursen steigen fast alle in den Markt ein. Die andere Extremsituation liegt in i_{min} vor. Dort sind die Kurse so hoch, dass niemand mehr ein weiteres Steigen erwartet. Daher steigen auch fast alle aus und halten Kasse. Diese Situation wurde von *Keynes* mit dem Begriff „Liquiditätsfalle" bezeichnet: Wenn die Kurse so hoch und konstant sind, dann sind auch die Zinsen konstant. M.a.W., die Nachfrage nach Spekulationskasse ist vollkommen elastisch. Mit dem Wertpapiermarkt gesprochen: Die Börse erlebt eine Hausse.

Die Nachfragefunktion nach Spekulationskasse
Berücksichtigen wir die zusätzlich schon bei der Konsumnachfrage getroffene Annahme, dass die Wirtschaftssubjekte keine Geldillusion haben, also aufgrund einer „Realkasse" disponieren, dann können wir die Nachfragefunktion nach Spekulationskasse wie folgt formulieren:

$$L_S = a \cdot (\delta - i) \cdot P \quad \text{mit } a < 0,\ \delta > 0 \quad \text{oder} \quad L_S/P = a \cdot (\delta - i)$$

L_S/P	=	reale Nachfrage nach Spekulationskasse
a	=	Spekulationsneigung
δ	=	Prohibitivzins
i	=	realer Effektivzins

Geldnachfragefunktion
Ausgehend von $L = L_T + L_s$ und die Geldnachfragehypothesen eingesetzt lautet die Gesamtnachfragefunktion nach Geld dann

$$\frac{L}{P} = a \cdot \delta + k \cdot Y_d - a \cdot i$$

k = gewünschter Kassenhaltungskoeffizient
Y_d = reale Gesamtnachfrage
i = Effektivzins
L = nominale Gesamtnachfrage nach Geld
P = Preisniveau
a = Spekulationsneigung
δ = Prohibitivzins

Die Geldnachfragefunktion im *i/L*-System darzustellen bereitet Schwierig-keiten, weil drei Variablen (i, L, Y_d) auf zwei Koordinatenachsen aufgetra-gen werden sollen. Daher muss Y_d jeweils festgelegt werden. Wir tragen in Abb. II.14 zunächst die Transaktionskasse für ein festes Y_d auf, suchen auf der Senkrechten δ auf und fügen dann den zinsabhängigen Teil der Geld-nachfrage an.

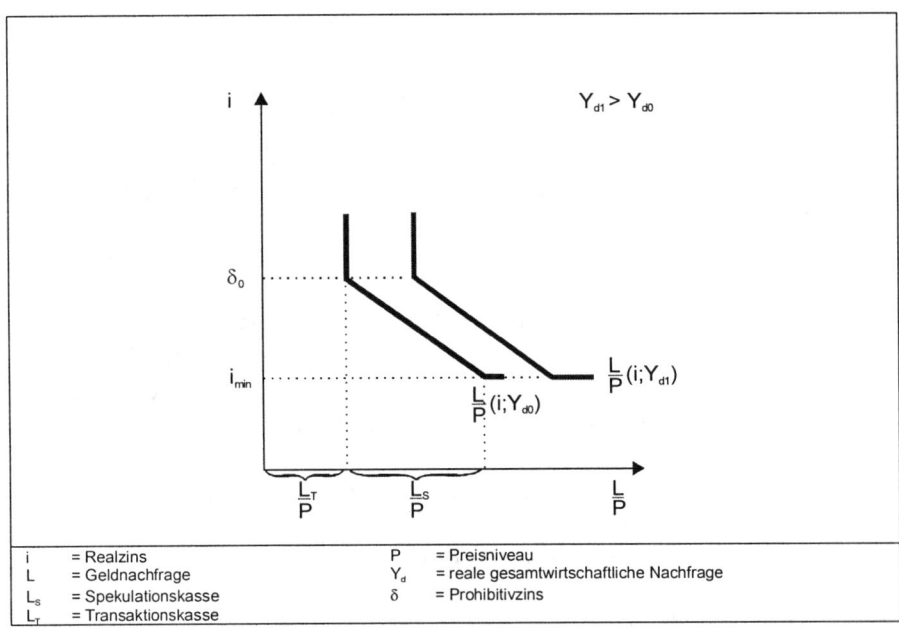

Abb. II.14 Geldnachfragefunktion

Antworten (zu den Fragen ab Seite 188)

1. Geldfunktionen Recheneinheit, Tausch- oder Zahlungsmittel, Wertaufbewahrungsmittel, daraus werden die Kassenhaltungsmotive Transaktion, Vorsicht und Spekulation abgeleitet.

2. Kasse, Liquiditätspräferenz.

3. Geld, Obligationen (Bonds), Aktien, Sachvermögen, Arbeits- und Leistungsvermögen.

4. Ein Portfolio beschreibt die Zusammensetzung des Vermögens nach unterschiedlichen Vermögensarten. Die Anteile der einzelnen Vermögensarten richten sich an den Präferenzen, dem Risiko und dem Ertrag aus.

5. Empirische Tests mit sehr langen Zeitreihen, ob der Zusammenhang zwischen Geldmenge und Einkommen stabil ist.

6. $\dfrac{L_T}{P} = k^* \cdot Y_d$ mit $k^* > 0$

7. Summe aus Transaktions-, Vorsichts- und Spekulationskasse; Liquiditätspräferenztheorie des Zinses; Transaktions-, Vorsichts- und Spekulationsmotiv.

8. Durch das Realeinkommen, das in der Bestimmungsgleichung gleich Y_d gesetzt wird (Gleichgewichtsannahme).

9. Zins, Wertpapierkurse (aktuelle und erwartete), Bardividende.

10. Definitionsgleichung für aktuelle und erwartete Renditen (Effektivzinsen); Kursgewinnrate aus aktuellen und erwarteten Kursen der Wertpapiere; erwarteter Gesamtertrag der Wertpapiere. Dies zusammengesetzt ergibt die Entscheidungsregel, dass kein Kauf/Verkauf stattfindet, wenn $i = i_k$, Wertpapiere gekauft werden für $i_k > i$ und verkauft werden für $i_k < i$.

11. Relative Veränderung der erwarteten Kurse.

12. $E = i_0 + (i_0/i_1) - 1$ mit $w_g = (i_0/i_1) - 1$

13. In der Hausse sind die erwarteten Effektivzinsen (Renditen) so niedrig und die erwarteten Kurse so hoch, dass niemand mehr mit einem weiteren Sinken (Renditen) oder Steigen (Kurse) rechnet. Alle verkaufen Wertpapiere. In der Baisse ist der Effektivzins (δ, Prohibitivzins) so hoch und die Wertpapierkurse sind so niedrig, dass niemand mit einem weiteren Steigen (Zins) oder Sinken (Kurse) mehr rechnet. Alle kaufen Wertpapiere.

14. $L_s = a \cdot (\delta - i) \cdot P$ mit $a < 0, \delta > 0$

15. $\dfrac{L}{P} = a \cdot \delta + k \cdot Y_d - a \cdot i$

16. Abb. II.14

2.4.3 Zinsbildung auf dem Geldmarkt

Fragen

1. Wie ist das Geldmarktgleichgewicht definiert?

2. Wie hängen Geld- und Wertpapiermarkt miteinander zusammen?

3. Wie kann der Anpassungsprozess nach Störungen des Geldmarkts beschrieben werden?

4. Wofür wird die *LM*-Kurve benötigt?

5. Wie ist die *LM*-Kurve definiert?

6. Worin besteht der Unterschied der Zinsbildung bei den Keynesianern und Neoklassikern?

7. Was versteht man unter Kapitalmarktgleichgewicht und wie ist es beschrieben?

8. Welcher Zusammenhang besteht zwischen Kapitalmarkt und Gütermarkt?

Geldmarktgleichgewicht
Der Zins bildet sich nach der keynesianischen Liquiditätspräferenztheorie auf dem Geldmarkt aus dem Zusammenspiel von Geldangebot und Geld-

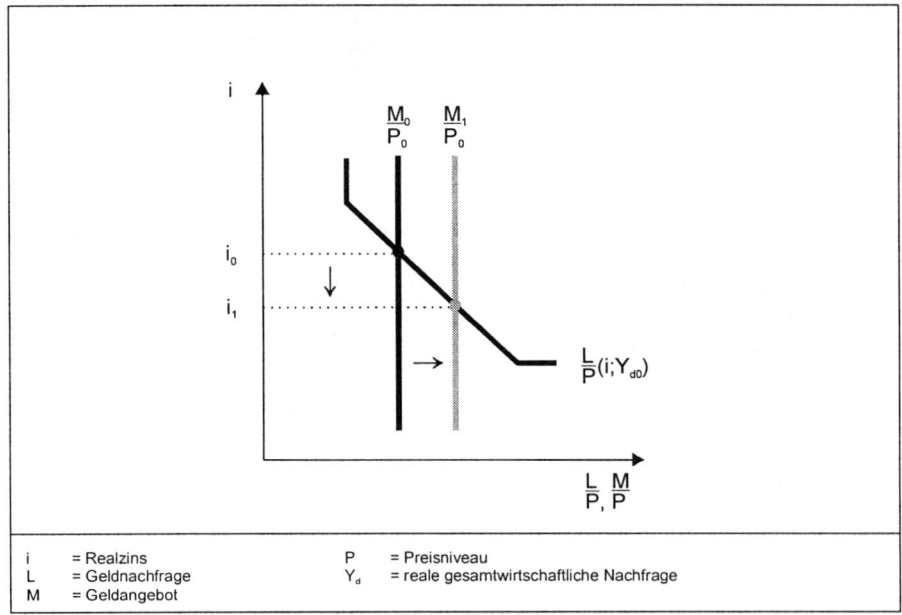

i	= Realzins	P	= Preisniveau
L	= Geldnachfrage	Y_d	= reale gesamtwirtschaftliche Nachfrage
M	= Geldangebot		

Abb. II.15 Geldmarktgleichgewicht

nachfrage als kurzfristiger Zins. Wir gehen aus von der Gleichgewichtsbedingung auf dem Geldmarkt: reales Geldangebot ist gleich der realen Geldnachfrage.

$$\frac{L}{P} = \frac{M}{P}$$

L = Geldnachfrage
M = Geldangebot
P = Preisniveau

Dieses Gleichgewicht ist in Abb. II.15 dargestellt; i_0 ist der (gesuchte) Gleichgewichtszins. Wir gehen aus von einer Gleichgewichtssituation. Diese werde gestört durch eine Ausweitung der Geldmenge von $(M/P)_0$ nach $(M/P)_1$, z.B. durch eine Senkung der Mindestreservesätze. Dies bewirkt eine Senkung des Gleichgewichtszinses von i_0 auf i_1. Wie läuft dieser Prozess ab?

Geldmarkt und Wertpapiermarkt als Spiegelbild
Unsere Argumentation geht (mit *Dornbusch/Fischer*) davon aus, dass Geld- und Wertpapiermarkt einander entsprechen (wie dies schon bei der Ableitung der Spekulationsnachfrage unterstellt wurde). Wir nehmen an, das ganze verfügbare Finanzvermögen lasse sich in Geld und zinstragende Wertpapiere aufteilen:

$$V = \frac{L}{P} + \frac{WP_d}{P}$$

V = Realfinanzvermögen
P = Preisniveau
L = Geldnachfrage
WP_d = Wertpapiernachfrage

Neben dieser Verhaltensgleichung, die die Aufteilung des Finanzvermögens bestimmt, formulieren wir eine Definitionsgleichung, die das Angebot wiedergibt:

$$V = \frac{M}{P} + \frac{WP_s}{P}$$

M = Geldangebot
WP_s = Wertpapierangebot

Gleichgesetzt ergibt sich

$$\left(\frac{L}{P} - \frac{M}{P}\right) = \left(\frac{WP_s}{P} - \frac{WP_d}{P}\right)$$

Wenn auf einem Markt Gleichgewicht herrscht, dann auch auf dem anderen; im Gleichgewicht gilt: für $L/P = M/P$ muss auch $WP_d/P = WP_s/P$ sein.

Der Anpassungsprozess
Wie erfolgt die Anpassung, wenn die reale Geldmenge ausgeweitet wird? Es gilt bei $M/P > L/P$ auch $WP_d/P > WP_s/P$. Diese Situation ist in Abb. II.16 dargestellt.

Der Nachfragemengenüberschuss in $\overline{K}_0$ bewirkt steigende Kurse bis zum Gleichgewicht $\overline{K}_1$ weil sich die Nachfrager gegenseitig überbieten. Die Wertpapiernachfrage sinkt, die Spekulationskasse steigt. Damit steigt L/P, und zwar so lange, bis wieder $M/P = L/P$. Den Kurssteigerungen von $\overline{K}_0$ auf $\overline{K}_1$ entsprechen sinkende Effektivzinsen. So kann denn auch die Kurssteigerung in Abb. II.16 so interpretiert werden, dass der Zins von i_o auf i_1 gesunken ist.

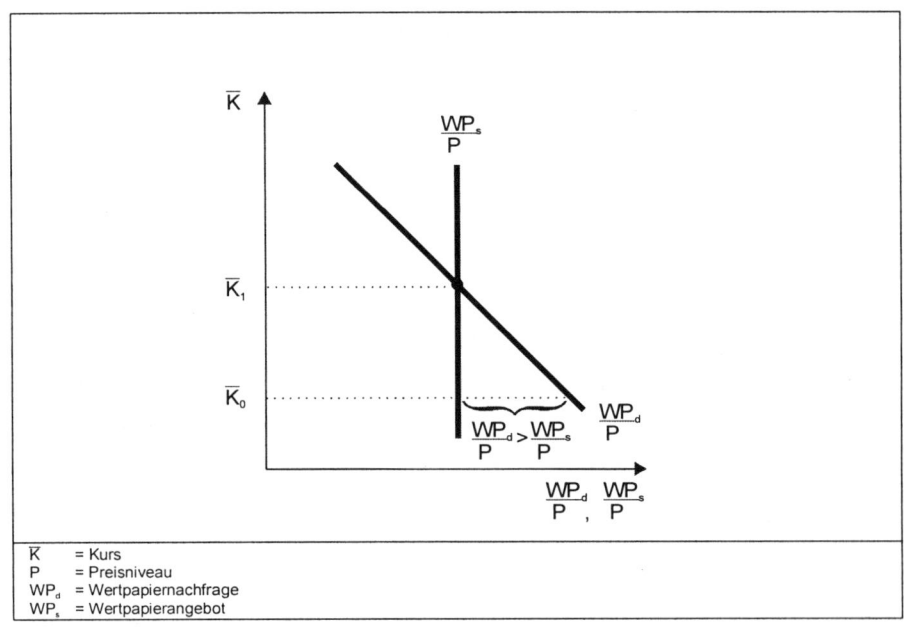

Abb. II.16 Anpassungsprozess auf dem Wertpapiermarkt

2.4.4 Zwischenergebnis: Die *LM*-Kurve

Die LM-Kurve als fehlende Gleichung
Nun könnten wir den gesuchten Gleichgewichtszinssatz aus Abb. II.15 entnehmen, in die Gleichung der *IS*-Kurve einsetzen und Y_d ausrechnen. Dies ist aber eine sehr spezielle Lösung; wir suchen nach einer allgemeineren Formulierung des Gleichgewichts auf dem Geldmarkt. Dies liefert die *LM*-Kurve ($L = M$-Kurve). Im Gleichgewicht gilt

$$\frac{L}{P} = \frac{M}{P}$$

L = Geldnachfrage
M = Geldangebot
P = Preisniveau

Setzen wir in diese Gleichgewichtsbedingung die Geldangebotsfunktion und die Geldnachfragefunktion ein und lösen wir nach i auf, dann ergibt sich die sog. *LM*-Kurve

$$i = \frac{1}{a} \cdot \left(a \cdot \delta - M_a \cdot \frac{1}{P_a} \right) + \frac{k}{a} \cdot Y_d \quad \text{mit } |a|, k, \delta, M_a, P_a > 0$$

Die *LM*-Kurve ist der geometrische Ort aller Punkte, für die bei alternativen Kombinationen von i und Y_d Geldmarktgleichgewicht herrscht (vgl. Abb. II.17). (Auch die beiden Gleichgewichtspunkte in Abb. II.15 liegen auf einer *LM*-Kurve.)
In exakter grafischer Ableitung lässt sich zeigen, dass die gestrichelte Senkrechte dem „klassischen" Bereich entspricht, für den $L_s = 0$ und $L = L_T$ ist. Der horizontale Bereich gibt die sog. Liquiditätsfalle wieder. Die *LM*-Kurve ist im i/Y_d-Diagramm positiv geneigt. Sie verschiebt sich im Diagramm nach rechts (vom Ursprung weg), wenn M_a steigt und P_a sinkt.

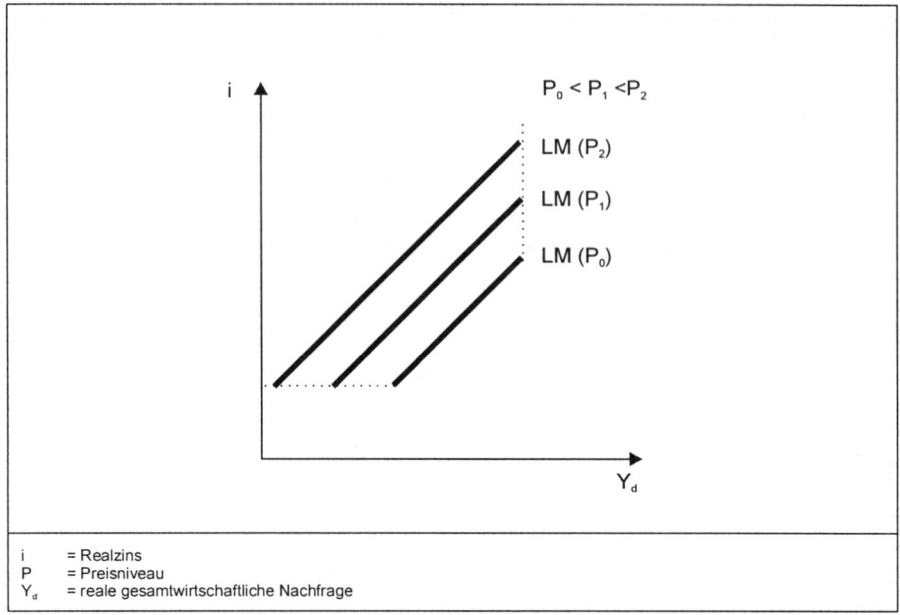

Abb. II.17 *LM*-Kurve nach keynesianischem Paradigma

Wie hoch ist der Gleichgewichtszins?
Nun können wir den kurzfristigen Gleichgewichtszins bestimmen. Dafür zeichnen wir in die Abb. II.17 eine (negativ geneigte) *IS*-Kurve ein (vgl. hierzu die *IS*-Kurve in Abb. II.11). Aus dem Schnittpunkt der *IS*-Kurve mit den *LM*-Kurven ergeben sich für unterschiedliche Preisniveaus Zinsgleichgewichte. Ich werde im nächsten Abschnitt auf diese Darstellung zurückkommen. Im Folgenden geht es darum, den langfristigen Gleichgewichtszins zu bestimmen.

2.4.5 Zinsbildung auf dem Kapitalmarkt

Kapitalmarktgleichgewicht
Die Neoklassiker gehen von einer zinsunabhängigen Geldnachfrage aus; sie interpretieren den Zins als eine langfristige Größe. Beides führt dazu, dass der Zins nicht auf dem Geldmarkt, sondern auf dem Kapitalmarkt erklärt werden muss.
In einer Volkswirtschaft mit staatlicher Aktivität wird das Kapitalangebot (das Angebot langfristiger Finanzierungstitel) vom Sparen (*S*) und den Steuereinnahmen (*T*) gebildet. Die Kapitalnachfrage setzt sich aus der Investitionsnachfrage der Unternehmen und den Staatsausgaben zusam-

men. Im Kapitalmarktgleichgewicht gilt (ex post) für eine geschlossene Volkswirtschaft:

$$S + T = I + G \quad \text{oder}$$
$$S = I + (G - T)$$

S = reales Sparen
T = reale Steuern
I = reale Investitionen
G = reale Staatsausgaben

Mit $(G - T)$ ist der Saldo des Staatshaushalts bezeichnet. Um aus der obigen ex post Identität eine ex ante Gleichgewichtsbedingung zu formulieren, müssen die einzelnen Größen durch Hypothesen erklärt werden. Wir nehmen mit den „Neoklassikern" an, dass Sparen und Investieren vom Zins (i) abhängen. Außerdem nehmen wir – wie bisher – an, dass Staatsausgaben und -einnahmen autonom gegeben sind (Helikopter-Ansatz):

$$S = S(i) \quad \text{mit} \quad \frac{dS}{di} \geq 0$$

$$I = I(i) \quad \text{mit} \quad \frac{dI}{di} \leq 0$$

$$G = G_a$$

$$T = T_a$$

Das ergibt

$$S(i) = I(i) + (G_a - T_a)$$

Dies ist in Abb. II.18 dargestellt. Der Gleichgewichtszins für $G_a = T_a$ (Haushaltssaldo von Null) liegt bei i_0.

Kapitalmarkt als Spiegelbild des Gütermarkts
Es ist kein Zufall, dass die Strukturgleichungen für den Gütermarkt nun bei der Beschreibung des Kapitalmarktes erscheinen. In der neoklassischen Theorie wird angenommen, dass die privaten Investitionen langfristig fremdfinanziert werden, ebenso der Haushaltsüberschuss (falls es einen solchen bei diesen Überlegungen überhaupt gibt). Für eine offene Volkswirtschaft kommen zusätzliche Finanzierungsmöglichkeiten durch Kapi-

talimporte hinzu; allerdings kann auch Kapital abfließen (Kapitalexport). Steigen die kapitalmarktfinanzierten Staatsausgaben ($G_a \geq T_a$), dann verlagert sich die Kapitalnachfragekurve in Abb. II.18 nach rechts und der Kapitalmarktzins steigt.

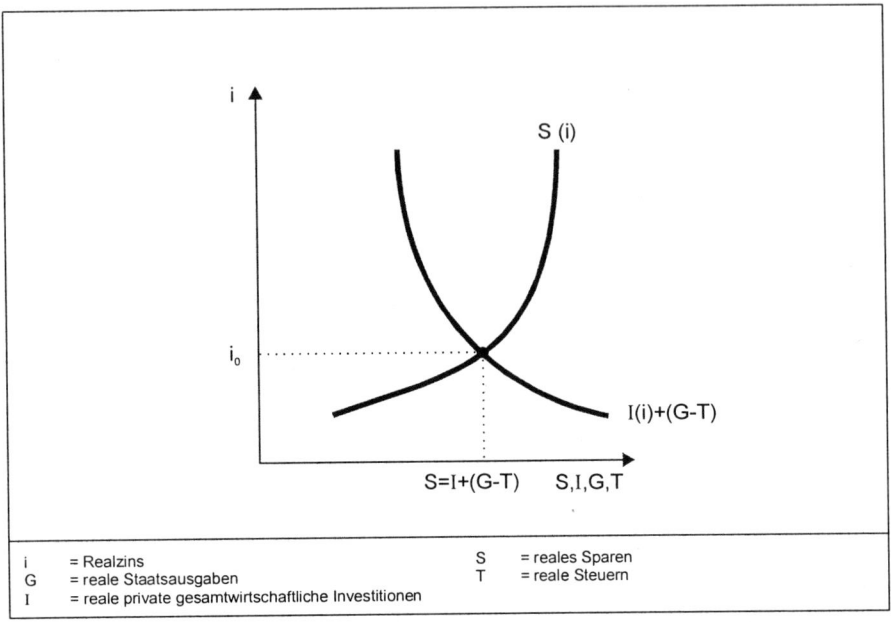

Abb. II.18 Kapitalmarktgleichgewicht

Der Verlauf der Kapitalangebotskurve zeigt eine „Ergiebigkeitsgrenze"; die Funktion wird steiler und dann vollkommen unelastisch in Bezug auf das Kapitalangebot. In diesem Bereich bewirkt zusätzliche Kapitalnachfrage (z.B. des Staates) starke Zinssteigerungen.

Antworten (zu den Fragen ab Seite 198)

1. $\dfrac{L}{P} = \dfrac{M}{P}$

2. $\left(\dfrac{L}{P} - \dfrac{M}{P} \right) = \left(\dfrac{WP_s}{P} - \dfrac{WP_d}{P} \right)$

3. Wenn die Störung des Geldmarktgleichgewichts durch eine Erhöhung der realen Geldmenge auftritt, dann werden die Akteure Wertpapiere kaufen. Durch die vermehrte Nachfrage steigen die Kurse und die Zinsen sinken.

4. In der *IS*-Kurve sind die Zinsen nicht erklärt. Dies leistet die *LM*-Kurve als geomet-

rischer Ort aller Punkte für Gleichgewichtszinsen auf dem Geldmarkt.

5. Die *LM*-Kurve ist der geometrische Ort aller Punkte, bei denen für unterschiedliche Kombinationen von i und Y_d Gleichgewicht auf dem Geldmarkt herrscht.

6. Bei den Keynesianern geht es um die Erklärung des kurzfristigen Zinses auf dem Geldmarkt, bei den Neoklassikern wird der langfristige Zins auf dem Kapitalmarkt erklärt.

7. Das Kapitalmarktgleichgewicht ist bestimmt durch die Gleichheit von Kapitalangebot und -nachfrage. Es gilt in einer geschlossenen Volkswirtschaft: $S = I + (G - T)$, wobei hinter S die Sparer als Kapitalanbieter, hinter I die Unternehmer als Kapitalnachfrager stehen. Außerdem tritt der Staat als Nachfrager auf, um sein (mögliches) Haushaltsdefizit zu finanzieren.

8. Hinter S stehen die Sparer (und damit Konsumenten oder privaten Haushalte) als Kapitalanbieter, hinter I die Unternehmer als Kapitalnachfrager. Außerdem tritt der Staat als Kapitalnachfrager auf. In der offenen Volkswirtschaft kommen zum Kapitalangebot noch Kapitalimporte hinzu, zur Kapitalnachfrage die Kapitalexporte.

2.5 Die Nachfrage-Kurve

2.5.1 Gesamtwirtschaftliche Nachfrage-Kurven

Fragen

1. Wie lautet die allgemeinste Formulierung der Nachfrage-Kurve?

2. Wie kann diese Funktion vereinfacht werden und welche gesamtwirtschaftlichen Nachfrage-Kurven resultieren daraus?

3. Mit welchen Annahmen gelangt man zur traditionellen Nachfrage-Kurve und wie lässt sie sich darstellen?

4. Mit welchen Annahmen gelangt man zur zinsabhängigen Nachfrage-Kurve und wie lässt sie sich darstellen?

5. Mit welchen Annahmen gelangt man zur modernen Nachfrage-Kurve und wie lässt sie sich darstellen?

6. Welcher grundsätzliche Unterschied besteht zwischen dem keynesianischen und dem neoklassischen Paradigma in Bezug auf die Nachfrage?

Die allgemeine Nachfragefunktion oder Nachfrage-Kurve
Mit den Vorarbeiten für die Zinsbestimmung können wir die gesuchten Nachfragekurven ableiten. Zunächst jedoch noch einige systematische Vorbemerkungen, um das Argumentationsfeld vorzubereiten. Kehren wir

nochmals zurück zum Gütermarkt. Mit der Ableitung der *IS*-Kurve lag ein System mit zehn Gleichungen zur Erklärung von zwölf Variablen vor. Die Variablen Y_d, Y_s, und i sind „frei", wie ich mit den folgenden Gleichungen gezeigt habe:

$$Y_d = Y_d\,(Y_s,\,i) \quad \text{und „ausgerechnet"}$$

$$Y_d = \left(C_a + G_a + Ex_a + b \cdot (\xi - i)\right) + \left(d \cdot P_{Aus,a} \cdot e_a - c \cdot TTR_a\right) \cdot \frac{1}{P_a} + c \cdot Y_s$$

Y_d	=	reale Gesamtnachfrage
s	=	Sparneigung
C_a	=	autonome Konsumnachfrage
b	=	Investitionsneigung
ξ	=	Grenzleistungsfähigkeit des Kapitals
G_a	=	reale autonome Staatsnachfrage
Ex_a	=	reale autonome Exportnachfrage
d	=	Exportneigung
$P_{Aus,a}$	=	autonomes Auslandspreisniveau
e_a	=	autonomer fester Wechselkurs (€/US $)
TTR_a	=	realer autonomer Saldo aus Steuern und Transferzahlungen
P_a	=	autonomes inländisches Preisniveau
i	=	realer Zinssatz

Mit variablem P ist dies die allgemeinste Form einer gesamtwirtschaftlichen Nachfragefunktion. Übersichtlicher formuliert, nur mit den Variablen, lautet sie

$$Y_d = Y_d\,(\,Y_s,\,i,\,P) \quad \text{mit } dY_d/dY_s > 0,\ dY_d/di < 0,\ dY_d/dP < 0$$

Will man diese allgemeine Nachfrage-Kurve in einem zweidimensionalen Diagramm darstellen, – und das wollen wir wegen der Übersichtlichkeit – dann gibt es drei Möglichkeiten. Von den drei Variablen in der Klammer
- werden jeweils zwei als exogene oder autonome Größen vorgegeben, oder gar nicht ins Modell aufgenommen,
- wird jeweils eine erklärt, die andere konstant gesetzt oder weggelassen,
- werden alle im Modell erklärt.

Die traditionelle Nachfrage-Kurve
Die erste Möglichkeit ist die einfachste. Sie entspricht der „traditionellen Nachfrage-Kurve":

$$Y_d = Y_{d0}\,(\,Y_s;\,i_a,\,P_a) \quad \text{mit } dY_d/dY_s > 0$$

Setzt man P konstant ($P = P_a$), dann unterstellt man eine Unterbeschäftigungssituation der Volkswirtschaft. Die Kapazitätsauslastung ist so gering, dass das Preisniveau eher sinkt als steigt und als prägende Variable für die Gesamtwirtschaft keine Rolle spielt. Jede Ausweitung der produzierten Menge senkt die fixen Stückkosten und erhöht die Stückgewinne, konstante variable Stückkosten unterstellt: $GS/Y = P - (KO_f/Y + KO_v/Y)$ wobei die Gewinnsumme GS die Differenz aus Umsatz ($P \cdot Y$) und Kosten (KO) ist. f und v stehen für fix und variabel. Dies bedeutet, dass auch bei konstantem Preisniveau P die Gewinne pro Stück produziertem Gut Y steigen. Ferner wird ein fester Zins angenommen ($i = i_a$), der die Investitionen auf einem bestimmten Niveau festlegt. Diese Nachfragefunktion wird im Y_d-Y_s-Diagramm dargestellt (vgl. Abb. II.19). Zunächst trägt man auf beiden Achsen Y_s, das gesamtwirtschaftliche Angebot auf. Dann ergibt sich die 45°-Kurve als gesamtwirtschaftliche Angebotsfunktion (Angebots-Kurve). Wir tragen dann auf der Ordinaten Y_d ab, für den einfachsten Fall einer geschlossenen Volkswirtschaft ohne Staat als Summe aus C und I. C ist als Konsumfunktion nach der absoluten Konsumhypothese gezeichnet, I wird als I_a autonom als fester Wert vorgegeben und verschiebt die Konsumfunktion zur Nachfrage-Kurve nach links oben. In Y_{s0}/Y_{d0} besteht gesamtwirtschaftliches Gleichgewicht.

Die IS-Kurve (als zinsabhängige Nachfragefunktion)
Als zweite Möglichkeit gehen wir aus von $Y_d = Y_d (Y_s, i, P_a)$. Setzen wir die Gleichgewichtsbedingung $Y_d = Y_s$ oder $I = S$ (für eine geschlossene Volkswirtschaft ohne Staat)[18] und ein konstantes Preisniveau $P = P_a$, dann ergibt sich (wie oben in II.2.3.6 schon dargestellt):

$$Y_d = Y_d (i) \quad \text{mit } dY_d/di < 0.$$

Dies ist nichts anderes als die schon bekannte *IS*-Kurve, die hier als spezielle Nachfrage-Kurve interpretiert werden kann.

---

[18] Für die Volkswirtschaft mit Staat gilt $I + G = S + T$, und für die offene Volkswirtschaft $I + G + Ex = S + T + Im$, wobei Im die realen Importe bedeuten.

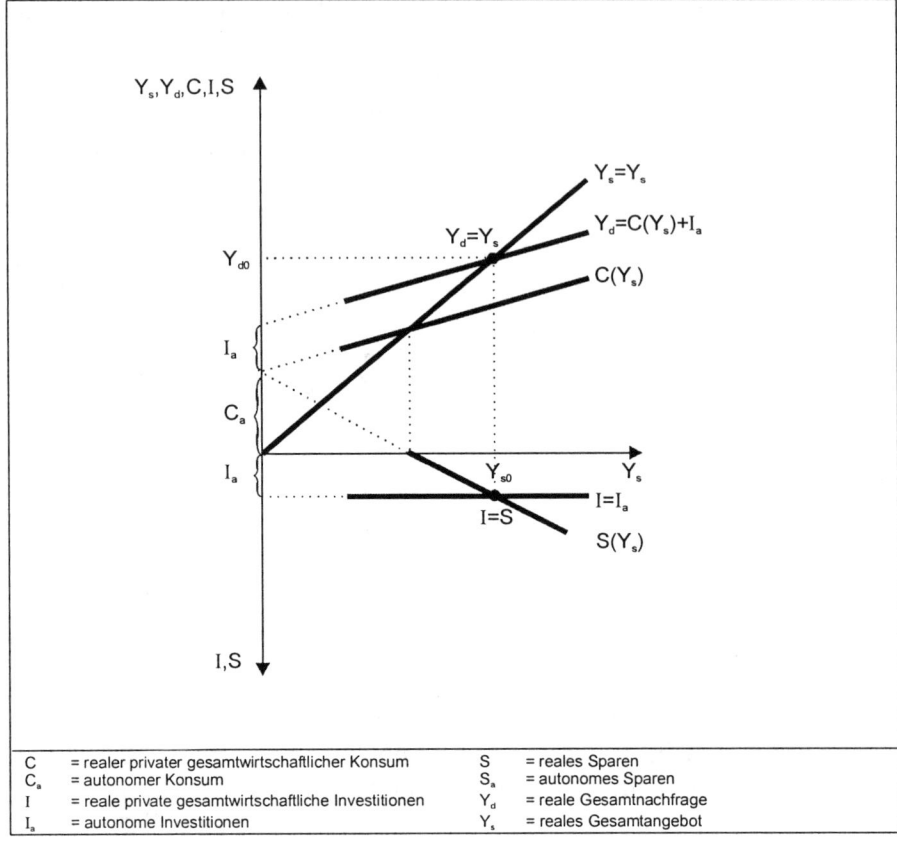

C	= realer privater gesamtwirtschaftlicher Konsum	S	= reales Sparen
C_a	= autonomer Konsum	S_a	= autonomes Sparen
I	= reale private gesamtwirtschaftliche Investitionen	Y_d	= reale Gesamtnachfrage
I_a	= autonome Investitionen	Y_s	= reales Gesamtangebot

Abb. II.19 Traditionelle Nachfrage-Kurve

Die moderne Nachfrage-Kurve
Die anspruchsvollste (dritte) Möglichkeit geht ebenfalls aus von der allgemeinsten Form der Nachfrage-Kurve

$$Y_d = Y_d\,(Y_s,\ i,\ P)$$

Y_s wird eliminiert mit der Gleichgewichtsbedingung $Y_s = Y_d$. Für die Erklärung des Zinses gibt es zwei Möglichkeiten:
- Der kurzfristige Zins wird auf dem Geldmarkt erklärt,
- der langfristige auf dem Kapitalmarkt.
Damit bleibt

$$Y_d = Y_d\,(P_d)$$

Keynesianer	Art der Gleichung	Neoklassiker
Gütermarkt		
$Y_d = C + I + G + Ex$	**Gesamtnachfrage**	$Y_d = C + I + G + Ex$
$C = C_a + c \cdot Y_v$ kurzfristig	**Konsumfunktion**	$C = C_a^* - c_i \cdot i + c_V \cdot V$ langfristig
$Y_v = Y - TTR_a$	**verfügbares Einkommen**	$Y_v = Y - TTR_a$
$I = b \cdot (\xi - i)$ kurzfristig	**Investitionsfunktion**	$I = b \cdot (\xi - i)$ langfristig
$G = G_a$	**Staatsausgabenfunktion**	$G = G_a$
$Ex = Ex_a + d \cdot \left(\dfrac{P_{Aus} \cdot e}{P} \right)$	**Exportfunktion**	geschlossene Volkswirtschaft
$P_{Aus} = P_{Aus,\,a}$	**konstantes Auslandspreisniveau**	dto.
$e = e_a$	**fester Wechselkurs**	dto.
$Y_d = Y_s$	**Gleichgewichtsbedingung**	$Y_d = Y_s$
$i = (1/b) \cdot (C_a + b \cdot \xi + G_a + Ex_a)$ $+ (1/b) \cdot (d \cdot P_{Ausa} \cdot e_a - c \cdot TTR_a) \cdot 1/P_{sa}$ $- (s/b) \cdot Y_d$	**Ergebnis: _IS_-Kurve**	$i = (1/(c_i + b)) \cdot (C_a^* + b \cdot \xi + G_a)$ $+ (c_V/(c_i + b)) \cdot M_a \cdot (1/P_{sa})$ $- (1/(c_i + b)) \cdot Y_d$
$i = i\,(L, M)$ kurzfristig: Geldmarkt	**Bestimmung von _i_**	$i = i\,[S, I, (G - T)]$ langfristig: Kapitalmarkt
Geldmarkt		
$L_s = a \cdot (\delta - i) \cdot P_d$	**Spekulationskasse**	nicht gültig
$\dfrac{L_T}{P_d} = k \cdot Y_d$	**Transaktionskasse**	$\dfrac{L}{P_d} = k \cdot Y_d = \dfrac{1}{v} \cdot Y_d$
$L = L_T + L_S$	**Geldnachfrage**	$L = L_T$
$M = m \cdot B_a$	**Geldangebotsfunktion**	$M = m \cdot B_a$
$L/P_d = M/P_d$	**Gleichgewichtsbedingung**	$L/P_d = M/P_d$
$i = (1/a) \cdot (a \cdot \delta - M_a \cdot (1/P_s))$ $+ (k/a) \cdot Y_d$	**Ergebnis: _LM_-Kurve**	Zinsbildung: Kapitalmarkt

Tab. II.4 Zusammenstellung der Strukturgleichungen

Die moderne Nachfrage-Kurve: Ableitung von zwei Nachfrage-Kurven
Um eine gesamtwirtschaftliche Nachfragefunktion in P_d und Y_d ableiten zu
können, muss i erklärt werden. Der kurzfristig ausgerichtete keynesianische Ansatz bestimmt i als Gleichgewichtszins auf dem Geldmarkt aus
Geldangebot und Geldnachfrage. Der langfristig ausgerichtete neoklassische Ansatz bestimmt i als Gleichgewichtszins auf dem Kapitalmarkt aus
Kapitalangebot und Kapitalnachfrage. Daraus ergeben sich zwei Nachfra-
ge-Funktionen, eine kurzfristige (keynesianische) und eine langfristige
(neoklassische). Im folgenden Abschnitt sollen diese Ansätze dargestellt
werden, wobei der Schwerpunkt bei den keynesianischen Erklärungen
liegt.

Antworten (zu den Fragen ab Seite 205)

1. $Y_d = Y_d (Y_s, i, P)$ mit $dY_d/dY_s > 0$, $dY_d/di < 0$, $dY_d/dP < 0$

2. Die drei unabhängigen Variablen sollten auf eine reduziert werden durch Einführung autonomer Größen oder durch Hypothesen; traditionelle Nachfragefunktion,
   zinsabhängige Nachfragefunktion (*IS*-Kurve), moderne Nachfrage-Kurve.

3. Konstanz des Preisniveaus, autonomer Zinssatz; Darstellung im Y_s/Y_d-Diagramm;
   Angebots-Kurve als 45°-Linie.

4. Konstanz des Preisniveaus; Gleichgewichtsbedingung $I = S$ oder $Y_s = Y_d$; negativ
   geneigte Kurve im i/Y_d-Diagramm.

5. Gleichgewichtsbedingung $Y_s = Y_d$; Erklärung des Zinssatzes auf dem Geldmarkt;
   Darstellung als negativ geneigte Kurve (Hyperbel) im P_d/Y_d-Diagramm.

6. *Keynes*: Kurze Frist; Neoklassik: Lange Frist. Daher kurz- versus langfristige
   Konsumfunktion und Erklärung des kurzfristigen Zinssatzes auf dem Geldmarkt,
   des langfristigen auf dem Kapitalmarkt.

2.5.2 Die kurzfristige Nachfrage-Kurve nach keynesianischem Paradigma

Fragen

1. Wie kann die Nachfrage-Kurve grafisch abgeleitet werden?

2. Wie lautet der Transformationsmechanismus zwischen Güter- und Geldmarkt?

3. Wie kann die analytische Ableitung der Nachfrage-Kurve beschrieben werden?

4. Was sagt die Nachfrage-Kurve aus?

5. Wovon hängt die Steigung der Nachfrage-Kurve ab?

6. Wie kann die negative Steigung begründet werden?

7. Wovon hängt die Lage der Nachfrage-Kurve ab?

8. Welche Ansatzpunkte gibt es mit der Nachfrage-Kurve für wirtschaftspolitische Maßnahmen?

Grafische Ableitung I: LM-Kurven
Mit der grafischen Ableitung lässt sich der Gedankengang am besten verdeutlichen. Ziel ist es, eine moderne Nachfrage-Kurve in P_d und Y_d abzuleiten. Ausgangspunkt ist die *IS*-Kurve als geometrischer Ort aller Gleichgewichte auf dem Gütermarkt.

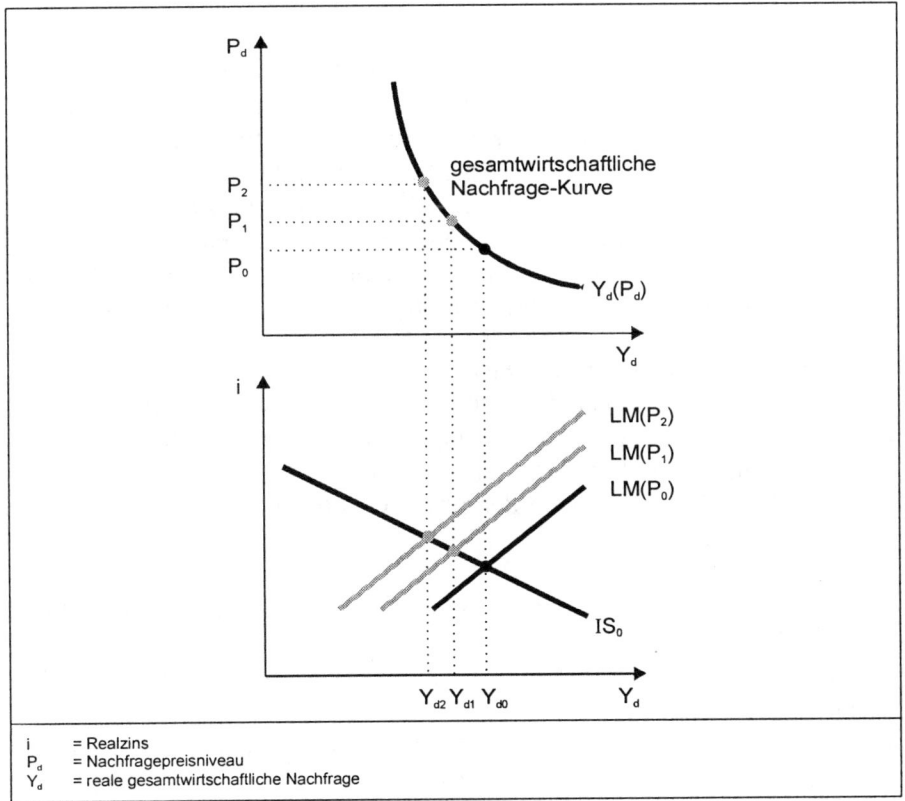

Abb. II.20 Grafische Ableitung der kurzfristigen keynesianischen Nachfrage-Kurve mit der *LM*-Kurve

Die *IS*-Kurve muss wie folgt ergänzt werden:
- Das als konstant unterstellte Preisniveau P_a soll variabel sein.

- Der Zins soll durch den Geldmarkt erklärt werden.

Beide Forderungen können mit einer Schar von *LM*-Kurven erfüllt werden (Abb. II.17). Wir bringen beide Funktionen in einem Diagramm zusammen (Abb. II.20) und zeichnen über der Y_d-Achse das gewünschte P/Y_d-Diagramm. Die Schnittpunkte zwischen der *IS*-Kurve und den *LM*-Kurven (für unterschiedliche Preisniveaus) werden in das obere Diagramm übertragen; die Gleichgewichtsniveaus der Nachfrage liegen auf der Y_d-Achse mit Y_{d0}, Y_{d1}, Y_{d2}, die zugehörigen Preisniveaus P_0, P_1, P_2 können aus den Berechnungsgrundlagen der entsprechenden *LM*-Kurven entnommen werden. Als Ergebnis erhalten wir im oberen Diagramm eine negativ geneigte Hyperbel, die Nachfrage-Kurve. Aus der Ableitung wird deutlich, dass die Nachfrage-Kurve der geometrische Ort aller Geld- und Gütergleichgewichte ist.

Grafische Ableitung II: Geldmarktgleichgewicht
Ich will einen zweiten Weg aufzeigen, wie die Nachfrage-Kurve grafisch abgeleitet werden kann, und zwar mit dem Geldmarktgleichgewicht. Diese Ableitung soll die Analogie zur Ableitung der neoklassischen Nachfrage-Kurve aufzeigen. Die Neoklassik kennt keine (geneigten) *LM*-Kurven, mit denen sich Schnittpunkte mit der *IS*-Kurve erzielen lassen. Daher wird die neoklassische Nachfrage-Kurve mit dem Kapitalmarkt abgeleitet. Die Abb. II.21 zeigt die Analogie für den kurzfristigen Fall des Geldmarktes.

Der Zins als Transformationsriemen
Es ist wichtig zu verstehen, dass die Existenz der Nachfrage-Kurve auf der Zinsempfindlichkeit der Geldnachfrage beruht. Als Transformationsmechanismus für die Verbindung von Güter- und Geldmarkt dient der Zinssatz, der durch Veränderungen der realen Geldmenge variiert. (Dies ist in Abb. II.23 gezeigt.)

Es ist offensichtlich, dass in zwei Fällen diese Transformation nicht funktioniert: Wenn
- die Verschiebung der Geldangebotsfunktion im Bereich der Liquiditätsfalle stattfindet,
- die Investitionsnachfrage vollkommen zinsunelastisch ist; die *I*-Kurve steht dann senkrecht auf der Abszisse.

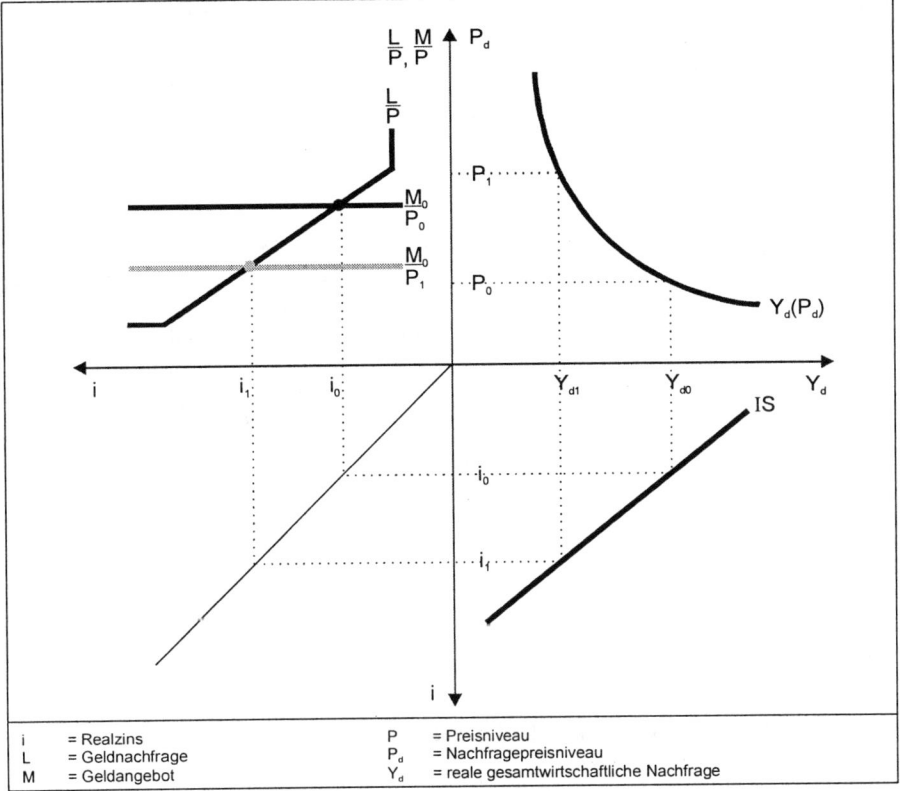

Abb. II.21 Grafische Ableitung der kurzfristigen keynesianischen Nach-frage-Kurve mit dem Geldmarktgleichgewicht

Die analytische Ableitung
Die analytische Ableitung ist nun trivial: wir müssen die Gleichungen für die *IS*- und *LM*-Kurve gleichsetzen und nach Y_d auflösen. Für die *IS*-Kurve gilt die nach i aufgelöste Gleichung

$$i = \frac{1}{b} \cdot (C_a + b \cdot \xi + G_a + Ex_a) + \frac{1}{b} \cdot (d \cdot P_{Aus,a} \cdot e_a - c \cdot TTR_a) \cdot \frac{1}{P_a} - \frac{s}{b} \cdot Y_d$$

für die *LM*-Kurve gilt

$$i = \frac{1}{a} \cdot \left(a \cdot \delta - m \cdot B_a \cdot \frac{1}{P_d} \right) + \frac{k}{a} \cdot Y_d$$

Beide Gleichungen gleichgesetzt und nach Y_d aufgelöst ergibt

$$Y_d = \frac{1}{s} \cdot \left(C_a + b \cdot \xi + G_a + Ex_a \right) + \frac{1}{s} \cdot \left(d \cdot P_{Aus,a} \cdot e_a - c \cdot TTR_a \right) \cdot \frac{1}{P_d}$$

$$- \frac{b}{s} \cdot \left(\delta - \frac{m \cdot B_a}{a} \cdot \frac{1}{P_d} + \frac{k}{a} \cdot Y_d \right)$$

oder

$$Y_d = \varepsilon \cdot \left(C_a + b \cdot \xi + G_a + Ex_a - b \cdot \delta \right)$$

$$+ \varepsilon \cdot \left(\frac{b}{a} \cdot m \cdot B_a + d \cdot P_{Aus,a} \cdot e_a - c \cdot TTR_a \right) \cdot \frac{1}{P_d}$$

mit $\varepsilon = \dfrac{1}{s + \dfrac{b \cdot k}{a}} = \dfrac{1}{b \cdot \left(\dfrac{k}{a} + \dfrac{s}{b} \right)}$

Y_d	=	reale Gesamtnachfrage
C_a	=	autonomer Konsum
b	=	Investitionsneigung
ξ	=	Grenzleistungsfähigkeit des Kapitals
G_a	=	reale Staatsnachfrage
Ex_a	=	autonome Exportnachfrage
a	=	Spekulationsneigung
m	=	Geldangebotsmultiplikator
B_a	=	Zentralbankgeldmenge
d	=	Exportneigung
$P_{Aus,a}$	=	Auslandspreisniveau
e_a	=	Devisenkurs
c	=	Konsumneigung
TTR_a	=	realer Saldo aus Steuern und Transfers
P_d	=	Nachfragepreisniveau
s	=	Sparneigung
k	=	Kassenhaltungskoeffizient
ε	=	Hicksscher Supermultiplikator

Die Steigung der Nachfrage-Kurve

Die Steigung der Nachfrage-Kurve hängt natürlich von den Steigungen der Kurven ab, aus der sie abgeleitet wurde, also der Konsum-, Investitions-, Staatsausgaben-, Export-, Geldangebots- und Geldnachfragefunktion. Die Steigungen dieser Kurven wiederum hängen von den entsprechenden „Neigungen" ab, der Konsumneigung, Investitionsneigung und so fort (vgl. ε: a, b, c, s, k). Die Neigungen werden vom Verhalten der jeweiligen

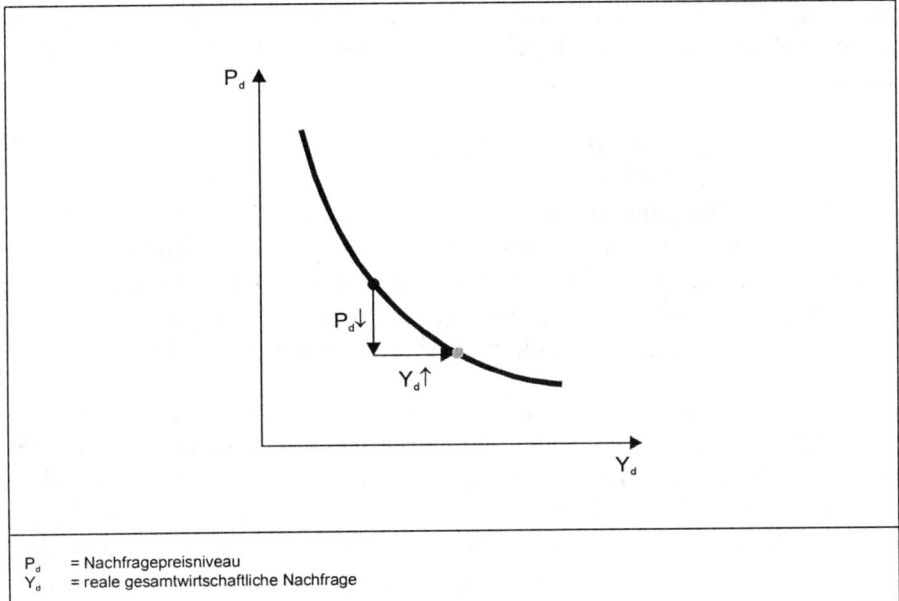

Abb. II.22 Steigung der Nachfrage-Kurve

$$P_d\downarrow \quad \rightarrow \quad M_a/P_d\uparrow \quad \rightarrow \quad i\downarrow \quad \rightarrow \quad I\uparrow \quad \rightarrow \quad Y_d\uparrow$$

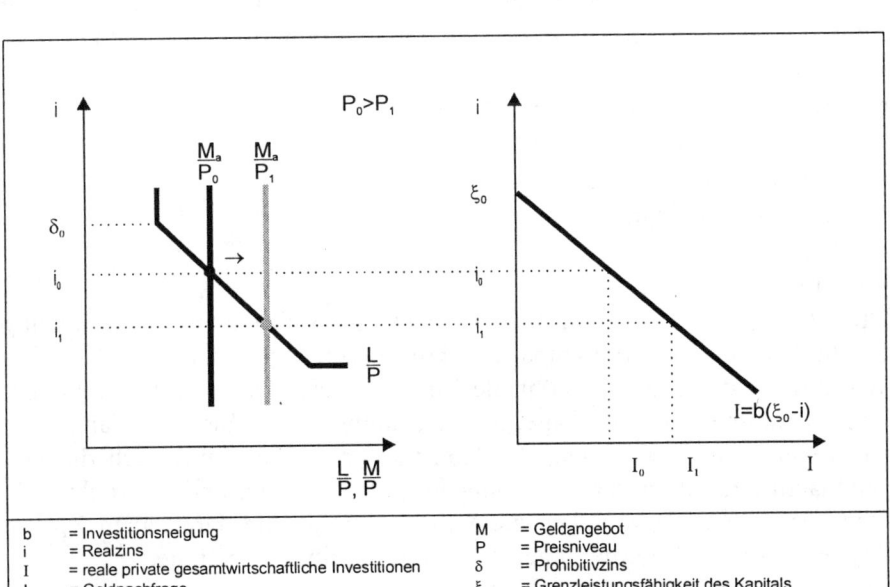

Abb. II.23 Zusammenhang zwischen Geld- und Gütermarkt im keynesianischen System

Nachfrager bestimmt, und diese können mit Hilfe des Anreizsystems und seiner Subsysteme Ziele, Regeln, Sanktionen und Informationen erklärt werden.

Die Begründung der negativen Steigung

Wir zeichnen nochmals eine Nachfrage-Kurve (Abb. II.22) und kennzeichnen die Steigung auf einem Abschnitt der Nachfrage-Kurve. Diesen zerlegen wir in zwei Komponenten, eine P_d- und eine Y_d-Komponente. Die Frage lautet dann: Wie gelangt man von einer Preisniveausenkung zu einer Nachfrageerhöhung? Die Begründung der negativen Steigung der Nachfrage-Kurve läuft über die Strukturgleichungen (ceteris paribus):

Vergleich zweier Nachfrage-Kurven mit unterschiedlichen Steigungen

Vergleicht man nun eine Nachfrage-Kurve im P_d/Y_d-Diagramm mit einer anderen, die eine flachere Steigung aufweist, dann lässt sich zeigen, dass der flacheren Nachfrage-Kurve auch eine im i/I-Diagramm flachere Investitionsfunktion oder eine im i/LM-Diagramm steilere Geldnachfragefunktion entspricht. Dies zeigt nochmals, dass die Steigungen der „Basisfunktionen" die Steigung der Nachfrage-Kurve unmittelbar beeinflussen.

Lage der Nachfrage-Kurve

Die Lage der (keynesianischen) Nachfrage-Kurve hängt von der jeweiligen Lage der „Basisfunktionen" für Konsum, Investition, etc. ab, und diese werden durch die autonomen Größen in diesen Funktionen bestimmt:
- autonomer Konsum C_a,
- Grenzleistungsfähigkeit des Kapitals ξ,
- autonome Staatsausgaben G_a,
- autonome Steuern T_a,
- autonome Geldmenge M_a,
- autonome Exporte Ex_a,
- terms of trade *tot*.

Diese Größen (Verschiebungsparameter) sind im übrigen in der Gleichung für die Nachfrage-Kurve enthalten. Ihre Vorzeichen entscheiden über ihre Wirkungsrichtung. Z.B. erhöht die Zunahme aller aufgeführten Verschiebungsparameter die Nachfrage, mit Ausnahme von T. Steigt T, dann sinkt das verfügbare Einkommen, der Konsum sinkt und damit auch die Gesamtnachfrage. Steigt z.B. C_a, dann steigt der Konsum und Y_d erhöht sich. Oder: Steigt M_a, dann sinken die Zinsen, I steigt und damit auch Y_d. Die Argumentation gilt immer unter der Ceteris-paribus-Annahme.

Ansatzpunkte für wirtschaftspolitische Maßnahmen

Auch auf dem Aggregationsniveau der Nachfrage-Kurve können grundsätzlich drei Möglichkeiten unterschieden werden, wie eine Expansion der Gesamtnachfrage bewirkt werden kann; dies ist die Grundlage keynesianischer Politik:

1. Erhöhung der unabhängigen Variablen, hier der Gesamtnachfrage. Diese Strategie wird an den Komponenten von Y_d ansetzen, C, I, G etc.

2. Drehung der Nachfrage-Kurve derart, dass sie im P_d/Y_d-System abflacht, z.B. durch eine Erhöhung der Verhaltensparameter (a, b, c, s, k) nach Maßgabe des Anreizsystems,

3. Verschiebung der Nachfrage-Kurve vom Ursprung weg nach außen, z.B. durch eine Erhöhung der Verschiebungsparameter (oder einer Senkung von T_a).

Antworten (zu den Fragen ab Seite 210)

1. Zeichnen eines P_d/Y_d-Diagramms über einem i/Y_d-Diagramm; *IS*-Kurve und *LM*-Kurven (für unterschiedliche P_d) in das i/Y_d-Diagramm zeichnen, Gleichgewichtsnachfrageniveaus bestimmen, ins obere Diagramm übertragen und den P_s aus den *LM*-Kurven zuordnen. Punkte verbinden.

2. Zins; wenn P_d sinkt, steigt reale Geldmenge, die (auf dem Geldmarkt) im Regelfall den Zins senkt, dadurch steigen die Investitionen (Gütermarkt).

3. Ableitung der Gleichung der *IS*-Kurve (nach dem Zins aufgelöst) aus den Strukturgleichungen des Gütermarktes; Ableitung der Gleichung der *LM*-Kurve (nach dem Zins aufgelöst) aus den Strukturgleichungen des Geldmarktes; Gleichsetzen der Gleichungen und Auflösung nach Y_d.

4. Geometrischer Ort aller Punkte für simultanes Gleichgewicht auf dem Güter- und Geldmarkt mit einer Zuordnung entsprechender Preisniveaus.

5. Von den „Neigungen" (Verhaltensparameter) der Nachfrager (Konsumneigung etc.), dieses von deren Verhalten und dieses wiederum vom Anreizsystem (Ziele, Regeln, Sanktionen und Informationen).

6. Es ist der Zusammenhang zwischen einer Preisniveausenkung und einer Nachfrageerhöhung darzustellen; aus den Strukturgleichungen des Nachfragemodells ergibt sich: wenn P_d sinkt, steigt reale Geldmenge, die (auf dem Geldmarkt) im Regelfall den Zins senkt, dadurch steigen die Investitionen (Gütermarkt) und es erhöht sich die Gesamtnachfrage.

7. Von den autonomen Größen in den „Basisfunktionen" (Konsumfunktion etc.), aus denen die Nachfrage-Kurve berechnet wird; diese Verschiebungsparameter sind C_a, ξ, G_a, T_a, Ex_a, M_a, wobei außer T_a jede Erhöhung zu einer Expansion der Nachfrage führt.

8. Veränderung der unabhängigen Variablen (Y_d); Veränderung der Steigung (Abflachen der Nachfrage-Kurve); Verschiebung (nach rechts vom Ursprung weg).

2.5.3 Die langfristige Nachfrage-Kurve nach neoklassischem Paradigma

Fragen

1. Wie kann die langfristige Nachfrage-Kurve grafisch abgeleitet werden?

2. Wie lautet der Transformationsmechanismus zwischen Güter- und Geldmarkt?

3. Was sagt die langfristige neoklassische Nachfrage-Kurve aus?

4. Wovon hängt die Steigung der Nachfrage-Kurve ab?

5. Wie kann die negative Steigung begründet werden?

6. Wovon hängt die Lage der Nachfrage-Kurve ab?

7. Welche Ansatzpunkte gibt es mit der langfristigen neoklassischen Nachfrage-Kurve für wirtschaftspolitische Maßnahmen?

Grafische Ableitung

Ich will die neoklassiche Nachfrage-Kurve analog zu Abb. II.21 grafisch ableiten und auf die analytische Ableitung verzichten. In der Abb. II.24 ist im südöstlichen Quadranten die neoklassische *IS*-Kurve dargestellt. Diese *IS*-Kurve weist im Vergleich zur keynesianischen andere Verhaltens- und Verschiebungsparameter auf. Insbesondere erscheint in dieser *IS*-Kurve das Preisniveau. Da das Preisniveau für die Übertragung in das P_d/Y_d-Diagramm benötigt wird, ist die *IS*-Kurve für zwei alternative Preisniveaus dargestellt. Die neoklassische Nachfrage-Kurve ist auch negativ geneigt und gibt den geometrischen Ort aller Punkte an, für die auf dem Gütermarkt langfristiges Gleichgewicht herrscht.

Im nordwestlichen Quadranten ist der Kapitalmarkt dargestellt. Da auch in der Sparfunktion, die als Kapitalangebotskurve interpretiert wird, das Preisniveau enthalten ist, habe ich diese Funktion ebenfalls für zwei alternative Preisniveaus abgebildet. Für die Ableitung gehen wir analog vor wie in Abb. II.21, wobei zunächst die mit 0 indizierten Kurven für die Ableitung von Y_{d0} und P_0 verwendet werden, dann die mit 1 indizierten und schließlich die mit 2 gekennzeichneten. Verbindet man die P/Y_d-Kombinationen, dann erhält man die gesuchte langfristige (neoklassische) Nachfrage-Kurve.

Transmission

Der Zinssatz spielt bei der Übertragung von Impulsen aus dem Kapitalmarkt zum Gütermarkt keine Rolle. Das ergibt sich durch die spiegelbildliche Abbildung von Güter- und Kapitalmarkt, denn die autonomen güterwirtschaftlichen Größen kürzen sich (in der analytischen Lösung) heraus[19] und es bleibt am Ende nur die Geldmenge als autonome Größe übrig. Die ökonomische Interpretation lautet, dass bei einer Veränderung von autonomen Größen zinsinduziertes crowding-out auftritt. Z.B. erhöht eine Steigerung der Staatsausgaben wegen der Zunahme der Kreditaufnahme der öffentlichen Hand die Kapitalmarktzinsen und diese verdrängen (zinsabhängige) private Investitionen und Konsumausgaben. Der Zins wirkt im neoklassischen Modell als Puffer und macht die Erhöhung von autonomen güterwirtschaftlichen Größen zum reinen „Strohfeuer".

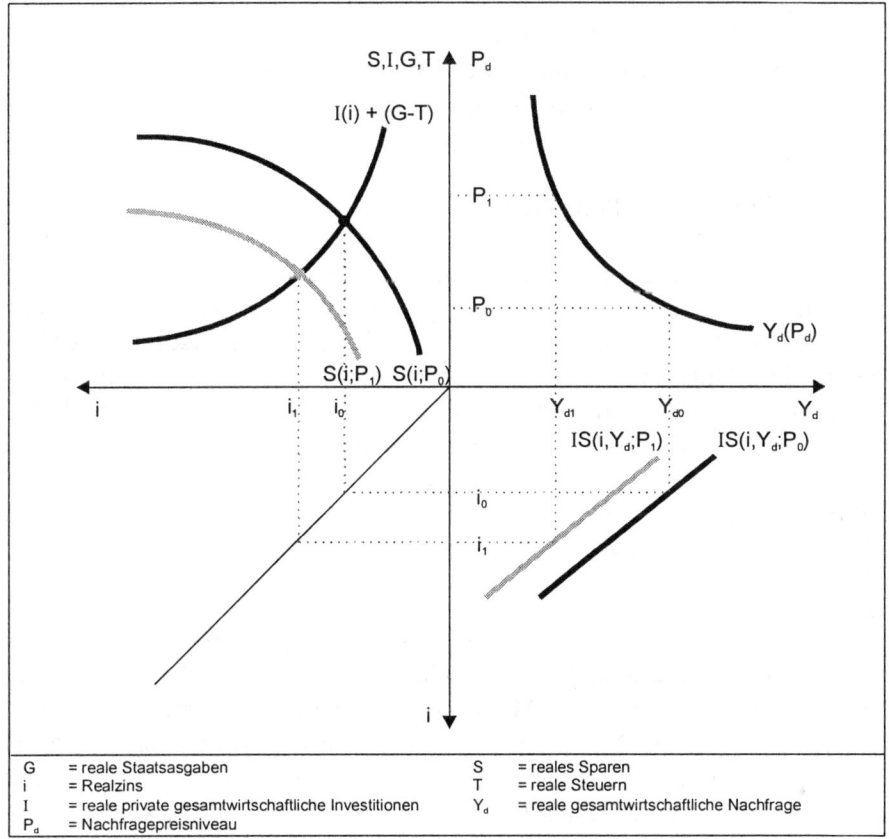

G	= reale Staatsasgaben	S	= reales Sparen
i	= Realzins	T	= reale Steuern
I	= reale private gesamtwirtschaftliche Investitionen	Y_d	= reale gesamtwirtschaftliche Nachfrage
P_d	= Nachfragepreisniveau		

Abb. II.24 Grafische Ableitung der langfristigen neoklassischen Nachfrage-Kurve mit dem Kapitalmarktgleichgewicht

---

[19] Die Lösung des Kapitalmarktgleichgewichts lautet $i = (1/(s_i{-}b)){\cdot}(S_a{}^*{+}T_a{-}b{\cdot}\xi{-}G_a){+}(s_V/(s_i{-}b)){\cdot}(M_a/P_a))$

Die analytische Lösung der (neoklassischen) langfristigen Nachfrage-Kurve lautet[20]

$$Y_d = v \cdot M_a \cdot \frac{1}{P_d}$$

Y_d =   reale Gesamtnachfrage
v =   Umlaufgeschwindigkeit des Geldes
M_a =   Geldmenge
P_d =   Preisniveau

Begründung der negativen Steigung
Wir gehen bei der Begründung der negativen Steigung analog zur Darstellung der kurzfristigen Nachfrage-Kurve vor. Es ergibt sich dann die folgende Kausalkette:

$$P_d \downarrow \; \rightarrow \; M_a/P_d \uparrow \; \rightarrow \; \text{Portfoliowirkungen}^{21} \; \rightarrow \; C \uparrow \text{ und/oder } I \uparrow \; \rightarrow \; Y_d \uparrow$$

Die portfolio-theoretischen Wirkungen können nicht genau ausgemacht werden; sie hängen von spezifischen Bedingungen ab. Es ist jedoch sehr wahrscheinlich, dass die wirtschaftlichen Akteure die zusätzlichen verfügbaren Geldmittel zum Kauf von Konsum- und/oder Investitionsgütern verwenden. Die Steigung der Nachfrage-Kurve wird von den Verhaltensparametern bestimmt (Konsumneigungen, Investitionsneigung) und diese lassen sich mit dem Anreizsystem (Ziel-, Regel-, Sanktions- und Informationssystem) erklären. Letztlich wird die langfristige Nachfrage-Kurve im P_d/Y_d-Diagramm flacher verlaufen als die kurzfristige.

Lage
Die Lage der langfristigen Nachfrage-Kurve hängt von den autonomen Größen ab, und diese sind ausschließlich im geldwirtschaftlichen Bereich angesiedelt. Im betrachteten Modell ist es nur die autonome Geldmenge, deren Erhöhung die Nachfrage-Kurve nach rechts (vom Ursprung weg) verschiebt. Für die güterwirtschaftlichen autonomen Größen G_a, ξ und gegebenenfalls Ex_a tritt crowding out auf und die Nachfrage-Kurve verlagert sich (per Saldo) nicht.

---

[20] Die neoklassische Nachfrage-Kurve ist nichts anderes als die Ex-ante-Interpretation der Fischerschen Verkehrsgleichung. Zur Ableitung vgl. *Majer*, Makroökonomik, 6. Auflage, München-Wien 1997, S.83 ff.

[21] Vgl. hierzu Kapitel II.2.4 (Anpassungen auf dem Geldmarkt).

Ansatzpunkte für wirtschaftspolitische Maßnahmen
Die Konsequenzen aus diesem Befund sind, dass sich die Nachfrage-Kurve langfristig nur durch eine Ausdehnung der Geldmenge nach außen verlagern lässt (Ansatzpunkt: Verschiebung der Kurve). Eine Drehung der Kurve (nach außen) ist natürlich auch möglich, indem die Verhaltensparameter (*c* und *b*) entsprechend verändert werden. Die Beeinflussung der unabhängigen Variablen als dritte grundsätzliche Möglichkeit ist langfristig keine Option.

Antworten (zu den Fragen ab Seite 218)

1. Kreuzdiagramm zeichnen; im nordwestlichen Quadranten Kapitalmarktgleichgewicht (für verschiedene Preisniveaus) bestimmen (*i/I*, *S*, *G-T*), im südöstlichen neoklassische *IS*-Kurven (für verschiedene Preisniveaus) in ein *i/Y$_d$*-Diagramm. Im südwestlichen Quadranten eine 45°-Linie (*i/i*). Gleichgewichtige Nachfragenniveaus in den nordöstlichen Quadranten übertragen und den entsprechenden Preisniveaus zuordnen.

2. Langfristiger Kapitalmarktzins; wenn P_d sinkt, steigt reale Geldmenge, die auf dem Geldmarkt keine Wirkung zeigt; über portfoliotheoretische Mechanismen steigen im Regelfall die Konsumausgaben und Investitionen (Gütermarkt).

3. Geometrischer Ort aller Punkte für simultanes Gleichgewicht auf dem Güter- und Kapitalmarkt mit einer Zuordnung entsprechender Preisniveaus.

4. Von den „Neigungen" (Verhaltensparameter) der Nachfrager (Konsumneigung etc.), dieses von deren Verhalten und dieses wiederum vom Anreizsystem (Ziele, Regeln, Sanktionen und Informationen).

5. Es ist der Zusammenhang zwischen einer Preisniveausenkung und einer Nachfrageerhöhung darzustellen; aus den Strukturgleichungen des Nachfragemodells ergibt sich: wenn P_d sinkt, steigt reale Geldmenge, die auf dem Geldmarkt keine Wirkung zeigt; über portfoliotheoretische Mechanismen steigen im Regelfall die Konsumausgaben und Investitionen (Gütermarkt).

6. Von der autonomen Geldmenge. Die autonomen Größen in den güterwirtschaftlichen „Basisfunktionen" (Konsumfunktion etc.), kürzen sich wegen der spiegelbildlichen Beziehung zwischen Güter- und Kapitalmarkt heraus; ökonomisch interpretiert tritt totales crowding out auf.

7. Veränderung der abhängigen Variablen (*Y$_d$*); Veränderung der Steigung (Abflachen der Nachfrage-Kurve); Verschiebung (nach rechts vom Ursprung weg).

2.6 Gesamtwirtschaftliches Gleichgewicht

Fragen

1. Wofür benötigt man eine Angebots-Kurve?

2. Wie lautet die Angebots-Kurve für vollkommen elastisches Angebot?

3. Welche Begründungen können für die Verwendung dieser Funktion als Angebots-Kurve vorgebracht werden?

4. Was versteht man unter einem Multiplikator?

5. Wovon hängt ein Multiplikator ab?

6. Was versteht man unter dem Hicksschen Supermultiplikator?

7. Wie unterscheiden sich Staatsausgaben- und Steuermultiplikator?

8. Welchen Aussagegrenzen unterliegt ein Multiplikator?

Eine vorläufige Angebots-Kurve

Um die oben abgeleiteten Ergebnisse besser darstellen zu können, ist es sinnvoll, mit der Veränderung eines Gleichgewichtspunktes zu argumentieren (und nicht nur mit Verlagerungen der Nachfrage-Kurve). Wir führen deshalb eine gesamtwirtschaftliche Angebotsfunktion (Angebots-Kurve) ein, deren Schnittpunkt mit der Nachfrage-Kurve als gesamtwirtschaftliches Gleichgewicht interpretiert wird (Abb. II.25). Da die Angebots-Kurve später ausführlich abgeleitet wird, wollen wir uns vorläufig mit einer vollkommen elastischen Angebots-Kurve begnügen.

Vollkommen elastisches Angebot

Unter vollkommen elastischem Angebot soll verstanden werden, dass das gesamtwirtschaftliche Angebot bei gleichbleibendem Preisniveau ausgedehnt werden kann (vgl. auch die Diskussion über $Y_s = Y_d$ in Kapitel II.2.5.1). Diese Angebotsbedingungen können vorliegen, wenn die Volkswirtschaft sich in einer deutlichen Unterbeschäftigungssituation befindet, eine Annahme, die *Keynes* angesichts der Depression Anfang der 30er Jahre machen konnte, ohne die Realität stark zu verzeichnen. Die Angebotsfunktion lautet dann

$$P_s = P_{s,a} \quad \text{mit } P_{s,a} > 0$$

P_s = Angebotspreisniveau
$P_{s,a}$ = autonomes Angebotspreisniveau

Aussage der vollkommen elastischen Angebots-Kurve
Wie realistisch ist diese Angebotsfunktion für die Beschreibung des Unterbeschäftigungsfalles? Warum besteht keine Tendenz zu Preisniveausteigerungen bei einer Ausdehnung des Angebots und warum passen die Unternehmen das Angebot so schnell an die gestiegene Nachfrage an? Ich habe dies schon oben ausgeführt: Die gesamtwirtschaftliche Situation ist durch freie Kapazitäten gekennzeichnet. Es wird zum Teil Kurzarbeit gefahren und Maschinen sind stark unterausgelastet. Die durchschnittlichen Fixkosten sind recht hoch, weil die Bezugsgröße der Fixkosten, die Wertschöpfung (Stückzahlen, Produktionsmenge), relativ klein ist. Daher sind auch die Stückgewinne recht niedrig. Es herrscht eine hohe Arbeitslosenquote vor mit einem großen konjunkturellen Anteil; dies drückt auf die Löhne. Eine Ausdehnung der Produktion (z.B. aufgrund gestiegener Nachfrage) könnte die freien Kapazitäten auslasten, Kurzarbeit beenden, wegen sinkender durchschnittlicher Fixkosten die Stückgewinne erhöhen. Wegen der Kostenentlastungen (auch von der Lohnseite) bestünde kein Anlass, das Preisniveau zu erhöhen.

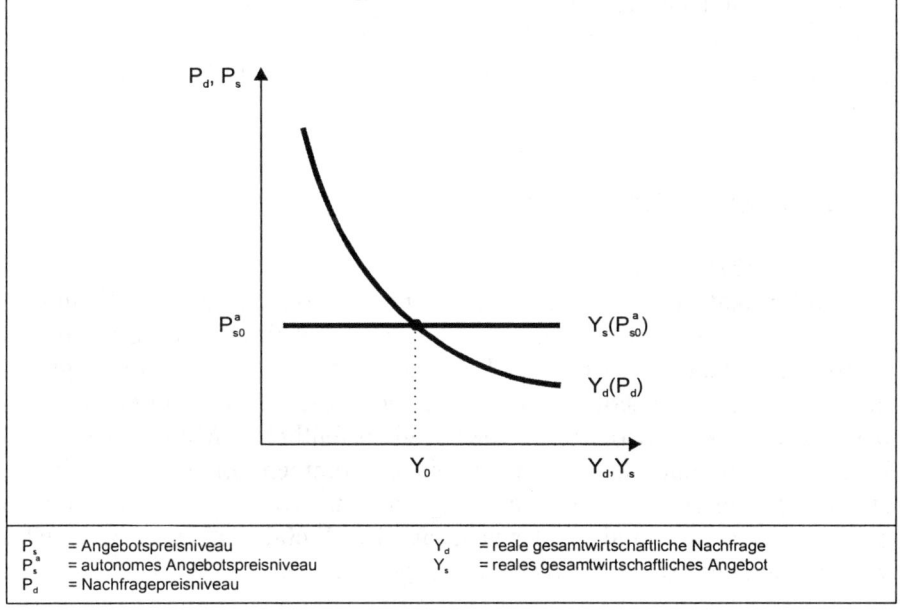

Abb. II.25 Gesamtwirtschaftliches Gleichgewicht

Gesamtwirtschaftliches Gleichgewicht

Mit P_0/Y_0 ist in Abb. II.25 das gesamtwirtschaftliche Gleichgewicht bei Unterbeschäftigung dargestellt. Damit ist eine eindeutige Situation beschrieben. Stört man dieses Gleichgewicht, indem eine Größe (z.B. die Staatsausgaben) verändert wird, dann verlagert sich die Nachfrage-Kurve und es kann (mit den neuen Größen) ein neues Gleichgewicht berechnet werden. Diese komparativ-statische Analyse wird bei der folgenden Multiplikator-Analyse zugrunde gelegt.

Aussagegrenzen

Die Gleichgewichtsanalyse mit Hilfe des *IS/LM*-Diagramms ist vehement kritisiert worden. Insbesondere wurde argumentiert, dass die abgeleitete Nachfrage-Kurve gar nicht existiere (vgl. die Beiträge in *Rao*, 1998). Ich stimme dieser Kritik weitgehend zu, die darin gipfelt, dass die Nachfrage-Kurve nur ein Punkt im *P/Y*-Diagramm sei, nämlich der Schnittpunkt der Angebots- und Nachfrage-Kurve. Dies liegt vor allem an der extensiv genutzten Gleichgewichtsbedingung $Y_s = Y_d$. Trotzdem ist es m.E. nach gerechtfertigt, die Nachfrage-Kurven abzuleiten und mit ihnen zu arbeiten, wenn man sich darauf konzentriert, die Gleichgewichtspunkte und ihre Veränderungen zu betrachten. Die dahinter liegenden Kräfte für die Veränderungen der Nachfrage-Kurve lassen sich viel besser in einer Kurve als in einem Punkt beschreiben.

2.7 Der Multiplikatorprozess

Die Multiplikatortheorie

Die Multiplikatortheorie ist eine der wichtigsten ökonomischen „Erfindungen" dieses Jahrhunderts; wir hatten sie schon in ihren Umrissen bei der Methodendiskussion im Kapitel I.1 kennen gelernt. Die Theorie sagt auf der Grundlage der Theorie von *J. M. Keynes* aus, dass man in einer unterbeschäftigten Volkswirtschaft Arbeiter aus öffentlichen Mitteln (Krediten) bezahlen kann und damit das Nationaleinkommen um ein Mehrfaches steigert. Dabei ist es völlig unwichtig, was die Arbeiter tun; sie können z.B. Löcher graben und wieder zuschaufeln. Wichtig ist, dass sie bezahlt werden, und dass sie ihren Verdienst ausgeben.

Wovon hängt der Multiplikator ab?

Der Multiplikator wird ausschließlich von den Verhaltensannahmen für ein wirtschaftstheoretisches Modell bestimmt. Ändert man die Hypothesen der Verhaltensgleichungen, dann ändert sich auch der Multiplikator. Im einfachsten Modell des Kapitels I.1 hatten wir einen Multiplikator von $1/s$

abgeleitet. s (bzw. c) war dabei der einzige Verhaltensparameter im Modell. In der Nachfrage-Kurve sind die Verhaltensparameter in ε zusammengefasst. Nehmen wir z. B. für

$$\varepsilon = \frac{1}{s + \dfrac{b \cdot k}{a}}$$

an, die Investitionsneigung b sei Null, die Investitionen seien demnach nicht zinsabhängig, also autonom, dann reduziert sich der Multiplikator auf $1/s$. Gleiches trifft zu, wenn

- der Kassenhaltungskoeffizient k Null wird, also kein Geldmarkt berücksichtigt ist, oder
- die Spekulationsneigung a unendlich ist, wir also den Bereich der sog. Liquiditätsfalle betrachten.

Man sieht am Quotienten $(b{\cdot}k)/a$ aber auch, dass im keynesianischen Modell Investitionshypothese und Geldmarktannahmen unverbrüchlich miteinander zusammenhängen. Kurzum: der Multiplikator hängt von den Verhaltensparametern im Modell ab.

Der Supermultiplikator

Der anspruchsvolle „Multiplikator" des Nachfragemodells lässt sich wie folgt ableiten: wir setzen P_d konstant ($= P_{s,a}$) und gehen von einer Gleichgewichtssituation in der Periode 0 aus. Wir stören dieses Gleichgewicht, indem G_a um ΔG_a erhöht wird, alle anderen Größen sollen konstant bleiben. Die neue Nachfrage (im Gleichgewicht) der Periode 1 ist dann

$$Y_d^1 = \varepsilon \cdot \left(C_a + b \cdot \xi + G_a + \Delta G_a^1 + Ex_a - b \cdot \delta \right)$$
$$+ \varepsilon \cdot \left(\frac{b}{a} \cdot m \cdot B_a + d \cdot P_{Aus,a} \cdot e_a - c \cdot TTR_a \right) \cdot \frac{1}{P_{s,a}}$$

Ziehen wir von dieser Gleichung die Nachfrage der Periode 0 ab, nämlich

$$Y_d^0 = \varepsilon \cdot \left(C_a + b \cdot \xi + G_a + Ex_a - b \cdot \delta \right)$$
$$+ \varepsilon \cdot \left(\frac{b}{a} \cdot m \cdot B_a + d \cdot P_{Aus,a} \cdot e_a - c \cdot TTR_a \right) \cdot \frac{1}{P_{s,a}}$$

dann bleibt

$$Y_d^1 - Y_d^0 = \Delta Y_d = \varepsilon \cdot \Delta G_a$$

Man nennt ε auch den Staatsausgaben-Multiplikator.[22] Dieser Multiplikator ist nicht bei jeder autonomen Größe gleich. Bei einer Änderung der Zentralbankgeldmenge z.B. gilt

$$\Delta Y_d = \varepsilon \cdot m \cdot \frac{b \cdot \Delta B_a}{a \cdot P_{s,a}}$$

bei einer Steuersenkung (bei konstanten Transfers)

$$\Delta Y_d = -\varepsilon \cdot c \cdot \frac{\Delta TTR_a}{P_{s,a}}$$

Aussagen und Grenzen der Multiplikatortheorie
Halten wir fest: der Multiplikator hängt von den Verhaltensparametern ab, die im betrachteten Modell berücksichtigt sind. Die Multiplikatorwirkungen werden immer ceteris paribus bestimmt, nachdem eine autonome Größe verändert wurde. Wird das Ausgangsgleichgewicht durch eine einmalige Veränderung einer autonomen Größe gestört, dann wird nach einem Anpassungsprozess wieder das Ausgangsgleichgewicht erreicht. Bei dauerhaften Veränderungen entsteht ein neues Gleichgewicht. Multiplikatoren können negativ oder positiv sein und damit kontraktive oder expansive Prozesse auslösen. Wirken viele Multiplikatoren mit unterschiedlichen Vorzeichen in einem Modell, dann kann die Endwirkung nur empirisch bestimmt werden. Multiplikatoren beruhen auf linearen Beziehungen. Sie gestatten daher nur für die kurze Frist Aussagen.

Antworten (zu den Fragen ab Seite 222)

1. Für die Wirkungsanalyse ist es sinnvoller, mit einem Gleichgewichtspunkt und dessen Veränderung zu argumentieren als mit der Verschiebung einer Funktion.

2. $P_s = P_{s,a}$

3. Beschreibt die Angebotsbedingungen einer unterbeschäftigten Volkswirtschaft (mit freien Kapazitäten).

4. Ein Vervielfacher; die Veränderung einer autonomen Größe (z.B. Staatsausgaben) zieht eine multiplikative Veränderung der abhängigen Variablen (z.B. Nationalein-

---

[22] Hier handelt es sich um den sog. Hicksschen Supermultiplikator.

kommen oder Gesamtnachfrage) nach sich.

5. Vom Verhalten der im Modell erfassten wirtschaftlichen Akteure; von den Vorzeichen der autonomen Größe in der Lösungsgleichung des Modells.

6. $\varepsilon = \dfrac{1}{s + \dfrac{b \cdot k}{a}}$

7. Durch das Vorzeichen und den Parameter c.

8. Lineare Ursache-Wirkungsbeziehungen; Restriktionen durch Modellannahmen.

2.8 Wirkungsanalyse

Fragen

1. Welche Maßnahmen könnten die Arbeitslosigkeit senken?

2. Was bedeutet „just money matters".

3. Was versteht man unter „crowding out"?

4. Welcher wirtschaftspolitische Entscheidungsträger erhält bei den Neoklassikern die Schlüsselrolle und warum ist dies so?

5. Welche Verschiebungsparameter bewirken eine Rechtsverlagerung der keynesianischen Nachfrage-Kurve?

6. Wie verändert sich die Nachfrage-Kurve nach keynesinaischen Paradigma durch Steuersenkungen und Erhöhungen des Kindergeldes?

7. Wie begründen Keynesianer und Neoklassiker ihre unterschiedlichen Therapien?

Maßnahmen zur Erhöhung der Beschäftigung

In der Abb. II.25 ist mit P_0/Y_0 ein gesamtwirtschaftliches Gleichgewicht dargestellt. Gesamtwirtschaftliches Angebot und gesamtwirtschaftliche Nachfrage können erhöht werden, wenn es gelingt, die Nachfrage-Kurve nach rechts zu verlagern. Wenn die keynesianische Hypothese zutrifft, dass der Beschäftigungsgrad einer Volkswirtschaft positiv mit dem Niveau der Gesamtnachfrage korreliert ist, dann wird auch die Beschäftigung steigen und die Arbeitslosigkeit zurückgehen. Dabei können wir die folgenden Maßnahmen mit den abgeleiteten Nachfrage-Kurven analysieren:

- Erleichterungen (Senkungen) der direkten Steuern für die privaten Haushalte (Lohn- und Einkommensteuer),
- Erleichterungen der direkten Steuern für die Unternehmen (Senkung der Körperschaftssteuern)

• Erhöhung des Kindergeldes (Transferzahlungen).

Die Argumentation wird unterschiedlich verlaufen, je nachdem, ob die keynesianische oder die neoklassische Nachfragefunktion zugrundegelegt wird.

Wirkungsanalyse mit der langfristigen neoklassischen Nachfragefunktion
Rufen wir uns nochmals die neoklassische Nachfragefunktion ins Gedächtnis:

$$Y_d = v \cdot M_a \cdot \frac{1}{P_d}$$

Y_d = reale Gesamtnachfrage
v = Umlaufgeschwindigkeit des Geldes
M_a = Geldvolumen
P_d = Nachfragepreisniveau

„Just money matters"
Die Erhöhung der Nachfrage in Form einer Rechtsverlagerung der Funktion ist möglich, indem die

• Umlaufgeschwindigkeit des Geldes erhöht wird,
• die Geldmenge steigt.

Andere Maßnahmen für eine Steigerung der Beschäftigung als die oben genannten haben nach Ansicht der Neoklassiker (Monetaristen) keinen Effekt, sie wirken wie Strohfeuer. Der analytische Grund ist klar: diese Größen erscheinen nicht.

Die ökonomische Interpretation: crowding out
Steuererleichterungen (Steuersenkungen) bei den privaten Haushalten und Unternehmen können wohl die Konsumnachfrage steigern oder die Investitionen erhöhen (Grenzleistungsfähigkeit des Kapitals steigt), gleichzeitig entsteht jedoch ein Defizit im Staatshaushalt. Dieses führt zu einer erhöhten Nachfrage auf dem Kapitalmarkt, die $I(i) + (G - T)$-Funktion verschiebt sich nach rechts, der Zins steigt (Abb. II.18). Die gestiegenen Zinsen bewirken einen Rückgang der zinsabhängigen Konsumnachfrage (weil das Sparen steigt) und der Investitionsnachfrage. Der Gesamteffekt ist Null; man nennt ihn crowding out, weil die staatlichen Ausgaben die privaten (über höhere Zinsen) verdrängen.

Eine Erhöhung des Kindergeldes hätte die beschriebenen Effekte der Steuersenkungen. Jede Erhöhung der Staatsausgaben erhöht die Zinsen und drängt in gleicher Höhe die zinsabhängigen privaten Investitions- und

Konsumausgaben zurück (crowding out), der Gesamteffekt ist gering oder im Extremfall Null.

Schlüsselrolle der Zentralbank
Bei den Neoklassikern hängen die Beschäftigungswirkungen ausschließlich von der Zentralbank ab, die M erhöhen kann, und von denjenigen, die die Umlaufgeschwindigkeit des Geldes v beeinflussen. Dies wäre der Fall, wenn die Haushalte und Unternehmen das zusätzliche Geld in Käufe von Konsum- und Investitionsgütern umsetzen würden, unter den Bedingungen eines vollkommen elastischen Angebots. Doch wie wir später sehen werden, unterstellen die Neoklassiker ein vollkommen unelastisches Angebot, d. h. die Angebotsfunktion in Abb. II.25 verläuft senkrecht zur Y-Achse. Eine Rechtsverlagerung der Nachfragefunktion erhöht in diesem Bereich nur das Preisniveau.

Wirkungsanalyse mit der keynesianischen Nachfragefunktion
Ganz anders die Wirkungen der keynesianischen Nachfragefunktion.

$$Y_d = \varepsilon \cdot \left(C_a + b \cdot \xi \; | \; G_a + Ex_a - h \cdot \delta \right)$$

$$+ \varepsilon \cdot \left(\frac{b}{a} \cdot m \cdot B_a + d \cdot P_{Aus,a} \cdot e_a - c \cdot TTR_a \right) \cdot \frac{1}{P_d}$$

$$\varepsilon = \frac{1}{s + \dfrac{b \cdot k}{a}} = \frac{1}{b \cdot \left(\dfrac{k}{a} + \dfrac{s}{b} \right)}$$

Variablenerklärung siehe Seite 214.

Eindeutige Therapie
Die wirtschaftspolitische Therapie ist eindeutig. Die Nachfrage-Kurve verlagert sich nach rechts, wenn das verfügbare Einkommen steigt, weil die direkten Steuern sinken oder die Transferzahlungen steigen. Durch die Senkung der Körperschaftssteuer steigt ξ, daraufhin I und Y_d. Auch die keynesianische Nachfrage-Kurve verschiebt sich bei Erhöhungen von Umlaufgeschwindigkeit ($v = 1/k$) und Geldmenge im P/Y-Diagramm nach rechts vom Ursprung weg. Zusätzlich tritt jedoch aufgrund der Veränderung aller in der Nachfragekurve enthaltenen Parameter eine Verlagerung der Gesamtnachfragefunktion auf. Je nach Vorzeichen oder Zähler/Nennergröße verlagert sich $Y_d(P_d)$ nach links oder rechts.

Wo bleibt der gute Rat?

Gerade beim Auftreten von Arbeitslosigkeit sind die Therapien der beiden Schulen völlig verschieden. Die Keynesianer unterstellen die Beschäftigungsfunktion $N = N(Y_d)$. Bei Arbeitslosigkeit lautet die beschäftigungspolitische Strategie, durch Globalsteuerung (Nachfragesteuerung) die Gesamtnachfrage zu erhöhen und damit die Beschäftigung zu steigern. Denn die Keynesianer gehen von einer instabilen Volkswirtschaft aus, die nach Krisen (hohe Arbeitslosigkeit) nicht mehr aus eigener Kraft zu Vollbeschäftigung zurückfindet. Die Selbstheilungskräfte der Märkte schlagen nach ihrer Ansicht nicht durch. Der Staat muss helfend und unterstützend eingreifen.

Ganz anders die Neoklassiker: da die Globalsteuerung nach ihrer Ansicht versagt (Strohfeuer!), müssen gerade die Selbstheilungskräfte der Märkte, insbesondere des Arbeitsmarktes gestärkt werden. Die Geldpolitik hat die Expansion der Wirtschaft durch eine stetige Ausweitung der Geldmenge zu unterstützen.

Der Konflikt löst sich auf, wenn man die keynesianische Therapie als die kurzfristige, die neoklassische als die langfristige interpretiert. Dann ergibt sich ein Maßnahmenbündel für unterschiedliche Zeithorizonte.

Antworten (zu den Fragen ab Seite 227)

1. Steuersenkungen für private Haushalte und Unternehmen; Erhöungen von Transferzahlungen des Staates.

2. In der neoklassischen Nachfrage-Kurve sind nur Größen (Verschiebungsparameter) enthalten, die den monetären Bereich betreffen.

3. Die Verdrängung von (zinsabhängigen) privaten Ausgaben durch staatliche über Zinssteigerungen, die durch staatliche Kreditnachfrage ausgelöst werden.

4. Die Zentralbank kontrolliert die Geldmenge.

5. $C_a\uparrow, \xi\uparrow, G_a\uparrow, T_a\downarrow, Ex_a\uparrow, M_a\uparrow$

6. Rechtsverlagerung.

7. Keynesianer: inhärent instabile Volkswirtschaft; Beschäftigung hängt von Gesamtnachfrage ab; Neoklassiker: inhärent (langfristig) stabile Volkswirtschaft bei funktionsfähigen Märkten; Beschäftigung hängt vom Lohnniveau ab.

3 Das Angebots-System

3.1 Überblick

Fragestellungen

In diesem Kapitel wird die zweite Seite der „Münze Volkswirtschaft"
dargestellt, das gesamtwirtschaftliche Angebot. Die erste Seite hatten wir
mit dem Nachfrage-System kennen gelernt. Nun geht es darum, was man
unter Produktionsbedingungen versteht, welche Produktionsmittel (Produktionsfaktoren) welche Rolle spielen und wie diese „Inputs" zusammenwirken, um „Outputs", nämlich Produkte, Produktionsverfahren,
Dienstleistungen etc. zu erstellen, die die Nachfrage befriedigen. Dabei
interessieren mich auch die Produktionsfaktoren, die in Zukunft knapp sein
werden: Wissen und gesunde natürliche Lebensgrundlagen.

Durch die Produktion und Bereitstellung von Gütern und Dienstleistungen
wird jedoch nicht nur die Nachfrage der Haushalte und Unternehmen im
In- und Ausland befriedigt. Man kann wohl auch davon ausgehen, dass ein
Bedürfnis nach Arbeit besteht, unabhängig davon, dass für die meisten
Menschen Erwerbsarbeit notwendig ist, um Einkommen zu erzielen. Die
traditionelle Theorie geht davon aus, dass das Angebot an Arbeit abhängt
von einem Kalkül über Nutzen (Einkommen) aus Arbeit und „Arbeitsleid".
Wir können jedoch in der sog. Arbeitsgesellschaft beobachten, dass Erwerbsarbeit (oder „Tätigkeiten") durchaus zu großer Befriedigung (Selbstverwirklichung) führen kann.

Auf der Angebotsseite werden wir uns mit den unterschiedlichen Theorien
zu beschäftigen haben, nämlich der keynesianischen und der neoklassischen. Auch hier interpretiere ich die keynesianische als kurzfristige, die
neoklassische als langfristige Erklärung des Angebots. Die Beschäfti-
gungs-Hypothese der Neoklassiker lautet, dass das Beschäftigungsniveau
vom Reallohn abhängt. Je geringer das Reallohnniveau, desto höher ist die
Nachfrage nach Arbeitskräften und desto geringer ist die Arbeitslosigkeit.
Diese Hypothese kontrastiert stark mit der keynesianischen, nach der die
Beschäftigung positiv mit der Gesamtnachfrage zusammenhängt. Diese
Zusammenhänge sind im vorliegenden Kapitel ebenfalls zu klären.

Antworten

Die Antworten auf die gestellten Fragen werden mit einigen Kurven gegeben. Im Mittelpunkt der Angebotstheorie stehen die Produktionsfunktion
und der Arbeitsmarkt. Die Produktionsfunktion beschreibt die technisch-
ökonomische Seite, der Arbeitsmarkt die Nachfrage nach und das Angebot

an einem wichtigen (wahrscheinlich dem zentralen) Produktionsfaktor. Aus diesen beiden Bausteinen werden dann, mit unterschiedlichen Annahmen über die institutionelle Ausgestaltung des Arbeitsmarktes und die damit verbundenen Anpassungsprozesse, zwei Angebots-Kurven abgeleitet, eine kurzfristige und eine langfristige. Ich werde zeigen, dass diese beiden Kurven sehr unterschiedliche Beschreibungen der Angebotsseite darstellen, und dass sich daraus sehr unterschiedliche Strategien ableiten lassen. Bei der Wahl zwischen formaler (analytischer) und grafischer Ableitung der Angebots-Kurven entscheide ich mich aus Vereinfachungsgründe für die grafische. Den mühsamen (aber exakten) Weg der analytischen Ableitung habe ich mit der Nachfrage-Kurve ausführlich aufgezeigt; analoges gilt für die Angebots-Kurve.

Beitrag zum Gesamtzusammenhang
Die Angebots-Kurve beschreibt erstens die zweite Seite der „Münze" Volkswirtschaft, zweitens ist sie in den letzten Jahrzehnten der wichtigste Ansatzpunkt für die Steuerung der Wirtschaft: Angebotsorientierte Politik. Zusammen mit den Nachfrage-Kurven und der *Okun*-Kurve wird es möglich sein, den Kern der Makroökonomik darzustellen, jedenfalls für eine geschlossene Volkswirtschaft. Die außenwirtschaftlichen Aspekte werden wir im vierten Kapitel kennen lernen.

Fragen

1. Welches Verhältnis besteht in post-industriellen Gesellschaften zwischen Gütern und Dienstleistungen?

2. Was versteht man unter Kuppelprodukten?

3. Wie sind Dienstleistungen definiert?

4. Wie kann technischer Wandel definiert werden?

5. Welche Produktionsfaktoren kann man unterscheiden?

6. Welche Arten von „Kapital" kann man unterscheiden und was bedeutet „Kapitalstock"?

7. Welche Beziehung können zwischen Produktionsfaktoren bestehen?

8. Was bedeutet Substituierbarkeit und welche Konsequenzen hat diese Annahme?

9. Wie lautet die *Cobb-Douglas*-Produktionsfunktion?

10. Wovon hängt die Steigung der *Cobb-Douglas*-Produktionsfunktion ab?

11. Was versteht man unter Grenzproduktivitätsentlohnung und wann gilt sie?

12. Wovon hängt die Lage der *Cobb-Douglas*-Produktionsfunktion ab?

13. Wie kann technischer „Fortschritt" in der *Cobb-Douglas*-Produktionsfunktion dargestellt werden?

14. Welche Arten von Neutralität des technischen Fortschritts unterscheidet man und was heißt Neutralität?

15. Was bedeutet technische Freisetzung und wie lässt sie sich auffangen?

16. Welche Rolle spielen Faktorpreise bei der Bestimmung des Produktionsoptimums?

17. Was sagt der Expansionspfad aus?

3.2 Produktion, Produktionsfaktoren (Outputs und Inputs)

Produktion von Gütern und Dienstleistungen

Post-industrielle Gesellschaften sind gekennzeichnet durch einen hohen Anteil an Dienstleistungen, der bei etwa 50-75% liegt. Der Anteil der Güterproduktion liegt in Deutschland bei ca. 30%; die landwirtschaftliche Produktion übersteigt nicht 2%.[1] Die Produktion von Gütern unterscheidet sich in wesentlichen Punkten von der Produktion von Dienstleistungen. Trotzdem wird in Darstellungen der Makroökonomik eine Produktionstheorie der Güterproduktion dargelegt. Diese bildet auch den Kern der folgenden Ausführungen, allerdings mit wichtigen Ergänzungen des Aspektes für Dienstleistungen.

Ökonomische Güter sind gekennzeichnet durch ein Bündel von Eigenschaften, das auf spezifische Zwecke für den Gebrauch und Verbrauch der Güter gerichtet ist. Der Anteil des Stoffgehalts von Gütern ist hoch.

Der Output besteht nicht nur in gewünschten Gütern und Dienstleistungen, sondern auch in unerwünschten (Ungüter, Kuppelprodukte). Soweit es Rest- und Schadstoffe sind, die auch nicht in kompletter Kreislaufführung zu nutzbaren Endprodukten transferiert werden können, benötigt man Senken für die Lagerung. Die Definition von Dienstleistungen richtet sich nach der Sichtweise. Man unterscheidet (vgl. die Übersichten bei *Hipp*, 1999, Tabellen 1.5-1 bis 15-3 mit Quellenangaben):

- Produkt- bzw. outputorientierte Ansätze. Z.B. sind Dienstleistungen nicht lagerfähig, Produktion, Konsum und Handel finden gleichzeitig statt, oder, betrachtet man die Kundenstruktur, dann können staatliche (soziale), konsumentenbezogene (persönliche) oder unternehmensnahe Dienstleistungen unterschieden werden.

---

[1] Hierbei sind die Wertschöpfungsanteile zugrunde gelegt; bei den Beschäftigten ergeben sich ähnliche Verhältnisse.

- Ansätze, die die Art der Leistungserstellung in den Mittelpunkt stellen. Z.B. geringe (technische) Produktivität, sehr personalintensiv, wird als tertiärer Sektor (*Jean Fourastié*) betrachtet, der sich als Residual aus Landwirtschaft (primärer Sektor) und warenproduzierendem Gewerbe (sekundärer Sektor) ergibt.
- Funktionaler Ansatz. Z.B. nach ausgeübter Tätigkeit (oder nach ausgeübten Berufen).

Quantität und Qualität (Menge und technischer Wandel)
Güter und Dienstleistungen können in Menge und Güte ausgedrückt werden. Die Güte oder Qualität ist das charakteristische Element von Gütern und Dienstleistungen. In der einzelwirtschaftlichen Betrachtung (der Mikroökonomik) ist es üblich, immer nur ein Gut mit einer spezifischen Qualität zu betrachten; eine andere Qualität bedeutet ein anderes Gut. Dies ist in der Makroökonomik nicht möglich, weil Güter und Dienstleistungen stark aggregiert werden. Trotzdem geht man auch in der Makroökonomik von einem „repräsentativen" Gut (Endprodukt, Kapitalgut) aus. Für die Aggregation muss eine gemeinsame Dimension gefunden werden; dies ist i.d.R. die Geldeinheit. Mengen werden also durch Multiplikation mit Preisen aggregiert. Wo bleibt aber die Qualität? Diese ist als ein (inkorporierter) Qualitätsfaktor ausgewiesen, der meist „technischer Fortschritt" genannt wird, treffender ist wohl die Bezeichnung von *Moses Abramovitz*: „measure of our ignorance". Denn die Messung von Qualität ist auf den vorliegenden Aggregationsniveaus nur schwer möglich. Ich definiere technischen Wandel als die Qualitätsverbesserung der Träger dieses Wandels, hier von Gütern. Bei Dienstleistungen stellt sich die Frage nach der Qualität ganz anders, weil diese auf die Nutzung, den Kunden etc. bezogen ist.

Produktionsfaktoren: Überblick
Produktionsfaktoren sind alle Mittel, die in den Produktionsprozess eingehen, um Güter und Dienstleistungen zu produzieren (Produktionsmittel). Letztlich können alle Produktionsmittel auf Arbeit (und Energie) und Mineralien zurückgeführt werden; man kann demnach ein Kapitalgut (z.B. eine Maschine) als „geronnene Arbeit" bezeichnen. Die Bedeutung der Produktionsfaktoren hat sich im Laufe der Jahrhunderte gewandelt. In der Zeit der klassischen Nationalökonomie war „Boden" der entscheidende Produktionsfaktor. Nach der industriellen Revolution wurden Arbeit und schließlich – im 19. Jahrhundert – „Kapital" die wichtigsten Produktionsmittel. Im 21. Jahrhundert wird Wissen (in „Arbeit" inkorporiert) und Natur am wichtigsten werden.

Arbeit

Arbeit wird auch als „Produktionsfaktor" bezeichnet; er ist der wichtigste. Dabei wird die Anzahl der Beschäftigten (Erwerbstätigen) zugrunde gelegt, bei Vollbeschäftigung sind es die Erwerbspersonen. Die unterschiedliche Qualität der Erwerbstätigen ist nicht berücksichtigt; dafür müsste die Anzahl mit Qualitätsfaktoren (z.B. Dauer der Ausbildung in Jahren, Altersstruktur, Bildungsabschlüsse, Löhne und Gehälter) gewichtet werden. Als Arbeitsvolumen wird das Produkt aus Beschäftigtenzahl und gearbeitete Stundenzahl (pro Periode) bezeichnet.

Kapital

Kapital entsteht aus Investitionen, bereinigt um die „Abschreibungen" als geldwerter Verschleiß. Analog zur Definition von Investitionen kann man Sachkapital, „Natur"kapital, „Human"kapital, „Sozial"kapital unterscheiden. Den Begriff des Naturkapitals (natürliches Kapital) hatten wir im letzten Abschnitt schon kennen gelernt. Humankapital ist Ausdruck (neoklassischer Ökonomen) für das in Menschen inkorporierte Wissen. Damit ist vor allem kognitives Wissen gemeint; ich meine, dass emotionales Wissen ebenso wichtig ist. Sozialkapital ist der Ausdruck (neoklassischer Ökonomen) für das Wissen in einer Gesellschaft zur Abwicklung der gesellschaftlichen Beziehungen i.w.S. Der Kapitalstock wird aus den einzelnen Kapitalgütern (Investitionen) akkumuliert; da diese in Jahrgängen („vintages") auftreten, benötigt man für die Aggregation eine „Lebensfunktion". In der herrschenden Theorie wird davon ausgegangen, dass der Kapitalstock beliebig verformbar ist, d.h., dass auch sehr kleine Einheiten für die Produktion eingesetzt werden können.

Ressourcen, Energie und Fläche

Ressourcen können erschöpflich oder unerschöpflich sein, wie wir schon aus der Materialbilanz gelernt haben. Erschöpfliche Rohstoffe (Mineralien i.w.S.) sind Erze, Kupfer, Mangan, Selen, etc.; erschöpfliche Energieträger sind Öl, Kohle, Erdgas, Uran. Wendet man das ökonomische Kalkül für ihre Extraktion in der Zeit an, dann lässt sich für gewinnmaximierendes Verhalten der Akteure zeigen, dass die Summe der auf die Gegenwart abgezinsten Grenzgewinne (zusätzliche Gewinne pro zusätzlicher Einheit Rohstoff) dem Grenzgewinn der Gegenwart entsprechen sollte (*Hotelling*-Regel). Der Grenzgewinn der Gegenwart kann durch den Rohstoffpreis ausgedrückt werden. Wenn der Preis einer Ressource über dem einer anderen „Technologie" liegt, die denselben Zweck erfüllen kann („Backstop-Technologie"), dann wird die alte durch die neue Technologie (Ressource) ersetzt. Steigt z.B. der Ölpreis über den von Solarenergie (bezogen auf erzeugte kWh), dann wird Öl durch Photovoltaik ersetzt (vgl. auch Kapitel II.5.4).

Unerschöpfliche Rohstoffe sind nachwachsende Rohstoffe wie Wald, Getreide, Fische, unerschöpfliche Energieträger sind alle Energieträger, die aus der Sonne entstehen (Solarenergie, Wind, Wasser). Ihre Nutzung in der Zeit unterliegt biologischen oder naturgesetzlichen Reproduktionszyklen sowie ökonomischem Kalkül (*Ramsey*-Regel).

Fläche ist eine begrenzte Quelle, bestimmte Nutzungsarten können aber zu Lasten anderer ausgedehnt werden (z.B. durch Deichbau oder Abholzung). Im dichtbesiedelten Deutschland konkurrieren Siedlungs-, Gewerbe- und Verkehrsflächen mit landwirtschaftlicher Nutzung, Brachen und Naturschutzflächen.

Material und Vorprodukte

In den Prozess für die Erzeugung von Endprodukten gehen auch Vorprodukte und Materialien ein. Da es sich bei den Verkäufen der Grundstoffindustrie und Produktionsgüterindustrie um Käufe der Investitions- und Konsumgüterindustrien handelt, kürzen sich diese in gesamtwirtschaftlicher Betrachtung heraus (vgl. die Konsolidierung des gesamtwirtschaftlichen Produktionskontos in Kapitel I.4). Dennoch sind sie für den Rohstoff- und Energieverbrauch (= Naturverbrauch) der Volkswirtschaft sehr wichtig, wenn nicht gar entscheidend, denn sie sind es, die wegen ihrer hohen Emissionen sehr stark die Senken nutzen.

Technologieniveau als Produktionsfaktor

Als wichtiger Produktionsfaktor wird der technische „Fortschritt" bezeichnet. Dies ist nichts anderes als der Qualitätsfaktor der Produktionsfaktoren, die als „Träger" der Qualitätsverbesserungen angesehen werden können. Dieser Faktor kann auch in einem Begriff „Technologieniveau" zusammengefasst werden. Die Qualität wurde schon beschrieben als ein Bündel von Eigenschaften, das vorgegebene Zwecke (Ziele) erfüllt. Bei einem Arbeiter ist dies sein Qualifikationsniveau, bei einer Maschine ihre Schnelligkeit und Zuverlässigkeit, aber auch ihre Umwelt- und Sozialverträglichkeit. Bei Öl kann es der Schwefelgehalt sein, bei Erzen der Reinheitsgrad, bei Fläche die Nutzung und Lage (Knappheit).

3.3 Produktionsfunktionen

3.3.1 Vorbemerkungen

Beziehungen zwischen den Produktionsfaktoren
Eine Produktionsfunktion ist die formalisierte Beschreibung des Zusammenhangs zwischen Input und Output. Ihre Form hängt ab von den Beziehungen zwischen den Produktionsfaktoren, von der Transformation („Skalenerträge") und von den Annahmen über die Produktionsbedingungen (auch: Verteilung der Einkommen zwischen den Produktionsfaktoren). Entscheidend ist die Art der Beziehungen. Produktionsfaktoren können substitutiv oder komplementär sein. Die Substitution kann endlich oder unendlich, ex ante oder ex post sein. Daraus ergibt sich eine Reihe von Produktionsfunktionen. Die Annahme endlicher Substitution führt zur sog. Ertragsfunktion („Ertragsgesetz"), in der die Grenzerträge (zusätzlicher Ertrag pro zusätzlich erzeugtem Stück) zunächst zunehmen und dann abnehmen. Die *Cobb-Douglas*-Produktionsfunktion unterstellt unendliche Substitution der Produktionsfaktoren. Die *Leontief*-Funktion geht von der Komplementarität der Produktionsfaktoren aus.

„Richtige" Produktionsfunktion und Annahme der Substituierbarkeit
Die richtige Produktionsfunktion gibt es natürlich nur für einen bestimmten Zweck. Die *Cobb-Douglas*-Produktionsfunktion bietet sich in der Makroökonomik an, weil sie sehr einfach handhabbar ist; zudem hat sie sich in empirischen Tests für viele Volkswirtschaften als sehr robust erwiesen im Vergleich zu anspruchsvolleren theoretischen Ansätzen. Ihre Annahmen sind allerdings sehr restriktiv und haben sehr weitgehende Implikationen. Ich werde diese Annahmen sofort darstellen, will aber kurz auf die Annahme der Substituierbarkeit eingehen.
Diese Annahme bedeutet, dass jeder Produktionsfaktor vollständig durch einen anderen ersetzt werden kann. Z.B. kann bei dieser Annahme Arbeitskraft vollständig durch (künstliches) Kapital ersetzt werden, oder natürliches durch künstliches Kapital. Es ist offensichtlich, dass es sich hierbei nicht nur um eine harmlose Annahme handelt, mit deren Hilfe man die Analyse vereinfachen kann, sondern dass damit eine bestimmte Sicht der Dinge in die Produktionstheorie transportiert wird: alles ist technisch machbar, nämlich durch den zusätzlichen Einsatz von künstlichem Kapital.

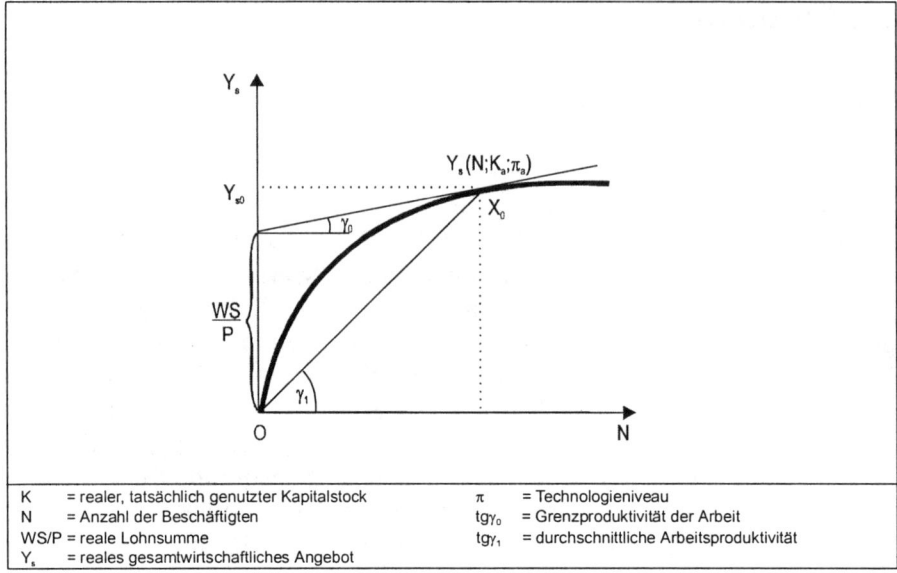

Abb. II.26a *Cobb-Douglas*-Produktionsfunktion (partielle Faktorvariation bei Konstanz von K und π)

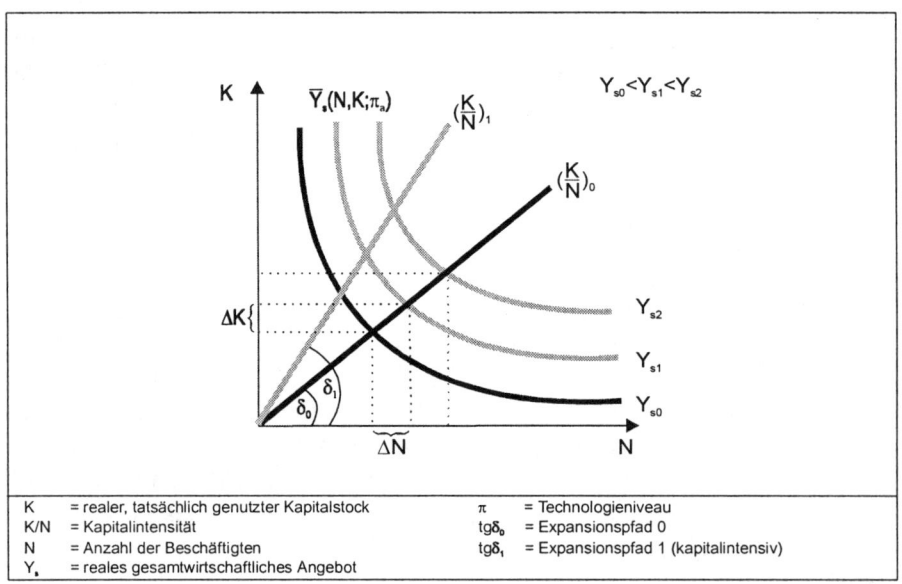

Abb. II.26b *Cobb-Douglas*-Produktionsfunktion (Isoquantendarstellung bei Konstanz von Q und π)

3.3.2 Die *Cobb-Douglas*-Produktionsfunktion

Spezifikation

In der Abb. II.26a ist die aus den ökonomischen Lehrbüchern bekannte *Cobb-Douglas*-Produktionsfunktion (CDF) bei Konstanz von K und π (partielle Faktorvariation) dargestellt.

$$Q = \pi \cdot N^{\alpha} \cdot K^{\beta}$$

Q = reales gesamtwirtschaftliches Produktionsniveau

π = Technologieniveau

N = Anzahl der Beschäftigten

K = realer, tatsächlich genutzter Kapitalstock

α = Produktionselastizität der Arbeit = $\alpha = (\partial Q/\partial N)/(Q/N) = \hat{Q} / \hat{N}$

β = Produktionselastizität des Kapitals = $\beta = (\partial Q/\partial K)/(Q/K) = \hat{Q} / \hat{K}$

$^\wedge$ = Wachstumsraten

Steigung

Die Steigung der Produktionsfunktion ist durch die Grenzproduktivität gegeben. Im Punkt X_0 der Abb. II.26a kann die Grenzproduktivität der Arbeit dQ/dN durch den Winkel (γ_0) der Tangente mit der Ordinate angegeben werden, die Durchschnittsproduktivität Q/N durch den Winkel γ_1 des Fahrstrahls $0X_0$. Eine Produktionselastizität der Arbeit (des Kapitals) von 0,5 besagt, dass eine Erhöhung des Arbeitseinsatzes (Kapitaleinsatzes) von einem Prozent zu einer Erhöhung der Produktion von 0,5 % führt. Die Grenzproduktivitäten sind technisch bestimmt. Wenn auf den Güter- und Faktormärkten vollkommene Konkurrenz angenommen wird (wie im Fall der CDF), dann entsprechen die Grenzproduktivitäten den Quoten der Einkommensverteilung. Es gilt dann: $\alpha = WS/Y_s$ und $\beta = GS/Y_s$, wobei $Q = Y_s$ unterstellt ist. β ist dann die Gewinnquote, α die Lohnquote, der Anteil der Lohnsumme am Nationaleinkommen. Außerdem sind konstante Skalenerträge unterstellt. Das bedeutet, dass $\alpha + \beta = 1$ oder, mit Abb. II.26a ausgedrückt, dass bei konstanter Kapitalintensität tg $\delta_0 = K/N$ eine Ausweitung der Produktion von dQ (= Q_1 - Q_0 oder Q_2 - Q_1 ...) zu einer konstanten Ausweitung der Produktionsmittel führt. tg γ_0 in Abb. II.26a gibt den Reallohn an und WS/P bedeutet die reale Lohnsumme.

Grenzproduktivitätsentlohnung

Bei vollkommener Konkurrenz werden die Arbeitskräfte mit ihrer Grenzproduktivität dQ/dN entlohnt (die dem Reallohn entspricht). Der tg γ_1 drückt die durchschnittliche Arbeitsproduktivität Q/N aus. Analoge Begriffe gelten, wenn wir den Faktor Kapital partiell variieren würden. Für eine

Cobb-Douglas-Produktionsfunktion mit partieller Faktorvariation in Bezug auf Kapital ist der reale Zinssatz gleich der Grenzproduktivität des Kapitals. In der Abb. II.26a gilt dann:

tg γ_0'	Grenzproduktivität des Arbeit dQ/dN, bei vollkommener Konkurrenz gleich dem Reallohnsatz w/P
tg γ_1'	Durchschnittliche Arbeitsproduktivität Q/N
$\dfrac{1}{\text{tg}\,\gamma_1}$	Durchschnittlicher Arbeitskoeffizient N/Q

Lage
Die Lage der *Cobb-Douglas*-Produktionsfunktion hängt ab von den autonomen Größen; dies sind π und K, und von allen anderen Einflussgrößen auf die Produktion, die in einem eigenen Term λ berücksichtigt werden müssten. Danach müsste die Produktionsfunktion lauten:

$$Q = Q\,(N;\,\pi,\,K,\,\lambda)$$

In λ sind alle anderen Produktionsfaktoren berücksichtigt, die mit N bzw. K nicht erfasst sind (Energie, Naturnutzung, etc.) sowie alle anderen Einflussgrößen der Produktion.

Technischer Fortschritt
Die Produktionssteigerung kann auch mit technischen Neuerungen (oft „Fortschritt" genannt) bewirkt werden. Er tritt auf, wenn neue oder wesentlich verbesserte Produkte eingeführt, oder wenn neue Produktionsverfahren angewandt werden, die es gestatten, eine gegebene Produktionsmenge mit einem geringeren Einsatz an Produktionsmitteln zu erstellen (*A. E. Ott*). Oder anders formuliert: Mit gleichen Faktoreinsatzmengen kann eine höhere Produktionsmenge erzeugt werden. In den neoklassischen Modellen gibt es nur den produktionstechnischen Fortschritt, der produkttechnische Fortschritt wird nicht untersucht. Der produktionstechnische Fortschritt setzt immer Produktionsfaktoren frei, allerdings mit unterschiedlichen Wirkungen auf die Produktionsfaktoren. Diese Wirkungen („bias") lassen sich mit einem Isoquantensystem darstellen (Abb. II.26b).

Wirkungen des technischen Fortschritts auf Produktionsfaktoren
Ich will die Auswirkungen von „produktionstechnischem Fortschritt" mit der Abb. II.27a verdeutlichen: In der Ausgangssituation $t = 0$ werde die Produktionsmenge $Q_0 = Y_{s0}$ mit N_0 Beschäftigten und K_0 Kapitalstock

hergestellt. Wenn technischer Fortschritt auftritt (der es gestattet, die gleiche Produktionsmenge Q_0 mit weniger Produktionsmitteln herzustellen), dann kann man sich das so vorstellen, dass die Isoquante Y_{s0} der Isoquanten Y_{s1} in $t = 1$ entspricht. Bei Y_{s1} kann also durch den technischen Fortschritt die Produktionsmenge Y_{s0} mit weniger Produktionsfaktoren hergestellt werden, nämlich mit N_1 und K_1. Dabei gibt es drei Möglichkeiten der Einsparung von Produktionsfaktoren:

- Es werden Arbeitskräfte und Kapitalgüter freigesetzt (*Hicks*-Neutralität),
- es werden nur Arbeitskräfte freigesetzt (*Harrod*-Neutralität),
- es wird nur Kapital eingespart (*Solow*-Neutralität).

Je nach unterstelltem Neutralitätskonzept liegen Konstanz oder Veränderungen wichtiger ökonomischer Schlüsselgrößen vor.[2] Die folgende Übersicht stellt die verschiedenen Wirkungen zusammen.

Neutralitätskonzept	*Hicks*	*Harrod*	*Solow*
Kapitalintensität K/N	c	+	-
Arbeitsproduktivität Q/N	+	+	c
Arbeitskoeffizient N/Q	-	-	c
Kapitalproduktivität Q/K	+	c	+
Kapitalkoeffizient K/Q	-	c	-
w	+	+	c
r	+	c	+
w/r	c	+	-
+ = steigt, - = sinkt, c = konstant			

Tab. II.6 Neutralitätskonzepte des technischen Fortschritts

---

[2] „Neutralität" heißt, dass der technische Fortschritt die Einkommensverteilung unberührt lässt.

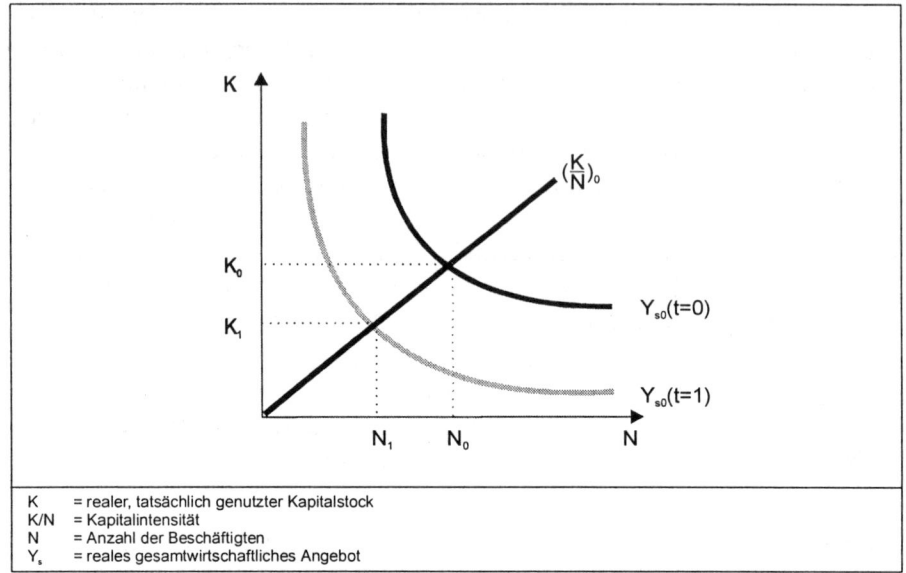

Abb. II.27a Wirkungen des produktionstechnischen Fortschritts

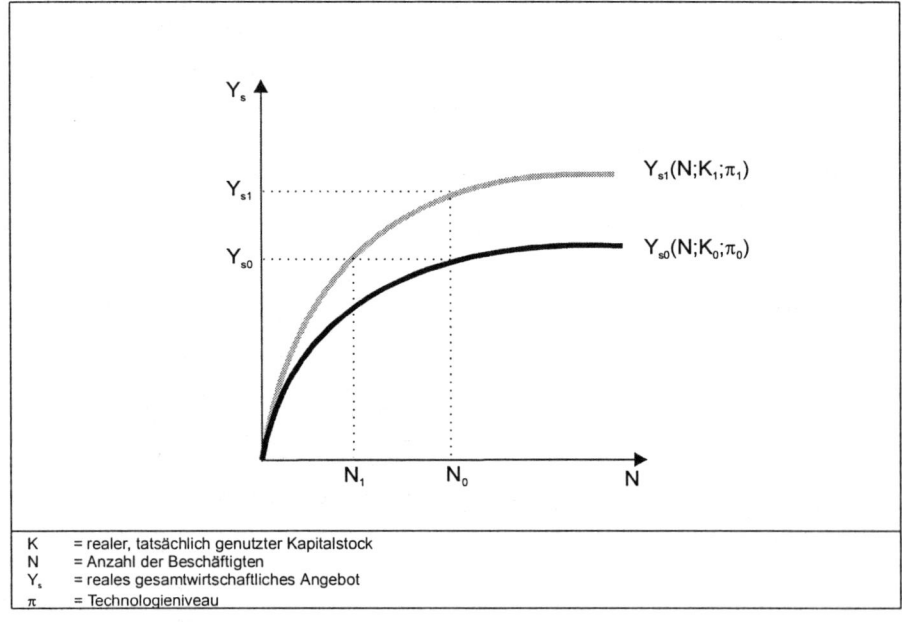

Abb. II.27b Technologische Freisetzung

Ein Anwendungsbeispiel: Freisetzung von Arbeitskräften
Gehen wir in der Abb. II.27 von der mit Null indizierten Situation aus. Diese Situation werde dadurch gestört, dass das Technologieniveau steige; die CDF verlagert sich nach oben. Es gibt nun zwei extreme Aussagen über die Wirkung dieser Veränderung auf die Anzahl der Beschäftigten:

- Bei konstantem Output Q_0 (mit $Q_0 = Y_{s0}$) sinkt die Anzahl der Beschäftigten auf N_1. Es entsteht theoretische „Freisetzung" von Arbeitskräften in Höhe von $\Delta N = N_1 - N_0$.

- Steigt die Produktion auf Q_1 (mit $Q_1 = Y_{s1}$), dann bleibt die Anzahl der Arbeitskräfte gleich. Die Outputsteigerung hat die Freisetzung kompensiert („kompensatorisches Wachstum"), ΔN ist für diesen Fall eine theoretische Freisetzung.

Als Ergebnis dieser einfachen Analyse kann festgehalten werden, dass technischer Wandel[3] Arbeitskräfte freisetzt, und dass wirtschaftliches Wachstum die Freisetzung reduziert.

Aussagen und Aussagegrenzen
Wie verhält sich der theoretische Gehalt (mit den theoretischen Prämissen) der *Cobb-Douglas*-Produktionsfunktion mit dem didaktischen Nutzen ihrer Anwendung? Listet man nur vier der wichtigsten Prämissen auf, Beschränkung auf zwei Produktionsfaktoren mit ihren Messproblemen und deren unendliche Substitutionsmöglichkeit, vollkommene Konkurrenz und konstante Einkommensverteilung,[4] dann möchte man am liebsten diese Funktion gar nicht verwenden. Andererseits: Mit Sicherheit ist der Zusammenhang zwischen Input und Output über weite Strecken positiv, die abnehmenden Ertragszuwächse sind höchst plausibel und empirisch nachweisbar, die Funktion eröffnet didaktisch den Weg zur Darstellung des Unternehmerverhaltens. Das sind wichtige Vorzüge. Aus diesen didaktischen Gründen werde ich im vorliegenden Buch die *Cobb-Douglas*-Produktionsfunktion verwenden.

---

[3] Dieser technische Wandel wird in der Wachstumstheorie als technischer „Fortschritt" (*Harrod*-neutraler technischer Fortschritt) bezeichnet, was natürlich nur zutrifft, wenn Arbeitskräfte knapp sind.

[4] Die Konstanz der Einkommensverteilung ergibt sich daraus, dass die Substitutionselastizität eins ist, und diese folgt aus den übrigen Annahmen, insbesondere vollkommener Konkurrenz und konstanter Skalenerträge.

3.4 Faktorpreise und Produktionsoptimum

Faktorpreise
Jedem Produktionsfaktor (außer dem Technologieniveau) kann ein Preis zugeordnet werden, der Faktorpreis (vgl. die Gegenüberstellung in Tab. II.7, S. 280). Die Preise sind i.d.R. in Geldeinheiten angegeben (außer dem Kapitalkostensatz). Gewichtet man die Faktormengen mit den Faktorpreisen, dann erhält man die Kosten der Produktionsfaktoren.

Produktionsoptimum
Die Darstellung der Beziehung zwischen Output und Inputs durch die *Cobb-Douglas*-Produktionsfunktion in der Abb. II.26b gibt die technischen Möglichkeiten der Produktion wieder. Fragen wir den Ingenieur nach der optimalen Menge, die produziert werden soll, dann erhalten wir die Antwort: Prinzipiell kann jede dargestellte Kombination von Inputs und Outputs realisiert werden, die auf der Isoquante, der Kurve gleichen Ertrags, abgebildet sind. Der Ingenieur kann keine Aussagen darüber treffen, ob sich die Produktion in einem bestimmten Niveau lohnt. Diese Ingenieurssicht muss daher in einem weiteren Schritt ergänzt werden durch die von Ökonomen. Die oben gestellte Frage nach der optimalen Produktionsmenge beantwortet der Ökonom: Die Produktion ist optimal im Gewinnmaximum der Unternehmen, wobei hier die privaten Gewinne gemeint sind. Fragt man Sozialwissenschaftler, dann sehen diese das Optimum dann erreicht, wenn die sozialen Gewinne maximiert sind. Der Unterschied zwischen den privaten und sozialen Gewinnen liegt in den sog. externen Effekten (externe Kosten und externe Nutzen), die der Privatsphäre nicht zugeordnet sind (z.B. Kosten der Umweltzerstörung, Nutzen aus Bildungseinrichtungen).

Expansionspfad
Gehen wir als Ökonomen vom privaten Gewinnmaximum aus, dann ergibt sich der aus der Mikroökonomik bekannte Optimalpunkt der Produktion, wenn die Isokostenlinie zur Tangente an der Isoquanten wird. Ermitteln wir für unterschiedliche Produktions- und Kostenniveaus die Optima und verbinden diese, dann erhalten wir den gesamtwirtschaftlichen Expansionspfad. Im dargestellten Fall ist dieser Expansionspfad linear und, da er durch den Nullpunkt des Diagramms führt, gilt er für eine konstante Kapitalintensität K_0/N_0. Dies bedeutet eine konstante Kapitalausstattung pro Arbeitsplatz.[5] Der Expansionspfad ist der geometrische Ort aller Punkte, bei denen die Unternehmen mit ihrer Produktion (und ihrem Faktoreinsatz)

---

[5] genauer: Sach-Kapitalausstattung je Arbeitsplatz.

ihre privaten Gewinne maximieren. Der Expansionspfad ist wegen dieser Optimalitätsbedingungen die Grundlage für die Ableitung einer gesamtwirtschaftlichen Angebotsfunktion (Angebots-Kurve).

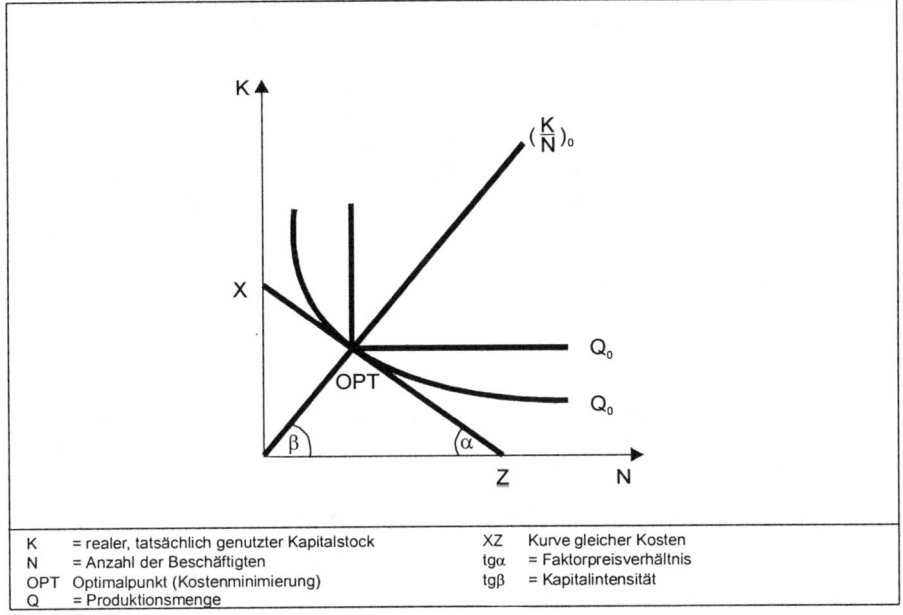

K	= realer, tatsächlich genutzter Kapitalstock	XZ	Kurve gleicher Kosten
N	= Anzahl der Beschäftigten	tgα	= Faktorpreisverhältnis
OPT	Optimalpunkt (Kostenminimierung)	tgβ	= Kapitalintensität
Q	= Produktionsmenge		

Abb. II.28 Gesamtwirtschaftlicher Expansionspfad

Antworten (zu den Fragen ab Seite 232)

1. Der Anteil der Dienstleistungen an der Bruttowertschöpfung beträgt zwischen 50 und 75%; der Anteil der landwirtschaftlichen Produktion liegt unter 2%.

2. Kuppelprodukte sind Güter und/oder Stoffe, die – meist unerwünscht – bei der Produktion anfallen. Bei sinnvoller Kreislaufführung können viele dieser Produkte weiter verarbeitet werden; manche fallen als Schadstoffe an und werden in Senken gelagert oder von Öko-Systemen assimiliert.

3. Dienstleistungen können vom Produkt her, von der Leistungserstellung oder von der Funktion her definiert werden.

4. Technischer Wandel kann definiert werden als die Veränderung der Qualität der Träger von Qualität; das sind vor allem Produkte und Produktionsfaktoren. Verbessert sich die Qualität, dann liegt (technischer) Fortschritt vor. In der traditionellen Makrotheorie wird als (einziges) Qualitätskriterium die Senkung der Durchschnittskosten herangezogen.

5. Produktionsfaktoren sind Arbeit, künstliches Kapital (Sachkapital), natürliches

Kapital (Ressourcen, Energie, Fläche, Senken), Technologieniveau.

6. Künstliches und natürliches Kapital; Sachkapital, Humankapital, Bildungskapital, Sozialkapital. Der Kapitalstock ist die aggregierte Summe der Investitionen in die einzelnen Kapitalarten, berichtigt um Abschreibungen.

7. Substitutive (endlich und unendlich), komplementäre und neutrale Beziehung.

8. Substituierbarkeit bedeutet, dass ein Produktionsfaktor durch einen anderen ersetzt werden kann. Langfristig wird man von begrenzter Substitutionsmöglichkeit bei vielen Produktionsfaktoren ausgehen können. Die Annahme unendlicher Substitution ist sehr streng (und wohl unrealistisch). Die Konsequenz dieser Annahme lautet, dass der Wachstumsprozess (die Ausdehnung der Produktion) unendlich weitergehen kann, weil sich immer neue Substitutionsmöglichkeiten (und Innovationen) finden lassen (auch auf anderen Planeten).

9. Die *Cobb-Douglas*-Produktionsfunktion lautet $Q = \pi \cdot N^\alpha \cdot K^\beta$

10. Die Steigung der Produktionsfunktion ist durch die Grenzproduktivitäten gegeben. Diese sind technisch (und organisatorisch) bestimmt.

11. Nimmt man vollkommene Konkurrenz auf allen Güter- und Faktormärkten sowie gewinnmaximierendes Verhalten der Unternehmer an, dann ergibt sich als optimale Lösung Grenzproduktivitätsentlohnung. Dies bedeutet, dass alle Produktionsfaktoren mit ihren Grenzproduktivitäten entlohnt werden.

12. Die Lage der *Cobb-Douglas*-Produktionsfunktion hängt ab von den autonomen Größen. Dies sind π und λ. In λ sind alle Einflussgrößen von Q enthalten, außer N; π ist zusätzlich ausgewiesen. K_a und γ sind (bei partieller Faktorvariation) ebenfalls in λ enthalten.

13. Technischer „Fortschritt" ist (in der *Cobb-Douglas*-Produktionsfunktion) definiert als Senkung der durchschnittlichen Stückkosten; das Kriterium für „Fortschritt" (Qualitätsverbesserung) lautet demnach Reduktion der (internen) Gesamtkosten. Die Darstellung ist im Isoquantensystem möglich: technischer Fortschritt verlagert die Isoquante zum Ursprung und erlaubt ein neues Optimum mit weniger Inputs. Dieser produktionstechnische Fortschritt spart demnach immer Inputs.

14. Neutralität des technischen Fortschritts bezieht sich auf die Art von eingesparten Inputs bei konstanter Einkommensverteilung. Wird ausschließlich Arbeit (Kapital) eingespart, spricht man von *Harrod*-neutralem (*Solow*-neutralem) technischem Fortschritt, werden Arbeit und Kapital gleichermaßen eingespart, dann liegt *Hicks*-neutraler technischer Fortschritt vor.

15. Technische Freisetzung bedeutet Arbeitslosigkeit als Folge des Einsatzes von neuen, arbeitssparenden Techniken. Sie lässt sich grundsätzlich auffangen durch kompensatorisches Wachstum und/oder Lohnverzicht.

16. Das Produktionsoptimum liegt dort, wo die Isokostenlinie die Isoquante tangiert. Die Steigung der Isokostenlinie wird durch das Verhältnis der Faktorpreise gegeben.

17. Der Expansionspfad ist der geometrische Ort aller Produktionsoptima für unterschiedliche Kosten- und Produktionsniveaus.

3.5 Faktormärkte I: Rohstoffmärkte, Kapitalmärkte

Fragen

1. Wie entwickeln sich wichtige Rohstoffmärkte?

2. Was sind Kapitalmärkte?

3. Wie kann Arbeit klassifiziert werden?

4. Wie werden die verschiedenen Formen von Arbeit bewertet?

5. Wie hängen Erwerbsarbeit und Konsum zusammen?

6. Was bedeutet die Frage: Arbeit als Ware?

7. Was versteht man unter Deregulierung und Reregulierung der Arbeitsbeziehungen?

8. Welche Größen bestimmen die Arbeitsnachfrage?

9. Wie lautet eine (allgemeine) Arbeitsnachfragefunktion und welche Größen enthält sie?

10. Was besagt die Beschäftigungsfunktion?

11. Was besagt die reallohnabhängige Arbeitsnachfragefunktion?

12. Wie hängen reallohnabhängige Arbeitsnachfragefunktion und Grenzproduktivitätsfunktion miteinander zusammen?

13. Wovon hängt die Steigung der reallohnabhängigen Arbeitsnachfragefunktion ab?

14. Wovon hängt die Lage der reallohnabhängigen Arbeitsnachfragefunktion ab?

15. Wie wirken Produktivitätssteigerungen auf die reallohnabhängige Arbeitsnachfragefunktion?

16. Welche Probleme können bei der Prognose der Arbeitsnachfrage auftreten?

17. Welche wirtschaftspolitischen Ansatzpunkte ergeben sich aus der reallohnabhängigen Arbeitsnachfragefunktion?

18. Von welchen Größen hängt das Arbeitsangebot ab?

19. Was bestimmt die Erwerbsquoten?

20. Was unterscheidet die Sichtweisen der Keynesianer und Neoklassiker in Bezug auf das Arbeitsangebot?

21. Was bedeutet Gleichgewicht auf dem Arbeitsmarkt und welche unterschiedlichen Anpassungsmechanismen kann man unterscheiden?

22. Welche wirtschaftspolitischen Implikationen haben die unterschiedlichen Sichtweisen in der kurzen und langen Frist?

23. Wie kann die Lohnhyperbel beschrieben werden?

Grundlagen
Wir können unterscheiden zwischen erschöpflichen (nicht-regenerativen) und unerschöpflichen (regenerativen) Ressourcen. Bei den erschöpflichen Ressourcen unterscheidet man wiederum bekannte und unbekannte Ressourcenvorkommen. Bei den bekannten ist ein Teil nachgewiesen, ein anderer noch nicht entdeckt. Die nachgewiesenen Ressourcen können ausgemessen oder (zuverlässig) abgeschätzt sein. Neben diesen geologischen Tatbeständen, die sich durch unterschiedliche Unsicherheitsgrade auszeichnen, treten Fragen der ökonomischen Kosten des Abbaus, über deren zukünftige Entwicklung ebenfalls Unsicherheit herrscht. Daher kann auch bei der Betrachtung von erschöpflichen Ressourcen, wie z.B. Mineralöl, der Eindruck entstehen, sie seien unerschöpflich, weil neue Vorkommen oder Lagerstätten und neue Abbautechnologien entdeckt werden. Dieser Eindruck ist natürlich falsch.

Anders bei den unerschöpflichen Ressourcen, die nach einer Ernte, die über der Regenerationsrate liegt, in der Zeit wieder nachwachsen. Die Ansprüche an natürliche Ressourcen entstehen durch Lebensstile und Wirtschaftsweisen der menschlichen Bevölkerung.

Regenerative Ressourcen
Bei den regenerativen Ressourcen wie Wald und anderen nachwachsenden Rohstoffen, oder bei Fischbeständen geht es um einen quantitativen und einen qualitativen Aspekt. Quantitativ muss dafür gesorgt werden, dass nur so viel des Zuwachses geerntet wird, dass die natürliche Regenerationsrate nicht überschritten wird. Die naturwissenschaftlich optimale Abbaurate heißt „sustainable yield"; diese ist aber nicht optimal, wenn wir zusätzlich ökonomische Überlegungen anstellen. Hier kommt es auf den Gewinn an, und dieser hängt ab von der Marktform der Abbaufirmen. Monopole werden weniger abbauen als (vollkommene) Wettbewerber. Sonnenergie steht unendlich zur Verfügung und die Abbauregel gilt nicht. Qualitativ muss dafür gesorgt werden, dass die Wachstumsbedingungen gesund erhalten werden. Das bedeutet z.B., dass der Humusboden des Waldes oder die Qualität des Wassers erhalten werden muss.

Nicht-regenerative Ressourcen
Nicht-regenerative oder erschöpfliche Ressourcen werden von den Ökonomen als Investitionen betrachtet: Wird eine Ressource abgebaut, dann liegt eine Investition vor; die Ressource kann aber auch in ihrem Lager bleiben. Abgebaut wird, wenn es sich lohnt, d.h. wenn der abgezinste Grenzgewinn im gesamten Abbauzeitraum in allen Jahren gleich ist. Diese Regel (*Hotelling*-Regel) beruht auf sehr einfachen Annahmen, gibt aber prinzipiell die richtige Lösung an; eine Darstellung des entsprechenden

Preispfades ist mit Abb. II.29a gezeigt. Die Abbauperiode (bis zur Erschöpfung) sowie die Nachfrage (nordwestlicher Quadrant) bestimmen mit der jährlichen Abbaurate (südwestlicher Quadrant) den Preispfad. Liegt der maximale Preis (P_{max}) über dem Preis einer sog. Backstop-Technologie P_B, dann ersetzt diese neue Technologie (z.B. Photovoltaik) die alte (z.B. Öl).

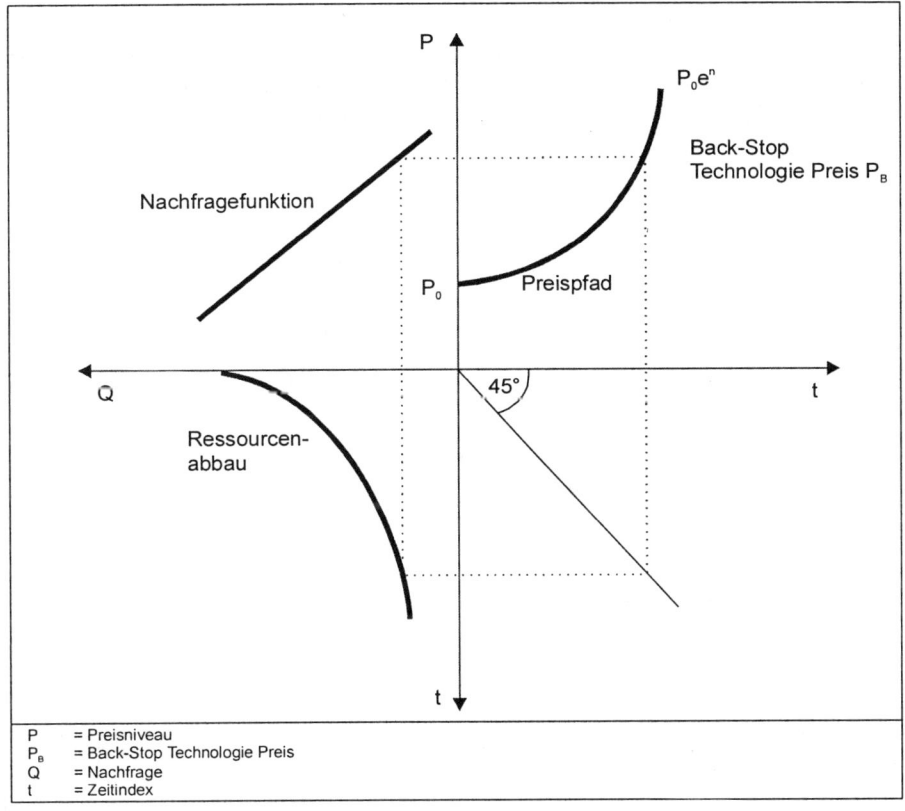

Abb. II.29a Abbaupfad einer erschöpflichen Ressource

Rohstoffmärkte
Rohstoffe werden auf Spot- und Terminmärkten gehandelt. Angebot und Nachfrage sind jedoch jeweils besonderen zeitlichen, räumlichen, qualitativen, technischen und institutionellen (einschl. der politischen) Bedingungen ausgesetzt. Diese erschließen sich nur für den besonderen Fall. Wie will man z.B. erklären, dass um den Rohstoff Mineralöl ein Krieg geführt wird, von einer Nation angeführt, die einmal reiche Erdölvorkommen hatte, die USA? Geologische Zufälle haben dazu geführt, dass die Vor-

kommen von Rohstoffen meist konzentriert sind und fernab von den heutigen Produktionsstätten liegen. Die Vorräte von Platin, das vor allem von der Schmuckindustrie nachgefragt wird, liegen zu 80% in Südafrika. Palladium, ein wichtiger Rohstoff bei der Herstellung von Katalysatoren, wird zu 70% in Russland gewonnen. Unsicherheiten oder Verzögerungen in der Lieferung dieser Rohstoffe führen zu gewaltigen Preissprüngen auf den internationalen Rohstoffbörsen. Z.B. stieg der Preis für die Feinunze Palladium auf über 800 US $, weil Russland seit Ende 1998 etwa ein Drittel der üblichen Mengen nicht geliefert hatte. Die Ankündigung in Moskau, dass seit März 2000 wieder neue Exportquoten vorhanden seien, ließen den Spot-Preis für Palladium wieder auf 635 US $ abrutschen. Dies hat mit natürlicher Verknappung nichts zu tun.

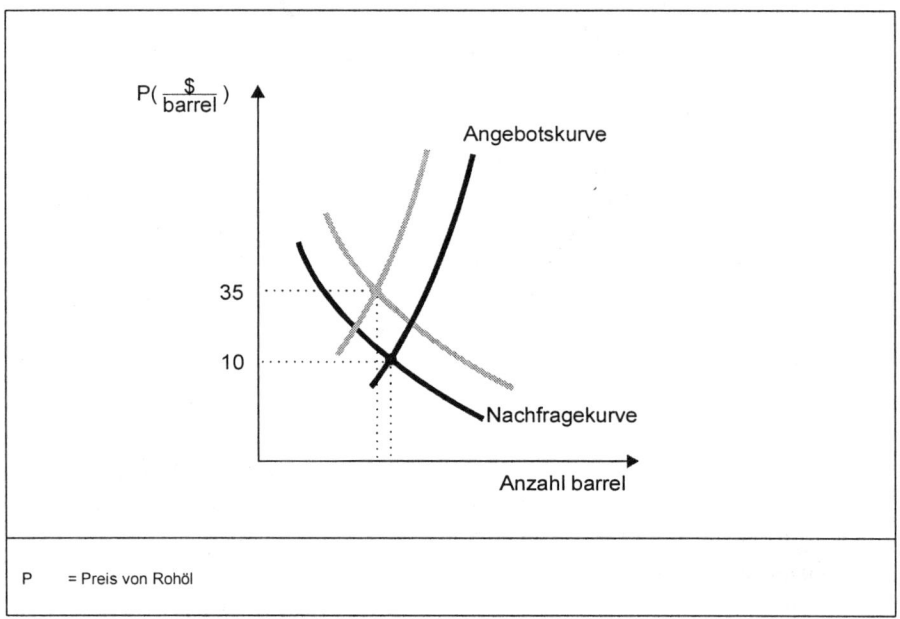

Abb. II.29b Rohölmarkt

Das Beispiel der Rohölmärkte
Seit dem Frühjahr 1973 wurde der Zusammenhang zwischen Angebotsverknappung und Preis für Rohöl besonders deutlich. Der Preis für ein Barrel (159 Liter) schnellte 1973 von gut 3 US $ auf über 11 US $ hoch, weil durch eine Verknappung die nachgefragten Mengen nicht mehr befriedigt werden konnten. Man sagt, dass der zufällige Bruch einer großen Pipeline (durch einen Bagger) zu dieser Verknappung geführt habe, und dies habe die Gründung eines Kartells wichtiger erdölproduzierender

Staaten (Saudi Arabien, Irak, Iran, Kuwait und Venezuela) nach sich gezogen (OPEC).[6] Von 1978 bis 1981 ging der Preis für ein Barrel Rohöl von knapp 13 US $ auf fast 35 US $ hoch. Einen neuen Höchststand erreichte der Preis während des Golfkrieges. Danach sank er 1997 bis auf einen Tiefstand von 10 US $, um dann bis 1999 wieder auf knapp 35 US $ zu klettern.

Marktbedingungen beim Rohöl
Wir gehen aus von Abb. II.29b, die einen „normalen" Rohstoffmarkt abbildet, hier den Spot-Markt für Rohöl. Rohstoffe werden in der Regel in US $ gehandelt, weshalb der Preis in US $/barrel abgetragen ist. Die Angebotskurve verläuft sehr steil, weil es sich bei den OPEC-Staaten (und den „neueren") Ölförderländern (mit Rohöl sehr hoher Qualität) um monopolartige Institutionen handelt. Außerdem liegen durch die Größe der Vorräte natürliche Machtpositionen vor (Saudi Arabien und Norwegen). Wenn der Rat der OPEC seine jeweiligen „Wiener Beschlüsse" einhalten kann und kein Anbieter aus der Disziplin aussteigt, dann ist die Angebotskurve sehr unelastisch. Die Nachfrageseite wird von den sog. „sieben Schwestern" gebildet, das sind große Ölkonzerne (wie Exxon, Shell, BP, Texaco, etc.) die versuchen, die weltweite Nachfrage zu befriedigen. Diese hängt ab von dem Anteil von Mineralöl an der gesamten Energieversorgung eines Landes, und dieser wird bestimmt von Technik (Pkw oder Bahn, Solarzellen oder Ölzentralheizung), Verhalten (Heizgewohnheiten und Komfortniveau) und institutionellen Bedingungen (Tankstellennetz, ÖPNV-Versorgung, Baurecht und Solarenergie). Kommen leere Tanks, Hochkonjunktur, automobile Verschwendung (vor allem in den USA) und Verknappungsbeschlüsse der OPEC zusammen, dann explodiert der Preis.

Kapitalgütermärkte
Auf Kapitalgütermärkten werden dauerhafte Investitionsgüter gehandelt. Diese Märkte weisen einige Besonderheiten auf: Wegen des großen Volumens, der Komplexität der Anlagen und Ausrüstungen, der Qualitätsanforderungen, der Einzelfertigung und der Serviceintensität handelt es sich beim Kauf von Kapitalgütern (für Sachinvestitionen) meist um intensive personengebundene Geschäftsbeziehungen, die oft schon in der Phase der Forschung und Entwicklung Kontakte schaffen.

---

[6] Heute zählt die OPEC 13 Mitgliedsländer.

3.6 Faktormärkte II: Arbeitsmarkt

3.6.1 Begriffliche Grundlagen

Klassifikationen von Arbeit

Über die Unterscheidung zwischen Erwerbsarbeit, Eigenarbeit und Bürgerarbeit habe ich schon im ersten Teil (Kap. I.3) geschrieben. Die Klassifikationen hängen von den Sichtweisen ab, wie man die Wirtschaft betrachtet. Betrachtet man nur die gemessenen Tatbestände, dann wird vor allem registrierte Erwerbsarbeit berücksichtigt. Die nicht-registrierte Erwerbsarbeit („Schwarzarbeit") ist jedoch erheblich; sie dürfte bei 15% der Erwerbsarbeit liegen. Die nicht-registrierte Arbeitslosigkeit ist ebenfalls erheblich; sie wird auf zwei Millionen Menschen geschätzt („stille Reserve") und macht somit fast die Hälfte der über die Sozialversicherung registrierten Arbeitslosen aus. Die Statistik weist nur einen ganz geringen Anteil des sog. autonomen Sektors aus, soweit es sich um bezahlte Haushaltsarbeit handelt. Jeder und jede weiß, dass der autonome Sektor in der Realität dem Sektor der Erwerbsarbeit mindestens ebenbürtig ist; Eigenarbeit und Versorgungsarbeit werden damit wichtig.[7] Will man bestimmte Tätigkeiten hervorheben, die z.B. für die zukünftige Entwicklung oder als Reformansätze als besonders bedeutsam angesehen werden, dann ergeben sich weitere Begriffe. *Adelheid Biesecker* stellt z.B. die „Moderationsarbeit" heraus, die bei kooperativen Prozessen wichtig ist. Von den Arbeitsmotiven her kann man unterscheiden zwischen autonomer (selbst bestimmter) und nicht-autonomer (fremd bestimmter) Arbeit. *Marx* sprach von „entfremdeter Arbeit" für die Fälle, in denen die Menschen die Beziehung zum Sinn und Ergebnis ihrer Arbeit verloren haben (z.B. Fließbandarbeit).

Bewertungen von Arbeit

Arbeit dient vor allem dazu, Einkommen zu erzielen. Arbeit muss nicht mit Leid („Arbeitsleid") verbunden sein; sie kann eigenständige Bedürfnisse erfüllen. Im Falle der Erwerbsarbeit zur Erzielung von Einkommen wird die Bewertung der Arbeit durch die Einkommen vorgenommen. Bezahlte Arbeit ist damit wertvoller als nicht bezahlte Arbeit. Aus der bezahlten Arbeit eröffnen sich Konsummöglichkeiten. Es ergeben sich aber auch Abhängigkeiten, die die Machtverhältnisse in einer Gesellschaft

---

[7] In alternativen Berechnungen der Produktion der privaten Haushalte (Hausarbeit) macht diese einen Anteil von 40% bis 50% des Bruttoinlandsprodukts aus. Diese Größe spiegelt das Ausmaß der Arbeit in diesem Sektor wider.

bestimmen; die Teilnahme eines hohen Anteils von Frauen an qualifizierten Arbeitsverhältnissen stärkt die Rolle der Frauen im Geschlechterverhältnis und trägt zu einer offenen Gesellschaft bei. Unbezahlte Hausarbeit wird in einer „Arbeitsgesellschaft" (die eine Erwerbsarbeitsgesellschaft ist) wenig anerkannt (unterbewertet). Eine Kompensation durch gesellschaftliche Anerkennung von Hausarbeit, Kindererziehung und Bürgerarbeit gelingt in der Erwerbsarbeitsgesellschaft nicht.

In dieser Erwerbsarbeitsgesellschaft ist auch Muße unterbewertet. Dabei kann man sich durchaus eine gesellschaftliche Utopie vorstellen, in der selbst bestimmte und ausgefüllte Tätigkeiten im Mittelpunkt stehen und in der ein großer Anteil der Einkommen aus Kapital und Vermögen fließt (wie in *Thorstein Veblens* „leisure class").

Erwerbsarbeit und Konsum
Die Bedürfnisse nach Konsumgütern und Dienstleistungen bestimmen die Abhängigkeit von Erwerbsarbeit. Das Bedürfnisniveau („Aspirationsniveau") hängt vor allem von den relativen Bedürfnissen ab, deren Gewicht in einer Konsumgesellschaft hoch ist. Eine Konsumgesellschaft weist dem materiellen Konsum und seiner Demonstration einen wichtigen Stellenwert zu.[8] Je mehr die Bedürfnisse der Menschen auf nicht-materielle Güter ausgerichtet sind und je mehr die Menschen zur Selbstverwirklichung streben (vgl. Kapitel I.2 und II.2), desto geringer ist die Abhängigkeit von Erwerbseinkünften. Zur Selbstverwirklichung gehört wohl auch Erwerbseinkommen auf hohem Niveau.

3.6.2 Institutionelle Ausgestaltungen

Arbeit als Ware?
„In den modernen Marktwirtschaften ist Arbeit eine Ware, die auf dem Arbeitsmarkt angeboten und nachgefragt wird. Dennoch ist sie keine Ware wie etwa Bananen oder Elektronikschrott."[9] Die Sichtweise, ob Arbeit gehandelt werden kann oder nicht, entscheidet dann darüber, ob man einen freien Arbeitsmarkt annehmen kann oder nicht. Der freie Arbeitsmarkt wird vor allem von neoklassischen Autoren gefordert, die immer wieder auf seine außerordentliche Effizienz in angelsächsischen Ländern (Großbritannien, USA) hinweisen. Demgegenüber herrscht in den kontinental europäischen Ländern eher die Meinung vor, dass der „Arbeitsmarkt" einer

---

[8] Ein religiöser Gehalt ist nicht von der Hand zu weisen. Die Konsumtempel wie *„Harrod's"* oder *Lafayette* und *Bloomingdale's* ziehen viele magisch an.

[9] Zukunftskommission der *Friedrich-Ebert*-Stiftung, Wirtschaftliche Leistungsfähigkeit, sozialer Zusammenhalt, ökologische Nachhaltigkeit. Drei Ziele – ein Weg. Bonn 1998, S. 225

anderen institutionellen Regelung bedarf. Danach ist menschliche Arbeit ein besonderes „Gut", das geschützt werden muss. Der Schutz findet darin seinen Ausdruck, dass

- eine Mindestlohngrenze vorgegeben ist, unter die die Geldlöhne (Nominallöhne) nicht fallen dürfen,
- die Geldlöhne von Tarifparteien als kollektiven Vertretern von Arbeitgebern und Arbeitnehmern ausgehandelt, und die bindenden Ergebnisse in Tarifverträgen festgelegt werden,
- die Arbeitsbedingungen von Tarifparteien als kollektiven Vertretern von Arbeitgebern und Arbeitnehmern ausgehandelt, und die bindenden Ergebnisse in Manteltarifverträgen festgelegt werden.

Regulierte Arbeitsbeziehungen
Die wichtigste Konsequenz dieser Regelungen heißt, dass die Geldlöhne nach oben flexibel aber nach unten starr sind. Weitere gesetzliche Regelungen wie das Betriebsverfassungsgesetz oder das Mitbestimmungsgesetz sichern (beschränkte) Mitsprache- und Mitentscheidungsrechte der Arbeitnehmer; Betriebs- und Personalräte haben ein Einspruchsrecht bei Einstellungen, Kurzarbeit und Entlassungen von Beschäftigten; in mitbestimmten Unternehmen (im Montanbereich Stahl und Kohle) ist der Aufsichtsrat paritätisch mit Vertretern der Arbeitnehmer und Arbeitgeber besetzt, im Vorstand ist ein Arbeitsdirektor vorgesehen. Mutterschutz, Kündigungsschutz für ältere Arbeitnehmer, Lohnfortzahlung im Krankheitsfall durch die Arbeitgeber, Bestimmungen über den Arbeitsschutz bei Unfällen etc. sind weitere Bestimmungen.

Deregulierung oder Reregulierung?
Im Vergleich der Arbeitslosigkeit von USA und Europa schneidet Europa sehr schlecht ab. In den 90er Jahren lag die Arbeitslosenquote in Europa doppelt so hoch wie in den USA.[10] (Neoklassische) Ökonomen schreiben dies vor allem dem wenig regulierten US-amerikanischen Arbeitsmarkt zu, der für die Arbeitnehmer nur geringe soziale Sicherheit bereithält. Löhne sind sowohl nach oben als auch nach unten flexibel. Daher wird vehement gefordert, in Europa die Arbeitsmärkte zu deregulieren, wie dies unter der britischen Premierministerin *Thatcher* radikal verwirklicht wurde. Radikale Änderungen bewähren sich in sehr wenigen Fällen. Daher: Die Arbeitsbeziehungen müssen sich permanent an die Veränderungen der Lebens- und Arbeitswelt anpassen; sie müssen reformfähig sein. Die Vorschläge einer „Seite" sollten von der anderen ernst genommen und

---

[10] Fachleute wissen, dass die Arbeitslosenquoten in Großbritannien, insbesondere aber in den USA, tatsächlich viel höher liegen.

nicht veralteten Vorurteilen geopfert werden. Im Moment (2000) ist zwischen den Tarifpartnern vieles im Fluss, die „Streitkultur" hat sich verbessert; dies kann als Chance zu konstruktiver Änderung begriffen werden.

3.6.3 Arbeitsnachfrage

Die Arbeitsnachfrager
Die Arbeitsnachfrager suchen Arbeitskräfte; es handelt sich um private und öffentliche Unternehmen sowie um öffentliche Haushalte (öffentlicher Dienst). Die Arbeitsnachfrage äußert sich vor allem in Stellenangeboten, die in Zeitungen, Zeitschriften, im Internet und über die Arbeitsämter publiziert werden. Persönliche Empfehlungen spielen natürlich auch eine Rolle, vor allem im regionalen Bereich.

Determinanten
Wodurch wird die Arbeitsnachfrage bestimmt? Wovon hängt es ab, wie viele Arbeitskräfte von privaten und öffentlichen Unternehmen nachgefragt werden? Die wesentlichen Determinanten sind:
- Gesamtwirtschaftliche Nachfrage (Wirtschaftslage, Wirtschaftswachstum),
- Lohnsatz (Reallohn), Lohnkosten,
- Rationalisierung,
- Soziales Netz.

Eine empirisch gehaltvolle Arbeitsnachfragefunktion könnte dann lauten:

$$N_d = N_d \left(\frac{w}{P_s}, \pi, K^*, \gamma, \lambda \right)$$

N_d	=	Nachfrage nach Arbeitskräften (in Stunden)
w/P_s	=	Reallohnsatz
π	=	Technologieniveau
K^*	=	Kapitalstunden bei maximaler Auslastung
γ	=	Auslastungsgrad
λ	=	sonstige Faktoren

Erläuterungen der Arbeitsnachfragefunktion
Der Reallohn w/P setzt die nominalen Bruttostundenlöhne zum Preisniveau in Beziehung. Der Unterschied zwischen den Brutto- und Nettolöhnen besteht in direkten Steuern (Lohn- und Einkommensteuer) und Sozialversicherungsleistungen. Die Lohnnebenkosten (Kosten für Urlaub,

Lohnfortzahlung im Krankheitsfall etc.) sind in w nicht enthalten. Diese Kosten des „sozialen Netzes" müssen im Faktor λ (sonstige Einflussgrößen), berücksichtigt werden. Ferner handelt es sich bei w um die effektiv gezahlten Geldlöhne. Die Tarifparteien (Arbeitnehmer- und Arbeitgeberverbände) handeln Tariflöhne aus, die um den sog. „Lohngap" von den Effektivlöhnen nach unten abweichen.[11] Die Beziehung zwischen w/P_s und N wird negativ sein: Steigen die Reallöhne, dann fragen die Unternehmen weniger Arbeitskräfte nach.

Das Technologieniveau π und die (maximalen) Kapitalstunden K^* sollen den Mechanisierungs-, Automatisierungs- und Effizienzgrad bei den Produktionsbedingungen widerspiegeln (es gilt $K = \gamma \cdot K^*$). Die Beziehung zur Arbeitsnachfrage N wird ebenfalls negativ sein: Je höher π und K^*, desto weniger Arbeitskräfte werden im Produktionsprozess benötigt und nachgefragt.

Mit der Kapazitätsauslastung γ ist der Einfluss der Nachfrage und der Wirtschaftslage berücksichtigt. Dabei ist unterstellt, dass eine Änderung der Nachfrage sofort zu einer Anpassung der Kapazitätsauslastung führt; Lager- und Preisveränderungen sowie Lieferzeiten treten nicht als Puffer auf. Die Beziehung ist positiv: steigende Kapazitätsauslastung führt zu steigender Beschäftigung.

Und die sonstigen Faktoren λ, welche Größen enthalten sie noch? Ohne Frage müssen wir hier die Erwartungen der Arbeitgeber in Bezug auf π, K^*, insbesondere aber auf γ und w/P_s berücksichtigen. Ferner ist mit dem Ausbau des sozialen Netzes seit 1957 ein Element der Inflexibilität bei Einstellungen und Entlassungen von Arbeitskräften aufgetreten: Bestimmungen des Kündigungsschutzes, der Arbeitnehmermitbestimmung (Personalrat, Betriebsrat, Aufsichtsrat) lassen die Arbeitskräfte zu einem fixen Faktor werden, dessen Anpassung in Qualität und Menge an geänderte Bedingungen (der Nachfrage, Produktion, Technologie) nur schwer möglich ist.

Hypothesen I: Die Beschäftigungsfunktion
Die Wirtschaftstheorie versucht, vor allem mit zwei Hypothesensätzen die Arbeitsnachfragefunktion mit Gehalt zu füllen. Ein erster Ansatz geht von einer sog. Beschäftigungsfunktion aus, die aus einer gesamtwirtschaftlichen Produktionsfunktion abgeleitet wird. Aus der schon bekannten *Cobb-Douglas*-Produktionsfunktion

---

[11] Als „Lohndrift" bezeichnet man demgegenüber die Abweichung zwischen den Wachstumsraten von Effektiv- und Tariflöhnen.

$$Q = \pi \cdot N^\alpha \cdot K^\beta$$

Q = (physische) Produktionsmenge
π = Technologieniveau
N = Beschäftigte
K = Kapitalstock

kann abgeleitet werden

$$N = \left(\frac{Q}{\pi \cdot K^\beta} \right)^{\frac{1}{\alpha}}$$

Die Produktionsbedingungen, d.h. Durchschnitts- und Grenzproduktivitäten, sind mit den Produktionselastizitäten der Arbeit α und des Kapitals β beschrieben. Bei gegebenen technischen Faktoren α, β, π und konstantem Kapitalstock hängt die Nachfrage nach Arbeitskräften von der Produktionsmenge Q ab. Wenn sich Q immer sofort an die reale Gesamtnachfrage anpasst, ist mit der obigen Gleichung die Beschäftigungstheorie der Keynesianer beschrieben: $N = N(Y_d)$, bei gegebenen Produktionsbedingungen. Setzen wir π und K konstant und nehmen wir an, dass keine Lager existieren (die Produktion Q wird sofort angeboten, also $Q = Y_s$), und dass $Y_s = Y_d$, dann gilt:

$$N = \left(\frac{Y_d}{\pi_a \cdot K_a^\beta} \right)^{\frac{1}{\alpha}}$$

Diese Formulierung erlaubt es, einige wichtige Einschränkungen der keynesianischen Theorie zu berücksichtigen. Die Beschäftigungswirkung einer Nachfragesteigerung ist danach an Ceteris-paribus-Prämissen geknüpft: Steigt mit der Nachfrage auch π_a und K_a, wird also die Nachfrageerhöhung von Rationalisierungsinvestitionen begleitet, dann kann der Beschäftigungseffekt verpuffen. Den positiven Beschäftigungswirkungen der Nachfragesteigerung im Investitionsgütersektor stehen die Freisetzungseffekte im Konsum- und/oder Investitionssektor gegenüber. Die gegenläufigen Wirkungen können sich aufheben. Die keynesianische Theorie gilt demnach ausschließlich für die kurze Frist (so ist sie auch angelegt), in der Kapazitätseffekte noch nicht wirksam werden.
Der skizzierte Ansatz wird vor allem von (empirisch arbeitenden) wirtschaftswissenschaftlichen Forschungsinstituten zugrunde gelegt.[12] In den

---

[12] Dieser Ansatz kommt ohne die Prämisse vollkommener Konkurrenz aus. Er wurde in *Majer* (1982) verwendet, um seine Brauchbarkeit für die Angebots-Nachfrageanalyse im Vergleich zum traditionellen Ansatz aufzuzeigen.

makro-ökonomischen Lehrbüchern hingegen dominiert ein zweiter Ansatz:
die Arbeitsnachfrage hängt vom Reallohn ab.

Hypothesen II: Die reallohnabhängige Arbeitsnachfragefunktion
Setzt man bestimmte Bedingungen, dann lassen sich in diese Hypothese

$$N_d = N_d\left(\frac{w}{P_s}\right)$$

N_d = Nachfrage nach Arbeitskräften
w = Geldlohnsatz
P_s = Angebotspreisniveau

auch Aussagen über die Produktionsbedingungen integrieren, wie dies
anfangs allgemein formuliert wird. Außerdem kann für die Arbeitsnachfragefunktion die üblicherweise verwendete unternehmerische Verhaltensweise unterstellt werden, nämlich Gewinnmaximierung.[13] Diese Arbeitsnachfragefunktion soll im folgenden abgeleitet werden. Dabei lautet die
erste Frage, wie viele Arbeitskräfte ein Unternehmen nachfragt, wenn
seine Gewinne maximiert werden sollen. Für diesen Fall kann eine Regel
abgeleitet werden, nach der sich die Unternehmer richten können. Unterstellen wir der Einfachheit halber vollkommene Konkurrenz auf den
Güter- und Faktormärkten, dann lässt sich aus dem entsprechenden Modell
das Ergebnis ableiten, dass gewinnmaximierende Unternehmen ihre Nachfrage nach Arbeitskräften an einer sog. Inputregel ausrichten können:[14]

$$w = P_s \cdot \left(\frac{\partial Q}{\partial N}\right)$$

w = Geldlohnsatz
P_s = Angebotspreisniveau
$\partial Q/\partial N$ = (partielle) Grenzproduktivität der Arbeit

Der Faktorpreis muss gleich sein dem Grenzwertprodukt (Produktpreis ·
Grenzproduktivität der Arbeit). Man kann diese Bedingung auch wie folgt
formulieren: Die Unternehmer maximieren ihren Gewinn, wenn sie den
Arbeitskräften einen Reallohn w/P_s bezahlen, der der Grenzproduktivität

---

[13] Dies gilt in dieser Form natürlich nicht für öffentliche Unternehmen und öffentliche Haushalte.

[14] Vgl. hierzu z.B. *A. E. Ott*, Grundzüge der Preistheorie, 3.Aufl., Göttingen 1979, S.276ff.

entspricht.[15] So lange der Reallohn unter der Grenzproduktivität liegt, lohnt es sich, Arbeitskräfte einzustellen. Oder: So lange eine zusätzlich eingestellte Arbeitskraft ΔN (= 1) noch mehr erwirtschaftet ($\Delta Q/\Delta N$) als w/P, lohnt es sich, noch Arbeitskräfte einzustellen. Damit erhalten wir

$$N_d = N_d \cdot \left(\frac{\partial Q}{\partial N}\right)$$

Grafische Ableitung der reallohnabhängigen Arbeitsnachfragefunktion
Wir gehen aus von der Abb. II.30 und der Inputregel. Die Inputregel besagt, dass bei Gewinnmaximierung Reallohn und Grenzproduktivität der Arbeit gleich sein müssen. Wir haben demnach eine Grenzproduktivitätsfunktion abzuleiten, die auf N bezogen ist. Diese erhalten wir aus der Produktionsfunktion. In Abb. II.30 suchen wir einen Punkt auf der Produktionsfunktion auf, bestimmen die Tangente, messen den entsprechenden Winkel α und tragen im unteren Diagramm den tg α als $\partial Q/\partial N$ ab. Dies für mehrere Punkte wiederholt ergibt die Grenzproduktivitätsfunktion. Tragen wir auf der Ordinate (des unteren Bildes) $\partial Q/\partial N = w/P_s$ ab, dann haben wir die Arbeitsnachfragefunktion gefunden als den geometrischen Ort aller Gewinnmaxima für unterschiedlichen Einsatz von Arbeitskräften.
Bei der Ableitung von $\partial Q/\partial N$ wird von konstanten π und K ausgegangen, so dass diese beiden Größen als Verschiebungsparameter in der Arbeitsnachfragefunktion erscheinen. Setzt man ferner $K = \gamma \cdot K^*$, wobei K^* den Kapitalstock bei Vollauslastung bedeutet, und berücksichtigt man die Faktoren in λ im Verhaltenskoeffizienten der Funktion, dann ergibt sich die schon formulierte Arbeitsnachfragefunktion auf Seite 255. Diese Funktion ist der geometrische Ort aller Punkte, in denen die Unternehmen bei der Nachfrage nach Beschäftigten ihren Gewinn maximieren. Dabei sind (ceteris paribus) die folgenden Beziehungen zwischen den Variablen unterstellt: Steigt der Reallohn, dann sinkt die Beschäftigung, denn Arbeitskräfte werden teurer, oder: (wegen der sinkenden Grenzerträge) die Grenzproduktivität der verbleibenden Arbeitskräfte ist gestiegen. Oder: Um weiterhin den Gewinn zu maximieren, müssen die Unternehmen die Beschäftigung einschränken (und die Produktion drosseln). Argumentiert man von dieser Seite, dann lässt sich sagen: Die Unternehmen fragen die Menge an Beschäftigten nach, die den Gewinn maximiert. Steigt der Reallohn – ohne Produktivitätssteigerung (diese ist durch das ceteris

---

[15] Diese Aussage ist nicht realitätsnah, weil Unternehmer nur Geldlöhne und nicht Reallöhne ausbezahlen können.

paribus ausgeschlossen) – dann sinkt die Nachfrage nach Beschäftigten. Damit ist auch die Antwort auf die Beziehung zwischen π und N_d fast gegeben: Wenn das Technologieniveau (die Produktivität) steigt, dann steigt die Grenzproduktivität, ebenso der Reallohn (bei Gewinnmaximierung); bei konstantem Reallohn (und steigender Produktion) steigt die Beschäftigung. Dies gilt analog für eine Erhöhung des Auslastungsgrades γ und der (maximalen) Kapitalstunden K^*.

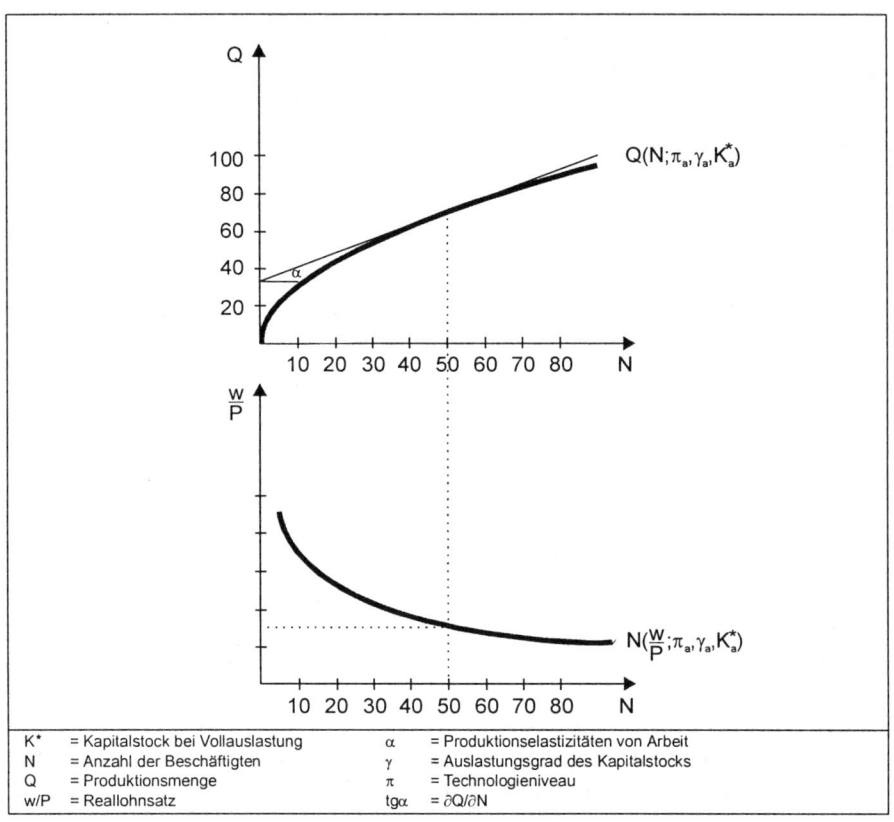

Abb. II.30 Ableitung einer Arbeitsnachfragefunktion aus der Grenzproduktivitätsfunktion

Steigung der reallohnabhängigen Arbeitsnachfragefunktion
Die Steigung der Arbeitsnachfragefunktion hängt ab vom Verhalten der Arbeitsnachfrager, also der Unternehmen und öffentlichen Haushalte. Das Verhalten wird bekanntlich bestimmt vom Anreizsystem mit seinen Subsystemen Ziele, Regeln, Sanktionen und Informationen (vgl. Tab. I.10). Dieses Anreizsystem kann die Wirkungen des regulierten Arbeitsmarktes

darstellen. Mit den Zielsetzungen der Unternehmen ist z.B. die Gewinn-maximierung angesprochen. Diese sind immer mehr kurzfristig ausge-richtet. Die formalen Regeln betreffen Mitbestimmungs-, Betriebsverfas-sungsgesetz, regionaler Standort der Unternehmen, Zugangsbeschrän-kungen zu einzelnen Märkten, Exportanteile und Vertragsbeziehungen zu Vorlieferanten. Zu den informellen Regeln gehört die Übernahme der Ergebnisse des Flächentarifvertrags, zählen die Sitten und Gebräuche im Stellenvermittlungsbereich, die verklausulierten „Botschaften" in Stellen-anzeigen, etc.

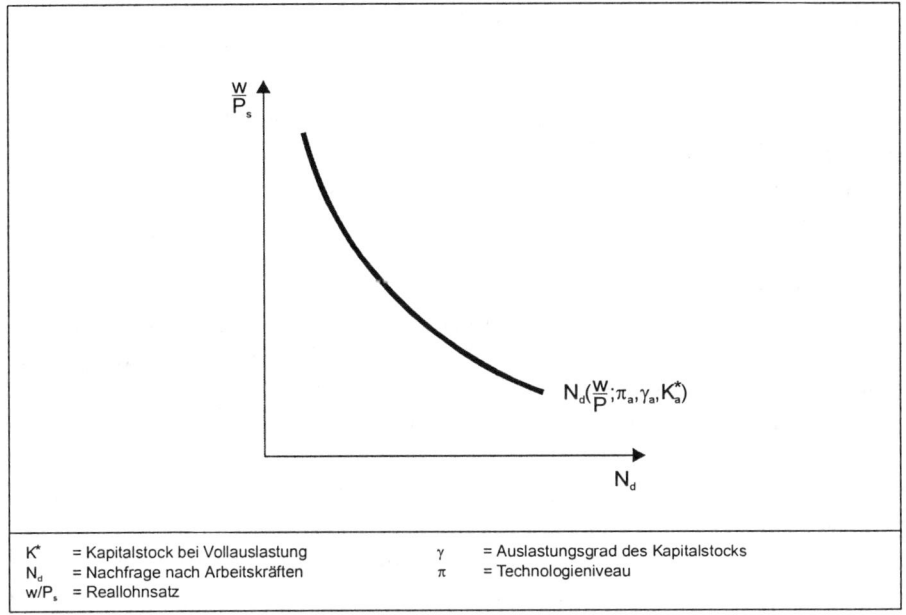

K_a^*	= Kapitalstock bei Vollauslastung	γ	= Auslastungsgrad des Kapitalstocks
N_d	= Nachfrage nach Arbeitskräften	π	= Technologieniveau
w/P_s	= Reallohnsatz		

Abb. II.31 Reallohnabhängige Arbeitsnachfragefunktion

Soziale Sicherung und Einstellungsverhalten
Man wird bei der Bewertung der Diskussion um Deregulierung feststellen müssen, dass die Regelungen des sozialen Netzes offenbar im weitesten Sinne bestimmen, ob Unternehmen Arbeitskräfte einstellen oder entlassen. Hier geht es um die formalen Regeln des Regelsystems im Anreizsystem, die das Verhalten bestimmen. Dabei lassen sich zwei wichtige Gruppen von Faktoren unterscheiden: Solche, die finanzielle Lasten für die Unter-nehmen mit sich bringen (Einschränkungen für die Unternehmen, von denen sie sich sozusagen freikaufen können) wie z.B. Lohnfortzahlung im Krankheitsfall, Mutterschutz, und ferner solche, die die Entscheidungsfrei-heit der Unternehmen einschränken, wie z.B. Kündigungsschutz und

Mitbestimmung. In der Bundesrepublik sind in den letzten 35 bis 40 Jahren die Maschen des sozialen Netzes immer enger geknüpft worden. Es ist offensichtlich, dass sich dadurch die „Einstellungsneigung" der Unternehmen geändert (verschlechtert) hat; in Abb. II.31 ist die Arbeitsnachfragefunktion gegenüber Abb. II.30 steiler geworden. Diese Bewegung wurde durch die gesunkene Grenzproduktivität gestützt.

Lage der reallohnabhängigen Arbeitsnachfragefunktion
Die Lage dieser Funktion hängt von den autonomen Größen ab, das sind insbesondere Technologieniveau π, Auslastungsgrad γ, Kapitalstock K^*, und sonstige Faktoren λ. Das Technologieniveau π bezieht sich dabei auf die Qualität der Beschäftigten und des Kapitalstocks. Die Arbeitsnachfragefunktion verlagert sich nach links, wenn

• vollausgelasteter Kapitalstock und/oder Technologieniveau sinken,
• der Auslastungsgrad sinkt,
• die Möglichkeit, Arbeitskräfte einzustellen oder zu entlassen schwieriger wird.

Erhöhung der kapazitätserweiternden Faktoren
Nun ist noch eine Ergänzung notwendig. Eine Steigerung von π und K verschiebt die Grenzproduktivitätsfunktion in Abb. II.30 nach außen. Bei konstantem Reallohn steigt also die Beschäftigung. Dieses Ergebnis widerspricht aller empirischen Erfahrung: Steigerungen des Technologieniveaus sind in der Regel arbeitssparend, Kapitalstocksteigerungen ersetzen oft Arbeit (die Kapitalintensität steigt). Wie kann dieser Widerspruch aufgelöst werden?
Die Auflösung ist einfach: Durch die Erhöhung von π und/oder K steigt auch die Grenzproduktivität, dies bedeutet gleichzeitig eine Erhöhung der Reallöhne und diese Steigerung senkt die Beschäftigung (Reallohn und Beschäftigung hängen negativ miteinander zusammen), so dass per Saldo ein Rückgang möglich ist.

Produktivitätssteigerungen bei kompensatorischem Wachstum
Wenn die Unternehmen die Steigerung der Grenzproduktivität in Reallohnsteigerungen vollkommen an die Beschäftigten weitergeben – und dies tun sie annahmegemäß – dann bleibt die Beschäftigung konstant. Um mit Abb. II.31 zu argumentieren: Die Arbeitsnachfragefunktion verlagert sich im Diagramm nach rechts (vom Ursprung weg). Würde man sich die entsprechende Verlagerung der Produktionsfunktion ansehen (wie z.B. in Abb. II.27b), dann würde man feststellen, dass die theoretisch Freigesetzten weiter beschäftigt werden können, wenn die Produktion von Q_0 auf Q_1 steigen würde (Kompensationstheorie). Wenn diese Produktionsmenge

hergestellt wird (weil die Unternehmen meinen, sie absetzen zu können), dann bleibt die Beschäftigung konstant, und zwar bei höherem Reallohn.

Produktivitätssteigerungen bei Lohnverzicht
Tritt kein kompensatorisches Wachstum auf und die Produktion verharrt auf dem Ausgangsniveau von Q_0, dann entsteht technologische Arbeitslosigkeit; die theoretisch Freigesetzten werden tatsächlich freigesetzt. Die nun Beschäftigten werden aber zu einem höheren Reallohn entlohnt. Dies ist der zweite Fall: Produktivitätssteigerung ohne Wachstum mit technologischer Arbeitslosigkeit. In diesem zweiten Fall steigen die Reallöhne für die „Arbeitsbesitzer" sehr stark an. Könnte die technologische Arbeitslosigkeit gelindert werden durch Lohnverzicht? Kann mit den eingesparten Löhnen Mehrbeschäftigung (von den Arbeitnehmern) „subventioniert" werden? Dies ist im Modell nur möglich, wenn die Unternehmen auf (mögliche) Produktivitätssteigerungen verzichten. Dann könnte mit einem geringeren Reallohn ein Teil der technologischen Arbeitslosigkeit vermieden werden.

Produktivitätssteigerungen bei Arbeitszeitverkürzung
Eine weitere Möglichkeit, die tatsächliche Freisetzung gering zu halten (ohne kompensatorisches Wachstum), wäre verstärkte Arbeitszeitverkürzung. Ein Teil der mit der Grenzproduktivitätsfunktion möglichen Reallohnsteigung würde statt in Geld in Arbeitszeit ausgezahlt. Die Wirkungen dieser Strategie lassen sich mit der Abb. II.31 nicht explizit darstellen.

Ansatzpunkte für wirtschaftspolitische Maßnahmen
Aus der Arbeitsnachfragefunktion lassen sich grundsätzlich (ceteris paribus) drei Gruppen von Maßnahmen ableiten, die die Beschäftigung N erhöhen:
1. Alle Maßnahmen, die die abhängige Variable, hier den Reallohn, senken (z.B. Lohnsenkung),
2. alle Maßnahmen, die die Arbeitsnachfragefunktion im $(w/P)/N$ –Diagramm gegen den Uhrzeigersinn drehen, die also das Einstellungs-Verhalten entsprechend ändern [eine Lockerung der sozialen Sicherungssysteme nach Maßgabe des Anreizsystems, z.B. durch Flexibilisierung der Arbeitszeit, Einführung betrieblicher Elemente in die Flächentarifverträge, oder neue Streitkultur in den Tarifverhandlungen (informelle Regeln)],
3. alle Maßnahmen, die die Arbeitsnachfragefunktion nach rechts oben verlagern, z.B. Nachfrage erhöhen (Erhöhung des Auslastungsgrades der Produktion). Die wirtschaftspolitischen Maßnahmen zur Stärkung der Arbeitsnachfrage werden daran deutlich.

3.6.4 Arbeitsangebot

Determinanten

Von welchen Größen hängt das Angebot an Arbeitskräften ab? Einige wichtige Faktoren seien genannt: Urlaub, Arbeitszeit(-verkürzung), Eintritt ins Rentenalter, geburtenstarke Jahrgänge, „job-sharing". Diese Faktoren sind in eine systematische Betrachtung einzuschließen. Diese kann folgende Ausgangstatbestände berücksichtigen: Das Angebot an Arbeitskräften entspricht den Erwerbspersonen. Das sind die Menschen im erwerbsfähigen Alter zwischen 16 und 63 Jahren, die willig und fähig sind, eine Beschäftigung aufzunehmen. Den Anteil der Erwerbspersonen an der Bevölkerung bezeichnet man als Erwerbsquote; sie ist nach Alter und Geschlecht, aber auch nach Region sehr verschieden.

Bevölkerung und Erwerbsquoten

Als die zwei entscheidenden Bestimmungsgründe des Arbeitsangebots sind somit die Bevölkerung und die Anzahl an Erwerbspersonen (= Erwerbstätige + Arbeitslose) anzusehen. Die Bevölkerungsentwicklung, die abhängt von Fertilität, Mortalität und Wanderungssaldo, ist dabei sozusagen die vorgelagerte Determinante der Erwerbspersonen. Die zu einem bestimmten Zeitpunkt Geborenen treten frühestens im Alter von 16 Jahren in das Berufsleben ein, sie scheiden bei Erwerbsunfähigkeit oder Verrentung aus. Lange Schulzeit und frühe Pensionsaltersgrenze verringern die Zahl der Erwerbspersonen. In den letzten Jahren haben geburtenstarke Jahrgänge (die Anfang der 60er Jahre geboren sind) die Zahl der Erwerbspersonen stark erhöht. Da gleichzeitig die aus dem Erwerbsleben ausscheidenden älteren Arbeitnehmerjahrgänge im zweiten Weltkrieg stark „dezimiert" wurden, stand dem starken Zuwachs an Jungen ein schwacher Abgang von Älteren gegenüber: Die Zahl der Erwerbspersonen nahm überdurchschnittlich zu. Die Erwerbsquote gibt den Anteil der Erwerbsbevölkerung an, die einer Erwerbstätigkeit nachgehen will. Diese Erwerbsquoten unterscheiden sich stark nach Alter und Geschlecht. Letztere veränderte sich in den letzten Jahrzehnten signifikant, weil viele Frauen mit guter Berufsausbildung ins Erwerbsleben gehen oder dort bleiben.

Auch Wanderungen können die Bevölkerungs- und Erwerbspersonenzahl stark beeinflussen. Die Bewohner und Bewohnerinnen von Spanien und Portugal können seit ihrer Aufnahme in die Europäische Gemeinschaft ihr Recht auf Freizügigkeit wahrnehmen und in Deutschland Arbeit anbieten. Auch Regelungen in anderen Abkommen (z.B. Assoziierungsabkommen mit der Türkei) können solche Arbeitskräftewanderungen auslösen. Ferner wird das Arbeitsvolumen ($N \cdot h$) umso geringer sein, je mehr Freizeit und je weniger Arbeitszeit von den Arbeitsanbietern gewünscht wird. Es ist plausibel anzunehmen, dass die Entscheidung zwischen Arbeits- und Freizeit stark vom Lohn abhängt.

Keynesianische und neoklassische Sichtweisen des Arbeitsangebots
Die theoretischen Schulen Neoklassiker und Keynesianer gehen beide von der oben beschriebenen Beziehung aus: Je höher der Lohn, desto höher ist das Angebot (der privaten Haushalte) an Arbeitskraft. Allerdings besteht fundamentaler Dissens darüber, um welchen Lohn es sich handelt und ob dieser nach oben und unten flexibel ist oder nur nach oben flexibel und nach unten starr. Wir unterstellen wiederum, dass die Keynesianer das kurzfristige Arbeitsangebot erklären wollen, während die Neoklassiker das langfristige betrachten. Dann macht es Sinn, für die kurze Frist davon auszugehen, dass die Geldlöhne w nach oben flexibel und nach unten starr sind. Der Mindestlohn wird als Tariflohn bezeichnet. Die Neoklassiker vertreten die Ansicht, dass das langfristige Arbeitskräfteangebot vom Reallohn w/P_s abhängt, dass also keine Geldillusion besteht, und dass der Geldlohn w nach oben und unten flexibel ist.
Ich werde in diesem Buch keine explizite Arbeitsangebotsfunktion unterstellen, sondern von einem festen Angebot an Erwerbspersonen ausgehen.

Erhöhung der Zahl der Erwerbspersonen
Die Zahl der Erwerbspersonen hängt ab von der Bevölkerung und den Erwerbsquoten. Diese werden durch das Verhalten der Arbeitsanbieter bestimmt. Das Verhalten hängt ab vom Anreizsystem (vgl. Tab I.10). Konkrete Beispiele sind: die Einstellung zu Arbeit und Freizeit; Arbeit als Lebenssinn, zur Selbstverwirklichung; Arbeit als Möglichkeit, Einkommen zu erzielen: Diese Faktoren betreffen die individuellen Zielsetzungen. Einige dieser Einflussfaktoren treffen auch auf das Umfeld (informelle Regeln) zu: Arbeit und Fleiß als religiös begründeter Wert (z.B. aufgrund calvinistischer Vorstellungen, so *Max Weber*). Arbeit als „notwendiges Übel" in einigen hochentwickelten Industriegesellschaften (das Ende der Arbeitsgesellschaft, so *Ralf Dahrendorf*). Die formalen Regeln betreffen: Bestimmungen des Arbeitsförderungsgesetzes über flexible Arbeitszeiten, Laufzeit von Arbeitsverträgen, Teilzeitverträge, Märkte als Monopol der Arbeitsverwaltung.
Die Erwerbspersonenzahl kann steigen, wenn
*   die Haushalte eine niedrigere Präferenz für Freizeit haben,
*   die Bevölkerung steigt, weil die Geburtenrate oder der Wanderungssaldo steigt oder die Sterberate sinkt,
*   sich die Bevölkerungsstruktur ändert, so dass viele Jugendliche ins Erwerbsleben eintreten (z.B. geburtenstarke Jahrgänge) oder weniger

Ältere aus dem Erwerbsleben ausscheiden (z.B. Kriegsgeneration oder Erhöhung der Renteneintrittsgrenze),

- sich die Erwerbsquote aus anderen Gründen erhöht, weil z.B. die Frauenerwerbstätigkeit wegen besserer Ausbildung steigt.

3.6.5 Arbeitsmarkt und Lohnbildung

Gleichgewicht und Anpassungen in der kurzen und langen Frist
Damit ist der Arbeitsmarkt durch Angebot und Nachfrage beschrieben. Gleichgewicht liegt vor, wenn Arbeitskräfteangebot und -nachfrage bei einem bestimmten Reallohn übereinstimmen; dieser Reallohn ist der Gleichgewichtsreallohn. Diese Situation ist in Abb. II.32a grafisch mit

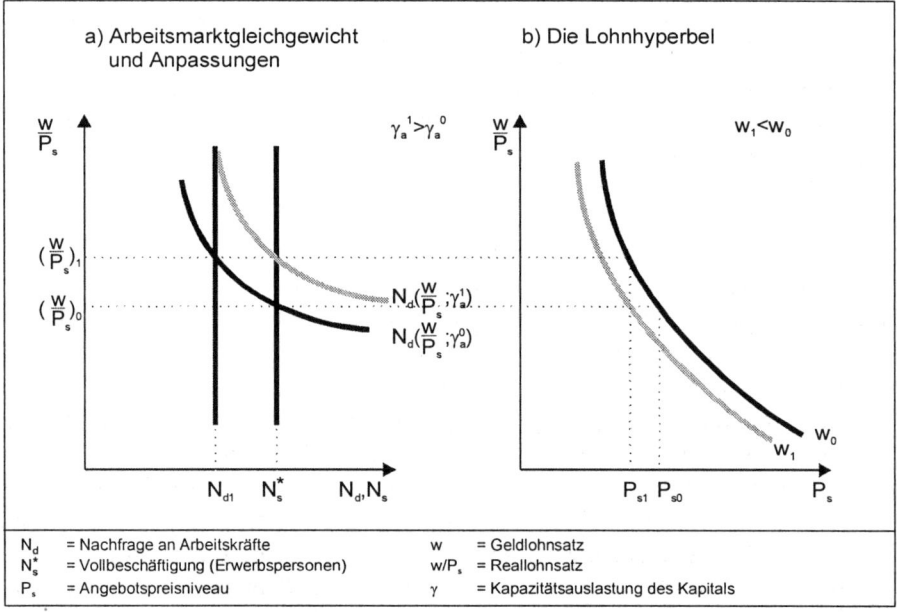

Abb. II.32 Arbeitsmarktgleichgewicht und Anpassung

$(w/P_s)_0$ und N_s^* für Vollbeschäftigung dargestellt. Bei der Interpretation dieser Gleichgewichtssituation müssen wieder kurzfristige (Keynesianer) und langfristige (Neoklassiker) Anpassungen beachtet werden.
Der erste Punkt liegt in der Bezeichnung der Gleichgewichtssituation. Nach keynesianischer Ansicht können (kurzfristig) auch Gleichgewichtssituationen bei Unterbeschäftigung auftreten. Die Neoklassiker bezeichnen nur die Situation als Gleichgewicht, in der Arbeitsangebot und -nachfrage

bei Vollbeschäftigung gleich sind. Dies wird langfristig der Fall sein. Der zweite – und wichtigere – Punkt liegt in der Interpretation der Anpassungsprozesse.

Langfristige Anpassung (mit neoklassischen Annahmen)
Die Neoklassiker behaupten, das Vollbeschäftigungsgleichgewicht sei stabil. Nach einer Störung wirkten die Systemkräfte aufgrund der Annahme vollkommener Konkurrenz auf dem Arbeitsmarkt auf eine Wiederherstellung der alten Situation hin. Erfolgt die Störung zum Beispiel durch einen Rückgang des Preisniveaus von P_{s0} auf P_{s1}, dann steigt der Reallohn bei konstantem Nominallohn w_0 auf $(w/P_s)_1$, Arbeitskräfte werden entlassen und es entsteht Arbeitslosigkeit in Höhe von $N_{s0}^* - N_{d1}$. Dieser Angebotsmengenüberschuss bewirkt nun, dass sich die Anbieter von Arbeitskraft gegenseitig unterbieten, der Geldlohn sinkt von w_0 auf w_1 (Abb. II.32a/b), das Gleichgewicht wird beim alten Gleichgewichts-Reallohn wiederhergestellt. Dem gesunkenen Preisniveau ist der sinkende Geldlohn gefolgt, der Reallohn bleibt gleich. Nach oben und unten flexible Geldlöhne und die Konkurrenz zwischen den Anbietern sorgen dafür, dass ein Ausgleich stattfindet.

Kurzfristige Anpassung (mit keynesianischen Annahmen)
Die Keynesianer sind mit dieser Beschreibung nicht einverstanden: Erstens könne es auch Unterbeschäftigungsgleichgewichte geben (die aber in Abb. II.32a nicht dargestellt werden können). Zweitens sei es eine empirische Tatsache, dass die Geldlöhne nach unten starr sind, eine Verschiebung der Hyperbel in Abb. II.32b von w_0 nach w_1 sei gar nicht möglich (wohl aber eine Verschiebung nach außen). Es gebe keine Kräfte im System, die selbständig auf ein Vollbeschäftigungsgleichgewicht hinwirken würden. Man könne allenfalls versuchen, durch eine Erhöhung des Auslastungsgrades von γ_a^0 nach γ_a^1 die Arbeitskräftenachfragefunktion nach außen zu verschieben, um dadurch die Arbeitslosigkeit zu beseitigen (Abb. II.32a).

Bewertung
Beurteilen wir diese beiden Gleichgewichte und Anpassungsprozesse vor dem Hintergrund der Realität. Kurzfristig werden die Geldlöhne von den Tarifparteien ausgehandelt. Langfristig könnte der Arbeitsmarkt mit den Prämissen eines Konkurrenzmarkts beschrieben werden, auf dem die Lohnbildung durch das Zusammenspiel von Angebot und Nachfrage erfolgt; allerdings können die Knappheitsverhältnisse sich im sog. Lohngap, der Differenz zwischen Effektiv- und Tariflöhnen, auswirken. Mit den Tariflöhnen sind dann aber i.d.R. untere Grenzen gesetzt. Dieser schmale

Wettbewerbsspielraum kann bei geringen Abweichungen von N_d und N_s wohl für einen Ausgleich sorgen. Die Arbeitslosigkeit hat aber in den 80er Jahren eine Größenordnung angenommen, die diesen Ausgleichsmechanismus als viel zu schwach erscheinen lässt. Für eine Erklärung der aktuellen Arbeitsmarktsituation scheinen daher die (kurzfristigen) Starrheiten der keynesianischen Beschreibung besser geeignet.

Wirtschaftspolitische Implikationen: Die lange Frist
Welche wirtschaftspolitischen Implikationen haben diese unterschiedlichen Beschreibungen des Arbeitsmarktes? Es ergeben sich daraus zwei vollständig verschiedene Strategien zur Beseitigung von Arbeitslosigkeit. Die „neoklassische" Strategie zielt langfristig darauf ab, über eine Senkung der Reallöhne die Beschäftigung zu erhöhen. Mit Abb. II.32a gesprochen bedeutet dies, dass versucht werden soll, den Reallohn von $(w/P_s)_1$ auf $(w/P_s)_0$ zu senken. Als wesentlich wird hierbei angesehen, die starre Lohnuntergrenze zu beseitigen, damit sich ein Überfluss an Arbeitskräften auch wieder in entsprechend niedrigen Löhnen niederschlagen kann. Der Konkurrenzmechanismus müsse dadurch wieder zu seiner Lenkungsfunktion gebracht werden, indem die Marktkräfte zugunsten der Verkrustungen („Rigiditäten") auf dem Arbeitsmarkt gestärkt werden. Dieser Mechanismus sorgt dann dafür, dass Vollbeschäftigung hergestellt wird, so die Neoklassiker. Dabei werden längere Anpassungszeiten in Kauf genommen. Außerdem werden Arbeitskräfte eher als „Produktionsfaktoren", als Sachen oder Waren gesehen, denn als Menschen.

Wirtschaftspolitische Implikationen: Die kurze Frist
Ganz anders die Strategie der Keynesianer. Der Arbeitsmarkt ist kein Konkurrenzmarkt, sondern stark institutionalisiert. Bei Unterbeschäftigung stellt sich von selbst (durch die Marktkräfte) keine Vollbeschäftigung ein; der Staat muss eingreifen. Durch erhöhte Staatsaufträge („Beschäftigungsprogramm") soll der Auslastungsgrad erhöht werden. In Abb. II.32a verlagert sich die Arbeitsnachfragefunktion dann durch steigendes γ (von γ_a^0 auf γ_a^1) nach oben, idealerweise so, wie mit der grauen Kurve dargestellt. Das Beschäftigungsprogramm sorgt dann schnell dafür, dass wieder Vollbeschäftigung hergestellt wird (vgl. hierzu auch die folgende Diskussion im Kapitel II.3.7.1).

Rationalisierung
Wäre die Arbeitslosigkeit heute geringer bei nach unten flexiblen Geldlöhnen? Entscheidend für die Antwort ist, ob die Unternehmen seit 1975 in dem Maße rationalisiert hätten, wie dies geschehen ist, wenn die Lohn-

kosten (und der Geldlohnsatz) durch die steigende Arbeitslosigkeit nach unten gedrückt worden wären. Hier stehen zwei kontroverse Einschätzungen einander gegenüber:

- Die Unternehmen hätten so oder so rationalisiert, das ist die Ansicht der Gewerkschaften,
- die Unternehmen hätten weniger rationalisiert, weil das Lohn/Kapitalkostenverhältnis w/r und damit die Kapitalintensität K/N weniger gestiegen wäre.

Denn die Kapitalintensität steigt, wenn K durch Investitionen $\Delta K = I$ steigt und N durch Freisetzung von Arbeitskräften sinkt. Dies rollt jedoch wieder die Problematik auf, die wir oben diskutiert haben.

3.7 Lohn, Beschäftigung und Lohnhyperbel

3.7.1 Lohnsatz und Beschäftigung

Kontroverse Positionen
Über den Zusammenhang zwischen Lohnhöhe und Beschäftigung liegen stark voneinander abweichende Positionen vor, wie oben schon angeklungen ist. Die zentrale Frage lautet, ob die Gewerkschaften mit ihrer Lohnpolitik Beschäftigungspolitik oder Einkommenspolitik betreiben. Die neoklassische Position lautet, dass Lohnsatz und Beschäftigung eindeutig (invers) voneinander abhängen. Diese Position machen sich auch die Arbeitgeber zu eigen. Keynesianer (und Gewerkschaften) hingegen sehen keinen (oder nur einen sehr schwachen) Zusammenhang zwischen Lohnhöhe und Beschäftigung. Beide Seiten haben sich jedoch (auch im Rahmen des Bündnis für Arbeit 1999/2000) insofern angenähert, dass sie eine produktivitätsorientierte Lohnpolitik empfehlen. Die Interpretationen sind jedoch sehr verschieden.

Keynesianische Interpretation
Die keynesianische Erklärung von Beschäftigung stellt die Gesamtnachfrage in den Mittelpunkt. Daran hat sich im Wesentlichen nicht viel geändert; die Argumentation ist aufgrund der Kontroverse mit neoklassischen Ökonomen differenzierter geworden, wie aus dem Gutachten des Sachverständigenrates zur Begutachtung der gesamtwirtschaftlichen Entwicklung mit dem Minderheitsvotum von *Jürgen Kromphardt* deutlich wird.[16] Gehen wir von einer mikro-ökonomische geprägten Darstellung wie Abb. II.32a

---

[16] Wirtschaftspolitik unter Reformdruck, Stuttgart 1999.

aus. Daraus wird deutlich, dass eine Reallohnsenkung die Beschäftigung erhöht (neoklassicher Fall). *Kromphardt* argumentiert, dass die Reallohnsenkung aber gesamtwirtschaftlich zu Nachfrageausfällen führt. Die Nachfrage ist im Auslastungsgrad γ der Arbeitsnachfragekurve enthalten: Sinkt Y_d, dann sinkt γ und der positive Reallohneffekt auf die Beschäftigung wird durch einen negativen Nachfrageeffekt kompensiert. *Kromphardt* kann außerdem bei seiner Prüfung von Geschäftsimpulsen für verschiedene Akteure (der Nachfrageseite) keine positiven Effekte feststellen, die den negativen Nachfrageeffekt bremsen könnten.

Neoklassische Interpretation
Ganz anders die neoklassische Argumentation, die sich auch der Sachverständigenrat zu eigen macht: „Zwischen Lohnniveau und Beschäftigung besteht ein enger Zusammenhang"(Gutachten 1999/2000, Ziffer 332). Im einzelnen:

- Die Produktivitätssteigerungen sollten dazu verwendet werden, höhere Nominallöhne zu bezahlen und Arbeitsförderungsmaßnahmen zu finanzieren (Ziffer 332).
- Die Lohnstruktur muss so verändert werden, dass eine Lohnspreizung nach unten stattfindet (Flexibilität der Nominallöhne nach unten) und der Abstand zur Arbeitslosen- und Sozialhilfe muss so groß sein, dass ein Anreiz besteht zu arbeiten (Ziffer 341).
- Die Arbeitsmarktordnung ist mehr auf die Steigerung von Beschäftigung auszurichten.

Weitere Argumente
Die Einschätzung des Zusammenhangs zwischen Lohnhöhe und Beschäftigung ist nicht nur ein theoretisches Problem. In den Verhaltensweisen der Unternehmer ist die Vorstellung fest verankert, dass Beschäftigte Kosten verursachen, und dass bei den Kostenblöcken die Personalkosten den wesentlichen Anteil ausmachen. Diese Einschätzung ist in zweierlei Hinsicht falsch. Erstens ist Personal letztlich die einzige Quelle von Kreativität, Innovation und Entwicklung der Unternehmen. Zweites ist in der gesamten Wirtschaft der Anteil der Materialkosten am höchsten; bei einzelnen Branchen mag dies anders sein, doch es ist im Einzelfall zu prüfen, ob die Materialflüsse überhaupt ausreichend in der Kostenrechnung der Unternehmen abgebildet sind, und dann sollten die Positionen gekürzt werden, die die Produktivkraft der Unternehmen nicht einschränken. Es würde sich zeigen, dass diese Öko-Bilanzierung erhebliche Kostensenkungspotenziale bei den Stoffströmen aufdeckt. Wenn es richtig ist, solche falschen Einschätzungen zu unterstellen, dann erhält die Rolle von Einstellungen, Erwartungen und Anreizsystem neue Bedeutung.

Ein weiteres Argument besteht darin, dass Beschäftigungspolitik sich nicht auf den Arbeitsmarkt beschränken sollte. Beschäftigungspolitik ist eine Querschnittsaufgabe, die alle Politikbereiche angeht.

3.7.2 Die Lohnhyperbel

Darstellung eines Verhandlungsergebnisses
Für die grafische Ableitung der gesamtwirtschaftlichen Angebotsfunktion benötigen wir noch eine Kurve, die es gestattet, Reallohnveränderungen auf eine Preisniveauachse zu übertragen. Dies leistet die Lohnhyperbel. Es handelt sich im $P_s/(w/P_s)$-Diagramm um eine Schar von Lohnhyperbeln, die unterschiedliche Ergebnisse von Tarifverhandlungen wiedergeben. Bezeichnen wir w/P_s mit w_r und tragen wir auf der Ordinate der Abb. II.32b das Preisniveau P_s, auf der Abszisse w_r ab, dann können wir bei gegebenem Geldlohn w eine Hyperbel einzeichnen.

Antworten (zu den Fragen ab Seite 247)

1. Rohstoffmärkte i.e.S. betreffen erschöpfliche Ressourcen. Wir unterscheiden zwischen Spot- und Terminmärkten. Die Märkte für einzelne Rohstoffe unterliegen ganz spezifischen Bedingungen, geologische (Konzentration der Vorkommen in einzelnen Ländern), politische (machtpolitische und militärische), institutionelle (Monopole, Kartelle), ökonomische (Organisation der Nachfrageseite durch Konsortien, Konjunkturzyklen), technische (Abbautechniken, Techniken der Verbrauchsgüter und der Produktion) und zufällige (Schocks) Faktoren.

2. Kapitalgütermärkte stellen sehr enge (oft netzwerkartige) Beziehungen zwischen Anbietern und Nachfragern von Sachinvestitionen dar.

3. Erwerbsarbeit, Eigenarbeit und Bürgerarbeit

4. Erwerbsarbeit wird mit monetären Entgelten (Einkommen, Lohn) bewertet; die anderen Formen von Arbeit unterliegen einer gesellschaftlichen Bewertung (z.B. Anerkennung).

5. Konsumgüter können nur mit Hilfe von erzielten Einkommen erworben werden.

6. Kann Arbeit wie Bananen oder Elektronikschrott auf Märkten „gehandelt" werden?

7. In Deutschland sind die Arbeitsbeziehungen durch ein umfassendes soziales Sicherungssystem reguliert und in dieses eingebunden. Deregulierung heißt, dieses Sicherungssystem und die damit verbundenen Leistungen quantitativ zu reduzieren. Reregulierung bedeutet eine qualitative Verbesserung (Reform).

8. Gesamtwirtschaftliche Nachfrage, realer oder nominaler Lohnsatz, Technologieniveau, institutionelle Ausgestaltung der Arbeitsbeziehungen, gesellschaftliche Werthaltungen zu Arbeit (insbes. Erwerbsarbeit).

$$N_d = N_d \left(\frac{w}{P_s}, \pi, K^*, \gamma, \lambda \right)$$

9. Die Beschäftigungsfunktion wird aus der *Cobb-Douglas*-Produktionsfunktion abgeleitet und sie zeigt, wie die Nachfrage nach Beschäftigten vom Produktionsniveau und von der Gesamtnachfrage abhängen.

10. Die reallohnabhängige Arbeitsnachfragefunktion erklärt die Arbeitsnachfrage invers durch den Reallohn.

11. Über die Input-Regel. Die Input-Regel besagt, dass die Unternehmer (bei vollkommener Konkurrenz) dann ihre Gewinne maximieren, wenn sie so lang Arbeitskräfte nachfragen, bis der bezahlte Geldlohnsatz dem Grenzwertprodukt (das ist die mit P gewichtete Grenzproduktivität) dieses (letzten) Arbeiters entspricht. Arbeitsnachfragefunktion und Grenzproduktivitätsfunktion sind demnach identisch.

12. Die Steigung der Arbeitsnachfragefunktion hängt ab vom Verhalten der Arbeitsnachfrager, also der Unternehmen und öffentlichen Haushalte. Das Verhalten wird bestimmt vom Anreizsystem mit seinen Subsystemen Ziele, Regeln, Sanktionen und Informationen.

13. Die Lage dieser Funktion hängt von den autonomen Größen ab, das sind insbesondere Technologieniveau π, Auslastungsgrad γ, Kapitalstock K^* und sonstige Faktoren.

14. Produktivitätssteigerungen verlagern die reallohnabhängige Arbeitsnachfragefunktion nach außen (vom Ursprung weg) und erlauben es, die Reallöhne zu erhöhen.

15. Die Prämissen des Modells, das der Prognose zugrunde liegt, sind nicht erfüllt, insbesondere nicht die c.p.-Klausel.

16. Alle Maßnahmen, die die unabhängige Variable, hier den Reallohn, senken, die die Arbeitsnachfragefunktion elastischer machen (durch Veränderungen im Anreizsystem, insbesondere bei den formalen und informellen Regeln) und die die Arbeitsnachfragefunktion nach außen (vom Ursprung weg verschieben (z.B. durch Kapazitätssteigerungen).

17. Bevölkerungsentwicklung (Mortalität, Fertilität, Wanderungen), Erwerbsquoten, Lohnsatz und Arbeitsbedingungen, gesellschaftliche Werthaltungen.

18. Die Erwerbsquoten sind vor allem alters- und geschlechtsspezifisch. Sie hängen vom Anreizsystem und von den Arbeitsbedingungen ab. Die Erwerbsquote der Frauen ist in den vergangenen Jahren gestiegen, weil Frauen vermehrt eine höhere Qualifikation anbieten können (Hochschulabschluss).

19. Keynesianer betonen die kurzfristigen, Neoklassiker die langfristigen Faktoren des Arbeitsangebots. Langfristig dominiert der Reallohn, weil Geldillusion sowie Friktionen bei den Arbeitsbeziehungen zurücktreten.

20. Nach keynesianischer Ansicht kann (kurzfristig) ein Gleichgewicht bei Unterbeschäftigung existieren; langfristig gilt (nach neoklassischer Ansicht) nur ein Gleichgewicht bei Vollbeschäftigung. Die Anpassungsmechanismen beschreiben, wie Ungleichgewichte (= Unterbeschäftigung oder Arbeitslosigkeit) beseitigt werden können. Der kurzfristige (keynesianische) Mechanismus läuft über eine Erhöhung der staatlichen Nachfrage, die den Auslastungsgrad γ erhöht und die Arbeits-

nachfragefunktion nach außen (vom Ursprung weg) verlagert. Der langfristige (neoklassische) Mechanismus wirkt über eine Senkung der Löhne (und Reallöhne), die aus der Konkurrenz der Arbeitslosen resultiert.

21. In der langen Frist geht es um ordnungspolitische Maßnahmen, die den Arbeits-markt reregulieren, so dass er seine Rigiditäten verliert. Kurzfristig sollte der Staat eingreifen, um zu große Arbeitslosigkeit (sozial) abzufedern.

22. Die Lohnhyperbel beruht auf einer Tautologie. Sie ist eine gleichseitige Hyperbel mit festem Geldlohnsatz. Höhere Geldlohnsätze verlagern die Lohnhyperbel im Diagramm nach außen (vom Ursprung weg).

3.8 Grafische Ableitung der kurzfristigen Angebots-Kurve

Fragen

1. Was muss bei der grafischen Ableitung der Angebots-Kurve beachtet werden?

2. Welche Prämissen werden für die Ableitung der kurzfristigen Angebots-Kurve unterstellt?

3. Warum wird eine *Cobb-Douglas*-Produktionsfunktion mit N als unabhängiger Variablen unterstellt?

4. Wie passt sich der Arbeitsmarkt an?

5. Wovon hängt die Steigung der kurzfristigen Angebots-Kurve ab?

6. Welche Rolle spielt dabei das so genannte soziale Netz?

7. Wovon hängt die Lage der kurzfristigen Angebots-Kurve ab?

8. Wie können die Verschiebungsparameter der Angebots-Kurve verallgemeinert werden?

9. Welche Ansatzpunkte bestehen für wirtschaftspolitische Maßnahmen?

10. Welche Prämissen werden für die Ableitung der langfristigen Angebots-Kurve unterstellt?

11. Wie passt sich der Arbeitsmarkt an?

12. Wovon hängt die Steigung der langfristigen Angebots-Kurve ab?

13. Welche Rolle spielt dabei das sog. soziale Netz?

14. Wovon hängt die Lage der langfristigen Angebots-Kurve ab?

15. Welche Ansatzpunkte bestehen für wirtschaftspolitische Maßnahmen?

16. Was sagt die *Okun*-Kurve aus?

17. Was bestimmt die Steigung der *Okun*-Kurve?

18. Was bestimmt die Lage der *Okun*-Kurve?

19. Was versteht man unter struktureller Arbeitslosigkeit und welche Arten kann man unterscheiden?

20. Welche wirtschaftspolitischen Maßnahmen können auf der Grundlage der *Okun*-Kurve ergriffen werden?

Überblick

Für die grafische Ableitung der kurzfristigen Angebots-Kurve legen wir die keynesianischen Hypothesen über den Arbeitsmarkt zugrunde, und das bedeutet insbesondere

- die institutionelle Ausgestaltung des Arbeitsmarkts als Verhandlungsprozess,

- die damit verbundene untere Begrenzung der Geldlöhne durch das Tariflohnniveau (Flexibilität der Löhne nach oben und Starrheit nach unten),

- die Existenz von Arbeitsmarktgleichgewichten bei Unterbeschäftigung (in der kurzen Frist).

Das Prinzip der grafischen Ableitung ist simpel. Wenn das „Ergebnisdiagramm", in dem die Angebots-Kurve dargestellt werden soll, festgelegt ist, dann ergeben sich alle Achsenbezeichnungen der anderen Diagramme daraus zwingend. Wie die Abb. II.33 zeigt, ist der nordöstliche Quadrant (I) mit einem P_s/Y_s-Diagramm festgelegt. Gehen wir von der Abszisse (Y_s-Achse) nach unten, dann muss im südöstlichen Diagramm (II) auf der Abszisse ebenfalls Y_s, das gesamtwirtschaftliche Angebot, oder eine dem Y_s identische Größe stehen. Dies gilt ebenfalls für die Ordinate, auf der P_s abgetragen ist. Wir können im südöstlichen Quadranten mit einer Produktionsfunktion arbeiten, im südwestlichen Quadranten (III) eine Darstellung des Arbeitsmarkts und im nordwestlichen (IV) eine Lohnhyperbel verwenden. Diese Bausteine haben wir in den letzten Abschnitten Schritt für Schritt erarbeitet.

Die Produktionsfunktion

Auf der Abszisse im II. Quadranten muss, wie oben begründet, das Angebot oder eine diesem identische Größe stehen. Die erste Frage lautet, wie wir zwischen Y_s, dem Angebot, und der Produktion Q eine Beziehung herstellen können. Y_s ist die bewertete Produktionsmenge, die an die Endverbraucher geliefert wird, Q die (physische) Produktionsmenge (in Stück, Tonnen, etc.), die an die Lager des Handels (distributiver Sektor) geht. $Y_s = Q$ gelten demnach die folgenden Prämissen: Y_s wird mit einem normierten Faktor bewertet und es bestehen keine Lager (Fabrikverkauf).

Diese Prämissen dürften für unsere Zwecke akzeptabel sein. Die zweite Frage lautet, welcher der verschiedenen Inputs (Arbeit, künstliches oder natürliches Kapital, Energie, Technologieniveau, etc.) auf der anderen Achse des Quadranten II abgetragen werden soll. In der Antwort auf diese Frage sind wir festgelegt; da im III. Quadranten der Arbeitsmarkt dargestellt wird (weil wir im IV. Quadranten die Lohnhyperbel brauchen), liegt die Abszisse fest. Wir müssen den Input Arbeit wählen und die anderen Produktionsfaktoren konstant setzen. Damit nehmen wir eine sog. partielle Faktorvariation vor, d.h. wir verändern einen Produktionsfaktor (hier: den Arbeitseinsatz) und halten die anderen Faktoren konstant. Veränderungen dieser Faktoren verlagern die Produktionsfunktion nach außen vom Ursprung weg.

Arbeitsmarkt und Lohnhyperbel
Der Arbeitsmarkt ist im III. Quadranten dargestellt. Das Arbeitsangebot sei konstant (N_s^*) und die Arbeitsnachfrage der geometrische Ort aller Punkte, bei denen die Unternehmer bei der Einstellung von Arbeitskräften ihren Gewinn maximieren (Input-Regel). Das Arbeitsmarktgleichgewicht liegt beim Reallohn $(w/P_s)_0$ und bei der Anzahl von N_0 Beschäftigten. In den IV. Quadranten ist die Lohnhyperbel eingezeichnet.

Ableitung der Angebots-Kurve und kurzfristige Anpassung des Arbeitsmarktes
Mit diesen Funktionen können wir nun die Angebots-Kurve ableiten. Wir gehen aus vom Arbeitsmarktgleichgewicht in der Abb. II.33. Beim Reallohn $(w/P_s)_0$ fragen die Unternehmer N_0 Beschäftigte nach. Werden diese in der Produktion eingesetzt, dann kann eine Produktionsmenge von Q_0 erzeugt werden. Diese entspricht Y_{s0}. Welches Preisniveau P_{s0} entspricht nun diesem Angebotsniveau? Wir gehen wieder vom Gleichgewichtslohn $(w/P_s)_0$ aus und ziehen eine Verbindungslinie zur Lohnhyperbel w_0 im IV. Quadranten. Daraus ergibt sich P_{s0}, das wir in den ersten Quadranten übertragen. Mit Y_{s0} und P_{s0} haben wir den ersten Punkt der Angebots-Kurve ermittelt. Um den zweiten Punkt zeichnen zu können, gehen wir wiederum vom Reallohn aus, diesmal von $(w/P_s)_1$, der über dem gleichgewichtigen Reallohn liegt. Bei diesem Reallohn herrscht Arbeitslosigkeit, und zwar in Höhe von $N_s^* - N_1$. In der (keynesianischen) kurzen Frist ist dies jedoch auch ein Gleichgewicht, ein Unterbeschäftigungs-Gleichgewicht. Mit N_1 Beschäftigten lässt sich Q_1 produzieren, und dies entspricht Y_{s1}. Das dazugehörige Preisniveau P_{s1} wird über die Lohnhyperbel ermittelt und in den I. Quadranten übertragen. Um den dritten Punkt zeichnen zu können, gehen wir von einem Reallohn aus, der kleiner ist als

der gleichgewichtige. Es zeigt sich nun der Fall der Überbeschäftigung: die nachgefragte Anzahl Beschäftigter lässt sich nicht realisieren, weil nur N_s^* Erwerbspersonen ihre Arbeit anbieten. Daher bleiben Produktion und Angebot bei Q_0 und Y_{s0}. Anders das Preisniveau, es bleibt nicht konstant, sondern liegt höher als P_{s0}, wenn wir vom neuen Reallohn auf die Lohnhyperbel gehen. Wir erhalten den senkrechten Ast der Angebots-Kurve, das Vollbeschäftigungseinkommen oder die gesamtwirtschaftliche Kapazitätsgrenze; N_s^* entspricht Y_s^*.

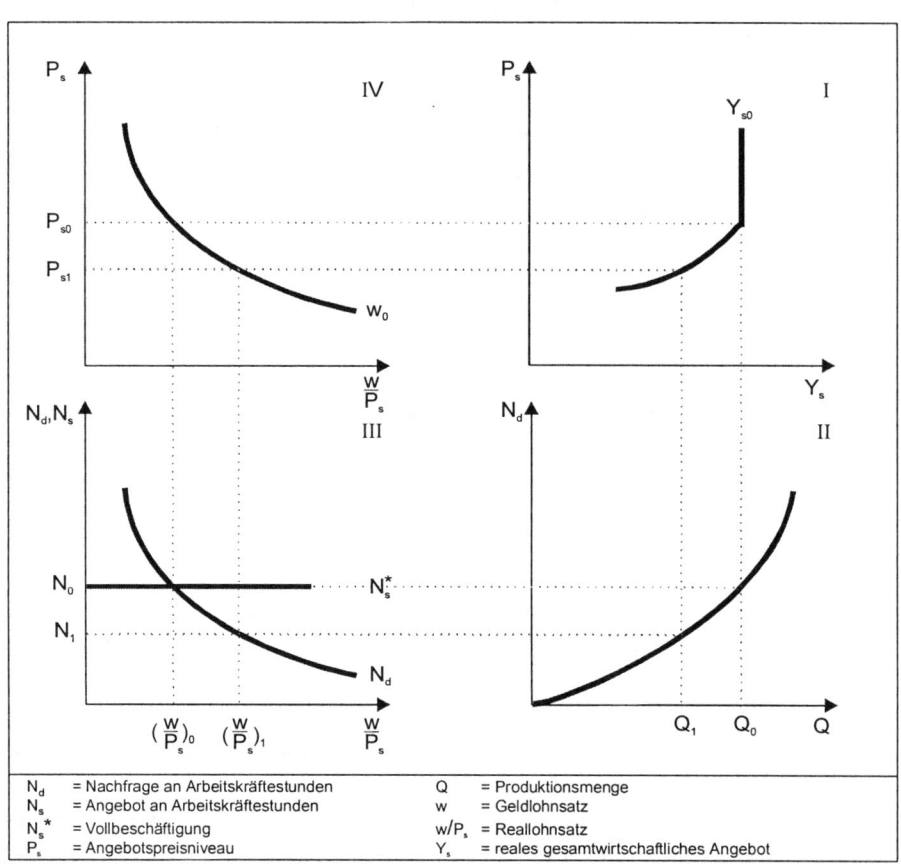

Abb. II.33 Ableitung der kurzfristigen Angebots-Kurve

Steigung
Die kurzfristige, keynesianische Angebots-Kurve ist im P_s/Y_s-Diagramm eine ansteigende Kurve und geht in einen unelastischen Bereich über. Die Steigung hängt ab von den Steigungen der „Basisfunktionen", aus denen

sie abgeleitet wurde, nämlich der Produktionsfunktion und der Arbeitsnachfragefunktion. Die Steigungen dieser Kurven werden im Fall der
Produktionsfunktion von technischen Koeffizienten (Produktivitäten) und
im Fall der Arbeitsnachfragefunktion vom Verhalten der Unternehmer
bestimmt, und diese können mit Hilfe des Anreizsystems und seiner Subsysteme Ziele, Regeln, Sanktionen und Informationen erklärt werden (vgl.
Tab I.10

Die Begründung der positiven Steigung
Wir zeichnen uns nochmals eine Angebots-Kurve (Abb. II.34a) und kennzeichnen die Steigung auf einem Abschnitt der Angebots-Kurve. Dies
zerlegen wir in zwei Komponenten, eine P_s- und eine Y_s-Komponente. Die
Frage lautet dann: Wie gelangt man von einer Preisniveauerhöhung zu
einer Angebotserhöhung? Die Begründung der positiven Steigung der Y_s-
Kurve läuft über die „Basisfunktionen" (ceteris paribus).

Vergleich zweier Angebots-Kurven mit unterschiedlichen Steigungen
Vergleicht man nun eine Angebots-Kurve im P_s/Y_s-Diagramm mit einer
anderen, die eine flachere Steigung aufweist, dann lässt sich zeigen, dass
der flacheren Angebots-Kurve eine im $N/(w/P_s)$-Diagramm steilere Arbeitsnachfragefunktion oder eine im N/Q-Diagramm steilere Produktionsfunktion entspricht. Dies zeigt nochmals, dass die Steigungen der „Basisfunktionen" die Steigung der Angebots-Kurve unmittelbar beeinflussen.

Lage der Angebots-Kurve
Die Lage der (keynesianischen) Angebots-Kurve hängt von der jeweiligen
Lage der „Basisfunktionen" ab, und diese werden durch die autonomen
Größen in diesen Funktionen bestimmt, wobei in diesem Fall auch die
Lohnhyperbel als Basisfunktion gilt:
- Autonomes Technologieniveau,
- autonomer (künstlicher) Kapitalstock,
- autonomer Auslastungsgrad des (künstlichen) Kapitals,
- autonomer Geldlohnsatz.
Für die ersten drei Fälle handelt es sich um kapazitätsverändernde Größen.
Wenn π, γ und/oder K steigen, dann erhöht sich die Produktionskapazität
wegen der besseren Faktorqualität und der höheren Faktormenge. Beim
Geldlohnsatz haben wir es mit einem Faktorpreis zu tun, dessen Sinken
(über eine negative Arbeitsnachfragefunktion) die Faktormenge (hier:
Arbeit) steigen lässt. Dies wirkt nun wie eine Erhöhung der kapazitätserweiternden Faktoren und erhöht die Produktion (vgl. Abb. II.35a).

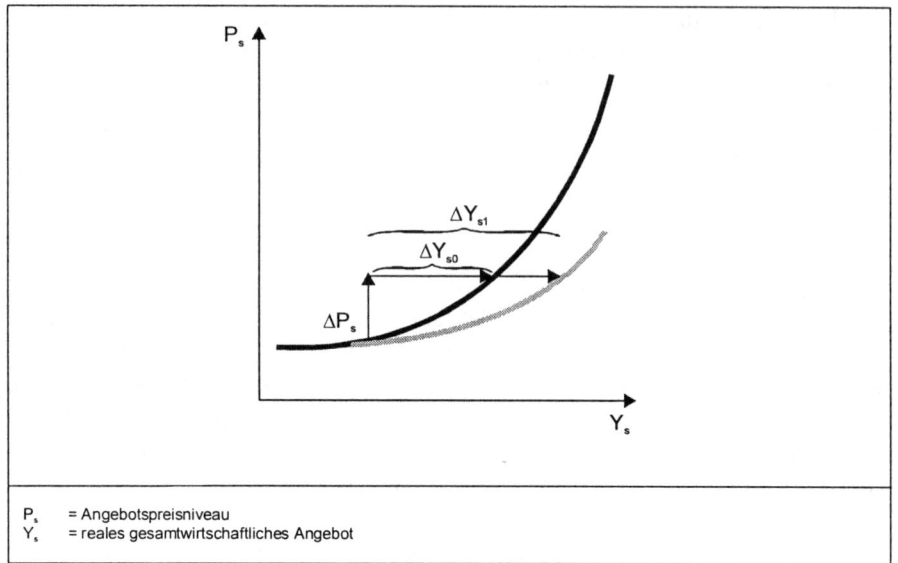

Abb. II.34a Steigung der Angebots-Kurve

$$P_s\uparrow \quad \rightarrow \quad w_a/P_s\downarrow \quad \rightarrow \quad N\uparrow \quad \rightarrow \quad Q\uparrow \quad \rightarrow \quad Y_s\uparrow$$

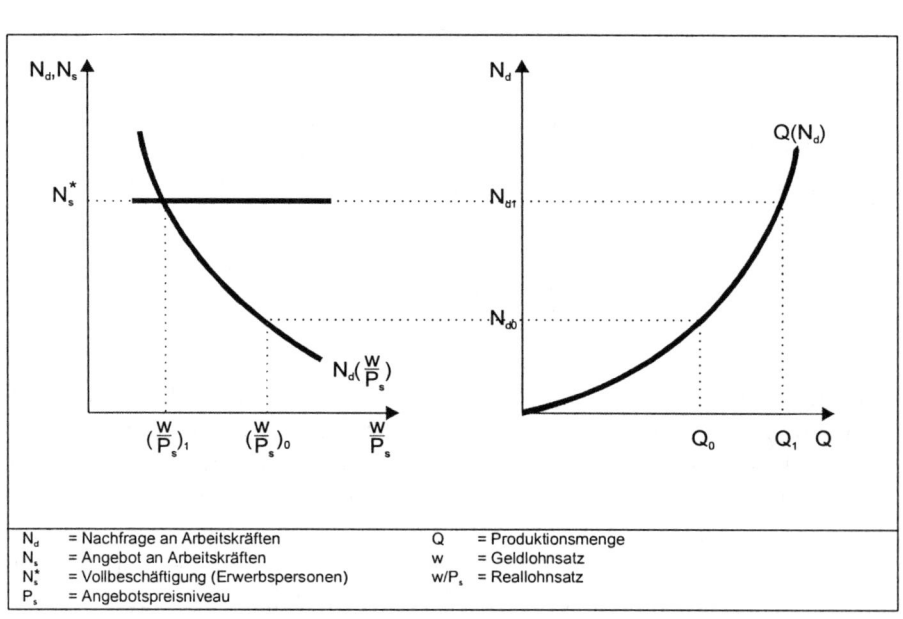

Abb. 34b Zusammenhang: Arbeitsmarkt und Produktionsbedingungen

Verallgemeinerung der Verschiebungsparameter
Die Lage der Angebots-Kurve hängt, wie in Abb. II.33 abgeleitet, von den autonomen Größen π, γ, K und w ab. Diese Größen stehen für Faktorqualität (π_a), Faktormenge ($K = \gamma \cdot K_a^*$) und Faktorpreis (w_a). Geben wir die Annahme einer geschlossenen Volkswirtschaft auf, dann müssen zusätzlich die Importe (*Im*) berücksichtigt werden. Importierte Rohstoffe, Güter und Dienstleistungen erhöhen das inländische Angebot. Was heißt diese Verallgemeinerung konkret?
Tab. II.7 gibt die Zuordnungen an; für die Faktormenge sind Anzahl, Tonnen, Peta-Joule, qm etc. zu verwenden.

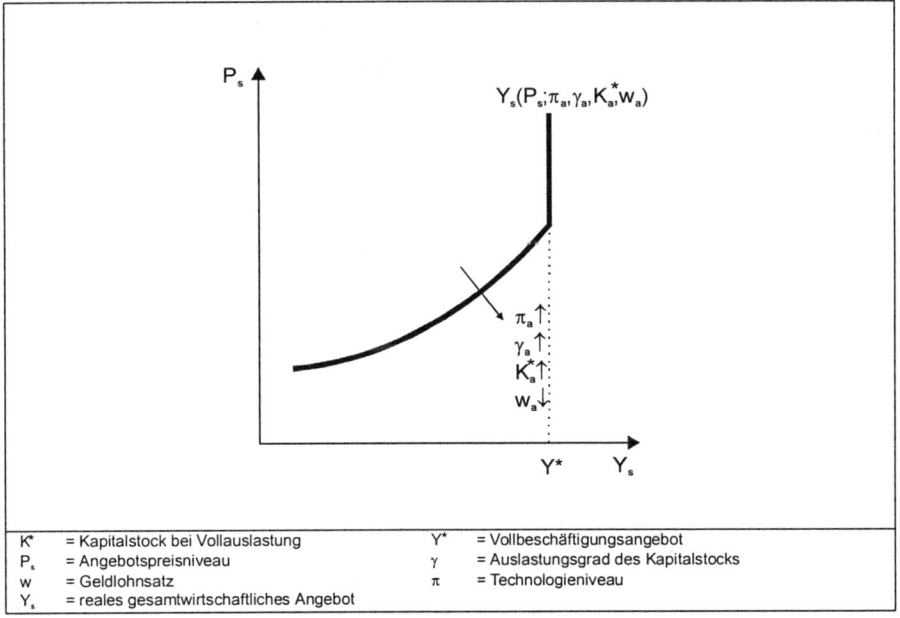

K^*	= Kapitalstock bei Vollauslastung	Y^*	= Vollbeschäftigungsangebot
P_s	= Angebotspreisniveau	γ	= Auslastungsgrad des Kapitalstocks
w	= Geldlohnsatz	π	= Technologieniveau
Y_s	= reales gesamtwirtschaftliches Angebot		

Abb. II.35a Lage der Angebots-Kurve

Produktionsfaktor (Faktormenge)	Faktorqualität	Faktorpreis
Arbeit	Qualifikation der Arbeitskräfte	Lohnsatz
Kapital	Qualität des Kapitals	Kapitalkostensatz (um Abschreibungen etc. erweiterter Zinssatz)
Ressourcen	Qualität des Rohstoffs (z.B. schwefelarm)	z.B. Preis für eine spezifische Qualität Eisenerz
Energie	Qualität des Energieträgers (z.B. Nordseeöl)	z.B. Preis für eine spezifische Qualität Erdöl
Fläche	Lage eines Baugrundstücks oder Bodenqualität eines Ackers	Preis für ein Grundstück
Material	Qualität der Vorprodukte, etc.	Materialkosten

Tab. II.7 Faktormenge, Faktorqualität und Faktorpreis

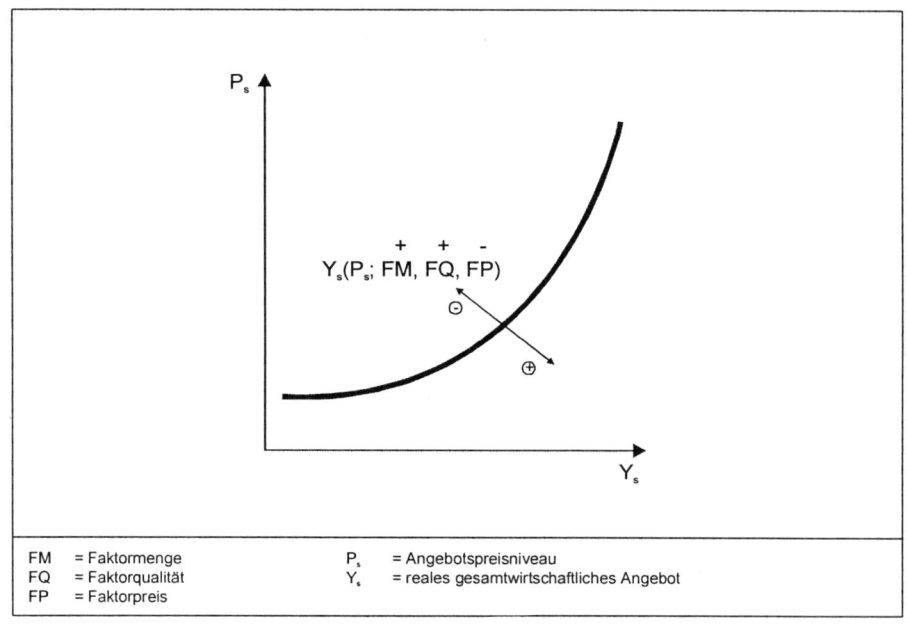

Abb. II.35b Lage der allgemeinen Angebots-Kurve

Ansatzpunkte für wirtschaftspolitische Maßnahmen

Auch auf dem Aggregationsniveau der Angebots-Kurve können grundsätzlich drei Möglichkeiten unterschieden werden, wie eine Expansion des Gesamtangebots bewirkt werden kann:

1. Erhöhung der abhängigen Variablen, hier des Gesamtangebots. Diese Strategie wird an den inländischen und ausländischen Komponenten von Y_s ansetzen,

2. Drehung der Angebots-Kurve derart, dass sie im P_s/Y_s-System abflacht, z.B. durch eine Erhöhung der Verhaltensparameter nach Maßgabe des Anreizsystems,

3. Verschiebung der Angebots-Kurve vom Ursprung weg nach außen, z.B. durch eine Erhöhung der kapazitätserweiternden Faktoren (Faktormenge und/oder Faktorqualität) oder einer Senkung von Faktorpreisen.

3.9 Grafische Ableitung der langfristigen Angebots-Kurve

Überblick

Für die grafische Ableitung der langfristigen Angebots-Kurve legen wir die neoklassischen Hypothesen über den Arbeitsmarkt zugrunde, und das bedeutet insbesondere

- die institutionelle Ausgestaltung des Arbeitsmarkts als Konkurrenzmarkt,
- die damit verbundene Flexibilität der Löhne nach oben und nach unten,
- die Existenz eines stabilen Arbeitsmarktgleichgewichts bei Vollbeschäftigung - in der langen Frist.

Bei der grafischen Ableitung gehen wir analog zur Ableitung der kurzfristigen Angebots-Kurve (Abb. II.33) vor. Wir werden sehen, dass sich als entscheidende Änderung der Anpassungsprozess auf dem Arbeitsmarkt ergibt, und zwar wegen der vollständigen Lohnflexibilität. Entsprechend erhalten wir auch eine ganz andere Form der Angebots-Kurve.

Die Produktionsfunktion, Arbeitsmarkt und Lohnhyperbel

Auch in der Abb. II.36 gehen wir von einer *Cobb-Douglas*-Produktionsfunktion aus, für die aber der Auslastungsgrad γ stets gleich eins ist; langfristig sind die Produktionsfaktoren immer voll beschäftigt.

Der Arbeitsmarkt ist im III. Quadranten dargestellt. Das Arbeitsangebot sei konstant (N_s^*) und die Arbeitsnachfrage der geometrische Ort aller Punkte, bei denen die Unternehmer bei der Einstellung von Arbeitskräften ihren Gewinn maximieren (Input-Regel). Das Arbeitsmarktgleichgewicht liegt

beim Reallohn $(w/P_s)_0$ und bei der Anzahl von N_0 Beschäftigten. In den IV.
Quadranten ist die Lohnhyperbel eingezeichnet. Insoweit entspricht diese
Darstellung der für den kurzfristigen Fall.

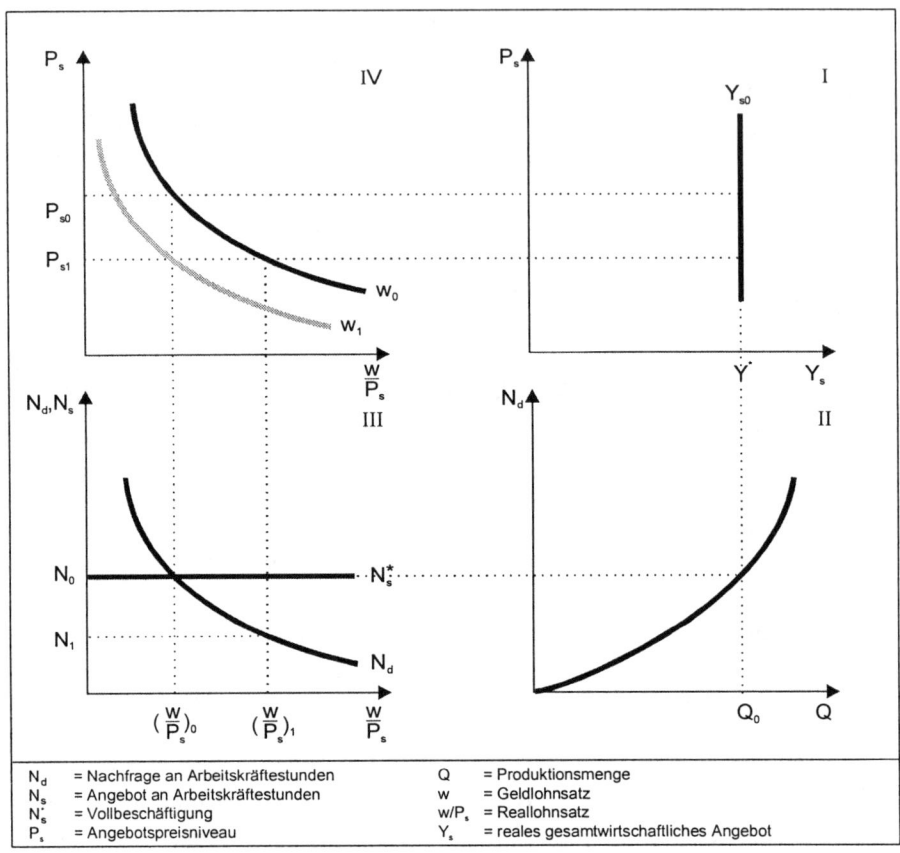

Abb. II.36 Ableitung der langfristigen Angebots-Kurve

Ableitung der Angebots-Kurve und langfristige Anpassung des Arbeits-
marktes
Wir gehen aus vom Arbeitsmarktgleichgewicht in der Abb. II.36. Beim
Reallohn $(w/P_s)_0$ fragen die Unternehmer N_0 Beschäftigte nach. Werden
diese in der Produktion eingesetzt, dann kann eine Produktionsmenge von
Q_0 erzeugt werden. Diese entspricht Y_{s0}. Welches Preisniveau P_{s0} entspricht nun diesem Angebotsniveau? Wir gehen wieder vom Gleichgewichtslohn $(w/P_s)_0$ aus und ziehen eine Verbindungslinie zur Lohnhyperbel
w_0 im IV. Quadranten. Daraus ergibt sich P_{s0}, das wir in den ersten Quad-

ranten übertragen. Mit Y_{s0} und P_{s0} haben wir den ersten Punkt der Angebots-Kurve ermittelt. Diesem Punkt entspricht Vollbeschäftigung der Produktionsfaktoren. Um den zweiten Punkt zeichnen zu können, gehen wir wiederum vom Reallohn aus, diesmal von $(w/P_s)_1$, der über dem gleichgewichtigen Reallohn liegt. Bei diesem Reallohn herrscht Arbeitslosigkeit, und zwar in Höhe von $N_s^* - N_l$. In der (keynesianischen) kurzen Frist war dies als ein Gleichgewicht interpretiert worden; dies gilt für den neoklassischen Fall nicht mehr: der Arbeitsmarkt weist einen Angebotsmengenüberschuss (Arbeitslosigkeit) auf. Dies führt dazu, dass sich die Arbeitslosen bei ihren Lohnforderungen gegenseitig unterbieten (Konkurrenzmarkt). Der Geldlohn sinkt so lange, bis wieder der Gleichgewichtslohn $(w/P_s)_0$ sowie $N = N_s^*$ erreicht sind. Die Senkung des Geldlohnsatzes hat die Arbeitslosigkeit beseitigt. Daher bleiben Produktion und Angebot bei Q_0 und Y_{s0}. Wegen des Rückgangs der Geldlöhne verlagert sich auch die Lohnhyperbel zum Ursprung des IV. Quadranten. Durch den sinkenden Geldlohn und das sinkende Preisniveau wird wieder das gleichgewichtige Reallohnniveau erreicht. Wir erhalten den senkrechten Ast der Angebots-Kurve, das Vollbeschäftigungseinkommen oder die gesamtwirtschaftliche Kapazitätsgrenze; N_s^* entspricht Y^*. Dieser senkrechte Ast stellt die insgesamt die langfristige neoklassische Angebots-Kurve dar.

Steigung und Lage
Die langfristige, neoklassische Angebots-Kurve ist im P_s/Y_s-Diagramm eine in Bezug auf das Angebot vollkommen unelastischen Kurve. Dies liegt daran, dass der Konkurrenzmarkt für Arbeit stets für ein Vollbeschäftigungsgleichgewicht sorgt und somit immer mit vollausgelasteten Kapazitäten produziert werden kann. Mit einer Kausalkette begründet:

$$P_s \uparrow \text{ und } w_a \downarrow \quad \text{(wegen Konkurrenz)} \ \overrightarrow{w_a/P_s} \ \rightarrow \ \overrightarrow{N} \ \rightarrow \ \overrightarrow{Q} \ \rightarrow \ \overrightarrow{Y_s}$$

Die Lage der neoklassischen Angebots-Kurve hängt von den autonomen kapazitätsverändernden Größen ab:
- autonomes Technologieniveau oder – allgemein – Faktorqualität,
- autonomer (künstlicher) Kapitalstock oder, allgemein, Faktormenge.

Die Faktorpreise sind nach oben und unten flexibel und puffern Störungen des Systems ab.

Ansatzpunkte für wirtschaftspolitische Maßnahmen
Auch auf dem Aggregationsniveau der langfristigen Angebots-Kurve können grundsätzlich zwei Möglichkeiten unterschieden werden, wie eine Expansion des Gesamtangebots bewirkt werden kann:

- Erhöhung der unabhängigen Variablen, hier des Gesamtangebots. Diese Strategie wird an den inländischen und ausländischen Komponenten von Y_s ansetzen,
- Verschiebung der Angebots-Kurve vom Ursprung weg nach außen, z.B. durch eine Erhöhung der kapazitätserweiternden Faktoren (Faktormenge und/oder Faktorqualität) oder einer Senkung von Faktorpreisen.

Die Verhaltensweisen der Akteure wirken sich auf Märkten (hier: Faktormärkten) aus, die für eine optimale Allokation der Faktoren sorgen. Die Aufgabe der Wirtschaftspolitik ist es, durch Ordnungspolitik dafür zu sorgen, dass die Funktionsfähigkeit dieser Märkte erhalten bleibt.

3.10 Aussagen und Aussagegrenzen

Kurzfristige und langfristige Analyse
Ich habe die keynesianischen und neoklassischen Hypothesen zum Arbeitsmarkt so interpretiert, dass sie keine paradigmatischen Gegensätze darstellen, sondern als Aussagen für die kurze und die lange Frist gelten. Dies ist wohl von den Autoren eher nicht so gedacht; dort sind tatsächlich gegensätzliche Paradigmen formuliert.[17] Kann man davon ausgehen, dass die Löhne (und Arbeitsbedingungen) kurzfristig (d.h. jährlich) von den Tarifparteien ausgehandelt werden und zu der Lohnuntergrenze Tariflohnniveau führen, und dass langfristig (über sechs Jahre und mehr) der Arbeitsmarkt wie ein Konkurrenzmarkt funktioniert oder Ergebnisse bringt, wie ein solcher? Die Antwort könnte im sog. Lohngap liegen.

Langfristiger Lohngap?
Als Lohngap bezeichnen wir den Unterschied zwischen Effektiv- und Tariflohn; Effektivlöhne sind diejenigen Geldlöhne, die tatsächlich bezahlt werden. Je knapper Arbeitskräfte sind oder je größer der Nachfragemengenüberschuss, desto eher liegen die Löhne beim Effektivlohnniveau, also am oberen Rand des Lohngaps. Innerhalb der Bandbreite des Lohngaps herrscht also ein Konkurrenzmarkt vor. Wenn langfristig ein Lohngap besteht, dann kann in begrenztem Maße von einem Konkurrenzmarkt ausgegangen werden. Eine wichtige Voraussetzung ist die langfristige Existenz eines Nachfragemengenüberschusses. Dieser scheint *generell*

---

[17] In dieser Weise lautete auch meine Interpretation in Makroökonomik, 6. Auflage.

nicht gegeben, aber sicher für eine ganze Reihe von Tätigkeiten, die durch hohe oder höhere Qualifikation gekennzeichnet sind. In der Tat sind Tariflöhne und Tarifverträge auch zum Schutz der Arbeitnehmer gedacht, die sich u.a. aus Gründen mangelnder Qualifikation gegenüber übermächtigen Verhandlungspartnern (Personalchefs) nicht behaupten können.

Ich ziehe daraus die Schlussfolgerung, dass eine wesentliche Bedingung für langfristige Vollbeschäftigung (hoher Beschäftigungsstand) darin liegt, für ein Bildungs- und Ausbildungssystem hoher Qualität zu sorgen.

Nochmals: Grundsätzliche Prämissenkritik
Dennoch kann ich die Sichtweise eines „Marktes" für Arbeitskräfte nicht akzeptieren. Neben diesem methodischen Vorgehen werden einige Prämissen gesetzt, die ebenfalls im Auge behalten werden müssen: Vollkommene Konkurrenz bei der Ableitung der Input-Regel, Gewinnmaximierung der Unternehmer, Reallohnabhängigkeit der Nachfrage nach Beschäftigten, Grenzproduktivitätsentlohnung der Arbeitskräfte, Homogenität der Arbeitskräfte, um die wichtigsten zu nennen. Ob mit diesen Annahmen die Arbeitsbeziehungen der Zukunft beschrieben werden, bezweifle ich sehr.

3.11 Lohn, Arbeit und Produktion: Die *Okun*-Kurve

Begründungen des Verlaufs
Arthur Okun hat für die Vereinigten Staaten von Amerika eine negativ geneigte (empirisch gut fundierte) Beziehung zwischen der konjunkturellen Arbeitslosenquote u_k und der Vollbeschäftigungslücke ($Y^* - Y$) aufgestellt. u_k ist dabei die Differenz zwischen der beobachteten Arbeitslosenquote u und der strukturellen u^*. Die Vollbeschäftigungslücke ist als Differenz zwischen der möglichen und der tatsächlichen Produktion (Bruttonationaleinkommen) definiert. Für das Nationaleinkommen oder Angebots-Nachfrage-Niveau verwenden wir Y. Dies ergibt die Kurve im u-Y-Diagramm, bei gegebenen u^* und Y^*: Die Kurve ist negativ geneigt, wenn man die Klammer ausmultipliziert und die Gleichung nach u auflöst.

$$u - u^* = \Omega \cdot \left(Y^* - Y \right)$$

u = beobachtete Arbeitslosenquote
u^* = strukturelle Arbeitslosenquote
Ω = „*Okun*"-Parameter
Y^* = Vollbeschäftigungs-Angebot-Nachfrage
Y = tatsächliche(s) Angebot, Nachfrage

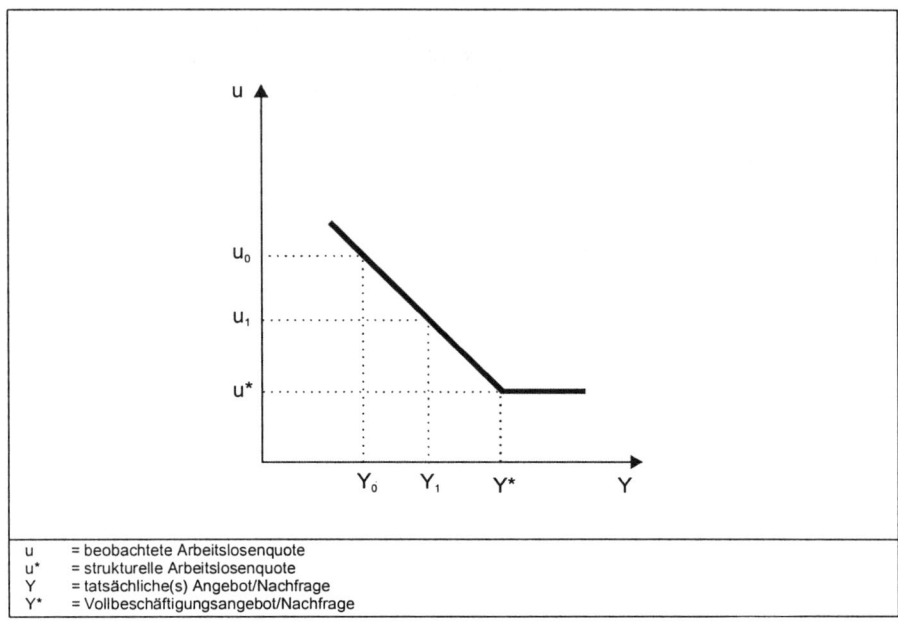

Abb. II.37 *Okun*-Kurve

Steigung der Okun-Kurve
Wie lässt sich die negative Neigung dieser Kurve begründen? Die Steigung
der *Okun*-Kurve hängt vom Verhalten der Unternehmer und Arbeitnehmer
ab. Und dieses wird durch das Anreizsystem erklärt (Ziel-, Regel-, Sanktions-
und Informationssystem). Die verwendbaren Beispiele entsprechen
denen, die ich für die Begründung der Steigung der Arbeitsnachfragefunktion
verwendet habe. Einige Ergänzungen können noch angebracht werden.
Wir gehen in der Abb. II.37 von der Situation Y_0/u_0 aus. Angenommen,
Y_0 steige auf Y_1 (z.B. durch eine Erhöhung der Staatsausgaben). Wie
werden die Unternehmen reagieren? Erhöhte Gesamtnachfrage bedeutet
steigende Auftragseingänge und höhere Produktion. Zunächst werden die
Unternehmen versuchen, unterausgelastete Kapazitäten zu beseitigen. Es
wird Kurzarbeit abgebaut, es werden Überstunden eingeführt. Vielleicht
entstehen Lieferzeiten, es bestehen Möglichkeiten kurzfristiger organisatorischer
Verbesserungen (oder Verschlechterungen der Qualität). Wenn
keine dieser Möglichkeiten mehr besteht, kann die Produktion nur noch
ausgedehnt werden, indem die Unternehmen zusätzliche Arbeitskräfte einstellen.
Warum ist die Einstellung von Arbeitskräften hier als die letzte
Möglichkeit dargestellt? Es könnte doch sein, dass neue Arbeitskräfte
wesentlich zu einer quantitativen und qualitativen Steigerung der Produktion
beitragen? Die wesentlichen Gründe habe ich ebenfalls bei der Dis-

kussion der Arbeitsnachfragefunktion vorgebracht. Würde man einen Unternehmer befragen, dann würde er wohl sagen: Wenn ich dauerhaft damit rechnen kann, dass die Produktion steigt, dann stelle ich neue Arbeitskräfte ein, denn beim heutigen und vergangenen sozialen Sicherungssystem in Deutschland muss ich damit rechnen, dass ich bei Drosselung der Produktion weder Kurzarbeit einführen noch Arbeitskräfte entlassen kann. Eine wesentlich Bedingung lautet also: Einstellungen bei positiven Zukunftserwartungen. Die Arbeitslosenquote

$$u = \left(\frac{N_s^* - N}{N} \right) \cdot 100$$

sinkt aber nur, wenn die ceteris paribus Bedingung eingehalten wird, wenn nämlich N_s^*, das Arbeitsangebot, konstant bleibt.

Okun-Kurve und keynesianische Beschäftigungsfunktion
Diese Argumentationskette ist bekannt aus dem ersten Teil: bei der *Okun*-Kurve (*ON*-Kurve) handelt es sich um nichts anderes als die mit der Arbeitslosenquote formulierte Beschäftigungsfunktion von *Keynes*; statt $N = N(Y_d)$ mit $dN/dY_d > 0$ nun

$$u = u(Y_d) \quad \text{mit} \quad \frac{du}{dY_d} \le 0$$

du/dY_d ist der *Okun*-Parameter Ω. Dieser Verhaltensparameter hängt – wie gesagt – ab von den individuellen Zielsetzungen der Unternehmen (Arbeitsnachfrager) und privaten Haushalte (Arbeitsanbieter), vom Regel-, Sanktions- und Informationssystem des Anreizsystems (vgl. Tab. I.10). Bei den individuellen Zielsetzungen dürfte Gewinnmaximierung, vor allem an Wirtschaftlichkeits- und Effizienzüberlegungen ausgerichtete Unternehmenspolitik die Realität in der Bundesrepublik gut beschreiben.

Deutsche und US-amerikanische Okun-Kurve
Die Steigung der *Okun*-Kurve ist nach der oben aufgeführten Schätzgleichung für die Bundesrepublik mit $\Omega = 0,03$ errechnet worden. Dagegen hat *Okun* für die USA ein Ω von 0,3 angegeben. Das bedeutet, dass eine einprozentige Erhöhung der Gesamtnachfrage in den USA die konjunkturelle Arbeitslosigkeit um 0,3% senkt, in der Bundesrepublik jedoch lediglich um 0,03%. Die US-*Okun*-Kurve verläuft in der Abb. II.37 steiler als die deutsche.

Nach den Gründen hierfür gefragt müssen vor allem die Unterschiede im Regelsystem (auch das soziale Netz) und im Produktivitätswachstum angeführt werden. Ist in den USA das „hire and fire", das Einstellen und Entlassen von Arbeitskräften für die Unternehmen (und z.T. auch für den öffentlichen Dienst) kein Problem (in Detroit werden bei einer Nachfrageschwäche für GM-Autos auch einmal 80.000 – 100.000 Arbeitskräfte entlassen – und im Auto-Boom wieder eingestellt), müssen sich in bundesdeutschen Unternehmen wegen Kurzarbeit oder Entlassungen die Vorstände mit Betriebs- und Personalräten oder – bei mitbestimmten Unternehmen – mit Arbeitnehmervertretern im Aufsichtsrat oder im Vorstand (Arbeitsdirektor) einigen. Andererseits sehen die Unternehmen oft nicht, dass soziale Sicherung wegen höherer Arbeitszufriedenheit auch höhere Grenzproduktivität bedeuten kann.

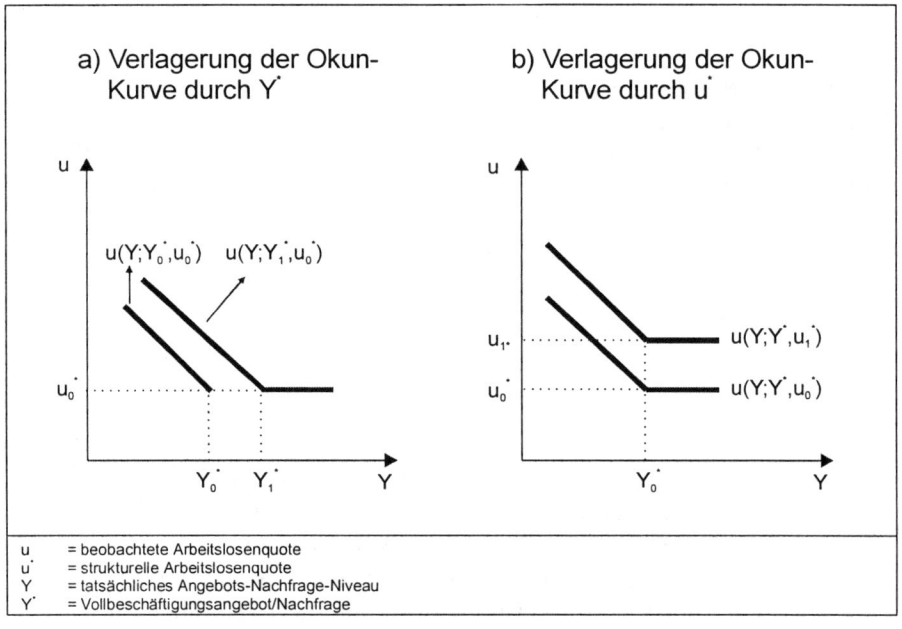

Abb. II.38 Verlagerung der *Okun*-Kurve

Lage der Okun-Kurve I: AN*
Aus der Gleichung für die *Okun*-Kurve werden die Lageparameter der *ON*-Kurve unmittelbar deutlich: Y^* und u^*. Mit Y^* ist das Angebots-Nachfrageniveau (Vollbeschäftigungseinkommen) bezeichnet, bei dem (konjunkturelle) Vollbeschäftigung herrscht. Eine weitere Ausdehnung ist durch eine Kapazitätssteigerung mit den verfügbaren Mengen und der vorhandenen

Qualität von Produktionsfaktoren nicht möglich. Dieses gesamtwirtschaftliche Produktionspotential bestimmt den Beginn des vollkommen unelastischen Bereichs der *Okun*-Kurve. Es wird durch Y^* festgelegt (Abb. II.38a); das ist die Beschäftigung bei Vollauslastung aller Produktionskapazitäten. Steigt Y^*, dann verschiebt sich die *Okun*-Kurve bei gleicher Steigung nach oben (vgl. Abb. II.38a), die strukturelle Arbeitslosenquote u^* bleibt gleich:

$$u^* = u_0^*$$

Lage der Okun-Kurve II: u^*
Der zweite Fall einer Verlagerung der *Okun*-Kurve tritt auf, wenn die strukturelle Arbeitslosenquote u^* steigt (bei Konstanz von Y^*). Die verschiedenen Arten von struktureller Arbeitslosigkeit lassen sich (in Anlehnung an *W. Franz*) mit „Mismatch"-Situationen kennzeichnen. Ein Mismatch bedeutet, dass die Struktur der Arbeitsnachfrage nicht zur Struktur des Arbeitsangebots passt. Strukturkriterien können sein: Sektor, Qualifikation, Region, Alter der Bevölkerung, eingesetzte Technik, Lohnhöhe, etc. dann lassen sich die folgenden Arten von Mismatches unterscheiden:

- Sektoraler Mismatch bedeutet, dass in schrumpfenden Wirtschaftszweigen (z.B. Textilindustrie) Menschen arbeitslos werden, die kurzfristig keinen Arbeitsplatz mehr finden. Oft liegt hier auch ein
- Qualifikations-Mismatch vor, der besagt, dass die Berufs- oder Qualifikationsstruktur des Arbeitsangebots mit der der Arbeitsnachfrage nicht übereinstimmt. Es werden z. B. EDV-Techniker gesucht, gleichzeitig gibt es eine Lehrerschwemme.
- Regionaler Mismatch heißt, dass in einer Region (z.B. in Baden-Württemberg) Arbeitskräfte einer bestimmten Qualifikation nachgefragt, in einer anderen (z.B. Bremen) aber angeboten werden. Sind diese Arbeitskräfte zu beruflichem und/oder familiärem Ortswechsel nicht bereit (Mobilitätsmangel), dann entsteht regionale Arbeitslosigkeit.
- Demografischer Mismatch bedeutet, dass Verwerfungen in der Altersstruktur der Erwerbspersonen auftreten. Z.B. bringen geburtenstarke Jahrgänge Anpassungsprobleme bei der Eingliederung ins Erwerbsleben mit sich.
- Ein Nachfrage-Mismatch liegt vor, wenn Verschiebungen in der Angebots-Nachfragestruktur auftreten. Werden z.B. Stahlrohre durch solche aus Kunststoffen ersetzt, dann werden Stahlarbeiter arbeitslos; oft finden diese nicht sofort wieder Arbeit (vgl. auch den sektoralen Mismatch).
- Ein Technologie-Mismatch bedeutet, dass die zur Produktion verwendeten Technologien nicht denen entsprechen, die von den Arbeitneh-

mern gewünscht werden. Wird in einem Betrieb eine arbeitssparende Technologie eingeführt, dann entsteht technologische Arbeitslosigkeit.

- Bei der sog. Mindestlohnarbeitslosigkeit klaffen die Vorstellungen der Arbeitsanbieter und -nachfrager in Bezug auf die Lohnhöhe auseinander. Wäre das Lohnniveau niedriger, dann würden die Unternehmen mehr Arbeitskräfte einstellen.

Diese Aufzählung von Arten der strukturellen Arbeitslosigkeit macht zweierlei deutlich: Erstens hängen viele dieser Ursachen miteinander zusammen. Zweitens lassen sich noch viele weitere Arten der strukturellen Arbeitslosigkeit bilden, sucht man nur entsprechende Strukturkriterien auf wie z.B. nach Bildung, Geschlecht, Staatsangehörigkeit, oder nach Vollarbeitszeit, Teilzeit, Wochenende, oder nach Unternehmensgröße.

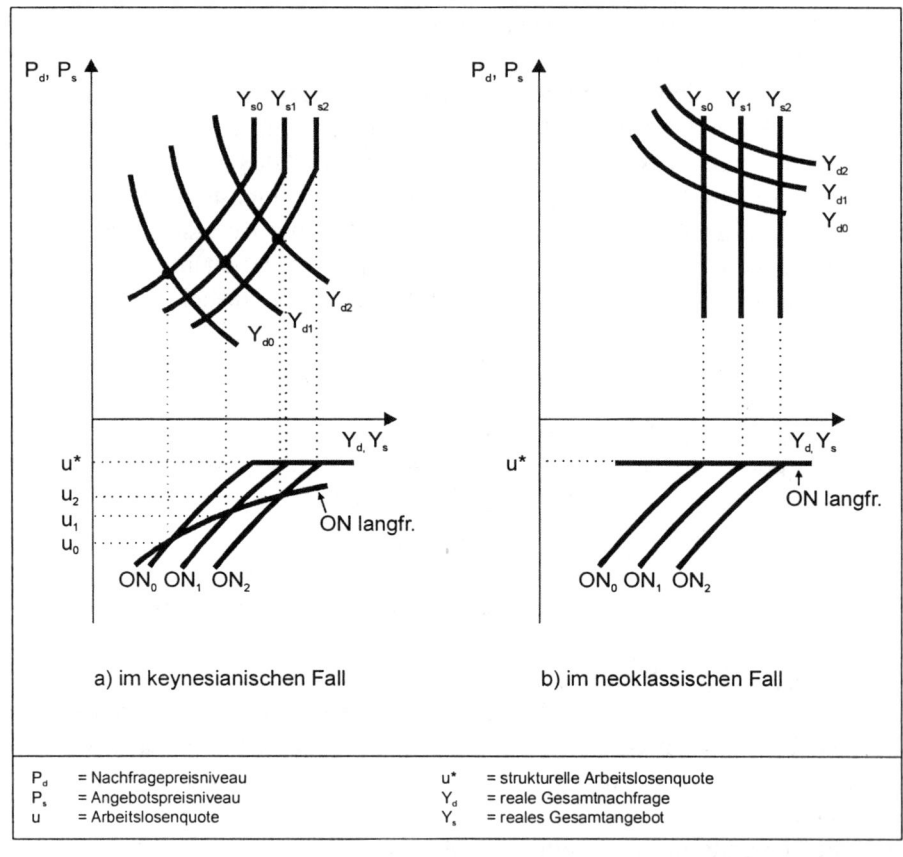

P_d	= Nachfragepreisniveau		u^*	= strukturelle Arbeitslosenquote
P_s	= Angebotspreisniveau		Y_d	= reale Gesamtnachfrage
u	= Arbeitslosenquote		Y_s	= reales Gesamtangebot

Abb. II.39 Langfristige *Okun*-Kurve

Bedeutung der strukturellen Arbeitslosigkeit

Die Arbeitslosenquote u setzt sich aus zwei Komponenten zusammen, einer konjunkturellen u_k und einer strukturellen u^* : $u = u_k + u^*$. In Jahren starker „konjunktureller Anspannung", d.h. bei stark ausgelasteten Produktionskapazitäten (sog. Boomphase der Konjunktur) müsste u_k Null sein; dann wird $u = u^*$. Betrachtet man solche Boomphasen, dann zeigt sich, dass u bis Anfang der siebziger Jahre bei 0,8% bis 1% lag, dann aber schubweise (mit den Konjunktureinbrüchen) anstieg. Es wird geschätzt (OECD), dass die strukturelle Arbeitslosenquote in Deutschland heute (um die Jahrtausendwende) ca. 80% ausmacht. Das bedeutet, dass sich die *Okun*-Kurve seit Mitte der 70er Jahre stark nach außen verlagert hat.

Kurzfristige und langfristige Okun-Kurve

Mit der *Okun*-Kurve (*ON*-Kurve) haben wir nun drei wichtige gesamtwirtschaftliche Aspekte erfasst. Erstens können wir nun die im Gesamtangebots-Nachfragediagramm (*P/Y*) ermittelten Gleichgewichtswerte für *Y* in Arbeitslosenquoten „übersetzen". Zweitens lassen sich in der Steigung der *ON*-Kurve und im Niveau der Arbeitslosenquote besonders gut die sozialen Aspekte der Wachstums- und Beschäftigungspolitik deutlich machen. Drittens haben wir mit der *Okun*-Kurve die theoretisch begründete und empirisch abgestützte Beziehung zwischen zwei wichtigen gesamtwirtschaftlichen Zielen, dem „hohen Beschäftigungsstand und stetigem, angemessenem Wirtschaftswachstum". Hier ist allerdings zu beachten, dass die *Okun*-Kurve einen kurzfristigen Zusammenhang wiedergibt, nämlich zwischen konjunktureller Arbeitslosenquote und Nachfrage.

Für den langfristigen Zusammenhang zwischen u und *Y* ist zu beachten, dass sich die *Okun*-Kurve verlagert. Bei Unterbeschäftigung verläuft der Wachstumsprozess mit einer Ausdehnung von *Y* auf einer langfristigen *Okun*-Kurve (dicke Kurve), die flacher ist als die kurzfristige (vgl. Abb. II.39a). Bei Vollbeschäftigung findet das Wachstum hingegen bei einer konjunkturellen Arbeitslosigkeit von Null auf der u^*-Linie statt (vgl. Abb. II.39b). Der Wachstumsprozess wird von einer Kapitalintensivierung getragen. In den beiden Abbildungen ist unterstellt, dass sich die strukturelle Arbeitslosigkeit u^* nicht verändert. Dies ist eine sehr unrealistische Annahme, denn wirtschaftliches Wachstum ist immer mit Strukturwandel verbunden. Davon bleibt natürlich auch u^* nicht unberührt.

Ansatzpunkte für wirtschaftspolitische Maßnahmen

Die Ansatzpunkte für Maßnahmen zur Erhöhung der Beschäftigung liegen in allen Politikbereichen: Umwelt-, Wirtschafts-, Verkehrs-, Bau-, Energie-, Bildungs- und Gesellschaftspolitik, etc. Üblicherweise wird die Querschnittsaufgabe einem Arbeits- und Sozialministerium zugewiesen, das damit strukturell überfordert ist. Grundsätzlich liegen die Ansatzpunkte für Maßnahmen auf drei Ebenen:

1. Veränderungen der unabhängigen Variablen (Erhöhung des quantitativen und materiellen Wirtschaftswachstums),
2. Veränderungen des Verhaltens der Akteure (Information, vorbildliche Aktionen, Gesetze, Verordnungen, Eigentumsrechte, Verträge, Steuer-Reform),
3. Veränderungen der autonomen Größen (Innovationen, Bildungssystem, Rentenalter, Senkung der strukturellen Arbeitslosigkeit, etc.).

Diese Maßnahmen können die *ON*-Kurve im *Y/u*-Diagramm nach links verlagern. Leider beobachten wir, dass sich die *Okun*-Kurve schubweise nach rechts und außen verlagert, weil die strukturelle Arbeitslosenquote steigt. Beschäftigung und Wirtschaftswachstum entkoppeln sich.

Antworten (zu den Fragen ab Seite 273)

1. Als Referenzdiagramm für die Ableitung dient ein P_s/Y_s-Diagramm. Auf den gegenüberliegenden Achsen der anderen Diagramme müssen dieselben oder identische Größen abgetragen werden.

2. Die institutionelle Ausgestaltung des Arbeitsmarktes als Verhandlungsprozess, die damit verbundene untere Begrenzung der Geldlöhne durch das Tariflohniveau (Flexibilität der Löhne nach oben und Starrheit nach unten), die Existenz von Arbeitsmarktgleichgewichten bei Unterbeschäftigung – in der kurzen Frist.

3. Weil die Lohnhyperbel Preisniveau und Reallohnniveau verknüpft, das Reallohnniveau auf dem Arbeitsmarkt erklärt wird und dieses über N bestimmt.

4. Kurzfristig passt sich der Arbeitsmarkt nicht an; es wird ein Gleichgewicht bei Unterbeschäftigung angenommen.

5. Die Steigung dieser Kurve wird im Fall der Produktionsfunktion von technischen Koeffizienten (Produktivitäten) und im Fall der Arbeitsnachfragefunktion vom Verhalten der Unternehmer bestimmt, und diese können mit Hilfe des Anreizsystems und seiner Subsysteme Ziele, Regeln, Sanktionen und Informationen erklärt werden.

6. Das sog. soziale Netz schlägt sich in den formalen Regeln und im Sanktionssystem des Anreizsystems nieder.

7. Die Lage der kurzfristigen Angebots-Kurve hängt von den autonomen Größen der Basisfunktionen ab: π, γ, K^* und w.

8. Faktormenge, Faktorqualität als kapazitätssteigernde Faktoren und Faktorpreis.

9. Bei der kurzfristigen Angebots-Kurve kann die unabhängige Variable, das Angebot erhöht (z.B. Importerhöhung), die Angebots-Kurve flacher gestaltet (Veränderung des Anreizsystems, insbesondere der Regeln und Sanktionen) und/oder nach

außen (vom Ursprung weg) verschoben (Kapitalbildung durch Investitionen, Qualitätsverbesserung durch Bildung, Ausbildung, Forschung und Entwicklung) werden.

10. Konkurrenzmarkt, Flexibilität der Löhne nach oben und unten, Vollbeschäftigungsgleichgewicht in der langen Frist.

11. Die Arbeitslosen unterbieten sich in ihren Lohnforderungen (vollkommene Konkurrenz) so lang, bis der Arbeitsmarkt wieder im Vollbeschäftigungsgleichgewicht ist.

12. Die langfristige, neoklassische Angebots-Kurve ist im P_s/Y_s-Diagramm eine in Bezug auf das Angebot vollkommen unelastischen Kurve. Dies liegt daran, dass der Konkurrenzmarkt für Arbeit stets für ein Vollbeschäftigungsgleichgewicht sorgt und somit immer mit vollausgelasteten Kapazitäten produziert werden kann.

13. Das so genannte soziale Netz (institutionelle Bedingung) ist aufgelöst.

14. Von Faktormengen und Faktorqualitäten.

15. Ausdehnung der Faktormengen und Faktorqualitäten sowie ordnungspolitische Maßnahmen, die die Lohnflexibilität (nach oben/unten) erhalten.

16. Zeigt den Zusammenhang der Ziele Wirtschaftswachstum und Beschäftigung auf. Die Beschäftigung wird mit Hilfe der Arbeitslosenquote dargestellt. Die Kurve ist dann negativ geneigt.

17. Das Verhalten der Arbeitsanbieter und Arbeitsnachfrager. Dieses wird durch das Anreizsystem bestimmt (Ziel-, Regel-, Sanktions- und Informationssystem).

18. Vollbeschäftigungseinkommen Y^* sowie strukturelle Arbeitslosenquote u^*.

19. Strukturelle Arbeitslosigkeit heißt, dass die Struktur des Arbeitsangebots nicht mit der Struktur der Arbeitsnachfrage übereinstimmt. Dadurch ergeben sich „Mismatches". Die Strukturkriterien bestimmen die Art der Mismatches. Dies sind Sektor, Alter, Region, Qualifikation, Technologie, Lohnniveau. Entsprechend unterscheidet man Sektorale Arbeitslosigkeit, demografische Arbeitslosigkeit, Qualifikationsarbeitslosigkeit, etc.

20. Veränderungen der unabhängigen Variablen, hier der Wachstumsrate des Bruttoinlandsprodukts (kompensatorisches Wachstum), Veränderung der Steigung (insbesondere Veränderungen des Regel- und Sanktionssystems) sowie Veränderungen der Lage (Maßnahmen zur Beseitigung der strukturellen Arbeitslosigkeit, z.B. der regionalen durch Mobilitätshilfen, der Qualifikationsarbeitslosigkeit durch Ausbildungs- und Bildungsmaßnahmen, der demografischen durch Veränderungen beim Austritts- und Eintrittsalter ins Erwerbsleben).

4 Das außenwirtschaftliche System

4.1 Überblick

Das Theorem der komparativen Kostenvorteile und traditionelle Außenwirtschaftstheorie

Freihandel ist immer gut, so sagt die herrschende Lehre. Dieses „Immer" wird regelmäßig vorgebracht, seitdem vor fast 200 Jahren das Theorem der komparativen Kostenvorteile von *David Ricardo* Eingang in die Theorie des Außenhandels gefunden hat. *Ricardo* zeigt, dass sich Außenhandel für ein Land auch dann positiv auf die Wohlfahrt auswirkt, wenn es gegenüber einem anderen Land in der Produktion vergleichbarer Produkte mit höheren Kosten rechnen muss, als sein Konkurrent. Obgleich dieses Theorem unter so vereinfachenden Annahmen abgeleitet wurde (ausführlicher siehe unten), dass die Prämissen mit der Realität wirklich überhaupt nichts mehr zu tun haben, wird dieses Ergebnis wie eine Monstranz in der Prozession den Aussagen über den Außenhandel vorangetragen.

Die traditionelle Außenhandelstheorie ist mit ihrem realen Zweig sehr durch solche stark vereinfachenden Annahmen gekennzeichnet. Allerdings sind die Fragestellungen, die die Außenhandelstheorie lösen soll, nicht trivial: Sowie man die Analyse über den Zwei-Länderfall ausdehnt, kommt man (wie in der Oligopoltheorie) zu sehr komplexen Darstellungen. Die monetäre Theorie, die sich mit Zahlungsbilanzausgleich und Wechselkursen befasst, zeigt realistischere Ergebnisse.

Globale Makroökonomik?

Seit Mitte der 1990er Jahre wird immer mehr von „Globalisierung" gesprochen, ja, von einigen als gefährliches Gespenst an die Wand gezeichnet. Die raschen Fortschritte bei den internationalen Kommunikationssystemen machten es möglich, insbesondere Finanztransaktionen, aber auch Dispositionen über Beschaffung, Produktion, Wissen etc., auf globalen Märkten zu organisieren. Diese globalen Märkte „sind somit definiert als der Prozess zunehmender globaler Verflechtung von Märkten und nationalen Ökonomien, angetrieben durch wettbewerbsorientierte Interaktionen privatwirtschaftlicher Akteure, durch steigende Faktormobilität und sinkende Transaktionskosten" (*Schirm*, 1999, S. 482). Es wird befürchtet, dass die weltweit agierenden privaten Unternehmen den Einfluss der Nationalstaaten auf Wirtschaft und Gesellschaft aufheben und somit den individuellen Akteur zu einem Spielball globaler (und anonymer) Mächte machen. Man sollte die Kirche im Dorf lassen. Einerseits dürfen wir natürlich die neuen Entwicklungen nicht vernachlässigen und verharmlosen. Insofern ist die Makroökonomik heute viel mehr eine globale Makroökonomik, als vor einem Jahrzehnt. Andererseits ist ein großer Teil der produzierten Güter international nicht handelbar (z.B. viele Dienstleistungen) und der einzelne Mensch ist sehr stark institutionell und örtlich verhaftet. Schließlich gehen über 60% der deutschen Exporte in EU-Länder, und nicht in die globale Welt. Bei Finanztransaktionen ist aber in der Tat eine neue Qualität zu beachten. Insbesondere durch die zurückgehende Bedeutung von international handelbaren Gütern im Vergleich zu den nicht-handelbaren (wie Dienstleistungen) gewinnen Finanztransaktionen auch relativ an Bedeutung.

Internationale Politische Ökonomie
Die Theorie der Außenwirtschaft ist auch deshalb in die Kritik geraten, weil viele ihrer Vorhersagen in der Realität nicht eingetroffen sind. Warum ist der Welthandel nicht schon längst vollkommen liberalisiert, wenn kein Zweifel daran besteht, dass Freihandel den Wohlstand aller steigert? Vielfältige Unvollkommenheiten (i.S. einer Marktsicht), aber auch die rein ökonomische Sichtweise sind hierfür verantwortlich. Die Realität lässt sich aber offensichtlich mit der ökonomischen Brille nur unvollständig erkennen. Politik (und Gesellschaft) spielt eine wesentliche Rolle. Diese Sichtweise, Unvollkommenheiten und Heterogenität der Akteure werden von der Neuen Politischen Ökonomie herausgestellt. Diese Erkenntnisse kann man sehr fruchtbar auf die internationale Ökonomie übertragen.

Umwelt und Soziales
Das Credo des Freihandels ignoriert die sozialen und natürlichen Bedürfnisse des Menschen und die Qualität der natürlichen Lebensgrundlagen. Der immer mehr steigende Austausch von Gütern, Dienstleistungen und Kapital zwischen den Ländern wirkt kontraproduktiv, wenn bestimmte Schwellenwerte überschritten werden. Diese Wirkungen lassen sich in (externen) Kosten ausdrücken, die die langfristige Entwicklung der Lebensqualität hemmen. Ist es z.B. sinnvoll, dass „die Amerikaner dänische Kekse und die Dänen amerikanische" austauschen? „Der Austausch der Rezepte wäre sicherlich wirtschaftlicher" (*Daly*, 1994, S. 41). Wirtschaftlichkeit wird dabei als ein Konzept verstanden, das alle Kosten berücksichtigt, die internen und die externen. Es geht bei diesen Fragen nicht darum, dass „unverbesserliche Protektionisten" (so wurden die Demonstranten bei der Tagung der Welthandelsorganisation WTO in Seattle 1999 genannt) gegen den „Fortschritt" Sturm laufen, sondern es geht darum, dass die Zustände und Prozesse der Welt nicht nur ökonomisch betrachtet

werden können (obgleich sie letztlich auch wiederum „kosten"wirksam werden, wenn auch nicht in monetären Einheiten).

Internationale Theorie und Politik
Eine breite Sicht außenwirtschaftlicher Beziehungen kann nicht nur mit der rein ökonomischen Brille betrachtet werden; sie kann sich aber bewährter ökonomischer Methoden bedienen, um Zusammenhänge zu analysieren und Fragestellungen zu beantworten. Dies zu vermitteln, ist ein wichtiges Ziel meiner Darstellung in diesem Buch. Es kann also nicht darum gehen, auch nur näherungsweise die wichtigsten Ergebnisse der Außenwirtschaftstheorie darzustellen, wie sie z.B. *Klaus Rose* in seinem erfolgreichen Lehrbuch auf fast 1.000 Seiten ausbreitet. Es geht mir darum, das Terrain vorzustellen. Wichtige Wegmarken für dieses Terrain bilden die institutionellen Rahmenbedingungen, die Weltwirtschafts- und die Weltwährungsordnung.

Fragen

1. Was bedeutet globale Makroökonomik?

2. Was versteht man unter Weltwirtschaftsordnung und welche Organisationen stützen sie?

3. Wie wirken Umwelt- und Sozialstandards auf den internationalen Handel?

4. Welche wichtigen Organe tragen die Europäische Union?

5. Was versteht man unter Weltwährungsordnung und welche Organisationen stützen sie?

6. Wie heißt die offizielle internationale Währung und wie wird sie geschaffen?

7. Wie ist die EZB organisiert und welche Ziele hat sie?

8. Welche Stufen sind für die Europäische Währungsunion vorgesehen?

9. Wie lauteten die Konvergenzkriterien vom Mai 1998?

10. Welche Wechselkurssysteme gibt es?

11. Wie lässt sich ein Devisenmarkt beschreiben?

12. Wovon hängt das Devisenangebot ab?

13. Wovon hängt die Devisennachfrage ab?

14. Wie kann der Aufwertungsdruck einer Währung erklärt werden?

15. Was besagt die Kaufkraftparitätentheorie?

16. Wie reagiert die Zentralbank in einem festen Wechselkursregime, wenn der Wechselkurs den oberen Interventionspunkt berührt?

17. Welche neueren Entwicklungen bestimmen die Devisenmärkte?

18. Wovon hängt der internationale Handel ab?

19. Was besagt die Theorie der komparativen Kosten?

20. Welcher Unterschied besteht zwischen der realen und der monetären Theorie der Außenwirtschaft?

21. Welchen Einfluss hat die Globalisierung auf Produktion und Direktinvestitionen?

22. Welchen Einfluss hat die Globalisierung auf die Finanzmärkte?

23. Welche Konsequenzen ergeben sich aus der Globalisierung?

24. Was besagt die *ZB*-Kurve und wie wird sie abgeleitet?

25. Wie lauten die Determinanten der Nettokapitalexporte?

26. Wovon hängen Steigung und Lage der *ZB*-Kurve ab?

27. Was bedeutet internes und externes Gleichgewicht?

28. Wie wirkt der Wechselkursmechanismus auf Ungleichgewichte der Leistungsbilanz?

29. Wie wirkt der Einkommensmechanismus auf Ungleichgewichte der Leistungsbilanz?

30. Wie wirkt der Geldmengen-Preis-Mechanismus auf Ungleichgewichte der Leistungsbilanz?

31. Wie wirkt der Zinsmechanismus auf Ungleichgewichte der Leistungsbilanz?

32. Was versteht man unter diskretionären Maßnahmen?

33. Was versteht man unter internationaler politischer Ökonomie?

34. Warum verfolgen nicht alle Länder Freihandel und beseitigen alle Handelshemmnisse?

35. Warum zahlen Länder Entwicklungshilfe?

36. Wie kann man die Plünderung von Rohstoffen und internationalen Umweltgütern verhindern?

4.2 Der institutionelle Rahmen: Weltwirtschafts- und Weltwährungsordnung

Weltwirtschaftsordnung
Für den möglichst störungsfreien Handel zwischen den Ländern der Welt bedarf es klarer Regeln und Institutionen, nämlich einer Weltwirtschaftsordnung. Der Ausgangspunkt besteht in zahlreichen Beschränkungen des internationalen Handels durch Zölle und nicht-tarifäre Handelsbeschrän-

kungen. Wenn die Grundaussage der Außenwirtschaftstheorie richtig ist, dass internationaler Handel die wirtschaftliche Wohlfahrt aller beteiligten Länder erhöht, und davon kann man ausgehen, dann müssen Zölle und andere Beschränkungen des Freihandels abgebaut werden. Zur Förderung des Freihandels einigten sich wichtige Länder schon vor Ende des zweiten Weltkriegs auf das GATT (General Agreement on Tariffs and Trade). Mit diesem internationalen Handelsabkommen wurde in verschiedenen Zollrunden ein kollektiver Zollabbau erreicht. Die wichtigste Runde war wohl die sog. Kennedy-Runde (1962). Bei diesen Zollrunden wurde durchweg die Meistbegünstigungsklausel angewandt: Mit einem Handelpartner ausgehandelte Zollpräferenzen müssen auch für alle Drittländer gelten. Die letzte Zollrunde fand 1994 in Uruguay statt.

GATT 1994	GATS	TRIPS
General Agreement on Tariffs and Trade	General Agreement on Trade in Services	Agreement on Trade-Relates Aspects of Intellectual Property Rights
Warenhandel	Dienstleistungen	Urheberrechte und geistiges Eigentum
Einbeziehung von „Sonderabkommen" • Agrarabkommen • Textilien, Bekleidung • Direktinvestitionen	Ausdehnung der GATT-Grundsätze auf Dienstleistungen („Rahmenabkommen")	Mindestvorschriften (z.B. Urheberrechte 50 Jahre; Rundfunksendungen 20 Jahre; Patente, Lizenzen 20 Jahre)
Präzisierung von • Anti-Dumping-Regeln • Ursprungsregeln • Normenkodex • Subventionskodex	Präzisierung u.a. für • Banken / Versicherungen • Telekommunikation • Seeverkehr • Audio-visuelle Dienste	Präzisierung für • Marken / Muster / Design • Halbleitertopographie • Betriebsgeheimnisse • Herkunftsangaben

Quelle: *Clement/Terlau*, Tab D.42, S. 390

Tab. II.8 Säulen der neuen Welthandelsordnung

Am 15.4.1994 wurde das GATT-Abkommen auf eine neue Basis gestellt. „Wichtigste Neuerung ist, daß das GATT als internationaler Handelsvertrag in eine völkerrechtlich eigenständige Welthandelsorganisation (WTO) überführt wurde" (*Clement/Terlau*, 1998, S. 390). Die Welthandelsorganisation WTO (World Trade Organisation) hat die Aufgaben des GATT übernommen und soll insbesondere die Beschlüsse der Uruguay-Runde überwachen und umsetzen sowie die neuen Verhandlungsrunden organisieren. Die drei Hauptsäulen der neuen Welthandelsordnung bilden GATT, GATS und TRIPS (Tab II.8).

Die UNESCO als Organisation für Erziehung, Wissenschaft und Kultur wird in Zukunft an Bedeutung gewinnen.

Fehlende Umwelt- und Sozialstandards

In den drei Säulen fehlen zwei weitere, nämlich der Schutz der natürlichen Lebensgrundlagen und die Entwicklung der sozialen Schutzrechte. Dies ist das große Manko der WTO. Dazu *Hermann Daly* (1994, S. 42):

„Der internationale Handel verschärft den Wettbewerb, und dieser senkt die Kosten. Doch der Wettbewerb vermag auf zwei Arten Kosten zu mindern: durch erhöhte Wirtschaftlichkeit oder über gesenkte Standards. Eine Firma kann Geld sparen, indem sie ihre Standards für Umweltschutz, Sicherheit am Arbeitsplatz, Löhne, Gesundheitsfürsorge und so weiter herabsetzt – und damit einen Teil der Kosten externalisiert. Ein Unternehmen, das im Wettbewerb steht und nach maximalem Gewinn strebt, sucht seine Kosten stets so weit wie nur möglich zu externalisieren. Darum unterhalten die Staaten große Rechts-, Verwaltungs- und Kontrollapparate, die verhindern sollen, dass die heimische Industrie ihre sozialen und ökologischen Standards herabsetzt. Doch auf internationaler Ebene existiert bis auf wenige Vereinbarungen nichts Vergleichbares; es gibt vor allem höchst unterschiedliche nationale Gesetze. Damit ermuntert der internationale Freihandel die Industrie, ihre Produktion in die Länder mit den niedrigsten Standards der Kosteninternalisierung zu verlagern – und das ist kaum der rechte Ansatz für globale Wirtschaftlichkeit."

Der wesentliche Grund für die Vernachlässigung von sozial-ökologischen Zielen liegt darin, dass die neoklassischen Ökonomen, die nach wie vor internationale Organisationen wie IMF, Weltbank und WTO dominieren, glauben, dass der Zugriff zu den natürlichen Quellen und Senken beliebig und die Menschen reine Produktionsfaktoren sind wie eben Maschinen.

„Es ist, als würden die Biologen glauben, jedes Tier hätte zwar ein Kreislaufsystem, aber weder einen Verdauungstrakt noch Lungen. Ein solches Wesen wäre von seiner Umwelt unabhängig, und seine Größe wäre beliebig" (*Daly*, 1994, S. 44).

Es ist offensichtlich, dass der Mensch in der Wissensgesellschaft der Zukunft dominieren wird, und dass dieser hochqualifizierte Geistesarbeiter immer größeren Wert auf eine angemessene Lebensqualität legen wird. Dazu gehört wesentlich, dass die natürlichen Lebensgrundlagen gesund erhalten werden.

Die Europäische Union

Die Europäische Union ist aus den Römischen Verträgen (1957) entstanden, mit denen die Europäische Wirtschaftsgemeinschaft gegründet wurde. Heute gehören der EU 15 Länder an (Deutschland, Frankreich, Italien, Großbritannien, Spanien, Portugal, Irland, Belgien, Niederlande, Luxemburg, Finnland, Dänemark, Schweden, Österreich, Griechenland); Erweiterungsverhandlungen finden seit 1998 statt mit Polen, Tschechien, Ungarn, Estland, Slowenien, Cypern. Wichtigste Organe sind das Europäische Parlament, der Ministerrat, die Europäische Kommission und der Europäische Gerichtshof. Das Parlament wird in allgemeinen freien Wahlen gewählt, hat aber kein Budgetrecht (eingeschränkte Mitsprache über Veto). Die institutionelle Ausgestaltung der EU-Organe ist dringend reformbedürftig, insbesondere in Bezug auf das große Gewicht des Agrarmarktes, im Hinblick auf die Erweiterung der EU und für die Weiterentwicklung zur Politischen Union. Die EU ist außerordentlich schwerfällig; das Gemeinschaftsrecht umfasst über 25.000 Rechtsakte, dies betrifft insbesondere den Agrarbereich. Die Kommission bildet den Motor der Gemeinschaft, sie ist mit 20 Kommissaren mit je einem Kabinett, 24 Generaldirektionen, insgesamt ca. 18.000 Beamten (davon allein $^1/_3$ Übersetzer) ein sehr schwerfälliger, ebenfalls reformbedürftiger Apparat.

Weltwährungsordnung: IWF und Weltbank

Wie kann der Welthandel finanziert werden? Der Internationale Währungsfond IWF (und die Weltbank) wurden 1944 im nordamerikanischen Bretton Woods gegründet, als die (westlichen) Siegermächte über die Neuordnung des Weltwährungssystems verhandelten. Der IWF und die Weltbank (Internationale Bank für Wiederaufbau und Entwicklung) sind Sonderorgane der UN-Vollversammlung.

Bis 1973 war nach dem in Bretton Woods ausgehandelten Weltwährungs-System der US $ die internationale Zahlungseinheit, fest gebunden an Goldreserven und fest verbunden mit allen anderen (konvertierbaren) Währungen (festes Wechselkurssystem mit Gold-Devisen-Standard). Dieses Weltwährungssystem beruhte auf einer stabilen Wirtschafts- und Währungspolitik der USA. Insbesondere nach dem Vietnam-Krieg haben die Vereinigten Staaten den Stabilitätspfad aber verlassen, und durch den Druck von Inflationsdollars eine weltweite Inflation verursacht. Am 15.8.1971 wurde der US $ um 10% abgewertet, für eine internationale Leitwährung der Anfang vom Ende.

Obgleich der US $ für bestimmte Geschäfte (z.B. Rohstoffhandel) nach wie vor die internationale Währung darstellt, sind seit 1967 die Sonderziehungsrechte (SZR) des IWF die offizielle Weltwährung; sie dienen dazu, die Expansion des Welthandels zu finanzieren. Die SZR stellen zusätzliche

Verschuldungsmöglichkeiten eines Landes beim IWF dar. Auf 25% seiner IWF-Quote kann ein Land sofort zugreifen (Gold-Tranche), weitere Verschuldung ist i.d.R. mit Auflagen des IWF verbunden (z.B. ein explizites Gesundungsprogramm der Wirtschaft). Die Sonderziehungs-Quote besteht zu 25% aus einer Einlage in Gold (oder US $), zu 75% aus eigener Währung. Sie hängt zudem ab vom Anteil des Landes am Welthandel sowie von seinem BIP. Die SZ-Quote von Deutschland liegt bei 5,7%, ähnlich Frankreich und Großbritannien. Wenn sich die Rückzahlungen des Kredits verzögern, können Auflagen folgen; bei fundamentalen Zahlungsbilanz-Ungleichgewichten ist eine Abwertung der Landeswährung bis 10% möglich.

Die Weltbank stellt insbesondere Entwicklungsländern Kredite für die langfristige Konsolidierung ihrer Wirtschaften zur Verfügung.

Europäische Zentralbank (EZB)

Die Europäische Zentralbank nahm am 1.1.1999 als Nachfolgeorganisation des Europäischen Währungsinstituts in Frankfurt am Main ihre Arbeit auf. Erster Präsident beider Organisationen ist der ehemalige Präsident der niederländischen Zentralbank *Wim Duisenberg*. Der Präsident steht dem Europäischen Zentralbankrat vor, der weitgehend nach dem Vorbild der Deutschen Bundesbank gestaltet wurde: Vizepräsident, vier weitere Mitglieder (aus dem Direktorium) und die Präsidenten der Zentralbanken der (am Euro teilnehmenden) Mitgliedsländer. Die Zielsetzung der EZB besteht in der Wahrung der inneren (Preisniveau) und äußeren (Währung) Stabilität. Die EZB ist institutionell, operativ, personell und finanziell unabhängig (*Clement/Terlau*, 1998, S. 240). Die nationalen Zentralbanken der am Euro teilnehmenden Mitglieder sind in diesem zweistufigen Zentralbanksystem der EZB als regionale Banken nachgeordnet.

Der Euro

Die Einführung des Euro hat eine (lange) Vorgeschichte und war nicht einfach durchzusetzen, obgleich die Argumente für eine einheitliche Währung in Europa überwältigend sind: Wegfall der Wechselkursunsicherheit, Erleichterung und Verbilligung des internationalen Zahlungsverkehrs, Vergleichbarkeit der Preise in den verschiednen Regionen (Transparenz). Außerdem wickeln alle betreffenden Länder den Großteil ihres Handels mit EU-Mitgliedsländern ab: Belgien und die Niederlande 80% und 75 %, Frankreich und Deutschland mit 64% und 62%, und sogar Großbritannien mit 58% (alle Daten für 1996).

Die Vorgeschichte der Währungsunion beginnt schon mit dem sog. *Werner*-Plan von 1970, der eine stufenweise Einigung der europäischen Länder vorsah, aber in der Abstimmung scheiterte. Diese Kontrahenten gab es auch bei der Einführung des Euro wieder, nur mit anderen Namen. Die Monetaristen, die die rasche Währungsunion wollten, gingen davon aus, dass eine einheitliche Währung ökonomische, gesellschaftliche und politische Zwänge ausüben würde, die zu einem funktionierenden Wirtschaftsraum führen würden. Die sog. Ökonomisten sagten (damals), dass zuerst die Wirtschaftspolitiken (und Strukturen) angeglichen werden müssten, sollte das Projekt nicht scheitern. Damals haben die Ökonomisten gewonnen, jetzt bei der Einführung des Euro die Monetaristen.

1. Stufe ab Juli 1990	Vorbereitungsphase
2. Stufe ab August 1994	Konvergenzphase
3. Stufe ab Mai 1998	Übergangsphase A: Schaffen eines Rechtsrahmens Die Entscheidung über die Teilnahmeländer an der Europäischen Währungsunion. Die Voraussetzungen dafür sind die „Konvergenzkriterien".
3. Stufe ab 1. Januar 1999	Übergangsphase B: Gründung der EZB Die Europäische Zentralbank (EZB) und das Europäische System der Zentralbanken (ESZB) werden eingerichtet. Beginn der Herstellung von Euro-Banknoten und – Münzen. Der Euro wird eine eigenständige Währung. Der Umrechnungskurs der DM zum Euro wird festgelegt. Die Währungsumstellung im Banken- und Finanzbereich beginnt. EZB übernimmt die Zuständigkeit für die Geldpolitik.
3. Stufe ab 1. Januar 2002	Übergangsphase C: Umstellung der gesetzlichen Zahlungsmittel zum Euro Der Umtausch von DM in Euro-Banknoten und – Münzen beginnt. Die Konten werden umgestellt.
Ab 1. Juli 2002	Die DM verliert ihre Gültigkeit.

Tab. II.9   Phasen zur Einführung des Euro im Europäischen Währungssystem

Die Einführung des Euro von 1999 knüpft an das Europäische Währungssystem an, in dem eine Kunstwährung Ecu mit den Währungen der Teilnehmerländer verknüpft war. Die Europäische Währungsunion soll nach dem am 1.2.1992 unterschriebenen und am 1.11.1993 von den Teilnehmerländern ratifizierten Vertrag von Maastricht in drei Stufen verwirklicht werden (vgl. Tab. II.9).

Konvergenzkriterien
Der Beginn der 3. Stufe war sehr kritisch, denn damit wurden mit sog. Konvergenzkriterien die Teilnahmebedingungen für den Euro festgelegt:
- Stabiles Preisniveau, das höchstens 1,5% über dem Durchschnitt der drei preisstabilsten Länder liegen durfte,
- moderate Zinsdifferenzen, d.h. die langfristigen Zinsen durften höchstens 2% über dem Durchschnitt der drei preisstabilsten Länder liegen,
- Stabilität der Wechselkurse, d.h. seit zwei Jahren sollte das betreffende Land am EWS teilgenommen haben,
- Haushaltsdefizit: das jährliche Haushaltsdefizit sollte unter 3% des BIP des Landes betragen,
- Gesamtverschuldung: die gesamten Staatsschulden sollten unter 60% des BIP liegen.

Letztlich sind alle Länder der EU, außer Dänemark, Griechenland und Großbritannien der Europäischen Währungsunion beigetreten.

4.3 Der Devisenmarkt

Begriffe
Das Verhältnis zweier Währungen wird i.d.R. mit einem Wechselkurs ausgedrückt: das ist die Inlandswährung (z.B. DM), bezogen auf die Auslandswährung (z.B. US $). Der Wechselkurs der DM lag in Bezug auf den US $ Ende 1999 bei etwa 2 DM/US $. Das Reziprok dieses Wertes ist der Devisenkurs, im genannten Beispiel 0,5 US $/DM. Der Euro ist seit seiner Einführung als Devisenkurs definiert: 1,17 US $/€. Ende 1999 lag der Eurokurs bei etwa pari, also bei 1 US $/€ mit sinkender Tendenz.
Man kann drei Wechselkurssysteme unterscheiden:
- Freie Wechsel- oder Devisenkurse bilden sich aus Devisenangebot und Devisennachfrage an der Devisenbörse; hier haben wir es mit den Bedingungen eines vollkommenen Marktes zu tun (Abb. II.40a),
- feste Wechsel- oder Devisenkurse bilden sich innerhalb einer offiziellen Bandbreite (zwischen oberem und unterem Interventionspunkt) aus Devisenangebot und -nachfrage; wenn der Kurs sich einem Band nähert

oder es berührt, greifen die für die Devise „zuständigen" Zentralbanken ein (Abb. II.40b),

- floatende Wechsel- oder Devisenkurse bilden sich innerhalb impliziter, inoffizieller Bandbreiten aus Devisenangebot und -nachfrage; mit dem so genannten „schmutzigen" Floaten greifen Zentralbanken zur Kurspflege ein.

Der Devisenmarkt ist ein Punktmarkt, der durch Devisenbörsen an zahlreichen Orten der Welt existiert. Diese Devisenbörsen sind durch effiziente Kommunikationssysteme international vernetzt, so dass man von einem globalen Devisenmarkt sprechen kann, der Rund um die Uhr funktioniert. Wichtige Plätze sind New York, London, Frankfurt a.M. und Tokio. Devisenhändler bieten Devisen an und fragen Devisen nach. Die Händler sind jeweils mit allen wichtigen Bankplätzen der Welt durch Stand-by-Telefone oder elektronische Kommunikationsmittel mit Bildschirmen verbunden.

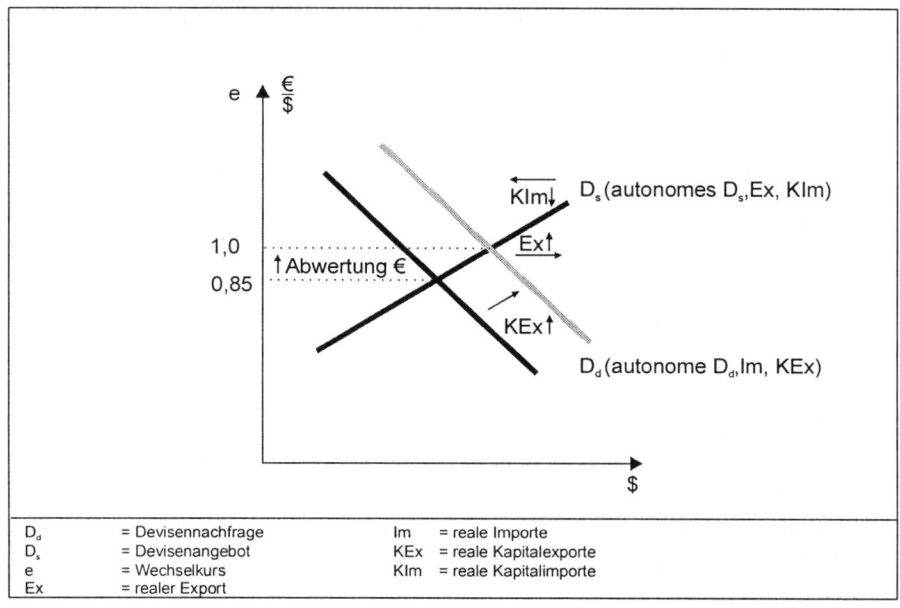

D_d	= Devisennachfrage	Im	= reale Importe
D_s	= Devisenangebot	KEx	= reale Kapitalexporte
e	= Wechselkurs	KIm	= reale Kapitalimporte
Ex	= realer Export		

Abb. II.40a Devisenmarkt – freie Wechselkurse

Determinanten von Devisenangebot und -nachfrage
Gehen wir von einem flexiblen Wechselkurs-System aus (Abb. II.40a). Der Wechselkurs *e* in der Abbildung II.40a €/US $ hängt von Devisenangebot und Devisennachfrage ab. Die Devisenangebotskurve verläuft im Diagramm positiv ansteigend: Je höher der Devisenkurs, desto höher ist das Angebot für die entsprechende Devise, hier den US $. Die Devisennach-

fragekurve verläuft wie alle Nachfragekurven negativ geneigt. Wovon hängen diese Kurven ab? Die Steigungen werden bestimmt vom Verhalten der Devisenanbieter und -nachfrager auf dem Devisenmarkt, die sich durch die Devisenhändler artikulieren. Makro-ökonomisch hängt die Devisennachfrage ab von den Warenimporten und Kapitalexporten, das Devisenangebot von den Warenexporten und den Kapitalimporten, beide Kurven zusätzlich von autonomen Größen. Entscheidend ist, wie diese Zahlungsbilanzpositionen (vgl. zu den Definitionen Kapitel I.4.3.4) erklärt werden und welchen Erklärungsanteil die aktuellen Daten und die erwartete Entwicklung hat.

Determinanten des Devisenangebots
Die Warenexporte hängen von den reziproken terms of trade ab, $Ex = Ex$ $(1/tot)$, wobei $tot = P(€)/P_{Aus}(\$)\cdot e$. Damit kann man langfristig sagen, dass die Preisverhältnisse oder die relativen Inflationsraten zwischen den Ländern die Exporte eines Landes oder einer Region bestimmen. Sind z.B. die Inflationsraten in den Ländern der EU geringer als in den USA, und zwar die aktuellen und die erwarteten, dann werden die Exporte der EU in die USA steigen. Die Devisenangebotsfunktion verlagert sich dann in Abb. II.40a nach rechts vom Ursprung des Diagramms weg. Ergänzend muss gesagt werden, dass neben den Preisverhältnissen natürlich die Determinanten des Exports eine Rolle spielen, die in dem Determinantenbündel „autonome Exporte" enthalten sind. Das sind z.B. die Qualität der Exportgüter, die Lieferfähigkeit, die Betreuung der Exportländer durch die Exportabteilungen in den heimischen Firmen, die öffentliche Förderung der Exporte (z.B. durch Hermes-Bürgschaften oder Außenhandelspolitik). In Bezug auf die Erwartungen geht es auch um die Einschätzung der Wirtschaftslage und -entwicklung des Exportlandes. Dies schlägt sich im Terminkurs e_t nieder.
Die Kapitalimporte hängen – wie wir später sehen werden – von den relativen Zinssätzen, den erwarteten Wechselkursen (Auf- und Abwertungen) und den Transaktionskosten ab: $KIm(i_{Aus}/i, e_t,$ Transaktionskosten). Je höher der inländische Zins im Vergleich zum ausländischen, je stärker die Aufwertungserwartungen der eigenen Währung (€) oder die Abwertungserwartungen der Auslandwährung (US \$), also je höher $(e_t-e)/e$, wobei $e =$ €/US \$, und je geringer die Transaktionskosten, desto höher sind die Kapitalimporte. US \$-Kapitalbesitzer in den USA werden also dann ihr Kapital in die EU importieren, wenn die Zinsen in der EU höher sind als in den USA, wenn sie nach der Anlagefrist die € mit mehr US \$ (US \$-Abwertung) zurücktauschen können, und wenn die Gewinne aus diesen beiden Posten die entstehenden Transaktionskosten (Maklergebühren, Bankenprovisionen) übersteigen. Insbesondere bei den Kapitalanlegern

werden Überlegungen über die zukünftige politische, soziale und wirtschaftliche Stabilität des Anlagelandes (Risikoprämie) eine wichtige Rolle spielen (Erwartungen). Steigen die Kapitalimporte, dann verlagert sich die Devisenangebotskurve ebenfalls nach rechts.

Autonome Faktoren spielen beim Devisenangebot ebenfalls eine Rolle, insbesondere die Interventionen der Zentralbanken.[1]

Determinanten der Devisennachfrage

Die Warenimporte hängen ebenfalls von den terms of trade ab, $Im = Im(tot)$, wobei wiederum gilt, $tot = P(\text{€})/P_{Aus}(\$)\cdot e$. Damit kann man in umgekehrter Argumentation zu den Exporten langfristig sagen, dass die Preisverhältnisse oder die relativen Inflationsraten zwischen den Ländern die Importe eines Landes oder einer Region bestimmen (für den Zwei-Länderfall USA und EU sind die EU-Importe die US-Exporte). Sind z.B. die Inflationsraten in den Ländern der EU höher als in den USA, und zwar die aktuellen und die erwarteten, dann werden die Importe der EU aus den USA steigen. Die Devisennachfragefunktion verlagert sich dann in Abb. II.40a nach rechts vom Ursprung des Diagramms weg.

Ergänzend muss gesagt werden, dass neben den Preisverhältnissen die kurzfristigen Determinanten der Importe eine Rolle spielen, und das ist insbesondere die Wirtschaftslage im Inland. Entsprechend der herrschenden Lehre werde ich später die Importfunktion auch mit $Im(Y_s)$ ansetzen. Steigt das Nationaleinkommen im Inland, dann zieht dies Importe an.

Die Kapitalexporte hängen – wie wir später sehen werden – von den relativen Zinssätzen, den erwarteten Wechselkursen (Auf- und Abwertungen) und den Transaktionskosten ab: $KEx(i_{Aus}/i, e_t, \text{Transaktionskosten})$. Je höher der inländische Zins im Vergleich zum ausländischen, je stärker die Aufwertungserwartungen der eigenen Währung (€) oder die Abwertungserwartungen der Auslandwährung (US \$), also je geringer $(e_r-e)/e$, wobei $e = \text{€/US \$}$, und je geringer die Transaktionskosten, desto geringer sind die Kapitalexporte. €-Kapitalbesitzer in der EU werden also dann ihr Kapital in die USA exportieren (und US \$ nachfragen), wenn die Zinsen in den USA höher sind als in der EU, wenn sie nach der Anlegefrist die US \$ mit wertloseren € zurücktauschen können (Abwertungserwartungen des €), und wenn die Gewinne aus diesen beiden Posten die entstehenden Transaktionskosten (Maklergebühren, Bankenprovisionen) übersteigen. Auch hier werden Überlegungen über die zukünftige politische, soziale und

---

[1] Eine wichtige autonome Größe scheint auch das reale *BIP*-Wachstum zu sein; der Fall des Euro-Devisen-Kurses (US \$/€) im Jahr 2000 wird oft mit dem Wachstumsgefälle USA/EU begründet. Theoretisch ist diese Ansicht (von „Analysten") nicht haltbar.

wirtschaftliche Stabilität des Anlagelandes (Risikoprämie) eine wichtige Rolle spielen (Erwartungen).

Autonome Faktoren spielen bei der Devisennachfrage ebenfalls eine Rolle, insbesondere die Interventionen der Zentralbanken.

Aufwertungen und Abwertungen

Betrachten wir den Fall der Wechselkurse in Abb. II.40a, dann lässt sich die Entwicklung des Euro im Jahre 1999 darstellen. Der Euro-Wechselkurs (€/US \$) betrug bei seiner Einführung 0,85 (=1:1,17). Die empirischen Daten lauten: die relativen Inflationsraten liegen etwa bei eins und haben sich kaum verschoben, die relativen Zinsen i_{Aus}/i liegen weit über eins; es bestehen Unsicherheiten der Devisenmärkte über die Entwicklung des neu eingeführten Euro, so dass man eher von Abwertungserwartungen für den € ausgehen muss, insbesondere, da die US-Wirtschaft nach wie vor boomt und die europäische stagniert.

Das bedeutet, dass die Exporte der EU eher steigen (Abwertung), die Kapitalimporte sinken (Zinsgefälle zur EU), die Importe der EU eher sinken und die Kapitalexporte steigen. Das bedeutet, dass sich (per Saldo) in der Abb. II.40a die Devisenangebotskurve nach links und die Devisenangebotskurve nach rechts verlagern wird. Der Wechselkurs e (€/US \$) steigt von 0,85 auf 1 €/US \$. Der US \$ wird aufgewertet, der € wird abgewertet.

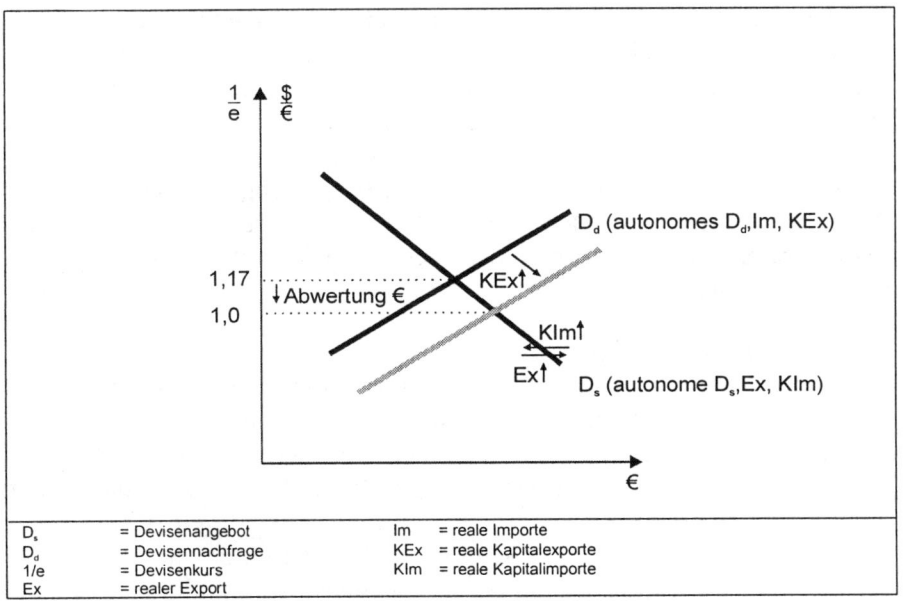

Abb. 40b Devisenmarkt – freie Devisenkurse

Der Fall der Devisenkurse

Der Euro wurde bei seiner Einführung als Devisenkurs vorgegeben: $1/e$ in US \$/€. Dieser Fall ist in der Abb. II.40b dargestellt. Devisenangebots- und Devisennachfragekurven müssen nun anders interpretiert werden. Dabei ist zu berücksichtigen, dass aus dem Ausland zugeflossene Devisen (US \$) in heimische Währung (€) umgetauscht werden: Wenn das Angebot an Devisen (US \$) steigt, weil z.B. die EU-Exporte steigen, dann steigt die Nachfrage nach €. Die Devisennachfragekurve nach € hängt also von den Warenexporten und den Kapitalimporten ab.

Der oben dargestellte empirische Fall führt dann zu einer Rechtsverlagerung der Devisenangebotskurve (Kapitalexporte steigen wegen des Zinsgefälles zu ungunsten der EU), die Devisennachfragekurve verlagert sich nach links (aus denselben Gründen), der Devisenkurs des Euro US \$/€ sinkt von 1,17 auf 1 US \$/€. Nochmals: Bei einer Abwertung des € gegenüber dem US \$ steigt das Wechselkursverhältnis und sinkt das Devisenkursverhältnis. Das alles aus EU-Sicht.

Die drei wichtigsten Währungen der Welt, der europäische Euro, der US \$ und der japanische Yen (¥), sind mit einem flexiblen Wechselkurssystem miteinander verbunden.

Die Kaufkraftparitätentheorie

Theoretiker der monetaristischen Schule haben in den 1970er Jahren die These aufgestellt, dass Kaufkraftparitäten und Wechselkurse der einzelnen Länder sich langfristig angleichen (oder jedenfalls sehr eng korrelieren). Die Kaufkraftparitäten sind wiedergegeben mit den Warenkörben der einzelnen Länder, aus denen die Preisniveaus und Inflationsraten berechnet werden. Prämisse dieser Theorie ist ein System von vollkommenen Märkten und langfristigen internen und externen Gleichgewichten. Da diese Prämisse offensichtlich auch nicht entfernt erfüllt ist, hat sich die Kaufkraftparitätentheorie empirisch nicht bestätigt und wirtschaftspolitisch als wenig hilfreich erwiesen.

Festes Wechselkurs-System

Ein festes Wechselkursregime ist dadurch gekennzeichnet, dass der Wechselkurs nur innerhalb der Bandbreite e_{unt} - e_{ob} schwanken darf (Abb. II.41a). In der Abb. II.41b ist der Fall einer notwendigen Intervention nach dem Gold-Devisen-Standard von Bretton Woods (1944-1973) dargestellt. Die bilateralen (festen) Wechselkurse durften innerhalb einer Bandbreite von 2,5% nach oben und unten schwanken. Die Parität der einzelnen Währung (z.B. der DM) war fest an den US \$ gebunden, und dieser hatte eine feste Goldpreisbindung (38 US \$ je Feinunze). In der Abb. II.41b gehen wir davon aus, dass in Deutschland gegenüber den USA ein (starker) Ex-

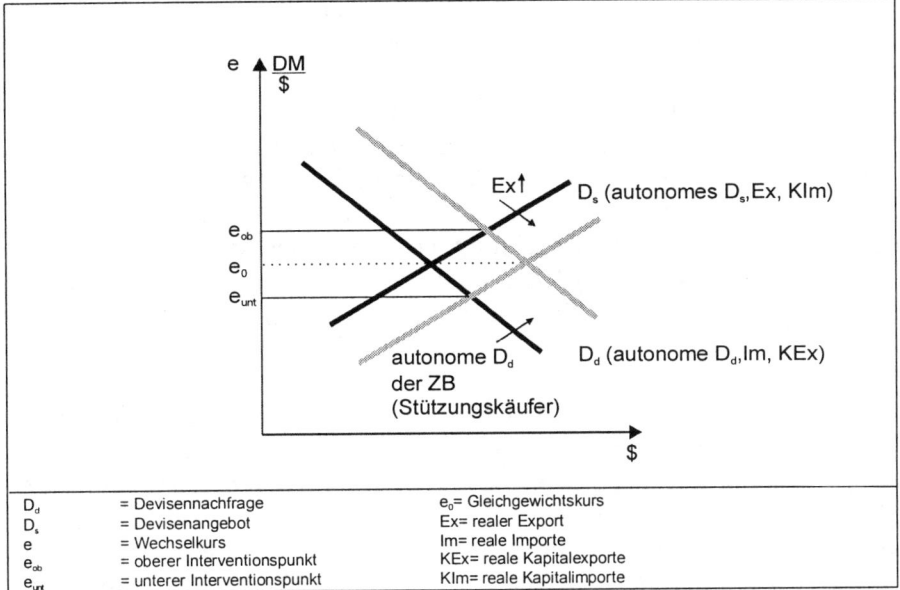

Abb. II.41a Devisenmarkt feste Wechselkurse

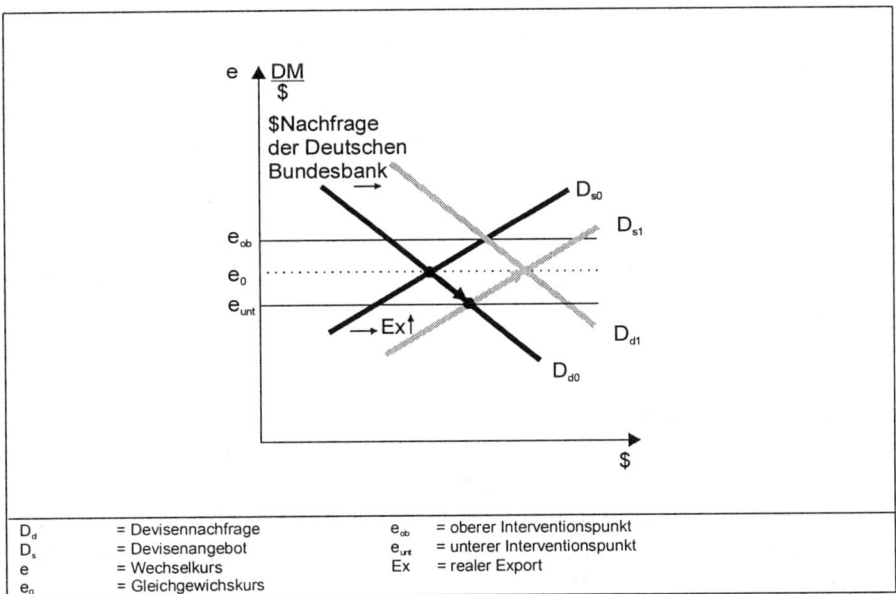

Abb. 41b Zentralbankintervention bei Aufwertungsdruck der Inlandswährung im Gold-Devisenstandard (Bretton Woods)

portüberschuss besteht und der Kurs der inländischen Währung (die DM) den unteren Interventionspunkt berührt. Dies entspricht einem Zahlungsbilanzüberschuss in Deutschland: $(Ex - Im) > (KEx - KIm)$ oder $(Ex + KIm) > (Im + KEx)$. Damit hat sich die Devisenangebotsfunktion $(Ex + KIm)$ nach rechts verlagert, e sinkt (Aufwertung der DM in Bezug auf den US $). Erreicht e das untere Band (unterer Interventionspunkt), dann muss die (inländische) Notenbank (das war die Deutsche Bundesbank) in den Markt eingreifen, indem sie US $ nachfragt. Dies verschiebt die Devisennachfragefunktion nach rechts, der Kurs steigt wieder. (Bei einem flexiblen Wechselkursregime ist die Notenbank nicht verpflichtet, in den Markt einzugreifen, der Devisenkurs steigt so lang, bis die Gleichheit von $Im + KEx$ und $Im + KEx$ wieder hergestellt ist).

Die Grenze der Zentralbank-Intervention liegt für den unteren Interventionspunkt (Aufwertungsdruck der inländischen Währung) darin, dass Inflation importiert wird; die inländische Geldmenge erhöht sich durch den Devisenzustrom und die Zentralbank muss Maßnahmen der Neutralisierung ergreifen. Beim oberen Interventionspunkt (Abwertungsdruck der inländischen Währung) liegt die Grenze bei der Verfügbarkeit von Devisen, und zwar von eigenen oder durch Kredit aktivierten. Bei länger andauernden (fundamentalen) außenwirtschaftlichen Ungleichgewichten musste der Wechselkurs geändert werden: das Band konnte (um bis zu 10%) verschoben werden, bei Aufwertungsdruck nach unten.

Neuere Entwicklungen
Als neuere Entwicklungen der Devisenmärkte lassen sich vor allem drei Punkte formulieren:

- Es treten in zunehmendem Maße mikro-ökonomische Akteure auf, die eine Prognose auf makro-ökonomischer Basis erschweren (vgl. *Taylor*, 1995, S. 41). Die Präferenzen der Mikroakteure sind nicht mehr (wie in der herrschenden Theorie angenommen) homogen, sondern aufgrund differenzierter Informationsbeschaffungs- und Informationsverarbeitungsprozesse (auch mental) heterogen. Das bedeutet, dass exogene Schocks auf den Devisenmärkten wahrscheinlicher werden.

- Internationale Finanzmärkte werden immer wichtiger; der Warenhandel nimmt im Vergleich zu den (kurzfristigen) Kapitalbewegungen ab und verliert damit wesentlich an Bedeutung für die Verschiebungen der Devisenangebots- und -nachfragekurven. „Der weltweite Währungshandel wuchs 1986-95 von 188 Mrd. US $ auf 1190 Mrd. US $ *pro Tag*" (Schirm, 1999, S. 482) und dürfte heute das Zehnfache von 1986 ausmachen.

- Die Zentralbanken vermeiden zusehends Interventionen auf dem Devisenmarkt und Festlegungen der Paritäten, weil sie angesichts der gewaltigen Finanzmärkte, wenn überhaupt, nur in gemeinsamer Aktion etwas ausrichten könnten.

4.4 Determinanten des internationalen Handels

Reale Theorie
Die Theorie der absoluten Kostenvorteile dürfte nach wie vor die wesentliche Erklärung für internationalen Handel sein. Das Theorem der Faktorausstattung besagt, dass der internationale Handel eines Landes sich nach den Ressourcen (i.w.S.) eines Landes richtet. Wenn sich ein Land vor allem auf seine geistigen (innovativen) Ressourcen konzentrieren muss, weil es auf keine wesentlich anderen zurückgreifen kann (wie z.B. Deutschland und Japan), dann bewirkt dies i.d.R. eine hohe Produktivität der Produktion sowie wissens-, forschungs- oder technologieintensive Produkte (vgl. allerdings das Leontief-Paradoxon, nach dem die USA eher keine arbeitsintensiven Exporte aufweisen). Diese Ergebnisse führten zur sog. Theorie der technologischen Lücke, in der anspruchsvolle Produkte, Exportmärkte und darauf folgende Direktinvestitionen in diesen Märkten (Aufbau eigener Produktions- und Vertriebsorganisationen) miteinander verknüpft werden.
Andererseits hat *David Ricardo* mit seiner Theorie der komparativen Kostenvorteile gezeigt, dass sich Außenhandel wirtschaftlich auch dann für die beteiligten Länder lohnt, wenn ein Land gegenüber dem anderen in allen Bereichen absolute Kostennachteile aufweist. Dieses sehr einflussreiche Theorem beruht wohl auf sehr einschränkenden Prämissen.

Theorie der komparativen Kosten
Wenn zwei Länder dasselbe Produkt erzeugen, dann kann es sich trotzdem lohnen, sich auf ein bestimmtes Produkt zu spezialisieren – und die anderen Produkte zu handeln. Beide Länder profitieren von dem Austausch, auch wenn ein Land alle Güter billiger produzieren kann (in Bezug auf den Einsatz von Arbeit und Kapital) als das andere.

„1. Unabhängig davon, ob eine von zwei Regionen in der Produktion eines jeden Produkts absolut effizienter ist, wenn jede Region sich auf die Produkte spezialisiert, in denen sie den größten vergleichbaren Vorteil („greatest relative efficiency") hat, dann wird der Handel gemeinsam profitabel für beide Regionen sein. Die realen Faktorpreise werden in beiden Orten steigen. 2. Ein schlecht konzipierter Zoll oder eine Handelsrestriktion wird dem geschützten Produktionsfaktor keineswegs helfen, sondern seine realen Faktorpreise (Löhne) senken, Importe verteuern und die ganze Welt weniger produktiv machen, indem die Effizienz eliminiert wird, die im besten Muster von Spezialisierung und Arbeitsteilung enthalten ist." (*Samuelson*, 1973, S. 673)

Das Theorem wird am besten mit einem Beispiel erläutert (vgl. *Funck*, 1968, S. 65). Wir betrachten zwei Länder (USA und Großbritannien), die jeweils nur Weizen und Leinen produzieren. In der folgenden Tabelle ist angenommen, dass jeweils nur 100 Arbeitseinheiten zur Verfügung stehen, mit denen die angegebenen Mengen (in Geldeinheiten) erzeugt werden können.

	US	UK
Weizen (in GE)	24	10
Leinen (in GE)	18	16

Die Verhältnisse der Produktionsmöglichkeiten lauten 24:10 für Weizen und 18:16 für Leinen. Die relativen Produktionsmöglichkeiten für Weizen sind besser (2,4) als für Leinen. Dies gilt auch für das Kostenverhältnis: $4\ ^1/_6 : 10 < 5\ ^5/_9 : 6\ ^1/_4$. Nun wird angenommen, dass aufgrund der gegebenen Nachfragestruktur im Autarkiezustand die verfügbaren Arbeitsmengen wie folgt verwandt werden:

	US		UK		Summe
	Geld-einheiten	Arbeits-einheiten	Geld-einheiten	Arbeits-einheiten	
Weizen	16	$66\ ^2/_3$	5	50	21
Leinen	6	$33\ ^1/_3$	8	50	14

Spezialisieren sich die Länder, wie es die o.g. Kostenrelationen nahe legen, dann ergeben sich die folgenden Werte:

	US		UK		Summe
	Produktion	Verkauf	Produktion	Verkauf	
Weizen	24	18	-	6	24
Leinen	-	7	16	9	16

Das Beispiel zeigt, dass durch den Handel trotz absoluter Kostennachteile von UK die Wohlfahrt, ausgedrückt in Produktion (in Geldeinheiten) steigt.

Märkte, Nachfrageelastizitäten, Produktionsmöglichkeiten
Das Analyseinstrumentarium von Wirkungen des internationalen Handels orientiert sich sehr stark an der mikro-ökonomischen Theorie, für die der Zwei-Güter-zwei-Faktoren-Fall auf zwei Länder ausgedehnt wird. Es wird durchweg von vollkommenen Märkten ausgegangen, und die Frage, ob und für welche Bedingungen Tausch- und Handelsgleichgewichte bestehen und wie sich diese verändern, hängt wesentlich von den unterschiedlichen Elastizitäten der Exporte und Importe ab. Der interessante Oligopolfall, bei dem die Handlungen der einzelnen Länder interdependent sind (konjekturales Verhalten nach *R. Frisch*), wird kaum untersucht. Das Faktorpreisausgleichstheorem (*Heckscher-Ohlin*-Theorem) besagt, dass sich durch die Aufnahme von internationalem Handel die Unterschiede in den Faktorpreisrelationen in den Ländern verringern, und zwar über die Wirkungen von relativen Knappheiten.

Monetäre Theorie
Die monetäre Theorie untersucht, wie die Leistungsbilanz auf Veränderungen der Wechselkurse oder der autonomen Größen reagiert. Auch hier spielen die Elastizitäten eine wichtige Rolle. Die sog. *Marshall-Lerner-*Bedingung besagt, dass die Leistungsbilanz sich bei einer Abwertung der Inlandswährung verbessert, wenn die Summe der (absoluten) Elastizitäten der Export- und der Importnachfrage größer als eins ist. Diese These des Elastizitäten-Optimismus ist insbesondere bei großen Leistungsbilanzdefiziten nach aller Erfahrung nicht gerechtfertigt. Zur monetären Theorie gehören auch die Analyse des Devisenmarktes und die Ableitung von Multiplikatoren und ihre Wirkungsanalyse. Ersteren habe ich oben vorgestellt, die Multiplikatoren werde ich bei den Anpassungsprozessen im Anschluss an die *ZB*-Kurve (vgl. Kapitel II.4.5) darstellen.

Globalisierung I: Internationale Produktion und Direktinvestitionen
Die zunehmenden internationalen Produktionsverflechtungen finden vor allem in OECD-Ländern statt. Es ist nichts Neues, dass multinationale Unternehmen, wie z.B. DaimlerChrysler oder Ford, an Dutzenden von Standorten in Dutzenden von Ländern der Welt produzieren. Neu ist hingegen das Ausmaß dieser internationalen Arbeitsteilung und die Tatsache, das auch kleine und mittlere Unternehmen (KMU) immer öfter die nationalen Grenzen überschreiten. Trotz großer Mobilität und in dieser Hinsicht

oft leichter Rede ist es für ein Unternehmen eine große strategische und taktische Aufgabe, sich in einem anderen Land (mit Direktinvestitionen) „einzukaufen" oder dort eigene Produktionsanlagen einzurichten.

„Nationale Wirtschaftspolitik, Aspekte des politischen Systems, der Kultur und Mentalität, die Ausstattung mit natürlichen Ressourcen, das Bildungsniveau, nationale Institutionen und die geographische Lage formen ebenfalls die politische wie wirtschaftliche Entwicklung" (*Schirm*, 1999, S. 495).

Bruno S. Frey weist mit seinen Untersuchungen über polit-ökonomische Modelle darauf hin, dass wirtschaftliche und politische Faktoren bei Direktinvestitionen eine wichtige Rolle spielen (vgl. *Frey*, 1985, S. 77f.). Die Diskussion um den Standort Deutschland hat in den 1990er Jahren gezeigt, dass sowohl die harten ökonomischen Fakten, wie Kostenbelastung, Steuergesetze und Umwelt- und Sozialstandards als auch die weichen Faktoren wie Qualifikation der Arbeitnehmer, Lebensqualität, Kulturangebote und öffentliche Infrastruktur eine wichtige Rolle spielen . Es kann also nicht darum gehen, die Produktion von heute auf morgen in ein Niedriglohnland auszulagern. Die Globalisierung hat dazu geführt, dass die Orte einander näher rücken und man auf allen Ebenen über andere Länder, Kulturen, Sprachen – und Risiken besser Bescheid weiß. Schnelle und relativ billige Transportmittel ermöglichen die rasche persönliche Mobilität, elektronische Kommunikationsmittel machen die Koordinierung internationaler Aktivitäten einfach.

Die wichtigsten Konsequenzen daraus lauten:

- Die außenwirtschaftliche Flanke der nationalen Wirtschaftspolitik öffnet sich weiter; wirtschaftspolitische Maßnahmen für die Binnenkonjunktur werden zunehmend ineffektiver und kosten mehr.
- Die nationale Wirtschaftspolitik muss mehr als bisher die vergrößerten Optionen der Unternehmen beachten; dies betrifft die Standortpflege im weitesten Sinne.
- Es ist nach wie vor eigenständige nationale Wirtschaftspolitik möglich, trotz gegenteiliger Beschwörungen. Diese Politik sollte in die der EU eingebettet sein. Auswanderungsdrohungen von Unternehmen sollten auf ihre Ernsthaftigkeit hin überprüft werden. Es ist eine wichtige Unterscheidung zu treffen zwischen handelbaren und nicht-handelbaren Gütern; nur die handelbaren sind direkt relevant.
- Die tatsächliche oder kommunizierte Globalisierung stärkt Gruppen, die den Freihandel forcieren. Diese könnten dann auch ihre tatsächlichen oder vermeintlichen Drohpotentiale ausspielen.

Globalisierung II: Internationale Finanzmärkte
„Grenzüberschreitende Banktransaktionen (,Bonds and Equities') stiegen von weniger als 10% des *BSP* der G-7-Industrieländer 1980 auf weit über 100% 1995; für die Bundesrepublik von 7,5% 1980 auf 169,4% 1995" (*Schirm*, 1999, S. 484). Insbesondere vier wichtige neue Faktoren können beobachtet werden:

- Das Volumen der international mobilen Finanzmittel kann von nationalen Staaten nicht mehr im Sinne eigener Ziele beeinflusst werden; auch die USA sind dafür zu schwach. Die Akteure der Finanztransaktionen handeln daher weitgehend autonom.
- Die Dispositionen erfolgen elektronisch und oft regelgebunden. Das bedeutet die schockartige, erratische Ausbreitung der Order und kumulative Häufungen.
- Die Dispositionen sind „at the margin"; marginale Veränderungen oder deren Erwartung (z.B. aufgrund eines Nebensatzes in einer Rede des Präsidenten der Federal Reserve Alan Greenspan) ziehen– ganz im Sinne der Chaostheorie, dramatische Wirkungen nach sich. Interpretationen sind oft beliebig und haben keine theoretische Grundlage, die Ansteckungsgefahren von (extrem) pessimistischen oder optimistischen Einschätzungen sind groß, insbesondere dann, wenn es sich um sog. Börsen-Gurus handelt.
- Immer mehr Transaktionen beruhen auf Kreditlinien (Terminmärkte, „hedging"). Sind die Kredite nicht mehr gedeckt, dann entstehen bei der Insolvenz einzelner Akteure leicht Kettenreaktionen.

Allerdings kann man angesichts der Erfahrungen mit der katastrophalen Finanzkrise in Südostasien und Japan Ende der 1990 Jahre feststellen, dass die Organisationen des internationalen Finanzmanagements (auch der IMF) sehr effizient geworden sind. Dennoch dürfte an einer Regulierung der internationalen Finanzmärkte kein Weg vorbeiführen.

4.5 Die Zahlungsbilanz-Kurve (*ZB*-Kurve)

Definitorische Grundlagen: Die Zahlungsbilanzgleichung
Wie wir aus dem ersten Teil wissen (Exkurs nach I.4.3.4), setzt sich die Zahlungsbilanz aus folgenden Teilbilanzen zusammen:
- Handelsbilanz (Warenexporte und -importe)
- Dienstleistungsbilanz (Dienstleistungsexporte und -importe)
- Bilanz der unentgeltlichen Übertragungen
- Kapitalverkehrsbilanz (kurzfristig und langfristig)
- Gold- und Devisenbilanz.

Die ersten drei Teilbilanzen werden als die Leistungsbilanz bezeichnet. Vernachlässigen wir zunächst die Gold- und Devisenbilanz sowie die langfristige Kapitalverkehrsbilanz (Investitionen im Ausland und aus dem Ausland), dann lässt sich die Zahlungsbilanz schreiben als

$$ZB = (Ex - Im) - (KEx - KIm).$$

ZB	=	Zahlungsbilanz
Ex	=	reale Waren- und Dienstleistungsexporte (einschl. Übertragungen)
Im	=	reale Waren- und Dienstleistungsimporte (einschl. Übertragungen)
KEx	=	reale Kapitalexporte
KIm	=	reale Kapitalimporte

Kapitalexporte und -importe sind als reale Größen (in €) interpretiert. Es ist im Rahmen eines gesamtwirtschaftlichen Systems, das nur reale Größen enthält, konsistent, auch die Zahlungsbilanz real zu definieren; die nominalen Werte werden mit Hilfe der entsprechenden Preisindizes deflationiert.

Zahlungsbilanzgleichgewicht
Zahlungsbilanzgleichgewicht liegt vor, wenn ZB = 0 oder

$$Ex - Im = KEx - KIm.$$

Setzen wir in diese Gleichung Erklärungen für die Exporte (*Ex*), Importe (*Im*) sowie die Nettokapitalexporte (*KEx - KIm*) ein, dann erhalten wir eine ex ante Gleichgewichtskurve für Zahlungsbilanzgleichgewichte. Für die Exporte und Importe in der oben gebrauchten weiten Auslegung (Waren, Dienstleistungen und Übertragungen) unterstellen wir bei Gültigkeit der in den obigen Abschnitten abgeleiteten Funktionen, bei den Importen den einkommensabhängigen Ansatz:

$$Ex = Ex_a^* + d \cdot \left(\frac{P^* \cdot e}{P} \right) \quad \text{und} \quad Im = Im_a + z \cdot Y_s$$

Ex	=	reale Exportnachfrage (Mrd. €)
Ex$_a$	=	autonome Exporte (einschl. Dienstleistungen und Übertragungen)
d	=	Exportneigung
P$_{Aus}$	=	Auslandspreisniveau
P	=	Inlandspreisniveau
e	=	Wechselkurs (€/$)
Im	=	reales Importvolumen (Mrd. €)
Im$_a$	=	autonomes Importvolumen (vgl. *Ex*)

Y_s = reales Gesamtangebot
z = Importneigung

Ergänzend müssen wir die Nettokapitalexporte erklären.

Determinanten des kurzfristigen Kapitalverkehrs
Sind die Auslandszinsen (i_{Aus}) höher als die im Inland (i) und/oder besteht zudem noch die Erwartung, dass der Wechselkurs e (€/US \$) steigt (Abwertung des Euro), dann lohnt es sich, Geld im \$-Land anzulegen, wenn die Transaktionskosten und ein Aufschlag für das Länderrisiko vernachlässigt werden können. Sind die Erträge der Kapitalanlage in beiden Ländern gleich, dann gilt

$$ i = i_{Aus} + \hat{e} \quad \text{oder mit} \quad \hat{e} = \frac{e_t - e}{e}, \quad i_{Aus} - i + \hat{e} = 0 $$

i = inländischer Realzins
i_{Aus} = ausländischer Realzins
e_t = erwarteter Wechselkurs, Terminkurs (€/\$)
e = aktueller Wechselkurs, Kassakurs (€/\$)
$\hat{e}$ = relativer Aufwertungsfaktor

Ferner sei $e_t > e$ (Abwertungserwartungen). In dieser Situation besteht kein pekuniärer Anlass für Kapitalexport und -import, der Saldo ist Null. Setzen wir diesen Saldo gleich und berücksichtigen wir einen Verhaltensparameter g, der die Reaktion der Kapitalexporteure und -importeure auf Zinsänderungen beschreibt (Nettokapitalexportneigung), dann erhalten wir die Bestimmungsgleichung für Nettokapitalexporte. Für die kurzfristige Analyse ist es dabei unerheblich, ob die Nettokapitalexporte real oder nominal definiert werden, da für die meist auf drei Monate festgelegten Gelder die Inflationsunterschiede zwischen dem Inland und dem \$-Land keine Rolle spielen. Mittel- und langfristig werden diese Unterschiede allerdings wichtig. Es gilt

$$ KEx^* - K\,Im^* = g \cdot \left(i^* - i + \hat{e} \right) $$

KEx = reale Kapitalexporte
KIm = reale Kapitalimporte
g = Nettokapitalexportneigung
i_{Aus} = ausländischer Realzins
i = inländischer Realzins
e_t = erwarteter Wechselkurs (€/\$)
e = aktueller Wechselkurs (€/\$)
$\hat{e}$ = relativer Abwertungsfaktor der Inlandswährung (€/\$)

Die Kurve außenwirtschaftlichen Gleichgewichts (ZB-Kurve)
Wir setzen die Bestimmungsfunktionen für Exporte, Importe Nettokapital-exporte in die Gleichung für das Zahlungsbilanzgleichgewicht ein und erhalten

$$ZB = \left(Ex_a + d \cdot P_{Aus,a} \cdot e_a \cdot \frac{1}{P} - Im_a - z \cdot a \right) - g \cdot \left(i_{Aus} - i + \hat{e} \right)$$

Übersichtlicher geschrieben ist dies eine Funktion in Y_s, P und i:

$$ZB = ZB\ (Y_s, P, i).$$

Um diese Funktion in einem P-Y_s-Diagramm darstellen zu können, muss i erklärt oder konstant gesetzt werden. Ich entscheide mich für den einfachen zweiten Fall (der erste Fall ist in *Majer*, 1982 ausgeführt). Werden auch Wechselkurse und Auslandszins konstant gesetzt, dann ergibt sich eine negativ geneigte Funktion im P-Y_s-System. Bezeichnen wir ferner Y_s mit Y_s^{ZB}, um die Kurve außenwirtschaftlichen Gleichgewichts von der gesamtwirtschaftlichen Angebots-Kurve unterscheiden zu können, und setzen wir $ZB = 0$, dann erhalten wir, nach Y_s aufgelöst:

$$Y_s^{ZB} = \frac{1}{z} \cdot \left(Ex_a - Im_a \right) - \frac{g}{z} \cdot \left(i_{Aus,a} - i_a + \hat{e} \right) + \frac{1}{z} \cdot d \cdot P_{Aus,a} \cdot e_a \cdot \frac{1}{P}$$

Y_s^{ZB}	=	gesamtwirtschaftliches reales Angebot
z	=	Importneigung
Ex_a	=	autonome Exporte
Im_a	=	autonome Importe
d	=	Exportneigung
$P_{Aus,a}$	=	autonomes Auslandspreisniveau
e_a	=	autonomer Wechselkurs
$\hat{e}$	=	relativer Abwertungsfaktor der Inlandswährung (€/\$)
g	=	Nettokapitalexportneigung
$i_{Aus,a}$	=	autonomer ausländischer Realzins
i_a	=	autonomer inländischer Realzins
P	=	inländisches Preisniveau

Steigung und Lage der ZB-Kurve
Wovon hängen Steigung und Lage dieser *ZB*-Kurve ab und was sagt sie aus? Zunächst zur Aussage: Die *ZB*-Kurve ist der geometrische Ort aller Punkte, für die Zahlungsgleichgewicht vorliegt. Die Steigung dieser Kurve hängt vom Verhalten der Exporteure und Importeure (Waren, Dienstleis-tungen, Übertragungen und Kapital) ab. Die negative Steigung, nämlich

der Zusammenhang zwischen einem steigenden Preisniveau und sinkender Nachfrage (= Angebot), kann nur schwer begründet werden, weil die Berücksichtigung des Kapitalverkehrs die Kausalkette zwischen P und Y wesentlich kompliziert; dabei unterstellen wir für diese Argumentation variable Zinsen. Eine Preisniveauerhöhung senkt die Exporte und die Gesamtnachfrage.

Die Lage der ZB-Kurve hängt ab von den autonomen Größen Ex_a, Im_a, $i_{Aus,a}$, i_a, $\hat{e}_a$, e_a und $P_{Aus,a}$. Die Bezeichnung der Defizit- und Überschussbereiche in Abb. II.42 hängt davon ab, wie die gegenläufigen Effekte von Exportsenkungen und Kapitalsenkungen „ausgehen". Das steigende Preisniveau senkt die Exporte. Über M_a/P steigen jedoch die Zinsen und die Nettokapitalexporte sinken. Der Defizit-Bereich wird in Abb. II.42 im „Nordosten" liegen, wenn die Preiselastizität der Exportnachfrage größer ist als die Zinselastizität der Kapitalexportnachfrage.[2] Dies wird in der Regel zutreffen. In der kurzen Frist von drei Monaten allerdings können die Zinseffekte durchaus dominieren, wie sich momentan (Sommer 2000) zeigt. Dann gilt in Abb. II.42 die umgekehrte Bezeichnung der Ungleichgewichtsbereiche. In der mittel- und langfristigen Betrachtung ist die Entwicklung der Preisniveaus bzw. Inflationsraten im Inland und US $-Land ausschlaggebend.

Gleichgewicht und Anpassungen

Das gesamtwirtschaftliche interne und externe Gleichgewicht ist in Abb. II.43 dargestellt. Diese Situation dürfte allerdings die Ausnahmesituation sein. In der Regel werden wir es mit Ungleichgewichtsituationen zu tun haben und die wichtige Frage lautet, wie es gelingen kann, eine Tendenz zum Gleichgewicht zu bewirken.

Prinzipiell können diskretionäre und automatische („built in") Anpassungen unterschieden werden. Die automatischen Anpassungsprozesse laufen bei festen Wechselkursen über das Einkommen, die Geldmenge und den Zins, bei einem Regime flexibler Wechselkurse wirkt der Wechselkursmechanismus. Im folgenden sollen diese Mechanismen des Leistungsbilanzausgleichs beschrieben werden.

---

[2] Vgl. *Majer*, 1997, S. 232

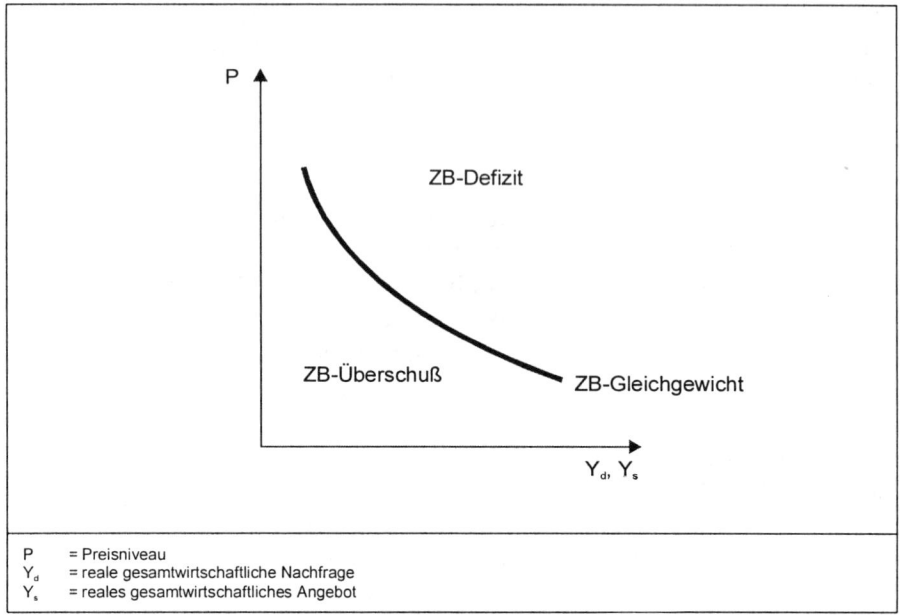

Abb. II.42 *ZB*-Kurve

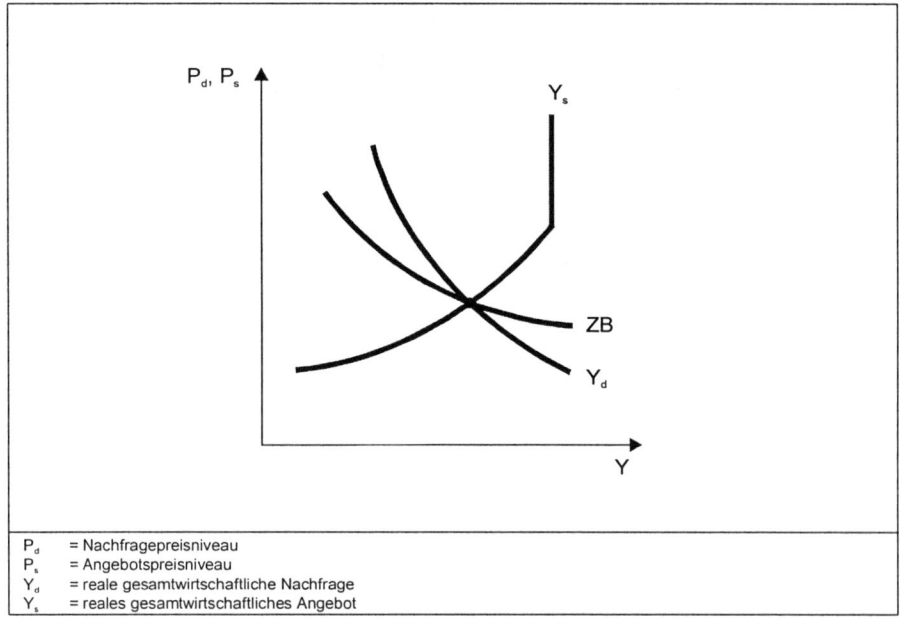

Abb. II.43 Gesamtwirtschaftliches (internes und externes) Gleichgewicht

Der Wechselkursmechanismus

Der Wechselkursmechanismus bewirkt die gewünschte Anpassung zu einer ausgeglichenen Leistungsbilanz am besten; wir stellen fest, dass die wichtigsten Währungen der Welt, €, US $ und Yen über ein freies Wechselkurssystem miteinander verbunden sind. Gehen wir für einen Zwei-Länderfall (EU und USA) davon aus, dass das bestehende Gleichgewicht durch eine Erhöhung der autonomen Kapitalexporte in die USA gestört werde. Die Leistungsbilanz weist ein Defizit aus. Es gilt für die Leistungsbilanz $(Ex - Im) < (KEx - KIm)$ und für den Devisenmarkt $(Ex + KIm) < (Im + KEx)$. Nach Abb. II.40a verlagert sich die Devisennachfragekurve nach rechts, der Wechselkurs e (€/$) steigt, € wurde abgewertet. Wie wirkt dies auf die Leistungsbilanzpositionen?

- Die Exporte aus der EU in die USA werden billiger, im Beispiel der Abb. II.40a kostet nun eine Maschine im Wert von 1 Mio. € oder 1,17 Mio. US $ (1:0,85) nur noch 1 Mio. US $. Nun kommt es auf die Preiselastizitäten der Exportnachfrage in den USA an, und, wie *Marshall* und *Lerner* gezeigt haben, auch auf die Preiselastizität der Importnachfrage. Wenn beide Elastizitäten absolut größer als eins sind, ist eine Verbesserung der Leistungsbilanz zu erwarten. Auf den Optimismus dieser Annahme habe ich schon hingewiesen.

- In der neueren Literatur werden diese Wirkungen mit dem sog. *J*-Kurven-Effekt beschrieben. Die Frage lautet: Wie wirken Veränderungen der relativen Preise? Eine Abwertung hat einen Mengen- und einen Preiseffekt. Der Preiseffekt wirkt kurzfristig (bei konstantem mengenmäßigem Volumen der Importe), indem der Wert des Volumens, gemessen in inländischer Währung, steigt. Dadurch verschlechtert sich die Leistungsbilanz. Der mittelfristig wirkende Mengeneffekt steigert die Exportmengen, weil sich die terms of trade verschlechtern. Er bewirkt eine Verbesserung der Leistungsbilanz. Empirisch zeigt sich deutlich, dass der Mengeneffekt überwiegt; der Preiseffekt wirkt mit einer zeitlichen Verzögerung (einem time-lag). Die *J*-Kurve ist das empirisch bestätigte Anpassungsmuster.

- Die Abwertung könnte Erwartungen weiterer Abwertungen auslösen. Da den Kapitalexporteuren bei einem niedrigen Terminkurs des € weitere Gewinne (beim Rücktausch von US $ in €) winken, könnten die *KEx* nochmals steigen und weiteren Abwertungsdruck bewirken.

- Der Zinsmechanismus kann diesem Effekt entgegenwirken: Kapitalexport bedeutet Verknappung der inländischen Geldmenge, die Inlandszinsen steigen. Dies bremst die Kapitalexporte. Steigen die Inlandszinsen stärker als die Auslandszinsen, dann wird eine gegenläufige Bewegung ausgelöst, die über vermehrte Kapitalimporte, eine Rechtsverlagerung der Devisenangebotsfunktion und eine Aufwertung des € laufen.

- Tendenziell bewirkt der Wechselkursmechanismus einen Ausgleich der Leistungsbilanz.

Der Einkommensmechanismus

Wir unterstellen ein festes Wechselkurssystem und Unterbeschäftigung (P = konstant). Der Anpassungsmechanismus verläuft über das variable Nationaleinkommen Y. Der Einkommensmechanismus wirkt nur, wenn (in einem Zwei-Länder-Fall) sowohl Exporte als auch Importe vom Nationaleinkommen Y abhängen. In der hier verwendeten Exportfunktion ist explizit nur das Preisniveau berücksichtigt; der Einfluss von Y ist in Ex_a versteckt. Wir können aber von der Importfunktion ausgehen: $Im = Im_a + z \cdot Y_s$. Diese Funktion gelte für das Land 1. Für den Zwei-Länder-Fall muss dies aber die Exportfunktion des Landes 2 sein, wenn wir identische Verhaltensweisen unterstellen. Berücksichtigen wir noch die Einkommensabhängigkeit, dann gilt, dass $Im_1 (Y_1) = Ex_2 (Y_1)$ und $Im_2 (Y_2) = Ex_1(Y_2)$.

Die autonome Nachfrageerhöhung (meist wird eine Erhöhung der autonomen Exporte unterstellt) setzt einen Multiplikatorprozeß in Gang, der das inländische Nationaleinkommen erhöht, dieses erhöht die (einkommensabhängigen) Importe. Diese sind (im Zwei-Länder-Fall) identisch mit den Exporten des Auslands, die durch ihr Ansteigen das Nationaleinkommen des Auslands erhöhen, dadurch steigen deren Importe. Diese stellen Exporte des Inlandes dar, etc. Die Multiplikatoreffekte in den beiden Ländern erhöhen wechselweise die Nationaleinkommen hin zum Gleichgewicht, das allerdings in der Regel nicht vollständig erreicht werden kann.

Der Geldmengen-Preis-Mechanismus

Der Geldmengen-Preis-Mechanismus unterstellt feste Wechselkurse und Vollbeschäftigung (Y^* = konstant, P ist variabel). Gehen wir wieder von einer autonomen Exportsteigerung aus, die Y_d erhöht. Die Anpassung erfolgt über die Geldmenge und das davon abhängige Preisniveau. Eine Verschiebung der Nachfrage-Kurve nach rechts im P/Y-Diagramm erhöht das Preisniveau (weil die Angebots-Kurve mit der Kapazitätsgrenze verläuft). Daraufhin gehen die Exporte wieder zurück. Der Leistungsbilanzüberschuss wird gedämpft. Oder: Der Exportüberschuss bewirkt eine positive Veränderung der Devisen- (oder Gold-)bilanz, die Geldmenge steigt, ebenfalls das Preisniveau. Durch das gestiegene Preisniveau sinken die Exporte wieder und wirken auf den Ausgleich des Überschusses. Im Ausland bewirken die Devisenabflüsse Deflation, dessen Exporte steigen. Die Tendenz zum Ausgleich ist auch beim Geldmengen-Preis-Mechanismus vorhanden. Die Anpassung verläuft über das flexible Preisniveau bei konstantem Nationaleinkommen und Wechselkurs.

Der Zinsmechanismus
Der Zinsmechanismus geht ebenfalls von festen Wechselkursen aus. Durch die Erhöhung des Preisniveaus aufgrund der Verschiebung der Nachfragefunktion sinkt die reale Geldmenge M/P, der Zins im Inland steigt. Bei konstantem Auslandszins i_{Aus} sinken die Kapitalexporte. Dies wird in der Zahlungsbilanz wie ein Rückgang der Exporte verbucht, der Überschuss sinkt.

Zahlungsbilanz-mechanismus	Prämisse: Ausgangs-gleichge-wicht			Wirkungsweise
	e	Y	P	
Wechselkurs-mechanismus	flexibel	flexibel	flexibel	Abwertung verbilligt Exporte und verteuert Importe J-Kurven-Effekt
Einkommens-mechanismus $Ex(Y)$, $Im(Y)$	fest	flexibel	fest Unter-beschäfti-gung	Multiplikator erhöht Y; Y erhöht Ex und Im; iterativer Prozess
Geldmengen-Preis- Mecha-nismus	fest	fest Vollbe-schäf-tigung	flexibel	Exportüberschüsse bewirken Devisenzufluss, M steigt, P steigt, Exporte sinken, Tendenz zum ZB-Gleichgewicht
Zinsmechanis-mus	fest	flexibel	flexibel	Exportüberschüsse bewirken Verlagerung der Nachfrage-Kurve, P steigt, M/P sinkt, i steigt, KEx sinkt, KIm steigt

Tab. II.10 Zahlungsbilanz-Anpassungsmechanismen

Maßnahmen diskretionärer Zahlungsbilanzpolitik

Neben diesen „System-Anpassungen", die ohne Eingriffe in das System von außen stattfinden, kann ein Zahlungsbilanzausgleich durch bewusste politische Beeinflussung von autonomen Größen des Modells herbeigeführt werden. Ein Problem besteht allerdings in der Interdependenz des Systems: Der Versuch, z.B. die *ZB*-Kurve (z.B. nach rechts) zu verlagern resultiert in vielen Fällen darin, dass sich Angebots- oder Nachfragefunktion ebenfalls nach rechts verlagern, der Gleichgewichtspunkt also „davonläuft", weil diese Größen in mehreren Funktionen enthalten sind. Bei der Beurteilung der Anpassungsprozesse werden dann die Multiplikatoren wichtig.

Die festen Parameter der Angebots-, Nachfrage- und *ZB*-Kurve, also die Verhaltensparameter und autonomen Größen, können so zugeordnet werden, dass deutlich wird, welche dieser drei Kurven verändert wird (werden), wenn ein Parameter sich verändert. Steigen z.B. die autonomen Exporte Ex_a, dann verlagern sich *ZB*- und Nachfrage-Kurve vom Ursprung weg; dabei wird sich die *ZB*-Kurve stärker verlagern, weil der Multiplikator $1/z$ größer als ε ist. Ein großer Teil der Anpassung wird – bei festen Wechselkursen – durch den Einkommensmechanismus wirken. Dabei sollte sich die Volkswirtschaft in einer Unterbeschäftigungssituation befinden, so dass weitgehende Preisniveaustabilität gewährleistet ist. Die Erhöhung der autonomen Exporte erhöht dann über den Exportmultiplikator das inländische Nationaleinkommen (Y). Dadurch steigen aber auch die Importe (wegen $Im = Im_a + z \cdot Y_s$) und ebenso steigt das Auslandseinkommen, denn unsere Importe sind fürs Ausland Exporte. In beiden Ländern schaukelt sich Y durch die Multiplikatorprozesse auf, die Ungleichgewichte (Exportüberschüsse) werden verkleinert, in der Regel aber nicht beseitigt. Dieser Prozess lässt sich nicht abbilden, weil die beschriebenen Veränderungen auf den einzelnen Kurven stattfinden; die Kurven verlagern sich nicht, wenn keine autonomen Größen oder Verhaltensparameter verändert werden. Z.B. kann man eine unabhängige Maßnahme wählen, die nur die Nachfrage-Kurve verlagert. Nähere Überlegungen würden eine finanzpolitische Maßnahme nahe legen, entweder Erhöhung von G, oder Senkung von T, denn diese beiden Parameter wirken nur auf die Nachfrage-Kurve. Bei Bedarf wäre der Anpassungsprozeß durch eine dosierte Geldmengensteuerung oder Abwertung zu unterstützen. Allerdings wirkt diese nicht nur auf die Nachfrage-Kurve.

Der beschriebene „policy mix" ist - seit den Arbeiten von *Robert Mundell* (Nobelpreisträger von 1999) schon fast klassisch. Unsere Analyse zeigt aber, dass die Zuordnung der Geldpolitik für die äußere und der Finanzpolitik für die innere Stabilität zu grob ist. Die Beeinflussung des Angebots kann auch eine wichtige Strategie sein. Denn eine offensive Leistungsbilanz-Politik wird versuchen, das *ZB*-Defizit über eine „Verbesserung der Angebotsbedingungen" und den *ZB*-Überschuss schwerpunktmäßig über eine Nachfragepolitik auszugleichen. Mit dieser Wachstumsstrategie wird man versuchen, ein neues Gleichgewicht mit einer Rechtsverlagerung aller Kurven zu erreichen.

Fazit
Es ist wohl deutlich geworden, dass Zahlungsbilanzpolitik sich eher auf die automatischen Stabilisatoren verlassen wird, denn auf diskretionäre Politik. Zwei Punkte hierfür sollen nochmals angeführt werden: Erstens kann ich auf das Scheitern des Lenkungsoptimismus verweisen (z.B. von 1967). Zweitens ist die gezielte Lenkung der Außenwirtschaft eines mittelgroßen Landes, das durch Interdependenz mit den anderen verbunden ist, so komplex, dass man wohl mehr falsch als richtig machen kann. Daher ist es sinnvoll, die Bedingungen für selbstregulierende Lenkungssysteme auszubauen. Diese Bedingungen zu setzen, ist die Aufgabe moderner Politik. Dazu braucht es einen handlungsfähigen und handlungswilligen Staat und politische Konzeptionen, die sich nicht opportunistisch an einem angeblich alles dominierenden globalen Trend der Wirtschaft anhängen. Die Politik muss sich wieder ihren Gestaltungsraum erkämpfen.

4.6 Internationale Politische Ökonomie

Merkmale der Neuen Politischen Ökonomie
Bruno S. Frey (1985) stellt die beiden wichtigsten Merkmale der Neuen Politischen Ökonomie (NPÖ) heraus: Erstens individuelle Akteure, die diejenige Handlungsalternative wählen, die ihnen (subjektiv) den größten Nutzen verspricht, und deren Verhalten sich zweitens an den bestehenden Einschränkungen des Handlungsraums (Anreizsystem) orientieren, nicht an den unerklärten individuellen Präferenzen. Das Modell der Neuen Politischen Ökonomie versucht also, empirische Tatbestände aus der Grundannahme des Eigennutzes von Ländern, Gruppen, Individuen zu erklären, z.B. das Auftreten des Protektionismus, die Existenz von Zöllen und nicht-tarifären Handelshemmnissen. Die Erkenntnisse der NPÖ ergänzen die Ergebnisse der Außenhandelstheorie und -politik durch viele eigenständige Erklärungen.

Freihandel und Protektionismus, Zölle und nicht-tarifäre Handelshemmnisse
Wir haben gesehen: „Aus der Wirtschaftstheorie geht eindeutig hervor, daß Freihandel zu einer effizienten Allokation der Ressourcen führt und die wirtschaftliche Wohlfahrt

eines Landes maximiert wird. Aus der empirischen Forschung ergibt sich, daß unilaterale und multilaterale Verminderungen von Zöllen zu beträchtlichen Wohlfahrtsgewinnen führen. Die Wirklichkeit hingegen lehrt uns, daß Zölle (und andere Handelshemmnisse) immer und überall zu finden sind. Darüber hinaus kann eine Tendenz zu dauernd zunehmendem Protektionismus auf der Welt festgestellt werden" (*Frey*, 1985, S. 17).

Wie lassen sich diese Widersprüche erklären? *Bruno S. Frey* argumentiert, dass die restriktiven Annahmen der Außenhandelstheorie, insbesondere vollkommene Konkurrenz und Anpassungsflexibilitäten, in der Realität nicht gelten. Deshalb seien politische Faktoren zu berücksichtigen.

„Zölle werden auf einem politischen Markt festgelegt. Es lohnt sich, Ressourcen für die Beeinflussung des politischen Prozesses aufzuwenden, um sich Renten aus dem Zollschutz anzueignen. Die protektionistischen Gruppen, die hauptsächlich aus importkonkurrierenden Wirtschaftszweigen (und zwar den Kapitalbesitzern, Managern und Arbeitnehmern) zusammengesetzt sind, haben eine starke Position. Ihre Forderungen nach Zollschutz sind leicht begründbar und einsichtig, und sie lassen sich auch relativ einfach organisieren. Die freihändlerischen Interessen, die hauptsächlich bei den Konsumenten liegen, haben es wegen des Anreizes zum Trittbrettfahren wesentlich schwerer, sich wirkungsvoll zu organisieren" (*Frey*, 1985, S. 33f.).

Entwicklungshilfe
Entwicklungshilfe ist erfahrungsgemäß der Posten öffentlicher Haushalte, bei dem Wähler, wird nach deren Präferenzen gefragt, am ehesten bereit sind, Abstriche zu machen. Eigentlich müssten danach die Aufwendungen für Entwicklungshilfe Null sein. Trotzdem haben sich die Länder der OECD geeinigt, mindestens 0,7% ihres *BSP* für Entwicklungshilfe aufzuwenden, und manche Länder erreichen diese Marge sogar wie Dänemark und die Niederlande; Deutschland liegt weit unter 0,3%. Warum? *Bruno S. Frey* erklärt dies vor allem aus den Marktinteressen der Exportgüterindustrie eines Landes und der (damaligen) Ost-West-Konkurrenz (Kapitalismus versus Kommunismus). Damit sind spezifische Interessen von kollektiven Akteuren gegeben, die bewirken, dass die öffentliche Hand Gelder für die Entwicklungshilfe anweist.

Internationale Umweltgüter und Rohstoffe
„Der Tradition gemäß können globale Umweltgüter von allen verwendet werden: Jedem Individuum steht es frei, die natürlichen Ressourcen abzubauen" (*Frey*, 1985, S. 112). Das Argument lautet, dass ja der andere, der Konkurrent, abbaut, wenn ich nicht abbaue; die Ressourcen sind sowieso aufgebraucht. Die Frage ist, wer die „Allmende" schützt. Vollkommene Konkurrenz und freier Zugang („open access") wirken jedenfalls fatal, wie die Beispiele Walfang, Heringe, Wald und off-shore-Öl zeigen. Neben Zwang und Verhandlung bestehen die beiden vielversprechenden Möglichkeiten, international bindende Regeln und Sanktionen einzuführen,

oder die öffentlichen Güter mit Eigentumsrechten zu versehen (z.B. Kyoto: handelbare Zertifikate für CO_2).

Ergebnis
Wenn herrschende ökonomische Theorien oder Hypothesen die Realität nicht erklären können, ist die Gefahr groß, ad hoc Argumente zu verwenden. Die Neue Politische Ökonomie vermeidet diese Ad-Hocery, indem sie von klar beschriebenen Prämissen ausgehend die ökonomische Methode anwendet, eigennütziges Verhalten zu erklären. Der Ansatz reicht bemerkenswert weit; wir sollten aber bei alledem nicht übersehen, dass auch der aufgeklärte Egoist (*Hampicke*) weit verbreitet ist.

Antworten (zu den Fragen ab Seite 296)

1. Höchst effiziente internationale Kommunikations- und Transportmittel ermöglichen eine gewinnbringende internationale Vernetzung wettbewerbsorientierter Interaktionen von privaten Akteuren.

2. Die Weltwirtschaftsordnung ist der institutionelle und organisatorische Rahmen, der den störungsfreien internationalen Handel gewährleisten soll. Die wichtigsten Institutionen sind Sonderorgane der UN-Vollversammlung, das GATT und seine Nachfolgeorganisation WTO. Das Ziel beider war und ist die Förderung des Freihandels auf allen Gebieten.

3. Umwelt- und Sozialstandards behindern in der kurzen Frist den internationalen Handel, wenn zwischen den Handelsnationen Unterschiede in den Kosten und Auflagen bestehen. In der langen Frist erhöhen Umwelt- und Sozialstandards weltweit die Lebensqualität und verhindern den Kollaps der sozialen und natürlichen, und damit auch der wirtschaftlichen Systeme.

4. Die wichtigsten Organe der Europäische Union sind: Europäisches Parlament, Ministerrat, Europäische Kommission, Europäischer Gerichtshof (und Europäische Zentralbank).

5. Die Weltwährungsordnung ist der institutionelle und organisatorische Rahmen, der die störungsfreie Finanzierung des internationalen Handels gewährleisten soll. Die wichtigsten Institutionen sind Sonderorgane der UN-Vollversammlung, der IWF und die Weltbank. Das Ziel letzterer ist die Aufrechterhaltung der Zahlungsfähigkeit ihrer Mitgliedsländer.

6. Die offizielle internationale Währung sind die Sonderziehungsrechte (inoffizielle Leitwährung für viele Transaktionen ist nach wie vor der US $). SZR entstehen durch Einlagen von Gold und Devisen durch die Mitgliedsländer beim IWF. Kredite können dann nach Maßgabe ihrer Quote in Anspruch genommen werden. Die Quote hängt ab von der Einlage, dem Welthandelsanteil des Landes und seinem *BSP*.

7. Die EZB ist verantwortlich für die Stabilität der Währung (des Euro) in der EWU und für die Geldversorgung. Ihr Exekutivorgan ist der Zentralbankrat, der aus dem

Präsidenten, dem Vizepräsidenten, vier Mitgliedern des Direktoriums und den Präsidenten der Zentralbanken der Mitgliedsländer besteht. Sitz ist Frankfurt a.M.

8. Drei Stufen: Die Vorbereitungsphase (1990-1994), die Konvergenzphase (1994-1998), drei Übergangsphasen (A: Schaffen eines Rechtsrahmens und Gründung der EZB 1998; B: Fixierung der Wechselkurse und Übertrag der geldpolitischen Verantwortung an die EZB 1999; C: Umstellung der gesetzlichen Zahlungsmittel ab 2002).

9. Die Inflationsraten und Zinssätze dürfen nicht mehr als 1,5 bzw. 2% über dem Durchschnitt der drei stabilsten Länder liegen; das Land muss seit 2 Jahren am EWS teilnehmen; das jährliche Haushaltsdefizit darf nicht 3%, die Gesamtverschuldung nicht 60% des *BIP* erreichen.

10. Freie, feste und floatende Wechselkurssysteme.

11. Ein Devisenmarkt ist ein vollkommener Punktmarkt an einem Börsenplatz, an dem mit Hilfe von international vernetzten Devisenhändlern aus Angebot und Nachfrage Gleichgewichtskurse ermittelt werden.

12. Das Devisenangebot hängt in einem e/Devisenmengen-Diagramm ab von den Warenexporten, den Kapitalimporten sowie von autonomen Angebotsdeterminanten des betrachteten Landes. Dabei spielen Erwartungen und individuelle Einschätzungen eine wichtige Rolle.

13. Die Devisennachfrage hängt in einem e/Devisenmengen-Diagramm ab von den Warenimporten, den Kapitalexporten sowie von autonomen Nachfragedeterminanten des betrachteten Landes. Dabei spielen Erwartungen und individuelle Einschätzungen eine wichtige Rolle.

14. Aufwertungsdruck einer Währung kann in einem e/Währungsmengen-Diagramm erklärt werden durch die Rechtsverlagerung der Devisenangebotskurve (steigende Exporte oder Kapitalimporte) und/oder die Linksverlagerung der Devisennachfragekurve (steigende Importe oder Kapitalexporte).

15. Die Kaufkraftparitätentheorie prognostiert eine langfristige Konstanz der Wechselkurse und deren Angleichung an die Kaufkraftparitäten.

16. Die Zentralbank bietet auf dem Devisenmarkt Devisen an.

17. Volumen, Tempo und Einfluss der individuellen Akteure nehmen zu, hingegen üben Zentralbanken bei Interventionen Zurückhaltung.

18. Von der Faktorausstattung, den absoluten und komparativen Kostenvorteilen sowie von der Wettbewerbsfähigkeit der Produkte.

19. Beide Länder profitieren von internationalem Handel, auch wenn ein Land alle Güter billiger produzieren kann (in Bezug auf den Einsatz von Arbeit und Kapital) als das andere.

20. Die reale Theorie der Außenwirtschaft argumentiert mit (Arbeits- und Produktions-) Mengen und versucht, vor allem mit Methoden der mikroökonomischen Theorie, die Bedingungen von Außenhandel zu bestimmen. Die monetäre Theorie untersucht hingegen die Wirkungen von Wechselkursveränderungen auf die Zahlungsbilanz sowie die Anpassungen eines Ungleichgewichts

der Leistungsbilanz an ein neues Gleichgewicht.

21. Die Mobilität von Sachkapital hat erheblich zugenommen. Unternehmen, auch KMU, planen und handeln vermehrt in globalen Zusammenhängen, was die Beschaffung, die Forschung, die Werbung und den Vertrieb betrifft. Allerdings spielen neben den wirtschaftlichen Faktoren immer auch politische und andere eine Rolle.

22. Die Entwicklung in Tempo und Volumen der internationalen Finanzmärkte hat so stark zugenommen, dass sich daraus inzwischen Gefahren für die Stabilität der Wechselkurssysteme und nationalen Politiken ergeben. Für die Finanzmärkte gibt es keine Nationen mehr.

23. Nationale Wirtschaftspolitik wird zusehends schwieriger, die Politik muss sich stärker gegen die (globale) Ökonomie behaupten. Sinnvoll ist die Einbettung in größere regionale Zusammenschlüsse (EU, NAFTA).

24. Die *ZB*-Kurve ist der geometrische Ort aller Punkte, für die außenwirtschaftliches Gleichgewicht herrscht. Sie wird abgeleitet aus einer Zahlungsbilanzgleichung, in die die Bestimmungsgleichungen für Warenexporte und -importe sowie Nettokapitalexporte eingesetzt werden.

25. Die Determinanten der Nettokapitalexporte lauten: Relative Zinsen, Abwertungs- und Aufwertungserwartungen der Währungen, Prämien für Länderrisiken, Transaktionskosten.

26. Die Steigung der *ZB*-Kurve hängt vom Verhalten der Akteure ab, die Lage von den autonomen Größen.

27. Internes und externes Gleichgewicht liegt (simultan) dann vor, wenn sich die Angebots-Kurve und Nachfrage-Kurve (internes Gleichgewicht) und die *ZB*-Kurve (externes Gleichgewicht) im *P/Y*-Diagramm in einem Punkt schneiden.

28. Der Wechselkursmechanismus wirkt bei freien Wechselkursen. Entsteht in der Leistungsbilanz ein Defizit, weil z.B. die Importe oder die Kapitalexporte autonom steigen, dann steigt der Wechselkurs (Abwertung) und wirkt über eine Verteuerung (Verbilligung) der Exporte (Importe) sowie über Zinsreaktionen zu einem Ausgleich hin. Dabei müssen bestimmte Bedingungen der Elastizitäten (z.B. *Marshall-Lerner*) erfüllt sein.

29. Der Einkommensmechanismus wirkt bei festen Wechselkursen und Unterbeschäftigung. Die Anpassungslast liegt bei einem variablen *Y*. Wenn im Zwei-Länder-Fall die Exporte des Landes 1 von *Y* abhängen, dann entspricht dies den Importen des Landes 2 (und umgekehrt). Damit sind Außenhandel und Bruttoinlandsprodukte der beiden Länder so miteinander verknüpft, dass sie sich gegenseitig in Richtung Leistungsbilanzausgleich aufschaukeln.

30. Der Geldmengen-Preis-Mechanismus wirkt bei festen Wechselkursen und Vollbeschäftigung. Die Anpassungslast liegt beim Preisniveau. Ein Exportüberschuss zieht Devisenzuflüsse aus dem Ausland nach sich, die die inländische Geldmenge erhöhen. Dadurch steigt das inländische Preisniveau, dämpft die Exporte und stimuliert die Importe; die Leistungsbilanz tendiert zum Gleichgewicht.

31. Der Zinsmechanismus wirkt bei festen und flexiblen Wechselkursen und reguliert

die Nettokapitalexporte. Bei einem Leistungsbilanzdefizit bewirkt die Finanzierung der Importe eine Verknappung der inländischen Geldmenge, der inländische Zins steigt, dämpft Kapitalexporte und stimuliert Kapitalimporte; die Leistungsbilanz tendiert zum Gleichgewicht.

32. Diskretionäre Maßnahmen sind der Versuch der öffentlichen Hand und der geldpolitischen Entscheidungsträger, in abgestimmten Maßnahmen die Ungleichgewichte der Leistungsbilanz zu beseitigen.

33. Internationale politische Ökonomie ist ein Ansatz, die Methoden und Erkenntnisse der Neuen politischen Ökonomie (eigennütziges Verhalten der individuellen und kollektiven Akteure, Verknüpfung von Wirtschaft und Politik) auf die Außenwirtschaft zu übertragen. Damit wird eine erheblich realitätsnähere Betrachtung möglich, als dies in der traditionellen Außenwirtschaftstheorie der Fall ist.

34. Die Märkte sind unvollkommen. In den einzelnen Ländern gibt es einen Widerstreit zwischen unterschiedlichen Interessengruppen, die vom Freihandel oder vom Protektionismus profitieren. Damit kann die Nachfrage nach Protektionismus dargestellt werden.

35. Entwicklungshilfe lohnt sich für einzelne Länder, weil damit politischer Einfluss, die Sicherung von Rohstoffvorräten und die Ausweitung der Exportmärkte verbunden sind. Wenn zudem Konkurrenz unterschiedlicher Ideologien auftritt (Kapitalismus versus Sozialismus), dann wird Entwicklungshilfe zusätzlich stimuliert.

36. „Privatisierung" durch die Vergabe von Verfügungsrechten (Lizenzen), Einführung international verbindlicher Regeln in Abkommen.

5 Das ökologische System

5.1 Überblick

Fragestellungen

Ressourcen- und Umweltökonomik haben sich als eigenständige Teildisziplinen der Wirtschaftswissenschaft entwickelt, die in der Regel im Rahmen makro-ökonomischer Lehrbücher nicht abgehandelt werden. Dies hat mehrere Gründe:

- In den letzten hundert Jahren haben sich aus der Philosophie und den Sozialwissenschaften Spezialisierungen herausgebildet, die zu eigenständigen Entwicklungen führten.
- Die Analysemethoden der Umwelt- und Ressourcenökonomik liegen eher im mikro-ökonomischen Bereich.
- Natürliche Ressourcen und die Umweltmedien Luft, Boden und Wasser schienen unendlich verfügbar und nennenswerte Wirkungen ökonomischer Tätigkeit auf Quellen und Senken waren allenfalls lokal festzustellen; warum sollten sich Ökonomen dann um sie kümmern? Dies hat sich in den letzten drei Jahrzehnten geändert. Angesichts der Knappheit von Fläche sowie von (erschöpflichen) Rohstoffen und Energieträgern und der Probleme, feste, flüssige und gasförmige Schad- und Reststoffe ohne schwerwiegende Folgen (Zerstörung der natürlichen Lebensgrundlagen) zu beseitigen, kann dieses Vorgehen nicht mehr verantwortet werden. 1972 erschien mit dem ersten Bericht an den Club of Rome „Grenzen des Wachstums" die erste Warnung, insbesondere vor einer Verknappung von erschöpflichen Energiequellen und Rohstoffen. Diese ist aus verschiedenen Gründen (neue Funde von Lagerstätten, moderne Fördertechniken, Einsparungen beim Verbrauch, Substitution, etc.) noch nicht eingetreten. Doch das Abfallproblem ist gravierend, z. Zt. insbesondere das der gasförmigen Abfälle und die Folgen für die Atmosphäre (Klima, Ozonschicht).

Die Ressourcenökonomik nimmt sich insbesondere der Frage an, wie hoch die optimalen Abbauraten von erschöpflichen und unerschöpflichen Ressourcen sein müssen. Dabei werden naturwissenschaftliche und ökonomische Kriterien herangezogen. Die Umweltökonomik beschäftigt sich mit der Frage, wie die Rest- und Schadstoffe, die bei der Produktion und beim Verbrauch durch die wirtschaftlichen Akteure entstehen, vermieden (internalisiert) werden können. Beide Fachgebiete verwenden sehr vereinfachte mikro- und wohlfahrtsökonomische Methoden.

Bedeutung für die Makroökonomik
Die hochentwickelten Industriegesellschaften verbrauchen ca. drei Viertel der Energie der Erde und sie sind ebenso gravierend am Ausstoß von Rest- und Schadstoffen beteiligt (CO_2, FCKW, etc.). Die Tragfähigkeit der globalen Öko-Systeme ist überschritten und es drohen insbesondere Verknappungen des Trinkwassers und Veränderungen des Klimas. Es ist daher unerlässlich, die Wirkungen des ökonomischen Systems auf das ökologische darzustellen und in die Analyse der Makrosteuerung einzubeziehen. So gut wie alle Fachleute sind sich einig darüber, dass die ökologischen Probleme in der Zukunft immer wichtiger werden. Trotzdem wird die ökologische Tragfähigkeit des Planeten Erde von vielen Ökonomen entweder ignoriert oder deren Untersuchung wird in die Zuständigkeit von anderen Wissenschaftsdisziplinen verschoben. Diese enge ökonomische Sicht führt zu gravierenden und gefährlichen Fehlschlüssen, wenn es z.B. darum geht, das Bruttoinlandsprodukt als Indikator für die Wohlfahrt einer Gesellschaft zu verwenden, oder wenn es darum geht, den sog. Entwicklungsländern „aufholendes Wachstum" zu empfehlen. Im ersten Fall werden die Folgen der Industrialisierung auf die Gesundheit von Mensch und Umwelt nicht nur vernachlässigt, sondern sogar als positive, umsatz- und gewinnsteigernde Faktoren interpretiert. Im zweiten Fall wird dem nicht-industrialisierten Teil der Welt vorgegaukelt, es wäre möglich, für alle Menschen der Welt einen materiellen Lebensstandard der Art des US-amerikanischen Lebensstils zu gewährleisten. Um solche Fehlschlüsse zu vermeiden, muss eine Makroökonomik wenigstens die wichtigsten Grundlagen des Zusammenhangs zwischen Ökonomie und Ökologie behandeln.

Antworten
Die Antworten auf diese Fragen sind sehr komplex und können natürlich in einem einführenden Text für die Makroökonomik nicht umfassend gegeben werden. Die Kunst wird deshalb darin bestehen, ein einfaches Analyseinstrument zu entwickeln, das einerseits die wesentlichen Determinanten des ökologischen Systems aufzeigt, nämlich die Erhaltung der „Produktionsleistungen" der natürlichen Systeme, das andererseits aber auch eine Verknüpfung zum ökonomischen System gestattet. Ich versuche, die Antwort mit der sog. *NL*-Kurve zu geben, die den Zusammenhang zwischen der Qualität der natürlichen Lebensgrundlagen und dem Bruttonationaleinkommen aufzeigt.

Bezug zum Gesamtzusammenhang
Die *NL*-Kurve repräsentiert im gesamtwirtschaftlichen Angebots-Nachfrage-System das ökologische Teilsystem. Mit ihrer Hilfe können die

Auswirkungen von Umweltinvestitionen (im ökonomischen Bereich), von Veränderungen des Verhaltens von Haushalten und Unternehmen in Bezug auf Umweltwirkungen sowie die institutionellen Veränderungen in Bezug auf die natürlichen Lebensgrundlagen (z.B. Kreislaufwirtschaftsgesetz, BundesImmisionsSchutzGesetz, Öko-Audit-Verordnung der EU) abgeschätzt werden. Leider gestattet die *NL*-Kurve nicht die Abbildung der Rückwirkungen vom ökologischen auf das ökonomische System.

Fragen

1. Welche Fragen stellen Umweltökonomik und Ressourcenökonomik?

2. Kann der „Datenkranz" konstant gehalten werden?

3. Welche Sichtweisen über den Zusammenhang von Ökologie und Ökonomie kann man unterscheiden?

4. Inwieweit bestimmt die Sichtweise den methodischen Ansatz?

5. Was versteht man unter Ökologischer Ökonomie?

6. Wie lässt sich der Zusammenhang zwischen ökologischem und ökonomischem System skizzieren?

7. Was versteht man unter Quellen?

8. Was versteht man unter Senken?

9. Wie hängen Quellen und Senken miteinander zusammen?

10. Unter welchen Voraussetzungen lassen sich aus der Materialbilanz Managementregeln für Nachhaltigkeit ableiten und wie lauten diese?

11. Was versteht man unter Nachhaltigkeit?

12. Welche Rolle spielt der Raum in der Ressourcen- und Umweltökonomik?

13. Welche Rolle spielt die Zeit in der Ressourcen- und Umweltökonomik?

14. Welche Zeitarten gibt es?

15. Welcher Zusammenhang besteht zwischen der Irreversibilität der Zeit und der Vorhersagbarkeit von Ereignissen?

16. Unterscheiden sich die Geschwindigkeiten von Systemen?

17. Welcher Unterschied besteht zwischen „efficiency" und „scale"?

18. Was versteht man unter Kreislaufwirtschaft?

19. Was kennzeichnet die industrielle Symbiose von Kalundborg?

20. Was sagt die *NL*-Kurve aus und wie ist sie spezifiziert?

21. Was bestimmt die Lage der *NL*-Kurve?

22. Wovon hängt die Steigung der *NL*-Kurve ab?
23. Welche Ansatzpunkte gibt es, um die Umweltqualität zu verbessern?

5.2 Ressourcen- und Umweltökonomik

Sichtweise bestimmt die Analysemethode der Ökonomik
Man kann zwei extreme Sichtweisen über den Zusammenhang zwischen Ökologie und Ökonomie gegenüberstellen, die öko-zentrische und die anthropo-zentrische. Bei der öko-zentrischen Sichtweise hat die Natur den absoluten Vorrang; der Mensch ist einer der vielen Bewohner der Erde. Anders die anthropo-zentrische Sichtweise: Der Mensch steht im Mittelpunkt des Weltgeschehens und die Ökologie hat ihm zu dienen; die natürlichen Systeme stehen der Nutzung (Ausbeutung) durch den Menschen offen.

Konsequenzen für die Modellbildung
Diese unterschiedliche Sicht der Dinge bestimmt maßgeblich, wie Ökologie und Ökonomie in Modellen abgebildet werden. Für die Markt-Ökonomen, die radikal anthropo-zentrisch eingestellt sind (Hauptfigur: homo oeconomicus), werden Öko-Systeme als natürliches Kapital bezeichnet und sind lediglich etwas, was bis an die äußerste Grenze ausgenutzt werden kann oder muss, sind eigentlich etwas Wertloses, weil vollständig durch künstliches Kapital ersetzbar (Annahme der Substitutionalität, „weak sustainablity"). Einer Ausbeutung der Natur steht nichts im Weg. Die ökonomischen Modelle stellen denn auch eine (lineare) Produktionsfunktion ins Zentrum der Betrachtung, Natur erscheint neben Arbeit und (künstlichem) Kapital als ein additiver Produktionsfaktor, der dazu beiträgt, Rohstoffe in Waren umzuwandeln.
Ganz anders die öko-zentrische Sichtweise. Der Mensch ist wie ein Staubkorn, das kommt und vergeht; das ökologische System wird dadurch langfristig nicht tangiert. Die Modelle werden dominiert von naturwissenschaftlichen und biologischen Erkenntnissen: Man unterstellt irreversible Zeit (siehe unten) und nicht-lineare Beziehungen (mit Rückkoppelungen).

Ökologische Ökonomik
Die ökologischen Ökonomen sind eher in der Mitte angesiedelt (vgl. *Majer*, 1999). Sie gehen davon aus, dass das ökologische System als Ausgangssystem angesehen werden muss, in das das ökonomische eingebettet ist. Dies verlangt eine besondere Art der Analyse und des Wirtschaftens, nämlich nachhaltiges Wirtschaften. Man kann dieses nachhaltige

Wirtschaften als einen Lebensstil und eine Wirtschaftsweise betrachten, die Verantwortung für interregionale und intertemporale Gerechtigkeit übernimmt. *Christiane Busch-Lüty* präzisiert dies:

„Im Unterschied zur herrschenden Lehre wird in der Ökologischen Ökonomie das sozio-ökonomische System als „eingebettetes" Subsystem des übergreifenden natürlichen Systems verstanden, von dessen Produktiv- und Wertschöpfungskraft alles menschliche Wirtschaften - auch in seinen sozialen und kulturellen Ausprägungen - lebt und auf das es sich auswirkt. Die Ökologische Ökonomie geht damit von einem integrativen Verständnis von natürlicher, sozio-ökonomischer und kultureller Entwicklung aus; sie erforscht und entwickelt Konzepte und Handlungsansätze für eine Ko-evolution von Gesellschaft, Wirtschaft und Natur durch ökologisch und sozial verträgliche, ‚nachhaltige‘ Wirtschafts- und Lebensweisen. Sie versucht darüber hinaus, zu einem stärker verantwortungsgeleiteten und umsetzungsorientierten Selbstverständnis von Wissenschaft beizutragen."

Nachhaltigkeit kann auch als der Versuch angesehen werden, Ökologie, Ökonomie und Gesellschaft zu einem langfristigen Gleichgewicht zu bringen.

5.3 Zusammenhang zwischen Ökologie und Ökonomie: Die Materialbilanz

Eine vereinfachte Darstellung
Die folgende Darstellung des Zusammenhangs zwischen Ökologie und Ökonomie ist sehr vereinfacht, dennoch zeigt sie die fundamentale Abhängigkeit der Ökonomie: Für die Produktion von Gütern und Dienstleistungen werden Rohstoffe und wird Energie und Fläche (Quellen) eingesetzt. Bei der Produktion und beim Verbrauch werden Schad- und Reststoffe frei, die von den Senken (Luft, Boden und Wasser) aufgenommen werden. Wichtige Unterteilungen ergeben sich für

- die Quellen: Rohstoffe und Energie sind regenerierbar (unerschöpflich) und nicht-regenerierbar (erschöpflich),
- die Senken: Rest- und Schadstoffe sind den Öko-Systemen (hier: den Senken) bekannt und können abgebaut oder umgewandelt werden (Assimilation), oder sie sind nicht bekannt und akkumulieren.

Problembereiche
Fragt man, wie die ökonomische und die ökologische Sphäre sich langfristig entwickeln, so ergeben sich die folgenden Problembereiche:
- Die erschöpflichen Quellen versiegen.
- Die nicht-erschöpflichen Quellen werden übernutzt.
- Produktion und Transport zerstören Naturgüter und beeinflussen die Lebensqualität negativ.

- Die Nutzung von Gütern und Dienstleistungen zur Befriedigung der Bedürfnisse zerstört die natürlichen Lebensbedingungen.
- Die Verteilung von Schadstoffen in Luft, Boden und Wasser gefährdet die Funktionsfähigkeit von Öko-Systemen (Kreisläufen).
- Recycling ist sinnvoll, aber energieintensiv (und häufig mit, der Natur unbekannten, Giftstoffen verbunden, und wird durch das Entropiegesetz beschränkt).[1]

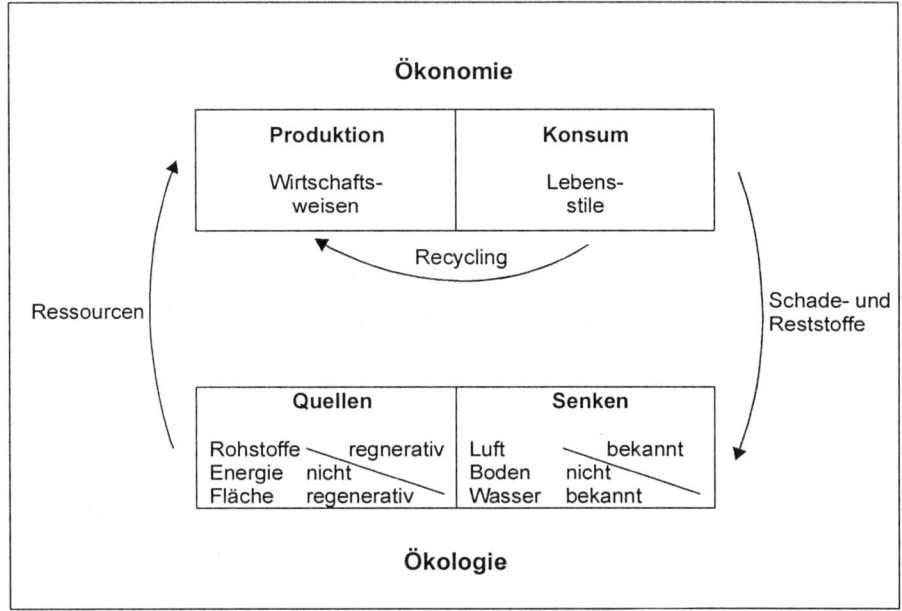

Abb. II.44 Materialbilanz

Managementregeln der Nachhaltigkeit
Nachhaltigkeit bedeutet dauerhafte Entwicklung von Ökologie und Ökonomie (und Sozialem). Betrachtet man die Materialbilanz vor diesem langfristigem zeitlichen Hintergrund, dann zeigt sich, dass diese Bedingung erfüllt werden kann, wenn mindestens vier Regeln gelten. Die Regeln (können) lauten:[2]

---

[1] Entropie ist ein Maß für Unordnung des Zustandes von Energie.

[2] Die Enquete-Kommission zum Schutz des Menschen und der Umwelt definiert: „Die Abbaurate erneuerbarer Ressourcen soll ihre Regenerationsrate nicht überschreiten. Nicht-erneuerbare Ressourcen sollen nur in dem Umfang genutzt werden, in dem ein physisch oder funktionell gleichwertiger Ersatz in Form erneuerbarer Ressourcen oder höherer Produktivität der erneuerbaren sowie der nicht-erneuerbaren Ressourcen geschaffen wird. Stoffeinträge in die Umwelt sollen sich an der Belastbarkeit der Umweltmedien orientieren. Das Zeitmaß anthropogener Einträge bzw. Eingriffe in

- Substitutionsregel auf der Quellen- und Senkenseite,
- Abbauregel für regenerative Quellen,
- Assimilationsregel für abbaubare Rest- und Schadstoffe,
- Erhaltungsregel.

Mit der Substitutionsregel muss versucht werden, (1) die erschöpflichen Ressourcen und Energieträger durch unerschöpfliche zu ersetzen. Das bedeutet z.B., von fossilen Energieträgern auf Sonnenenergienutzung umzusteigen. (2) Die der Natur unbekannten Schad- und Reststoffe zu ersetzen durch bekannte.

Bei den regenerativen Ressourcen (nachwachsende Rohstoffe wie Holz, Fischbestände) gilt dann die Abbauregel: Es darf nur die Menge und Qualität abgebaut (geerntet) werden, die wieder nachwächst.

Die Assimilationsregel besagt, dass nur die Menge und Qualität (an der Natur bekannten Schad- und Reststoffen) an die Umweltmedien abgegeben werden darf, die von den Öko-Systemen assimiliert werden kann. Für CO_2 liegt diese „nachhaltige" Menge nach heutigen Erkenntnissen bei ca. 13 Milliarden Tonnen. Tatsächlich liegen die weltweiten CO_2-Emissionen heute bei über 30 Milliarden Tonnen.

Die Erhaltungsregel unterstellt, dass Menschen für ihre emotionale Stabilität und ihre Lebensfreude gesunder Natur bedürfen. Außerdem hängt der Prozess der Evolution des Lebens von der Artenvielfalt auf dem Planeten ab. Die Erhaltungsregel besagt dann, dass die Schönheit der Natur und die Vielfalt der Arten erhalten werden sollen.

5.4 Zeit, Raum und Geschwindigkeit

Die Bedeutung des Raums
Zeit und Raum spielen in der Ressourcen- und Umweltökonomik eine entscheidende Rolle.
Die Bedeutung des Raums:

- Die Ressourcen (Quellen) sind ungleich auf den Kontinenten bzw. der Erde (im Raum) verteilt. Da die Produktionsstätten (in den Industrieländern) mit den Lagerstätten von Rohstoffen und Energie in vielen Fällen nicht überein stimmen, sind große Entfernungen durch Transport zu überwinden.
- Die Schadstoffe in Luft, Boden und Wasser (Senken) sind ungleich auf den Kontinenten verteilt (Beispiel Energieverbrauch: 25% der Weltbe-

---

die Umwelt muss im ausgewogenen Verhältnis zum Zeitmaß der für das Reaktionsvermögen der Umwelt relevanten natürlichen Prozesse stehen."

völkerung leben in den Industriestaaten verbrauchen jedoch 75% der Energie und geben die entsprechende Menge an Schadstoffen ab)
- Mit der Globalisierung der Wirtschaft (Außenhandel, multinationale Unternehmen) wird versucht, den Raum zu überwinden.

Konsequenzen
- Versorgungssicherheit wird zum wichtigsten Kriterium für die Energieversorgung (Umweltverträglichkeit, Risiko und Preise sind in rohstoffarmen Ländern der Versorgungssicherheit untergeordnet).
- Wegen der ungleichen Verteilung von Produktion, Einkommen und Vermögen entsteht auch im Raum eine ungleiche Verteilung der sozialen Verhältnisse.
- Es entsteht eine ungleiche Verteilung von Schadstoffen und Umweltbelastungen im Raum.
- Es entsteht eine ungleiche Verteilung von Einkommen, Vermögen und Kapital im Raum.
- Transporte und Reisen; diese werden im beobachteten Ausmaß erst durch niedrige Preise möglich, die die externen Kosten des Transports nicht enthalten.
- Ausbau der Kommunikationsmittel (Telematik).

Die Bedeutung der Zeit und Zeitarten
Zunächst kann man unterscheiden zwischen reversibler und irreversibler Zeit. In Anlehnung an die Mechanik von *Isaak Newton* wird in der Ökonomik heute noch weitgehend reversible Zeit unterstellt. Das bedeutet, dass Ursache und Wirkung umkehrbar sind; sozio-ökonomische Abläufe können danach jederzeit wiederholt werden. Sie sind auch in ihrer Richtung umkehrbar. *Faber/Proops* unterscheiden die folgenden Zeitarten:
- Zeitart 1: Risiko (es besteht Informationsasymmetrie ex post und ex ante; immerhin sind ex ante aufgrund von ex post Informationen Wahrscheinlichkeitsaussagen für die Zukunft möglich)
- Zeitart 2: Unsicherheit (prinzipiell keine Prognose möglich)
- Zeitart 3: Teleologische Sequenz (um feste oder variable, ökonomische oder andere Ziele zu erreichen, müssen Zwischenziele und Zwischenschritte formuliert werden, die nicht direkt, aber tendenziell zum Endziel führen. „Unterwegs" tritt Unsicherheit auf.
- Zeitpfeil 1: Entropiegesetz (zeigt Zeitirreversibilität für Systeme, die in der Nähe von thermodynamischen Gleichgewichten sind). Entropie ist ein Maß für Unordnung. Energie dissipiert von einem niedrigen Grad von Entropie zu einem höheren. Der Prozess ist nicht umkehrbar.
- Zeitpfeil 2: Für Systeme, fern von Gleichgewichten

Unvorhersagbarkeit von Ereignissen und Vorsichtsmotiv
Als Konsequenz ergibt sich daraus vor allem die eingeschränkte oder unmögliche Vorhersagbarkeit von Ereignissen:

- Ressourcennutzung und Schadstoffabgabe (teleologische Zeit) erhöhen die Entropie (abschätzbares Risiko), über die ökologischen Folgen herrscht aber Unsicherheit (auch Zeitpfeil 2).
- Produktion und Verbrauch finden auf verschiedenen Stufen in verschiedenen Zeitabschnitten statt (z.B. Produktion einer Maschine, Investition, Kapitalzuwachs), also teleologische Zeit.
- Lösungsmöglichkeiten (Inventionen, Innovationen) zur Beseitigung der Risiken sind nicht vorhersagbar.
- Die Entnahme von nicht-regenerativen Ressourcen ist irreversibel.

Die wichtigste Konsequenz daraus kann lauten, dass man neue Eingriffe oder Belastungen in die Öko-Systeme vermeidet und damit ein „Vorsichtsmotiv" anwendet.

Geschwindigkeit
Geschwindigkeit ist Raumüberwindung je Zeiteinheit. Unterscheidet man die Sub-Systeme

- Ökologie
- Ökonomie
- Gesellschaft (Soziales),

dann stellt man bei diesen drei Sub-Systemen unterschiedliche Geschwindigkeiten fest, die nicht dauerhaft stark voneinander abweichen dürfen. Wir werden später über die Koordinierungsmechanismen zu sprechen haben. Eines dürfte aber schon jetzt deutlich sein: Die Anpassungsfähigkeit des ökologischen Systems ist für die betrachteten kurzen Zeiträume sehr begrenzt.

Konsequenzen für die Makroökonomik
Die oben dargestellte Notwendigkeit anderer Methoden als die reversibler Zeit und linearer Gleichungen wird hier nochmals unterstrichen. Insbesondere das Ergebnis prinzipieller Unvorhersagbarkeit von einzelnen Ereignissen ist für die Beurteilung von Progneseergebnissen wichtig.

5.5 Kreisläufe (Durchlaufwirtschaft vs. Kreislaufwirtschaft)

Durchlaufwirtschaft
Wir alle wissen, dass viele Rohstoffe endlich sind, dass die Aufnahmekapazität der Umweltmedien schon überschritten ist, und dass die Zerstörung der Natur (und damit die Beeinträchtigung der Gesundheit der Menschen) in den meisten Fällen irreversibel ist. Trotzdem müssen wir heute noch bei der Organisierung der Wirtschaftätigkeit von Durchlaufwirtschaft sprechen: Rohstoffe werden in den Wirtschaftsprozess eingeschleust und mit Hilfe von Arbeit und Energie (sowie Maschinen als „geronnener Arbeit") in Güter umgewandelt. Es bestehen keine oder kaum Rückkoppelungen, Wiederverwertungen oder dergleichen. Stoffe und Produkte, die nicht den unmittelbaren Produktionszielen entsprechen (z.B. Kuppelprodukte) werden zu Abfall. Bei der Durchlaufwirtschaft geht man davon aus, dass Quellen und Senken mit unendlichen Kapazitäten zur Verfügung stehen.

Kreislaufwirtschaft als Entlastung der Öko-Systeme
Das globale Modell einer Kreislaufwirtschaft hingegen geht von der Endlichkeit der Ressourcen und von der begrenzten Aufnahmekapazität der Umweltmedien aus und betrachtet die weitgehende Irreversibilität der Zerstörung der Natur. Dabei spielen drei Aspekte eine wesentliche Rolle (vgl. *Hermann Daly*):
* Volumen („scale")
* Innovationen in/im
  * Technik, „Effizienz" (technische Innovation und Substitution, z.B. 3-Liter-Auto),
  * Verhalten (Materieller Verzicht und Kompensation, z.B. 3-Liter-Fahrweise),
  * Institutionen (neue Organisationsformen und Regeln; z.B. 3-Liter-Auto-Straßenverkehrsordnung)
* Recycling (Kreislauf i.e.S.).

„Scale" bedeutet: Je höher das Produktions- und Verbrauchsvolumen an Gütern und Dienstleistungen in einer Volkswirtschaft, desto höher ist die Nutzung von Quellen und Senken. Fährt man das „scale" zurück, dann werden (i.d.R.) die Ökosysteme entlastet. Man bezeichnet diese Strategie auch als „Suffizienzrevolution".[3] Da Suffizienz und mengenmäßige Ein-

---

[3] Dieser Ausdruck ist in doppelter Weise unglücklich: Suffizienz lässt sich viel anschaulicher in deutscher Sprache ausdrücken, nämlich Maß, Bescheidenheit, oder, wie ich es nenne, genug-ist-genug. Revolution überfordert in diesem Zusammenhang alle Betroffenen.

schränkung von Produktion und Verbrauch mit Verzicht und Verlust von Wohlstand korreliert werden, ist diese Strategie sehr schwer zu fahren; dabei geht es letztlich um materiellen Verzicht, der häufig, bei Kompensation, mit einer Steigerung von Lebensqualität einhergeht. Das zweite Element, die Innovation, ist eine bequemere Art, die Übernutzung der Ökosysteme zu reduzieren: Man setzt neue energie- und rohstoffsparende Technik ein beim Produzieren und beim Verbrauchen (Nutzen von Gütern). Diese sog. „Effizienzrevolution" ist recht erfolgreich. Die dritte Strategie liegt zwischen den beiden erwähnten: Kreislaufführung. Sie bedarf der Innovation und sie führt zu einer Art Suffizienz, wenn damit das Gegenteil von Verschwendung gemeint ist. Hierzu ein Beispiel: Die Region von Trier besitzt große Wälder und dort sind auch einige Betriebe der Holz verarbeitenden Industrie angesiedelt. Was liegt näher, als den nahen Holzreichtum regional zu nutzen? Doch weit gefehlt: Ein Großteil des geschlagenen Holzes wird exportiert (in andere Bundesländer und ins Ausland), und die Möbelindustrie bezieht ihren Rohstoff aus Skandinavien (insbes. Finnland) und Russland. Hier fehlt offensichtlich das Wissen und die Organisation über ein Glied, das die Kreislaufkette schließen könnte. In Dänemark findet sich mit der Industriesymbiose Kalundborg das andere Extrem.

Industriesymbiose Kalundborg

Das Kreislaufprinzip wurde mit der industriellen Symbiose im dänischen Kalundborg vorbildlich verwirklicht. Die Stadt Kalundborg bildet mit einer Reihe von Firmen einen Kreislauf, der die Abgabe von Schad- und Reststoffen minimiert und somit nicht nur ökologisch, sondern auch ökonomisch höchst effizient ist. Bei den Firmen handelt es sich um eine Raffinerie, ein Kraftwerk, eine Düngemittelfabrik, ein Gipswerk, eines der Zementindustrie, sowie Betrieben der Landwirtschaft und Fischzucht. Die Kreisläufe werden geführt über die Wiederverwendung und Aufbereitung von Dampf, Wärme und Wasser, sowie über die Kreislaufführung von sog. Kuppelprodukten, die etwa als Kalk aus dem Kraftwerk in die Gipsproduktion eingehen. Auf betrieblicher Ebene finden Kreislaufprinzipien immer mehr Eingang, weil die Kreislaufführung wesentliche Kosten einzusparen vermag.

Konsequenzen für die Makroökonomik

Aus ökologischer Sicht ist eine Durchlaufwirtschaft, wie sie z. Zt. vorherrscht, mittel- bis langfristig nicht durchzuhalten. Diese Durchlaufwirtschaft geht aus von einer unendlichen Tragfähigkeit und Nutzbarkeit von Quellen und Senken, die offensichtlich nicht gegeben ist. Daher müssen kreislaufwirtschaftliche Zusammenhänge, die auch ökologische Sektoren (Pole) einschließen, berücksichtigt werden.

5.6 Die *NL*-Kurve

Vereinfachte Analyseinstrumente: Ökologische Kuznets- und NL-Kurven
Wie können die entwickelten Erkenntnisse für die Makroökonomik genutzt werden? Da die „traditionelle" Makroökonomik das Konzept des
Bruttoinlandsprodukts ins Zentrum stellt (vgl. Kapitel I.1), liegt es nahe,
einen Zusammenhang zwischen wirtschaftlicher Entwicklung (Zunahme
von Bruttoinlandsprodukt, Gesamtnachfrage oder Gesamtangebot) und
natürlichen Lebensgrundlagen herzustellen. Dies wird mit der sog. *NL*-
Kurve und, neuerdings, mit den sog. *Kuznets*-Kurven versucht.[4] Ich will
im folgenden nur auf die *NL*-Kurven eingehen. *Kuznets*-Kurven und *NL*-
Kurven treffen grundsätzlich die gleichen Aussagen: Mit zunehmendem
Bruttoinlandsprodukt steigt die Nutzung von Quellen und Senken, die
Umweltqualität (ausgedrückt durch *AKU*, die Äquivalenzkennziffern der
Umwelt) sinkt.

Zielkonflikt zwischen Wachstum und Umweltqualität
Wir müssen also davon ausgehen, dass zwischen quantitativem Wirtschaftswachstum und der Erhaltung der „Natürlichen Lebensgrundlagen"
immer ein Zielkonflikt vorliegt. Ich setze daher die folgende allgemeine
Form der *NL*-Kurve an:

$$NL = NL(Y; \lambda_0) \quad \text{mit } dNL/dY > 0,$$

oder, mit *AKU* als der Qualität der Natürlichen Lebensgrundlagen *NL*

$$AKU = AKU(Y; \lambda_0).$$

NL = Natürliche Lebensgrundlagen
AKU = Äquivalenzkoeffizient der Umwelt (Messgröße für *NL*)
Y = Bruttoinlandsprodukt, Gesamtwirtschaftliches Angebot oder gesamtwirtschaftli-
         che Nachfrage
λ = Verschiebungsparameter

Im folgenden soll die *NL*-Kurve grafisch abgeleitet werden. Dabei geht es
darum, die oben dargestellten komplexen Wirkungszusammenhänge
(Materialbilanz, Quellen, Senken, Raum, Zeit, Geschwindigkeit, Kreisläufe) möglichst einfach und dennoch treffend abzubilden. Dies wird in einem
zwei-dimensionalen Diagramm nicht ganz zufriedenstellend gelingen.

---

[4] Vgl. *Helge Majer*, Makroökonomik. Theorie und Politik, 1. Aufl., München-Wien 1984

Daher ist es wichtig, die Auswirkungen der Prämissen der Ableitung herauszuarbeiten.

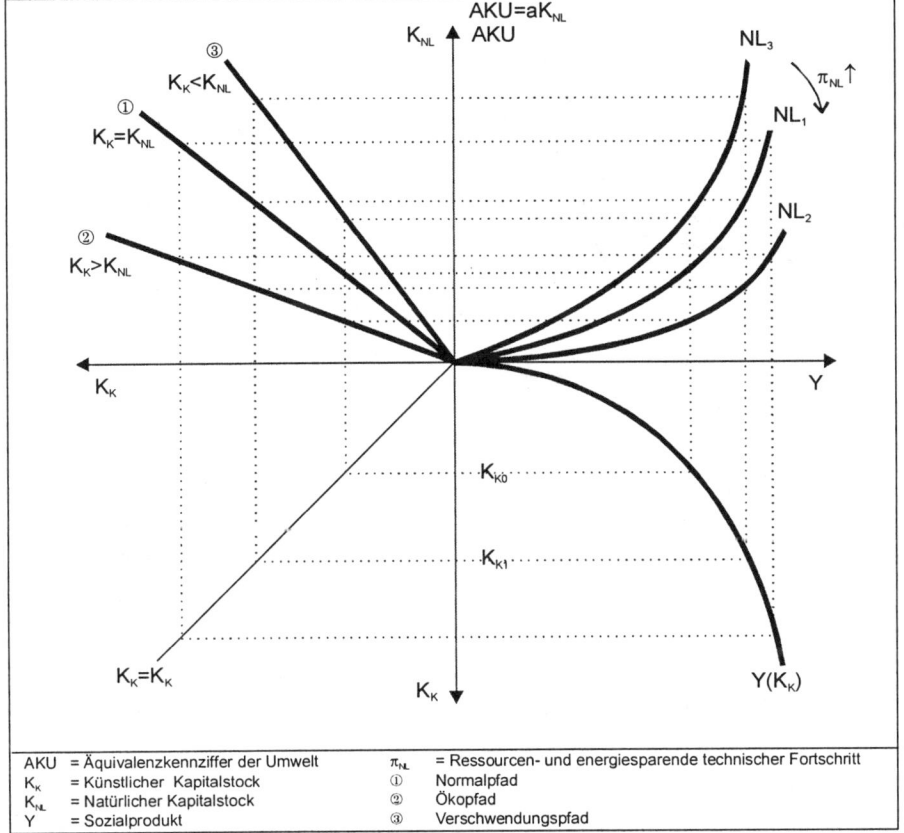

Abb. II.45a Ableitung der *NL*-Kurve bei Komplementarität

Die zentrale Annahme der substitutiven Kapitalgüter
Ich habe schon an mehreren Stellen betont, dass die traditionelle Ökonomik das ökologische System nicht als Grenze oder Beschränkung des ökonomischen Systems ansieht. Diese Ansicht lässt sich in eine zentrale Prämisse kleiden: Künstliches Kapital und natürliches Kapital sind vollkommene Substitute. Das bedeutet, dass die Öko-Systeme, die hier als „natürliches Kapital" bezeichnet werden, vollständig ersetzt werden können durch Sachkapital (Ausrüstungen, Anlagen). Dies impliziert den Glauben an immerwährenden technischen „Fortschritt": Es wird den Wissenschaftlern immer möglich sein, Neues zu erfinden. Wenn z.B. die

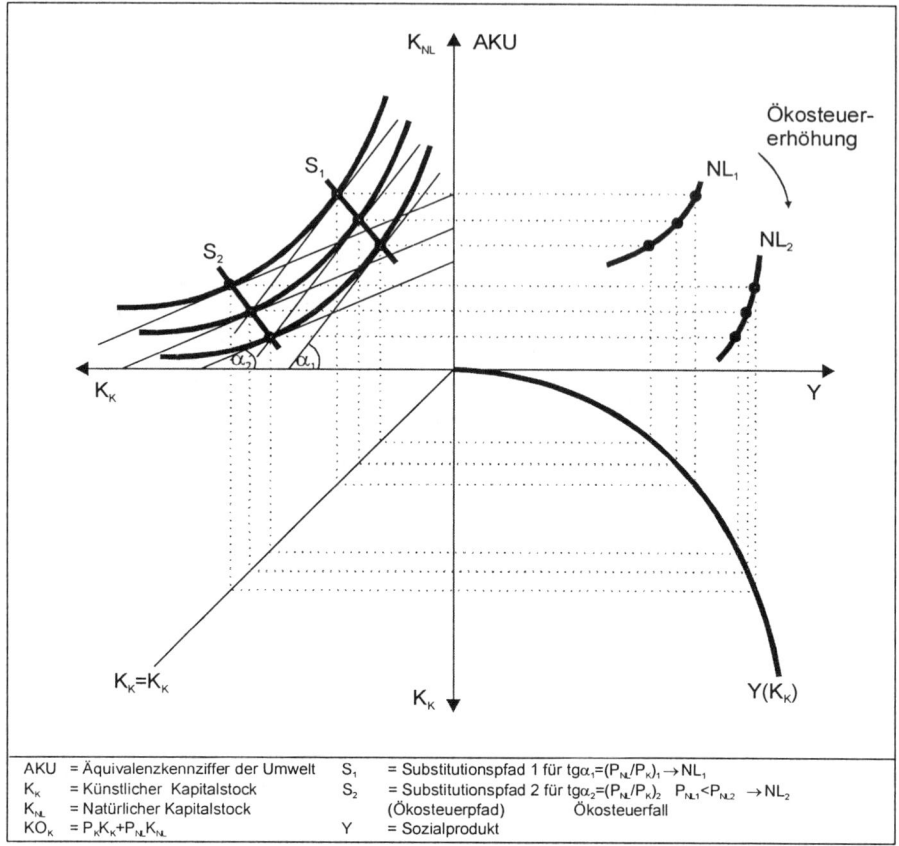

AKU = Äquivalenzkennziffer der Umwelt	S_1 = Substitutionspfad 1 für $tg\alpha_1=(P_{NL}/P_K)_1 \to NL_1$
K_K = Künstlicher Kapitalstock	S_2 = Substitutionspfad 2 für $tg\alpha_2=(P_{NL}/P_K)_2$ $P_{NL1}<P_{NL2} \to NL_2$
K_{NL} = Natürlicher Kapitalstock	(Ökosteuerpfad) Ökosteuerfall
KO_K = $P_K K_K + P_{NL} K_{NL}$	Y = Sozialprodukt

Abb. II.45b Ableitung der *NL*-Kurve bei Substitutionalität und Erhöhung von P_{NL}

Öko-Systeme versagen und die schädlichen Klimagase (CO_2, Methan, etc.) nicht abbauen (assimilieren), dann werden sich die Wissenschaftler eine (technische) Lösung einfallen lassen, eine CO_2-Maschine, den Export von Schad- und Reststoffen ins Weltall, etc.

Demgegenüber gehen öko-zentrierte Wissenschaftler davon aus, dass künstliches und natürliches Kapital komplementär sind. Das bedeutet, dass stets ein festes Verhältnis zwischen den beiden Kapitalarten besteht oder bestehen muss („Natur ist unersetzbar").[5]

---

[5] Ökologische Ökonomen und Öko-Zentriker lehnen die begriffliche Gleichsetzung von Sachkapital und Naturvermögen ab, wie sie von neoklassischen Autoren eingeführt wurde. Die Beziehung zwischen den beiden Kapitalarten kann auch mit der Konzeption der Nachhaltigkeit ausgedrückt werden: Starke Nachhaltigkeit („strong sustainability") liegt bei Komplementarität der Kapitalarten vor, schwache Nachhaltigkeit („weak sustainability") bei Substitutionalität.

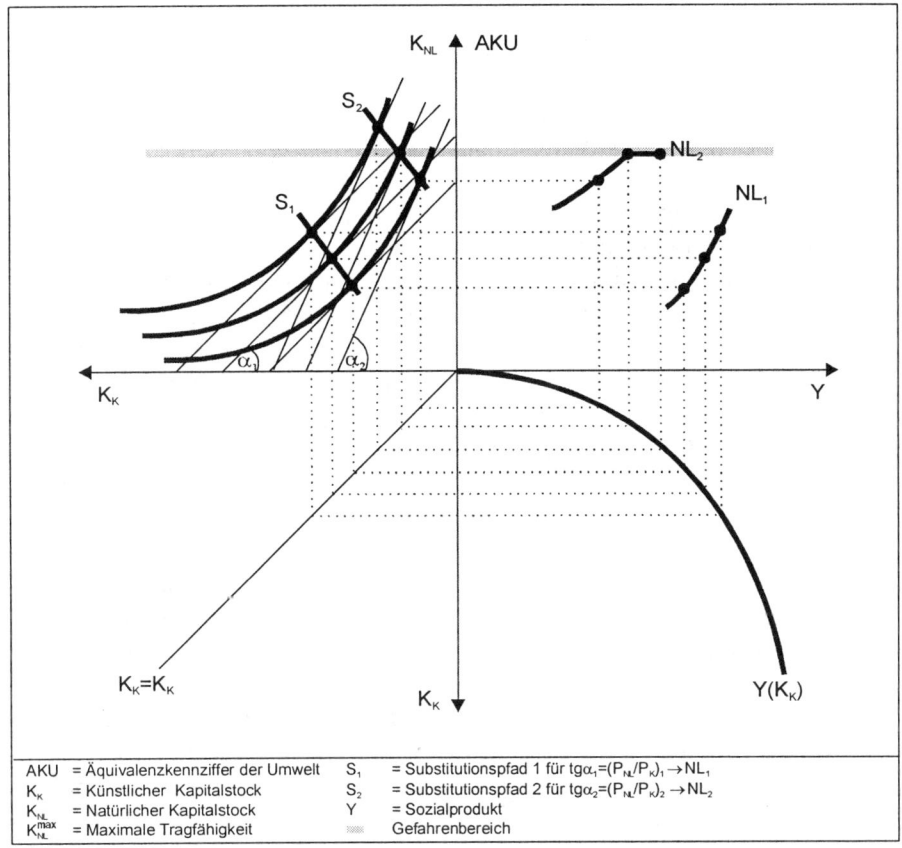

Abb. II.45c Ableitung der *NL*-Kurve bei begrenzter Substitutionalität

Zur Interpretation von Komplementarität und Substitutionalität
Mit den beiden Begriffen Komplementarität und Substitutionalität sind nicht nur unterschiedliche Einschätzungen über die Möglichkeiten von Wissenschaft und Technik ausgedrückt, sondern man kann damit auch die oben beschriebene Komplexität der Wirkungszusammenhänge elegant beschreiben. Die Annahme von Komplementarität zwischen ökonomischem Sachkapital und Öko-Systemen bedeutet, dass wir von einem Gesamtsystem ausgehen, innerhalb dessen die ökonomischen und ökologischen Sub-Systeme mit komplizierten Gesetzmäßigkeiten zusammenwirken.[6] Viele Wissenschaftler (z.B. Ökologen und ökologische Ökono-

---

[6] Dieses Zusammenwirken wurde z.B. mit der Synergetik von *Hermann Haken* dargestellt.

men) gehen viel weiter und sehen im ökologischen System das Gesamt-system. Damit sind natürlich die ökonomischen Wirkungsmechanismen den ökologischen (naturwissenschaftlichen) Gesetzen untergeordnet.[7] Die Annahme von Substitutionalität hingegen unterstellt, dass es technisch-ökonomische „Gesetze" oder Gestaltungsmöglichkeiten gibt, mit deren Hilfe Menschen die „Welt" insgesamt zielgerichtet verändern können.

Grafische Ableitung der NL-Kurven
Die NL-Kurve soll im nordöstlichen Quadranten der Abb. II.45a für ein AKU/Y-System abgeleitet werden. Mit AKU sind die Äquivalenzkennzif-fern der Umwelt definiert.[8] Ich unterstelle eine Proportionalität zwischen AKU und natürlichem Kapital: je mehr Quellen und Senken beansprucht werden und je geringer die Recyclingquote, desto schlechter ist die Um-weltqualität und desto höher ist AKU. Unterstellen wir bei der grafischen Ableitung der NL-Kurve in Abb. II.45a zunächst Komplementarität zwi-schen natürlichem und künstlichem Kapital. Dies ist mit drei unterschied-lichen „Pfaden" im nordwestlichen Quadranten dargestellt. Der mittlere Pfad 1 unterstellt ein Verhältnis 1:1, beim Pfad 2 ist der „Verbrauch" oder die Beanspruchung von natürlichem Kapital für die Herstellung von Sach-kapitalgütern knapp bemessen; ich nenne diesen Pfad daher den „Öko-pfad". Anders beim Pfad 3, der Verschwendung unterstellt, weil für die Herstellung sehr viel Rohstoffe, Energie, Fläche und ein großes Volumen an Senken gebraucht werden. Unterstellt man außerdem eine *Cobb-Douglas*-Produktionsfunktion (vgl. Kapital II.3), dann lassen sich drei NL-Kurven ableiten, die sich unterscheiden durch die unterstellten „Verbrauchskoeffizienten" von natürlichem Kapital: bei NL_3 ist der Ver-brauch von natürlichen Ressourcen, Energie und Fläche sowie die Abgabe von Schad- und Reststoffen am höchsten.
In der Abb. II.45b ist angenommen, dass natürliches Kapital vollständig durch künstliches ersetzt werden kann. Im nordwestlichen Quadranten ist diese Substitutionsbeziehung mit den drei negativ geneigten Kurven dar-gestellt, die sich durch das unterstellte Produktionsniveau („scale") unter-scheiden. Wie aus der Mikroökonomik bekannt, können die Optimalpunkte des Einsatzes von künstlichem und natürlichem Kapital mit Hilfe von Isokostenlinien (Kurven gleicher Kosten) bestimmt werden; das Optimum liegt jeweils dort, wo die Isokostenlinien die Substitutionskurven tangie-ren. Hierbei setze ich die völlig unrealistische Annahme, natürliches

---

[7]   Z.B. hat *Georgescu-Roegen* gezeigt, dass das erste Gesetz der Thermodynamik (Entropiegesetz) den Umgang mit Energie rigoros begrenzt.

[8]   Unter Äquivalenzkennziffern der Umwelt verstehen wir den Anteil des Schadstoffgehalts an einem Kubikmeter Luft, Wasser oder Boden. Je höher der Anteil (und der Wert von AKU), desto niedriger ist die Qualität des Umweltmediums (vgl. Kapitel I.3.3.2).

Kapital (Ökosysteme) könne in ökonomischen Kostenkategorien ausgedrückt werden. Dies wird wohl niemals möglich sein; mit der Annahme der „Rechenbarkeit" kann ich aber das Problem sehr gut herausarbeiten. Die Steigung der Isokostenlinie wird bekanntlich durch das Verhältnis der Preise der beiden Kapitalgüter p_K und p_{NL} bestimmt. Löst man nämlich die Gleichung der Isokostenkurve $KO_K = p_K \cdot K_K + p_{NL} \cdot K_{NL}$ nach K_K auf, dann ergibt sich die Steigung mit dem Winkel α_1 als p_K/p_{NL}. In der Abb. II.45b werden zwei Fälle unterschieden: Der Fall 1 kann als Status-quo angesehen werden, von dem wir ausgehen und die NL_1 ableiten. Im Fall 2 wurde der Preis für Naturnutzung erhöht (bei Konstanz von p_K), so dass das obige Preisverhältnis sinkt. Diesen Fall bezeichne ich als „Öko-Steuer-Fall", denn man kann sich die Erhöhung von P_{NL} als Steuererhöhung (z.B. von Mineralöl) denken.

In der Abb. II.45c ist insofern eine realistische Situation eingezeichnet, als man wohl von Komplementarität und Substitutionalität ausgehen muss, die für unterschiedliche Arten von natürlichem Kapital (Naturgüter auf der Quellen- und Senkenseite) verschieden sind. In der Abbildung ist eine Grenze angegeben: K_{NL}^{max} bedeutet, dass eine Extraktions- und Verschmutzungsgrenze existiert, die nicht überschritten werden darf, wenn gravierende Schäden an der Gesundheit von Mensch und Umwelt vermieden werden sollen. Die NL_2-Kurve knickt ab.[9]

Lage der NL-Kurve

Die Lage der NL-Kurve hängt von den autonomen Faktoren ab, die in λ_0 in der obigen Gleichung zusammengefasst sind. Damit sind erstens die Faktoren angesprochen, die in der *Cobb-Douglas*-Produktionsfunktion erscheinen und zweitens die unterschiedliche Verknüpfung von künstlichem und natürlichem Kapital (Komplementarität und Substitutionalität). Die Ableitungen in den Abb. II.45a und II.45b zeigen beide, dass unabhängig von dem unterstellten Zusammenhang günstige ökologische Faktoren dafür sorgen, dass die NL-Kurve im Diagramm rechts liegt. Bei Komplementarität ist es der Ökopfad, der die Rechtsverlagerung verursacht, die Annahme, dass für die Herstellung von künstlichem Kapital wenig natürliches Kapital gebraucht wird. Bei Substitutionalität ist es die Annahme über die relativen Preise von Sachkapital und Naturnutzung; je höher der (relative) Preis für Naturnutzung, desto weiter rechts liegt die abgeleitete NL-Kurve. In beiden Fällen findet also eine Entkoppelung statt (Pfeilrichtung in Abb. II.45c), wenn

---

[9] Realistischerweise wird diese Grenze ein Korridor sein. Wenn die NL-Kurve diesen Korridor erreicht, werden massive umweltpolitische Maßnahmen ergriffen, um je nach dem Grad der Irreversibilität zu retten, was zu noch zu retten ist.

- energie-, ressourcen- oder umweltsparende Innovationen auftreten; diese Innovationen können technisch, verhaltensbezogen oder institutionell sein,
- die relativen Preise sich verändern und Umweltnutzung im Vergleich zu Arbeit oder künstlichem Kapital relativ teurer wird. Dadurch wird ebenfalls (umweltsparender) technischer Fortschritt angestoßen (z.B. durch die Entwicklung und den Einsatz energiesparender Motoren), oder Verhaltensänderungen (z.B. durch den Kauf von energiesparenden Pkw), aber auch Substitution von Umweltnutzung durch mehr Arbeitskräfte und/oder künstlichem Kapitaleinsatz,
- staatliche Maßnahmen (Gebote oder Verbote) eingeführt werden, die die Umweltnutzung einschränken, also Gesetze (z.B. Abgasbestimmungen, TA Luft), Haftungsregeln (Gefährdungshaftung) und andere Bestimmungen (diese beeinflussen über das Regelsystem auch das Verhalten der Akteure),
- die Wirtschaftsstruktur sich verändert, hin zu einem größeren Anteil an energiesparenden, ressourcensparenden Branchen.

Steigung der NL-Kurve
Die Steigung der *NL*-Kurve hängt vom Verhalten der wirtschaftlichen und gesellschaftlichen Akteure ab, also von ihren Nutzungsansprüchen durch spezifische Wirtschaftsweisen und Lebensstile. Das Verhalten wiederum ist bestimmt vom Anreizsystem, dem Ziel-, Regel-, Sanktions- und Informationssystem. Umweltverträgliche Verhaltensweisen hängen ab von den Zielen der Akteure, von den formalen Regeln (Gesetze wie das Bundes-Immissionsschutzgesetz, Verordnungen wie die TA-Luft, Verträge wie die Selbstverpflichtung der Industrie zur Reduktion von CO_2, Eigentumsrechte, etc.) und von den informellen Regeln (Umweltethos, Konventionen wie Mülltrennung, Sitten, Gebräuche wie Imponieren mit schnellen Autos, Routinen, etc.). Außerdem spielen Sanktionen (Belohnungen und Bestrafungen) sowie Informationen eine wichtige Rolle. Bei der Erläuterung des Anreizsystems (Kapitel I.5.2) habe ich auf die Interdependenzen dieser Subsysteme hingewiesen. Mit dem Anreizsystem sind vielfältige Ansatzpunkte für wirtschafts- und umweltpolitische Maßnahmen gegeben.

Ansatzpunkte für umwelt- und wirtschaftspolitische Maßnahmen
Die Ansatzpunkte für Maßnahmen zur Verbesserung der Umweltqualität liegen in allen Politikbereichen: Umwelt-, Wirtschafts-, Verkehrs-, Bau-, Energie-, Bildungs- und Gesellschaftspolitik, etc. Üblicherweise wird die Querschnittsaufgabe einem Umweltministerium zugewiesen; es ist offensichtlich, dass ein Umweltministerium damit strukturell überfordert sein

muss. Grundsätzlich liegen die Ansatzpunkte für Maßnahmen auf drei Ebenen:

1. Veränderungen der unabhängigen Variablen (Reduktion des quantitativen und materiellen Wirtschaftswachstums),
2. Veränderungen des Verhaltens der Akteure (Information, vorbildliche Aktionen, Gesetze, Verordnungen, Eigentumsrechte, Verträge, Öko-Steuer-Reform),
3. Veränderungen der autonomen Größen (Solarprogramm, technische Innovationen, der Bevölkerungszahl, der Wirtschaftsstruktur, etc.).

Diese Maßnahmen können die *NL*-Kurve im *AKU/Y*-Diagramm nach rechts verlagern und damit den Zielkonflikt mittel- und langfristig entkoppeln.

Fazit

Mit der Ableitung der *NL*-Kurve ist es gelungen, die komplexen Zusammenhänge zwischen dem ökonomischen und dem ökologischen System implizit abzubilden. Natürlich kann man sagen, dass diese Abbildung zu einfach sei, insbesondere die Annahme der Messbarkeit von Öko-Systemen werde der tatsächlichen Komplexität nicht gerecht. Das stimmt. Aber: Für die Darstellung in einem zweidimensionalen Diagramm gibt die *NL*-Kurve wichtige Informationen.

Antworten (zu den Fragen ab Seite 333)

1. Die Ressourcenökonomik hat sich insbesondere der Frage angenommen, wie die optimalen Abbauraten von erschöpflichen und unerschöpflichen Ressourcen sein müssen. Dabei werden naturwissenschaftliche und ökonomische Kriterien herangezogen. Die Umweltökonomik beschäftigt sich mit der Frage, welche Instrumente zur Verfügung stehen, um die externen Effekte, die bei Produktion und Verbrauch der wirtschaftlichen Akteure entstehen, zu internalisieren

2. Der „Datenkranz" kann nicht konstant gehalten werden, wenn enge Verknüpfungen zwischen dem ökonomischen System und anderen Systemen vorliegen. Dies ist bei der erreichten Belastung der Öko-Systeme der Fall. Auch bei einer mittel- oder langfristigen Betrachtung kann der Datenkranz nicht konstant gehalten werden.

3. Man kann zwei extreme Sichtweisen über den Zusammenhang zwischen Ökologie und Ökonomie gegenüberstellen, die öko-zentrische und die anthropo-zentrische. Die Ökologische Ökonomik steht in der Mitte.

4. Der anthropozentrische Ansatz liegt der neoklassischen Modelltheorie zugrunde. Danach sind Öko-Systeme letztlich unendlich verfügbar und dienen ausschließlich den Zwecken der (materiellen) Produktion. Die unterstellten Wirkungszusammenhänge sind linear und für die Zeit wird Reversibilität angenommen.

5. Ökologische Ökonomik sieht in ihren (nicht-linearen) Modellen mit irreversibler

Zeit das ökologische System als zentral an. Es liegen ökologische (und soziale) Grenzen für ökonomische Aktivitäten vor. Neben Kreislauf und Effizienz ist „scale" (Suffizienz, Maß) ein wichtiger Faktor. Der Ansatz ist integrativ und ko-evolutionär. Das Leitbild heißt nachhaltiges Wirtschaften.

6. Die Materialbilanz gibt einen vereinfachten Zusammenhang wieder. Sie zeigt, wie Rohstoffe mit Hilfe von Energie, Fläche (Quellen) und menschliche Arbeit in öko-nomische Güter (Vorprodukte, Endprodukte) umgewandelt und wie dadurch über die Emission von Rest- und Schadstoffen der Eintrag in Luft, Boden und Wasser (Senken) beeinflusst wird.

7. Als Quellen werden Rohstoffe, Energie und Fläche bezeichnet. Die beiden erstge-nannten können regenerativ (unerschöpflich) und nicht-regenerativ (erschöpflich) sein.

8. Ökologische Senken nehmen gasförmige, flüssige und feste Rest- und Schadstoffe auf, die aus den Nutzungsansprüchen an die Öko-Systeme entstanden sind. Die Aufnahmemedien sind Luft, Wasser und Boden.

9. Die Zusammenhänge sind vielfältig. Zwei Beispiele: Durch Rohstoffverbrauch entstehen feste Rest- und Schadstoffe und Deponien in Böden, gegebenenfalls auch in der Luft durch Verbrennung. Energieverbrauch verursacht den Ausstoß an CO_2 und anderen klimaschädlichen Gasen, die vom Umweltmedium Luft aufgenommen werden. Einige Senken können Reststoffe assimilieren, z.B. CO_2 durch die Photo-synthese.

10. Die Frage lautet, wie auf Dauer die beiden Systeme Ökologie und Ökonomie in einem Gleichgewicht miteinander verbunden werden können. Die gesellschaftli-chen Nutzungsansprüche dürfen dabei nicht größer sein als die ökologische Trag-fähigkeit der Öko-Systeme. Man kann vier Regeln ableiten: Zwei Substitutionsre-geln für die Quellen- und Senkenseite, die Abbauregel, die Assimilationsregel und die Erhaltungsregel.

11. Nachhaltigkeit ist eine ganzheitliche Konzeption, bei der versucht wird, die Erfor-dernisse interregionaler und intertemporaler Gerechtigkeit zu erfüllen, wobei eine Versöhnung von Ökologie, Ökonomie und Sozialem angestrebt wird.

12. Rest- und Schadstoffe verteilen sich als Flüssigkeit und Gas, ohne von Menschen gesetzten Grenzen zu beachten. Die Rohstoff- und Energievorkommen sind über den Planeten Erde verteilt, wobei i.d.R. Förderregion und Verbrauchsregion auseinan-derfallen. Auch Maßnahmen der Umweltpolitik wirken raumübergreifend.

13. Bei erschöpflichen Ressourcen ist die Frage nach der optimalen Extraktionszeit wichtig, bei unerschöpflichen müssen Regenerationszeiten beachtet werden

14. Risiko, Unsicherheit, teleologische Zeit, Entropiegesetz und Zeitpfeil 2 (Systeme fern vom Gleichgewicht).

15. Irreversibilität der Zeit bedeutet Unvorhersagbarkeit von konkreten Ereignissen.

16. Das ökonomische System hat eine ungleich größere Geschwindigkeit als das ökologische.

17. „efficiency" bedeutet eine Verbesserung der Rohstoff- oder Energieproduktivität, der Qualität von Produktion und der Lebensführung in Bezug auf Umweltverträg-

lichkeit. „scale" ist das Verbrauchsvolumen; seine Verbesserung bedeutet eine Reduktion (Suffizienz, materieller Verzicht, „genug-ist-genug").

18. Ein Kreislauf ist ein geschlossenes System von Strömen (Geld, Rohstoffe, Schad- und Reststoffe, Wissen, Information, etc.). Kreislaufwirtschaft bedeutet eine Organisierung dieser Ströme im Unternehmen oder zwischen Unternehmen, die die Reste (unerwünschte Kuppelprodukte) wesentlich reduziert oder zum Verschwinden bringt.

19. Die industrielle Symbiose von Kalundborg in Dänemark verknüpft die Input-Outputbeziehungen mehrerer Firmen aus unterschiedlichen Branchen mit dem Ziel einer Reststoffminimierung. Die (unerwünschten) Kuppelprodukte einer Produktionseinheit gehen als (erwünschte) Inputs in die andere Produktionseinheit ein.

20. Die *NL*-Kurve zeigt den Zielkonflikt zwischen einer Ausweitung der Produktion (hier: gesamtwirtschaftliches Angebot und gesamtwirtschaftliche Nachfrage) und der Qualitätsverschlechterung der natürlichen Lebensgrundlagen. $NL = NL(Y; \lambda_0)$ mit $dNL/dY > 0$. Die Verknüpfung erfolgt über unterschiedliche Annahmen der Beziehung zwischen Produktion und Umweltqualität. Komplementäre Beziehung bedeutet „strong sustainability" und ein festes Verhältnis von „natürlichem" und künstlichem Kapital. Die Annahme der Substitutionalität zwischen beiden Kapitalarten ermöglicht unendliches Wachstum.

21. Die autonomen Größen, hier λ. Das sind insbesondere Rohstoff- und Energieeffizienz (Öko-Effizienz), Veränderungen der relativen Preise, der Wirtschaftsstruktur, etc.

22. Vom Verhalten der wirtschaftlichen Akteure, und dieses hängt ab vom Anreizsystem (Ziele, Regeln, Sanktionen, Informationen).

23. Es gibt drei grundsätzliche Ansatzpunkte, wobei zu beachten ist, dass die Verbesserung der Umweltqualität eine Querschnittsaufgabe darstellt. Man kann ansetzen an der unabhängigen Größe (Y), an der Steigung und an der Lage der *NL*-Kurve.

5.7 Konsequenzen für die Makroökonomik

NL-Kurve als Platzhalterin

Es ist außerordentlich schwierig, die komplexen Zusammenhänge ökologischer Systeme darzustellen. Dies in einem zweidimensionalen Diagramm zu versuchen, erscheint vollends heroisch, und bei der Annahme der Messbarkeit von „natürlichem" Kapitel in ökonomischen Kostenkategorien dürfte für viele ökologische Ökonomen die Grenze zumutbarer Annahmen erreicht sein. Doch die Wahl besteht zwischen (gravierender) Unvollkommenheit der Darstellung und Nicht-Berücksichtigung des ökologischen Systems. Die Beziehungen zwischen dem ökologischen und dem ökonomischen System erweisen sich aber als überlebenswichtig für das Leben und Wirtschaften auf dem Planeten Erde. Daher ist es nötig, eine Abbildung zu versuchen. Ich will zufrieden sein, wenn es mit der *NL*-Kurve gelungen ist, wenigstens eine Platzhalterin im gesamtwirtschaftlichen Angebots-Nachfrage-System zu finden, an der ökologische Probleme direkt und indirekt festgemacht werden können.

Nachhaltigkeit als zentrales Leitbild
Aus der Materialbilanz ergibt sich als Antwort auf die Frage der Bedingungen für eine langfristige gleichgewichtige Entwicklung von Ökologie und Ökonomie (und Sozialem) die Konzeption der Nachhaltigkeit. Nachhaltige Entwicklung strebt als holistische (ganzheitliche) Konzeption die gleichzeitige Entwicklung von Wirtschaftlichkeit, Umwelt- und Sozialverträglichkeit und internationaler Verträglichkeit an. Dieses Leitbild ist in der heute diskutierten schwachen und starken Form („weak" und „strong" sustainability) in die Ableitung der *NL*-Kurven eingegangen. Das Leitbild wird auch den konzeptionellen Rahmen dafür hergeben, eine integrierte Wirtschaftspolitik auf der Grundlage des gesamtwirtschaftlichen Angebots-Nachfrage-Systems abzuleiten.

Nachhaltigkeit eröffnet den Weg aus der Sackgasse
In vielen Bereichen der Wirtschaftspolitik (z.B. Beschäftigungspolitik, Umweltpolitik, Forschungs- und Technologiepolitik) tun sich Sackgassen auf, weil mit Begriffen gearbeitet wird, die sich für die Lösung der Probleme als untauglich erweisen. Es wird sich vor allem in Teil III zeigen, dass Nachhaltigkeit den Blick öffnet für neue Lösungsansätze. Dies kann im vorliegenden Text leider nur angedeutet werden (vgl. ausführlich *Majer*, 1998).

6 Das Angebots-Nachfrage-System

6.1 Überblick

Fragestellungen
Mit diesem Kapitel werden wir den Kern des makro-ökonomischen Systems darstellen; ich nenne dies das gesamtwirtschaftliche Angebots-Nachfrage-System. Wir sammeln die abgeleiteten (repräsentativen) Kurven aus den Teilsystemen, beschreiben die Interaktionen zwischen den Teilsystemen und fügen die einzelnen Kurven zu einem Gesamtsystem zusammen. Die wesentliche Frage wird lauten, wie es möglich ist, einerseits die Komplexität des Systems abzubilden, andererseits aber die für ein Textbuch notwendigen (didaktischen) Vereinfachungen vorzunehmen.

Antworten
Die Antwort besteht darin, dass ein gesamtwirtschaftliches Angebots-Nachfrage-System dargestellt wird, in dem Nachfrage-, Angebots-, Zahlungsbilanz-, *Okun-* und *NL*-Kurve interagieren. Im Vorgriff auf die Darstellung im nächsten Kapitel nehme ich schon die *POP*-Kurve zum Gesamtsystem hinzu. Die *POP*-Kurve beschreibt den Zusammenhang zwischen dem politischen und dem ökonomischen System und bildet die Wiederwahlwahrscheinlichkeit der Regierung ab.
Die wesentliche Annahme über die Interaktion lautet, dass nur zwei Größen die einzelnen Kurven miteinander verknüpfen: Investitionen und Löhne.
Es wird sich dennoch herausstellen, dass die Übersichtlichkeit der Kurvenverschiebungen in einem zweidimensionalen System an Identifikationsgrenzen stößt. Es erweist sich daher als sinnvoll, schrittweise vorzugehen und von einem engeren Angebots-Nachfrage-System auszugehen.

6.2 Das gesamtwirtschaftliche Angebots-Nachfrage-System

Fragen

1. Was versteht man unter dem gesamtwirtschaftlichen Angebots-Nachfrage-System?
2. Wodurch unterscheiden sich die drei Bereiche der Angebots-Kurve?

3. Welche Zusammenhänge bestehen zwischen den einzelnen Kurven des gesamtwirtschaftlichen Angebots-Nachfrage-Systems?

4. Wie beeinflusst die Art der Investitionen den Wirkungszusammenhang?

5. Was bedeutet angebotsorientierte Wirtschaftspolitik im Sinne von Prozesspolitik?

6. Wie können Investitionen grundsätzlich gefördert werden?

7. Was bedeutet angebotsorientierte Wirtschaftspolitik im Sinne von Ordnungspolitik?

8. Auf welche Ansatzpunkte kann angebotsorientierte Wirtschaftspolitik im Sinne von Ordnungspolitik zurückgreifen?

9. Wie unterscheidet sich das engere vom weiteren gesamtwirtschaftlichen Angebots-Nachfrage-System?

10. Wie wirken Rationalisierungsinvestitionen in diesem System?

11. Wie wirken steigende Investitionen auf die Kurven des gesamtwirtschaftlichen Angebots-Nachfrage-Systems?

12. Welcher Verteilungsspielraum besteht für Lohnerhöhungen?

13. Welche Effekte treten im gesamtwirtschaftlichen Angebots-Nachfrage-System durch Lohnerhöhungen auf?

14. Wovon hängt der Gesamteffekt ab?

15. Wie wirken gestiegene Konsumausgaben im gesamtwirtschaftlichen Angebots-Nachfrage-System kurzfristig?

16. Welche Sekundärwirkungen sind zu erwarten?

17. Wie wirkt eine Ausdehnung der Geldmenge im erweiterten gesamtwirtschaftlichen Angebots-Nachfrage-System?

18. Welche Sekundärwirkungen sind zu erwarten?

19. Welche Grenzen liegen in der komparativ-statischen Analyse mit Hilfe eines gesamtwirtschaftlichen Angebots-Nachfrage-Systems?

20. Was versteht man unter Nachhaltigkeit und warum sollte Nachhaltigkeit im gesamtwirtschaftlichen Angebots-Nachfrage-System berücksichtigt werden?

21. Wie lauten die Bausteine einer integrativen Wirtschaftspolitik?

22. Welche Ergänzungen sind für langfristige Betrachtungen anzuführen?

6.2.1 Vorbemerkungen

Repräsentative Kurven
Nun können die dargestellten Teilsysteme Nachfrage-System, Angebots-System, außenwirtschaftliches System und ökologisches System zusam-

mengefasst werden. Für jedes System haben wir eine repräsentative Kurve abgeleitet, die in (sehr) vereinfachter Form wesentliche Faktoren enthält. Die folgende Zusammenstellung zeigt dies:

System	repräsentative Kurve	Determinanten	Fundstelle (Kapitel)	Bemerkungen
Das Nachfrage-System	Nachfrage-Kurve	$Y_d(P_d; C_a, \xi,$ $G_a, T_a, Ex_a, M_a)$	II.2	Geldmenge als Determinante für Neoklassik
Das Angebots-System	Angebots-Kurve ON-Kurve	$Y_s(P_s; FM, FQ,$ $FP)$ $u(Y; Y^*, u^*)$	II.3	ON-Kurve gehört in einer „Arbeitsgesell-schaft" zum Nachfrage-System
Das außenwirt-schaftliche System	ZB-Kurve	$Y_{ZB}(P_s; Ex_a,$ $Im_a, P_{Aus,a},$ $i_{Aus,a}, e_a)$	II.4	
Das ökologi-sche System	NL-Kurve	$AKU(Y; FQ,$ relative $FP)$	II.5	
Das polit-ökonomische System	POP-Kurve	$POP(Y; P, u)$	II.7	Wird erst im nächsten Kapitel abge-leitet

Tab. II.12 Repräsentative Kurven aus den Subsystemen

Bruttoinlandsprodukt als Bezugsgröße
Betrachten wir diese Kurven nochmals im einzelnen, dann fällt auf, dass sie alle auf das gesamtwirtschaftliche Angebots-Nachfrageniveau bezogen sind (Bruttoinlandsprodukt). Dies liegt vor allem an drei Gründen:
- das Bruttoinlandsprodukt ist als „catch-all-Variable" mit sehr vielen anderen Größen der Volkswirtschaft hoch korreliert, weil diese Größen meist im Bruttoinlandsprodukt enthalten sind,
- da wir mit zweidimensionalen Diagrammen arbeiten, ist kein „Platz" für weitere Variablen,
- eine Bezugsgröße verschiedener Bereiche erlaubt es, Verknüpfungen zwischen diesen Bereichen einfacher herzustellen.

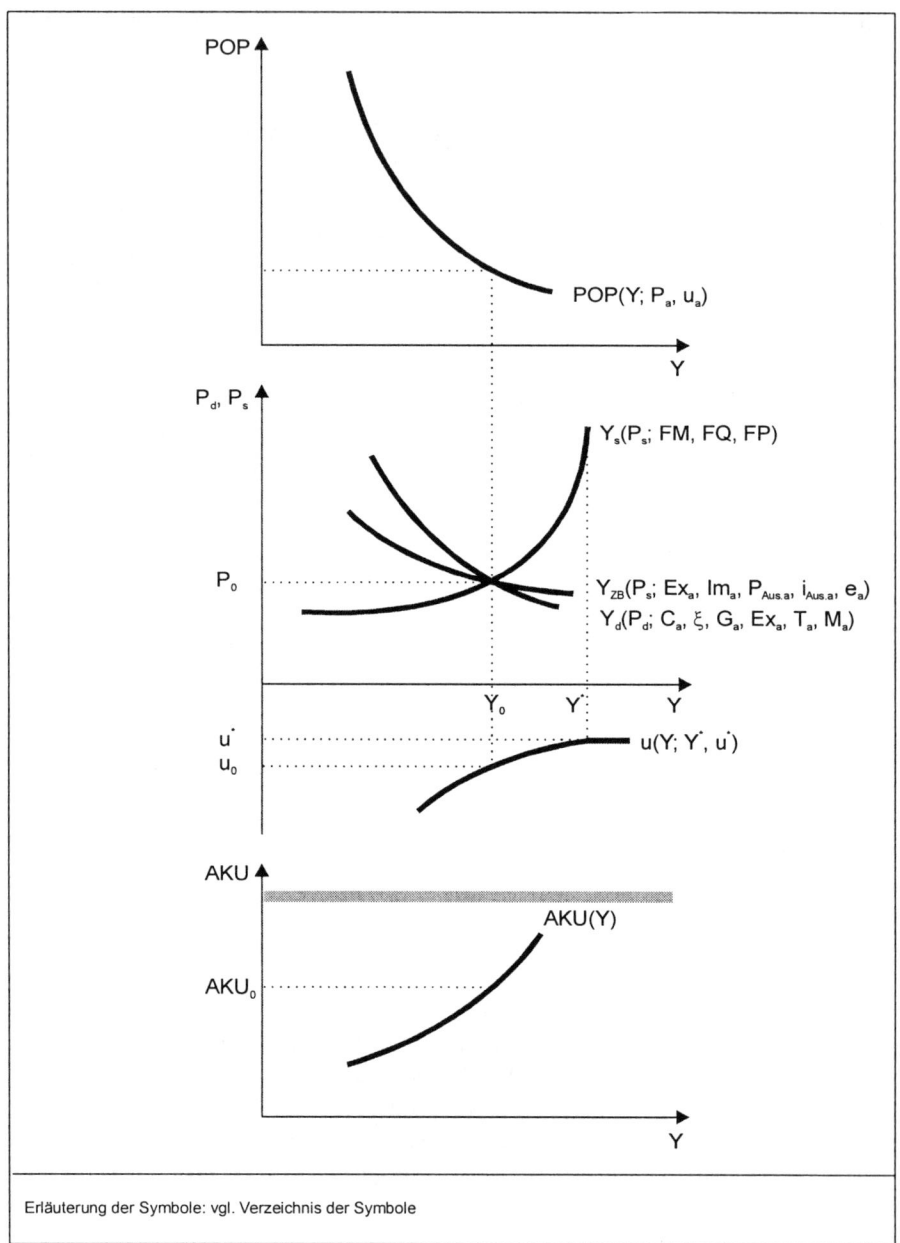

Abb. II.46 Gesamtwirtschaftliches Angebots-Nachfrage-System

In Abb. II.46 sind die einzelnen Kurven zu einem gesamtwirtschaftlichen Angebots-Nachfrage-System zusammengestellt. Im Vorgriff auf das Kapitel II.7, in dem ich das polit-ökonomische System darstelle, habe ich in Abb. II.46 die sog. *POP*-Kurve aufgenommen. Diese Kurve spiegelt die Popularität der Regierung wider und ermöglicht Aussagen über die Wiederwahl. Vereinfachend kann man sagen, dass in den einzelnen Diagrammen von oben nach unten gelesen Politik, Ökonomie, „Arbeitsgesellschaft" und Ökologie (repräsentativ) abgebildet sind.

Gesamtwirtschaftliches Gleichgewicht
In Abb. II.46 ist das (kurzfristige) gesamtwirtschaftliche Gleichgewicht eingezeichnet. Es hängt ausschließlich vom Gleichgewicht des Wirtschaftssystems ab, das durch den Schnittpunkt von Angebots-Kurve, Nachfrage-Kurve und *ZB*-Kurve gegeben ist. Dies ist konsistent, da bekanntlich alle drei Funktionen als Gleichgewichtkurven abgeleitet wurden. Dies gilt nicht für die *NL*- und *POP*-Kurve. An ihren Schnittpunkten mit dem Gleichgewicht lässt sich die Umweltqualität und die Popularität (Wiederwahlwahrscheinlichkeit) der Regierung ablesen.

Bereiche der Angebots-Kurve
Wie Abb. II.47 zeigt, müssen mindestens drei Bereiche der gesamtwirtschaftlichen Angebotsfunktion unterschieden werden, der
- „keynesianische" Bereich mit P_s = konst. und Y_s = variabel, der eine (stark) unterbeschäftigte Volkswirtschaft beschreibt,
- „klassische" Bereich mit P_s = variabel und $Y_s = Y^*$ = konst., der eine vollbeschäftigte Volkswirtschaft beschreibt, in der Y_s nicht mehr ausgedehnt werden kann,
- „mittlere" Bereich mit P_s = variabel und Y_s = variabel, der die seit einigen Jahren vorherrschende Situation beschreibt.

In Abb. II.47 sind Schnittpunkte zwischen der gesamtwirtschaftlichen Angebots-Kurve Y_s und verschiedenen Nachfragefunktionen dargestellt (Y_{d0}, Y_{d1}, Y_{d2}). Diese Schnittpunkte stellen gesamtwirtschaftliche Gleichgewichtssituationen dar: bei einem herrschenden Preisniveau $P = P_s = P_d$ stimmen die Pläne der Anbieter und die der Nachfrager überein, befinden sich Arbeits-, Güter-, Geld- und Kapitalmarkt in (partiellen) Gleichgewichten, die insgesamt ein simultanes Gleichgewicht bilden. Diese Gleichgewichtssituation kann gestört werden, wenn eine (oder mehrere) exogene (autonome) Größen (Verschiebungsparameter) in den Funktionen für Angebot und Nachfrage geändert werden.

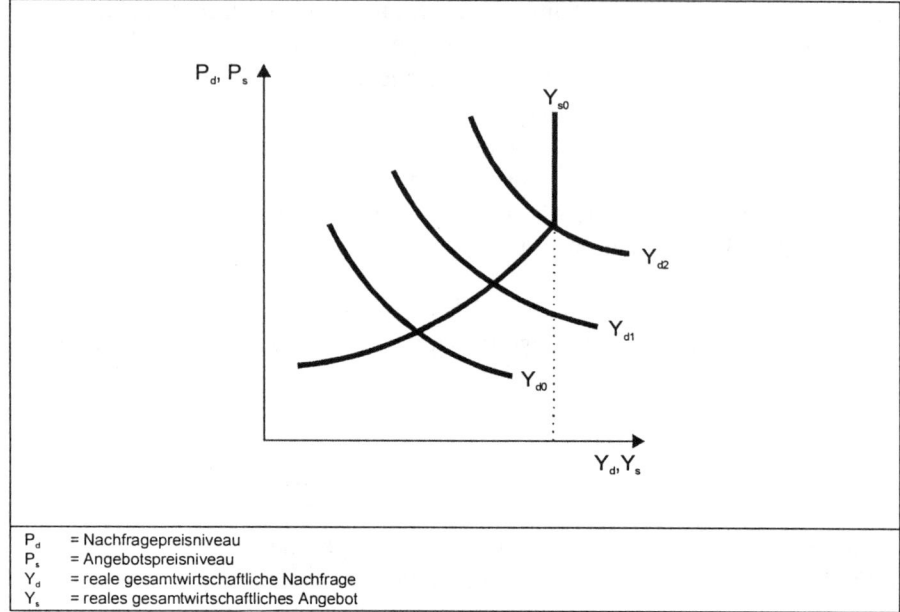

Abb. II.47 Bereiche der kurzfristigen Angebots-Kurve

Wirkungen von Nachfrageveränderungen in den Bereichen
Die Wirkungen von Verlagerungen der Nachfrage-Kurve auf Angebot, Nachfrage und Beschäftigung sind verschieden, je nach dem, in welchem Bereich der Angebots-Kurve die Nachfrage-Kurve schneidet. Verlagert sich die Nachfragefunktion, z.B. durch eine Erhöhung des Geldangebots, von Y_{d0} nach Y_{d1}, dann tritt (bei vollkommen elastischem Angebot) die größte Steigerung von Angebot und Nachfrage in den drei Fällen ein. Im klassischen Bereich findet keine Beschäftigungs-Angebots-Nachfrage-erhöhung statt, nur das Preisniveau steigt. Im mittleren Bereich steigen Angebot und Nachfrage (Y_{d1} → Y_{d2}), aber durch die begleitende Preisniveauerhöhung werden die expansiven Wirkungen gebremst: Die reale Geldmenge (M/P) sinkt, c.p. steigt der Zins und die (zinsabhängigen) Investitionen gehen zurück. Die Expansion des Angebots ist möglich, weil durch das steigende Preisniveau der Reallohn (w/P_s) sinkt und die Nachfrage nach Arbeitskräften steigt, der Gewinn steigt ebenfalls (weil das Preisniveau steigt). Daraus wird einmal mehr deutlich, dass das Zusammenspiel von Gesamtangebot und -nachfrage berücksichtigt werden muss.

6.2.2 Interaktion der Kurven

Interdependenz und Interaktion

Bisher sind wir davon ausgegangen, dass die einzelnen Kurven unabhängig voneinander sind. Andererseits haben wir schon gesehen, dass die Nachfrage-Kurve in dieser Form nur abgeleitet werden konnte, weil wir die Gleichgewichtsbedingung $Y_s = Y_d$ gesetzt haben.[1] Dies bedeutet letztlich, dass es nur einen relevanten Punkt auf der Nachfrage-Kurve gibt, nämlich den Schnittpunkt der Nachfrage-Kurve mit der Angebots-Kurve, in dem $Y_s = Y_d$ ist. Doch unabhängig von dieser Verbindung gibt es eine Reihe von funktionalen Verknüpfungen zwischen den einzelnen Kurven. Diese Verknüpfungen (Interdependenzen) laufen i.a. über die autonomen Größen in den Funktionen; insbesondere ist aber nach der „Janusköpfigkeit" von Variablen gefragt, ob diese nämlich sowohl auf der Angebots- als auch auf der Nachfrageseite wirken. Wir unterscheiden einen direkten und einen indirekten Zusammenhang. Der direkte Zusammenhang verläuft über zwei Größen:

- Die Geldlöhne sind einerseits Kosten und bestimmen das Angebot (Kosteneffekt), sie sind andererseits Kaufkraft und bestimmen die Nachfrage (Kaufkrafteffekt),
- die Investitionen sind einerseits Nachfrage (Einkommenseffekt), andererseits erhöhen sie die Kapazität und somit das Angebot (Kapazitätseffekt).

Indirekte Zusammenhänge bestehen über die Identität von Wirtschaftssubjekten, die einmal die Angebotsseite, zum anderen die Nachfrageseite bestimmen (Staat, Ausland); dies betrifft auch die *ZB*-Kurve:

- Importe und Exporte fördern bzw. begrenzen ihr gegenseitiges Volumen, bestimmte Verschuldungsgrenzen vorausgesetzt, ebenso wie
- Staatsausgaben und Steuereinnahmen.

Ferner liegen indirekte Zusammenhänge durch kausale oder sachliche Verknüpfungen vor:

- Gewinn und Grenzleistungsfähigkeit des Kapitals hängen über die Erwartungen miteinander zusammen, weil die Grenzleistungsfähigkeit durch die erwarteten Gewinne bestimmt wird.
- Investitionen können als wichtige Träger von technischen Fortschritten (Qualitätsveränderungen) aufgefasst werden; sie beeinflussen also das Technologieniveau.

---

[1] Zur Erinnerung: Dies wurde damit begründet, dass sich ein solches Gleichgewicht als ein Unterbeschäftigungsfall interpretieren lässt, bei dem die Unternehmer immer die Menge an Gütern und Dienstleistungen anbieten, die nachgefragt wird.

Ferner müssen wir beachten, dass auch die *ON*-Kurve, die *POP*-Kurve und die *NL*-Kurve bei Verlagerungen der Angebots- und Nachfragekurven beeinflusst werden. Beschränken wir uns hier auf die wichtigsten:

Handelt es sich bei den Investitionen um Rationalisierungsinvestitionen, dann entsteht (trotz einiger kompensatorischer Effekte bei den Investitionsgüterherstellern, u.ä.) technologische Arbeitslosigkeit. u^* steigt (Technologie-Mismatch) und die *ON*-Kurve verlagert sich nach außen.

Sind mit den Investitionen technische Fortschritte verbunden (bessere Maschinen), so tritt mit dem Kapazitätseffekt auf der Angebotsseite auch ein Technologieeffekt auf, der die Angebots-Kurve, aber auch die *NL*-Kurve, nach rechts verlagert. Umweltinvestitionen verlagern die *NL*-Kurve nach rechts, denn diese sind mit umweltsparendem Fortschritt verbunden.

Starke Lohnerhöhungen, die weit über dem Produktivitätswachstum liegen, können arbeitssparenden technischen Fortschritt induzieren (*J. Hicks*). Sie erhöhen die technologische Arbeitslosigkeit, damit u^* und verlagern die *ON*-Kurve nach außen.

Die Veränderungen von Arbeitslosigkeit und Preisniveau verändern das Wählerverhalten; steigen (verschlechtern sich) beide Größen, dann verlagert sich die *POP*-Kurve nach links.

Der Januskopf von Investitionen und Löhnen

Das gesamtwirtschaftliche Angebots-Nachfrage-System verliert seine übersichtliche Handhabbarkeit, wenn wir alle angesprochenen Interdependenzen berücksichtigen. Wenn „alles von allem" abhängt, können wir (in einem komparativ-statischen) System nichts mehr aussagen. Es ist daher ein entscheidender Schritt, die wichtigen von den unwichtigen Größen zu trennen. Ich weise ausdrücklich darauf hin, dass diese Entscheidung eine individuelle Bewertung ist: Ich gehe davon aus, dass Investitionen und Geldlöhne die wichtigsten Größen sind und finde unter den Nationalökonomen dafür sicher eine große Mehrheit.[2] In der folgenden Tabelle II.13 sind die Interaktionen der einzelnen Kurven aufgrund von (autonomen) Veränderungen von Investition und Lohn zusammengestellt. Die Ziffern bezeichnen die Verlagerungen der Kurven in den Abb. II.48a-d.

---

[2] Investitionen und Geldlöhne sind nicht die entscheidenden ökonomischen Variablen. Die Wirkungen von Investitionen und Geldlöhnen sind jedoch offensichtlich, und sie sollen deshalb in den Mittelpunkt gestellt werden.

Variablen	Nachfrage-Kurve	Angebots-Kurve	ZB-Kurve	ON-Kurve	NL-Kurve	POP-Kurve
Investitionen steigen (Erhöhung der Grenzleistungsfähigkeit des Kapitals)	① Rechtsverlagerung durch Einkommenseffekt	② Rechtsverlagerung durch Kapazitäts- und Technologieeffekt	③ Rechtsverlagerung durch Erhöhung von Im_a, nämlich wegen der Steigerung von P bei konstantem P_{Aus}	④ Rechtsverlagerung durch Kapazitätseffekt ⑤ Bei Rationalisierungsinvestitionen Rechtsverlagerung wegen Technologie-Mismatch	⑥ Rechtsverlagerung durch technische Fortschritte, bei Umweltinvestitionen	⑦ Rechtsverlagerung wegen sinkender Arbeitslosenquote u
verknüpfende autonome Größe	ξ	π_a, K_a^*	Im_a	Y^*, u^*	π_a^{NL}	u
Geldlöhne steigen (Erhöhung des Geldlohnsatzes)	② Rechtsverlagerung durch Kaufkrafteffekt	① Linksverlagerung durch Kosteneffekt		③ Rechtsverlagerung durch arbeitssparende technische Fortschritte		
verknüpfende autonome Größe	C_a	w_a	w_a	(π_a)		

Tab. II.13 Interaktionen im gesamtwirtschaftlichen Angebots-Nachfrage-System

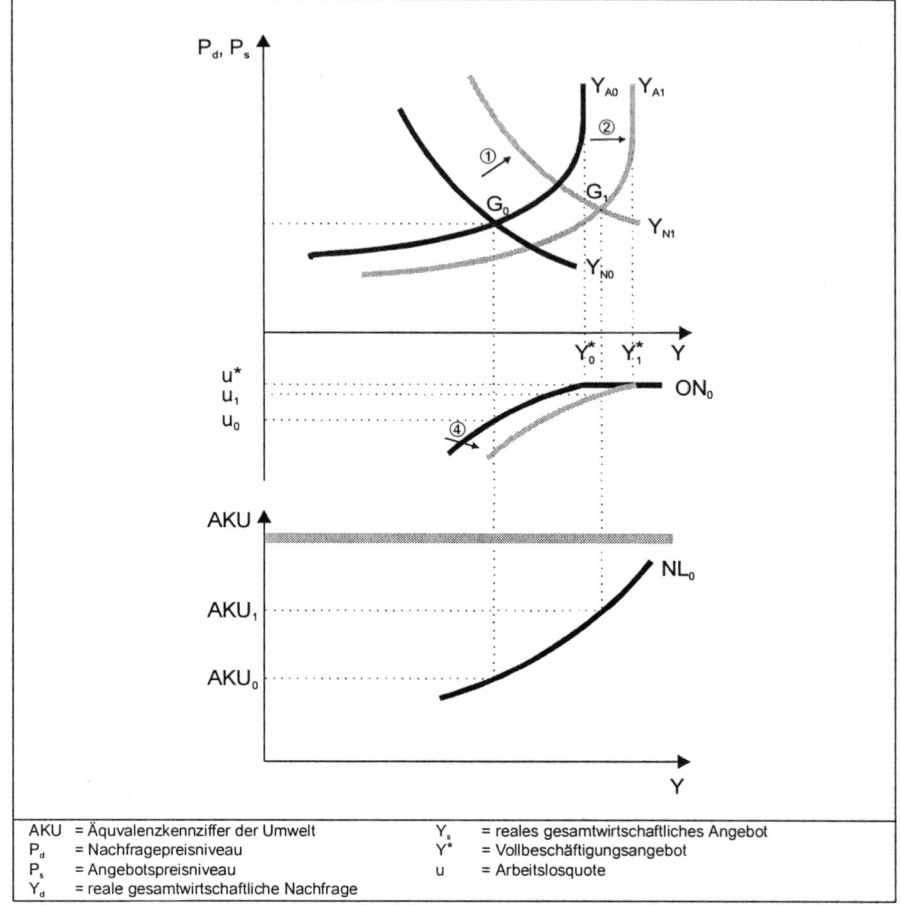

Abb. II.48a Interaktionen I: Erweiterungsinvestitionen

Abschneidekriterien und Prämissen

Wichtig für das Ausfüllen der obigen Übersicht ist die Wahl der Abschneidekriterien. Wie viele „Zeit- und Wirkungsrunden" sollen betrachtet werden? Ich habe mich innerhalb der betrachteten Zeitspannen (kurze und lange Frist) für eine Runde entschieden, da andernfalls das Argumentationsmuster verschwimmen würde; die Interdependenz der Variablen kann dann nicht mehr „von Hand" nachvollzogen werden.

Die Prämissen für die Analyse lauten, soweit nicht schon genannt: festes Wechselkurssystem, Im_a hängt vor allem von P ab, Ex_a vor allem von Y_{Aus}. Zins und Preisniveau des Auslandes seien konstant. Dies soll ebenfalls für den Wechselkurs unterstellt werden; es lässt sich zeigen, dass sich für plausible Fälle die Verschiebungsparameter gegenseitig aufheben. Z.B.

führt der Fall steigender inländischer Zinsen zu steigenden Kapitalimporten, und zunehmendes Preisniveau führt zu sinkenden Exporten; diese Effekte wirken gegenläufig und heben sich auf. Der Verschiebungsparameter der *POP*-Kurve ist *u*, denn die anderen zwei Variablen der Funktion *P* und *Y* sind auf den Achsen abgetragen. Wenn *u* sinkt, verlagert sich die *POP*-Kurve vom Ursprung weg nach außen.

Trotz dieser Vereinfachungen wird schon deutlich, dass die Darstellung nicht unkompliziert wird. Ich will daher mit dem Einfachen beginnen und in einem ersten Schritt die Interaktionen mit der *ZB*-Kurve und der *POP*-Kurve weglassen. Die Interaktionen von Angebots-, Nachfrage-, *ON*- und *NL*-Kurve aufgrund von Erhöhungen der Investitionen sollen am Beispiel der seit 1982 praktizierten Angebotspolitik der Bundesregierung in Deutschland gezeigt werden. Die Interaktionen aufgrund von Lohnsteigerungen zeige ich am Beispiel produktivitätsorientierter Lohnpolitik, die sich seit Ende der 1990er Jahre offenbar immer mehr durchsetzt.

6.2.3 Wirkungsanalyse Ia: Das engere Angebots-Nachfrage-System am Beispiel der angebotsorientierten Politik (Prozesspolitik)

Ansatzpunkt: Investitionssteuerung
Der Schlüssel angebotsorientierter Prozesspolitik[3] liegt darin, Sachinvestitionen zu fördern. Ansatzpunkte hierfür finden wir in der Investitionsfunktion. Wir haben im Abschnitt II.2.2.4 gesehen, dass sich die Investitionen grundsätzlich mit Hilfe von drei Maßnahmen erhöhen lassen: Veränderung der unabhängigen Variablen (Senkung des Zinssatzes), Drehung der Investitionsfunktion (Erhöhung der Investitionsneigung) und/oder Verlagerung der Investionsfunktion (durch Erhöhung der Grenzleistungsfähigkeit des Kapitals). Wählen wir die letztgenannte Möglichkeit: Die Ansatzpunkte für eine Erhöhung von ξ erhalten wir aus der Kapitalwertformel. Danach ist ξ der Zinssatz, bei dem die abgezinsten erwarteten Gewinne (nach Steuern) gleich sind den Anschaffungskosten des Investitionsguts. Die erwarteten Gewinne lassen sich erhöhen, wenn z.B. wegen der Diskussion um eine Unternehmenssteuerreform in der Zukunft geringere Einkommens- oder Körperschaftssteuern erwartet werden.

---

[3] Prozesspolitik setzt an den autonomen Größen in den Funktionen an, während angebotsorientierte Ordnungspolitik an den Verhaltensparametern anknüpft und sich des Anreizsystems bedient, um Veränderungen der Angebots-Kurve zu bewirken.

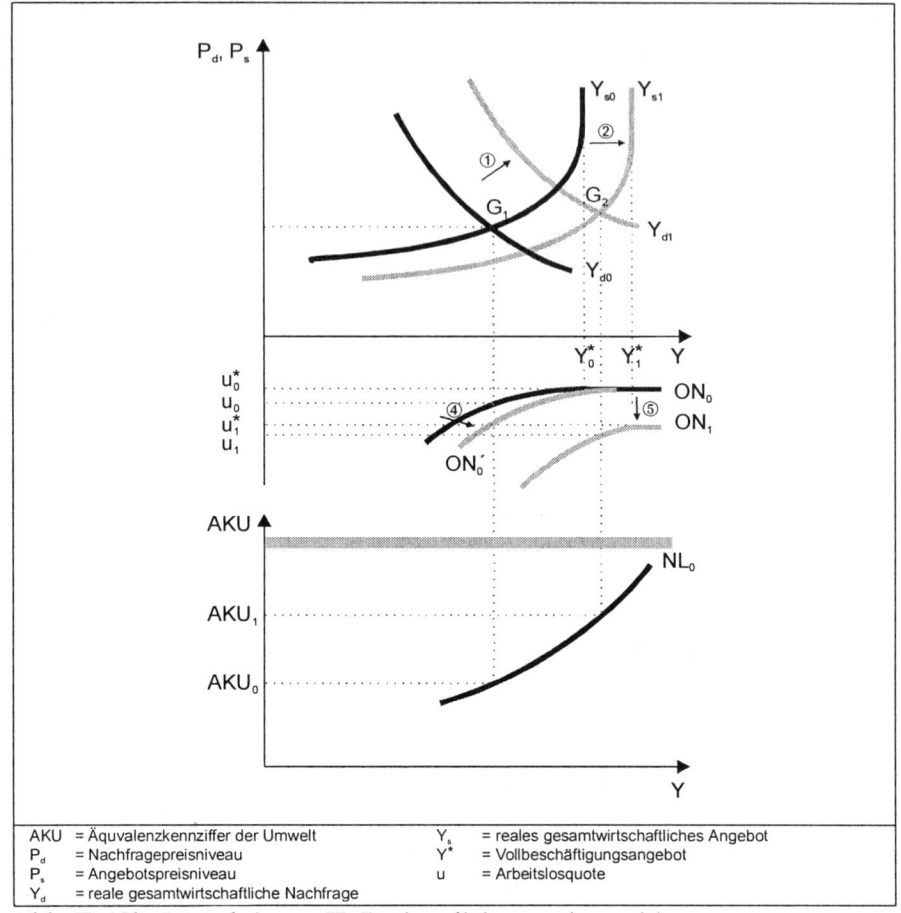

Abb. II.48b Interaktionen II: Rationalisierungsinvestitionen

Wirkungen einer Erhöhung der Grenzleistungsfähigkeit des Kapitals
Nehmen wir an, die Grenzleistungsfähigkeit des Kapitals sei gestiegen.
Wie wirkt dies im (engeren) gesamtwirtschaftlichen Angebots-Nachfrage-
System der Abb. II.48a auf die gesamtwirtschaftlichen Ziele? Für die
Wirkungen dieser Veränderung kommt es darauf an, welche Art von In-
vestitionen zusätzlich getätigt werden, Sachkapitalinvestitionen oder
Nicht-Sachkapitalinvestitionen (wie Bildungsinvestitionen, Investitionen
in das sog. Human- oder Sozialkapital). Gehen wir von Sachkapitalinvestitionen aus. Dann kommt es darauf an, ob Erweiterungs-, Rationalisie-
rungs- oder Ersatzinvestitionen getätigt wurden. Unterstellen wir, es seien
Erweiterungsinvestitionen, d.h. die Motive der Unternehmen liegen darin,
ihre Produktionskapazitäten (bei bestehenden Faktorintensitäten) auszu-
dehnen. Mit diesen Annahmen ergeben sich die in Abb. II.48a gezeigten

Wirkungen, wenn wir das kurzfristige Angebots-Nachfrage-Modell (*Keynes*) unterstellen.

Fall I: Erweiterungsinvestitionen
Durch die Erhöhung der Grenzleistungsfähigkeit des Kapitals steigt (annahmegemäß) die Nachfrage nach Erweiterungsinvestitionen, die Nachfrage-Kurve verlagert sich in Abb. II.48a nach rechts (vom Ursprung weg); dies ist der Nachfrage-, Multiplikator- oder Einkommenseffekt ①. Die neuen Investitionen tragen erstens zur Kapitalbildung bei und erhöhen K^*, zweitens sind sie häufig von höherer Qualität als die im Kapitalstock inkorporierten und erhöhen auch π (neue Maschinen = bessere Maschinen). Sowohl K^* als auch π sind Verschiebungsparameter in der Angebots-Kurve (kapazitätserweiternde Faktoren) und verlagern diese nach rechts (vom Ursprung weg); dies ist der Kapazitätseffekt und der Technologieeffekt ②. Die gesamtwirtschaftliche Kapazitätsgrenze hat sich von Y_0^* nach Y_1^* verschoben. Da Y^* als Verschiebungsparameter die Lage der ON-Kurve bestimmt, verlagert sich auch die ON-Kurve nach außen ④. Weitere direkte Wirkungen treten unter den gemachten Annahmen nicht auf. Das gesamtwirtschaftliche Gleichgewicht verlagert sich von G_0 nach G_1. Im Normalfall sind als positive Wirkungen Y gestiegen und u ist zurückgegangen. Negative Wirkungen sind Inflation (höheres P) und schlechtere Umweltqualität.

Fall II: Rationalisierungsinvestitionen
Für den zweiten Fall gehen wir davon aus, dass die Unternehmer versuchen, durch die Sachinvestitionen Personalkosten zu sparen; sie tätigen sog. Rationalisierungsinvestitionen. Dieser Fall ist im gesamtwirtschaftlichen Angebots-Nachfrage-System mit der Abb. II.48b dargestellt. Es treten, wie schon für den Fall I beschrieben, sowohl der Nachfrageeffekt bei der Nachfrage-Kurve ①, als auch der Kapazitäts- und Technologieeffekt bei der Angebots-Kurve ② und der Kapazitätseffekt bei der ON-Kurve auf ④. Nun aber muss durch die (extern getroffene) Annahme von Rationalisierungsinvestitionen davon ausgegangen werden, dass ein technologischer Mismatch entsteht, der u^* erhöht, und zwar von u_0^* auf u_1^*. Dadurch verlagert sich die ON-Kurve nach außen (vom Ursprung weg), weil u^* als Verschiebungsparameter die Lage der ON-Kurve bestimmt ⑤. Das gesamtwirtschaftliche Gleichgewicht hat sich von G_0 nach G_1 verändert. Im Normalfall tritt als einzige positive Wirkung auf, dass Y steigt.[4] Negativ

---

[4] Die Einkommen aus Unternehmertätigkeit und Vermögen steigen und die Einkommensverteilung verschiebt sich zu den Unternehmern.

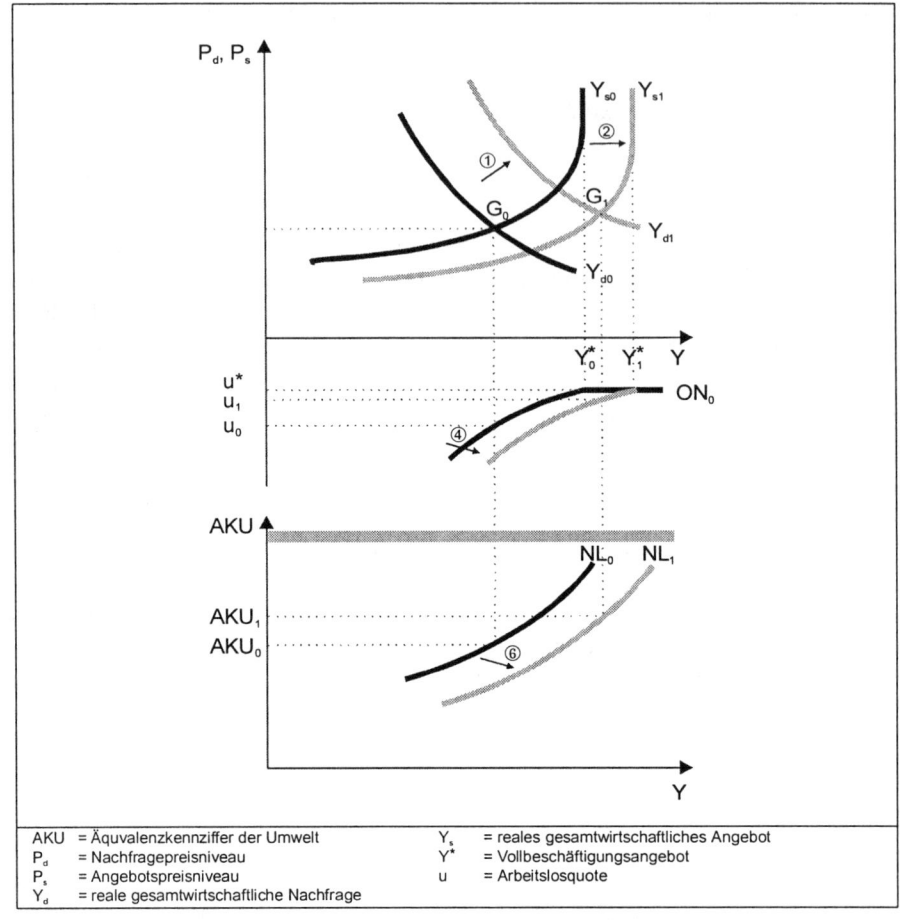

Abb. II.48c Interaktionen III: Umweltinvestitionen

schlägt zu Buche, dass P, u und die natürlichen Lebensgrundlagen sich verschlechtern.

Fall III: Umweltinvestitionen
Den Fall von Umweltinvestitionen zeigt die Abb. II.48c. Hier gehen wir vom (günstigen) Fall I der Erweiterungsinvestitionen aus und verlagern zusätzlich wegen gestiegenem umwelttechnischem Fortschritt π^{NL} (z.B. Filteranlagen in den Schornsteinen von Kraftwerken) die *NL*-Kurve nach rechts, so dass sich *AKU* verringert und die Umweltqualität sich verbessert ⑥. Umweltinvestitionen sind in der Regel auch arbeitsintensiv und verlagern die *ON*-Kurve eher nach innen; es könnte ein negativer technologischer Mismatch wirken, der aber in Abb. II.48c nicht berücksichtigt ist.

Die „Bilanz": *Y* und *P* sind gestiegen, *u* ist gesunken, die Umweltqualität hat sich im gezeichneten Fall nur leicht verschlechtert.

Fall IV: Bildungsinvestitionen
Der Fall der Bildungsinvestitionen wird in Zukunft wichtiger werden. Es handelt sich dabei vor allem um öffentliche Investitionen; die investiven Staatsausgaben G_I steigen und verursachen die gleichen Effekte, wie für den Fall I der Erweiterungsinvestitionen dargestellt. Die Angebotskurve verlagert sich nun deshalb, weil das sog. Humankapital gestiegen ist (Kapazitätseffekt): Es gibt nun mehr und besser qualifizierte (weil aus- oder weitergebildete Arbeitnehmer). Bildungsinvestitionen bringen i.d.R. keine Rationalisierungseffekte im herkömmlichen Sinn mit sich; sie verdrängen allenfalls unqualifizierte Arbeit, wenn die Bildungsinvestitionen nicht für alle chancengleich sind.

6.2.4 Wirkungsanalyse Ib: Das engere Angebots-Nachfrage-System am Beispiel der angebotsorientierten Politik (Ordnungspolitik)

Ansatzpunkte
Die angebotsorientierte Politik, die an der Prozesspolitik ansetzt, ist eigentlich eine Nachfragepolitik. Denn die Investitionen sind eine Komponente der Nachfrage und wirken erst über den Kapazitäts- und Technologieeffekt auf die Angebots-Kurve. Die eigentliche angebotsorientierte Politik setzt an den Verhaltensparametern der Angebots-Kurve direkt an und verändert die Steigung der Kurve (flacht sie ab). Das Verhalten der Anbieter (und die Steigung der Angebots-Kurve) hängt bekanntlich vom Anreizsystem ab, also von den Zielen, Regeln, Sanktionen und Informationen. Ein Beispiel wäre: eine Unternehmenssteuerreform setzt an den formalen Regeln und den pekuniären Sanktionen an.[5]

Deregulierung und Reregulierung
Das Ziel besteht darin, das Anreizsystem so zu verändern, dass ein flexibleres Verhalten resultiert. Das wäre z.B. eine einfachere (friktionsfreiere) Anpassung der Produktion, weil formale Regeln der Arbeitszeitgestaltung verändert wurden, oder eine flexiblere Personalpolitik der Unternehmen, weil Regulierungen des Betriebsverfassungs- oder des Mitbestimmungsgesetzes angepasst wurden. Wichtig ist die Unterscheidung zwischen De- und Reregulierung:

---

[5] Eine Steuer*reform* stellt ein ordnungspolitisches Instrument dar, die Änderung eines Steuer*satzes* eine prozesspolitische Maßnahme.

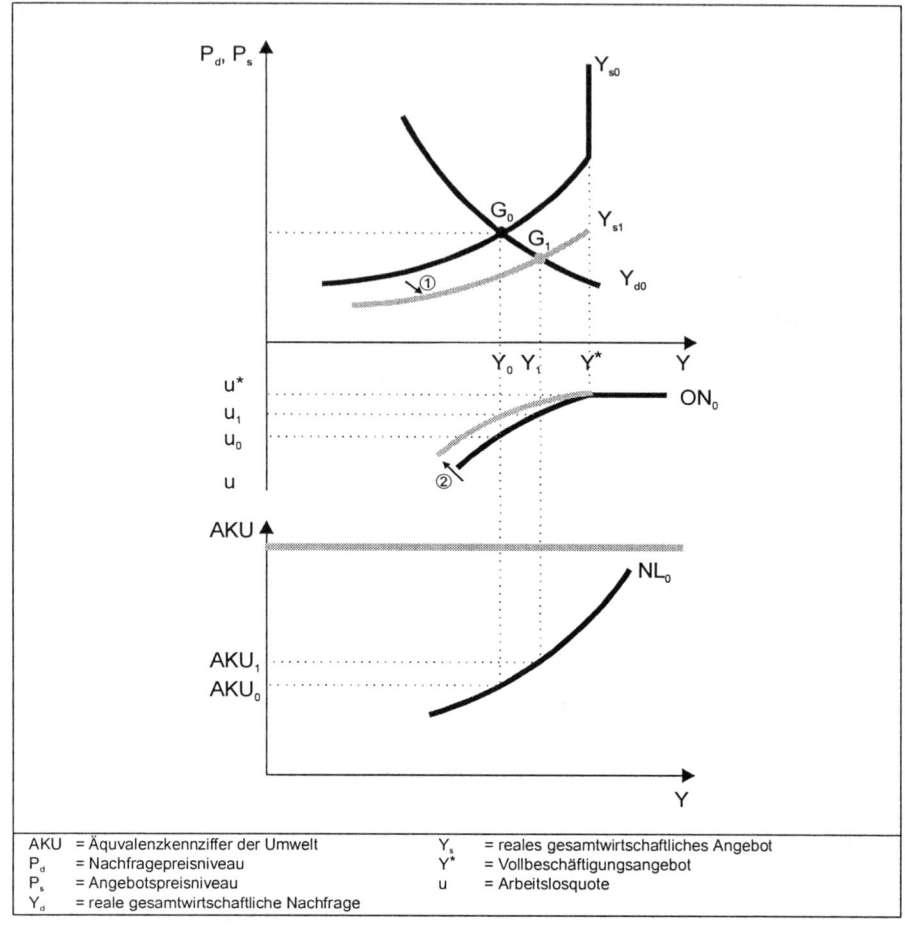

Abb. II.49 Angebotsorientierte Ordnungspolitik

- Deregulierung bedeutet, dass Regeln gestrichen werden, wobei man meist davon ausgeht, dass die Begründung für die Einführung dieser Regeln sowieso schwach war.
- Reregulierung bedeutet Reform oder institutionelle Veränderung nach vorgegebenen klaren Zielen.

Vor diesen Definitionen wird deutlich, dass angebotsorientierte Ordnungspolitik immer die bewusste (politische) Gestaltung von Regelsystemen bedeutet.

Wirkungen auf die Angebots-Kurve

Wie Abb. II.49 zeigt, bewirkt eine Abflachung der Angebots-Kurve ①, dass Preisniveau und Arbeitslosenquote von P_0 oder u_0 auf P_1 oder u_1 zurückgehen, während das Nationaleinkommen von Y_0 auf Y_1 steigt. Berücksichtigen wir, dass die meisten ordnungspolitischen Maßnahmen, die auf die Angebots-Kurve wirken, auch die *ON*-Kurve abflachen (die Nachfrage nach Arbeit spielt in beiden Kurven eine wichtige Rolle), dann erhalten wir noch einen weiteren Effekt ②, der die Arbeitslosenquote nochmals reduziert. Alles spricht demnach für die ordnungspolitische Variante der Angebotspolitik. Die Umweltqualität wird allerdings verschlechtert.

6.2.5 Wirkungsanalyse II: Investitionssteigerungen im erweiterten Angebots-Nachfrage-System

Ein Fallbeispiel

Das erweiterte Angebots-Nachfrage-System besteht aus Angebots-, Nachfrage-, *ZB*-, *POP*-, *ON*- und *NL*-Kurve; diese Komplexität kratzt wirklich an der Grenze der mit komparativer Statik darstellbaren Komplexität. Ich unterstelle das kurzfristige keynesianische System, steigende Rationalisierungsinvestitionen, keine Umwelt- und Bildungsinvestitionen, und flexible Wechselkurse (vgl. auch II.6.2.2). Durch die Annahme der flexiblen Wechselkurse können wir von einer weitgehenden Anpassung der Leistungsbilanz ausgehen. Wir betrachten die Abb. II.50.

Wirkungen auf die Ziele

Wie im oben dargestellten Fall II verlagern sich Nachfrage-Kurve (Multiplikatoreffekt ①), Angebots-Kurve (Kapazitäts- und Technologieeffekt ②) und *ON*-Kurve (Kapazitäts- und Rationalisierungseffekt ④ und ⑤) nach rechts. Das erste Ergebnis für die gesamtwirtschaftlichen Ziele lautet daraus, dass sich *Y* erhöht (positives Wirtschaftswachstum), aber alle anderen Ziele, nämlich Preisniveaustabilität, Arbeitslosenquote und Umweltqualität, sich verschlechtern. Durch unsere Annahme flexibler Wechselkurse hat sich die Leistungsbilanz im Gleichgewicht gehalten. Feste Wechselkurse würden bedeuten, dass die Wirkungen von gestiegenem *P* (und auch *i*) auf Im_a und Ex_a berücksichtigt werden müssen. Wie ich in Kapitel II.6.2.1 dargestellt habe, würde die *ZB*-Kurve sich etwas in die gewünschte Richtung (nach rechts) verlagern. Hinzu kommt jedoch, dass auch Angebots- und Nachfrage-Kurve von Im_a bzw. Ex_a beeinflusst werden und durch eine Verlagerung nach rechts ihrerseits der *ZB*-Kurve „davonlaufen".

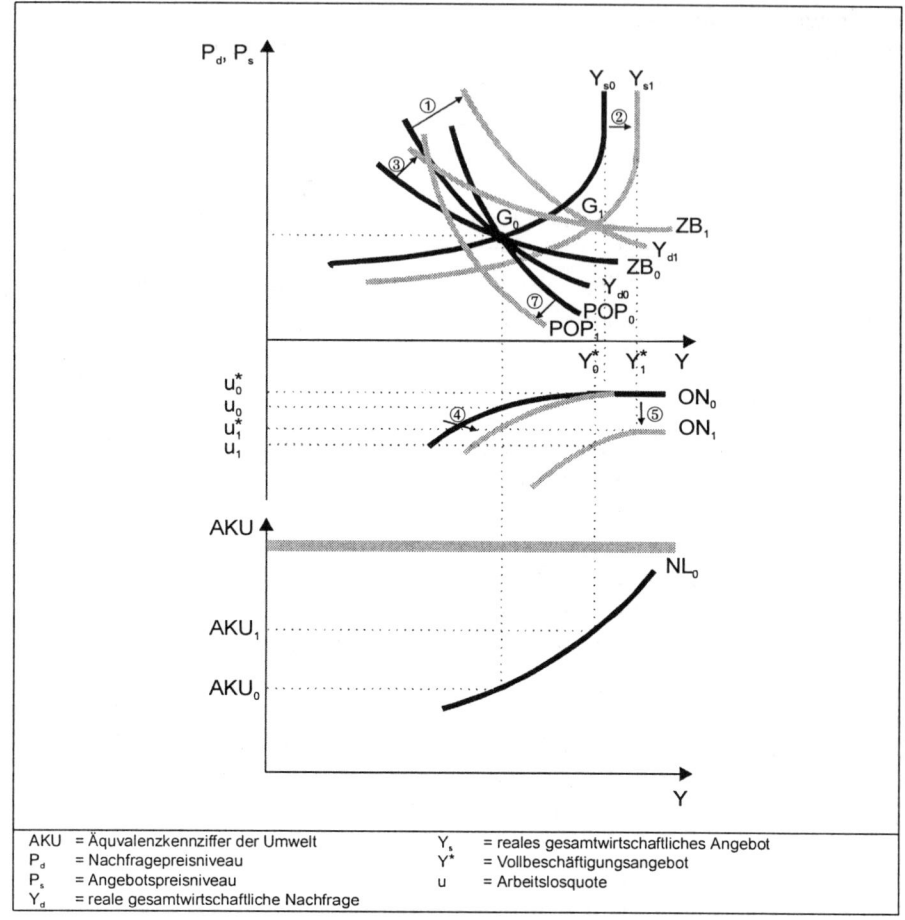

Abb II.50 Rationalisierungsinvestitionen im erweiterten Angebots-Nachfrage-Modell

Letztlich wird die Bilanz also noch schlechter, denn es bleibt ein Leistungsbilanzdefizit. Doch es kommt schlimmer: Die Regierung verliert Popularität (und Wählerstimmen) und wird wohl abgewählt, denn durch die
gestiegene Arbeitslosenquote verlagert sich die *POP*-Kurve nach links ⑦.

Realistisches Szenario?
Wir sind nun unversehens von rein theoretischen Erörterungen bei drama-
tischen Ergebnissen gelandet. Wie realistisch sind diese Ergebnisse? Die
entscheidende Frage dürfte sein, ob die steigende Arbeitslosigkeit beim
Wahlvolk durch die Stimulierung des Wachstums aufgefangen werden
kann, das ja Einkommensverbesserungen verspricht. Wenn diese Einkom-

mensverbesserungen als Kompensation ausbleiben, weil sich (in der Unternehmerwirtschaft) die Einkommensverteilung hin zu den Unternehmern verschiebt, dann wird die gesellschaftliche Situation in der Tat dramatisch. Denn dann sind aus der Sicht des Arbeitnehmers alle Ziele verletzt: Preisniveaustabilität, hoher Beschäftigungsstand, außenwirtschaftliches Gleichgewicht, gerechte Einkommens- und Vermögensverteilung, Erhaltung der natürlichen Lebensgrundlagen und das Wirtschaftswachstum bringt dem Einzelnen keinen Vorteil. Damit erhält die Lohnpolitik in diesem Szenario eine Schlüsselrolle.

6.2.6 Wirkungsanalyse III: Produktivitätsorientierte Lohnpolitik

Ausgangspunkt: Produktivitätseffekt
Die arbeitsbezogene Produktivität $Y/(N{\cdot}h)$, ausgedrückt in Nationaleinkommen je Beschäftigten-Stunden $N{\cdot}h$, wächst jährlich zwischen 1 und 4%; das sind für Deutschland absolut gesehen zwischen 25 und 75 Mrd. € an „gesamtwirtschaftlichen Einsparungen". Die entscheidende Frage ist, welche Gruppe diese Einsparungen als Einkommenszuwächse erhält, die Arbeitgeber oder die Arbeitnehmer. Diese Frage wird in den jährlichen Lohnverhandlungen geklärt, wie stark die Geldlöhne (genauer: Tariflöhne) steigen können. Dies habe ich in Kapitel I.5.7 beschrieben. Der Produktivitätseffekt ist in der Abb. II.48d mit ① dargestellt: Die Angebots-Kurve verlagert sich wegen der Effizienzsteigerung nach rechts.

Kosteneffekt der Löhne
Aus der Sicht der Unternehmen sind höhere Geldlöhne Kosten (Personalkosten). Diese Kostensteigerungen verlagern die Angebots-Kurve nach links ②. Wenn die Lohnsteigerungsrate genau so hoch ist wie die Produktivitätssteigerungsrate, dann landet die Angebots-Kurve Y_{s1} wieder bei Y_{s0}. In den vergangenen Lohnverhandlungen war die gesamte Erhöhung der Lohnkosten immer höher als die Produktivitätssteigerung, weil die Gewerkschaften zu der erwarteten Produktivitätssteigerung auch die erwartete Inflationsrate als Ausgleich für Kaufkraftverluste gefordert haben. Gelegentlich war die Stellung der Gewerkschaften wegen der guten Wirtschaftslage (wirkungsvolle Streikwaffe) so gut, dass sie weitere Lohnsteigerungen durchsetzen konnten. Dann verlagert sich die Angebotskurve weiter nach links, etwa nach Y_{s2}.
Ich will hier schon anmerken, dass ein dauerhafter Kosteneffekt, der die Angebots-Kurve immer wieder über die Produktivitätsschwelle drückt, das (Einstellungs-)Verhalten der Unternehmer nicht unbeeinflusst lassen kann. Die Unternehmer wehren sich vehement gegen eine solche Entwicklung.

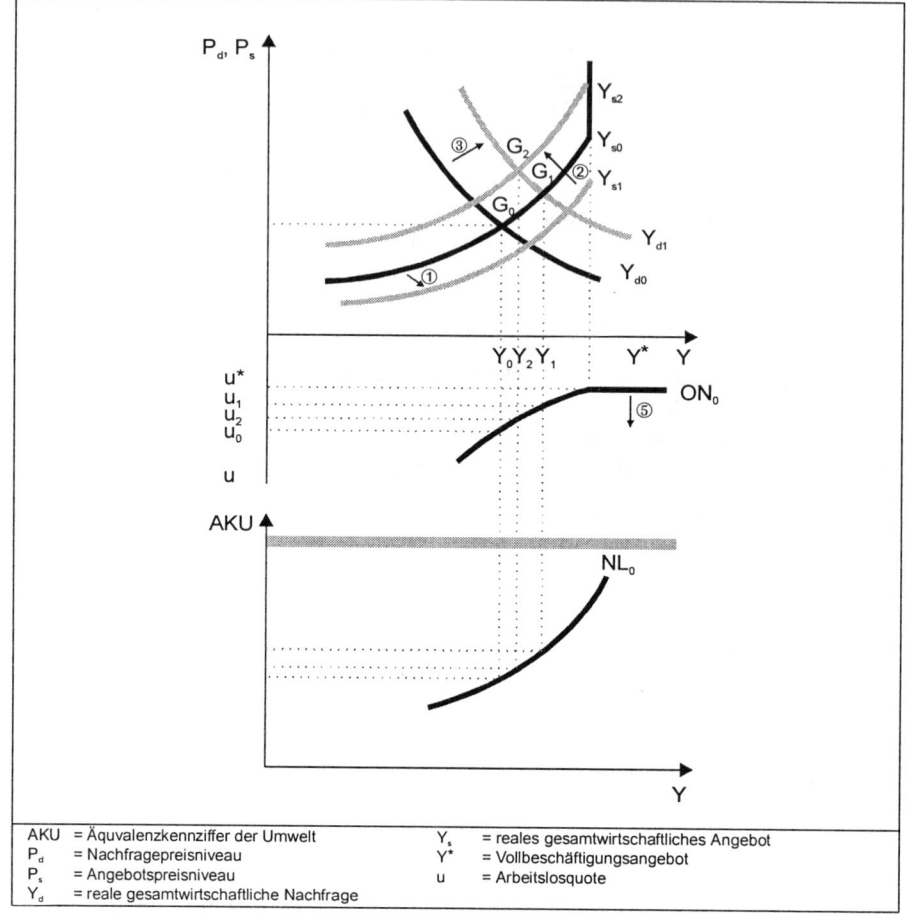

AKU	= Äquvalenzkennziffer der Umwelt	Y_s	= reales gesamtwirtschaftliches Angebot
P_d	= Nachfragepreisniveau	Y^*	= Vollbeschäftigungsangebot
P_s	= Angebotspreisniveau	u	= Arbeitslosquote
Y_d	= reale gesamtwirtschaftliche Nachfrage		

Abb. II.48d Interaktionen IV: Löhne

Kaufkrafteffekt der Löhne

Der Kosteneffekt ist jedoch nur eine Seite der Medaille Lohn. Die andere Seite heißt, dass Löhne für die Arbeitnehmer Kaufkraft bedeuten. Löhne bestimmen wesentlich das verfügbare Einkommen der Arbeitnehmer, und in ihrer Rolle als Konsumenten „kaufen" diese Löhne die von den Firmen produzierten Güter und Dienstleistungen (Kreislauftheorie, vgl. Kapitel I.4.3.3). Der Kaufkrafteffekt verlagert die Nachfrage-Kurve nach rechts. Je höher die Konsumneigung, desto größer ist der Kaufkrafteffekt ③.

Ich will anfügen, dass es entscheidend auf die Zuwächse der im Inland verwendeten Teile des verfügbaren Einkommens ankommt. Das verfügbare Einkommen hängt auch von den Steuern und Transferzahlungen (Renten und Beiträge) ab. Ausgaben im Ausland wirken nicht auf die inländische Kaufkraft. Wenn z.B. der Zuwachs des Bruttoeinkommens eines Arbeitnehmers im Jahr bei 1.000 € liegt, davon aber durch gestiegene Sozialversicherungsbeiträge 300 € abgehen und die restlichen 700€ für einen Marokko-Urlaub verwendet werden, dann ist der Beitrag dieses Arbeitnehmers zum Kaufkrafteffekt Null.

Gesamteffekt der Löhne

Der Gesamteffekt der Lohnsteigerungen hängt also davon ab, wie hoch der Produktivitätseffekt ①, gegen den Kosteneffekt ② aufgerechnet, ist, und wie hoch der Kaufkrafteffekt ③ ausfällt. In der Abb. II.48d sind die Kurvenverlagerungen (mit großem Kaufkrafteffekt) so gezeichnet, dass sich für ① = ② das gesamtwirtschaftliche Gleichgewicht von G_0 nach G_1 verschiebt. Es entsteht Inflation und eine schlechtere Umweltqualität (*AKU*), aber Wachstum (*Y*) und Arbeitslosigkeit (*u*) sind positiv. Diese positiven Effekte sind eher unwahrscheinlich:

- Der Kaufkrafteffekt bewirkt immer weniger, dass die inländischen Ausgaben steigen (vgl. den letzten Absatz).
- Die Unternehmer argumentieren, dass sie den inländischen Kaufkrafteffekt gar nicht brauchen, um ihre Produkte abzusetzen, sondern dass niedrige Lohnkosten ihre internationale Wettbewerbsfähig so günstig beeinflussen, dass die Produktion über den Export weggeht.
- Bei anhaltend hohen Kosteneffekten verfestigt sich bei den Unternehmern die Erwartung, dass die Beschäftigung von Menschen zu teuer ist. Die Firmen werden rationalisieren, die *ON*-Kurve verlagert sich nach außen und die Arbeitslosigkeit steigt.

6.2.7 Wirkungsanalyse IV: Konsumtive Ausgaben und Geldmengensteuerung

Generelles Wirkungsmuster

Wenn bestimmte Veränderungen autonomer Größen die Nachfrage-Kurve nach rechts verlagern und die Angebots-Kurve nicht verändern, dann steigt das Preisniveau stärker, als bei einer anschließenden Verlagerung der Angebots-Kurve. Die Verlagerung der Angebots-Kurve ist ein wichtiger Effekt, um den inflationären Druck aus der gesamtwirtschaftlichen Steuerung herauszunehmen.

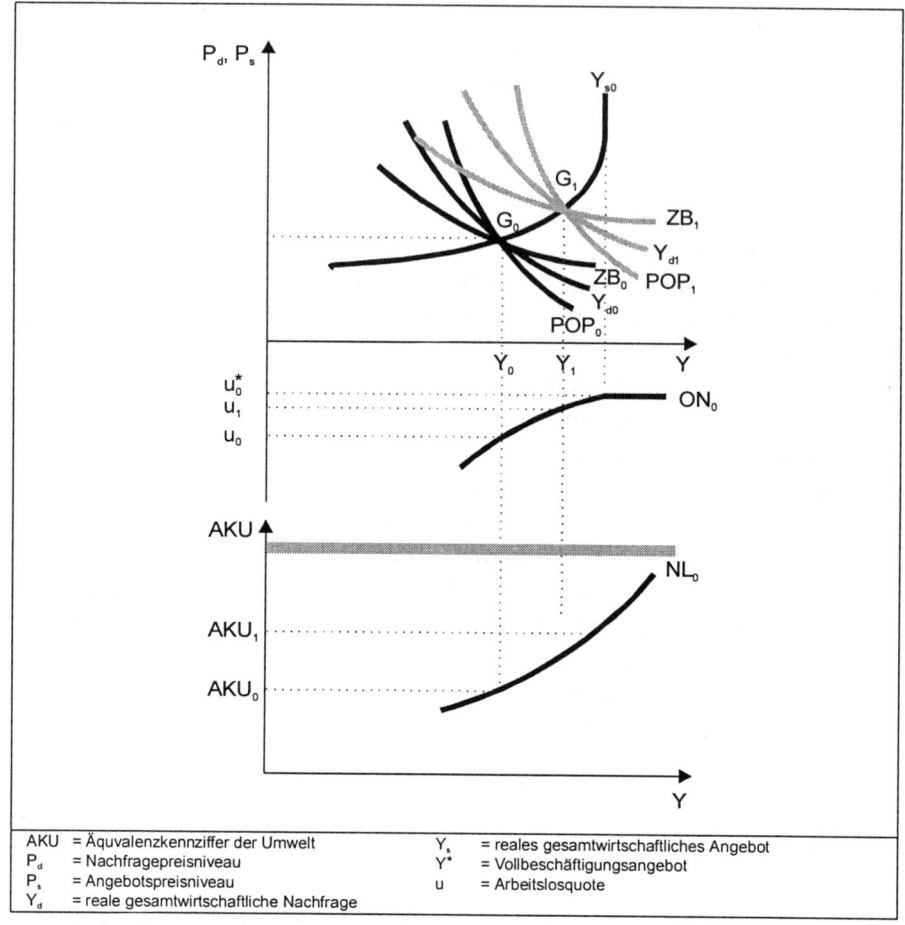

Abb. II.51 Geldpolitik im erweiterten Angebots-Nachfrage-Modell

Erhöhung von Konsumausgaben

Wir können davon ausgehen, dass die Erhöhung des autonomen Konsums der privaten Haushalte C_a oder der konsumtiven Staatsausgaben G_C (in den ersten Runden) nur die Nachfrage-Kurve nach rechts verlagern und einen Nachfrage-, Einkommens- oder Multiplikatoreffekt auslösen. Weitere Wirkungen werden in der kurzen Frist nicht auftreten. Mittel- und langfristig kann man jedoch über die Akzelerations-Hypothese der Investitionen (vgl. Kapitel II.2.3.3) weitere Wirkungsketten verfolgen. Danach würden die Veränderungen der Konsumausgaben Investitionen anregen (was plausibel ist), die dann nach einem weiteren Multiplikatoreffekt die Angebots-Kurve verlagern (Kapazitäts- und Technologieeffekt).

Geldpolitische Maßnahmen
Unterstellen wir die Prämissen im erweiterten Angebots-Nachfrage-System (Kapitel II.6.2.5). Geldpolitische Maßnahmen wirken in der kurzen Frist nur auf die Nachfrage-Kurve; man geht dabei von einer zeitlichen Verzögerung zwischen Ursache und Wirkung aus (time-lag) aus, die bei etwa vier Monaten liegt. Eine Veränderung der Geldmenge beeinflusst das Preisniveau also recht kurzfristig. In der Abb. II.51 verlagert sich die Nachfrage-Kurve nach rechts. Das Preisniveau steigt (und die Zinsen sinken; dies kann man in einem *IS/LM*-Diagramm feststellen). Bei freien Wechselkursen wird die Währung abgewertet und die *ZB*-Kurve passt sich (mit einer Rechtsverlagerung) an. Die *POP*-Kurve ist zwei Impulsen ausgesetzt: Inflation und verschlechterte Umweltqualität verlagern sie nach links, gesunkene Arbeitslosenquote und Einkommenswachstum verlagern sie nach rechts. Letzteres wird bei den vorherrschenden Präferenzen der Bevölkerung den Ausschlag geben.

6.2.8 Die *Phillips*-Kurve

Die Original-Phillips-Kurve
In einem Aufsatz von 1958 legte *W. A. Phillips* Ergebnisse langer Zeitreihen der Lohnänderungsrate und der Arbeitslosenquote für Großbritannien vor, die einen sehr engen statistischen Zusammenhang zeigten:

$$\Delta w = a_0 + a_1 \cdot u \quad \text{mit } a_0 \geq 0 \quad a_1 \leq 0$$

Δw = absolute Änderung des Geldlohnsatzes
a_0, a_1 = Parameter
u = Arbeitslosenquote

Diese Beziehung ist in Abb. II.52 dargestellt; sie ist nichts weiter als eine (eng korrelierte) statistische Beziehung. Um daraus zu einer relevanten Aussage zu gelangen, ist eine theoretische Hypothese notwendig. Eine solche Hypothese geht von einer Beschreibung des institutionalisierten Arbeitsmarktes aus. Danach kann man sagen, dass eine geringe Arbeitslosenquote einen angespannten Arbeitsmarkt beschreibt, auf dem (bei guter Wirtschaftslage) Arbeitskräfte knapp sind. In einer solchen Situation können die Gewerkschaften aus zwei Gründen hohe Lohnsteigerungen fordern:
- Eine Streikdrohung oder ein Streik sind sehr wirkungsvoll, weil sie zu Produktionsausfall oder -stillstand bei vollen Auftragsbüchern führen,
- die Unternehmen haben wegen der guten Geschäftslage die Mittel, höhere Löhne zu bezahlen.

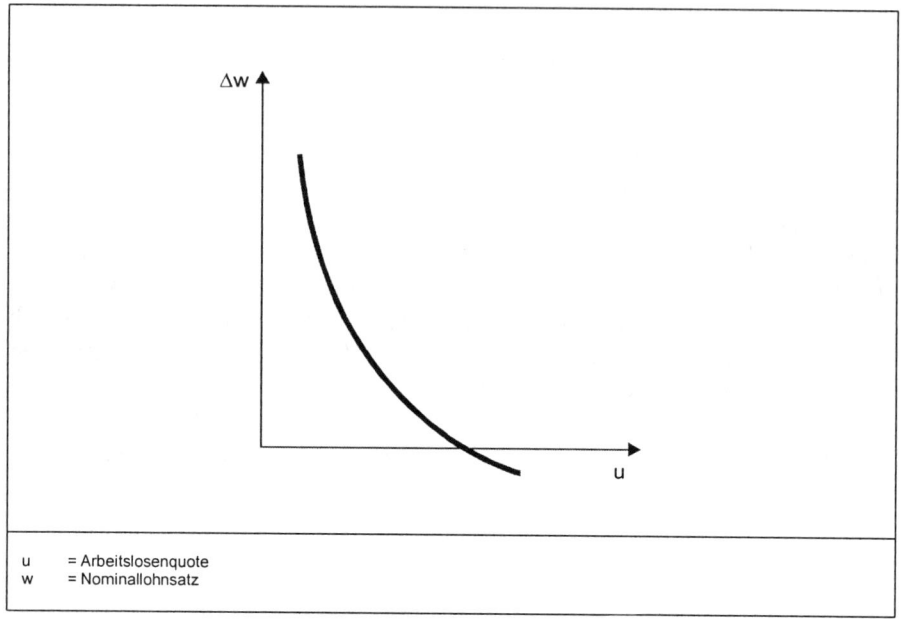

Abb. II.52 *Phillips*-Kurve

Die modifizierte Phillips-Kurve
Solow und *Blinder* stellten die Frage, wie dieser *Phillips*-Zusammenhang in eine wirtschaftspolitisch relevante Beziehung umgewandelt werden könnte; eine solche wäre die Beziehung zwischen Inflationsrate und Arbeitslosenquote. Der Versuch, die Lohnveränderung näher zu erklären, führt zunächst zu einer „Lohngleichung"; wir hatten im ersten Teil festgestellt, dass der Lohn abhängt von der Wachstumsrate der Produktivität, der erwarteten Inflationsrate und einem Faktor λ, der weitere Determinanten, insbesondere aber die Wirtschaftslage, bündelt. Kombiniert man diese Gleichung mit der obigen, dann erhält man eine „modifizierte *Phillips*-Kurve", nach u aufgelöst:

$$u = b_0 + b_1 \cdot \hat{\pi} + b_2 \cdot \hat{P} \quad \text{mit } b_0 = \frac{a_2 - a_0}{a_1}, \quad b_1 = \frac{a_3}{a_1} \text{ und } b_2 = \frac{a_4}{a_1}$$

Zeichnet man diese modifizierte *Phillips*-Kurve in ein $\hat{P}/u$-Diagramm, dann muss

- Das Produktivitätswachstum als gegeben unterstellt werden (Verschiebungsparameter),

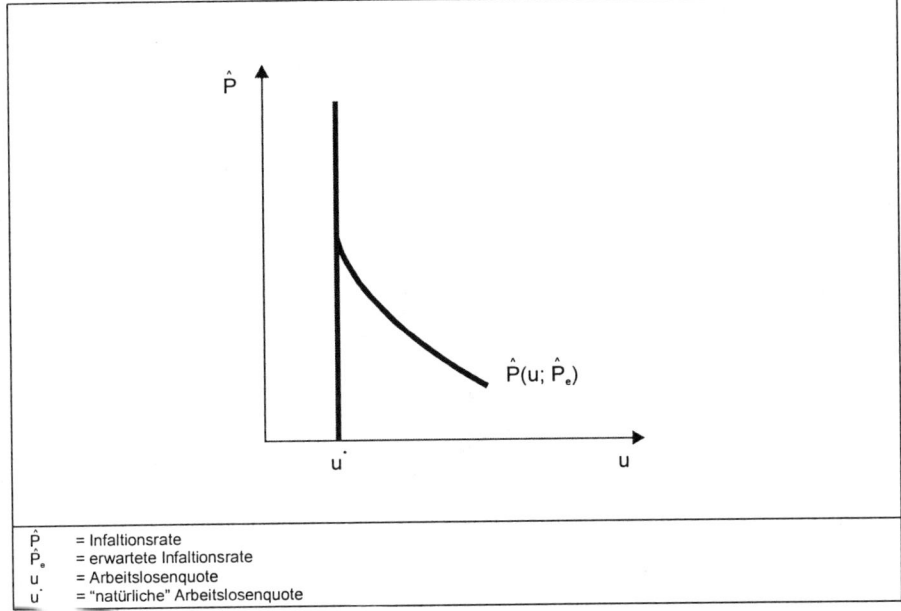

Abb. II.53 Modifizierte *Phillips*-Kurve

- eine zusätzliche Hypothese gefunden werden, die den Weg von Lohn-
  veränderungen zu Preisniveauveränderungen beschreibt; dies ist eine
  Preisaufschlagshypothese.

Empirischer „Knüller" und wirtschaftspolitische Menükarte
Mit der modifizierten *Phillips*-Kurve haben wir einen sehr „schönen"
Zusammenhang zwischen zwei wichtigen wirtschaftspolitischen Zielen
dargestellt, nämlich Preisniveaustabilität und hoher Beschäftigungsstand.
Die zahlreichen empirischen Untersuchungen führten für die 1960er Jahre
zu einem signifikanten statistischen Zusammenhang. Man meinte, ein
sozio-ökonomisches „Gesetz" gefunden zu haben, das mit seiner Stabilität
als Grundlage dienen könnte für eine wirtschaftspolitische „Menükarte";
die Regierung könnte dann dem Wahlvolk gewünschte Kombinationen von
Inflation und Arbeitslosigkeit servieren, je nach den vorherrschenden
Präferenzen. Der Nobelpreisträger *Paul Samuelson* fühlte sich sogar
bemüßigt, den Deutschen über den großen Teich in einem Spiegel-Essay
zu dieser Errungenschaft zu gratulieren. Der deutsche Bundeskanzler
Helmut Schmidt definierte im Deutschen Bundestag sozialdemokratische
Politik so, dass bei der Wahl zwischen 5% Inflation (und niedriger Arbeitslosigkeit) und 5% Arbeitslosenquote (und hoher Inflationsrate) die
erstgenannte Kombination gewählt werden müsse. Mit der vorherrschen-

den Lenkungseuphorie der siebziger Jahre meinte man wirklich, jeden beliebigen „trade-off" zwischen den beiden substitutiven Zielen verwirklichen zu können, dass also z.B. bei zu hoher Arbeitslosigkeit ein Tausch von niedriger Arbeitslosigkeit gegen höhere Inflation möglich wäre.

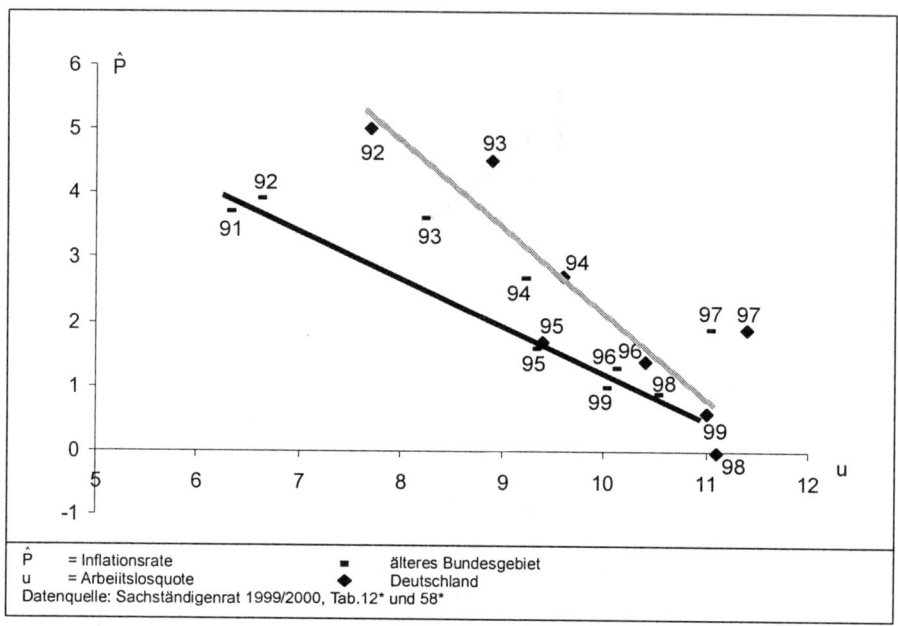

Abb. II.54 Verlagerung der modifizierten *Phillips*-Kurve

Theorie und Praxis der Phillips-Kurve
Auf den nächsten Seiten wird die *Phillips*-Kurve theoretisch abgeleitet, und zwar mit der Prämisse der Konstanz von Angebots- und *Okun*-Kurve. Wenn wir uns die Prämissen dieser Ableitung vor Augen führen, dann wird klar, dass die Erwartungen an die Stabilität der *Phillips*-Kurve nicht erfüllt werden konnten. Denn mit der Preisaufschlagshypothese handeln wir uns mindestens vier Annahmen ein, die bei einer naiven Interpretation der (modifizierten) *Phillips*-Kurve berücksichtigt werden müssen:

- Mit der Preisaufschlagshypothese ist nur eine der vielen möglichen Inflationshypothesen erfasst. Die Wirkungen anderer Determinanten müssen in einem Verschiebungsparameter der zwei-dimensionalen Betrachtung berücksichtigt werden.
- Dies gilt auch für die Wachstumsrate der Produktivität, die in der obigen Gleichung enthalten ist.

- Die Unternehmen können zusätzliche Lohnsteigerungen nur dann auf die Preise überwälzen, wenn die Konkurrenzsituation dies zulässt. Bei starker Konkurrenz sind keine Preissteigerungen möglich.
- Die Zentralbank muss die Liquidität zur Verfügung stellen, um das steigende Volumen zu finanzieren.

Die *Phillips*-Kurve wurde für die Bundesrepublik statistisch gut nachgewiesen, jedenfalls bis zum Ende der 60er Jahre. Dann aber „wanderte" die Punktwolke (bzw. „Schleife") der Kombinationen von Werten für $\hat{P}$ und u nach rechts (Abb. II.54). Diese Bewegung lässt sich interpretieren als eine Verschiebung der *Phillips*-Kurve, z.B. durch einen Rückgang des Produktivitätswachstums ($b_1 < 0$), oder eine Veränderung von b_0. Wir wissen aus der Diskussion des gesamtwirtschaftlichen Systems und dem Einfluss der Angebots-Kurve auf die Zielbeziehung, dass solche „shifts" in b_0 alle Größen sein können, die die gesamtwirtschaftliche Angebots-Kurve im P/Y-System nach links verschieben: Faktorpreissteigerungen, Faktormengensenkung, Importsenkung, Rückgang der Unternehmenszahl (Konkurse), etc.

Ableitung der Phillips Kurve aus einem Angebots-Nachfrage-System
Die Verlagerungen der *Phillips*-Kurve können mit einem uns bekannten Modell sehr plausibel und recht umfassend dargestellt und begründet werden: dem gesamtwirtschaftlichen Angebots-Nachfrage-System. Wir gehen in der Abb. II.55a von gegebener Angebots- und *ON*-Kurve aus und variieren die Nachfrage-Kurve. Unterstellen wir ferner, dass die *Phillips*-Kurve mit P und nicht mit der Inflationsrate $\hat{P}$ formuliert ist, dann lassen sich die Gleichgewichtspunkte aus dem ökonomischen System über die 45°-Linie einfach in den nordwestlichen Quadranten übertragen. Für den neoklassischen Fall ergibt sich eine senkrechte „*Phillips*-Kurve", für die Neutralität der Ziele vorliegt (die Arbeitslosenquote u pendelt sich wegen des neoklassischen Vollbeschäftigungsmechanismus immer bei u^* ein). Es ist offensichtlich, dass die Steigung und Lage der *Phillips*-Kurve von den Steigungen und Lagen der Angebots- und *Okun*-Kurve abhängt. Verlagert sich z.B. die Angebots-Kurve wegen steigender Löhne und Ölpreise nach links, dann verlagert sich die *Phillips*-Kurve nach außen. Wird die *Okun*-Kurve z.B. flacher, weil der Arbeitsmarkt dereguliert wird, dann verlagert sich die *Phillips*-Kurve nach innen – und umgekehrt.

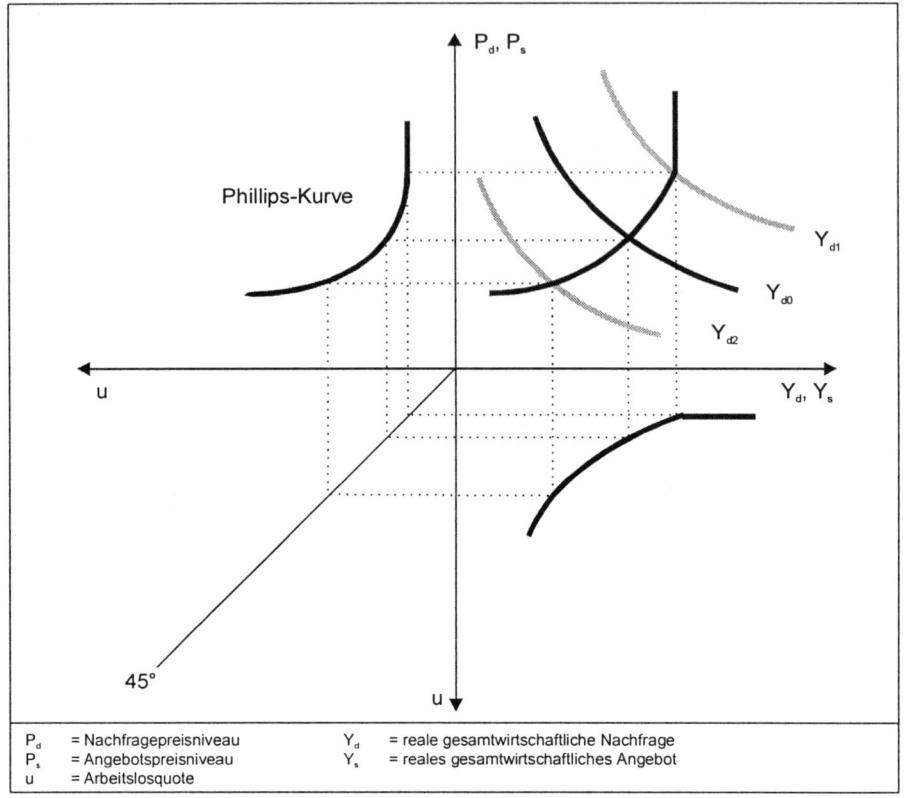

Abb. II.55a Ableitung der *Phillips*-Kurve

Erweiterungen: Inflationserwartungen
Einige Autoren haben das Modell über eine ausführliche Erklärung von $\hat{\pi}$ ausgeweitet; man kann damit zu einer expliziten Angebotsfunktion gelangen.[6] Wir wollen dies nicht weiter verfolgen und setzen $\hat{\pi} = \hat{w}_a$. Andere Erweiterungen des *Phillips*-Modells betreffen die Interpretation von $\hat{P}$ (und von *b*). Diese Analyse stellt vor allem auf die Inflationserwartungen ab. Die Annahme über die Inflationserwartungen bestimmt die Zielbeziehung. Folgen wir *R. Pohl*, dann wird nun aus der Lohngleichung

---

[6] Geht man z.B. von der Tautologie ($Q = (Q/N)\cdot N$), als partielle Produktionsfunktion interpretiert, aus, schreibt die Input-Output-Beziehung als Arbeitsproduktivität und formuliert in Wachstumsraten, dann ergibt sich $\hat{Q} = \hat{\pi} + \hat{N}$ oder $\hat{\pi} = \hat{Q} - \hat{N}$. Das Modell lässt sich schließen, wenn man $\hat{Q}$ als erwarteten Output vorgibt und $\hat{Q}$ mit *u* ausdrückt.

$$\hat{w} = \hat{\pi} + \hat{P}_e + a_1 \cdot (u - u^*)$$

a_1 = Parameter
u = Arbeitslosenquote
u^* = „natürliche" Arbeitslosenquote
$\hat{w}$ = Wachstumsrate der Geldlöhne
$\hat{\pi}$ = Wachstumsrate der Produktivität
$\hat{P}_e$ = erwartete Inflationsrate

Diese Lohngleichung soll die Lohnbildung auf dem Arbeitsmarkt erklären, wobei $a_1 \cdot (u - u^*)$ den Einfluss der Wirtschaftslage, ausgedrückt in der konjunkturellen Arbeitslosenquote, wiedergibt. Das Preisverhalten der Unternehmen wird durch die folgende Preisgleichung beschrieben:

$$\hat{P} = \hat{w} - \hat{\pi}$$

$\hat{P}$ = Inflationsrate
$\hat{w}$ = Wachstumsrate der Geldlöhne
$\hat{\pi}$ = Wachstumsrate der Produktivität

Wenn die Lohnforderungen das Produktivitätswachstum übersteigen, erhöhen die Unternehmen ihre Preise.

Durch Substitution erhält man

$$\hat{P} = \hat{P}_e - a_1 \cdot (u - u^*)$$
$$u = u^* - \frac{1}{a_1} \cdot (\hat{P} - \hat{P}_e)$$

Ein Zielkonflikt zwischen u und $\hat{P}$ liegt dann vor, wenn $a_1 \neq 1$ und/oder $\hat{P} \neq \hat{P}_e$. In diesen beiden Fällen haben wir es im $\hat{P}/u$-Diagramm mit einer negativ geneigten Kurve zu tun (vgl. Abb. II.55a). Ökonomisch interpretiert bedeutet dies, dass die Wirtschaftslage die Lohnverhandlungen und den -abschluss beeinflusst ($a_1 > 1$), und dass die Wirtschaftssubjekte bei der Einschätzung der zukünftigen Inflationsrate ($\hat{P}_e$) Irrtümern unterliegen ($\hat{P} \neq \hat{P}_e$). Der analytisch extreme Fall liegt dann vor, wenn $\hat{P}_e = 0$. Dann werden Inflationserwartungen im Modell gar nicht berücksichtigt, weil das Modell statisch ist (die Zeit spielt keine Rolle). Dies kann als keynesianischer Fall interpretiert werden (*R. Pohl*), obwohl *Keynes* selbst damit nicht einverstanden wäre. Denn *Keynes* legt in seiner „Allgemeinen Theorie"[7] großen Wert darauf, die Rolle der Erwartungen herauszustellen.

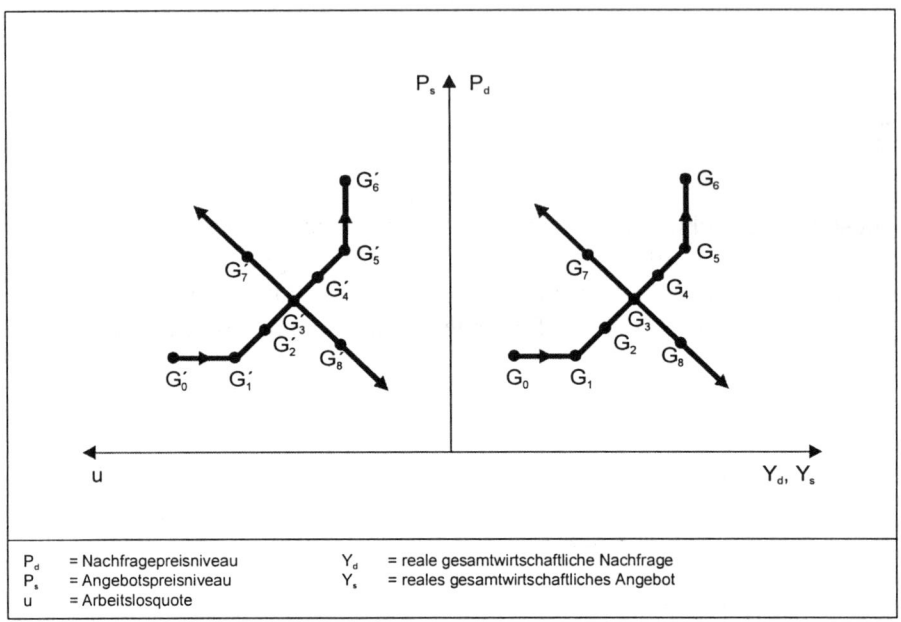

Abb. II.55b Zuordnungen in *P/Y/u*

Theoretische Interpretationen der Phillips-Kurve
Für den typischen Fall ist die *Phillips*-Kurve negativ geneigt, es liegt ein Konflikt zwischen den beiden Zielen vor. Die Interpretation lautet bekanntlich: Anspannung auf dem Arbeitsmarkt (niedriges *u*) gibt den Gewerkschaften bei den Lohnverhandlungen eine starke Position, es werden hohe Lohnabschlüsse getätigt (hohes $\hat{w}$), die über die Produktivitätswachstumsrate hinausgehen. Die Unternehmen schlagen die Differenz zwischen Lohn- und Produktivitätswachstum auf die Preise auf, $\hat{P}$ steigt.

Der andere Extremfall liegt vor, wenn $\hat{P} = \hat{P}_e$. Dann wird die Zielbeziehung als Senkrechte in u^* darstellbar (siehe auch Abb. II.55a). Diese u.a. von den Neoklassikern vertretene Hypothese geht davon aus, dass die Wirtschaftssubjekte keinen Erwartungsirrtümern unterliegen, sondern

---

[7] *John M. Keynes*, The General Theory of Money, Interest and Employment, London 1936.

„rational" die Zukunft vorhersehen. Sie antizipieren die zukünftige Inflationsrate immer richtig.[8]

Der unselige Hang zum Extremen
Diese Position kann mit guten Gründen als extrem bezeichnet werden. Sie vernachlässigt fast vollständig das soziale Element, überspitzt könnte man sagen, dass das Soziale für die Effizienz, das reibungslose Funktionieren der Wirtschaft, geopfert werde. Dabei kann es (auch hier nicht) um ein Entweder-oder gehen, vielmehr ist zu versuchen, das Sowohl-als-auch so zu verwirklichen, dass größtmögliche Effizienz bei sozialer Gerechtigkeit möglich ist. Dieser Zielkonflikt ist nur durch einen Kompromiss zu lösen. Prozesspolitische Maßnahmen (prozesspolitisch orientierte Angebotspolitik) zur Verbesserung der Angebotsbedingungen sind immer Maßnahmen, die entweder über die Nachfrageseite initiiert werden (wie z.B. Investitionen oder Steuersenkungen), oder die auch die Nachfrageseite beeinflussen. Daher kann Angebotspolitik auf Nachfragesteuerung nicht verzichten. Allerdings sollte die Nachfragesteuerung nicht eingesetzt werden, um kurzfristig den Auslastungsgrad des Produktionspotentials zu erhöhen (oder wegen Inflationsgefahr zu senken), sondern eine Nachfrageausweitung sollte die Keime für eine Ausweitung der Kapazitäten, des Angebots also, enthalten. Dies sind vor allem technologietragende Investitionen. Darauf bin ich oben schon ausführlich eingegangen

6.2.9 Aussagemöglichkeiten und Grenzen der komparativen Statik

Zusammenstellung der Prämissen
Der wichtigste Prämissensatz liegt in den unterstellten Ursache-Wirkungsbeziehungen. Diese sind keynesianisch, und ich habe schon an mehreren Stellen dieses Buchs darauf hingewiesen, dass Nicht-Linearität und Irreversibilität der Zeit diesem eindeutigen Ursache-Wirkungsmuster vorzuziehen wäre. Auch wenn man diese Vereinfachungen eines vergangenen Paradigmas aus didaktischen Gründen akzeptiert; die Schlussfolgerungen für die Steuerung der Wirtschaft sind im wesentlichen grob oder sogar falsch. Sie sind falsch für die lange Frist und grob für die kurze.
Das Grobe könnte wesentlich verfeinert werden, wenn man Erwartungen berücksichtigen würde, die damit verbundene Unsicherheit im Handeln

---

[8] Die Wirkungen der Inflation auf die Arbeitslosenquote können dann nicht eintreten, weil die Wirtschaftssubjekte diese Wirkungen schon in ihren Handlungen einkalkulieren. Konsequent behaupten denn die Neoklassiker auch, dass der Arbeitsmarkt die Inflationsrate nicht beeinflusst. Die Inflationsrate hänge ausschließlich vom Geldmengenwachstum ab.

dann abbilden könnte, und wenn eben wieder die Rekursivität der Verknüpfungen abzuschätzen wäre. Die komparative Statik kann nur wie eine Kleinbildkamera ein Bild (von einem Gleichgewicht) nach dem anderen aufnehmen, und sie kann, auch bei sehr vielen aufeinander folgenden Bildern, nicht den Film (das „movie") ersetzen.

Aussagemöglichkeiten und Grenzen
Trotz dieser (schwerwiegenden) Einwände lassen sich doch wichtige Einsichten und Ergebnisse ableiten. Der Anspruch aber, die allgemeine Theorie (*John*) vorliegen zu haben, ist längst vorbei. Es gibt nicht ein Werkzeug, das alle handwerklichen Arbeiten erledigen kann. Es gibt einen Werkzeugkasten, in dem für unterschiedliche Probleme die entsprechenden Werkzeuge eingesetzt werden, einschließlich der Intuition des Handwerkers.

6.3 Ökologie, Ökonomie und Soziales: Nachhaltigkeit

Langfristig ethisch basiertes Leitbild
Nachhaltigkeit ist ein langfristig ausgerichtetes, ethisch begründetes Leitbild, das die interregionale und intertemporäre Verantwortung der heute lebenden Menschen einfordert. In seiner praktischen Ausgestaltung bedeutet Nachhaltigkeit auf der Makro-Ebene die gleichzeitige Verfolgung von ökonomischen, ökologischen und sozialen Zielen, also von Wirtschaftlichkeit, Umweltverträglichkeit, Sozialverträglichkeit und internationaler Verträglichkeit. Auf der Mikro-Ebene der Unternehmen bedeutet nachhaltiges Wirtschaften u.a. die gleichzeitige Entwicklung der „Produktionsfaktoren" Kapital (Technik), Arbeit (Mensch, Wissen) und Ökologie (Naturnutzung), bei den privaten Haushalten gutes Auskommen, soziale Einbettung und Sicherung, sowie gesunde natürliche Umwelt.

Nachhaltigkeit im gesamtwirtschaftlichen Angebots-Nachfrage-System
Wenn Nachhaltigkeit ein langfristiges Leitbild darstellt, welche Relevanz hat es dann für die kurz- und mittelfristige Makroökonomik? Die Antwort besteht im Problem der Pfadabhängigkeit: Pfadabhängigkeit bedeutet vereinfacht gesagt, dass die zukünftigen Strukturen determiniert werden von den heutigen. Das heißt, dass schon die kurzfristige Makroökonomik die drei Ziele Wirtschaftlichkeit, Umwelt- und Sozialverträglichkeit anstreben muss. Dies ist im gesamtwirtschaftlichen Angebots-Nachfrage-System der Fall:

- Wirtschaftlichkeit wird gewährleistet durch die effiziente Gestaltung und Entwicklung der Nachfrage- und Angebots-Kurve. Preisniveau und angemessene Ausdehnung des Nationaleinkommens sind wichtige Kriterien hierfür. Auch sollten die Investitionen eher im Bildungs- und Umweltbereich liegen; die Konsumgüter und Dienstleistungen sollten echte Bedürfnisse befriedigen, die vom ganzen Menschen angestrebt werden.

- Internationale Verträglichkeit sollte mit der Verwirklichung außenwirtschaftlichen Gleichgewichts und der *ZB*-Kurve realisiert werden. Allerdings muss hierfür noch die Frage der Einen Welt beachtet werden.
- Sozialverträglichkeit könnte in einem ersten Ansatz mit der *Okun*-Kurve wiedergespiegelt werden. Diese stellt wohl vor allem den Arbeitsmarkt dar, aber dieser hat natürlich auch etwas mit der gerechten Einkommens- und Vermögensverteilung zu tun. Die *POP*-Kurve könnte ein Weg sein zur Frage der Partizipation.
- Umweltverträglichkeit soll mit der *NL*-Kurve eingebracht werden.

Konsequenzen: Bausteine einer integrativen Wirtschaftspolitik
Das Scheitern der kurzfristigen Politikansätze hat wesentlich dazu beigetragen, Wirtschaftspolitik auf eine langfristige Schiene zu setzen. Die antizyklische Konjunkturpolitik ist gescheitert, wie ich ausführlich in Kapitel II.7.3 darstellen werde. Die zinsorientierte Geldpolitik wurde Mitte der 1970er Jahre aufgegeben. Aufgrund dieser Erfahrungen kann man fast fragen, ob Konjunkturpolitik tot ist. Ich meine, ja. Wir beobachten in Deutschland ein Bündel von Politikmaßnahmen, die alle langfristig angelegt sind und sich – gewollt oder zufällig – zu einem Konzept integrativer Wirtschaftspolitik verknüpfen:

- Die Geld- und Kreditpolitik ist seit 1975 eine „potentialorientierte Geldmengenpolitik". Die Geldmenge M_3 ist (über Umwege) zur zentralen Steuerungsgröße der Geldpolitik geworden, und sie soll – wie ich in Kapitel II.2.4.1 gezeigt habe – an der Fischerschen Verkehrsgleichung ausgerichtet werden.
- Die Finanzpolitik ist seit 1982 als angebotsorientierte Politik, insbesondere in ihrer prozesspolitischen Variante, konzipiert, und sie versucht, systematisch ein Klima zu schaffen, in dem Unternehmen investieren.
- Die Strukturpolitik äußert sich – noch unscheinbar wegen theoretischer Defizite – als Industrie- und Regionalpolitik. Auch Umweltpolitik kann dazu gezählt werden. Der Beginn dieser Aktivitäten lag auch in den 1980er Jahren.
- Die Lohnpolitik verändert sich seit Ende der 1990er Jahre sichtbar. Die Einsicht, dass die Arbeitslosigkeit nicht mit Lohnverhandlungen beseitigt werden kann und das Trommelfeuer der (oft einseitigen) Standortdebatte über internationale Wettbewerbsfähigkeit haben wohl wesent-

lich zu diesem Paradigmenwechsel beigetragen. Das „Bündnis für Arbeit" und die „produktivitätsorientierte Lohnpolitik" sind alte Konzeptionen, die wieder hochaktuell werden. Das Bündnis für Arbeit findet seinen Vorläufer in der „konzertierten Aktion" (um 1975), die produktivitätsorientierte Lohnpolitik war einmal als kostenniveauneutrale Lohnpolitik diskutiert worden. Darunter verstand man, dass Lohnkosten, Veränderungen der Sozialversicherungsbeiträge, der terms of trade und der Kapitalkosten nicht die Produktivitätszuwächse überschreiten sollten.

Antworten (zu den Fragen ab Seite 353)

1. Ein gesamtwirtschaftliches Angebots-Nachfrage-System ist das Zusammenspiel von in repräsentative Kurven gefassten Hypothesen, die die gesamtwirtschaftlichen Ziele für ein Gleichgewicht erklären sollen.

2. Die Angebots-Kurve stellt die zwei extremen Bereiche der Unterbeschäftigung (keynesianischer Bereich, konstantes P und variables Y) und der Vollbeschäftigung (neoklassischer Bereich, konstantes Y und variables P) sowie einen mittleren Bereich (Engpassbereich, variables P und Y) dar.

3. Letztlich hängt alles von allem ab und es geht darum, die wesentlichen von den unwesentlichen Variablen zu trennen. Direkte und starke Zusammenhänge zwischen den Kurven bestehen für Investitionen und Löhne (ausgeprägte Janusköpfigkeit). Indirekte Zusammenhänge liegen vor allem für Export und Importe sowie Staatsausgaben und -einnahmen vor.

4. Es können unterschieden werden: Erweiterungs-, Rationalisierungs-, Umwelt- und Bildungs-Investitionen. Ihre Wirkungen zielen auf Wachstum (Expansion), Arbeitslosigkeit (Freisetzung), Umweltqualität und Qualifikation.

5. Prozesspolitik setzt an den autonomen Größen eines Systems an. Angebotsorientierte Prozesspolitik setzt an den Investitionen, hier an der Grenzleistungsfähigkeit des Kapitals an. Eine Steigerung verlagert sowohl die Nachfrage-, als auch die Angebots-Kurve.

6. Gehen wir von einer zinsabhängigen Investitionsfunktion aus, dann können Investitionen steigen durch Veränderung der unabhängigen Variablen (hier: Zins), durch Drehung der Funktion (Investitionsneigung) oder Verschiebung der Funktion (Grenzleistungsfähigkeit des Kapitals), alles unter der c.p.-Prämisse.

7. Ordnungspolitik setzt an den Verhaltensparametern eines Systems an. Die ordnungspolitische Angebotspolitik versucht Maßnahmen einzusetzen, die die Angebots-Kurve elastischer machen.

8. Die Ansatzpunkte der angebotsorientierten Wirtschaftspolitik im Sinne von Ordnungspolitik liegen im Anreizsystem, nämlich den Zielen, Regeln, Sanktionen und Informationen.

9. Das engere gesamtwirtschaftliche Angebots-Nachfrage-System besteht aus Angebots-, Nachfrage-, *Okun*- und *NL*-Kurve. Für das weitere kommen noch *ZB*- und

POP-Kurve hinzu.

10. Rationalisierungsinvestitionen fördern letztlich nur das Wirtschaftswachstum, alle anderen Ziele werden verletzt (am wenigsten die Preisniveaustabilität und außenwirtschaftliches Gleichgewicht): die Arbeitslosigkeit steigt, die Umweltqualität sinkt und die Regierung verliert Wählerstimmen.

11. Steigende Investitionen haben unterschiedliche Effekte auf die Kurven des gesamtwirtschaftlichen Angebots-Nachfrage-Systems: Einkommens-, Nachfrage- oder Multiplikatoreffekt (Nachfrage-Kurve), Kapazitäts- und Technologieeffekt (Angebots-Kurve), Zahlungsbilanz-Effekt (*ZB*-Kurve), Kapazitäts- oder Rationalisierungs-Effekt (*ON*-Kurve).

12. Die Produktivitätsfortschritte; das sind Erhöhungen der Stundenproduktivität, die als gesamtwirtschaftliche Kosteneinsparungen interpretiert werden können.

13. Es treten ein Kosten- und ein Kaufkraft-Effekt auf.

14. Der Gesamteffekt hängt vom Saldo des Rationalisierungs- und Kosteneffektes ab sowie vom Kaufkrafteffekt. Dieser wird bestimmt von der Erhöhung des verfügbaren Einkommens und der Konsumneigung für inländische Ausgaben.

15. Konsumausgaben verlagern nur die Nachfrage-Kurve.

16. Sekundärwirkungen können über die Akzelerationshypothese auftreten, die Investitionsveränderungen aus Konsumänderungen erklärt.

17. Eine Ausdehnung der Geldmenge verlagert die Nachfrage-Kurve nach rechts.

18. Eine Sekundärwirkung könnte in einer Verschlechterung der Wiederwahlwahrscheinlichkeit der Regierung liegen.

19. Die komparativ-statische Analyse unterstellt einen kurzen Zeitraum und lineare Ursache-Wirkungs-Beziehungen. Sie kann keine Abläufe und Anpassungsprozesse abbilden.

20. Nachhaltigkeit bedeutet für die heute lebenden Menschen, interregionale und intertemporale Verantwortung wahrzunehmen, indem ökonomische, ökologische und soziale Ziele langfristig gleichzeitig entwickelt werden. Wegen der Pfadabhängigkeit von Maßnahmen müssen diese Bedingungen schon in der kurzen Frist angelegt sein.

21. Die Bausteine einer integrativen Wirtschaftspolitik sind: Potenzialorientierte Geldpolitik, angebotsorientierte Wirtschaftspolitik im prozess- und ordnungspolitischen Ansatz, die die menschlichen Bedürfnisse beachtet, Strukturpolitik, produktivitätsorientierte Lohnpolitik bei Beteiligung der Arbeitnehmer am Produktivvermögen.

22. Für langfristige Betrachtungen.

7 Das polit-ökonomische System

7.1 Überblick

Fragestellungen

Der Zusammenhang zwischen Staat und Wirtschaft wurde und wird mit der Finanzwissenschaft thematisiert. Diese beschränkt sich ausschließlich auf die ökonomischen Tatbestände, und sie wendet auch strikt die ökonomischen Methoden und Modelle an (z.B. die Multiplikatortheorie). Die Polit-Ökonomik geht hier viel weiter. Die politischen Akteure werden explizit in die Analyse aufgenommen und es wird untersucht, wie sie mit den anderen Akteuren zusammen„spielen".

Die wesentliche Frage lautet, wie diese zusätzlichen Akteure und die ihnen unterstellten Interessen die Ergebnisse rein ökonomischer Analyse verändern.

Antworten

Angesichts der großen Bedeutung (und des großen Gewichts) des Staates in den sog. gemischten Volkswirtschaften referiere ich die wichtigsten Ergebnisse und Forschungsfelder der traditionellen Finanzwissenschaft. Ein guter Übergang zur Polit-Ökonomik erscheint mir die Darstellung von Kosten und Nutzen des Wohlfahrtsstaates im sog. *Havemann*-Diagramm zu sein. Dieses Diagramm zeigt, dass die Diskussion über den Wohlfahrtsstaat und die daraus abgeleiteten Reregulierungsvorstellungen eine starke Verengung der Probleme darstellen.

Ich stelle dann das erweiterte Modell vor, das neben den Akteuren Staat und Wirtschaft auch Politiker, Bürokraten und Wähler berücksichtigt. Die Vorstellung eines wohlmeinenden Staates wird verlassen und es steht nun ein politisch-administratives System im Vordergrund, auf das der Wählerstimmen maximierende Politiker angewiesen ist. Als Ergebnis leite ich die *POP*-Kurve ab, die zeigt, wie die Wiederwahl der Regierung von ihren wirtschaftspolitischen Erfolgen abhängt.

Beitrag zum Gesamtzusammenhang

Ich habe die *POP*-Kurve schon bei der Darstellung des gesamtwirtschaftlichen Angebots-Nachfrage-Systems vorweggenommen. Ich gehe davon aus, dass die makro-ökonomische Analyse erheblich mehr Realitätsgehalt bekommt, wenn die politischen Prozesse wenigstens angedeutet sind.

Fragen

1. Welche Fragestellungen analysiert die traditionelle Finanzwissenschaft?

2. Welche Erweiterungen nimmt die Neue Politische Ökonomie vor?

3. Welche Grundannahmen setzt die Finanzwissenschaft?

4. Wie sind öffentliche Güter definiert?

5. Welche Bedingungen nützen Trittbrettfahrer aus?

6. Was versteht man unter meritorischen Gütern?

7. Wann tritt Marktversagen auf?

8. In welchen Formen tritt Staatsversagen auf?

9. Welche Aufgaben hat der Staat und wie lauten die unterschiedlichen Begründungen?

10. Was sagt das *Havemann*-Diagramm aus und wie werden die beiden Kurven begründet?

11. Was besagt das „Gesetz von *Adolph Wagner*"?

12. Welche Rolle spielen Multiplikatoren in der Finanzwissenschaft und wovon hängen sie ab?

13. Wie lauten die Grundlagen der antizyklischen Konjunkturpolitik?

14. Wie können Konjunkturzyklus und Multiplikatorwirkung verknüpft werden?

15. Welchen Prämissen unterliegt die antizyklische Konjunktursteuerung?

16. Was versteht man unter „built-in flexibility"?

17. Was muss man bei der Beurteilung der Staatsverschuldung beachten?

18. Welche Ursachen hat die Staatsverschuldung in Deutschland?

19. Welche Grenzen liegen für die Staatsverschuldung vor?

20. Welche Grundannahmen kennzeichnen die Neue Politische Ökonomie?

21. Wie lässt sich das Modell der Neuen Politischen Ökonomie beschreiben?

22. Was besagt die *POP*-Kurve?

23. Wie lauten die wichtigsten Aussagen von Bürokratiemodellen?

7.2 Finanzwissenschaft und Neue Politische Ökonomie

Traditionelle Sicht von Staat und Wirtschaft: Finanzwissenschaft
Die Finanzwissenschaft analysiert die ökonomischen Beziehungen zwischen Staat und der Ökonomie. Diese Analyse konzentriert sich sehr eng auf die Haushalte der Gebietskörperschaften Bund, Länder und Gemeinden, die Ausgaben und Einnahmen des Staates einschließlich der Staatsverschuldung, und auf die ökonomischen Wirkungen der staatlichen Aktivitäten. Erst in neuerer Zeit spielen auch polit-ökonomische Fragestellungen und Methoden eine Rolle.

Neue Politische Ökonomie
Mitte der 70er Jahre stellten *Bruno S. Frey*, *Werner Pommerehne* und *Friedrich Schneider* die ersten Verknüpfungen mit neueren politikwissenschaftlichen Fragestellungen und Methoden vor. Die Arbeiten von *Downs* über Stimmenmaximierung und von *Niskanen* über die Ziele und Aktivitäten der staatlichen Bürokratie wurden mit ökonomischen Fragestellungen verknüpft. Diese Arbeiten veränderten radikal die Ergebnisse der rein ökonomischen Analyse.

7.3 Ergebnisse der Finanzwissenschaft

Grundannahmen und Modelle finanzwissenschaftlicher Analyse
Die Finanzwissenschaft wendet weitgehend eine empirisch-deskriptive Methode an, die durch Partialmodelle keynesianischer Prägung und Simulationsmodelle gestützt wird. Die Partialmodelle sind stark mechanistisch geprägt, denn sie legen lineare Verknüpfungen zwischen den Variablen zugrunde. Der Staat wird in Bezug auf seine ökonomischen Aktivitäten untersucht und die Sichtweise ist rein ökonomisch; seit etwa zehn Jahren finden wir allerdings Lehrbücher, die auch das politisch-administrative System und den politischen Prozess in die Untersuchung einbeziehen. Der Staat ist hier nicht mehr der neutrale wohlmeinende Patriarch, sondern die staatlichen Akteure verfolgen Eigeninteressen, die auf wenig Kooperationsbereitschaft von weitgehend egoistischen Staatsbürgern und Staatsbürgerinnen stoßen. Diese haben z.B. eher Pläne zur Steuervermeidung als zur Steuerzahlung. Der Gedanke autonomer staatlicher Steuerung tritt damit in den Hintergrund.

Begründungen von Staatsaufgaben aufgrund öffentlicher Güter
Die Entwicklung und der Wandel der Bedürfnisse des Einzelnen und der
Gesellschaft haben dazu geführt, dass viele Güter und Dienstleistungen
definiert werden können, bei denen sowohl ein sozialer (definiert als öf-
fentliches Ziel) als auch ein individueller Nutzen auftritt. Bei diesen
Mischgütern („meritorische Güter") kann nicht eindeutig bestimmt werden, ob sie vom Staat oder von Privaten zur Verfügung gestellt werden
sollen. Die Lösung dieses Aufteilungsproblems besteht in einem Optimum,
das durch bestimmte Kriterien gekennzeichnet ist. Da Uneinigkeit über
diese Kriterien besteht (z.B. soziale, hygienische, markttechnische Faktoren, die Finanzierung und die Produktivität), besteht auch Uneinigkeit über
das Optimum.

Öffentliche Güter und Trittbrettfahrer
Öffentliche Güter sind oft nicht eindeutig definierbar (z.B. Gesundheit). In
unterschiedlichen Ausprägungen sind sie in ein Spektrum von Gütern eingebettet, das vom rein privaten Gut über sog. meritorische oder Mischgüter
zum rein öffentlichen Gut reicht. Das rein öffentliche Gut wird i.d.R. ge-
kennzeichnet durch drei Kriterien:
- Das Ausschlussprinzip ist nicht anwendbar, d.h. niemand kann von der
  Nutzung öffentlicher Güter ausgeschlossen werden. Als traditionelles
  Beispiel wird die äußere Sicherheit angeführt; niemand kann von der
  Landesverteidigung (z.B. mit einer „Atomwaffen-freien Zone") ausgeschlossen werden. Preisniveaustabilität ist ein anderes Beispiel.
- Es besteht keine Rivalität im Konsum.
- Es liegen große externe Effekte bei der Erstellung und/oder Nutzung
  von öffentlichen Gütern vor. Z.B. hat die Tätigkeit einer Person Aus-
  wirkungen auf die Tätigkeit einer anderen Person oder Gruppe. Die
  Auswirkungen können sowohl positiv als auch negativ sein. Beispiel
  für positive externe Effekte: Bildung. Negative externe Effekte sind
  z.B. Umweltschäden.

Bei der Nachfrage nach öffentlichen Gütern lohnt es sich für einen individualistischen Nutzenmaximierer, seine Präferenzen für das Gut zu verber-
gen, denn er kann i.d.R. davon ausgehen, dass das Gut auch ohne seine
Nachfrage zur Verfügung gestellt wird. Er handelt als Trittbrettfahrer
(„free rider"). Dieses fundamentale Problem bewirkt, dass öffentliche Güter in unzureichender Menge und Qualität angeboten werden. Im Spektrum
der Güterarten sind reine öffentliche Güter eher selten; eine wichtige Rolle
spielen meritorische Güter.

Meritorische Güter

Bei meritorischen Gütern (*Musgrave*), die eine Mischung der Merkmale privater und öffentlicher Güter aufweisen, wird oft aus traditionellen Gründen und zur Verfolgung öffentlicher Zielsetzungen (Gesundheitsschutz, Sicherheitsauflagen) die Nicht-Markt-Lösung bevorzugt. Typische Beispiele: Bahn und Post. So übernimmt der Staat in der Wirtschaft eine wichtige Rolle (Gewährleistung eines gleichmäßigen Versorgungsstandards für die ganze Bevölkerung). Meritorische Güter weisen i.d.R. positive externe Effekte auf.

Meritorische Güter oder Mischgüter werden zur Verfügung gestellt, weil

- Individuen (angeblich) nicht in der Lage sind, ihre Präferenzen wahrzunehmen (z.B. Schutzimpfung). Die Notwendigkeit einer Korrektur der individuellen Präferenzen und damit eines Eingriffs in die Konsumentensouveränität veranlasst den Staat, öffentliche Leistungen anzubieten, weil bei einer privatwirtschaftlichen Regelung eine als unzureichend angesehene Versorgung mit diesen Leistungen zustand käme,
- der Staat Schutzziele (Arbeitsschutz, Gesundheitsschutz) verfolgt,
- Interessen von Produzenten oder Verbrauchern vorliegen,
- Marktversagen auftritt.

Marktversagen und Staatsversagen

Marktversagen tritt auf, wenn

- negative externe Effekte entstehen,
- natürliche Monopole (steigende Skalenerträge) vorliegen,
- kurzfristige Interessen vor langfristigen Interessen verfolgt werden,
- kollektive Ziele verletzt werden,
- free-rider-Verhalten zu beobachten ist.

In diesen Fällen sollte der Staat eingreifen. Allerdings müssen wir dabei beachten, dass auch Staatsversagen auftritt. *Jänicke* unterscheidet:

- Politisches Staatsversagen: Verzicht auf politische Gestaltung und vorsorgliche Intervention bedeutet Symptombekämpfung, vorsorgliche Intervention bei Umweltproblemen gelingt nicht, politisch-administrative Vorsorge versagt, Unfähigkeit des politischen Systems (Wahlzyklen).
- Ökonomisches Staatsversagen: Budgetmechanismus ist unüberschaubar, mangelnde Effizienz, Verantwortungsbereitschaft fehlt, weil Nutzer und Zahler in der Regel unterschiedlich, Kritik an der Effizienz staatlicher Verwaltung (Schwerfälligkeit, keine Erfolgskontrolle, Budgetprobleme lösen anstatt Leistung erbringen, Innovation und Produktivität unterentwickelt, keine eindeutige Verantwortung).
- Funktionelles Staatsversagen: Mangelnde Effektivität der Staatstätigkeit, Wirkung nach außen, (Einkommensverteilung, Sicherheit innen

und außen), Einfluss der gesellschaftlichen Gruppen gegenüber dem Staat, Wirkungen lösen sich auf (rationale Erwartungen), Zielerreichung nicht möglich, weil Wirkungen antizipiert werden.

Aufgaben des Staates
Die Definition von öffentlichen Gütern und insbesondere von meritorischen Gütern ermöglicht keine klare Zuweisung von staatlichen Aufgaben. Daher müssen staatliche Aufgaben aus anderen Kriterien hergeleitet werden. Die neoliberale (und neoklassische) Position ist eindeutig: Der Staat sollte sich soweit wie möglich aus allen Aufgaben zurückziehen („Nachtwächterstaat"). Gegenpositionen sind: Der Staat nimmt die folgenden Aufgaben wahr: Innere Sicherheit, Äußere Sicherheit, Bereitstellung von Komplementäreinrichtungen und -leistungen, Sozialpolitik, Konjunktur- und Wachstumspolitik, Regelung von dezentral erzeugten externen Effekten (*E. Matzner*). Nach *Musgrave* ist Marktversagen der Regelfall und der Staat muss als „Lückenbüßer" auftreten. Dazu muss er die folgenden Funktionen gewährleisten:
- Allokationsfunktion (Güter- und Produktionsfaktoren optimal einsetzen)
- Innere und äußere Sicherheit und Infrastruktur herstellen
- Stabilisierungsfunktion (Stabilitäts- und Wachstumsgesetz)
- Konjunktur- und Wachstumspolitik betreiben
- Verteilungsfunktion (Bildung, Sozialversorgung)
Staatsaufgaben können auch aus der historischen Entwicklung abgeleitet werden.

Öffentliche Ziele und Schutzziele
Wichtige gesellschaftliche Ziele sind Freiheit, Effizienz, Sicherheit und Gerechtigkeit. Es muss im Einzelfall (sollen Sozialversicherungs-, Krankenhausleistungen, Müllabfuhr öffentlich oder privat produziert werden?) geprüft werden, ob diese Ziele durch private Produktion verletzt werden. Insbesondere lassen sich Ziele zum Schutz der Gesundheit von Mensch und Natur ableiten (Arbeitsschutz, Impfschutz, Umweltschutz). Das Gesagte bedeutet, dass die Definition von Staatsaufgaben wesentlich auch ein ideologisches und ein Machtproblem darstellt; das gesellschaftliche und politische Umfeld und die Traditionen spielen eine wichtige Rolle. Andererseits hat in den letzten hundert Jahren ein dramatischer Wandel vom „Rechtsstaat zum Culturstaat" stattgefunden (*Adolph Wagner*).

Das „Gesetz" von Adolph Wagner und historische Begründungen
Das sog. Gesetz von *Adolph Wagner* besagt, dass eine ungebrochene Tendenz des Staates bestehe, seine relativen Ausgaben auszuweiten (vgl. S.

400f.). Im Anschluss an dies „Gesetz" können jedoch auch historische Entwicklungen dafür angeführt werden, dass „der" Staat seinen Einfluss verstärkt und seine Aufgaben ausgeweitet hat. Die „Entdeckung" des Prinzips der Arbeitsteilung durch *Adam Smith* und deren Verwirklichung im Wirtschaftsleben hat zu einem zunehmenden Bildungsbedarf geführt, den die öffentliche Hand mit dem Ausbau des Schul- und Hochschulsystems übernommen hat. Die industrielle Revolution, der Aufbau von Manufakturen und von ganz neuen Industrien (Stahl-, Elektrotechnische Industrie und Chemie) sowie die Ausbreitung der Eisenbahnen brauchte große Infrastrukturinvestitionen (Versorgung, Verkehr), die auch der Staat übernommen hat. Die Fortschritte in der Medizin und soziale Entwicklungen führten zum Aufbau eines (öffentlichen) Gesundheitswesens; Reichskanzler *v. Bismarck* legte mit seinem Gesetzeswerk Anfang der 1880er Jahre den Grundstein für die heutige Kranken-, Renten- und Unfallversicherung. 1927 trat die Arbeitslosenversicherung hinzu. Diese Entwicklung bedeutete, dass in den 30er Jahren die soziale Verantwortung des Staates in vielen Ländern kaum bestritten war (z.B. *Roosevelts* „New Deal" in den USA). Aber diese Zeit brachte auch nach der Weltwirtschaftskrise (1929/30) und mit der damals herrschenden Arbeitslosigkeit die Verantwortung des Staates für die Konjunktur, insbesondere für Einkommen und Beschäftigung. Es gibt demnach durchaus gewichtige Argumente dafür, dass die Staatsaufgaben historisch gewachsen sind.

Staatskritik und zu hohe Ausgabenquote
Die in den Haushaltsplänen der Gebietskörperschaften (von EU, Bund, Ländern und Gemeinden) vorgesehenen Ausgaben für bestimmte staatliche Funktionen (Ziele und Aufgaben) oder Ressorts spiegeln das Resultat der Diskussion um die staatlichen Aufgaben wider. Mit fast 50% ist die Staatsausgabenquote in Deutschland hoch, auch wenn sie im internationalen Vergleich im oberen Mittelfeld liegt. Es gibt eben auch Länder mit sehr niedrigen (Schweiz, USA, Japan) und sehr hohen (Schweden, Dänemark, Niederlande) Ausgabenquoten. Letztlich geht es dabei um die Ausgestaltung des Sozialstaats, der in Deutschland etwa $^1/_3$ der Staatsausgaben ausmacht. Allgemein kann man jedoch für alle modernen Staaten sagen, dass die Ausgaben für Soziales und für Rüstung (Verteidigung) am höchsten sind. Für beide Zielbereiche scheinen Parlamentarier am leichtesten mobilisierbar. Die Begründungen für neue Rüstungsausgaben (z.B. „Strategic Defense Initiative" über ca. US $ 1.000 Mrd., das von Präsident *Reagan* fast durchgesetzt worden wäre oder das jetzige „National Missile Defense Program", das die Verteidigung der USA mit einem Raketenprogramm im Weltall anstrebt) muten allerdings in der Regel irrational und grotesk an. Die beiden konträren Meinungen darüber lauten:

- Mehr Staatsausgaben stimulieren im Anschluss an *Keynes* das Wachstum (und die Lebensqualität, weil die Einkommenselastizität für öffentliche Güter höher sei als für private Güter),
- mehr Staatsausgaben behindern und senken das Wirtschaftswachstum (Neoklassik).

Zur Zeit (Anfang des 21. Jh.) scheinen sich die Neoklassiker mit ihrer Hypothese durchzusetzen, dass die Aktivitäten des Staates reduziert werden müssen. Diese Ansicht wurde von der praktischen Finanzpolitik wesentlich unterstützt, indem die Produktionstätigkeit öffentlicher Unternehmen privatisiert wurde.[1] Seit dem Wahlsieg von *Tony Blair* in Großbritannien wird der von dem Soziologen *Anthony Giddens* theoretisch fundierte dritte Weg immer populärer. Hier geht es um den Versuch, die individuellen und kollektiven Ziele zu versöhnen, indem der Staat eindeutige Regeln setzt, innerhalb derer sich die individuellen Akteure ihre Ziele verwirklichen.

Das Diagramm von Havemann
Eine ausgeglichene Sicht der Staatsquotenproblematik vermittelt eine Darstellung von *Havemann.* Der Staat verursacht Kosten, aber er hat auch Nutzen oder Erträge. Dies ist (mit typischen Kurvenverläufen) in der Abb. II.56 dargestellt. Das geometrische Nettogewinnmaximum liegt dort, wo die Steigungen der beiden Kurven gleich sind. Wenn die tatsächliche Staatsquote im Diagramm rechts vom Optimum liegt, gibt es zwei Möglichkeiten der Annäherung an das Optimum:
- Einschränkung der Staatsquote (quantitative Politik)
- Kurven verändern (qualitative Politik, Reformpolitik, z.B. Gesundheitsreformgesetz)

Der ökonomische Gewinn des Wohlfahrtsstaates
Die Determinanten der Gewinnkurve in der Abb. II.56 lauten:
- Verringerung der Unsicherheit (finanzielle Sicherheit),
- Steigerung des Humankapitals (Bildung wird in Einkommen umgesetzt),
- Reduzierung von Einkommensunterschieden, sozialer Friede (Steuerpolitik),
- Steigerung ökonomischer Stabilität (Arbeitslosen-, Rentenversicherung),
- Förderung des technischen Wandels,
- Steigerung des sozialen Zusammenhalts („Alle sitzen in einem Boot").

---

[1] Meist war es weniger ideologischer Wille als akute Not der öffentlichen Finanzen, die mit den Erlösen aus dem Verkauf von öffentlichen Unternehmen gelindert wurde.

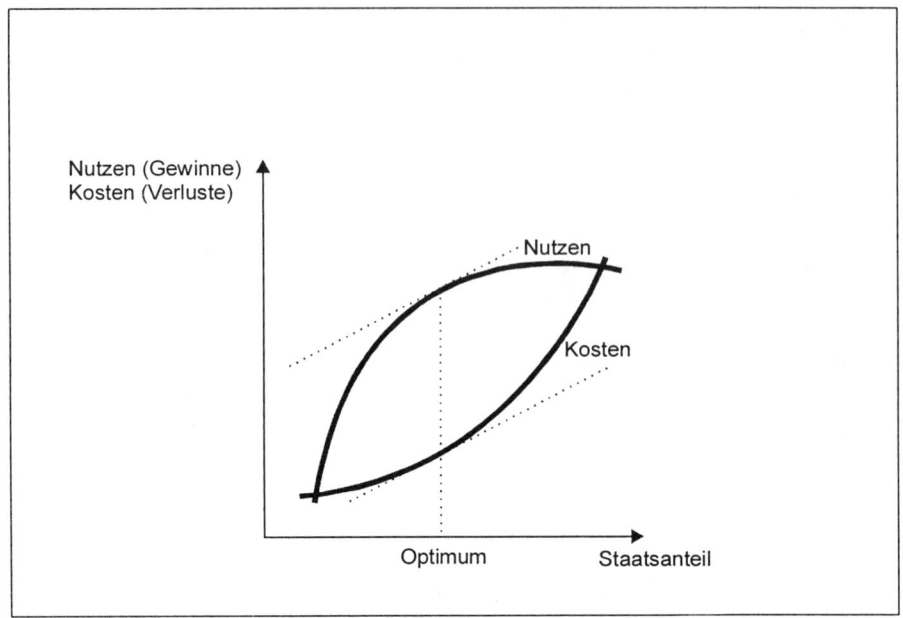

Abb. II.56 Optimale Größe des öffentlichen Sektors

Der ökonomische Verlust eines Wohlfahrtsstaates
Die Determinanten der Verlustkurve in der Abb. II.56 lauten:

- Senkung der Arbeitsleistung
- Senkung des privaten Sparens
- Erhöhung der Bürokratiekosten
- Vergrößerung der Schattenwirtschaft

Die Rolle von Multiplikatoren
Die Wirkungsanalyse der traditionellen Finanzwissenschaft beruht auf ökonometrischen Modellen keynesianischer Prägung. Das sind Modelle, in denen die Parameter auf der Grundlage von empirischen Werten mit Hilfe statistischer Methoden geschätzt werden. Auf der Grundlage von Änderungen autonomer Größen werden Multiplikatoren errechnet; der Staatsausgaben- und der Steuermultiplikator wurde in Kapitel I.2 behandelt. Die Multiplikatoren hängen von den Modellannahmen über die Verhaltensweisen der wirtschaftlichen Akteure ab und sie können negativ oder positiv sein. Die Gesamtwirkung einer isolierten Veränderung einer autonomen Größe hängt damit von den Teilwirkungen ab; die Modellierung der Verhaltensweisen ist entscheidend für die Struktur der (manchmal komplexen Matrixform der) Multiplikatoren.

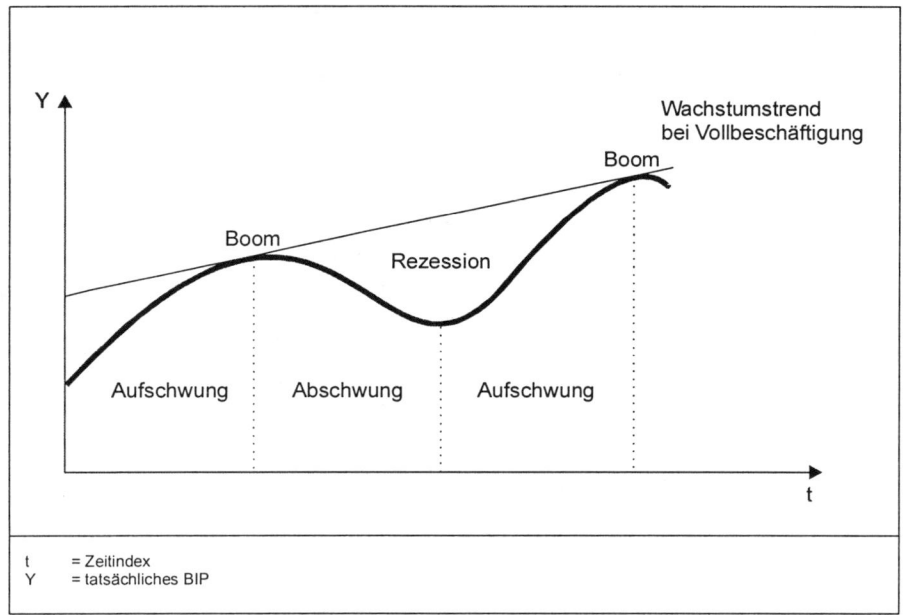

Abb. II.57 Idealisierter Konjunkturzyklus

Die Idee der antizyklischen Konjunkturpolitik
Die konsequente Anwendung der Multiplikatoranalyse hat zur Formulierung der antizyklischen Konjunkturpolitik im „Gesetz zur Förderung der Stabilität und des Wachstums der Wirtschaft" von 1967 geführt. Man geht aus von der Existenz von Konjunkturzyklen, die als Schwankungen des Auslastungsgrades des Produktionspotentials (Y^*) definiert werden können (Abb. II.57). Dieser Auslastungsgrad ist definiert als $\gamma = Y/Y^*$. Das Problem der Schwankungen von Y verstärkt sich dadurch, dass auch andere wichtige Ziele der Wirtschaftspolitik, nämlich die Arbeitslosenquote sowie die Inflationsrate schwanken. Wie können diese Schwankungen im Konjunkturverlauf reduziert werden? Durch Globalsteuerung oder Demand Management (*Karl Schiller*) sollen Maßnahmen (auf der Einnahmen- oder Ausgabenseite des Staatshaushalts) eingesetzt werden, die im Aufschwung negative Multiplikatorwirkungen und im Abschwung positive haben.

Verknüpfung von Konjunkturzyklus und Multiplikatorwirkung
Mit der Abb. II.58 habe ich einen Zusammenhang hergestellt zwischen Konjunkturzyklus und gesamtwirtschaftlichem Nachfrageniveau: Bei konstanter Angebots- und *Okun*-Kurve führen expansive oder kontraktive Verlagerungerungen der Nachfrage-Kurve zu Schwankungen des Nationaleinkommens. In der Abb. II.58 ist unterstellt, dass nur die Nachfrage-

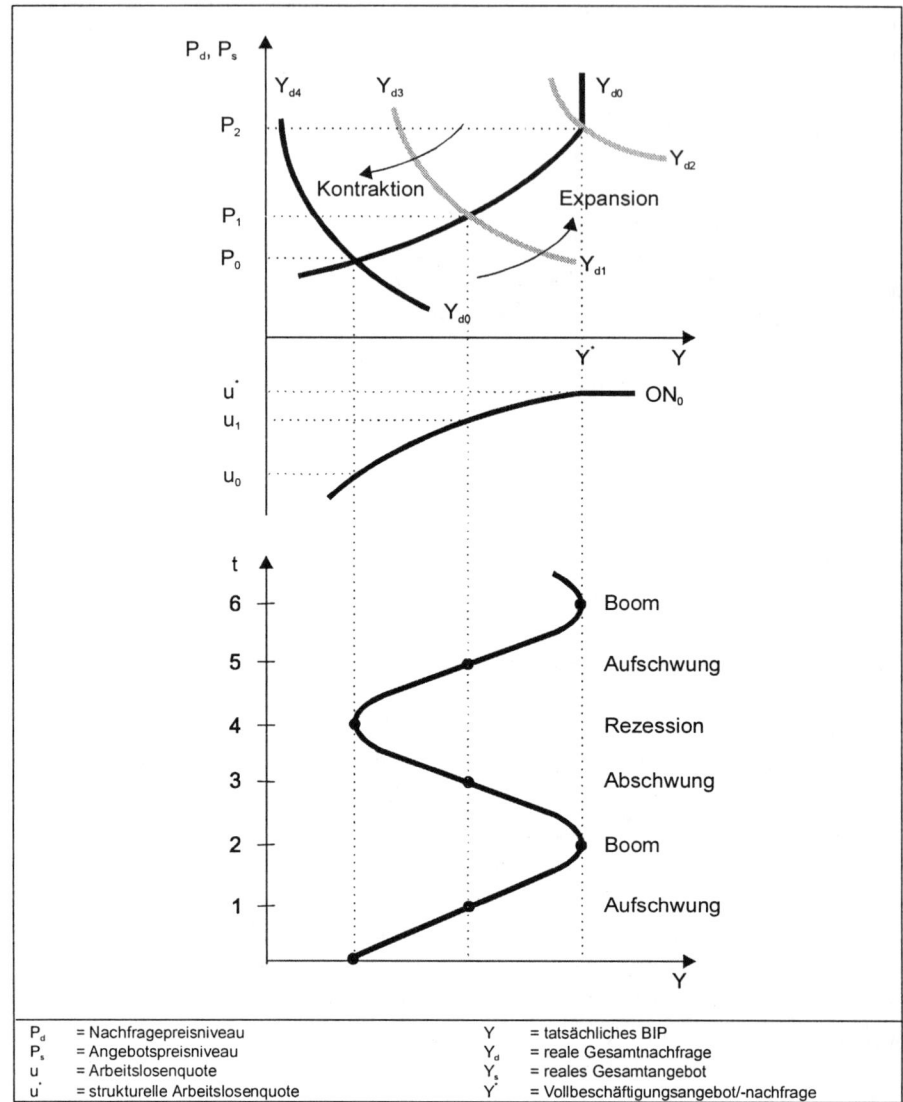

Abb. II.58 Zusammenhang von Gesamtnachfrage und Konjunktur

Kurve verlagert werden kann, ohne Effekte auf die Angebotskurve. Das sind Veränderungen der Geldmenge oder konsumtiver Ausgaben. Der Konjunkturzyklus verläuft stationär, d.h. um ein konstantes Produktionspotential Y^*. Würde man für die Nachfragesteuerung Maßnahmen einsetzen, die auch die Angebotskurve verlagern (und zwar nach rechts wie z.B.

Investitionen), dann würden aus den Konjunkturzyklen sog. Wachstums-zyklen (*Ott/Wagner*), die mit einer ansteigenden Trendlinie verlaufen.

Konkrete Ausgestaltung der antizyklischen Konjunkturpolitik
Mit der Abb. II.58 lässt sich zeigen, dass ein Konjunktur-Aufschwung mit einer Rechtsverlagerung der Nachfrage-Kurve (Expansion) und ein Konjunktur-Abschwung mit einer Linksverlagerung der Nachfrage-Kurve (Kontraktion) verbunden ist. Um einen Aufschwung abzubremsen, müssen daher Maßnahmen eingesetzt werden, die kontraktiv wirken, also eine negative Multiplikatorwirkung haben. Für die Verschiebungsparameter der keynesianischen Nachfrage-Kurve bedeutet dies mit dem Beispiel kontraktiver Maßnahmen: Einschränkung der Staatsausgaben, Drosselung der Geldmenge, Erhöhung von direkten Steuern (Lohn-, Einkommens- und Körperschaftssteuer). Wollen wir den Abschwung bremsen, dann würden positive Multiplikatoreffekte, ausgelöst durch Steigerung der Staatsausgaben, Erhöhung der Geldmenge und Senkung von direkten Steuern, diesem Ziel dienen.

„Built-in flexibility"
Zu den beschriebenen diskretionären Maßnahmen treten noch eingebaute Stabilisatoren, die die Konjunkturzyklen dämpfen können. Ein wichtiger Stabilisator ist die Wirkung der Einkommens- und Körperschaftssteuer. Wir gehen davon aus, dass Gewinn-Einkünfte (Betriebsüberschüsse) der Steuerprogression unterliegen, je höher das Einkommen, desto höher der Grenzsteuersatz. Das bedeutet: Hohe Gewinne aus einer Aufschwungphase können dann wegen der Steuerprogression zu hohen Steuerzahlungen führen. Dies könnte in der Boomphase zu einer Dämpfung führen. Niedrige Gewinne aus einer Abschwungphase könnten zu niedrigen Steuerzahlungen in dieser Phase führen. Dieser Mechanismus wirkt aber nur, wenn der „time-lag" zwischen Gewinn und Steuerzahlung nicht zu groß ist. Es kann aber sein, dass die Ermittlung von Gewinnen und Verlusten der Unternehmer mit einer (ersten) Zeitverzögerung verbunden ist (die Gewinne des Jahres 1998 werden erst mit dem Jahresabschluss der Gewinn- und Verlustrechnung bekannt), und dass die endgültige Steuerzahlung einer (zweiten) weiteren Zeitverzögerung unterliegt. Somit könnte Konjunktur-, Umsatz- und Gewinnlage drei Jahre vor der Steuerzahlung liegen. Das könnte sogar zu Verstärkungseffekten führen.

Prämissen der antizyklischen Konjunktursteuerung
Die Konzeption der antizyklischen Konjunktursteuerung kann nur durchgeführt werden, wenn die folgenden Prämissen gelten:

- Es bestehen keine Diagnose-lags (statistische Daten nicht erst nach einigen Monaten verfügbar),
- die optimal wirkenden Instrumente sind bekannt,
- es besteht kein time lag im Politisch-administrativen System, die optimalen Instrumente können also auch durchgesetzt werden und es braucht dafür keine Zeit,
- die Dosierung der einzusetzenden Instrumente ist bekannt,
- bei den gewünschten Wirkungen der Instrumente bestehen keine time-lags,
- es treten keine (ungeplanten) Schocks auf, insbesondere nicht aus dem Ausland (wie z.B. die Ölpreis-Schocks der 70er Jahre),
- Es bestehen keine Zielkonflikte bei den tangierten Zielen (vgl. *Phillips*-Kurve),
- die Nachfragesteuerung ist möglich, weil keine crowding-out-Effekte oder (unerwünschte) crowding-in-Effekte auftreten.

Es ist offensichtlich, dass die meisten dieser Prämissen nicht erfüllt sind. Daher ist die antizyklische Konjunktursteuerung gescheitert.

Staatsverschuldung

Verschuldung ist neben Steuern, Beiträgen und Gebühren sowie Einnahmen aus wirtschaftlicher Tätigkeit eine zulässige Möglichkeit für den Staat, Einnahmen zu erzielen. Es ist allerdings sinnvoll, einige Bedingungen zu beachten. Der Schuldenstand sollte in einem angemessenen Verhältnis zum Bruttoinlandsprodukt stehen; nach den sog. Maastricht-Kriterien liegt dies bei 60%. Dies gilt auch für das Tempo der Neuverschuldung, das in Deutschland seit 1975 ausgesprochen rasant war. Bei der Beurteilung der Staatsschulden sollten wir die Schuldenstruktur nach Gebietskörperschaften (Bund, Länder und Gemeinden) beachten und die ordentlichen Einnahmen dieser Gebietskörperschaften gegenüberstellen. Niveau und Struktur der Staatsschulden müssen (nach den Haushaltsprinzipien des Grundgesetztes und der Reichshaushaltsordnung) transparent sein; in den letzten beiden Jahrzehnten wurden viele Schulden in Sonderhaushalten „ausgewiesen" (Fonds der Deutschen Einheit, Altschulden der ehem. DDR, Lastenausgleichsfond, etc.). Neue Schulden sollten sich ausschließlich auf investive Zwecke beschränken; die Begründung liegt darin, dass Investitionen einen Nutzenstrom in der Zukunft abwerfen, der die Verteilung der Zahlungen für diese Investition rechtfertigt.

Ursachen der Staatsverschuldung

Das schon oben erwähnte sog. Gesetz von der langfristigen (relativen) Erhöhung der Staatsausgaben von *Adolph Wagner* (1876) ist wohl die häufigste Erklärung. *Wagner* sagte Ende des letzten Jahrhunderts den Wandel des „Rechtsstaats zu einem Culturstaat" voraus. In diesem allgemeinen Argument sind einige der folgenden Gründe enthalten:

- Funktionswandel staatlicher Aktivität; die Herausforderungen an das Bildungssystem sowie die soziale Absicherung stiegen,
- Theorie der gelegentlichen Verschiebung (für Deutschland in neuerer Zeit: Wiedervereinigung 1989, für die USA in den 80er Jahren „Strategic Defense Initiative" und heute das „National Missile Defense Program"); Ausgabensteigerung bei der Bevölkerung durch Steuererhöhung schwer durchsetzbar (nur durch Krisenstimmung),
- Steuerwiderstand der Bevölkerung wegen hoher Steuerquote; Neuverschuldung lässt sich politisch leichter durchsetzen,
- Einkommenselastizität der Nachfrage nach öffentlichen Gütern ist größer als die nach privaten Gütern. Grund: Sättigungseffekt bei privaten Gütern, dadurch wird Bedarf nach öffentlichen Gütern größer (Maslowsche Bedürfnispyramide),
- Fortschritt bedingt teure Infrastrukturinvestitionen,
- starke Bevölkerungszunahme; zunehmende Bevölkerungsdichte Brechtsches Gesetz: in Ballungsgebieten sind die Ausgaben pro Kopf geringer als in ländlichen Gebieten,
- Politiker wollen wiedergewählt werden; Einrichtung von Schwimmbädern, Büchereien (Wahlgeschenke),
- Strukturwandel von industrieller Revolution bis zur Dienstleistungsgesellschaft,
- Eigendynamik der Verbandsbürokratie,
- pluralistische Gesellschaft; Maximierung des eigenen Budgets,
- ideologische Gründe (vgl. z.B.: USA und Japan mit geringen Sozialquoten und Deutschland, Dänemark mit relativ hohen).

Grenzen der Staatsverschuldung
Wir können formale und informelle Grenzen unterscheiden. Formal ist nach dem Artikel 115 GG die laufende Neuverschuldung des Staates auf die Höhe der jährlichen Investitionen des Bundes begrenzt, es sei denn, das „gesamtwirtschaftliche Gleichgewicht" wäre gestört. Beide „Grenzen" unterliegen jedoch unterschiedlich breiter Interpretation; was heißt Investition, wann ist das gesamtwirtschaftliche Gleichgewicht objektiv gestört? Wenn die Staatsverschuldung gesamtwirtschaftliche Ziele verletzt wie z.B. die Preisniveaustabilität oder das außenwirtschaftliche Gleichgewicht, dann könnte ebenfalls eine Grenze erreicht sein, die durch Parteienkonkurrenz in der Demokratie und durch die öffentliche Meinung eintritt. Sehr wirkungsvoll dürfte die Grenze sein, dass Kreditgeber (vor allem aus dem

Ausland) entweder ihre Kredite kündigen oder keine Kredite mehr geben wollen. In Deutschland sind die Hauptgläubiger zu $^2/_3$ Geschäftsbanken.

Aussagegrenzen und Ausblick
Die traditionelle Finanzwissenschaft hat eine Fülle von Material in Form von statistischen Daten, Gesetzestexten, Organisationsplänen, etc. zusammengetragen, mit der ein detailliertes Bild der ökonomischen Aktivitäten des Staates, definiert als Fiskus, gezeichnet werden kann. Doch schon die Frage, wie Fiskus definiert werden soll und welche der sog. Hilfsfisci (Gewerkschaften und andere Verbände, Kirchen, Kammern, etc.) zum Fiskus zählen sollen, zeigt, dass die Aufgabe der engen Zuständigkeit der Finanzwissenschaft Schwierigkeiten bereitet. Es führt jedoch kein Weg daran vorbei, dass sich die ökonomische Sichtweise der Finanzwissenschaft öffnet zu einer polit-ökonomischen. Das ist auch in neueren Lehrbüchern (z.B. *Blankart*) zu beobachten.
Ein zweiter Punkt betrifft die verwendeten Modelle. Bei der Analyse, welche Wirkungen von der staatlichen Tätigkeit auf Konjunktur, Wachstum und Verteilung ausgehen, werden vor allem lineare (ökonometrische) Modelle verwendet, mit deren Hilfe sich Multiplikatoren angeben oder ausrechnen lassen. Die Ergebnisse dieser Modelle sind nur begrenzt verwendbar. Neuere Ansätze der polit-ökonomischen Prozesse verwenden vor allem Simulationsanalysen, nicht-lineare Modelle und Netzwerkansätze. Ein erster Schritt in diese Richtung ist das (einfache) Modell der Neuen Politischen Ökonomie.

7.4 Neue Politische Ökonomie

Die Grundannahmen
Diese Variante der Politischen Ökonomie wird von *Bruno S. Frey* als Anwendung der modernen Wirtschaftstheorie, insbesondere der neoklassischen Ausprägung eingeordnet (*Frey*, in: *Pommerehne/Frey*, 1979, S. 12ff.). Grundsätzlich wird individuelles rationales Handeln unterstellt. Staatliche Entscheidungen werden aus dem Zusammenwirken unterschiedlicher individueller Akteure erklärt (es besteht also kein „wohlwollender Diktator"). Individuelle Präferenzen seien aggregierbar. Stimmentausch ist möglich. Es besteht Parteienkonkurrenz. Die Bürokratie maximiert im Außenverhältnis ihr eigenes Budget (*Niskanen*); im Innenverhältnis maximieren die Mitglieder der Bürokratie ihren Nutzen. Probleme der Konsistenz von Mikro- und Makrosicht wirft das Unmöglichkeitstheorem von *Arrow* auf: „Keine Verfassung kann zugleich die Bedingung der kollektiven Rationalität, das Pareto-Prinzip, das Postulat

der Unabhängigkeit von irrelevanten Alternativen und jenes der Unzulässigkeit der Diktatur erfüllen." (*Kenneth Arrow*, in: *Pommerehne/Frey*, 1979, S. 145, hervorgehoben).

Das Modell der Neuen politischen Ökonomie
Eine gewählte Regierung hat durchaus eigene Ziele und ist nicht etwa immer bestrebt, eine gesellschaftliche Wohlfahrtsfunktion zu maximieren (auch zum folgenden: *F. Schneider*, 1978, S. 94ff., teils wörtliche Zitate). Die Verfolgung der eigenen Ziele darf jedoch die Wiederwahl nicht gefährden (erste Nebenbedingung). Die zweite Nebenbedingung besteht in der (gesetzlich festgelegten) Budgetrestriktion. Der Regierung steht ein bestimmtes Bündel an Maßnahmen zur Verfügung, das sie zur Verfolgung ihrer Ziele einsetzen kann. Der Einsatz der fiskalpolitischen Instrumente obliegt der (Ministerial)-Bürokratie, die wohl auf die Ziele der Politik verpflichtet ist, darüber hinaus aber ihre eigenen Ziele und Interessen hat. Die Regierung hat demzufolge beim Einsatz ihrer Instrumente die Verhaltensweise der staatlichen Bürokratie als Restriktion zu beachten. Zusammengefasst sagt *Schneider*, dass die Regierung mit den ihr zur Verfügung stehenden Instrumenten unter den Nebenbedingungen der Wiederwahl, des Budgetausgleichs und des Einflusses der staatlichen Bürokratie ihren Nutzen zu maximieren sucht.

Schematische Darstellung
In der Abb. II.59 ist das Modell der Neuen politischen Ökonomie dargestellt. Die traditionelle Sichtweise (der Finanzwissenschaft) über die Beziehung zwischen Staat und Wirtschaft wird aufgebrochen, indem zwischen Wirtschaft und Staat die Wähler geschoben werden, von denen die Wiederwahl der Politiker abhängt, und indem zwischen Staat und Wirtschaft die (Ministerial-)Bürokratie steht, von der die Umsetzung der wirtschaftspolitischen Maßnahmen abhängt. Die Politiker versuchen, durch den Einsatz von geeigneten Maßnahmen die Wirtschaft so zu beeinflussen, dass die gesamtwirtschaftlichen Ziele (*POP*-Kurve, siehe unten) erfüllt werden: hohes reales Einkommenswachstum, niedrige Inflationsrate und Arbeitslosenquote. Dies soll ihre Wiederwahl sichern. Für den Einsatz der Maßnahmen benötigen sie die Ministerialbürokratie, die allerdings ihre eigenen Zielsetzungen hat (Bürokratismustheorie, siehe unten).

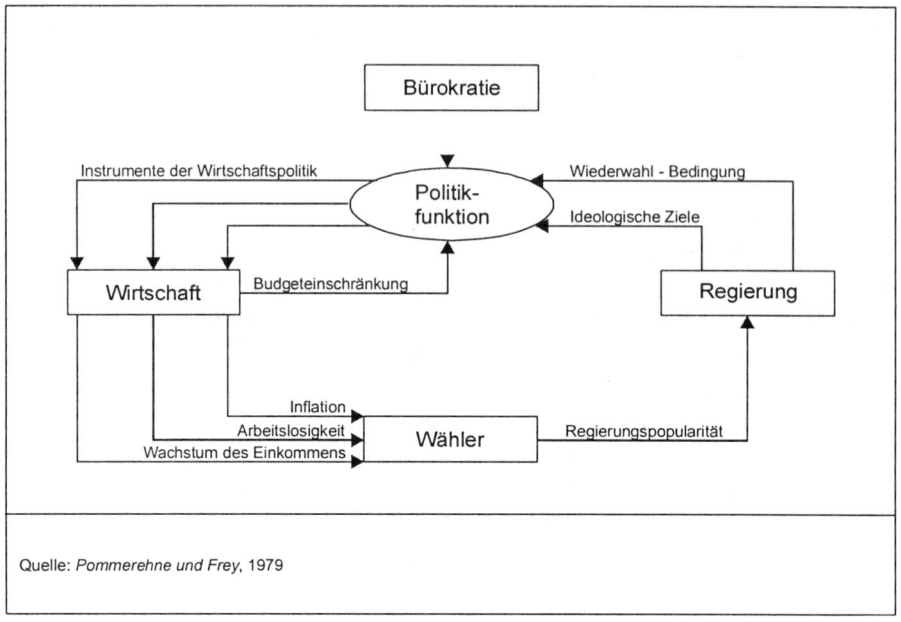

Quelle: *Pommerehne und Frey, 1979*

Abb. II.59 Modell der Neuen Politischen Ökonomie

Wählerstimmenmaximierung und Popularitäts-Funktion (POP-Kurve)
Im Anschluss an die Arbeiten der Vertreter der „Neuen politischen Öko-
nomie" (*Bruno S. Frey, F. Schneider*) kann unterstellt werden, dass die
Popularität demokratischer Regierungen von der Inflationsrate, der Ar-
beitslosenquote, dem Wachstum des Realeinkommens und von politischen
Faktoren (ρ) abhängt:

$$POP = POP\,(\hat{P},\,u,\,\hat{Y},\,\rho)$$

POP = Popularität der Regierung
$\hat{P}$　= Inflationsrate
u　= Arbeitslosenquote
$\hat{Y}$　= Wachstumsrate des Realeinkommens
ρ　= Bündel politischer Faktoren

Für die grafische Darstellung in einem zweidimensionalen P/u-Diagramm
müssen einige vereinfachende Annahmen getroffen werden: Realeinkom-
menswachstum und politische Faktoren (z.B. Stammwählerverhalten) sind
konstant; für die Inflationsrate setzen wir das Preisniveau. Für eine gegebene Popularität der Regierung *POP* (in %) lässt sich dann in Abb. II.60
eine Schar von Popularitätsfunktionen darstellen. Die Aussage lautet: für

alle *P/u*-Kombinationen auf einer *POP*-Kurve ist die Wählerpräferenz gleich. Eine höhere Präferenz liegt auf einer niedrigeren Iso-Popularitätsfunktion *POP* mit vergleichsweise besseren Kombinationen von *P* und *u*. Die Lage der Funktion hängt demnach von der Popularität (und den konstanten Faktoren) ab, die Steigung wird von den Präferenzen der Wähler bestimmt. Präferieren die Wähler Preisniveaustabilität stärker als Vollbeschäftigung, schätzen sie also ersteres als relativ wichtiger ein, dann haben die Iso-Popularitätskurven den in der Abb. II.60 dargestellten Verlauf; empirische Untersuchungen zeigen, dass dies der deutschen Situation entspricht, jedenfalls bis 1976. Heute wird auch für Deutschland der Fall einer Wählerschaft vorliegen, für die Arbeitslosigkeit schwerer wiegt, als dies für die USA nachgewiesen wurde. Das Beispiel einer Schätzung ist die folgende Funktion[2]

$$POP_t = -0{,}82 \cdot U_t - 0{,}71 \cdot W_t + 55{,}27 \cdot CDU + 90{,}27 \cdot GK$$
$$+ 54{,}89 \cdot SPD/FDP$$

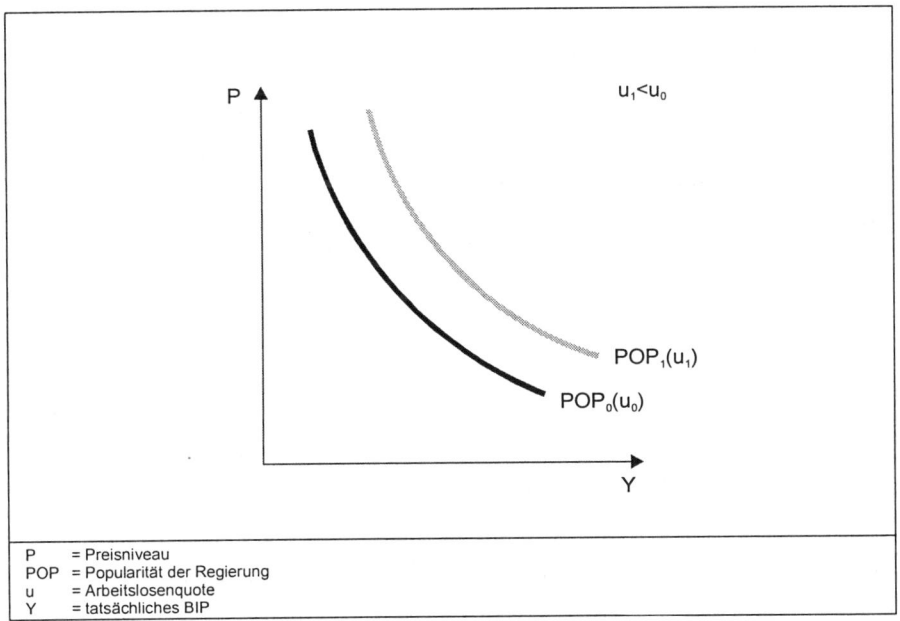

Abb. II.60 *POP*-Kurve

[2] *Frey* (1988, S. 20); $r^2 = 0{,}83$, DW 1,82

Theorie der Bürokratie

Das Bürokratiemodell von *Max Weber* geht von einem idealisierten Ablauf von staatlichen Handlungsprozessen mit einem idealisierten Akteur, dem Beamten, aus. Das Modell ist geprägt von – salopp gesagt – preußischem Pflichtgefühl und patriarchalischem Staat („Diener des Staates"). *Niskanen* kritisiert das Modell von *Max Weber*. Nach seiner Vorstellung sind die staatlichen Akteure und ihre Verwaltungen (Bürokratien) nicht nur selbstlos an der Verbesserung der öffentlichen Wohlfahrt interessiert, sondern auch (wenn nicht gar wesentlich) an der Maximierung ihrer individuellen Zielsetzungen. Da diese individuellen Ziele wesentlich beeinflusst werden von der Verwirklichung der Ziele der Verwaltung, in der die individuellen Akteure tätig sind, ist es nach *Niskanen* plausibel, für die Bürokratie als Zielsetzung Budgetmaximierung zu unterstellen. Je höher das Budget (das ist das Ausgabevolumen einer Behörde), desto mehr Leitungspersonen werden gebraucht, desto mehr „Aktenträger" stehen den Leitungspersonen zur Verfügung, desto höher sind die Gehälter, desto sicherer sind die Arbeitsplätze, weil mit der Größe auch die Macht und der politische Einfluss der Behörde zunehmen. Die Möglichkeiten zur Machterweiterung sind sehr günstig: Das öffentliche Gut, das die Bürokratien für die Politiker bereit stellen sollen, kann in der Regel nur unscharf definiert werden (was heißt z.B. innere Sicherheit?); die Kosten für die Produktion des öffentlichen Gutes sind nicht bekannt und können unschwer zu hoch ausgewiesen werden; die Verwaltung verfügt im Vergleich zu den Politikern über große Informationsvorsprünge (asymmetrische Information). *Niskanen* setzt daher die folgende Budget- oder Kostenfunktion an, die von den Bürokratien maximiert wird:

$$BUDG = BUDG\ (Q_{öff}, \Delta LQ, STAB)$$

$BUDG$ = Kostenbudget
$Q_{öff}$ = Menge des öffentlichen Gutes
ΔLQ = Zusatzwohlfahrt (Lebensqualität)
$STAB$ = Stab(-spersonal)

Die „Handlungsanweisung" für Bürokraten ist bei Budgetmaximierung aus dieser Gleichung eindeutig.

7.5 Schlussabschnitt

Quantitative versus qualitative Bedeutung des Staates
Der Siegeszug der Marktökonomie und die eingängige Logik ökonomischer Methoden für viele Lebensbereiche wirkt sich auch auf die Bewertung der Rolle des Staates in seinem Bezug zur Ökonomie aus. Dabei ist ein krasses Missverhältnis festzustellen: In allen reifen Industrieländern ist der Staat quantitativ ein bedeutender Sektor der Volkswirtschaft und sein Anteil nimmt zwischen 25 und 60% ein, je nach dem, in welchem Ausmaß die soziale Sicherung privat oder öffentlich organisiert ist. In Deutschland liegt der Staatsanteil bei knapp 50%. Dieser quantitativen Bedeutung steht eine schwindende qualitative Bedeutung gegenüber; der Einfluss der Politik scheint immer mehr zu schwinden. Insbesondere politisches und funktionelles Staatsversagen (*Jänicke*) nehmen zu. Die Politik gibt vermehrt Terrain an die Wirtschaft ab und die Politikfähigkeit geht verloren. Das Medium „Geld" (*N. Luhmann*) verbindet sich mit „Macht" und gewinnt damit eine systemsprengende Kraft.

Politikfähigkeit durch institutionelle Reformen
Die Neue Politische Ökonomie versucht, die „wahren" Interessen und Ziele politischer (oder staatlicher) Entscheidungsträger aufzudecken. Damit wird Politik wieder reformfähig, wenn sie dort rationale (ökonomische) Entscheidungsstrukturen einführt, wo dies möglich und sinnvoll erscheint. Damit könnte staatliches Handeln der (oft berechtigten) Kritik neoklassischer Ökonomen an ökonomischem Staatsversagen die Spitze nehmen. Innovationen und technischer „Fortschritt" waren bisher dem ökonomischen Sektor vorbehalten; dass diese Begriffe im öffentlichen Bereich überhaupt eine Rolle spielen könnten, schien vielen kaum vorstellbar. Verknüpft man aber Innovationen nicht nur mit Technik, sondern auch mit menschlichem Verhalten und Institutionen, dann ergeben sich ganz neue Ansatzpunkte. Die Frage der Institutionen werde ich im nächsten Kapitel aufnehmen.

POP-Kurve als Platzhalterin
Das sind anspruchsvolle Vorbemerkungen für eine simple Kurve, die im gesamtwirtschaftlichen Angebots-Nachfrage-System als Platzhalterin der Politik dienen soll: Die *POP*-Kurve. Zeigt die *POP*-Kurve gerade nicht die Eigenständigkeit von politischem Selbstvertrauen sondern eher den Weg für Politiker auf Machterhalt mit Mitteln der Wirtschaftspolitik? Welche Konsequenzen ergeben sich dann aus der Stimmenmaximierungshypothese für die Steuerung der Wirtschaft? Das Wesentliche ist wohl, dass ein Wettbewerbselement in die politische Arena eingebracht wurde, das dafür sor-

gen könnte, die Gründe für Staatsversagen zu mildern oder zu beseitigen. Damit könnte die *POP*-Kurve als ein demokratisches Lenkungsinstrument oder eine Möglichkeit, staatliches Handeln zu legitimieren, gesehen werden.

Antworten (zu den Fragen ab Seite 389)

1. Sie analysiert die ökonomischen Auswirkungen der Handlungen von Gebietskörperschaften, insbesondere deren Haushaltsgebaren auf der Einnahmen- und Ausgabenseite.

2. Sie verknüpft die Institutionen Staat, Politik und Wirtschaft unter Berücksichtigung von stimmenmaximierendem Verhalten der Politiker und eigennützigem Verhalten der Bürokratien.

3. Der Staat agiert in keynesianisch geprägten Partialmodellen als wohlwollender Diktator nach ökonomischen Prinzipien und steuert daraufhin die Wirtschaft.

4. Öffentliche Güter sind dadurch gekennzeichnet, dass das Ausschlussprinzip nicht anwendbar ist, keine Konsumentenrivalität besteht und große externe Effekte auftreten.

5. Trittbrettfahrer erkennen, dass öffentliche Güter auch dann bereit gestellt werden, wenn sie selbst nicht als Nachfrager ihre Präferenzen äußern. Weil das Ausschlussprinzip nicht angewandt werden kann, können sie „schwarzfahren".

6. Meritorische Güter liegen im Spektrum zwischen rein privaten und rein öffentlichen Gütern. Sie weisen sowohl individuellen als auch kollektiven Nutzen auf und werden bereit gestellt, um öffentliche Zielsetzungen zu verwirklichen.

7. Marktversagen tritt auf, wenn natürliche Monopole vorliegen, kurzfristige Interessen vor langfristigen verfolgt werden, kollektive Ziele verletzt werden, und wenn Trittbrettfahrerverhalten zu beobachten ist.

8. Man kann nach *Jänicke* unterscheiden zwischen politischem, ökonomischem und funktionellem Staatsversagen.

9. Nach der neoklassischen Vorstellung hat der Staat nur die Aufgabe, für die innere und äußere Sicherheit sowie für die Rechtsprechung zu sorgen (Nachtwächterstaat).

   Nach *Matzner* nimmt der Staat die folgenden Aufgaben wahr: Innere und äußere Sicherheit, Bereitstellung von Komplementäreinrichtungen und -leistungen, Sozialpolitik, Konjunktur- und Wachstumspolitik, Regelung von dezentral erzeugten externen Effekten.

   Nach *Musgrave* ist Marktversagen der Regelfall und der Staat muss als „Lückenbüßer" auftreten. Dazu muss er die folgenden Funktionen gewährleisten: Allokationsfunktion (Güter- und Produktionsfaktoren optimal einsetzen), innere und äußere Sicherheit sowie Infrastruktur herstellen, Stabilisierungsfunktion (Stabilitäts- und Wachstumsgesetz), Konjunktur- und Wachstumspolitik betreiben, Verteilungsfunktion (Bildung, Sozialversorgung).Staatsaufgaben können auch aus der historischen Entwicklung abgeleitet werden.

10. Das *Havemann*-Diagramm stellt die Gewinn- und Verlustkurve bei steigendem Staatsanteil dar. Gewinne sind Verringerung der Unsicherheit, Steigerung des Humankapitals sowie der ökonomischen Stabilität, Förderung des technischen Wandels und Steigerung des sozialen Zusammenhalts. Verluste sind Senkung der Arbeitsleistung und des privaten Sparens, Erhöhung der Bürokratiekosten und Vergrößerung der Schattenwirtschaft.

11. Funktionswandel staatlicher Aktivität, gelegentliche Verschiebungen, Steuerwiderstand, Einkommenselastizität für öffentliche Güter höher als für private, teure Infrastrukturen, Brechtssches Gesetz, Wahlgeschenke, Pluralismus und Macht der Verbände, ideologische Gründe.

12. Multiplikatoren hängen von den Verhaltensweisen der in Modellen berücksichtigten Akteure ab. Die Multiplikatoren geben an, wie Veränderungen von autonomen Größen c.p. wirken.

13. Grundlagen der antizyklischen Konjunkturpolitik bestehen in einer Verknüpfung von Ursache und Wirkung; das ist i.d.R. ein keynesianisch geprägtes Modell. Der Konjunkturzyklus muss abgebildet werden können.

14. Konjunkturzyklus und Multiplikatorwirkung können über expansive und kontraktive Prozesse, die die Nachfrage-Kurve verlagern, miteinander verknüpft werden.

15. „Built-in flexibility" beschreibt die (dämpfenden) Wirkungen von Steuerzahlungen auf den Konjunkturverlauf über einen progressiven Tarif.

16. Es dürfen keine Diagnose-lags bestehen, optimal wirkende Instrumente müssen bekannt sein und richtig dosiert werden können, es besteht kein Time-lag im Politisch-administrativen System und bei der Wirkung der Instrumente, es treten keine ungeplanten Schocks auf, es dürfen keine Zielkonflikte bestehen, und eine Nachfragesteuerung sollte möglich sein.

17. Bei der Staatsverschuldung sollte dem Tempo, dem Niveau und der Struktur Beachtung geschenkt werden.

18. Die wichtigsten Ursachen der Staatsverschuldung in Deutschland liegen für die 1970er Jahre im Ausbau der sozialen Sicherung (einschl. der Bekämpfung der Arbeitslosigkeit) und in externen Schocks (OPEC), in den 1980er und 1990er Jahren vor allem in der Wiedervereinigung.

19. Gesetzliche Grenzen nach Art. 115 GG, ökonomische Grenzen durch Zielverletzungen, finanzielle Grenzen durch die Bereitschaft von Gläubigern, Mittel bereitzustellen.

20. Man unterstellt rationales Verhalten von eigennützigen Akteuren, Stimmentausch sowie Budgetmaximierung von Bürokraten.

21. Politiker wollen ihre Wiederwahl sichern und schlagen daher Maßnahmen vor, die ihre Stimmen maximieren. Bürokratien verwirklichen die Maßnahmen, soweit dies in ihre Zielsetzung Budgetmaximierung passt. Die Maßnahmen wirken auf die Wirtschaft und resultieren in spezifischen Ausprägungen der wichtigsten wirtschaftspolitischen Ziele, die wiederum die Wahlentscheidungen der Wähler beeinflussen.

22. Die *POP*-Kurve beschreibt den Zusammenhang zwischen abgegebenen Stimmen

und wichtigen wirtschaftspolitischen Zielen.

23. Das Bürokratiemodell von *Max Weber* beruht auf dem pflichtbewussten Beamten und einer wohlgeordneten Bürokratie. *Niskanen* unterstellt dagegen eigennütziges Verhalten der Bürokratie sowie Budgetmaximierung.

8 Institutionenökonomik[1]

8.1 Überblick

Die institutionelle Bescheidenheit der Neoklassik
Die traditionelle neoklassische Theorie ignoriert die Existenz von Institutionen fast vollständig, weil Institutionen angeblich keine Wirkungen auf die Allokation haben. Doch wie soll ein Markt ohne fundamentale Rechtsprinzipien funktionieren, etwa ohne

- „die individuellen Eigentumsrechte nach Maßgabe des Prinzips des Privateigentums,
- die Übertragung dieser Rechte im gegenseitigen Einvernehmen auf der Grundlage des Prinzips der Vertragsfreiheit,
- die Gewährleistung der Erfüllung von Versprechen" (*Richter/Bindseil*, 1995, S. 139).

Auf diese Elemente hatte schon *Walter Eucken* hingewiesen. Die Annahme in der neoklassischen Theorie, dass Institutionen „neutral" seien, lässt sich nicht aufrecht erhalten. Grobe Schätzungen ergeben z.B., dass Transaktionskosten ca. 50-60% des Nationaleinkommens ausmachen.

Ein erweitertes Blickfeld bringt neue Sichtweisen und Ergebnisse
Wie aus dem Anreizsystem des I. Teils (Tab. I. 10) hervorgeht, spielen die institutionellen Bedingungen bei der Begründung menschlichen Handelns eine große Rolle. Ein Anreizsystem ist ein wichtiger Baustein einer Theorie des menschlichen Verhaltens. Die Existenz von Transaktionskosten erklärt, warum sich die Organisation eines Unternehmens lohnt (*Ronald Coase*). Verfügungsrechte spielen eine wesentliche Rolle dabei, Marktversagen bei öffentlichen Gütern zu vermeiden. Der Ansatz des Principal-Agent ermöglicht Aussagen über das Verhalten von Bürokratien. Vertragstheorien beschreiben einen Großteil ökonomischer Transaktionen und ihrer Absicherung. Transaktionskosten, Verfügungsrechteanalyse und Vertragstheorie sind Analysemethoden der neuen Institutionenökonomik (*Richter/Furubotn*, 1996, S. 44).

Neue Institutionentheorie noch am Anfang
Obgleich die Institutionentheorie auf eine über hundertjährige Geschichte zurückblicken kann, sind ihre Definitionen, Methoden und Ergebnisse

---

[1] Dieses Kapitel beruht sehr stark auf dem ausgezeichneten Lehrbuch von *Richter/Furubotn*, 1996, das ich für das weitergehende Studium von Institutionen sehr empfehle.

noch unterentwickelt. Ein Grund dürfte sein, dass Institutionen quer zu allen Bereichen der Wirtschaft, Gesellschaft und Politik liegen und sich dadurch ein sehr großes Forschungsfeld auftut.

Fragen

1. Wie begründen neoklassische Ökonomen die Irrelevanz von Institutionen?

2. Welche Institutionen braucht der Markt?

3. Was versteht man unter methodologischem Individualismus?

4. In welchen Formen tritt rationales Verhalten auf?

5. Was versteht man unter einer Institution?

6. Welcher Unterschied besteht zwischen Regeln und Sanktionen?

7. Wie lassen sich Institutionen und Organisationen abgrenzen?

8. Wie definiert die NIÖ ein Unternehmen?

9. Was versteht man unter Transaktionskosten?

10. Wie hängen Transaktionskosten und Information zusammen?

11. Wie wirken Transaktionskosten?

12. Wie können Verfügungsrechte unterteilt werden?

13. Wie wirken Verfügungsrechte auf ökonomische Transaktionen?

14. Was versteht man unter relationalen Verträgen und welche Fragestellungen spielen dabei eine Rolle?

15. Was besagt die Principal-agent-Theorie?

8.2 Definitionen

Häufig verwendete Begriffe
Begriffe, die immer wieder bei Argumenten mit Hilfe der Institutionenökonomik verwendet werden sind:
• Methodologischer Individualismus – die Betonung des Individuums als Akteur,
• individuelle Rationalität – vollkommene Rationalität bedeutet vollkommene Information des Individuums; unvollkommene Rationalität („bounded rationality") liegt vor, wenn das Individuum nur über einen Ausschnitt oder über einzelne Aspekte (grob) informiert ist (z.B. weil die Informationskosten zu hoch sind),

- opportunistisches Verhalten – liegt vor, wenn eigennützige Ziele auch mit List und Täuschung des anderen verfolgt werden,
- REMM - resourceful, evaluating, maximizing man.

Institution

Die Definitionen sind durchaus uneinheitlich. Wichtige Abweichungen ergeben sich dabei, ob Sanktionen einbezogen werden sollen und ob Organisationen auch zu den Institutionen gehören, wie die landläufige Verwendung des Ausdrucks dies nahe legt. Im einzelnen:

„Eine Institution im hier verstandenen Sinne ist ein auf ein bestimmtes Zielbündel abgestelltes System von Normen einschließlich deren Garantieinstrumente, mit dem Zwecke, das individuelle Verhalten in eine bestimmte Richtung zu steuern. Sie kann formgebunden (formal) oder formungebunden (informell) sein" (*Richter/Furubotn*, 1996, S. 43).

„Institutionen lassen sich definieren als die Mengen von Funktionsregeln, die man braucht, um festzulegen, wer für Entscheidungen in einem bestimmten Bereich in Frage kommt, welche Handlungen statthaft oder eingeschränkt sind, welche Aggregationsregeln verwendet werden, welche Verfahren eingehalten werden müssen, welche Informationen geliefert oder nicht geliefert werden muß, welche Entgelte den einzelnen entsprechend ihre Handlungen zugebilligt werden ... Den einzelnen Regeln sind spezifische Sanktionen zugeordnet" (*Ostrom* nach *Richter/Furubotn*, 1996, S. 7).

„Institutionen [sind] definiert als ein System formgebundener (formaler) und formungebundener (informeller) Regeln einschließlich der Vorkehrungen zu deren Durchsetzung" (ebenda).

„Praktisch ‚definieren [Institutionen] die Anreizstruktur von Gesellschaften und insbesondere Wirtschaften'(*North*)" (ebenda).

Ich definiere Institutionen ausschließlich durch die Existenz eines Satzes von formalen und informellen Regeln. Das Sanktionssystem ist diesen Institutionen komplementär zugeordnet, sollte aber nach meiner Meinung separat analysiert werden. Das in Kapitel I.5.2 erläuterte Anreizsystem zur Erklärung menschlichen Verhaltens enthält als wesentliches Rückgrat Institutionen: Das Regelsystem und, getrennt davon, aber komplementär, das Sanktionssystem.

Organisationen

Folgt man *Douglas North* (im Gegensatz zu *Williamson*), dann sind Organisationen als Institutionen mit Personen aufzufassen; *Gustav Schmoller* sagte, Organisationen seien die persönliche Seite von Institutionen. Die Ansicht, dass Organisationen als Institutionen mit handelnden Menschen aufgefasst werden können, scheint sich durchzusetzen.

Rechtsstaat, Markt und Unternehmen

Man kann den Rechtsstaat als einen impliziten Vertrag auffassen. Nach der Prinzipal-Agent-Theorie stellen die Wähler den Prinzipal und die Regierenden den Agenten dar. Dieser Vertrag beruht auf einem Tausch von Wählerstimmen gegen das Versprechen einer bestimmten Politik (*Richter/Furubotn*, 1996, S. 460). Auch der Markt kann als eine Organisation aufgefasst werden, in der durch implizite Verträge die Tauschhandlungen ausgeführt werden.

„Ein Unternehmen wird verstanden als ein Netzwerk relationaler Verträge zwischen Einzelpersonen (den Ressourceneigentümern) zum Zwecke effizienter Organisation der Produktion. Die Allokation erfolgt typischerweise durch Erteilung von Anordnungen, d.h. im Wege hierarchischer Transaktionen" (*Richter/Furubotn*, 1996, S. 307). Fasst man ein Unternehmen als Netzwerk auf und die Mitarbeiter als die Akteure dieses Netzwerks, dann ergeben sich ganz andere Organisationsstrukturen, bei denen im Extremfall alle Hierarchieebenen verschwunden sind. Dieses Beispiel zeigt, dass die Sichtweise große Gestaltungsmöglichkeiten für die praktische Reformpolitik (hier im Unternehmen) eröffnen kann. Natürlich lassen sich diese Vorstellungen auch auf öffentliche Organisationen übertragen.

8.3 Transaktionskosten

Was sind Transaktionskosten?

Feste Transaktionskosten (sunk costs) entstehen bei der Errichtung bzw. Bereitstellung eines institutionellen Arrangements. Variable Transaktionskosten basieren auf der Anzahl bzw. dem Wertumfang der Transaktionen. Sie bestehen wesentlich aus Informationskosten und machen, wie gesagt, insgesamt ca. 50-60% des Nationaleinkommens aus. Transaktionskosten entstehen im Tauschprozess. Ihre Höhe wirkt sich auf die Art und Weise der Organisation und Durchführung wirtschaftlicher Tätigkeit aus. Zur allgemeinen Kategorie der Transaktionskosten zählen: Such- und Informationskosten, Verhandlungs- und Entscheidungskosten, Überwachungs- und Durchsetzungskosten. Die Transaktionskostenökonomik befasst sich insbesondere mit den Auswirkungen solcher Kosten auf die Gestaltung von Verträgen.

Transaktionskosten und Information

Die wesentliche Wirkung von Transaktionskosten resultiert daraus, dass Information unvollkommen werden, und zwar in zwei Richtungen:

- ‚nach vorn': unvollständige Voraussicht: wir wissen nicht, was uns die Zukunft bringt,

- ‚zur Seite': asymmetrische Information: der eine weiß mehr als der andere (z.B. der Verkäufer weiß über die Ware mehr als der Käufer)" (*Richter/Furubotn*, 1996, S. 43).

In der Regel sind die Informationen zwischen den Akteuren (Vertragsparteien) asymmetrisch verteilt; der Verkäufer verfügt über mehr Informationen als der Käufer, der Agent über mehr als der Prinzipal, der Vorgesetzte über mehr als der Mitarbeiter. Asymmetrische Information eröffnet Möglichkeiten opportunistischen Verhaltens. Die Rechtsprechung ist ebenfalls dem Problem asymmetrischer Information ausgesetzt. Rationale Individuen versuchen, dem Opportunismus der Gegenseite durch Schaffung geeigneter Anreiz- und Abschreckungsmechanismen Rechnung zu tragen Asymmetrische Information eröffnet aber auch die Möglichkeit, Macht auszuüben. Die Existenz von Transaktionskosten bei der Informationssuche dürfte i.d.R. vollkommene Information verhindern und führt zu Handeln bei Unsicherheit.

8.4 Verfügungsrechtsrechte, ökonomische Vertragstheorie und Prinzipal-Agenten-Theorie

Verfügungsrechte
Wir können mit *Richter/Furubotn* (1996, S. 132) unterscheiden zwischen absoluten Verfügungsrechten (die, wie das Privateigentum, von jedermann zu beachten sind) und relativen (Anspruch aus Vertrag). Die Individuen versuchen, aus ihren Verfügungsrechten das meiste herauszuholen. Wir können davon ausgehen, dass Verfügungsrechte die Allokation von Gütern und Produktionsfaktoren verbessern (Zuweisung von individueller Verantwortung). Die Zuteilung von Verfügungsrechten ermöglicht also die Internalisierung von externen Kosten – und von Verantwortung, insbesondere bei öffentlichen Gütern („Allmende"). In der Umwelt- und Ressourcenökonomik wird dieses Instrument beim *Coase*-Theorem (Verhandlungen) und bei den Zertifikatslösungen angewendet. „Das System der Verfügungsrechte in einem Wirtschaftssystem definiert die Positionen der Wirtschafter im Hinblick auf die Nutzung knapper Ressourcen.

Vertragstheorie
„Als ‚Verwandte' sowohl der Transaktionskostenökonomik wie der Verfügungsrechtsanalyse befasst sich die Vertragstheorie mit Anreizproblemen und Fragen asymmetrischer Information. Diese fallen in zwei deutlich verschiedene Gruppen: Es kann asymmetrische Information zwischen den Parteien eines Vertrages geben und asymmetrische Information zwischen den Vertragsparteien einerseits und einem Dritten (z.B. einem Gericht) andererseits. Dementsprechend können wir zwei Varianten von Vertragstheorien unterscheiden: die Vertretungstheorie und die Theorie relationaler bzw. unvollständiger Verträge. 1) Ver-

tretungstheorie: Sie behandelt Probleme asymmetrischer Information zwischen Vertragsparteien. Die asymmetrische Information kann hier entweder vor oder nach der Transaktion gegeben sein ... 2) Theorie relationaler bzw. unvollständiger Verträge: ... Ein wichtiger Zweck solcher Verträge ist die Vermeidung von Opportunismus nach Vertragsschluß, zu dem es dadurch kommen kann, dass die Gerichte oder andere Dritte Schwierigkeiten bei der Überprüfung der Erfüllung vertraglicher Verpflichtungen haben. Glaubhafte Selbstverpflichtungen und sich selbst durchsetzende Verpflichtungen sind wichtige einschlägige Themen ..." (*Richter/Furubotn*, 1996, S. 35f).

Prinzipal-Agent-Theorie
Die Prinzipal-Agent-Theorie ist eine Vertragstheorie. Man versteht darunter folgendes. Es gibt zwei Akteure: den Auftraggeber (Prinzipal) und den Beauftragten (Agent). Der Prinzipal beauftragt einen Vertreter – den Agenten – zur Ausführung einer Leistung in seinem Namen, und zur Erleichterung dieser Tätigkeit überträgt er dem Agenten einen gewissen Entscheidungsspielraum. Erklärung von Vertragsverhalten und dem tatsächlichen Verhalten von Organisationen. I.d.R. hat wohl der Agent einen Informationsvorsprung vor dem Prinzipal.

8.5 Schlussabschnitt

Vernachlässigte Institutionen
Viele werden mit meiner Einschätzung einverstanden sein, dass die mangelnde Berücksichtigung institutioneller Probleme wesentlichen Anteil hat am Scheitern technischer Innovationen oder daran, dass neue Handlungsmöglichkeiten nicht wahrgenommen werden. Man beklagt dabei die Unfähigkeit von Regierungen zu Reformen auf allen Ebenen, meint damit aber die Probleme, neue formale Regelsysteme umzusetzen. Außerdem wird die mangelnde Durchsetzungsfähigkeit solcher Regelsysteme bemängelt (z.B. der ökologischen Steuerreform), gemeint sind aber die Probleme informeller Regelsysteme (Attentismus, Akzeptanzdefizite). Kurzum: Über die Bedeutung von Institutionen und Organisationen im Wirtschaftsprozess wird es wenig Dissens geben. Insofern scheint das Kapitel II.7 über Institutionen durchaus berechtigt.

Keine repräsentative Kurve abgeleitet
Doch welche Konsequenzen ergeben sich daraus? Für alle anderen Bereiche, die in diesem Buch behandelt werden, habe ich repräsentative Kurven abgeleitet: Die Angebots-, Nachfrage-, *ON-*, *ZB-*, *NL-* und *POP*-Kurve. Für Institutionen ist dies nicht möglich. Diese Kurve müsste einen Zusammenhang aufzeigen zwischen institutionellem Wandel und dem Bruttoinlandsprodukt. Welchen Einfluss hat das Niveau des *BIP* auf Transaktionskosten, Informationsasymmetrien, Vertragsbeziehungen, die Komple-

xität von formalen und informellen Regelsystemen und Prinzipal-Agenten-Beziehungen? Intuitiv werden wohl viele vermuten, dass alle genannten Faktoren in irgendeiner Weise steigen oder zunehmen, intensiver oder komplexer werden. Vermutlich würden wir eine Kurve einzeichnen, in der das Maß für institutionellen Wandel mit dem Bruttoinlandsprodukt ansteigt, und zwar bis zu einem (kritischen) Niveau, das *Mancur Olson* als institutionelle Sklerose bezeichnet hat. An dieser Sklerose haben in der Vergangenheit immer wieder Gesellschaften „gelitten": Großbritannien in der Zeit vor der Premierministerin *Thatcher* („englische Krankheit", gekennzeichnet durch Wachstumsschwäche, Arbeitslosigkeit, Handelsdefizit und Pfundschwäche) und heute sagen manche, Deutschland sei einer solchen Krankheit nicht fern. Das ist bestimmt übertrieben, aber die Reformunfähigkeit in Deutschland kann mit der Schwäche beschrieben werden, neue Regelsysteme für die sozialen Sicherungssysteme einzuführen und durchzusetzen.

Schlussfolgerungen für die Makroökonomik
Das Fehlen einer expliziten repräsentativen „Kurve" für den institutionellen Wandel und die damit verbundene „Warnschwelle" für institutionelle Erstarrung sollte nicht dazu führen, dass diese Zusammenhänge bei der Beurteilung von Zielbeziehungen nicht berücksichtigt werden.

Antworten (zu den Fragen ab Seite 412)

1. Institutionen sind allokationsneutral. Außerdem gehören sie nicht zur Ökonomik.

2. Ein funktionsfähiger Markt braucht Privateigentum, Vertragsfreiheit und Gewährleistung.

3. Die Betonung der Rolle des individuellen Akteurs bei wirtschaftlichen Entscheidungen sowie Annahmen über seine spezifische Rationalität.

4. Vollkommene Rationalität bedeutet Handeln bei vollständiger Information, unvollkommene Rationalität geht von unvollständiger Information aus und bedeutet handeln unter Unsicherheit.

5. Eine Institution ist ein Satz von formalen (geschriebenen) und informellen (ungeschriebenen) Regeln. Manche Autoren beziehen auch das (komplementäre) Sanktionssystem in diese Definition ein.

6. Regeln bestimmen die Verhaltensweisen der Akteure und vermindern Unsicherheit. Sanktionen bestrafen die nicht-regelkonformes Verhalten oder belohnen regelkonformes.

7. Kurz gesagt: Organisationen sind Institutionen plus Personen.

8. Ein Unternehmen wird verstanden als ein Netzwerk relationaler Verträge zwischen Einzelpersonen (den Ressourceneigentümern) zum Zwecke effizienter Organisation

der Produktion.

9. Zur allgemeinen Kategorie der Transaktionskosten zählen: Such- und Informationskosten, Verhandlungs- und Entscheidungskosten, Überwachungs- und Durchsetzungskosten.

10. Die Transaktionskostenökonomik befasst sich insbesondere mit den Auswirkungen solcher Kosten auf die Gestaltung von Verträgen.

11. Transaktionskosten bestehen vor allem aus Informationskosten. Diese sind bei den Akteuren unterschiedlich hoch. Informationen zwischen den Akteuren (Vertragsparteien) sind daher asymmetrisch verteilt.

12. Verfügungsrechte können in absolute (Privateigentum, sind von jedermann zu beachten) und relative (Anspruch aus Vertrag) Verfügungsrechte unterteilt werden.

13. Die Individuen versuchen, aus ihren Verfügungsrechten das meiste herauszuholen. Wir können davon ausgehen, dass Verfügungsrechte die Allokation von Gütern und Produktionsfaktoren verbessern. Die Zuteilung von Verfügungsrechten ermöglicht also die Internalisierung von externen Kosten – und von Verantwortung, insbesondere bei öffentlichen Gütern („Allmende").

14. Als ‚Verwandte' sowohl der Transaktionskostenökonomik wie auch der Verfügungsrechtsanalyse befasst sich die Vertragstheorie mit Anreizproblemen und Fragen asymmetrischer Information. Diese fallen in zwei deutlich verschiedene Gruppen: Es kann asymmetrische Information zwischen den Parteien eines Vertrages geben und asymmetrische Information zwischen den Vertragsparteien einerseits und einem Dritten (z.B. einem Gericht) andererseits.

15. Der Prinzipal beauftragt einen Vertreter – den Agenten – zur Ausführung einer Leistung in seinem Namen, und zur Erleichterung dieser Tätigkeit überträgt er dem Agenten einen gewissen Entscheidungsspielraum.

9 Schlussfolgerungen

Reduziert man Komplexität durch repräsentative Kurven?
Wenn sich die gesamte Nachfrage-Theorie mit ihren zwei Dutzend Gleichungen und Hypothesen auf *eine* Nachfrage-Kurve reduzieren lässt, die in einem zwei-dimensionalen Diagramm dargestellt werden kann, dann ist dies in der Tat eine Reduktion der komplexen wirtschaftlichen Wirklichkeit. Die Nachfrage-Kurve kann auch als eine „Reduzierte-Form-Gleichung" interpretiert werden. Die Frage lautet aber, ob es sich nach wie vor um eine aussagekräftige Darstellung der Nachfrage-Theorie handelt. Die Antwort lautet ja, wenn wir uns mit der Aussagekraft von statischen Theorien begnügen. Durch die komparative Statik erhalten wir immerhin eine Sequenz von Zuständen, die verglichen werden können. Die Antwort lautet nein, wenn die Wiedergabe des minutiösen Ablaufs verlangt wird.

Das Pferderennen
Ich will dies mit einem Beispiel illustrieren. Angenommen, unser Freund ist ein vollkommen verrückter Pferdenarr, und er hat sich ausgerechnet beim heute angesagten Rennen seines Lieblingspferdes das Bein gebrochen; deshalb muss er den Renntag in der Klinik verbringen. Wir können in der kurzen Zeit keine Videokamera auftreiben, sondern müssen mit einer Kleinbildkamera Momentaufnahmen des Rennens anfertigen. Lässt sich die Komplexität des Rennens mit 36 Aufnahmen eines Kleinbildfilms einfangen? Ich meine ja, vor allem dann, wenn wir unserem Freund noch einige erläuternde Worte mitgeben können.
Ich versuche in diesem Buch, mit Hilfe des gesamtwirtschaftlichen Angebots-Nachfrage-Systems in einer komparativ-statischen Analyse zusammen mit qualitativen Erläuterungen die komplexe Wirklichkeit nachzuvollziehen.

Methode der Ableitung einer „Kurve"
Wir können die repräsentativen Kurven auf drei Arten bestimmen:
- Ableitung auf der Grundlage eines ausformulierten ökonomischen Modells, wobei man von einer Definitionsgleichung (oder Tautologie) ausgeht, dann Verhaltensgleichungen und technologische Gleichungen spezifiziert, diese dann in die Definitionsgleichung einsetzt und schließlich die Reduzierte-Form-Gleichung ausrechnet,
- grafische Ableitung der Kurve aus anderen, in einer Grafik dargestellten, Kurven,
- direkte empirische Schätzung.

Die „Freude" der ausführlichen analytischen Ableitung haben alle erfahren können, die das Kapitel II.2 durchgearbeitet haben. Mit der Ableitung der kurzfristigen Nachfrage-Kurve aus dem keynesianischen Modell konnte ich die analytische Form einer Nachfrage-Kurve als Ergebnis vorzeigen und jeder und jede kann den Rechengang und die Vorgehensweise nachvollziehen. Diese Darstellung hat das Ziel, die Aufgaben, Implikationen und Problemlösungen aufzuzeigen, die auf dem Weg zu einem Ergebnis auftreten.

Alle anderen Kurven habe ich dann grafisch abgeleitet. Dies ist ohne großen Verlust an Verständnis möglich, weil jeder und jede hinter den zweidimensionalen „Basiskurven" die Funktion sich vorzustellen vermag.

Die Methode der direkten Schätzung der Reduzierte-Form-Gleichung habe ich bei der *Phillips*-Kurve angewandt, aber auch bei der Geldnachfragefunktion und der *Okun*- und *POP*-Kurve. Diese Methode konfrontiert uns mit dem Problem, dass die Bestimmungsgründe der geschätzten Einflussgrößen nicht bekannt sind und wir theoretische Begründungen nachliefern müssen.

Stand der Forschung: Konkurrierende Theorien
Der bisherige Stand der Darstellung in Lehrbüchern der Makroökonomik lautet, dass es mindestens zwei konkurrierende wirtschaftstheoretische Modelle gibt, nämlich das keynesianische und das neoklassische, die zudem völlig unterschiedliche wirtschaftspolitische Therapien vorschlagen. Dies darzustellen ist didaktisch sehr ertragreich, denn es lässt sich zeigen, dass in einem Modell zwei Annahmen dazu führen, die Ergebnisse vollständig zu verändern.[1] Die Studierenden erfahren damit an konkreten Theorien, dass die Ergebnisse modelltheoretischer Überlegungen (das „Dann") immer von den „Wenn" (wenn folgende Hypothese oder Annahme gilt) abhängt.

Keynes = kurzfristig und Neoklassik = langfristig
Letztlich lässt sich diese Darstellung zweier Paradigmen - und ihr Vergleich - nicht aufrecht erhalten. Man vergleicht dann Äpfel mit Birnen. Denn in der keynesianische Theorie ist immer von der kurzen Frist die Rede, und *Keynes* wird immer wieder zitiert, er habe auf Kritik an dieser kurzfristigen Sichtweise gesagt, „in the long run, we are all dead". Anders betont die neoklassische Theorie immer wieder, dass mit ihr langfristige Größen untersucht würden, der Kapitalmarktzins, das permanente Ein-

---

[1] Dies war die Vorgehensweise in den sechs Auflagen meines Buches Makroökonomik, Theorie und Politik.

kommen, etc. Diese langfristige Sicht ist eine der wesentlichen Charakteristika der neoklassischen Theorie.

Was liegt also näher, daraus die Konsequenz zu ziehen und auch für ein Lehrbuch der Makroökonomik die kurzfristige Nachfrage-Kurve aus der keynesianischen Theorie und die langfristige Nachfrage-Kurve aus der neoklassischen Theorie abzuleiten?

Konsequenzen: Realitätsgehalt

Als Konsequenz ergibt sich daraus, dass wir mit dem gesamtwirtschaftlichen Angebots-Nachfrage-System und einigen qualitativen Erläuterungen die wirtschaftliche Realität befriedigend abbilden können. Aus der Vielzahl der repräsentativen Kurven (es sind insgesamt sechs: Nachfrage-, Angebots-, *Okun*-, *NL*-, *POP*- und *ZB*-Kurve) und ihrer Verschiebungen, die auch noch voneinander abhängen, lässt sich manchmal nicht ohne Mühe „der" endgültige Gleichgewichtspunkt ermitteln. Allen, die dabei sehr große Schwierigkeiten haben, empfehle ich den Besuch eines Pferderennens. Wenn das Feld eng zusammenliegt (wie im gesamtwirtschaftlichen Angebots-Nachfrage-System die einzelnen Kurven), dann muss man genau hinsehen. Deshalb sind die Kurven auch genau gekennzeichnet.

Anspruchsniveau und Studierfähigkeit

Das vorliegende Buch ist sehr umfangreich, und wer sich durch die gesamten Teile I und II gekämpft hat, hat eine sehr anstrengende Wanderung hinter sich gebracht, sozusagen von Gipfel zu Gipfel. Die breite Sicht dieser Makroökonomik verlangt nicht nur einen weiten Blick, sondern auch einige Anstrengung. Ist dieser „Stoff" überhaupt in einem Semester studierbar?

Ich gehe davon aus, dass die einzelnen Kapitel des Buches unterschiedlich oft gelesen werden sollten. Für die Ökonomen und insbesondere die Volkswirte sind die ökonomischen Teile unverzichtbar und sollten mehrere Male gelesen werden. Das sind das Kapitel I.4 über volkswirtschaftliche Gesamtrechnungen, die Kapitel II.1 bis II.6 und die Kapitel III.1 bis III.4. Das ist studierbar. Je nach Interesse können dann die weiteren Kapitel in unterschiedlicher Häufigkeit gelesen werden, auch in anderen und weiterführenden Semestern.

Fragen und Antworten

Die Fragen und Antworten in jedem Kapitel (sowie die Übersichten vor jedem Kapitel) geben den roten Faden und die Argumentationslinien im Buch wieder. Die Fragen können als Lesekontrolle verwendet werden; sie dienen aber auch als Grundlage für die Erarbeitung von Übungsaufgaben.

In der Regel bezog sich eine Frage jeweils auf einen Absatz, in dem ein Kerngedanke vorgetragen wird.

Denken in volkswirtschaftlichen Zusammenhängen gelernt?
Die wichtigste Zielsetzung eines makro-ökonomischen Lehrbuchs besteht darin, den Studierenden das Denken in volkswirtschaftlichen Zusammenhängen näher zu bringen. Dorthin führen prinzipiell zwei Wege. Ein Weg geht von sehr einfachen Modellen aus, z.B. mit der Annahme einer geschlossenen Volkswirtschaft ohne Staat und ohne Geldwirtschaft, und behandelt anhand dieses Modells ein ökonomisches Problem. Damit lernt man die Mechanismen von Modellen kennen und versteht die Beachtung von Annahmen („Wenn") für die Ergebnisse („Dann"). Andererseits sind die Ergebnisse selten praktisch anwendbar, es sei denn, man bringt zusätzliche ausführliche Erläuterungen. Kann man bei den Studierenden den Eindruck vermeiden, dass die ökonomischen Modelle sehr realitätsfern sind?
Ein anderer Weg besteht darin, Schritt für Schritt ein Modell aufzubauen, das dem Anspruch genügt, die Realität zu erklären. Dann werden mit diesem Modell konkrete wirtschaftspolitische Fragestellungen bearbeitet. Der Nachteil besteht darin, dass es recht lange dauert, bis (endlich) eine Gesamtanwendung gelingt. Der erste Vorteil lautet, dass die Bausteine für spezifische Bereiche Erklärungen (und Beispiele) liefern, die das Verständnis der Bausteine erhöht, denn die Bausteine „in sich" sind ausgereift. Der zweite Vorteil liegt in dem „Erfolgserlebnis", dass die Anwendung plausible Ergebnisse für die Realität liefert.
Ich bin den zweiten Weg gegangen, und ich hoffe, dass er gangbar war.

Makroökonomik
Eine breite Sicht

Teil III
Fragestellungen

		1 Antwort-schema		
1 Inflation?	2 Dauerhafte Erwerbsarbeitslosigkeit?		3 Wirtschaftswachstum und Lebensqualität	4 Weitere Fragestellungen
Wird die Inflationsrate in Deutschland in der nächsten Dekade höher sein als in der letzten?	Müssen wir in Deutschland mit dauerhafter Erwerbslosigkeit rechnen?		Bedeutet Wirtschaftswachstum auch bessere Lebensqualität und welche Bedingungen ergeben sich für eine Transformation vom Wirtschaftswachstum zu nachhaltiger Entwicklung?	Wie können außenwirtschaftliches Gleichgewicht, gerechte Einkommens- und Vermögensverteilung und der Erhalt der natürlichen Lebensgrundlagen erreicht werden?

1 Ein Antwortschema

Ausgangssituation
Wir wollen in den folgenden Kapiteln für drei der sechs gesamtwirtschaftlichen Ziele aktuelle Fragen formulieren und diese mit den methodischen Hilfsmitteln des Teils I und II beantworten. Um dies nochmals ins Gedächtnis zu rufen: In Teil I haben wir die Grundlagen erarbeitet, nämlich

- Menschenbilder, die für die Makroökonomik relevant sind,
- individuelle und gesamtwirtschaftliche Ziele und das magische Sechseck,
- ein Anreizsystem zur Erklärung menschlichen Verhaltens,
- Rechenwerke für die Systematisierung von volkswirtschaftlichen, ökologischen und sozialen Tatbeständen und
- Lenkungssysteme wie Markt, Hierarchie, Netzwerke und Verhandlungen.

In Teil II haben wir Bausteine von Teilsystemen zusammengetragen und entwickelt. Die weitaus wichtigsten Bausteine sind die zwei Teilsysteme Nachfrage-System (sozio-ökonomisches System) und Angebots-System (technisch-ökonomisches System), das Herz der Makroökonomik. Darum herum gruppiert sind vier weitere Teilsysteme, die eng mit der Ökonomik verbunden sind: Außenwirtschaftliches System, ökologische Ökonomik, Polit-Ökonomik, und Institutionen-Ökonomik. Ich fasse diese Teilsysteme als Werkzeuge auf, die in unterschiedlicher Kombination dazu eingesetzt werden können, spezifische Fragen zu beantworten. Als Ergebnis wurde für jedes Teilsystem eine repräsentative Kurve abgeleitet (vgl. Abb. III.1). Man kann den zweiten Teil auch so beschreiben: Die Gesamtheit der Werkzeuge ist in Form repräsentativer Kurven und Hypothesen in einem Werkzeugschrank übersichtlich sortiert untergebracht. An einzelne Fragestellungen gehen wir so heran, dass wir einen Werkzeugkasten mit den Werkzeugen füllen, die für die Bearbeitung des Problems genutzt werden können.

Abschied vom Universalwerkzeug
Damit nehme ich Abschied von einem universell für alle ökonomischen Probleme einsetzbaren Werkzeug; ich gehe davon aus, dass die Zeit der allgemeinen Theorie („General Theory") vorbei ist. Für jedes Problem muss ein neuer Satz von Werkzeugen in einem Werkzeugkasten zusammengestellt werden. Das klingt plausibel, vor allem in der Analogie, wirft aber einige Probleme auf:

- Das Konsistenzproblem besteht darin, dass die einzelnen Werkzeuge zueinander „passen" sollten. Ich habe dies berücksichtigt, indem im (erweiterten) gesamtwirtschaftlichen Angebots-Nachfrage-System alle Variablen auf das Nationaleinkommen bezogen wurden.
- Das Ad-hoc-Problem bedeutet, dass die beliebige Kombination von Werkzeugen vermieden werden muss. Die Werkzeugkombinationen müssen ihre „Bewährungsproben" bestanden haben, sie müssen dem Stand der Forschung und Praxis entsprechen.

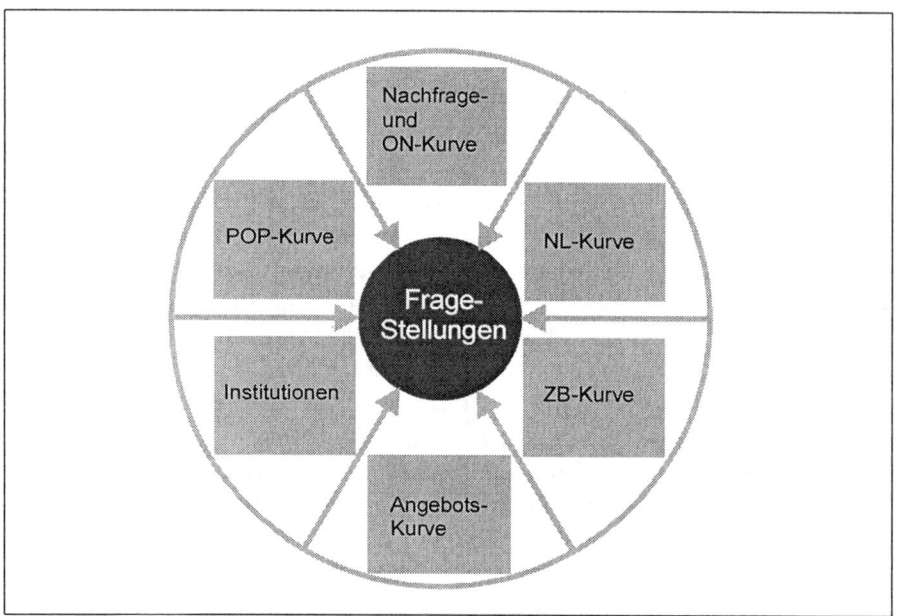

Abb. III.1 Werkzeugkasten

Zielsetzung
Die Zielsetzung des Teils III besteht darin, die erarbeiteten Werkzeuge anzuwenden. Dafür habe ich für drei der sechs gesamtwirtschaftlichen Ziele
- Preisniveaustabilität,
- hoher Beschäftigungsstand,
- stetiges und angemessenes Wirtschaftswachstum,
Fragen formuliert, die sich aus der Situation um das Jahr 2000 herum ergeben. Die erste Frage lautet zum Beispiel: Werden die Inflationsraten in der nächsten Dekade unter denen der letzten liegen? Ähnliche Formulierungen habe ich für die anderen Fragen gewählt. Alle Fragen sollen mög-

lichst mit einem einheitlichen Antwortschema bearbeitet werden. Dieses Antwortschema könnte, in mehr oder weniger abgewandelter Form, als Grundlage eines Klausurenkurses fürs Examen dienen.

Das Antwortschema
Jede Frage kann in den folgenden Schritten beantwortet werden:
- Formulierung der Frage,
- Einordnung der Frage (Problemstellung),
- empirische Darstellung,
- Theorie: Sammlung von Hypothesen und Argumenten,
- Analyse der vergangenen Entwicklung und status quo,
- die Zusammenstellung der Werkzeuge: Der Werkzeugkasten,
- Bedingungen für die ex ante Analyse,
- Analyseschritte für die ex ante Analyse,
- Ergebnisse, auf die Eingangsfragen bezogen (=Antworten).

Im folgenden werde ich nach diesem Schema vorgehen.

2 Inflation?

2.1 Fragestellung und Problem

Die Fragen

Werden die Inflationsraten in der nächsten Dekade unter denen der letzten liegen? Wie hoch waren die Inflationsraten in den 1990er Jahren in

Deutschland und lassen sich die wichtigsten Determinanten dafür isolieren? Werden diese Einflüsse auch in Zukunft wirken und welche neuen kommen hinzu? Vielleicht haben wir es sogar mit einem Paradigmenwechsel zu tun? Bei der Beantwortung der Frage sollten nicht ausschließlich makro-ökonomische Gründe behandelt werden; die Inflationsproblematik weist auch polit-ökonomische und institutionen-ökonomische Aspekte auf. In Bezug auf die Frage des Paradigmenwechsels ist das internationale Umfeld (die Globalisierung) wohl besonders wichtig.

Problemstellung
Preisniveaustabilität war in Deutschland immer ein Ziel mit hoher Priorität. Dies liegt insbesondere daran, dass nach den beiden Weltkriegen das gesamte Geldvermögen verloren ging; die Inflation im Herbst 1924 ist für uns heute unvorstellbar. Dies prägt natürlich die Erinnerungen der älteren Generation; die Jüngeren sorgen sich mehr um die Höhe der Arbeitslosigkeit. Beides hängt jedoch analytisch miteinander zusammen. Wir müssen feststellen, dass Inflation ein Querschnittsphänomen in einer Wirtschaft darstellt. Alle Akteure und Bereiche, auch alle anderen Ziele in einer Volkswirtschaft werden von Inflation beeinflusst. Inflationsanalyse bedeutet daher immer umfassende gesamtwirtschaftliche Analyse und ist besonders schwierig. Es geht dabei also um Inflationswirkungen: Inflation

* entwertet die Geldvermögen und die festen Einkommen,
* benachteiligt die Gläubiger und begünstigt die Schuldner,
* schafft also Inflationsgewinner und -verlierer,
* schwächt und verfälscht die Anzeigefunktion von Preisen für Knappheit und Überfluss auf Märkten; der Lenkungsmechanismus des marktwirtschaftliche Systems wird beeinträchtigt,
* hat demnach wichtige Verteilungs- und Allokationswirkungen.

Daher ist eine geringe Inflationsrate eine wichtige Voraussetzung für die Funktionsfähigkeit des marktwirtschaftlichen Systems.

2.2 Empirie

Empirische Darstellung
Im ersten Teil hatten wir mit der Abb. I.6 den Verlauf der Inflationsrate kennen gelernt. Die Schwankungen erscheinen beträchtlich. Wir können nun so vorgehen, dass wir uns die Zeitreihe der Inflationsraten von 1963 bis 1999 ansehen und zwischen Inflations- und Stabilitätsperioden unterscheiden. Wir trennen diese beiden bei einer jährlichen Inflationsrate von

2,5%. Berechnen wir die arithmetischen Durchschnitte,[1] dann ergeben sich die folgenden Werte:[2]

1963/68	1967/69	1970/83	1984/88	1989/94	1995/99
3,8	1,8	4,9	1,4	2,7	1,3

Danach könnte man drei Inflationsperioden, zwei kurze und eine sehr lange von 1970 bis 1983, und drei Stabilitätsperioden erkennen, eine kurze und zwei lange, die immerhin über fünf Jahre gehen. Wir können weiter feststellen, dass der höchste Durchschnittswert (für eine sehr lange Periode von 13 Jahren) unter 5% und der niedrigste (für zwei Mal fünf Jahre) bei 1,3 bis 1,4% liegt. Überwiegen die Jahre der Inflationsperioden, also die Jahre, in denen die durchschnittlichen Inflationsraten hoch waren? Eindeutig 1:1,7; die Inflation verdoppelte sich fast. Nehmen wir die Periode 1989-1994 heraus, in der die Inflationsrate mit 2,7% knapp über unserem Trennwert liegt, dann ist das Verhältnis immer noch 1:1,3. Lässt sich ein abnehmender Trend der Inflationsrate ausmachen? Wenn wir zwei Perioden bilden und (statt eine Trendgerade zu berechnen) diese vergleichen, dann hat sich im Vergleich zur Periode 1963-1983 in den Jahren 1984-1999 die durchschnittliche Inflationsrate von 3,5% auf 1,8% fast halbiert.

Zwischenergebnis: Rückgang der durchschnittlichen Inflationsrate
Unsere einfache Zeitreihenbetrachtung ergibt das Ergebnis, dass sich die durchschnittliche Inflationsrate seit Anfang der 1960er Jahre fast halbiert hat; es ist ein eindeutiger Rückgang festzustellen. Definiert man Inflation als „den dauerhaften Anstieg der Wachstumsrate des Preisniveaus über eine bestimmte Marge (2% p.a.)", dann leben wir (in der Bundesrepublik Deutschland) seit über einer Dekade ohne Inflation. Allerdings hält sich die Statistik natürlich nicht an die in der Frage unterstellten Dekaden; diese sind wohl auch nur als grober Hinweis für eine mittel- bis langfristige Betrachtung zu verstehen.

---

[1] Um genauer zu sein, müssten wir das geometrische Mittel berechnen; die Abweichungen sind jedoch marginal.

[2] Berechnet nach der Definitionsgleichung für die Inflationsrate (vgl. Teil I und den Daten für den Preisindex für alle Haushalte, Gebietsstand früheres Bundesgebiet, 1995 = 100; Quelle: Jahresgutachten des Sachverständigenrats zur Begutachtung der gesamtwirtschaftlichen Entwicklung, 1999/2000, Tab. 58*, S. 296.

2.3 Erklärungsansätze

Theorie: Hypothesen und Argumente im Überblick
Der einfachste Weg, Ursachen von Preisniveausteigerungen zu erkennen, ist die Komponentenanalyse; eine Erklärung wird damit nicht geliefert. Preisniveau und Inflation hängen von den selben Determinanten ab, bei der Inflation als Wachstumsrate müssen weitere Prozesse berücksichtigt werden.
Fragt man einen Nationalökonomen nach den Bestimmungsgründen des Preisniveaus, dann wird wohl seine erste Antwort lauten: Nachfrage und Angebot und deren Zusammenspiel. Damit kann man Nachfragetheorien („demand-pull"), Angebots- oder Kostentheorien („cost-push") sowie gemischte Theorien unterscheiden. Wichtig ist, welche nationalökonomische Theorie für die Erklärung von Angebot und Nachfrage unterstellt wird; davon hängt natürlich die Inflationstheorie ab.
Eine wichtige eigenständige „Schwester" der Nachfragetheorie ist die Geldmengentheorie, die auf dem Monetarismus beruht. Gemischte Inflation („mixed inflation") tritt auf, wenn sich sowohl Nachfrage-Kurve (im P/Y-Diagramm nach rechts) als auch Angebots-Kurve (nach links) verlagern.
Inflation wird ganz wesentlich auch von Erwartungen bestimmt. Die Verknüpfungen mit anderen volkswirtschaftlichen Größen, z.B. der Arbeitslosenquote (*Phillips*-Kurve), führen zu Rückkoppelungen wie der sog. Lohn-Preis-Spirale.

Komponentenanalyse
Das Preisniveau ist definiert als die gewichtete Summe von Einzelpreisen für Güter und Dienstleistungen in einem für ein bestimmtes Basisjahr festgelegten Warenkorb. Das Preisniveau steigt, wenn Preissteigerungen nicht durch (ähnlich gewichtete) Preissenkungen kompensiert werden können. Oft steigen die Preise nicht auf breiter Front, sondern es sind einzelne Güter oder Dienste mit hohen Gewichten, die wesentlich teurer werden, z.B. Ölpreise (die z.B. im Laufe des Jahres 1999 um den Faktor drei gestiegen sind), die Preise einzelner Nahrungsmittel, oder die Höhe von Gebühren. Hinter diesen Preissteigerungen stehen Akteure oder Akteursgruppen. Eine Ursachenanalyse hätte deren Verhalten zu erklären.

Nachfrageinflation
Gehen wir vom keynesianischen Paradigma aus, dann sind alle autonomen Größen (Verschiebungsparameter) Inflationsursachen, denn sie verlagern (bei gegebener Angebots-Kurve) die Nachfrage-Kurve im P_s/Y_d-Diagramm nach rechts:

- Konsuminflation durch eine Erhöhung des autonomen Konsums,
- Staatsausgabeninflation durch eine Erhöhung der Staatsausgaben,
- importierte Inflation durch eine Erhöhung der autonomen Exporte,
- Geldmengeninflation durch eine Erhöhung der autonomen Geldmenge.

Die Erhöhung der (autonomen) Investitionen wird wegen des Kapazitätseffekts nicht als Inflationsursache angesehen. Erhöhungen der Verbrauchssteuern (Mehrwertsteuer, Mineralölsteuer, Öko-Steuern, Tabaksteuer, etc.) können ebenfalls zu Inflation führen, wenn Preisüberwälzungsspielräume vorliegen. Eine Erhöhung der Geldmenge ist nötig, um die inflationären Impulse wirksam werden zu lassen.

Geldmengeninflation
Nach der neoklassischen und monetaristischen Theorie („just money matters") verlagert sich die Nachfrage-Kurve nur durch Geldmengensteigerungen und einer Erhöhung der Umlaufgeschwindigkeit des Geldes; alle anderen Verschiebungen werden durch Crowding-out-Effekte ausgepuffert. Die Fishersche Verkehrsgleichung sagt in ihrer naiven (quantitätstheoretischen) Form, dass Inflation auftritt, wenn die Wachstumsraten der Geldmenge und der Umlaufgeschwindigkeit die des Produktionspotentials übersteigen.

Importierte Inflation
Werden in einem Land oder in einer Region mit relativer Preisniveaustabilität Exportüberschüsse erwirtschaftet, dann löst dies bei festen Wechselkursen einen Inflationsimport aus. Liegt im Inland Vollbeschäftigung vor, dann bewirkt der Geldmengen-Preis-Mechanismus eine Erhöhung des inländischen Preisniveaus. Bei Unterbeschäftigung wird dieser Mechanismus abgeschwächt. Flexible Wechselkurse puffern über Aufwertung der heimischen Währung den Inflationsimport weitgehend ab.

Angebots- oder Kosteninflation
Preisniveausteigerungen werden aus den Kostenarten und aus dem Anbieterverhalten erklärt. Kostensteigerungen können durch Produktivitätssteigerungen (Arbeits-, Material-, Energieproduktivität) aufgefangen oder gedämpft werden. Von den Kostenarten sind Material- und Personalkosten im Durchschnitt der Wirtschaft am wichtigsten. Die Personalkosten hängen von der Lage des Arbeitsmarktes (Nachfrageüberhang = hohe Lohnsteigerungen) und von den Tarifverhandlungen ab. Bei den Materialkosten wird der importierte Anteil vom Wechselkurs bestimmt; Abwertung der inländischen Währung verteuert die Importe (der Wert der Mineralöleinfuhr sank von 1981 bis 1998 von 70 Mrd. DM auf 30 Mrd. DM). Dies ist der direkte Preiszusammenhang mit ausländischen Rohstoffmärkten. Bei

Kosteninflation spielt die Möglichkeit der Überwälzung eine wichtige Rolle. Bei starker Konkurrenz und einer Politik des knappen Geldes sind Preissteigerungen schwer durchzusetzen und daher selten.

Das Anbieterverhalten kann auf institutionelle Bedingungen zurückgeführt werden. Monopole oder Behörden haben keine Konkurrenten (administrierte Preise). Gewinninflation resultiert aus hohen Gewinnaufschlägen monopolistischer Wirtschaftszweige.

Gemischte Inflation
Durch die Interaktion von Nachfrage- und Angebots-Kurve können sich Rückkoppelungen ergeben. Ein bekanntes Beispiel ist die Lohn-Preis-Spirale: Lohnsteigerungen, die über dem Produktivitätswachstum liegen, führen (bei den entsprechenden Bedingungen) zu Preissteigerungen. Diese gehen als tatsächliche oder erwartete Inflationsrate in die Lohnverhandlungen (Lohngleichung) ein und erhöhen die Löhne. Und die Spirale geht so weiter. Um diesen Prozess zu erklären, müssen allerdings im Angebots-Nachfrage-Modell Erwartungen berücksichtigt werden.

Als eine Art von gemischter Inflation kann die sog. Anspruchsinflation bezeichnet werden. In einer korporatistisch organisierten Volkswirtschaft mit starken Interessengruppen versuchen alle Gruppen durch politischen und wirtschaftlichen Druck einen möglichst hohen Anteil am Kuchen des Bruttoinlandsprodukts durchzusetzen. Widersteht die öffentliche Hand (der Staat) nicht, dann resultiert Inflation (durch Steigerung der Staatsausgaben).

Inflationswirkungen: Z.B. die Phillips-Kurve
Inflation ist mit den anderen gesamtwirtschaftlichen Zielen verbunden. Durch die *Phillips*-Kurve besteht der Zusammenhang zwischen Inflation und Arbeitslosigkeit. Allerdings verläuft die Richtung der Kausalkette vom Arbeitsmarkt zu Inflation (angespannter Arbeitsmarkt – hohe Lohnsteigerungen – Preisaufschläge). Neuerdings gewinnt wieder die Hypothese Bedeutung, dass hohes Wirtschaftswachstum zu Inflation führe (was aber noch nicht systematisch nachgewiesen wurde). Wenn hohes Wirtschaftswachstum Überhitzung der Wirtschaft bedeutet (Nachfrageüberhang), dann entsteht über die Nachfrage Inflation; Inflation kann in diesem Zusammenhang als Maß für die Fiebertemperatur der Wirtschaft angesehen werden.

2.4 Bedingungen der ex post Analyse

Analyse der vergangenen Entwicklung und Status quo
Mit der empirischen Analyse konnten wir grob zwei Perioden isolieren: an
eine Inflationsperiode schließt sich seit 1984 eine Stabilitätsperiode an. In
der folgenden Tab. III.1 habe ich die obigen Phasen der Preisniveauent-
wicklung nochmals zusammengestellt und die offensichtlichen sozio-
ökonomischen, außenwirtschaftlichen, institutionellen und wirtschaftspolitischen Ereignisse und Rahmenbedingungen zugeordnet.

Periode	Inflationsrate	wichtige Ereignisse
1963/68	3,8	1966 Große Koalition
1967/69	1,8	1969 Regierung *Brandt/Genscher* Nachfragesteuerung (antizyklische Konjunkturpolitik)
1970/83	4,9	1973/74 Lohnkostenexplosion 1973 Währungsschlange 1973/74 I. Ölpreiskrise 1978 II. Ölpreiskrise 1982 Regierungswechsel *Kohl/Genscher* Seit 1975 potentialorientierte Geldmengensteuerung
1984/88	1,4	Seit 1982 angebotsorientierte Prozesspolitik Konsequente potentialorientierte Geldmengensteuerung Unternehmerfreundliche Politik und günstiges Investitions- klima
1989/94	2,7	1989 Deutsche Wiedervereinigung Wiedervereinigungsboom für die westdeutsche Wirtschaft Weitgehendes Staatsversagen (auch bei Reformen) Diskussion „Standort Deutschland" Beginn der Globalisierungsdebatte Hohes Wachstum der Arbeitsproduktivität und einschnei- dende Reorganisation der Wirtschaft („lean management") Freies Wechselkurssystem (keine Inflationsimporte)
1995/99	1,3	Forcierte Deregulierung Moderate Lohnabschlüsse Verträge von Maastricht treten in Kraft Europäische Zentralbank Bedeutung der Finanzmärkte wächst 1998 Regierungswechsel („rot/grün") Konsolidierung der Staatsfinanzen, (Unternehmens-) Steuerreform Öko-soziale Steuerreform

Tab. III.1 Rahmenbedingungen der Inflationsphasen

2.5 Werkzeugkasten Inflation

Relevante Hypothesen für die ex post Analyse
Aus dieser Zusammenstellung lässt sich eine Reihe von Hypothesen gewinnen, die für eine Verringerung der durchschnittlichen Inflationsrate
verantwortlich gemacht werden können. Ich fasse in sechs Punkten zusammen:

- Angebotsorientierte Prozesspolitik ermöglicht eine Expansion des
  Produktionspotenzials bei moderaten Preisniveausteigerungen. Diese
  Wirkungen werden mit ordnungspolitischer Angebotspolitik (unter-
  nehmerfreundliches Klima, Deregulierung, Standort- oder Kostensen-
  kungsdebatte) unterstützt.
- Eine konsequente potentialorientierte Geldmengensteuerung lässt keine
  oder nur sehr enge Inflationsspielräume.
- Hohe Fortschritte der Arbeitsproduktivität und hohe Arbeitslosigkeit
  drücken die Lohnsteigerungen.
- Freie Wechselkurse behindern den Inflationsimport wesentlich.
- Die Europäische Währungsunion schafft einen großen Markt mit höherer Konkurrenz.
- Traditionelle Märkte stoßen auf Sättigungen, da die privaten Haushalte
  sehr gut ausgestattet sind. Zudem drückt die Globalisierung des Handels die Preise.

Demgegenüber tritt das Staatsversagen (Politikversagen nach der Wiedervereinigung, Reformstau) dieser Jahre in den Hintergrund, weil die Wirtschaft das Handeln dominierte.

Werkzeugkasten
Der Werkzeugkasten enthält vor allem das engere und weitere Angebots-
Nachfrage-System (Abb. III.2). Der Werkzeugkasten für Inflation enthält
fast alle unsere Werkzeuge (Hypothesen, Modelle, Argumente), denn
Inflation ist ein Querschnittsproblem, das von allen volkswirtschaftlichen
Variablen abhängt.

2.6 Analyseschritte der ex post Analyse

Analyseschritte
Die Zielsetzung besteht nun darin, die oben beschriebene Bedingungs-
konstellation für die Stabilitätsperiode 1984-1999 anhand der Instrumente
(Werkzeuge) im Werkzeugkasten nachzuzeichnen. Dazu sollen drei
Schritte führen:

- Im ersten Schritt soll mit dem engeren Angebots-Nachfrage-System (Angebots-, Nachfrage- und *Okun*-Kurve) geprüft werden, zu welcher Aussage über die Inflationsrate wir mit den wichtigsten beschriebenen Bedingungen gelangen.
- Im zweiten Schritt soll diese Analyse verfeinert werden mit dem weiteren Angebots-Nachfrage-System (zusätzlich *ZB*-, *POP*- und *Phillips*-Kurve).
- Mit dem dritten Schritt stellen wir Argumente zusammen, die mit dem Angebots-Nachfrage-System nicht direkt dargestellt werden können. Wir prüfen, ob die abgeleiteten Ergebnisse robust sind.

Wir interpretieren das Ergebnis dieser Analyse als Status-quo-Prognose für den Zeitraum 1999-2009: Wenn alle Bedingungen und Konstellationen, die für die Jahre 1984-1999 galten, auch für 1999-2009 zutreffen, dann wird das Preisniveau in der prognostizierten Höhe liegen.[3] So viel sei hier schon verraten: Dies wird natürlich nicht der Fall sein. Daher müssen wir später eine weitere Prognose mit den angenommenen neuen Bedingungen vornehmen.

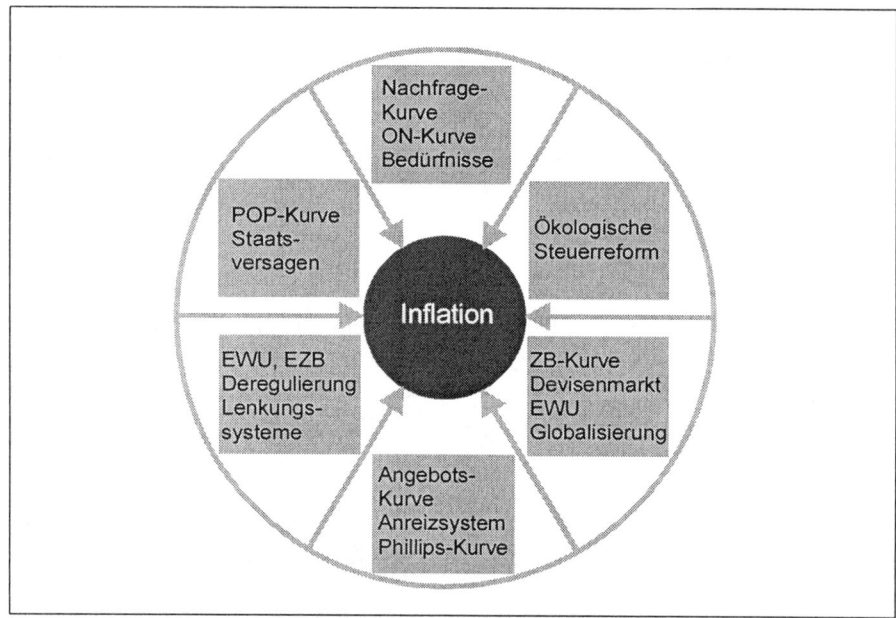

Abb. III.2 Werkzeugkasten: Inflation

---

[3] Man könnte dieses Ergebnis auch als Ex-post-Prognose bezeichnen.

Methodologischer Exkurs

Unsere Vorgehensweise ist pragmatisch und verwendet einen Mix an Methoden. Mit dem engeren und weiteren Angebots-Nachfrage-System tragen wir der Komplexität des Problems Rechnung. Diese statischen Systeme können natürlich mit ihrer komparativen Vorgehensweise keine dynamischen Prozesse abbilden. Bringen wir jedoch zusätzlich unsere Kenntnisse über die Systeme mit ein, dann kann die komparativ-statische Analyse unsere intuitiven und durch zahlreiche andere Argumente gestützten Überlegungen untermauern.

Eine wichtige Gefahr unseres methodischen Vorgehens ist die „Adhocery": Wir müssen uns davor hüten, willkürlich ungeprüfte, nicht allgemein akzeptierte Hypothesen zu verwenden.

Erster Schritt: Ergebnisse des engeren Angebots-Nachfrage-Systems

Wir gehen aus von der Abb. III.3a (wobei die *NL*-Kurve nicht berücksichtigt wurde), mit der wir angebotsorientierte Prozesspolitik mit der Ergänzung durch ordnungspolitische Angebotspolitik (unternehmerfreundliches Klima, Deregulierung, Standort- oder Kostensenkungsdebatte) darstellen. Die angebotsorientierte Prozesspolitik ist im Ansatz eine Nachfragepolitik, denn sie benötigt Investitionen als Initialzündung. Wir können davon ausgehen, dass die Investitionen in der betrachteten Periode wesentlich für Rationalisierungszwecke getätigt wurden. Damit werden in Abb. III.3a die Verlagerungen ① bis ④ ausgelöst. Angebotsorientierte Ordnungspolitik setzt direkt am Verhalten der Anbieter an, indem Elemente des Anreizsystems verändert werden. Im Bereich der informellen Regeln zeigt sich dies mit der zunehmenden Bedeutung der Wirtschaft, der Hinwendung zu einer Unternehmerwirtschaft. Aber auch die formalen Regeln haben sich in dieser Richtung verändert, z.B. in ihrer kontraproduktiven Übertreibung durch über 500 Vorschriften, mit denen die Investitionen in den neuen Bundesländern gefördert werden sollten. Das Informationssystem hat z.B. mit der Debatte zum Standort Deutschland diese Tendenz unterstützt; in dieser Diskussion wurde Deutschland (m. E. sehr einseitig) ausschließlich als ein Land hoher Lohnkosten und Steuersätze sowie unmotivierter Arbeiter (*Helmut Kohl*: „Freizeitpark Deutschland") dargestellt und die „weichen" Faktoren wie hoher Bildungsstand und hohe Qualifikation, gesellschaftlicher Grundkonsens und hohe Lebensqualität wurden stark vernachlässigt. Mit dieser Diskussion ging eine Deregulierung des Arbeitsmarktes einher (insbesondere mit dem Stichwort „Flexibilisierung"), und dies verschiebt die *Okun*-Kurve nach links ⑦. Berücksichtigen wir diese Faktoren in Abb. III.3a, dann ergibt sich die Verlagerung der Angebots-Kurve ⑥. Hohe Fortschritte der Arbeitsproduktivität und hohe Arbeitslosigkeit drücken die Lohnsteigerungen, so dass von dieser Seite kein

Druck auf eine Linksverlagerung der Angebots-Kurve ausgeht; andere
Kostenfaktoren wie z.B. Ölpreissteigerungen waren nicht gravierend.
Wie unterstellen außerdem eine konsequente potentialorientierte Geld-
mengensteuerung ⑤, die nur sehr enge Inflationsspielräume zulässt.

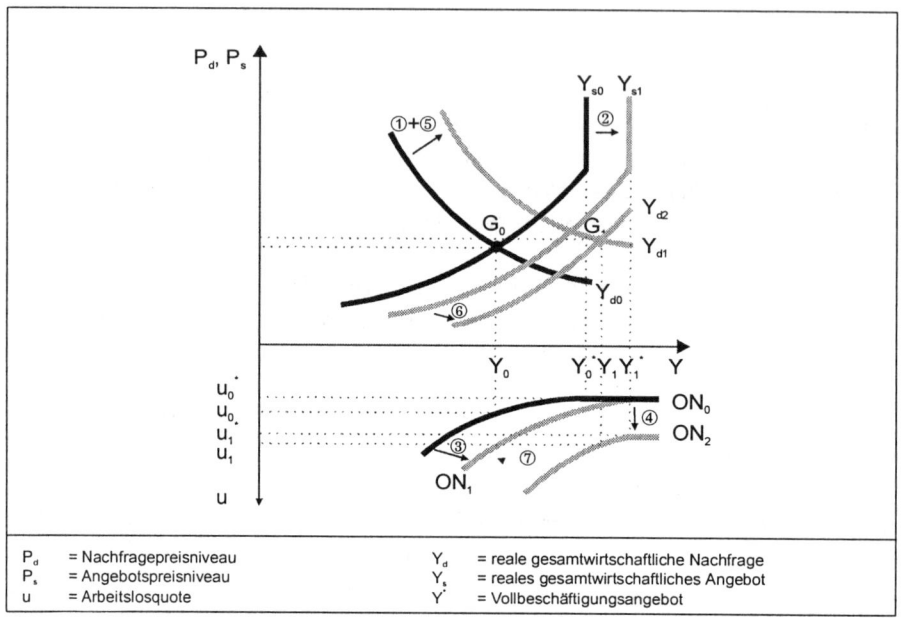

Abb. III.3a Inflationsanalyse I: Engeres Angebots-Nachfrage-System

Zwischenergebnis
Der erste Analyseschritt bringt schon das Ergebnis, das wir aus der Statistik für die betrachtete Periode kennen: Inflationsfreies Wachstum von Y
und steigende Arbeitslosenquote, vor allem bedingt durch Rationalisierungsinvestitionen; der Gleichgewichtspunkt G_0 wandert nach G_1. Die
Rechtsverlagerung der *Okun*-Kurve wird gebremst durch Deregulierung,
und sie tendiert nach links. Die Abb. III.3a zeigt deutlich, dass die Stabilität des Preisniveaus vor allem durch die Rechtsverlagerung der Angebots-
Kurve erreicht werden konnte.

Zweiter Schritt: Das weitere Angebots-Nachfrage-System
Für die Übersichtlichkeit der Darstellung wollen wir uns auf das *P/Y*-
System konzentrieren, da sich an der *Okun*-Kurve nichts Wesentliches
ändern wird; auch die *NL*-Kurve wird nicht betrachtet. Als zusätzliche
Faktoren sollen nun Außenwirtschaft und Politik berücksichtigt werden
(vgl. Abb. III.3b).

Freie Wechselkurse sorgen dafür, dass die *ZB*-Kurve tendenziell dem neuen Gleichgewichtspunkt G_I folgt ⑧, auch behindern sie den Inflationsimport aus dem Nicht-EU-Raum wesentlich. Andererseits besteht bei nicht abgestimmten Wirtschaftspolitiken die Gefahr von Inflationsimpulsen aus den EU-Regionen. Eine konsequente Stabilitätspolitik der EZB und eine enge Koordinierung der Wirtschaftspolitik sind daher wesentliche Voraussetzungen der dargestellten Kurvenverschiebungen.

Wie verändert sich die *POP*-Kurve? Durch Preisniveaustabilität und Wirtschafts- oder Einkommenswachstum tendiert sie zu einer Rechtsverlagerung, die steigende Arbeitslosenquote drückt die Kurve nach links. Der Gesamteffekt hängt demnach ganz davon an, wie die Wählerinnen und Wähler die Regierung „abstrafen" wegen ihres Versagens in der Beschäftigungspolitik. Der Regierungswechsel zu „Rot-grün" zeigt, dass die *POP*-Kurve eher nach links (im wahrsten Sinn des Wortes) wanderte; immerhin wurde der Wahlkampf 1998 mit dem Hauptargument der „sozialen Kälte" geführt.

Als zweites Zwischenergebnis können wir in Bezug auf die Inflationsrate eine Bestätigung des ersten Ergebnisses feststellen, wobei diese nicht ausreichte, die konservativ-liberale Regierung zu halten.

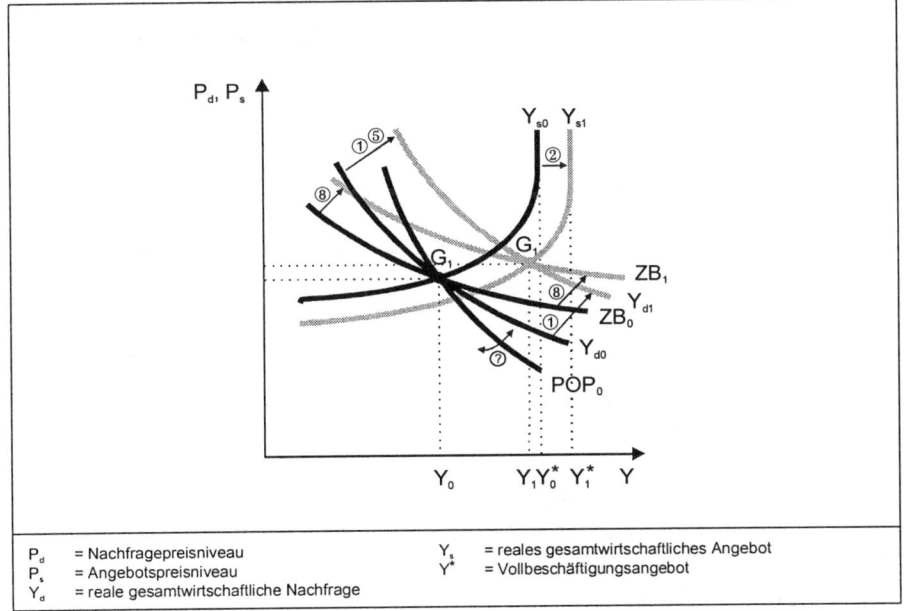

P_d	= Nachfragepreisniveau	Y_s = reales gesamtwirtschaftliches Angebot
P_s	= Angebotspreisniveau	Y^* = Vollbeschäftigungsangebot
Y_d	= reale gesamtwirtschaftliche Nachfrage	

Abb. III.3b Inflationsanalyse II: Weiteres Angebots-Nachfrage-System

ex post	ex ante
Angebotsorientierte Prozesspolitik ermöglicht eine Expansion des Produktionspotenzials bei moderaten Preisniveausteigerungen. Diese Wirkungen werden mit ordnungspolitischer Angebotspolitik (unternehmerfreundliches Klima, Deregulierung, Standort- oder Kostensenkungsdebatte) unterstützt.	Angebots- und Nachfragesteuerung mit unternehmerfreundlichem Bias (statistische Verzerrung). Reregulierung (Reformen). Schuldenabbau des Staates. Soziales und Umwelt gewinnt an Bedeutung durch Nachhaltigkeitspolitik.
Eine konsequente potentialorientierte Geldmengensteuerung lässt keine oder nur sehr enge Inflationsspielräume.	Zwei-Säulen-Politik der EZB.
Hohe Fortschritte der Arbeitsproduktivität und hohe Arbeitslosigkeit drücken die Lohnsteigerungen.	Die produktivitätsorientierte Lohnpolitik wird sich durchsetzen
Freie Wechselkurse behindern den Inflationsimport wesentlich.	Freie Wechselkurse.
Die Europäische Währungsunion schafft einen großen Markt mit höherer Konkurrenz.	EU gewinnt an Gewicht im Rahmen der Globalisierung.
Traditionelle Märkte stoßen auf Sättigungen, da die privaten Haushalte sehr gut ausgestattet sind. Zudem drückt die Globalisierung des Handels die Preise.	Neue Märkte entstehen, insbesondere in der Energiepolitik (regenerative Energieträger), beschleunigt durch den Ausstieg Deutschlands aus der Atomenergie. Trend zur Dienstleistungs- und Wissensgesellschaft wird deutlich.

Tab. III.2 Rahmenbedingungen für die ex ante Prognose: Inflation

Dritter Schritt: Weitere Argumente
Die oben beschrieben Gefahren der Übertragung von Inflationsimpulsen von den EU-Partnern können gemildert werden, wenn wir berücksichtigen, dass die Europäische Währungsunion einen großen Markt mit höherer Konkurrenz schafft, der mit dem Euro einerseits Transparenz in den Preisen schafft, andererseits über eine Verringerung von Transaktionskosten ebenfalls Preisdruck wegnimmt. Zudem drückt die Globalisierung des Handels die Preise.

Ein weiteres sozio-ökonomisches Argument kommt hinzu: Die deutschen privaten Haushalte sind seit den 1980er Jahren sehr gut mit materiellen Gebrauchsgütern ausgestattet (*Wolfgang Glatzer* spricht von einer „Mechanisierungswelle"); zudem sanken in diesem Zeitraum die Ausgaben für Nahrungsmittel relativ zu anderen Ausgabearten. Das heißt: Traditionelle Märkte stoßen auf Sättigungen; Verkäufermärkte werden zu Käufermärkten. Dies drückt die Preise.

2.7 Bedingungen der ex ante Analyse

Veränderte Bedingungen für die nächste Dekade
Wir können festhalten, dass unsere Analyse für die niedrige Inflationsrate in der betrachteten Periode (1984-1999) wichtige Begründungen liefern konnte. Die Frage lautet nun, welche Veränderungen wir für diese Status-quo-Analyse unterstellen müssen und wie sich dies auf die Prognose der Inflationsrate auswirkt. Ich will daher in der folgenden Tabelle III.2 die ex post- und ex ante Annahmen gegenüberstellen.

2.8 Ex ante Analyse

Angebots- und Nachfragesteuerung
Ich gehe von der Wiederentdeckung einer ausgewogenen Politik aus. Die scharfe Einseitigkeit angebotsorientierter Politik wird in einer Europäischen Währungsunion, die sich zu einem Vereinten Europa hin entwickelt, nicht mehr durchzuhalten sein – falls sie je in dieser Einseitigkeit bestanden haben sollte. Wir müssen jedoch feststellen, dass am Beginn des 21. Jahrhunderts die europäischen Staaten sozialdemokratisch regiert werden, und dieser Trend könnte noch einige Zeit vorhalten. Das bedeutet, dass neben dem Wirtschaftlichen das Soziale und Ökologische seinen Platz einnehmen wird. Reformen werden in diese Richtung gehen: Steuerreform für die Wirtschaft, Rentenreform für die Älteren (deren Anteil an der Bevölkerung im Jahre 2030 bei 25 % liegen wird), Reform des Betriebsverfassungsgesetzes für die Arbeitslosen (oder die Beschäftigten), Schuldenabbau und Bildungsreform für die Jungen und für die Wirtschaft. Können wir davon ausgehen, dass Reformen, und das sind institutionelle Innovationen, durchgeführt werden können?
Angesichts dieser Einschätzungen wird sich an den Ergebnissen mit einem (engeren) Angebots-Nachfrage-System nicht viel ändern. Die Arbeitslosigkeit wird eher abnehmen, die Inflationsrate eher etwas zunehmen.

Die neue Geldpolitik

Auf einem Symposium der *Herbert-Giersch*-Stiftung erläutert *Otmar Issing* (Chefvolkswirt der EZB) die neue Strategie der EZB: „Diese Strategie ist unter Wissenschaftlern umstritten und besteht aus zwei so genannten Säulen: Danach orientiert die Notenbank ihre Zinsentscheidung erstens an einem Referenzwert für die Geldmenge und zweitens an einem Bündel von Indikatoren für die zukünftige Entwicklung der Inflation" (SZ, 24.3.2000). Diese Orientierung an einem Bündel von Inflationsursachen kann nur als vernünftig bezeichnet werden, denn sie berücksichtigt langfristige, monetaristische (neoklassische) und kurzfristige, keynesianische Argumente gleichermaßen. Auch dies ändert nichts an den oben abgeleiteten Ergebnissen der ex post Prognose.

Produktivitätsorientierte Lohnpolitik

Vieles deutet darauf hin, dass sich die Tarifparteien (vielleicht auch motiviert durch die Gespräche im „Bündnis für Arbeit") auf kurze Tarifverhandlungen und langfristige, für die Unternehmen gut planbare Tarifverträge verständigen, die eine produktivitätsorientierte Lohnpolitik verfolgen. Das bedeutet, dass der Kosteneffekt von Lohnsteigerungen neutralisiert wird, und dass der Kaufkrafteffekt relativ gering bleibt. Die Argumentation mit diesen beiden Effekten gehört wahrscheinlich schon der Vergangenheit an angesichts der Grenzen, die ich schon in Kapitel II.6.2.6 aufgezeigt habe. Die Zukunft wird in einem Beteiligungsmodell bestehen: Beteiligung der Arbeitnehmer am Produktivvermögen der Unternehmen, womöglich über Aktienbesitz.

Auch dies ändert nichts an den oben abgeleiteten Ergebnissen der ex post Prognose.

Europäische Union wird an Gewicht gewinnen

Die Europäische Union wird in den nächsten Jahren weiter an Gewicht gewinnen, trotz ihrer zentralistischen Politik. Dafür sorgen die Zwänge der EWU, die eine gemeinsame Wirtschaftspolitik, aber auch Außen- und Verteidigungspolitik verlangen, und die Zwänge der Globalisierung, die das „Überleben" von (kleinen oder mittelgroßen) Staaten in Frage stellen. Ob dies auf die gesamtwirtschaftlichen Ziele positiv wirken wird hängt davon ab, ob die (Ost-) Erweiterung der Europäischen Union mit Reformen der europäischen Institutionen verbunden werden kann. Die Wahrscheinlichkeit, dass die EU handlungsunfähig wird, wenn sie mit den bestehenden Strukturen erweitern will, ist sehr groß. Das wissen die meisten.

Sind dies einerseits die Risiken, so gibt es auch zahlreiche Chancen: Größe attrahiert und führt zu weiterer Größe (dies zeigen die synergetischen

Modelle der Raumordnung); Großbritannien und die Schweiz werden z.B. nicht weiter abseits stehen können. Mit der EU entwickelt sich der Markt mit der größten Kaufkraftballung der Welt. Der Euro wird (mit dem US $ und dem Yen) eine der drei wichtigsten Weltwährungen sein.

Neue Märkte
Auf dem Weg in die Informations- und Wissensgesellschaft wird Europa die inflationstreibenden Gütermärkte hinter sich lassen. Dies wird eine neue Wirtschaftspolitik nach sich ziehen, die sich auf eine ordnungspolitisch gestützte Strukturpolitik konzentrieren wird. Die Regionen und Sektoren werden eigenständiger. Der Wettbewerb der Regionen wird Innovationen hervorbringen, die zukunftsfähig sind. Inflation wird dabei nicht das wichtigste Problem sein.

2.9 Ergebnis

Ergebnisse, auf die Eingangsfragen bezogen
Werden die Inflationsraten in der nächsten Dekade unter denen der letzten liegen? Nach allen vorgebrachten Argumenten wird sich die Inflationsrate in den nächsten zehn Jahren (leicht) erhöhen. Das wichtigste Risiko dürfte sein: Bleibt die EU eine monetäre Gemeinschaft, dann werden regionale Inflationsimpulse die gesamte Inflationsrate treiben, wenn die EZB nicht konsequent dagegen hält.

Antworten (zu den Fragen ab Seite 428)

1. Die Älteren in Deutschland sind empfindlich gegen Inflation, weil sie eine Geldentwertung miterlebt haben(wie auch ihre Eltern), die Jüngeren sind eher sensibel gegen Arbeitslosigkeit, weil diese in Deutschland sehr hoch ist.

2. Inflation ist die mehrjährige Steigerung des Preisniveaus über eine bestimmte Marge.

3. Sie schafft Inflationsgewinner und -verlierer und beeinflusst die Einkommens- und Vermögensverteilung, schwächt und verfälscht die Anzeigefunktion von Preisen auf Märkten und führt zu suboptimaler Allokation.

4. Im Vergleich zu den 1960er und 1970er Jahren lässt sich zeigen, dass ab 1984 eine Stabilitätsphase mit signifikant geringerer durchschnittlicher Inflationsrate zu beobachten ist.

5. Man unterscheidet: Akteursbezogene Ursachen, Nachfrageinflation, Geldmengeninflation, Angebots- oder Kosteninflation, gemischte Inflation, importierte Inflation, Anspruchsinflation.

6. Die Komponentenanalyse betrachtet die Preisentwicklung wichtiger Preise im Index für die Lebenshaltung.

7. Aus keynesianischer Sicht fällt unter Nachfrageinflation jede Erhöhung einer autonomen Nachfragekomponente (außer den Investitionen).

8. Geldmengeninflation ist nach monetaristischer Interpretation die einzige Inflationsursache. Sie tritt auf bei crowding out und wenn der monetäre Teil der Fisherschen Verkehrsgleichung den realen übersteigt.

9. Inflationsimport kann indirekt über die Nachfrage (Exportsteigerung) und den Geldmengen-Preis-Mechanismus bei festen Wechselkursen stattfinden, oder über den direkten Preiszusammenhang (auch bei flexiblen Kursen).

10. Angebotsinflation oder Kosteninflation tritt auf, wenn Kostenkomponenten steigen, insbesondere Personal- und Materialkosten.

11. Angebots- und Nachfrage-Kurve verlagern sich, wobei Rückkoppelungen unterstellt werden.

12. Anhand der *Phillips*-Kurve. Sie erklärt, wie Arbeitsmarkt und Inflation zusammenhängen.

13. Angebotsorientierte Ordnungs- und Prozesspolitik ermöglicht wirtschaftliche Expansion bei moderaten Preisniveausteigerungen, potenzialorientierte Geldmengenpolitik schränkt die Inflationsspielräume stark ein, Fortschritte der Arbeitsproduktivität und hohe Arbeitslosigkeit drücken die Lohnsteigerungen, freie Wechselkurssysteme behindern den Inflationsimport, gemeinsamer Markt in der Europäischen Union schafft höhere Konkurrenz, traditionelle Märkte stoßen auf Sättigungen.

14. Ein „Werkzeugkasten" ist die Auswahl von geeigneten Instrumenten („tools") für die Analyse eines spezifischen ökonomischen Problems.

15. Die abgeleiteten repräsentativen Kurven Angebots-, Nachfrage-, *ON*-, *POP*-, *ZB*- und *Phillips*-Kurve, weiterhin Hypothesen aus der Institutionenökonomik (Anreizsystem), Erwartungen, ökologische Steuerreform, Deregulierung und Globalisierung.

16. Zunehmende Komplexität der Instrumente erfordert die Betrachtung eines engeren und eines weiteren Angebots-Nachfrage-Systems sowie die Beachtung weiterer Argumente.

17. Die Verschiebungen der einzelnen Kurven ergeben, insbesondere auch durch die Annahme von Rationalisierungsinvestitionen, einen moderaten Anstieg des Preisniveaus bei starkem Wirtschaftswachstum. Die Arbeitslosenquote steigt.

18. Wenn die Mehrheit der (Wahl-) Bevölkerung sensibel in Bezug auf steigende Arbeitslosigkeit ist und die realen Einkommenssteigerungen weniger stark gewichtet, dann verlagert sich die *POP*-Kurve nicht mit dem Gleichgewichtspunkt nach rechts und die Regierung ist gefährdet.

19. Impulse aus Inflationsimporten aus EU-Ländern könnten neutralisiert werden durch einen großen europäischen Konkurrenzmarkt und eine Verringerung von Transaktionskosten.

20. Es sind: Angebots- und Nachfrage-Steuerung, verstärkte Reregulierung, Schulden-abbau der öffentlichen Hand, produktivitätsorientierte Lohnpolitik, Entstehen neuer Märkte für den Energie- und Umweltbereich.

21. Bei nicht abgestimmten Politiken in der Europäischen Union (insbes. Haushalts-, Konjunkturpolitik) entstehen inflationstreibende Impulse in einzelnen Regionen oder Sektoren der EU, die von einer globalen Geldpolitik nicht beherrscht werden können.

3 Dauerhafte Erwerbsarbeitslosigkeit?

Fragen

1. Warum sind die unterschiedlichen Arten von Arbeit wichtig für die Erwerbsarbeitslosigkeit?

2. Was kann man von anderen Ländern in Bezug auf Beschäftigungspolitik lernen?

3. Welche „Verluste" treten bei Erwerbsarbeitslosigkeit auf?

4. Wie hat sich die durchschnittliche Arbeitslosenquote in den letzten drei Dekaden in Deutschland entwickelt?

5. Welche Informationen geben absolute Zahlen?

6. Welche Besonderheiten müssen bei der Arbeitslosigkeit in Deutschland hervorgehoben werden?

7. Welche Theorien und Hypothesen gibt es, die Arbeitslosigkeit erklären und wie lauten die wichtigsten Prämissen und Aussagen?

8. Welcher Unterschied besteht zwischen keynesianischer und neoklassischer Arbeitslosigkeit?

9. Welche Hypothesen können die Arbeitslosigkeit der letzten Jahrzehnte erklären?

10. Was enthält der Werkzeugkasten für Arbeitslosigkeit?

11. Wie verändert sich der Arbeitsmarkt bei steigender Anzahl von Erwerbspersonen?

12. Welche Konsequenzen hat der Unterschied in den Wachstumsraten von Nationalprodukt und Stundenproduktivität?

13. Wie lassen sich Wirtschaftswachstum und Mismatches darstellen?

14. Welche Mismatches waren in Deutschland in den letzten Jahrzehnten am wichtigsten?

15. Wie lässt sich die Arbeitslosigkeit der letzten Jahrzehnte mit Hilfe eines gesamtwirtschaftlichen Angebots-Nachfrage-Systems darstellen?

16. Welche Ergebnisse ergibt in diesem Rahmen die *POP*-Kurve?

17. Was heißt: Arbeitslosigkeit hängt von Arbeitslosigkeit ab?

18. Welche neuen Bedingungen sollten bis 2010 unterstellt werden?

19. Welche Besonderheiten sind bei der Bekämpfung von struktureller Arbeitslosigkeit zu beachten?

20. Welche Rolle spielt die Bildungspolitik bei der Bekämpfung von Erwerbsarbeitslosigkeit?

21. Was bedeutet Flexibilisierung von Arbeitsmärkten und welche Wirkungen erwartet man sich davon?

22. Wie beeinflusst der Strukturwandel die Arbeitslosigkeit?

23. Warum ist Beschäftigungspolitik allgemeine Politik?

3.1 Fragestellung und Problem

Formulierung der Frage
Wird die Arbeitslosigkeit in Deutschland das jetzige Niveau beibehalten oder in der nächsten Dekade sogar steigen? Wie hoch waren die Arbeitslosenquoten in den 1990er Jahren in Deutschland und lassen sich die wichtigsten Determinanten dafür isolieren? Werden diese Einflüsse auch in Zukunft wirken, welche neuen kommen hinzu? Vielleicht haben wir es sogar mit einem Paradigmenwechsel zu tun. Bei der Beantwortung der Frage sollten nicht ausschließlich makro-ökonomische Gründe behandelt werden; die Problematik der Arbeitslosigkeit weist auch polit- und institutionen-ökonomische Bezüge auf. In Bezug auf die Frage des Paradigmenwechsels ist das internationale Umfeld (der Globalisierung) wohl besonders wichtig.

Problemstellung
Die hohe Arbeitslosigkeit (der Mangel an Erwerbsarbeit) wird in Deutschland als das Problem Nr. 1 empfunden; als Arbeitsloser ohne Erwerbsarbeit ist ein Mensch wertlos, so ist wohl die vorherrschende Meinung. Es ist hilfreich, sich ins Gedächtnis zurückzurufen, dass Erwerbsarbeit eine von mindestens drei Arten von Arbeit ist: Erwerbsarbeit, Eigenarbeit und Bürgerarbeit. Eigenarbeit und Bürgerarbeit werden nicht pekuniär *entlohnt*, meist nicht einmal nicht-pekuniär *belohnt*. Bei der sog. Massenarbeitslosigkeit geht es ausschließlich um einen gravierenden Mangel an Erwerbsarbeit. Es ist aber sinnvoll, Arbeit als Ganzes zu sehen, um die Möglichkeiten einer Kompensation ausschöpfen zu können.
Angesichts der hohen Arbeitslosigkeit in Deutschland wird immer wieder auf die niedrigen Raten in den USA, aber auch z.B. in den Niederlanden hingewiesen und es wird daraus der Schluss gezogen, dass man es nur so machen müsse wie die US-Amerikaner oder die Holländer, um in Deutschland wieder Vollbeschäftigung zu erreichen. In der Tat kann man aus diesen Beispielen lernen, doch man muss die strukturellen Unterschiede der betrachteten Länder beachten, und zwar die Strukturen der harten und weichen Faktoren.
Die Wirkungen einer dauerhaften Erwerbsarbeitslosigkeit sind Verluste auf allen Ebenen:
• Verlust von gesamtwirtschaftlichen Produktionsmöglichkeiten,

- Ausgaben von staatlichen Transfers (Arbeitslosengeld, -hilfe, Sozialhilfe),
- Einnahmeausfälle bei den Sozialversicherungssystemen,
- Zunahme gesellschaftlicher Unzufriedenheit (Wahlmüdigkeit oder Boykott von Wahlen, Kriminalität),
- individuelle finanzielle Schwierigkeiten,
- individuelle und soziale Isolierung durch Verlust an Identität,
- familiäre Schwierigkeiten,
- persönliche Depressionen, Krankheiten.

Es ist wohl nicht übertrieben zu sagen, dass Erwerbslosigkeit in einer Erwerbsarbeitsgesellschaft als Schande empfunden wird.

3.2 Empirie

Empirische Darstellung
Wie hoch war die Arbeitslosigkeit in den 1990er Jahren und früher? Betrachten wir die Abb. I.6b, dann wird deutlich, dass sich die Arbeitslosenquote von einem sehr niedrigen Niveau Anfang der 1970er Jahre in drei Schüben auf über 12% aufbaut. Für das alte Bundesgebiet lauten die Zahlen (Arbeitslose je 100 abhänge Erwerbspersonen):

1970/74	1975/81	1982/88	1989/92	1993/99
1,3	4,7	8,4	6,9	10,6

Die Arbeitslosenquoten sind aufschlussreich und sie geben auch den Trend wieder, aber für eine erste Differenzierung der Daten im Hinblick auf eine Ursachenanalyse können auch die absoluten Beschäftigtenzahlen wichtige Hinweise geben. 1970 lag die Zahl der unselbständigen, abhängigen Erwerbspersonen (beschäftigte Arbeitnehmer plus Arbeitslose) bei 22,3 Mio., zwanzig Jahre später (1990) bei 27,3 Mio. (für die alte Bundesrepublik). Die Zahl der Erwerbspersonen vor der Wiedervereinigung hat also um 5 Mio. zugenommen. In der Definitionsgleichung $u = (N^* - N_d)/N_d$ ist demnach N^* stärker gestiegen als N_d, das nur um etwa 3 Mio. Personen zugenommen hat. Aus diesen absoluten Daten wird deutlich, dass in der ehem. Bundesrepublik trotz steigender Arbeitslosenquoten ca. 2 Mio. mehr „Arbeitsplätze" zur Verfügung gestellt wurden.
Die empirische Situation zeigt auch in anderer Hinsicht Besonderheiten: Die sog. stille Reserve ist 1995/98 nach Berechnungen von *Franz* auf

1,823 Mio. Personen (für Deutschland) gestiegen, neuere Schätzungen sprechen von 2 Mio. D.h.: es gab 1999 ca. 6 Mio. Arbeitslose in Deutschland (registrierte plus nicht registrierte Arbeitslose). Ein Blick auf die Struktur der Arbeitslosigkeit eröffnet weitere, wichtige (vielleicht die wichtigsten) Einsichten in die Ursachen der Arbeitslosigkeit in Deutschland: Seit Mitte der 70er Jahre ist der Anteil derjenigen an den Arbeitslosen, die älter, die schon länger arbeitslos (Langzeitarbeitslose), die unqualifiziert, und die (weil oft ohne Ausbildung) weiblich sind, gestiegen. Dies zeigt eine wichtige strukturelle Komponente der Arbeitslosigkeit auf. Vergleicht man die Werte für West- und Ostdeutschland, dann zeigt sich dies nochmals in regionaler Differenzierung ganz krass: 1998 lag die Arbeitslosenquote in Westdeutschland bei 10,5%, in Ostdeutschland bei 17,4%.

Zwischenergebnis
Die Arbeitslosenquote in Deutschland hat sich in den letzten 30 Jahren schubweise, und damit strukturell bedingt, von knapp 1,3% auf 12% erhöht. Dieser strukturelle Faktor lässt sich schon in einer ersten statistischen Analyse eindeutig erkennen. Konzentriert man den Blick ausschließlich auf die Erwerbsarbeit, dann verstellt man sich wichtige „Lösungsmöglichkeiten".

3.3 Erklärungsansätze

Theorie: Hypothesen und Argumente im Überblick
Wird ein Volkswirt nach den Determinanten von Arbeitslosigkeit gefragt, dann wird er i. d. R. antworten: „von Angebot und Nachfrage". Dabei kann man mit zwei Betrachtungsebenen argumentieren, der mikro- und der makro-ökonomischen. Die mikro-ökonomischen Erklärungsansätze gehen erstens von einem Arbeitsmarktdiagramm, wie etwa in Abb. I.10 oder II.32a, aus (vgl. auch *Schmid/v. Dosky*, 1990, Band 1, Übersicht S. 73). Sie unterstellen unterschiedliche Marktbedingungen (Suchtheorie, Kontrakttheorien). Zweitens wird in den mikro-ökonomischen Theorien auf strukturelle Faktoren eingegangen (Segmentationstheorie, dualer Arbeitsmarkt). Drittens wird mit dem Humankapitalansatz die Frage von (individuellen) Investitionen in Bildung und Ausbildung verfolgt.
Die makro-ökonomischen Ansätze können an fünf wichtigen Zweigen festgemacht werden: Erstens an einer jeweils isolierten Erklärung der Determinanten von Arbeitsangebot und Arbeitsnachfrage (Akteursansatz), zweitens aus der Hypothese der Abhängigkeit von der Güternachfrage (*Keynes*), drittens an einer makro-ökonomischen Interpretation „des"

Arbeitsmarktes über den Lohnsatz (Neoklassik), viertens aus der Erklärung von Mismatches (struktureller Ansatz), und fünftens aus einem gesamtwirtschaftlichen Zielzusammenhang. Die Breite dieser Ansätze zeigt, dass Arbeitslosigkeit in alle Bereiche der Volkswirtschaftslehre hineinspielt.

Die mikro-ökonomischen Erklärungsansätze
Bei den sog. Suchtheorien, mit denen die friktionelle Arbeitslosigkeit oder Sucharbeitslosigkeit untersucht wird, geht man von einem vollkommenen Arbeitsmarkt aus, der allenfalls durch das Auftreten von Suchkosten „gestört" wird. In den Kontrakttheorien werden einige wesentliche Prämissen des vollkommenen Marktes (wie z.B. Lohn- und „Mengen"-Flexibilität) aufgegeben, um die institutionellen Besonderheiten von regulierten Arbeitsmärkten einfangen zu können. Die Segmentationstheorie unterstellt einen internen und einen externen Arbeitsmarkt, die unterschiedlichen Determinanten unterliegen. Interne Arbeitsmärkte werden sowohl von ökonomischen, als auch von institutionellen Einflüssen bestimmt; die institutionellen lenken wesentlich das Verhalten auf den Arbeitsmärkten. Externe Arbeitsmärkte werden nach der Segmentationstheorie nur von ökonomischen Determinanten beeinflusst. Die Hypothese der Existenz eines dualen Arbeitsmarktes unterteilt in einen „Jedermann"-Bereich mit einem berufsfachlichen Bezug und in einen betriebszentrierten Bereich. Die beiden Bereiche unterscheiden sich signifikant in Bezug auf ihre Angebots-Nachfrage-Konstellation.

Akteursansatz I: Determinanten des Arbeitsangebots
Ich repetiere aus Kapitel II.3.6.4: Das Arbeitsangebot hängt ab von der Bevölkerung. Diese wird bestimmt von Geburten, Sterbefällen und Wanderungen. Die Erwerbsbevölkerung umfasst die Altersjahrgänge von 16 bis 63 Jahren. Die Zahl der Erwerbspersonen hängt ab von den alters- und geschlechtsspezifischen Erwerbsquoten, die zudem auch regional verschieden sind. Erwerbspersonen umfassen alle, die arbeiten können und arbeiten wollen. Arbeitslose und Beschäftigte addieren sich zu Erwerbspersonen.
Welche Größen bestimmen die Veränderung der Erwerbspersonen? Das sind vor allem die Wanderungen, die Geburten (geburtenstarke oder geburtenschwache Jahrgänge) und die Erwerbsquoten der Frauen. Letztere hängen wesentlich von der Ausbildung (Abitur, Studium) der Frauen ab sowie von den Veränderungen der Geschlechterverhältnisse (Wertewandel). Die geburtenstarken oder -schwachen Jahrgänge kommen nach frühestens 16 Jahren auf den Arbeitsmarkt und bieten dort, meist als Lehrlinge, ihre Arbeit an. Die Absolventen weiterführender Schulen treten nach

ca. 20 Jahren auf dem Arbeitsmarkt an, die Abgänger von Hochschulen nach 25 Jahren.
Wanderungen werden in Europa wegen der Liberalisierung der Märkte (Freizügigkeit) und der Harmonisierung von Bildungsabschlüssen und der Sozialgesetzgebung eine immer größere Rolle spielen.

Akteursansatz II: Determinanten von Arbeitsnachfrage
Die Arbeitsnachfrage und ihre Determinanten habe ich im in Kapitel II.4.6.3 ausführlich besprochen. Im Akteursansatz, der mit Abb. III.4 wiedergegeben ist, werden vor allem zwei Größen herausgestellt: Die Produktivität (der Arbeit) und das Wirtschaftswachstum. Wir hatten diese beiden Größen als π (Technologieniveau) und γ (Auslastungsgrad des Kapitalstocks) kennen gelernt, die als Verschiebungsparameter Arbeitsnachfragefunktion.
In der beschäftigungspolitischen Diskussion, die vor allem vom Institut für Arbeitsmarkt- und Berufsforschung (IAB) der Bundesanstalt für Arbeit angestoßen wurde, wird der Zusammenhang zwischen Beschäftigung, Produktivität und Wirtschaftswachstum mit einer tautologischen Beschäftigungsfunktion (Kapitel II.1.1) beschrieben. Formt man diese Gleichung um, dann ergibt sich $\hat{N}^* = \hat{Y} - \hat{\pi} - \hat{h}$. Bei gegebenen Stunden (pro Jahr) sinkt die Beschäftigung, wenn das Wachstum der Arbeitsproduktivität größer ist als das des Wirtschaftswachstums.

Keynesianische Arbeitslosigkeit
Die keynesianische Beschäftigungsfunktion hatten wir im zweiten Teil ebenfalls in Kapitel 1 kennen gelernt. Dies Gleichung besagt, dass die Nachfrage nach Arbeitskräften von der gesamtwirtschaftlichen Nachfrage Y_d abhängt. Dies wurde nochmals mit der Arbeitsnachfragefunktion deutlich, in der der Zusammenhang zwischen Beschäftigung und Nachfrage – wie im letzten Absatz – von Technologieniveau π und Auslastungsgrad γ abhängt.
In seiner empirischen Formulierung schlägt sich diese Beziehung in der *Okun*-Kurve nieder. Mit der *Okun*-Gleichung ist beschrieben, dass die konjunkturelle Arbeitslosenquote $(u - u^*)$ von der sog. Vollbeschäftigungslücke $(Y^* - Y)$ bestimmt wird.
Keynesianische Arbeitslosigkeit wird anhand eines Arbeitsmarktdiagramms beschrieben durch Lohnstarrheit nach unten. Diese lässt sich mit Abb. II.32a zeigen. Gehen wir von einem Reallohn aus, der oberhalb des Gleichgewichtslohnes liegt, dann lässt sich die Anzahl der Arbeitslosen als Differenz zwischen N^* und N_d darstellen. Wird der Geldlohnsatz als Tarif-

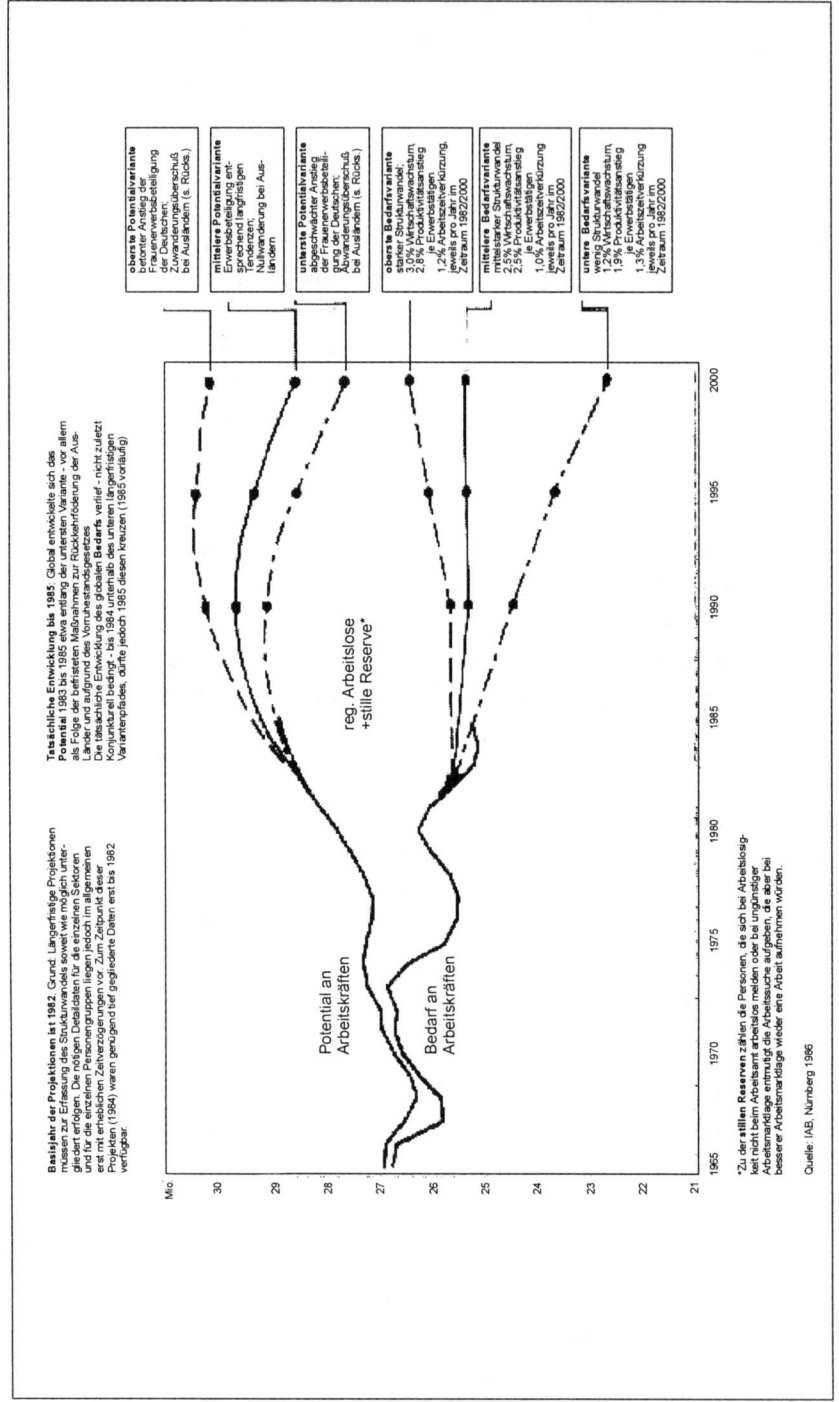

Abb. III.4 Entwicklung von Arbeitsangebot, Arbeitsnachfrage und Arbeitslosen in Deutschland

lohn interpretiert, der laut Tarifvertrag nicht unterschritten werden darf, dann liegt keynesianische oder Mindestlohnarbeitslosigkeit vor. Man kann dies auch als einen Fall interpretieren, der kurzfristig auftritt.

Neoklassische Arbeitslosigkeit
Langfristig entspricht die Arbeitslosenquote NAIRU (Non-Accelerating-Inflation-Rate-of-Unemployment). Die von mir so bezeichnete strukturelle Arbeitslosenquote u^* entspräche NAIRU, wenn der Arbeitsmarkt ein vollkommener Markt wäre. Die Differenz zwischen den beiden Quoten spiegelt Strukturprobleme wieder, die wir als Mismatches kennen gelernt haben. Unter den strikten Prämissen der Neoklassik gibt es langfristig keine Arbeitslosigkeit, weil die Flexibilität der Geldlöhne nach oben und nach unten Überfluss und Knappheit auf dem Arbeitsmarkt ausgleicht.

Strukturelle Arbeitslosigkeit
Im Abschnitt 3.10 im II. Teil über Lohn, Arbeit und Produktion habe ich die *Okun*-Kurve erläutert und die strukturelle Arbeitslosenquote u^* durch Mismatches erklärt; dies sind Abweichungen in der Struktur von Arbeitsangebot und Nachfrage, wobei als Strukturkriterien Region, Sektor, Bevölkerung, Qualifikation etc. herangezogen wurden. Die wichtigsten Mismatches sind der Qualifikations-, der Technologie- und der demographische Mismatch.

Gesamtwirtschaftlicher (Ziel-)Zusammenhang
Das Beschäftigungsziel hängt eng mit anderen gesamtwirtschaftlichen Zielen zusammen, mit dem der Preisniveaustabilität über die *Phillips*-Kurve, mit dem des Wirtschaftswachstums über die *Okun*-Kurve. Arbeitslosigkeit beeinflusst die Einkommens- und Vermögensverteilung negativ.

3.4 Bedingungen der ex post Analyse

Analyse der vergangenen Entwicklung und status quo

Periode	Arbeitslosen-quote in %	Wichtige Ereignisse
1970/74	1,3	1969 Regierung *Brandt/Genscher* Nachfragesteuerung (antizyklische Konjunkturpolitik) 1973 Hochkonjunktur 1973 Einführung der Währungsschlange (EWS)
1975/81	4,7	1973/74 Lohnkostenexplosion 1973/74 I. Ölpreiskrise 1975 schwerste Depression der Nachkriegszeit 1975/76 Rationalisierungsschub 1978 II. Ölpreiskrise 1979 geburtenstarke Jahrgänge um 1963 kommen erstmals auf den Arbeitsmarkt
1982/88	8,4	1982 Regierungswechsel *Kohl/Genscher* Seit 1982 angebotsorientierte Prozesspolitik Konsequente potentialorientierte Geldmengensteuerung Unternehmerfreundliche Politik und günstiges Investitionsklima Starker Exportdruck 1987 geburtenschwache Jahrgänge („Pillenknick" 1971 und ff.) kommen erstmals auf den Arbeitsmarkt
1989/92	6,9	1989 Deutsche Wiedervereinigung Wiedervereinigungsboom für die westdeutsche Wirtschaft Weitgehendes Staatsversagen (auch bei Reformen) Diskussion „Standort Deutschland" Beginn der Globalisierungsdebatte Hohes Wachstum der Arbeitsproduktivität und einschneidende Reorganisation der Wirtschaft („lean management") Freies Wechselkurssystem gegenüber dem US $ (seit 1979)
1992/99	9,6	1993 Depression (Wachstumsrückgang) Forcierte Deregulierung Moderate Lohnabschlüsse Verträge von Maastricht treten in Kraft Europäische Zentralbank Bedeutung der Finanzmärkte wächst 1998 Regierungswechsel („rot/grün") Sanierung des Staatshaushalts (Unternehmens-)Steuerreform Öko-soziale Steuerreform 1997/98 Wirtschaftsaufschwung, Exportboom

Tab. III.3 Rahmenbedingungen der Arbeitsmarktphasen

3.5 Werkzeugkasten Arbeitslosigkeit

Relevante Hypothesen für die ex post Analyse
Aus dieser Zusammenstellung lässt sich eine Menge von Hypothesen
gewinnen, die für eine Steigerung der durchschnittlichen Arbeitslosenquote verantwortlich gemacht werden können, oder auch nicht. Wichtig ist
es daher, die wesentlichen Ursachen herauszuarbeiten und zudem zu
unterscheiden zwischen systematischen Ursachen und einmaligen Schocks.
Dies ist sehr schwierig. Ich versuche trotzdem, die wesentliche Gründe in
sechs Punkten zusammenzufassen:

- Mit dem starken Ausbau des sozialen Netzes in der 1970er Jahren,
  einer Überregulierung der Wirtschaft und starken Lohnsteigerungen hat
  sich bei den Unternehmern in Deutschland die Ansicht verfestigt, dass
  Arbeitskräfte weniger ein Produktivfaktor, sondern eher ein (teurer)
  Kostenfaktor sind und freigesetzt werden müssen.
- Das Klima in Politik und Wirtschaft hat sich verändert. Die angebotsorientierte Prozesspolitik seit 1982 beruht auf einer konsequenten Förderung der unternehmerischen Investitionen, und dies kann, mit einer
  konservativen Regierung, leicht zu einer „Unternehmerwirtschaft" führen.[1] Besteht zudem eine starke Exportabhängigkeit (wie in Deutschland) und ein Lohnkostengefälle, dann werden die beabsichtigten Investitionen zu Rationalisierungsinvestitionen und setzen Arbeitskräfte
  frei.
- Geburtenstarke Jahrgänge, Steigerungen der Erwerbsquoten der Frauen
  und Wanderungen erhöhen die Zahl der Erwerbspersonen.
- Die Impulse des Wiedervereinigungsbooms, der hohen Transfers vom
  Westen in den Osten Deutschlands und der geburtenschwachen Jahrgänge konnten nicht die gegenläufigen Impulse des Beschäftigungsein-
  bruchs im Osten (regionaler Mismatch) auffangen.
- Das Wachstum der Arbeitsproduktivität lag auf oder über dem Niveau
  des Wachstums des Bruttoinlandsprodukts.
- Traditionelle Märkte stoßen auf Sättigungen, da die privaten Haushalte
  sehr gut ausgestattet sind. Zudem veranlasst die tatsächliche oder erwartete Arbeitslosigkeit die privaten Haushalte zu Zurückhaltung im
  Binnenkonsum (im Gegensatz zu Auslandsreisen).

Der Werkzeugkasten: Arbeitslosigkeit
Um im Bild des Werkzeugkastens zu bleiben: Die auszuführende Arbeit ist
sehr schwierig und es könnte sein, dass wir in dem folgenden Werkzeug-

---

[1] In den 1970er Jahren sprach man von einem „Gewerkschaftsstaat" und meinte damit die Koalition
von sozialdemokratischer Regierung und Gewerkschaften.

kasten nicht alle Werkzeuge vorfinden, die gebraucht werden. So müssen wir vielleicht ab und zu nochmals zu unserem Werkzeugschrank (Teil II) gehen, um auf das eine oder andere Werkzeug zurückzugreifen.

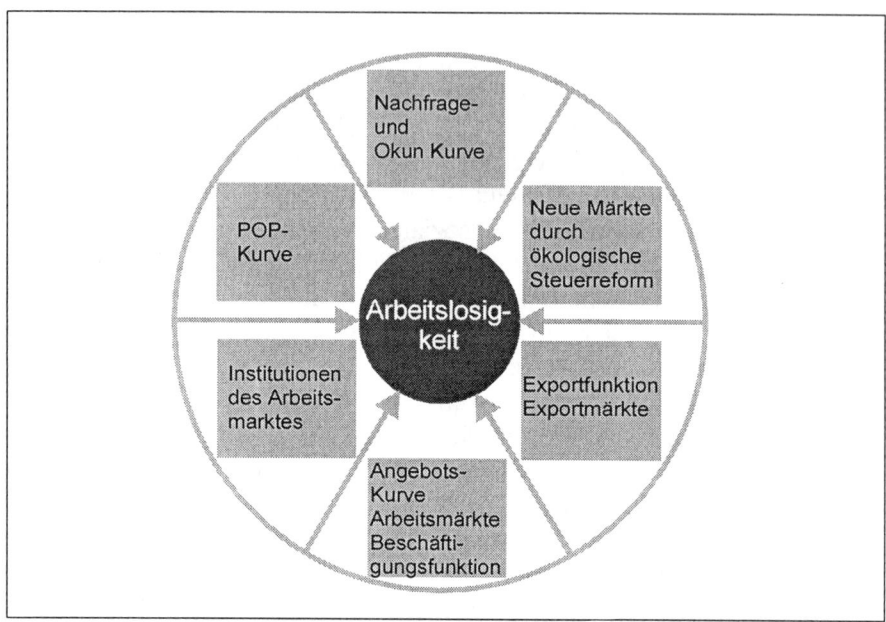

Abb. III.5 Werkzeugkasten: Arbeitslosigkeit

3.6 Analyseschritte der ex post Analyse

Analyseschritte
Wir wollen versuchen, die genannten sechs Faktoren in vier Schritten zu analysieren und es wird sich zeigen, ob damit die steigende Arbeitslosenquote der letzten beiden Jahrzehnte erklärt werden kann. Die ex post Analyse sollte schon die neuen Bedingungen berücksichtigen können, die für die ex ante Analyse unterstellt werden.

Erster Schritt: Der Arbeitsmarkt und das Arbeitsangebot
Wir gehen aus von der (schon bekannten) Darstellung eines Arbeitsmarktes in Abb. III.6 und betrachten zunächst die Wirkungen von
- geburtenstarken Jahrgängen, die erstmals in den Arbeitsmarkt eintreten,
- einem positiven Wanderungssaldo und
- gestiegenen Erwerbsquoten der Frauen.

Alle genannten Einflüsse erhöhen die Anzahl der Erwerbspersonen und verlagern die Arbeitsangebotskurve nach rechts ①. Bei gegebener Arbeitsnachfragekurve und gegebenem Reallohnsatz (bei einem Geldlohn von w_0) steigt damit die Anzahl der Arbeitslosen (AL) von AL_0 auf AL_1 ②. Berücksichtigen wir außerdem die in den 1970er Jahren eingeführte Regulierung des Arbeitsmarktes, dann verändert sich die Steigung der Arbeitsnachfragekurve ③; die Anzahl der Arbeitslosen steigt nochmals.

Diese Wirkungen könnten kompensiert werden durch eine Rechtsverlagerung der Arbeitsnachfragekurve, z.B. durch eine Erhöhung des Auslastungsgrades γ. Dies kann aber wegen der in der Tab. III.3 unterstellten Nachfrageschwäche nicht angenommen werden.

Insgesamt müssen wir feststellen, dass die Anzahl der Arbeitslosen und auch die Arbeitslosenquote gestiegen sind.

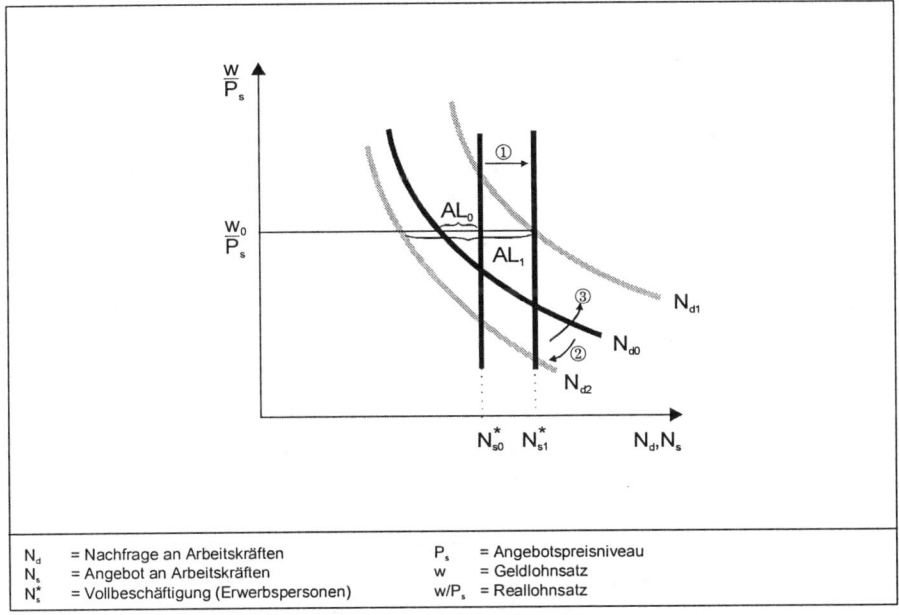

N_d	= Nachfrage an Arbeitskräften	P_s	= Angebotspreisniveau
N_s	= Angebot an Arbeitskräften	w	= Geldlohnsatz
N_s^*	= Vollbeschäftigung (Erwerbspersonen)	w/P_s	= Reallohnsatz

Abb. III.6: Arbeitsmarkt bei steigender Erwerbspersonenzahl

Zweiter Schritt: Ergebnisse mit Hilfe der Okun-Kurve und Mismatches
Wir gehen aus von der schon bekannten Darstellung einer *Okun*-Kurve in Abb. III.7, und zwar von der mit Null indizierten Situation (Y_0/u_0).[2] Mit dieser Darstellung lässt sich zeigen, wie

---

[2] Unsere Argumentation kann näherungsweise auch auf Wachstumsraten von Y angewendet werden.

- das Überschießen der Wachstumsrate der Stundenproduktivität über das Wachstum des Bruttoinlandsprodukts,
- das Auftreten von Mismatches,
- die Regulierung des Arbeitsmarktes

auf die Arbeitslosenquote wirken.

Die Beziehung zwischen Produktivitäts- und Nationalproduktswachstum geht aus der Beschäftigungsfunktion hervor. Auf die *Okun*-Kurve wirken Veränderungen dieser Größen wie folgt: Das Produktivitätswachstum kann als technologischer Mismatch interpretiert werden; es erhöht u^* und verlagert die *Okun*-Kurve nach rechts ①. Das Wirtschaftswachstum resultiert in einem höheren Bruttoinlandsprodukt (Y_{dl}). Die Darstellung zeigt, dass die Arbeitslosenquote steigt, wenn $\hat{\pi} \rightarrow \hat{Y}$.

In Tab. III.3 sind (explizit oder implizit) die folgenden Mismatches aufgeführt:

- Technologie-Mismatch wegen der Rationalisierungsinvestitionen aufgrund von Lohndruck, gestiegenen Personalkosten (einschl. der Kosten der sozialen Sicherung wie Lohnfortzahlung im Krankheitsfall, Urlaubsgeld, Kündigungsschutz, Mutterschaftsurlaub etc.) und Globalisierungsdruck (Aufrechterhaltung der internationalen Wettbewerbsfähigkeit bei internationalem Lohngefälle).
- Regionaler Mismatch wegen der Wiedervereinigung (Arbeitslosenquote von über 17% in Ostdeutschland im Vergleich zu unter 10% in Westdeutschland) sowie weiterer regionaler Ungleichgewichte in der industriellen Entwicklung in Deutschland.
- Demografischer Mismatch wegen der geburtenstarken Jahrgänge um 1963 und der geburtenschwachen Jahrgänge um 1971.
- Qualifikations-Mismatch wegen des raschen strukturellen Wandels und der vergleichsweise trägen Anpassung durch die Bildungs- und Ausbildungspolitik.

Diese Mismatch-Situationen erhöhen die strukturelle Arbeitslosenquote u^* und verlagern die *Okun*-Kurve nach rechts ③. Die Wirkung der geburtenschwachen Jahrgänge, die ca. 1987 auf den Arbeitsmarkt kamen, dürfte die Erhöhung der strukturellen Arbeitslosenquote nicht aufgehalten haben.

Schließlich wirkt die Regulierung auf dem Arbeitsmarkt auf die Steigung der *Okun*-Kurve; vor allem die Einführung formaler Regeln wie Mitbestimmungs- und Betriebsverfassungsgesetz, Kündigungsschutz etc. entkoppelt den Zusammenhang zwischen Wachstum und Arbeitslosenquote und dreht die *Okun*-Kurve nach links ④. Wenn das Wachstum von Y (mit ⑤) nicht ausreicht, um diese Veränderungen zu kompensieren, steigt die Arbeitslosenquote. Diese Wachstumsschwelle liegt nach Berechnungen von *Franz* bei ca. 3% Wirtschaftswachstum p.a. Eine so hohe Wachstumsrate kann und soll nicht erstrebenswert sein. Seit 1991, dem Wiedervereinigungsboom, wurde in Deutschland in keinem einzelnen Jahr eine Wachstumsrate von 3% erreicht. Es ist außerdem kaum wahrscheinlich, dass ein so hohes Wachstum in einem hochentwickelten Land sozial- und umweltverträglich ist.[3] Wir müssen daher von „jobless growth" ausgehen.

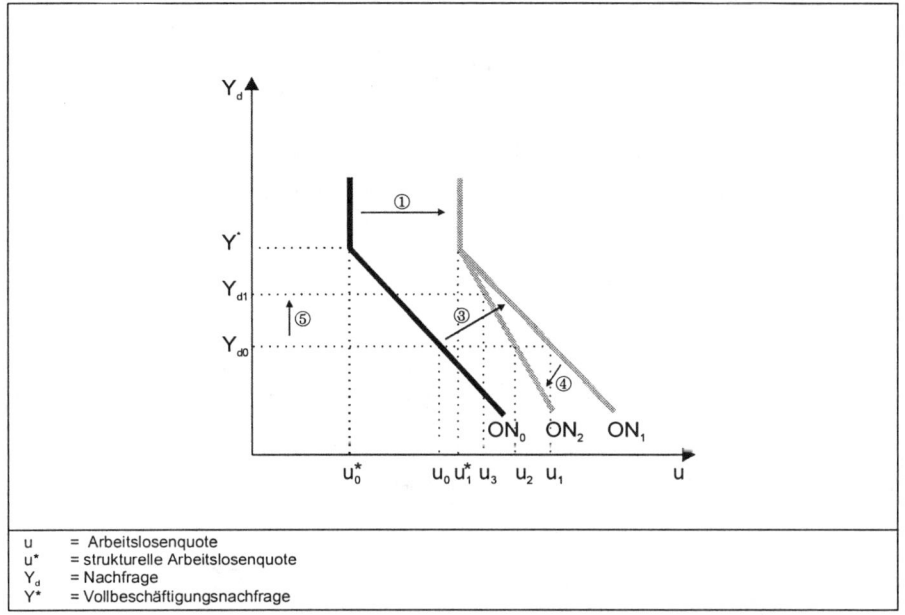

Abb. III.7 Die Okun-Kurve bei Mismatches und Wachstumsschwäche

Dritter Schritt: Ergebnisse der Angebots-Nachfrage-Analyse
Ergänzend wollen wir im folgenden mit einem Angebots-Nachfrage-System argumentieren. Unterstellt wird (lt. Tab. III.3), dass

- die angebotsorientierte Prozesspolitik Investitionen fördert, dass diese aber vor allem wegen der oben angeführten Gründe (Personalkostendruck, Globalisierungsdruck) für Rationalisierung verwendet werden und Arbeitskräfte freisetzen,
- die Nachfrageexpansion nicht von binnenwirtschaftlichen Kräften, sondern vom Export getragen wird,

---

[3] Dass die Wachstumsrate des Bruttoinlandsprodukt in den USA schon seit Jahren höher liegt und dies allerorts gepriesen wird, ist kein Argument dagegen; dieses Wachstum wurde mit zunehmender Verschuldung innen und außen erkauft und kann nicht als nachhaltig bezeichnet werden.

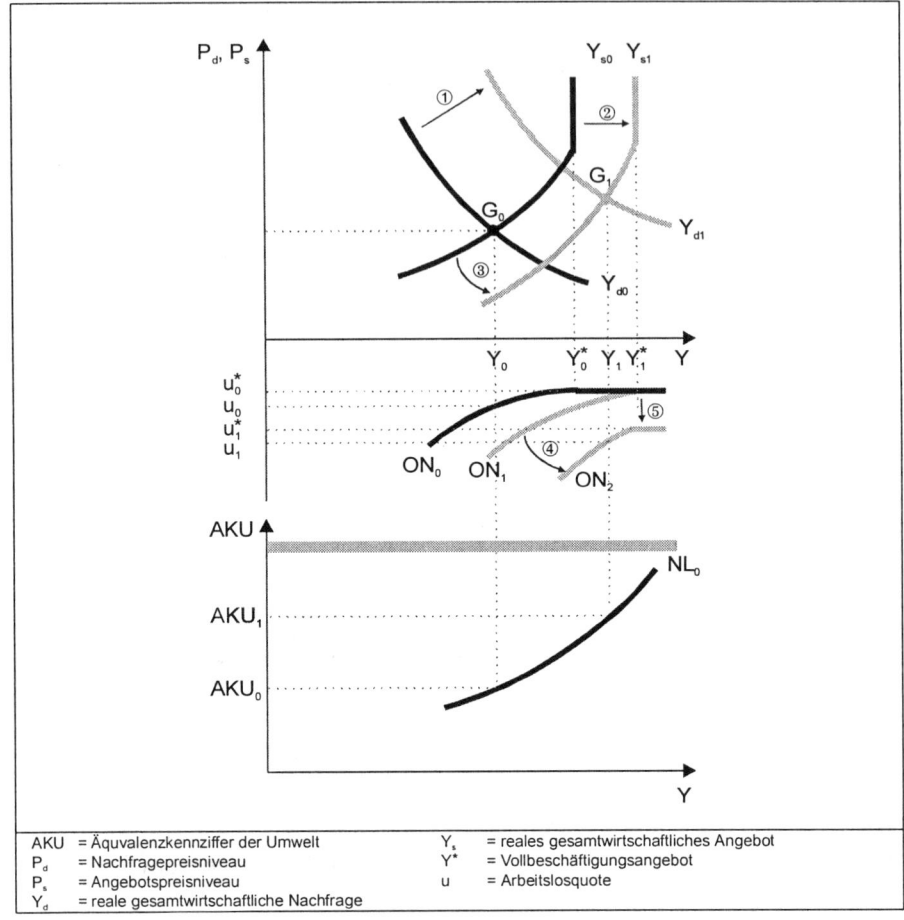

Abb. III.8 Wirkungsanalyse in Bezug auf die Arbeitslosigkeit

- die Regulierung im sozialen Bereich die Angebotsbedingungen verschlechtert und die Angebots-Kurve steiler werden lässt,
- die oben beschriebenen Mismatch-Fälle auftreten, insbesondere aber der Technologie-Mismatch.

Wir stellen für die unterstellten Veränderungen in Abb. III.7 fest, dass die Arbeitslosenquote per Saldo zunimmt.

Wie steht es mit dem politischen Gleichgewicht, wie verlagert sich die *POP*-Kurve? Die Antwort auf diese Frage hängt ab von der Empfindlichkeit der Bevölkerung in Bezug auf Arbeitslosigkeit, und zwar im Verhältnis zu den anderen gesamtwirtschaftlichen Zielen, insbesondere Preisniveaustabilität und Wachstum des Nationaleinkommens (Volkseinkommen).

Überwiegt die Bedeutung der Arbeitslosigkeit, dann wird die Regierung abgewählt. Dies war 1998 der Fall.

Vierter Schritt: Weitere Argumente
Es dürfte deutlich geworden sein, dass die wesentliche Ursache der Arbeitslosigkeit in den letzten zwei Jahrzehnten im strukturellen Bereich liegt. So werden denn auch bei einer Kritik der deutschen Verhältnisse von neoklassischer Seite gern die stark deregulierten Arbeitsmärkte in den USA gepriesen. Ein anderes Vorbild wird mit den fantasievollen Maßnahmen in den Niederlanden angeführt. Ohne Frage sind diese institutionellen Argumente sehr erst zu nehmen angesichts der offensichtlichen Überregulierung in den 1970er Jahren. Andererseits darf das Kind nicht mit dem Bade ausgeschüttet werden; umsichtige Reregulierung (Reformen) ist allemal besser als ideologische Brachialpolitik à la *Thatcher*. Die ehemalige Premierministerin von Großbritannien hat in wenigen Jahren das soziale Sicherungssystem und die Macht der Gewerkschaften zerschlagen und nichts als Leistung und Freiheit dagegen gesetzt. Heute weist Großbritannien eine der höchsten Arbeitslosenquoten auf, insbesondere bei Jugendlichen.

Der letzte Survey-Artikel im Journal of Economic Literature über Arbeitslosigkeit stellt als wichtigen Grund für Arbeitslosigkeit die Arbeitslosigkeit heraus. Dies klingt nur wie eine Tautologie: Wer längere Zeit arbeitslos war, wird nur sehr schwer einen Job bekommen. Verwaltete Arbeitslosigkeit im Sozialstaat kann dazu führen, dass Arbeitslosigkeit belohnt wird, wenn Arbeitslosengeld und Lohn nicht stark voneinander abweichen. Es werden Erwartungen von Versorgung geweckt.

Ein weiteres kommt hinzu: Gesellschaftliche Werthaltungen, die den Verlust von Erwerbsarbeit sehr negativ sehen. Eine Gesellschaft, die nur Erwerbsarbeit honoriert, deren Werte ausschließlich im Streben nach Geld und Arbeit bestehen, und die Muße als Laster und Faulenzertum bezeichnet, kann nicht auf Kompensationen zurückgreifen. Eine solche Kompensation wäre Eigen- und Bürgerarbeit; darauf wird später noch zurückzukommen sein.

Diese zusätzlichen Argumente unterstreichen das oben abgeleitete Ergebnis einer steigenden Arbeitslosigkeit.

3.7 Bedingungen für die ex ante Analyse

Veränderte Bedingungen für die nächste Dekade
Eine ex ante Prognose beruht immer auf „Wenn-dann-Aussagen". Da wir mit den Hypothesen über die Vergangenheit (Tab. III.3) die Entwicklung

ex post	ex ante
Mit dem starken Ausbau des sozialen Netzes in der 1970er Jahren, einer Überregulierung und starken Lohnsteigerungen hat sich bei den Unternehmern in Deutschland die Ansicht verfestigt, dass Arbeitskräfte weniger ein Produktivfaktor, sondern eher ein (teurer) Kostenfaktor sind und freigesetzt werden müssen.	Qualifizierte menschliche Arbeitskraft wird wichtig, ebenso lebenslanges Lernen und die damit verbundenen Aus- und Weiterbildungssysteme. Der Arbeitsmarkt und die damit verbundenen institutionellen Regelungen werden flexibler. Soziale Sicherung wird sich mehr auf Eigenvorsorge abstützen.
Das Klima in Politik und Wirtschaft hat sich verändert. Die angebotsorientierte Prozesspolitik seit 1982 beruht auf einer konsequenten Förderung der unternehmerischen Investitionen, und dies kann, mit einer konservativen Regierung, leicht zu einer „Unternehmerwirtschaft" führen.[4] Besteht zudem eine starke Exportabhängigkeit (wie in Deutschland) und ein Lohnkostengefälle, dann werden die beabsichtigten Investitionen zu Rationalisierungsinvestitionen und setzen Arbeitskräfte frei.	In der Wirtschaftspolitik werden ökologische und soziale Zielsetzungen einen höheren Stellenwert gewinnen. Es wird (muss) eine durchgreifende Reregulierung stattfinden. Der Strukturwandel hin zu Dienstleistungen geht weiter. Die Bedeutung der Bürgerarbeit steigt, weil mehr Vermögensbeteiligung und Gewinne aus Aktienbesitz und anderen Finanzanlagen vorhanden sein werden.
	Exportabhängigkeit bleibt bestehen.
Geburtenstarke Jahrgänge, Steigerungen der Erwerbsquoten der Frauen und Wanderungen erhöhen die Zahl der Erwerbspersonen.	Positive demografische Effekte entlasten den Arbeitsmarkt (geburtenschwache Jahrgänge).
Die Impulse des Wiedervereinigungsbooms, der hohen Transfers und der geburtenschwachen Jahrgänge konnten nicht die gegenläufigen Impulse des Beschäftigungseinbruchs im Osten (regionaler Mismatch) auffangen.	Die regionalen Disparitäten zwischen Ost- und Westdeutschland nehmen (langsam) ab.
Das Wachstum der Arbeitsproduktivität lag auf oder über dem Niveau des Wachstums des Bruttoinlandsprodukts.	Die Steigerung der Ressourcen- und Energieproduktivität wird im Vergleich zur Arbeitsproduktivität wichtiger.
Traditionelle Märkte stoßen auf Sättigungen, da die privaten Haushalte sehr gut ausgestattet sind. Zudem veranlasst die tatsächliche oder erwartete Arbeitslosigkeit die privaten Haushalte zu Zurückhaltung im Binnenkonsum (im Gegensatz zu Auslandsreisen).	Mit zunehmendem individuellen Wohlstand wird der Binnenkonsum steigen.

Tab. III.4 Rahmenbedingungen für die ex ante Prognose: Arbeitslosigkeit

---

[4] In den 1970er Jahren sprach man von einem „Gewerkschaftsstaat" und meinte damit die Koalition von sozialdemokratischer Regierung und Gewerkschaften.

zu immer höheren Arbeitslosenquoten nachzeichnen konnten, geht es jetzt darum, ob

- diese Faktoren verbessert werden können und
- neue abschätzbare Rahmenbedingungen andere Ergebnisse bringen,

wenn niedrigere Arbeitslosenquoten in der nächsten Dekade erreicht werden sollen.

3.8 Ex ante Analyse

Abbau der strukturellen Arbeitslosigkeit

Entscheidend für die Prognose der Arbeitslosigkeit in Deutschland wird sein, ob es gelingt, die strukturelle Arbeitslosigkeit abzubauen (auch in Ostdeutschland). Ein wichtiges Missverständnis vieler politischer Entscheidungsträger (und Wissenschaftler) besteht in der Meinung, dass dies durch mehr Wirtschaftswachstum zu lösen wäre. Dies ist vergleichbar mit dem Versuch, die Untiefen in einer Schifffahrtsstrasse (die den Verkehr behindern) dadurch zu „bekämpfen", indem der Wasserspiegel erhöht wird. Da diese Erhöhung des Wasserspiegels, ebenfalls wie die des Wirtschaftswachstum nicht dauerhaft durchgehalten werden kann, werden die Untiefen, die Strukturverwerfungen der Wirtschaft (hier: Mismatches) immer wieder zum Vorschein kommen. Die Lösung für die strukturelle Arbeitslosigkeit lautet vielmehr, auf den spezifischen Mismatch bezogene, langfristig angelegte Maßnahmen einzusetzen. Wenn es zudem möglich wäre, diese Maßnahmen in einem Gesamtbündel zusammenzuschnüren, dann wäre dies ideal.

Bildungspolitik

Bildungspolitik ist mit Sicherheit eine solche langfristige Maßnahme, um den Qualifikations-Mismatch zu verringern. Zudem würden auch die Jugendarbeitslosigkeit (als eine Variante des demografischen Mismatch) und der technologische Mismatch reduziert. Der regionale Mismatch könnte davon ebenfalls profitieren.

Flexibilisierung der Arbeitsmärkte

Es dürfte weitgehend Konsens darüber bestehen, dass die Arbeitsmärkte und sozialen Beziehungen angesichts der veränderten Bedingungen (Globalisierung, EU-Harmonisierung, strukturelle Arbeitslosigkeit) neu reguliert werden müssen. Geht es dabei um Deregulierung oder Reregulierung? Für das anspruchsvolle europäische Modell kann es nur um Reregulierung, um Reformen also, gehen. Mit der Wiedererringung von Reformfähigkeit von wirtschaftlichen, politischen und gesellschaftlichen Institutionen würde sich „die" Politik ihre Gestaltungsfähigkeit zurückholen.

Die Ansätze für institutionelle Reformen (institutionelle Innovationen) sind vielversprechend; der Druck der Fakten ist auch sehr stark, da die Finanzierbarkeit der sozialen Sicherungssysteme mit den bestehenden Regelungen nicht gewährleistet ist.

Was bedeutet Flexibilisierung der Arbeitsmärkte? Technisch gesprochen heißt Flexibilisierung, auf der Grundlage des Anreizsystems Maßnahmen zu ergreifen, die die Arbeitsnachfrage-, die *Okun*- und die Angebots-Kurve elastischer machen. Mit den Abb. III.6 bis III.8 gesprochen: Die Kurven müssen sich jeweils gegen die eingezeichneten Pfeile verändern.

Tariflohnpolitik und Nicht-Lohn-Komponenten

Bündnis für Arbeit und Tarifverträge für 2000/2001 weisen auf wichtige institutionelle Veränderungen hin. Ein „Bündnis für Arbeit" nähert als strategisches Instrument die unterschiedlichen Interessen der beteiligten Akteure an; die Tarifverträge sind mittelfristig am Produktivitätswachstum ausgerichtet und sie enthalten Vergütungsformen, die bei der Vermögensbildung in Arbeitnehmerhand ansetzen. Diese Maßnahmen werden dazu beitragen, die Arbeitslosenquote zu drücken.

Neue Märkte und Strukturwandel

Der Arbeitsmarkt hat sich auf die Veränderungen des Strukturwandels auch in Bezug auf die Märkte und Produktionsweisen (produzierendes Gewerbe versus Dienstleistungen) einzulassen. Damit sind die einzelnen Märkte mehr denn je miteinander verknüpft: Der Wandel der Wirtschaftsstruktur schlägt sich in veränderten Produkten (Dienstleistungen) und Wirtschaftsweisen nieder, und dies verlangt neue Anforderungen an Arbeitsinhalte und -abläufe. Die lineare Biografie eines Arbeitslebens wird sich verändern, und dieses ist wohl nur durch das vielbeschworene „lebenslange Lernen" zu bewältigen.

Makro-ökonomisch werden aber auch neue Trends angefahren. Die ökologisch-soziale Steuerreform und die absehbaren Veränderungen des Weltklimas werden neue Technologiepfade (z.B. bei regenerativen Energien) initiieren. Dies führt nach überwiegender Mehrheit der Experten zu höherer Beschäftigung.

Soziale und ökologische Zielsetzungen wichtiger

Wenn soziale und ökologische Ziele wichtiger werden im Sinne einer Gleichrangigkeit zum Wirtschaftlichkeitsziel, dann bedeutet dies eine stärkere Rolle des Staates oder kollektiver Institutionen (auch Bürgerarbeit), und es bedeutet neue Märkte, die mit Strukturwandel verknüpft sind.

Beschäftigungspolitik betrifft alle Ressorts
Unter dem Aspekt der Ganzheitlichkeit kann Beschäftigungspolitik nicht einem einzelnen Ressort „zugeschlagen" werden. Der erste Grund besteht darin, dass ein Ressort i.d.R. nur ein Ursachenbündel „kontrolliert", und damit die vielen Ursachenbündel von Arbeitslosigkeit nicht erfasst werden. Der zweite Grund liegt in der Möglichkeit, bei angemessener Grundausstattung Erwerbsarbeit durch Eigen- und/oder Bürgerarbeit zu kompensieren.

3.9 Ergebnis

Ergebnisse, auf die Eingangsfragen bezogen
Die Ergebnisse für die ex ante Prognose hängen wesentlich von den gesetzten Prämissen ab und ob diese erfüllt werden können. Die wichtigste Prämisse ist wohl die, ob es mit einer Gratwanderung zwischen sozialer Sicherheit und Flexibilität der Arbeitsbeziehungen gelingen kann, die strukturelle Arbeitslosigkeit zu reduzieren. Eine Voraussetzung für den Erfolg ist eine langfristig ausgerichtete Politik, die auch ganzheitliche Aspekte ins Blickfeld nimmt. Dann wird die Erwerbsarbeitslosenquote wieder sinken.

Antworten (zu den Fragen ab Seite 446)

1. Es bestehen Kompensationsmöglichkeiten zwischen den unterschiedlichen Arten von Arbeit, der Erwerbs-, Eigen- und Bürgerarbeit.

2. Beschäftigungspolitik hängt von den spezifischen Ursachenkonstellationen (in einem Land) ab. Erfahrungen aus anderen Ländern sind übertragbar, wenn sie diese Bedingungen berücksichtigen.

3. „Verluste" bei Produktionspotentialen, staatlichen Budgetposten, kollektiver und individueller Lebensqualität.

4. Die durchschnittliche Arbeitslosenquote hat sich – mit einer kurzen Erholung – in den letzten drei Dekaden in Deutschland verzehnfacht.

5. Sie offenbaren die Zunahme der Erwerbspersonenzahl um 5 Mio.

6. Strukturelle Ursachen, auch im Ost-West-Vergleich, machen etwa 80% der Gesamtarbeitslosenquote aus.

7. Mikro-ökonomische Erklärungsansätze gehen von einem vollkommenen Arbeitsmarkt (insbes. Suchtheorie) aus, berücksichtigen dann Lohn- und Preisstarrheiten (Kontrakttheorien), und berücksichtigen Strukturprobleme (Segmentationstheorie). Makro-ökonomische Theorien und Hypothesen setzen an Arbeits-Angebot und -Nachfrage an. Dies kann einzelnen Akteursgruppen zugeordnet werden. Keynesia-

nische Arbeitslosigkeit wird vor allem durch Lohnstarrheiten (nach unten) erklärt, neoklassische besteht (bei vollkommenen Märkten) nur in friktioneller (Such-) Arbeitslosigkeit.

8. Keynesianische Arbeitslosigkeit ist im Vergleich zu neoklassischer gekennzeichnet durch zu hohe Reallöhne (wegen Lohnstarrheit nach unten) und nicht-rationalen Erwartungen (z.B. Geldillusion).

9. Technologische Arbeitslosigkeit durch lohninduzierte Rationalisierungsinvestitionen (technologischer Mismatch); geburtenstarke Jahrgänge (demografischer Mismatch); überschießendes Produktivitätswachstum; schwache Binnennachfrage; rigorose (Personal-) Kostenreduktionen der Wirtschaft („lean management").

10. Arbeitsmarkt; Angebots-, Nachfrage-, *Okun*-, *POP*-Kurve; Beschäftigungsfunktion; Ökologische Produkte und Verfahren; Exportfunktion; Arbeitsmarktinstitutionen.

11. Bei steigender Erwerbspersonenzahl verlagert sich die Arbeitsangebotsfunktion nach außen (rechts) und es entsteht Arbeitslosigkeit (oder: bestehende Arbeitslosigkeit vergrößert sich).

12. Die Wachstumsrate der Beschäftigten wird negativ.

13. Mismatches stellen mit u^* einen Verschiebungsparameter der *Okun*-Kurve dar. Bei gegebener Verschiebung der Kurve kann steigendes Nationalprodukt eine zunehmende Arbeitslosenquote „in Schach halten".

14. Technologischer, demografischer, Qualifikations- und regionaler Mismatch.

15. Im gesamtwirtschaftlichen Angebots-Nachfrage-System verlagert sich die *Okun*-Kurve (Mismatches), *Okun*- und Angebots-Kurve werden inelastischer wegen einer Überregulierung von Arbeitsmarkt und sozialen Beziehungen.

16. Die *POP*-Kurve verlagert sich im *P/Y*-Diagramm nach innen, wenn die Wählerpräferenzen Arbeitslosigkeit höher bewerten als Preisniveaustabilität und Wachstum des Nationalprodukts; die Regierung verliert Wählerstimmen (und die Wahl).

17. Erfahrungen mit Arbeitslosigkeit führen zu Erwartungen von mehr Arbeitslosigkeit, die sich dann manifestieren.

18. Wachsende Bedeutung von qualifizierten Arbeitskräften; Trend zur Dienstleistungsgesellschaft; lebenslanges Lernen; Flexibilisierung des Arbeitsmarktes; Bedeutung von Ressourcen- und Energieproduktivität steigt; regionale Disparitäten nehmen ab.

19. Wirtschaftswachstum beseitigt nicht die strukturelle Arbeitslosigkeit. Jede Art von Mismatch verlangt spezifische, langfristig wirkende Maßnahmen.

20. Bildungspolitik ist eine langfristig wirkende Maßnahme, um Qualifikations-Mismatch, Technologie-Mismatch und regionalen Mismatch zu reduzieren.

21. Flexibilisierung von Arbeitsmärkten bedeutet, auf der Grundlage des Anreizsystems Maßnahmen zu ergreifen, die eine leichtere Anpassung von Ungleichgewichten bewirken.

22. Strukturwandel verändert Arbeitsanforderungen und Arbeitsinhalte. Bei mangeln-

der Anpassung entsteht Arbeitslosigkeit.

23. Unter dem Aspekt der Ganzheitlichkeit kann Beschäftigungspolitik nicht einem einzelnen Ressort „zugeschlagen" werden. Der erste Grund besteht darin, dass viele Ressorts viele Ursachenbündel „kontrollieren", der zweite liegt in den Kompensationsmöglichkeiten von Erwerbs-, Eigen- und Bürgerarbeit.

4 Wirtschaftswachstum und Lebensqualität

Fragen

1. Wie wird Wirtschaftswachstum definiert und gemessen?

2. Wie verlief in groben Zügen das Wachstum in den letzten 30 Jahren in Deutschland und welche Wachstumszyklen können unterschieden werden?

3. Was bedeutet Wachstumsqualität, wie kann sie untersucht werden und welche empirischen Ergebnisse lassen sich aus einer einfachen Analyse ableiten?

4. Wie verläuft die Entwicklung des Bruttoinlandsprodukts im Vergleich zu einem Wohlfahrtsindex (z.B. ISEW)?

5. Wie lauten die Bedingungen für gleichgewichtiges Wirtschaftswachstum und wie werden sie abgeleitet?

6. Was folgt aus der Definition einer Wachstumsrate für die Entwicklung des Zuwachses?

7. Was besagt das Ertragsgesetz in Bezug auf Wachstum und wie kann seine Wirkung kompensiert werden?

8. Warum kann das Bruttoinlandsprodukt nur begrenzt als Wohlfahrtsmaß verwendet werden?

9. Wie kann man bei der Struktur- oder Komponentenanalyse des Wachstums vorgehen, und was muss man in Bezug auf die Auswahl der Indikatoren beachten?

10. Welche Ergebnisse lassen sich ableiten und welche Aussagegrenzen haben diese Ergebnisse?

11. Warum ist es sinnvoll, die Interessen einzelner Akteursgruppen in Bezug auf Wachstum zu betrachten?

12. Welche Akteursgruppen haben ein starkes Interesse an wirtschaftlichem Wachstum und welche Begründungen führen sie dafür an?

13. Welche Akteursgruppen haben kein Interesse an wirtschaftlichem Wachstum und welche Begründungen führen sie dafür an?

14. Was versteht man unter externen Kosten und wie werden sie in unserem Wirtschaftssystem berücksichtigt?

15. Welche Strömungen bestehen in der Wirtschaft in Bezug auf nachhaltiges Wirtschaften?

16. Welche Konsequenzen ergeben sich aus der Materialbilanz für das quantitative Wirtschaftswachstum, und wie werden die Konsequenzen gezogen?

17. Welche Konsequenzen hat die Betonung der kurzfristigen Eigeninteressen für die Transformation zu einem qualitativen Wachstum?

18. Wie entstehen Institutionen?

19. Wie verteilen sich die Transaktionskosten in der Zeit?

20. Was besagt die Principal-Agent-Theorie?

21. Welche Instrumente sind im Werkzeugkasten für Wirtschaftswachstum und Lebensqualität enthalten?

22. Welche drei Wachstums-Szenerien lassen sich unterscheiden?

23. Wie kann das Verantwortungs-Szenario noch bezeichnet werden und was enthält es an Forderungen für eine ex ante Prognose?

24. Welche Art von Investitionen stehen im Mittelpunkt der Analyse des Verantwortungs-Szenarios und wie wirken sie im gesamtwirtschaftlichen Angebots-Nachfrage-System?

4.1 Fragestellung und Problem

Formulierung der Frage

Wie werden sich Wirtschaftswachstum und Lebensqualität in den nächsten zehn Jahren in Deutschland entwickeln? Was spricht dafür und was spricht dagegen, dass Deutschland auf einen Pfad qualitativen Wachstums oder nachhaltiger Entwicklung einschwenken wird? Welche Konsequenzen ergeben sich aus dem einen und dem anderen Szenario? Es wird notwendig sein, außer dem ökonomischen Kern der Frage auch ökonomieverwandte Aspekte wie ökologische Ökonomik, Polit-Ökonomik und Institutionenökonomik zu berücksichtigen.

Problemstellung

Mehr denn je scheint der Kern wirtschaftspolitischer Zielsetzung darin zu bestehen, ein inflationsfreies Wirtschaftswachstum mit einer möglichst hohen Wachstumsrate zu erreichen. Dabei steht weniger im Vordergrund, wie dieses Wachstum die Lebensqualität verbessern könnte, sondern mehr, wie das an das Nationaleinkommen angebundene Wirtschafts- und Gesellschaftssystem kurzfristig, sozusagen von einem Tag auf den anderen, überleben kann. Denn mit einem Rückgang der Wachstumsrate des realen Bruttoinlandsprodukts werden bei vielen Akteuren und Akteursgruppen wichtige Interessen verletzt.

Andererseits kann die Qualität des (quantitativen) Wachstums anhand der Wachstumsrate nicht festgestellt werden. Hierfür müssen wir die Struktur des Wachstums betrachten oder es müssen revidierte Messkonzepte herangezogen werden.

Lebensqualität wird in vollständig anderer Weise gemessen, und zwar mit Hilfe von sozialen Indikatoren. Soweit sich daraus ein einziger Index berechnen lässt, können Vergleiche mit dem Bruttoinlandsprodukt (*BIP*) hergestellt werden.

4.2 Empirie

Empirische Darstellung
Aus der Abb. I.6d geht hervor, wie sich die Wachstumsrate des realen Bruttoinlandsprodukts seit 1970 entwickelt hat. Die beiden ersten Zyklen entwickelten sich M-förmig; nach einem steilen Aufschwung aus der Depression (negative Wachstumsrate) kippt die Konjunktur in eine „Mini-Rezession", fängt sich nochmals in einem Aufschwungjahr und fällt dann wieder steil ab in die nächste Depression. Es folgt eine Phase, die als „Wellblechkonjunktur" bezeichnet wird, weil die Wachstumsrate auf recht hohem Niveau nur geringe Schwankungen aufweist. Ab 1990 kommen dann Sondereinflüsse, hier der Boom im Anschluss an die deutsche Wiedervereinigung, der dann aber 1992 aus höchsten Höhen in die tiefste Depression der deutschen Nachkriegszeit abstürzt. Nun scheint es wieder Wachstumsraten zu geben, die fast das Doppelte des Durchschnitts von 1991-2001 (= 1,6%) ausmachen. Im langjährigen Trend nimmt die durchschnittliche Wachstumsrate des realen Bruttoinlandsprodukts ab. Die durchschnittlichen Wachstumsraten für das reale Bruttoinlandsprodukt im alten Bundesgebiet in der Abgrenzung der Konjunkturzyklen (jeweils vom Boomjahr zum Rezessionsjahr) lauten:

1970/1975	1976/1982	1983/1993	1993/1999
3,1	2,2	2,7	1,8

Die Qualität des Wachstums kann anhand dieser Raten nicht festgestellt werden, will man nicht den naiven Standpunkt vertreten, dass mehr immer besser ist. Quantität wäre dann ein direkter Index für Qualität: je höher die Wachstumsrate, desto besser. Qualität kann nur bestimmt werden, indem man die Struktur einer Größe analysiert. Die Frage lautet dann, wie die Struktur der Wachstumsrate des *BIP* dargestellt werden kann und wie sie sich empirisch entwickelt. Dies werde ich später ausführlich darstellen.
Die Betrachtung der absoluten Werte zeigt, dass der jährliche Zuwachs des realen *BIP* in Deutschland für den Durchschnitt der Jahre 1991-1998 (mit dem Depressionsjahr 1992/93 und einem ΔY von -37 Mrd. DM) bei ca. 50 Mrd. DM liegt bei einem Niveau von ca. 3.500 Mrd. DM. Der maximale Zuwachs von fast 80 Mrd. DM trat 1993/94 auf.

Betrachten wir Abb. III.9, in der die Entwicklung des Bruttosozialprodukts (Bruttonationaleinkommen) und ein Index für die Lebensqualität (Index of Sustainable Economic Welfare) für (die Bundesrepublik) Deutschland dargestellt ist, dann können wir feststellen, dass die Lebensqualität seit den 1980er Jahren sogar absolut sinkt (bei steigendem *BIP*); Ende der 1980er steigt sie wieder. In den USA hat dieses Sinken des ISEW schon Anfang der 1970er Jahre eingesetzt. Die beiden Größen öffnen sich wie eine Schere; wir sprechen von einer Entkoppelung von quantitativem Wirtschaftswachstum und der Entwicklung von Lebensqualität. Dieser Entkoppelungsvorgang ist in allen industrialisierten Ländern zu beobachten.

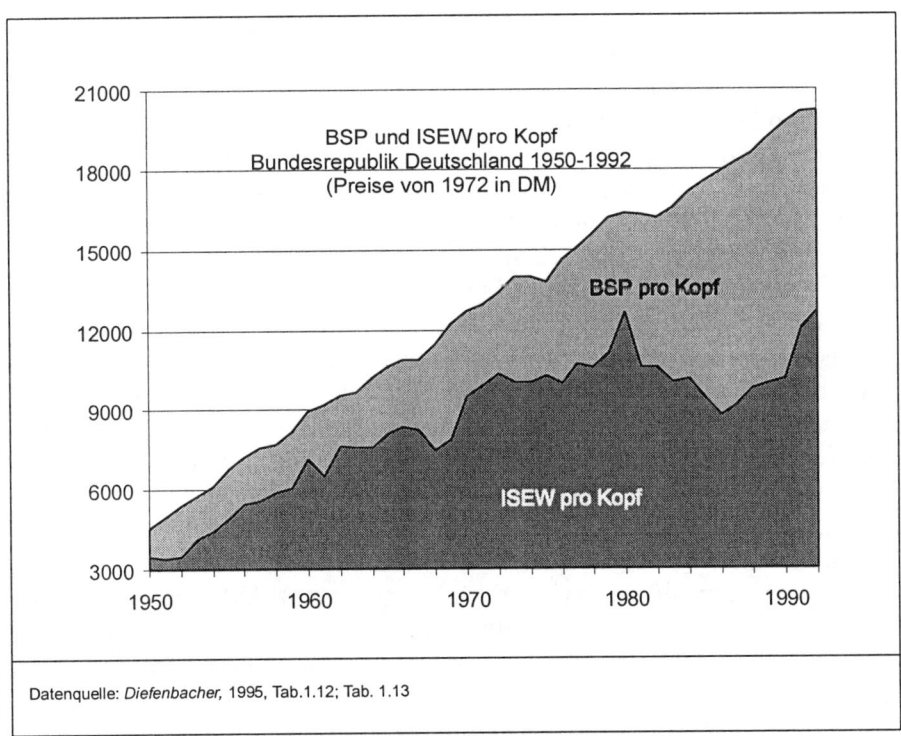

Abb. III.9 Entwicklung von Wirtschaftswachstum und Lebensqualität

Zwischenergebnis
Wir können bei absolut steigendem realen Bruttoinlandsprodukt einen sinkenden Trend der Wachstumsraten in den letzten 30 Jahren feststellen. Dieser sinkende Trend bedeutet nur dann eine Qualitätsverschlechterung des Wachstums, wenn man postuliert, dass höhere Wachstumsraten besser sind. Die Untersuchung der Wachstumsstruktur mit ausgewählten Quali-

tätskriterien könnte zeigen, dass abnehmende Wachstumsraten mit einer Qualitätsverbesserung des Wachstums verbunden sind.

Misst man Lebensqualität mit dem Index for Sustainable Economic Welfare und stellt man dessen Entwicklung der des Bruttosozialprodukts (Bruttonationaleinkommens) gegenüber, dann zeigt sich ab Ende der 1970er Jahre ein Öffnen der Schere: Steigendes *BIP*-Niveau ist mit sinkendem LQ-Niveau verbunden. Wirtschaftswachstum und Lebensqualität entkoppeln sich immer mehr.

4.3 Erklärungsansätze

Theorie: Hypothesen und Argumente im Überblick
Wir haben im vorliegenden Buch keine wachstumstheoretischen Theorien und Hypothesen kennen gelernt (vgl. dazu ausführlich Majer, 1998). Dennoch können wir eine ganze Reihe von Argumenten zusammenstellen, um die gestellten Fragen zu beantworten. Ein zentrales Ergebnis der Wachstumstheorie lässt sich jedoch mit einer einfachen (tautologischen) Erweiterung der keynesianischen Theorie ableiten und verwenden.

Wie entwickeln sich Wirtschaftswachstum und Lebensqualität in der nächsten Dekade? Anhand der Wachstumsgleichung und der (in der Wachstumstheorie zentralen) *Cobb-Douglas*-Produktionsfunktion können wir die abnehmenden Wachstumsraten erklären. Aus der volkswirtschaftlichen Gesamtrechnung ergeben sich Argumente über den Zusammenhang von Nationaleinkommen und Wohlfahrt, aus der Darstellung von Sozialindikatoren können wir die Beziehungen zwischen Wachstum und Lebensqualität darstellen.

Aus einer Strukturanalyse der Wachstumsrate des Bruttoinlandsprodukts (Komponentenanalyse) gewinnen wir (empirische) Aufschlüsse über die „Qualität" des Wirtschaftswachstums. Daraus lassen sich wichtige Überlegungen zur Transformation von quantitativem zu qualitativen Wachstum und zu nachhaltiger Entwicklung ableiten.

Die Frage, ob es zu einer Transformation kommt, hängt wesentlich von den Einstellungen der wirtschaftlichen und gesellschaftlichen Akteursgruppen zum (quantitativen) Wirtschaftswachstum ab. Daher werden wir untersuchen, welche Akteursgruppen ein Interesse daran haben, dass die quantitative Wachstumsrate möglichst hoch ist und welche Akteursgruppen ein Interesse an einer Transformation zu qualitativem Wachstum haben. Diese Fragen lassen sich mit Argumenten aus der Makroökonomik, der ökologischen Ökonomik, der Polit-Ökonomik und der Institutionenökonomik beantworten.

Bedingungen gleichgewichtigen Wachstums

Die Bedingungen für gleichgewichtiges Wachstum lassen sich mit einem sehr einfachen Modell ableiten, für das eine geschlossene Volkswirtschaft ohne Staat, Außenhandel und Geldwirtschaft unterstellt wird. Wir gehen aus von der Tautologie, dass die Wachstumsrate des Nationaleinkommens gleich ist der Wachstumsrate des Nationaleinkommens:

$$\hat{Y} = \hat{Y} \quad \text{oder} \quad dY/Y = dY/Y.$$

Wir multiplizieren die rechte Seite mit eins, definiert als I/I. I steht für Investitionen, und diese sind der Zuwachs an Sachkapital. Wenn wir keine Abschreibungen berücksichtigen, gilt $I = dK$. Dies ergibt, umgestellt und dK eingesetzt, $dY/Y = dY/dK \cdot I/Y$. Die Wachstumsrate des Nationaleinkommens ist gleich dem Produkt aus Grenzproduktivität des Kapitals und Investitionsquote.

Gleichgewichtiges Wachstum setzt voraus, dass gewünschtes Sparen und geplante Investitionen gleich sind. Setzen wir diese Gleichgewichtsbedingung in die obige Gleichung ein, dann wird aus der Investitionsquote die (durchschnittliche) Sparquote $s = S/Y$. Außerdem wissen wir aus Kapitel II.3, dass der Kapitalkoeffizient v als das Reziprok der Kapitalproduktivität definiert ist. Schreiben wir den marginalen Kapitalkoeffizienten als v', dann ergibt sich $\hat{Y} = s/v'$. Die gleichgewichtige Wachstumsrate des Nationaleinkommens ist gleich dem konstanten und gegeben Quotienten aus Sparquote und marginalem Kapitalkoeffizienten.

Aus dieser Beziehung leitet die Wachstumstheorie ab, dass bei Konstanz und Gleichheit der Wachstumsraten aller relevanten Aggregate Wachstumsgleichgewicht herrscht.

Konstante Wachstumsraten und konstante Zuwächse

Betrachten wir die Definitionsgleichung für Wachstumsraten in einfacher Form geschrieben als $\Delta Y/Y$. Gehen wir außerdem davon aus, dass Y in der Zeit ansteigt, was der Realität entspricht, sehen wir von gelegentlichen Einbrüchen (z.B. 1975, 1982, 1992) ab. Wie muss sich ΔY verändern, damit (bei steigendem Y) die Wachstumsrate konstant bleibt, so wie es von der gleichgewichtigen Wachstumsrate gefordert wird? Die plausible Antwort lautet (ohne formale Begründung): ΔY muss exponentiell steigen. Ein Blick in die Daten von 1991 bis 1998 zeigt aber, dass ΔY zwischen -37 und +80 Mrd. DM schwankt; im Durchschnitt liegt der Wert (über viele Jahre) bei etwa 50 Mrd. DM. Das bedeutet nichts anderes, als dass die Wachstumsrate sinkt.

Die Wirkung des Ertragsgesetzes
Die *Cobb-Douglas*-Produktionsfunktion (vgl. Kapitel II.3.3.2) zeigt bekanntlich abnehmende Ertragszuwächse; das bedeutet abnehmende ΔQ bei steigenden Produktionsmengen Q. Begründet wird diese Form der Produktionsfunktion mit Produktionsengpässen, Lieferschwierigkeiten von Vorprodukten, oder einem knappen Arbeitsmarkt für qualifizierte Arbeitskräfte. Mit diesen Beobachtungen und Argumenten lässt sich erklären, warum ΔQ oder ΔY eher abnimmt als steigt. Technischer „Fortschritt" und steigende Skalenerträge können das Sinken der Zuwächse kompensieren, aber nicht vollständig.

Bruttoinlandsprodukt als Maß für Lebensqualität?
Wir hatten in Kapitel I.4.3.5 festgestellt, dass das Bruttoinlandsprodukt nur begrenzt als Wohlfahrtsmaß verwendet werden kann.

Produktions-Sektor	Selektionskriterium	Bewertungskriterium
private Haushalte	keine Produktion, bei den Selbständigen Herstellungskosten	entfällt
öffentliche Haushalte	Aufzeichnungen in den Haushaltsplänen der Gebietskörperschaften, z.T. geschätzt	Kosten
Unternehmen	auf dem Markt gehandelte Güter	mit Hilfe von Herstellungskosten (die auf Marktpreisen basieren)

Die privaten Haushalte ziehen nach dieser Rechnung ihre Wohlfahrt oder ihre Lebensqualität aus dem Kauf von privaten und öffentlichen Gütern und Dienstleistungen, den sie mit den dort erzielten Einkommen bezahlen. Wir haben Lebensqualität auf der Grundlage von objektiven Lebensbedingungen definiert (vgl. Kapitel I.4.4), und zwar mit den Bereichen oder Komponenten der Lebensqualität Einkommen und Versorgung, Bildung, Wohnen, Gesundheit, Umwelt, politische Partizipation, Sicherheit, Arbeit und Mobilität sowie Freizeit. Die Frage lautete, wie sich diese Bereiche im Nationaleinkommen widerspiegeln. Mit der Zusammenstellung in Tab. I.9 hatten wir gelernt, dass (wichtige) Bereiche wie z.B. Freizeit, Umwelt und politische Partizipation nur indirekt im Bruttoinlandsprodukt enthalten sind, eben nur soweit, wie sie Ausgaben (für private und öffentliche Güter) nach sich ziehen.

Es wird niemals möglich sein, dass Nationaleinkommen und ein Index für Lebensqualität vollständig ineinander übergeführt werden können. Zwei wesentliche Einwände lauten bekanntlich: Bewertung und Akzeptanz (vgl. I.4.4). Aber man kann auf jeden Fall sagen, dass die Qualität des Bruttoinlandsprodukts umso besser ist, je mehr die Struktur der darin enthaltenen Güter und Dienstleistungen der Struktur der Komponenten der Lebensqualität ähnelt. Diese Konzeption will ich im Folgenden aufzeigen.

Struktur- und Komponentenanalyse
Wir „erklären" die Wachstumsrate des realen Bruttoinlandsprodukts oder der Bruttowertschöpfung mit ihren Komponenten. Diese auf *Adolf Wagner* zurück gehende Komponentenanalyse geht davon aus, dass die Wachstumsrate eines Aggregates X gleich der gewichteten Summe ihrer Teilaggregate ist:

$$\hat{X} = \alpha_1 \cdot \hat{X}_1 + \alpha_2 \cdot \hat{X}_2 + \ldots + \alpha_n \cdot \hat{X}_n \quad \text{mit } \alpha_n = X_n/X \text{ [1]}$$

Für die Qualitätsanalyse des Nationaleinkommens müssen zwei eng miteinander zusammenhängende Fragen beantwortet werden:
- Nach welchen Komponenten soll das Nationaleinkommen *Y* aufgelöst werden (Entstehungs-, Verwendungs- oder Verteilungsrechnung)?
- Welche Qualitätskriterien werden unterstellt (wirtschaftliche, soziale oder ökologische Kriterien oder Ziele)?

Wir können davon ausgehen, dass das Kriterium der Wirtschaftlichkeit im Nationaleinkommen ausreichend berücksichtigt ist; daher liegt es nahe, als Qualitätskriterien soziale und ökologische Ziele zu untersuchen. Dafür ist die Entstehungsrechnung (sektorale Beiträge zur Leistungserstellung) geeignet. Ich stelle nun für die folgende Komponentenanalyse die Hypothese auf: Je stärker die Wachstumskomponenten mit abnehmendem Energieverbrauch und zunehmender Beschäftigung korrelieren, desto besser ist die Qualität des Wirtschaftswachstums.

Entwicklung des Ansatzes und Begründungen der Auswahl der Indikatoren
Die Frage lautet, wie sich in den letzten 30 Jahren die Bruttowertschöpfung und die Beschäftigung für Wirtschaftssektoren entwickelt hat und ob dies in einen gemeinsamen Erklärungsansatz eingebracht werden kann. Für den Vergleich bestehen mehrere Möglichkeiten:

---

[1] Dabei gilt: $X = X_1 + X_2 + \ldots + X_n$

- Absoluter Vergleich der Gewichtungsfaktoren αn in der Zeit: Das bedeutet, dass wir die Struktur von Bruttowertschöpfung und Beschäftigung in mehreren Perioden miteinander vergleichen.

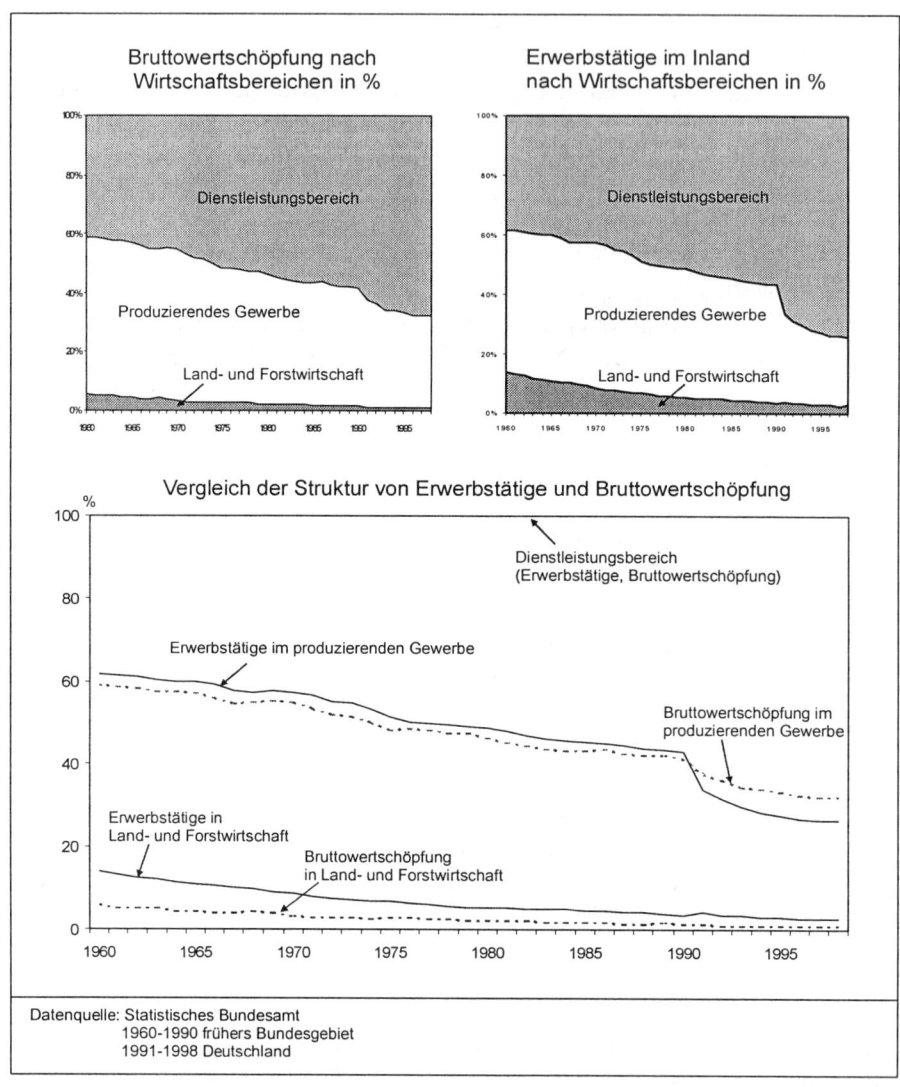

Abb. III.10 Qualitätsanalyse des Wirtschaftswachstums

- Normierter absoluter Vergleich: Wir beziehen die sektoralen Aggregate auf die Gesamtaggregate und normieren damit. Dies bedeutet, dass wir Elastizitäten berechnen, indem wir die Verhältnisse der Wachstumsraten von Teilaggregat und Gesamtaggregat in Beziehung setzen. Wir vergleichen dann die errechneten Elastizitäten für die Wertschöpfung (>1) und die Beschäftigung (>1).

Um die Analyse nicht zu komplizieren, gehen wir in Anlehnung an die berühmte Arbeit von *Jean Fourastié* von drei Sektoren aus:

- Primärer Sektor: Land-, Forstwirtschaft und Fischerei,
- sekundärer Sektor: Warenproduzierendes Gewerbe,
- tertiärer Sektor: Dienstleistungen.

Die Ergebnisse sind in Abb. III.10 zusammengestellt. Wir stellen fest, dass der Dienstleistungssektor stetig zugenommen hat, dass aber die Beschäftigten seit etwa 1990 im warenproduzierenden Sektor zugunsten des tertiären Sektors abgenommen haben; dies hängt auch mit dem Zusammenbruch der Industrie in Ostdeutschland zusammen. Dennoch zeigt sich, dass der Wachstumssektor Dienstleistungen auch Arbeitskräfte aufgenommen hat. Insgesamt ist das Wachstum aber „jobless" und daher nicht sozialverträglich.

4.4 Bedingungen der ex post Analyse

Wachstums-Interessen der Akteursgruppen
Eine Transformation vom quantitativen zu einem qualitativen Wachstum ist nur möglich, wenn die gesellschaftlichen Akteursgruppen dies mit ihren Entscheidungen unterstützen. Die Bereitschaft dazu hängt von den Interessen (Zielen, Verlustängsten, tatsächlichen Verlusten und Nachteilen) der Akteursgruppen ab. Vermutlich gehen nicht alle Interessen in eine Richtung. Das Gesamtergebnis hängt daher von den gesellschaftlichen Machtpositionen der Akteursgruppen und den Argumenten für ihre Position ab. In der folgenden Tabelle habe ich die wichtigsten Positionen zusammen gestellt.

Die Situation ist eindeutig: die starken gesellschaftlichen Akteursgruppen sehen sich als wesentliche Verlierer von Wachstumseinbrüchen und stehen vollständig hinter der Wachstumsposition. Die harten und heute relevanten Fakten sprechen bei diesen Akteursgruppen für Wirtschaftswachstum („weiter so"). Diejenigen Akteure, die sich bewusst sind, dass quantitatives Wirtschaftswachstum langfristig externe Kosten verursachen wird, die die Kosten von vorsorgenden Maßnahmen und maßvollem („angemessenem") Wirtschaftswachstum weit übersteigen, haben in der gesellschaftlichen Meinungsbildung nur eine schwache Stimme und nur mittelbaren Einfluss. Allerdings gehören auch wichtige Akteure dazu. Z.B. sind von den fast 500 Mitgliedfirmen der Bundesarbeitsgemeinschaft für umweltbewusstes Management (B.A.U.M.) mindestens 50 „erste Adressen" der deutschen

Akteurs-gruppe	pro Wirtschafts-wachstum	contra Wirtschafts-wachstum	relative gesellschaft-liche Machtposition
Wirtschaft	Überlebensnotwendig im globalen Wettbewerb, Wachstum bringt Gewinne, Wachstum ermöglicht höhere Gehälter für „helle Köpfe" und Manager, Wachstum fördert den „shareholder value", Wachstum bringt Größe, ökonomische Macht und strategische Autonomie.	Bei kleinen und mittleren Unternehmen (KMU) ist die Ansicht verbreitet, dass auch bei moderatem Wachstum eine hohe Rendite erzielt werden kann.	Sehr groß, auch deshalb, weil sich die Wirtschaftsverbände stark einer Wachstumsideologie verschrieben haben.
Staat	Wachstum lässt wegen progressiver Steuersätze und wegen des Volumens der Besteuerungsgrundlage die Einnahmen steigen, leichtere Schuldentilgung aus Einnahmezuwächsen, Ausgaben für Sozialversicherungssysteme (auch Arbeitslosenversicherung) sinken, Ängste, vom internationalen Wachstumszug abgekoppelt zu werden.		Sehr groß; die Budgetplanungen sind auf Wachstum ausgerichtet („Budgetmaximierung"), Forschung ist auf nachhaltige Entwicklung ausgerichtet (Bundesministerium für Bildung und Forschung sowie Umweltministerium).
Sozialversicherungsträger	Sozialsysteme sind an Wachstum gekoppelt und kollabieren bei Wachstumsschwäche.		Sehr groß; weil die Leistungen gesetzlich festgelegt sind.

politische Entschei-dungsträger	Konfliktvermeidung, Einkommenssteige-rungen bringen Wählerstimmen, auch über das Argument von mehr Beschäfti-gung.		Groß.
private Haushalte	Mehr Einkommen, mehr Konsummög-lichkeiten, Hoffnung auf weniger Arbeits-losigkeit.	Post-materielle Haushalte sehen Beeinträchtigungen der Gesundheit von Mensch und Umwelt.	Groß; insbesondere wegen ihrer Wahl-entscheidung, post-materielle Haushalte machen ca. 20% aus.
Umweltver-bände		Sehen gravierende Beeinträchtigungen der Gesundheit von Mensch und Umwelt (externe Kosten).	Gering.
geplanter „Zukunftsrat"		Sieht gravierende Beeinträchtigungen der Gesundheit von Mensch und Umwelt.	Noch nicht absehbar.

Tab. III.5 Wachstums-Interessen von Akteursgruppen

Industrie; ähnlich liegt der Fall bei future e.V.. UnternehmensGrün hat einen recht hohen Organisationsgrad bei KMU. Dies will sagen, dass unter der Oberfläche der kurzfristigen Share-holder-Orientierung gewichtige Strömungen für nachhaltiges Wirtschaften existieren.

Hypothesen und Argumente aus der ökologischen Ökonomik
In der ökologischen Ökonomik haben wir die Materialbilanz kennen gelernt (Kapitel II.5.3), in der die Zusammenhänge zwischen Ökonomie und Ökologie skizziert sind (vgl. Abb. II.44). Unterlegt man diese Dar-stellung mit Daten, dann erkennt man die gravierende Übernutzung von Quellen und Senken durch die heutigen Wirtschaftsweisen und Lebenssti-le. In Bezug auf die Senken sind sich alle seriösen Klimaforscher einig, dass der Eintrag von CO_2 und anderen Gasen das Klima in den nächsten 20-30 Jahren signifikant ändern wird, mit schwerwiegenden Einbußen in der Produktion von Nahrungsmitteln und der Versorgung mit Wasser und

stark zunehmenden Gefahren für die menschliche Gesundheit. Diese Zusammenhänge sind im Grunde jedem bekannt oder zugänglich. Sie sprechen nachdrücklich für eine Änderung der Lebensstile und Wirtschaftsweisen, und zwar in Bezug auf die Effizienz, aber auch in Bezug auf das Maß („scale"), und für einen Übergang vom quantitativen zu einem qualitativen Wachstum.

Diese Argumente sind seit Anfang der 1970er Jahre immer stärker ins Bewusstsein vieler gedrungen. Ohne Frage hat sich die Situation der natürlichen Lebensgrundlagen verbessert, festzumachen an der Entkoppelung der NL-Kurve (Abb. II.45). Ökologisches Wirtschaften ist für viele Firmen ins Zielsystem aufgenommen worden und es wurde im Rahmen der Zertifizierung nach dem Öko-Audit ein Umwelt-Management-System eingerichtet, das nachhaltiges Wirtschaften fördert. Es bestehen freiwillige Vereinbarungen zwischen Wirtschaft und Staat zur Reduktion von CO_2, Kraftstoffverbrauch, Recycling, etc. Die Bundesregierung hat sich verpflichtet, den nationalen CO_2-Verbrauch bis zum Jahr 2005 um 25% (bezogen auf 1990) zu verringern. Viele Städte und Gemeinden haben den Aktionsplan der Lokalen Agenda 21 beschlossen und führen Maßnahmen durch. Im Abfallbereich wurde in Bezug auf festen Anfall (Papier, Glas, Metalle) von den privaten Haushalten vieles verbessert. In den sensiblen Bereichen Individualverkehr und Stromverbrauch sind die Maßnahmen noch nicht durchschlagend; die 1998 eingeführte ökologisch-soziale Steuerreform ist ein erster Schritt.

Hypothesen und Argumente der Polit-Ökonomik
Die gesellschaftlichen Akteure und Akteursgruppen handeln nach ihren Eigeninteressen, dabei dominieren Überlegungen und Handlungen über kurzfristige Vorteile. Veränderungen und Strukturwandel kennt Verlierer und Gewinner. Diejenigen Akteursgruppen, die sich den Verlierern zugehörig wähnen, berechnen ihre (pekuniären) Verluste medienwirksam; die Gewinner kennen oftmals ihre Gewinnchancen gar nicht. Die öffentliche Hand und ihre wesentlichen Entscheidungsträger (Politiker und Bürokratien) verfolgen die Zielsetzung der Wählerstimmen- und Budgetmaximierung und sind daher von Wahlperioden (alle vier Jahre Bundestagswahl) beeinflusst; da die Wahlen von wichtigen Länderparlamenten immer wieder zu bundespolitischer Bedeutung hochstilisiert werden, stehen die Politiker unter dem dauernden Druck des Wohlverhaltens gegenüber Wählern und Wählergruppen („Wahlgeschenke").

Die Transformation vom quantitativen zu einem qualitativen Wachstum erfordert langfristige Entscheidungen in Bezug auf die Infrastruktur (z.B. Verkehrswege) und Institutionen (z.B. Kreislaufwirtschaftsgesetz, ökologisch-soziale Steuerreform). Diese Entscheidungen zielen auf einen zukünftigen Nutzen, der für den einzelnen Akteur oft nicht zu erkennen ist, und verursachen heute Kosten, die konkrete Einschränkungen (im Konsum, bei den Ausgaben, etc.) verlangen. Dieser Konflikt geht wegen der politischen Wahlzyklen meist zu Gunsten der kurzfristigen Maßnahmen aus; die ökologisch-soziale Steuerreform scheint eine bemerkenswerte Ausnahme zu sein.[2]

Hypothesen und Argumente der Institutionenökonomik
Institutioneller Wandel setzt institutionelle Innovationsfähigkeit (Reformfähigkeit) voraus. Langfristig muss eine Ko-Evolution der gesellschaftlichen Subsysteme stattfinden; Ökonomie, Ökologie, Soziales, Politik-Administration, Technik, Institutionen, etc. müssen sich in ihren Veränderungen ergänzen (und fördern). Die Ursachen institutionellen Wandels müssen deutlich sein. Gesellschaftlicher Wertewandel bedeutet Veränderungen der informellen Regeln, und dies zieht Veränderungen von formalen Regeln nach sich (vgl. Anreizsystem).
Vergleicht man Transaktionskosten in der Zeit, dann stellt sich heraus, dass Reparaturmaßnahmen an der Gesundheit von Mensch, natürlichen und sozialen Lebensgrundlagen weitaus teurer sind als vorsorgende Maßnahmen. Daher wurden in der Vergangenheit immer wieder im Rahmen der Technikfolgenabschätzung Berechnungen über Risiken der Nutzung von Atomkraftanlagen, über die Auswirkungen von CO_2-Einträgen in die Atmosphäre, über Gesundheitsrisiken von Benzol, etc. angestellt. Es scheint, dass die Bedeutung solcher Berechnungen in Politik und Wirtschaft erkannt ist.
Die Prinzipal-Agent-Theorie erklärt, warum der Prinzipal, die Wähler zum Beispiel, sich nicht darauf verlassen kann, dass der Agent (die Bürokratie zum Beispiel) „seine" Wünsche und Präferenzen vollständig umsetzt. Ein wichtiger Grund hierfür ist die Asymmetrie von Information; die Verwaltung hat gegenüber den Politikern oder Wählern große Informationsvorsprünge. Diesen Zusammenhängen wurde durch eine Dezentralisierung vieler Verwaltungen Rechnung getragen, wobei einzelne bürokratische Einheiten Budgetverantwortung wahrnehmen müssen.

---

[2] Die Wahlergebnisse der SPD gingen nach der Verabschiedung des Gesetzes drastisch nach unten, und erst die mit den Problemen der CDU (Spendenaffäre) wurde die Wende geschafft. Die Entscheidung der Regierung (Rot-grün) war daher wirklich bemerkenswert (mutig).

4.5 Werkzeugkasten

Zwischenergebnisse

Gleichgewichtiges Wirtschaftswachstum bedeutet, dass die Wachstumsraten aller relevanten Aggregate mit der gleichen Rate wachsen. Die empirische Wachstumsrate des realen Bruttoinlandsprodukts nimmt aber im Trend ab. Das Nationaleinkommen ist kein geeignetes Maß für Lebensqualität. Es gibt aber unterschiedliche Qualitäten von quantitativem Wachstum. Das übliche (naive) Kriterium lautet: je höher, desto besser. Anspruchsvollere Kriterien können nur mit Hilfe von Strukturanalysen angewandt werden. Drei wichtige Kriterien für die Qualitätsanalyse des Wirtschaftswachstums lauten Wirtschaftlichkeit, Umweltverträglichkeit, Sozialverträglichkeit. Je stärker die Wachstumskomponenten mit abnehmendem Energieverbrauch und zunehmender Beschäftigung korrelieren, desto besser ist die Qualität des Wirtschaftswachstums. Betrachtet man die Interessen der gesellschaftlichen Akteursgruppen, dann ist eindeutig: die starken gesellschaftlichen Akteursgruppen sehen sich als wesentliche Verlierer von Wachstumseinbrüchen und stehen vollständig hinter der Wachstumsposition. Diejenigen Akteure, die sich bewusst sind, dass quantitatives Wirtschaftswachstum langfristig externe Kosten verursachen wird, die die Kosten von vorsorgenden Maßnahmen und maßvollem („angemessenem") Wirtschaftswachstum weit übersteigen, haben in der gesellschaftlichen Meinungsbildung nur eine schwache Stimme und nur mittelbaren Einfluss. Das Problem der Übernutzung von Quellen und Senken und die daraus folgende Notwendigkeit einer Änderung von Wirtschaftsweisen und Lebensstilen wird wohl von breiten Kreisen erkannt; partiell finden auch beachtenswerte Veränderungen im Handeln statt. Die Akteure und Akteursgruppen handeln weitgehend nach ihren (kurzfristigen) Eigeninteressen. Langfristige Entscheidungen in Bezug auf Infrastruktur und institutionelle Reformen für qualitatives Wachstum scheitern oft an den Wiederwahlüberlegungen von Politikern. Institutioneller Wandel wird durch Wertewandel im informellen Regelsystem angestoßen. Reparaturmaßnahmen sind ungleich teurer als Vorsorgemaßnahmen. Informationsasymmetrie zwischen Prinzipal und Agent verursacht mangelnde Umsetzung politischer Programme.

Der Werkzeugkasten: Wirtschaftswachstum

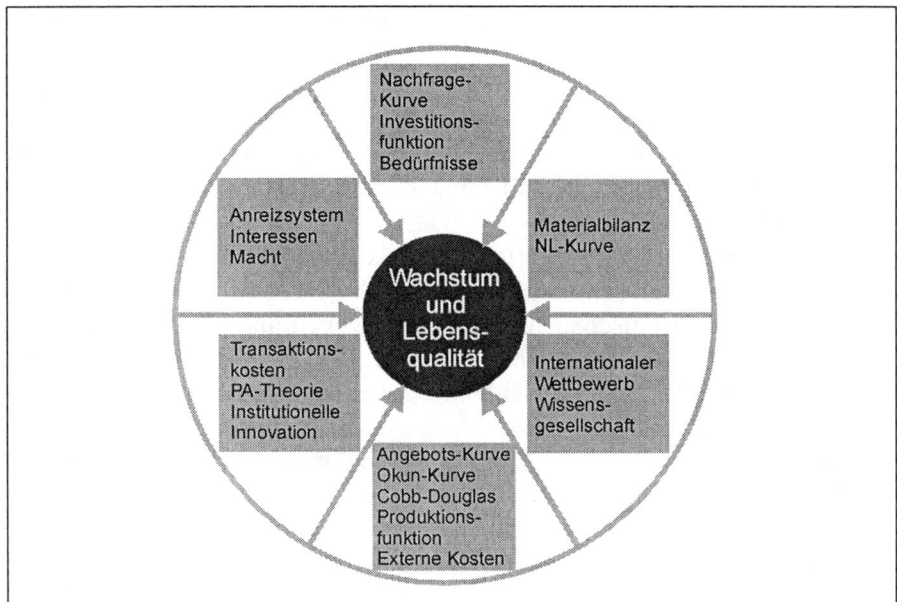

Abb. III.11 Werkzeugkasten: Wirtschaftswachstum und Lebensqualität

4.6 Bedingungen für die ex ante Analyse

Rahmenbedingungen für ex ante Prognose

Im Gegensatz zur Analyse in den beiden letzten Kapiteln (Inflation, Arbeitslosigkeit) geht es hier nicht um die Bewertung und Erklärung des Wachstumstrends, sondern um die Frage, wie eine Transformation zu einer anderen, besseren Qualität von Wachstum (oder Entwicklung) möglich sein könnte. Die zusammengestellten Argumente liefern den Inhalt für die linke Spalte der folgenden Tab. III.7. Das in der rechten Spalte unterstellte ex ante Szenario kann in unterschiedlicher Weise ausgefüllt werden:

- Ein Technologie-Szenario geht davon aus, dass es den Wissenschaftlern in den letzten 250 Jahren (nach der industriellen Revolution) immer gelungen ist, mit technischen Innovationen Knappheiten und Probleme zu lösen. Das Szenario unterstellt, dass dies auch weiterhin der Fall sein wird. Damit steht weiterem quantitativen Wirtschaftswachstum nicht entgegen. Träger dieser Zukunftsvorstellungen ist vor allem die technisch-ökonomische Intelligenz.
- Ein Pessimismus-Szenario geht davon aus, dass die technischen Lösungen der Vergangenheit immer wieder neue Probleme hervorgerufen ha-

ben (z.B. zivile Nutzung der Atomkraft löst das Energie- und Klima-
problem, schafft aber ein schwieriges Entsorgungsproblem und gesund-
heitliche Risiken für viele Generationen). Die Schäden in der Gesundheit von Mensch, natürlichen und sozialen Lebensgrundlagen seien
schon so weit fortgeschritten und irreversibel, dass eine Wende in den
menschlichen Verhaltensweisen, auch im Wachstum, vollzogen werden
müsse. Träger dieser Zukunftsvorstellungen sind in der sog. Öko-Pax-
Bewegung verankert.

• Ein Verantwortungs-Szenario (oder Nachhaltigkeits-Szenario) geht
davon aus, dass es den Menschen möglich sein sollte, durch eine Kombination von technischen, verhaltensbezogenen und institutionellen Innovationen zu nachhaltigen Lebensstilen und Wirtschaftsweisen zu
kommen und dadurch menschliches Leben in Würde auf dem Planeten
Erde zu sichern.

Ich neige dem dritten Szenario zu und werde dies auch beim Ausfüllen der
rechten Spalte der Tab. III.7 verfolgen.

ex post	ex ante
Gleichgewichtiges Wirtschaftswachstum bedeutet, dass die Wachstumsraten aller relevanten Aggregate mit der gleichen Rate wachsen. Die empirische Wachstumsrate des realen Bruttoinlandsprodukts nimmt aber im Trend ab.	Konstante Wachstumsraten können (und sollen) nicht aufrecht erhalten werden. Auch in Zukunft wird ein leicht sinkender Trend zu beobachten sein.
Es gibt unterschiedliche Qualitäten von quantitativem Wachstum. Drei wichtige Kriterien für die Qualitätsanalyse des Wirtschaftswachstums lauten Wirtschaftlichkeit, Umweltverträglichkeit, Sozialverträglichkeit.	Umwelt- und Sozialverträglichkeit werden als Wachstumskriterien wichtiger werden.
Betrachtet man die Interessen der gesellschaftlichen Akteursgruppen, dann ist eindeutig: die starken gesellschaftlichen Akteursgruppen sehen sich als wesentliche Verlierer von Wachstumseinbrüchen und stehen vollständig hinter der Wachstumsposition. Diejenigen Akteure, die sich bewusst sind, dass quantitatives Wirtschaftswachstum langfristig externe Kosten verursachen wird, die die Kosten von vorsorgenden Maßnahmen und maßvollem („angemessenem") Wirtschafts	Die verantwortungsbereiten Wachstumsakteure werden ihre Ziele von nachhaltigem Wirtschaften und nachhaltigen Lebensstilen weiter verfolgen, ausbauen und als Kernakteure neue Trends im Wertewandel setzen. Sie werden unterstützt durch institutionelle Reformen. Sie werden behindert durch globale Trends.

wachstum weit übersteigen, haben in der gesellschaftlichen Meinungsbildung nur eine schwache Stimme und nur mittelbaren Einfluss.	
Das Problem der Übernutzung von ökologischen Quellen und Senken und die daraus folgende Notwendigkeit einer Änderung von Wirtschaftsweisen und Lebensstilen wird wohl von breiten Kreisen erkannt; partiell finden auch beachtenswerte Veränderungen im Handeln statt.	Die ökologisch-soziale Steuerreform gewinnt an Akzeptanz, weil sie europaweit eingeführt wird. Handelbare Lizenzen werden weltweit implementiert, um die CO_2-Emissionen zu verringern.
Die Akteure und Akteursgruppen handeln weitgehend nach ihren (kurzfristigen) Eigeninteressen. Langfristige Entscheidungen in Bezug auf Infrastruktur und institutionelle Reform für qualitatives Wachstum scheitern oft an den Wiederwahlüberlegungen von Politikern.	Infrastrukturmaßnahmen, insbesondere im Energiebereich (Solarpfad) kommen auf den Weg. Umwelt- und Bildungsinvestitionen werden den Vorrang der Sachinvestitionen verändern.
Institutioneller Wandel wird durch Wertewandel im informellen Regelsystem angestoßen.	Wissensgesellschaft.
Reparaturmaßnahmen sind ungleich teurer als Vorsorgemaßnahmen. Informationsasymmetrie zwischen Prinzipal und Agent verursacht mangelnde Umsetzung politischer Programme.	Institutionelle Reformen kommen auf den Weg.

Tab. III.7 Rahmenbedingungen für Wachstum und Lebensqualität

4.7 Analyseschritte für die ex ante Analyse

Analyseschritte
Ich werde die ex ante Analyse auf eine kurze Darstellung des gesamtwirtschaftlichen Angebots-Nachfrage-Systems und seiner entsprechenden Interpretation beschränken; für weitergehende Überlegungen sei auf mein entsprechendes Lehrbuch (*Majer*, 1998) und die dort angegebene Literatur verwiesen. Auf die in der Tab. III.7 aufgeführten ex post Rahmenbedingungen werde ich nicht mehr eingehen; der Leser und die Leserin findet aber weitere Argumente im vorliegenden Kapitel für die eigene Antwort.

Nachhaltiges Wirtschaftswachstum?

Betrachten wir Abb. III.12, mit der ich versuche, die vorgebrachten Hypothesen und Argumente abzubilden. Die Darstellung des gesamtwirtschaftlichen Angebots-Nachfrage-Systems ist bekannt. *ZB*- und *POP*-Kurve habe ich der Übersichtlichkeit halber nicht eingezeichnet; ich werde aber verbal darauf eingehen. Im folgenden erläutere ich die Bedeutung der eingezeichneten Pfeile ① bis ⑦.

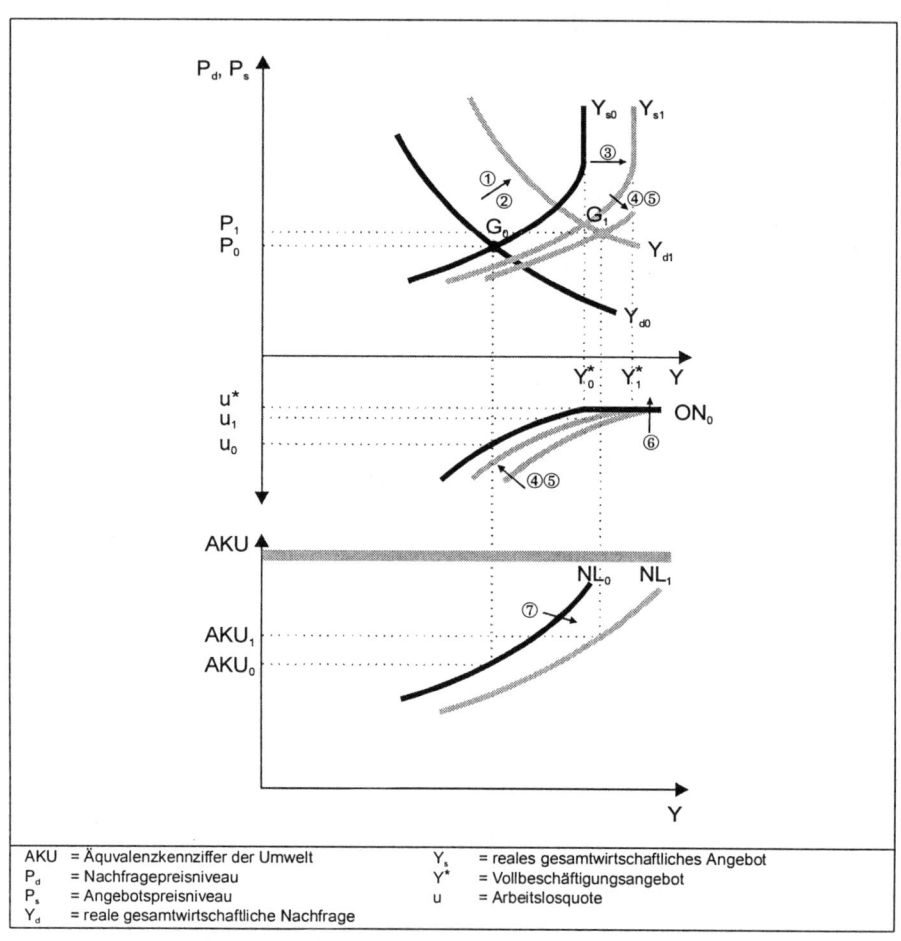

Abb. III.12 Wachstum mit Umwelt- und Bildungsinvestitionen

Ich gehe davon aus, dass Bildungsinvestitionen von privaten Unternehmen und den Gebietskörperschaften[3] getätigt werden ①. Ich unterstelle, dass gut ausgebildete und sich weiterbildende Arbeitskräfte („lebenslanges Lernen") die Produktivität steigern ③ und die Flexibilität des Arbeitsmarktes erhöhen (④ und ⑤). Es spricht vieles dafür, dass diese Qualifizierten und Hochqualifizierten die Mismatches der Arbeitslosigkeit verringern, weil sie breiter einsetzbar, beruflich und regional mobiler und flexibler in ihrer Arbeitsjahresplanung sind ⑥. Vielleicht konsumieren sie ökologisch verträglichere Güter und Dienstleistungen ⑦.

Der Strukturwandel in eine Dienstleistungsgesellschaft wird in Deutschland weitergehen und wir könnten – um ein Schlagwort zu gebrauchen – aufgrund der weltweiten Arbeitsteilung von der Informations- in eine Wissensgesellschaft gehen. Wenn diese Einschätzungen zutreffen, dann werden die Pfeile ④ bis ⑦ verstärkt; Dienstleistungs-, Informations- und Wissensgesellschaft bedeutet kleinere Leistungseinheiten, die relativ hohe Arbeits-, Rohstoff- und Energieproduktivitäten aufweisen.

Der Ausbau der (öffentlichen und privaten) Infrastruktur laufe auch auf eine Erhöhung der Umweltinvestitionen (i.w.S.) hinaus ②. Dies bewirkt einen Kapazitätseffekt ③, der aber eher arbeitsintensive Produktionsweisen fördert ⑥. Die *NL*-Kurve wird nach rechts verlagert ⑦.

Wir können vermuten, dass sich die *POP*-Kurve nach rechts verlagert, da alle gesamtwirtschaftlichen Ziele erfüllt werden. Die Rechtsverlagerung gilt auch für die *ZB*-Kurve, wenn wir ein System freier Wechselkurse unterstellen.

Insgesamt ergibt sich ein relativ inflationsfreies Wirtschaftswachstum bei sinkender Arbeitslosenquote und verbesserten natürlichen Lebensgrundlagen. Unterstellt ist bei dieser Analyse, dass keine institutionellen Engpässe auftreten; die Reformfähigkeit von privaten und öffentlichen Institutionen und Organisationen muss gewährleistet sein. Außerdem ist im „Verantwortungs-Szenario" unterstellt, dass technische, verhaltensbezogene und institutionelle Innovationen gleichermaßen auftreten, um gleichzeitig Wirtschaftlichkeit, Umwelt-, Sozial- und Internationalverträglichkeit zu erreichen („tvi-Innovationen für WUSI").

---

[3] Gebietskörperschaften bedeutet, dass nicht nur die Länder verantwortlich sind, sondern dass institutionelle Regeln geschaffen werden, die auch Bund und Gemeinden Möglichkeiten geben, in der Bildung (Aus- und Weiterbildung) aktiv zu werden.

4.8 Ergebnis

Ergebnisse, auf die Eingangsfragen bezogen
Stellt man das Ziel einer besseren Lebensqualität in den Mittelpunkt makro-ökonomischer Analyse, dann erfordert dies eine andere Qualität von
Wachstum. Die naive Auffassung, dass Wachstum umso besser ist, je
höher die Wachstumsrate des realen *BIP* liegt, ist weit verbreitet, aber
weder vom Gesetzgeber noch von reflexiven („selbst-reflexiven" i.S.v.
Ulrich Beck, die Folgen eigenen Handelns autonom stets reflektierend)
Bürgerinnen und Bürgern beabsichtigt oder gedacht. Im „Gesetz zur Sicherung der Stabilität und des Wachstums der Wirtschaft" von 1967 lautet die
wachstumspolitische Zielsetzung nicht „maximales", sondern stetiges und
„angemessenes" Wirtschaftswachstum. Das Maß kann nur bedeuten, dass
das Wachstum im Zielkonflikt mit anderen wichtigen Zielen eine besondere Qualität haben soll. Ein Wachstum (besser: eine Entwicklung), das (oder
die) die Ziele der Wirtschaftlichkeit, Umwelt-, Sozial- und Internationalverträglichkeit gleichermaßen erfüllt, könnte als „nachhaltiges Wachstum"
bezeichnet werden.[4]

Antworten (zu den Fragen ab Seite 468)

1. Wirtschaftswachstum wird definiert und gemessen durch eine Erhöhung der
   Wachstumsrate des realen Bruttoinlandsprodukts über eine Reihe von Jahren.

2. Das Wachstum verlief zyklenweise mit insgesamt vier Depressionen (negative
   Wachstumsraten) 1967, 1975, 1987 und 1992. Seit 1970 gab es zwei M-Zyklen, die
   nach einem kräftigen Aufschwung einen leichten Abschwung und dann ein Zwi-
   schenhoch aufweisen, bevor sie in die Depression „abstürzen". Es folge eine sog.
   Wellblechkonjunktur, die Wachstumsraten mit geringen Ausschlägen auf hohem
   Niveau charakterisiert.

3. Wachstumsqualität bedeutet die Beurteilung der Wachstumsrate des *BIP* nach
   (Qualitäts-)Kriterien. Letztlich kann Qualität nur anhand einer Strukturanalyse beurteilt werden. Die (groben) empirischen Ergebnisse für Deutschland (altes Bundesgebiet) zeigen, dass das Wachstum in gewisser Weise umweltverträglich, aber
   nicht sozialverträglich war. Umweltverträglichkeit wurde dabei mit dem Energieverbrauch, Sozialverträglichkeit mit dem Beschäftigungsgrad gemessen.

4. Seit Mitte der 1970er Jahre beobachten wir eine sich öffnende Schere; die beiden
   Indices entkoppeln sich.

---

[4] Vertreter und Vertreterinnen der Ökologischen Ökonomik würden die Verknüpfung von Nachhaltigkeit und Wachstum vehement ablehnen. Allerdings hat eine weit beachtete Veranstaltung in Berlin
1999 mit dem Titel „Beyond Growth" gezeigt, dass auch die Protagonisten der „Ecological Economics" wie *Herman Daly* oder *Ernst Ulrich von Weizsäcker* meinen oben beschriebenen Ansatz wohl
weitgehend unterstützen würden

5. Aus einer Tautologie mit Wachstumsraten von *Y*, einer geeigneten Erweiterung durch einen Investitionsterm, der Gleichsetzung von Investition und Zuwachs an Sachkapital, sowie der Einführung der Gleichgewichtsbedingung $I = S$ ergibt sich, dass die gleichgewichtige Wachstumsrate konstant und gleich *s/v'* ist. Alle Wachstumsraten der betrachteten Aggregate müssen ebenfalls konstant und gleich *s/v'* sein.

6. Soll die Wachstumsrate konstant sein, dann muss wegen des zunehmenden Nenners der Zuwachs exponentiell wachsen.

7. Das Ertragsgesetz besagt, dass das Niveau einer Größe absolut steigt, die Zuwächse aber abnehmen. Seine Wirkung kann kompensiert werden durch technischen „Fortschritt" und steigende Skalenerträge.

8. Die Güter und Dienstleistungen im Warenkorb des Nationaleinkommens entsprechen nicht den Gütern, Dienstleistungen und (selbsterstellten) Leistungen für Lebensqualität. Allerdings gibt es Überschneidungen, vor allem bei materiellen Gütern. Eine höhere Wachstumsqualität kann erreicht werden, indem man die Überschneidungen vergrößert.

9. Die Wachstumsrate ist die gewichtete Summe ihrer Komponenten. Die Aufspaltung in Komponenten hängt ab von den Qualitätskriterien, die man heranziehen will. Soll die Wachstums-Qualität in Bezug auf Umwelt- und Sozialverträglichkeit untersucht werden, dann empfiehlt sich die Aufspaltung in sektorale Komponenten

10. Das Wachstum in Deutschland war umweltverträglich, aber nicht sozialverträglich. Diese Ergebnisse beruhen auf der Prämisse, dass die ausgewählten Indikatoren repräsentativ und die Daten und Sektorenabgrenzung fehlerfrei sind.

11. Änderungen der Wachstums-Qualität sind nur möglich, wenn die Erwartungen und Handlungen der einzelnen Akteure und Akteursgruppen sich (in die gewünschte Richtung) verändern. Eine Veränderung wird nur stattfinden, wenn dadurch nicht die Interessen der Akteure verletzt werden. Dabei gilt es zu unterscheiden zwischen kurz-, mittel- und langfristigen Interessen, und auch zwischen tatsächlichen und „wahren" Interessen.

12. Die Wirtschaft sieht im sog. globalen Wettbewerb einen Kampf um „den" Markt, bei dem sie ohne Wachstum zurückfallen muss. Wachstum bringt außerdem höhere (absolute) Einkommen, Gewinne und einen Zuwachs an Macht. Die öffentlichen Hände können mit mehr Einnahmen weitere Ausgaben finanzieren (oder auch Schulden tilgen). Die Sozialversicherungssysteme kollabieren ohne Wachstum, das somit eine Funktionsprämisse darstellt.

13. Umweltgruppen und ein Zukunftsrat sind oder wären gegen quantitatives Wachstum eingestellt, weil sie die Schäden für die Gesundheit von Mensch und Natur als gravierend und irreversibel ansehen.

14. Externe Kosten werden von den einzelnen Wirtschaftsakteuren nicht getragen, sondern werden der Gesellschaft oder anderen aufgebürdet.

15. Nachhaltiges Wirtschaften bedeutet die Wiederentdeckung der ganzheitlichen Unternehmensführung, und dies fördert durchaus die Anpassungsflexibilität und die Expansion der Firmen. Daher nähern sich schon viele „erste Adressen" der deutschen Wirtschaft den Kriterien von nachhaltigem Wirtschaften, arbeiten aktiv

bei B.A.U.M., future oder UnternehmensGrün mit, lassen ihr Umweltmanagement-System zertifizieren, gehen freiwillige Vereinbarungen mit der Umweltpolitik ein, etc.

16. Die Materialbilanz zeigt den Zusammenhang zwischen Ökonomie und Quellen sowie Senken auf. Quellen und Senken sind bei den herrschenden Lebensstilen und Wirtschaftsweisen (vor allem in den Industrieländern) stark überbeansprucht. Die Konsequenz lautet, ein anderes Wachstum (oder eine andere Entwicklung) anzustreben.

17. Die Betonung der kurzfristigen Eigeninteressen bedeutet, dass das alte quantitative Wachstumsparadigma beibehalten wird.

18. Institutionen entstehen aus dem Wertewandel, der sich in Änderungen von informellen Regeln manifestiert und sich dann über Prozesse auf dem „politischen Markt" in formalen Regeln verfestigt.

19. Die Transaktionskosten von zukünftigen Reparaturmaßnahmen liegen weit höher als die von heutigen Vorsorgemaßnahmen.

20. Die PA-Theorie unterstellt Informations-Asymmetrie zwischen dem Agenten und dem Prinzipal; dadurch entstehen Ineffektivitäten im Politisch-administrativen System.

21. Wichtige Instrumente (Argumente) ergeben sich aus den Grundlagen (I. Teil), insbesondere den Gesamtrechnungen und dem Anreizsystem. Das gesamtwirtschaftliche Angebots-Nachfrage-System wird ergänzt durch Hypothesen und Argumente der ökologischen Ökonomik, der Polit-Ökonomik und der Institutionenökonomik.

22. Das Technologie-, das Pessimismus- und das Verantwortungs-Szenario.

23. Es kann auch noch als Nachhaltigkeits-Szenario bezeichnet werden; für eine ex ante Prognose enthält es tvi-Innovationen für WUSI-Ziele

24. Bildungs- und Umweltinvestitionen übersteigen die traditionellen Sachinvestitionen. Sie bewirken inflationsverträgliches Wirtschaftswachstum mit sinkender Arbeitslosenquote und Erhaltung der natürlichen Lebensgrundlagen („nachhaltiges oder weiches Wachstum").

5 Ausblick

Analyse weiterer Fragestellungen
Am Beispiel von drei wichtigen gesamtwirtschaftlichen Zielen habe ich in
Teil III gezeigt, wie anhand eines Antwortschemas mit den Modellen und
Hypothesen von Teil II spezifische Fragestellungen beantwortet werden
können. Weitere Fragestellungen könnten sich aus den anderen Zielen des
magischen Sechsecks ergeben: Außenwirtschaftliches Gleichgewicht, ge-
rechte Einkommens- und Vermögensverteilung, Erhalt der natürlichen
Lebensgrundlagen.

Antwortschema
In der Tab. III.8 sind für die sechs gesamtwirtschaftlichen Ziele Fragestellungen formuliert und Bearbeitungshinweise gegeben, die sich an dem
Vorgehen des Antwortschemas orientieren. Die Tabelle spricht weitgehend
für sich; einige Anmerkungen möchte ich trotzdem anfügen:
- Die beiden Ziele „gerechte Einkommens- und Vermögensverteilung"
  und „Erhalt der natürlichen Lebensgrundlagen" können nicht mit eindeutigen, quantitativen Indikatoren gekennzeichnet werden,
- zudem spielen bei diesen Zielen Bewertungen eine wichtige Rolle,
- die quantitative Analyse muss durch eine qualitative ergänzt werden.

Diese Schwierigkeiten sollten uns jedoch nicht davon abhalten, für die
beiden Ziele Fragestellungen zu formulieren und diese zu beantworten.
Hierfür will ich in der folgenden Tabelle einige Hinweise geben.

Antwortschema	Inflation	Arbeitslosigkeit
Formulierung der Frage	Werden die Inflationsraten in der nächsten Dekade unter denen der letzten liegen?	Wird die Arbeitslosigkeit in Europa das jetzige Niveau beibehalten oder in der nächsten Dekade steigen?
Einordnung der Frage (Problemstellung)	Preisniveaustabilität – warum? Inflationswirkungen, Voraussetzung des marktwirtschaftlichen Systems, europäische (und deutsche) Empfindlichkeiten	Massenarbeitslosigkeit? Vergleich USA und Europa, welche Art von Arbeit ist gemeint?
empirische Darstellung	Wie hoch waren die Inflationsraten in den 1990er Jahren (und in früheren Dekaden)?	Wie hoch war die Arbeitslosigkeit in den 1990er Jahren (und in früheren Dekaden)?
Theorie: Hypothesen und Argumente im Überblick Darstellung der Hypothesen und Argumente für die ex post Analyse	Inflationsursachen und -wirkungen sowie Implikationen: Allgemeine Theorie (Überblick), wirtschaftswissenschaftliche Hypothesen (Angebots-, Kosten-, Nachfrage-, Geldmengeninflation und importierte Inflation), sonstige Hypothesen, *Phillips*-Kurve)	Ursachen, Wirkungen und Implikationen der Arbeitslosigkeit: Allgemeine Theorie (Überblick), wirtschaftswissenschaftliche Hypothesen, mikro-ökonomische Ansätze, Akteursansätze, keynesianische und neoklassische, strukturelle Arbeitslosigkeit, sonstige Hypothesen, *ON*-Kurve
die Zusammenstellung der Modelle und Modellaussagen: Der Werkzeugkasten	Kurven des engeren und weiteren gesamtwirtschaftlichen Angebots-Nachfrage-Systems, ökologische Steuerreform, Institutionen, *Phillips*-Kurve	Kurven der engeren und weiteren gesamtwirtschaftlichen Angebots-Nachfrage-Systems, Institutionen
Analyseschritte der ex post Analyse	relevante Hypothesen für die ex post Analyse: engere, weitere Angebots-Nachfrage-Analyse, weitere Argumente	relevante Hypothesen für die ex post Analyse: Arbeitsangebot, *ON*-Kurve und Mismatches, engere u. weitere Angebots-Nachfrage-Analyse, weitere Argumente
Bedingungen der ex ante Analyse	Angebots-Nachfrage-Steuerung, neue Geldpolitik, produktivitätsorientierte Lohnpolitik, Europäische Union, neue Märkte	Abbau der strukturellen Arbeitslosigkeit, Bildungspolitik, Flexibilisierung der Arbeitsmärkte, Tariflohnpolitik und Nicht-Lohnkomponenten, neue Märkte und Strukturwandel, soziale und ökologische Ziele wichtiger, Beschäftigungspolitik betrifft alle Ressorts
ex ante Analyse	verbale Begründungen auf der Grundlage der ex post Analyse	verbale Begründungen auf der Grundlage der ex post Analyse
Ergebnisse, auf die Eingangsfragen bezogen	Ergebnis: Die Inflationsraten in der nächsten Dekade werden auf ähnlich niedrigem Niveau liegen wie in der letzten Dekade.	Ergebnis: Arbeitslosigkeit wird (wesentlich) sinken

Antwortschema	Wachstum und Lebensqualität	Globalisierung
Formulierung der Frage	Wird es eine Transformation vom quantitativen Wirtschaftswachstum zu besserer Lebensqualität geben?	Wird die Globalisierung der Märkte nationale Politiken wirkungslos machen?
Einordnung der Frage (Problemstellung)	Warum soll eine Veränderung stattfinden? Soziale Marktwirtschaft als Garant für bessere Lebensqualität?	Übersteigerte Bewertung von Risiken und Chancen der Globalisierung, was hat sich wirklich verändert? Bedeutung der Finanztransaktionen, WTO greift nicht für Finanzströme, Umwelt und Soziales
empirische Darstellung	Wie hoch war das Wirtschaftswachstum in den 1990er Jahren (und in früheren Dekaden)?	Wie hoch war die Abhängigkeit Deutschlands von der Außenwirtschaft in den 1990er Jahren (und in früheren Dekaden)?
Theorie: Hypothesen und Argumente im Überblick Darstellung der Hypothesen und Argumente für ex post Analyse	*BIP* als zentrale Konzeption, Bedingungen gleichgewichtigen Wachstums, Struktur- und Komponentenanalyse, Wachstumszwänge (Interessen), Mangel an Bewertungsakzeptanz bei Messkonzeptionen für Lebensqualität	Reale und monetäre Theorie: Ursachen, Wirkungen und Implikationen für globale Märkte, Wechselkurssysteme, Asymmetrie der Regelwerke (Handel, Finanzströme, Umwelt und Soziales), *ZB*-Kurve
die Zusammenstellung der Modelle und Modellaussagen: Der Werkzeugkasten	Kurven des engeren und weiteren gesamtwirtschaftlichen Angebots-Nachfrage-Systems	Kurven des gesamtwirtschaftlichen Angebots-Nachfrage-Systems
Analyseschritte der ex post Analyse	relevante Hypothesen für die ex post Analyse: engeres und weiteres gesamtwirtschaftliches Angebots-Nachfrage-System	relevante Hypothesen für die ex post Analyse
Bedingungen der ex ante Analyse	Hypothesen und Argumente der ökologischen Ökonomik, der Polit-Ökonomik, der Institutionenökonomik	Zunehmende Globalisierung auch für kleinere und mittlere Unternehmen, zunehmender Verlust der Handlungsfähigkeit in der Wirtschaftspolitik, Stärkung der Regionen
ex ante Analyse	verbale Begründungen auf der Grundlage der ex post Analyse, gibt es nachhaltiges Wirtschaftswachstum?	verbale Begründungen auf der Grundlage der ex post Analyse
Ergebnisse, auf die Eingangsfragen bezogen	Ergebnis: Transformation vom quantitativen Wachstum zu Lebensqualität hängt von wichtigen Bedingungen ab.	

Antwortschema	Verteilung	Umwelt
Formulierung der Frage	Warum gerechte Verteilung?	Ist es sinnvoll, angesichts der hohen Umweltqualität in Deutschland weitere Anstrengungen beim Umweltschutz zu unternehmen?
Einordnung der Frage (Problemstellung)	Was bedeutet gerechte Verteilung und auf welche Tatbestände soll sie sich beziehen? Welche Gerechtigkeitsprinzipien gibt es?	1970 weltweit fortschrittlichstes umweltpolitisches Instrumentarium, institutionelle Innovation, Bedeutung der langen Frist
empirische Darstellung	Wie war die Verteilung der Einkommen, Vermögen, Umweltbelastungen und der Staatsverschuldung in den 1990er Jahren (und in früheren Dekaden)? Probleme der Indikatorenwahl	Wie stellte sich die Umweltbelastung in den 1990er Jahren dar (und vielleicht in früheren Dekaden)? Latenz der Faktoren, Probleme der Indikatorenwahl
Theorie: Hypothesen und Argumente im Überblick Darstellung der Hypothesen und Argumente für die ex post Analyse	Verteilungstheorien: funktionelle und personelle Einkommensverteilung, Grenzproduktivitätstheorie, Humankapitaltheorie, Zusammenhänge, Verteilungskurven, *POP*-Kurve	Ursachen, Wirkungen und Implikationen der Umweltbelastungen, *NL*- und ökologische *Kuznets*-Kurven
die Zusammenstellung der Modelle und Modellaussagen: Der Werkzeugkasten	*Lorenz*-Kurve	Kurven des gesamtwirtschaftlichen Angebots-Nachfrage-Systems
Analyseschritte der ex post Analyse	relevante Hypothesen für die ex post Analyse	relevante Hypothesen für die ex post Analyse
Bedingungen der ex ante Analyse	Produktivitätsorientierte Lohnpolitik, Vermögensbildung in Arbeitnehmerhand, Flexibilität von Erwerbsarbeitsverhältnissen	Zunahme von Umweltkatastrophen, europaweite Einführung von Ökosteuern und Lizenzen
ex ante Analyse	verbale Begründungen auf der Grundlage der ex post Analyse	verbale Begründungen auf der Grundlage der ex post Analyse
Ergebnisse, auf die Eingangsfragen bezogen		

Tab. III.8 Antwortschema: Bearbeitung makro-ökonomischer Fragestellungen

Kommentiertes Literaturverzeichnis – eine Auswahl

Standardwerke zur Vertiefung oder Aufbereitung der Inhalte:
Aus dem folgenden Literaturverzeichnis haben wir einige Texte ausgewählt, deren vertiefende Lektüre wir empfehlen. Dazu geben wir in kurzen Kommentaren einige Hinweise, die den Studierenden die Auswahl erleichtern sollen. Es spiegeln sich darin persönliche Leseerfahrungen und Erfahrungen von Studierenden sowie Mitarbeitern mit der Lektüre stoffverwandter Veröffentlichungen wider. In dieser Auswahl dürfte jeder gestresste Student und jede gestresste Studentin des Grundstudiums oder ein sonstig Interessierter etwas finden, mit dem sich verregnete Herbstabende gestalten lassen. Von einigen Veröffentlichungen gibt es neuere Auflagen. Wir beziehen uns jedoch jeweils auf die, die wir selbst gelesen haben oder deren Lektüre uns empfohlen wurde.

Blankart, Charles B., Öffentliche Finanzen in der Demokratie, 3. Aufl., München 1998
Auf dem Gebiet der Finanztheorie und -politik ist dieses Lehrbuch zur Zeit eines der aktuellsten und modernsten. Neben der Theorie (Ökonomische Theorie des Staates und des Staatsverhaltens) werden auch ausführlich die politische Dimensionen der Finanzwissenschaften dargestellt (Die Finanzierung der Staattätigkeit und Probleme der Finanzpolitik).

Branson, William, H., Makroökonomie. Theorie und Politik, 4. Aufl., München-Wien 1997
Mit diesem Buch steht in feiner Übersetzung ein formal sehr gut durchkomponiertes Werk zu Verfügung, mit dem sich einige Punkte unseres II. Teiles theoretisch fundiert vertiefen lassen.

Burda, Michael, Wyplosz, Charles, Macroeconomics. A European Text, 2nd ed. Oxford etc. 1997
Von der Kritik vielgelobtes „europäisches" Lehrbuch, das sehr übersichtlich gestaltet ist und besonders für Studenten geeignet ist, die der Englischen Sprache halbwegs mächtig sind.

Daly, Herman E., Beyond Growth – The Economics of Sustainable Development, Boston 1996
Sehr empfehlenswertes Standardwerk (vom „Vater") der ökologischen Ökonomik, das in gut verständlichem Englisch sehr anschaulich die wesentlichen Problempunkte herausarbeitet. Pflichtlektüre für jeden Ökonomen.

Dornbusch, Rüdiger, Fischer, Stanley, Makroökonomik, 5., völlig neu bearb. u. erw. Aufl., übersetzt v. Ulrich Schittko, München 1992
Umfangreiches Standardwerk der Makroökonomik. Mit langem Atem lassen sich die sehr anschaulichen Erklärungen in einer starken Woche lesen (sofern man nichts anderes zu tun hat). Empfehlenswerte Lektüre. Wer es gerne Englisch und mit bunten Bildern mag, der sollte sich das entsprechende Werk zu Gemüte führen: Dornbusch/Fischer/Startz, Macroeconomics, international edition, Boston 1998

Endres, Alfred, Umweltökonomie – Eine Einführung, Darmstadt 1994
Einmal mehr ein sehr gut nachvollziehbarer Blick über den Tellerrand, den man nicht früh genug wagen kann. Wer das nicht liest, ist selbst schuld.

Felderer, Bernhard; Homburg, Stefan, Makroökonomik und neue Makroökonomik, 7. verb. Aufl., Berlin ; Heidelberg, 1999.
Von vielen Studierenden gelesenes Standard-Werk der Makroökonomik. Ob dies den verständlichen Erklärungen oder dem separat angelegten mathematischen Teil zu verdanken ist, sei jedem selbst überlassen. Empfehlenswerte Lektüre.

Hardes, Heinz-Dieter, Schmitz, Frieder, Grundzüge der Volkswirtschaftslehre, München 2000
Siehe *Woll, Arthur*, wobei nur eines der beiden zu lesen wäre.

Inglehart, Ronald, Modernisierung und Postmodernisierung, Frankfurt/Main, 1998
Man sollte dieses Buch wenigstens quer gelesen haben, um überhaupt zu verstehen, welche Problemstellungen die Makroökonomik in fortgeschritten (post-)industrialisierten Gesellschaften zu beantworten hat.

Keynes, John Maynard, Allgemeine Theorie der Beschäftigung, des Zinses und des Geldes, Berlin 1974
Wirtschaftstheoretischer Klassiker, an dem eher die qualitativ argumentierenden Leser ihre Freude haben werden denn die mathematisch-quantitativ orientierten Modell-Akrobaten.

Makin, Tony, Global Finance and the Macroeconomy, New York, 2000
Brandaktuelles und zeitgemäßes Lehrbuch, das problemorientiert besonders deutlich die zunehmende globale Verflechtung herausarbeitet. Darüber hinaus ist es didaktisch sehr gut gelungen. (Spezielle Empfehlung eines befreundeten Professors an der Universität Stuttgart)

Mankiw, Nicolas Gregory, Makroökonomik, 3. Aufl., Stuttgart 1998
Ein sehr empfehlenswertes makro-ökonomisches Lehrbuch mit vielen Fallbeispielen.

Maslow, Abraham. A., Motivation und Persönlichkeit, Olten-Freiburg i.B. 1977
Persönlichkeitsbildendes Standardwerk der Psychologie, das man keinesfalls zu lesen versäumen sollte. (Nicht für die Uni, für das Leben lernen Sie!) Die Darstellung geht weit über die bei Ökonomen allseits beliebte Bedürfnispyramide hinaus.

Richter, Rudolf, Furubotn, Eirik, Neue Institutionenökonomik. Eine Einführung und kritische Würdigung, Tübingen 1999
Dieses Buch geht aus ökonomischer Sicht der Entwicklung von Institutionen auf den Grund. Dabei wird trefflich aufgezeigt, welche Formen und Strukturen ökonomischer Austausch annehmen kann. Außerdem wird deutlich, dass nicht nur (freie) Märkte ein effizientes Steuerungssystem für wirtschaftliche Prozesse darstellen,

Wiswede, Günter, Einführung in die Wirtschaftspsychologie, München 1995
Die Psychologen beschäftigen sich sehr breit und fundiert mit dem Verhalten von wirtschaftlichen Akteuren. Der Blick über den Tellerrand der Ökonomen ist sehr aufschlussreich.

Woll, Arthur, Allgemeine Volkswirtschaftslehre, 10. Auflage, München 2000
Wer kurz vor dem Sprung ins Hauptstudium steht und dieses Standardwerk noch nicht gelesen hat, der sollte dies schleunigst nachholen!

Literaturverzeichnis

Ackley, Gardner, Macroeconomics: Theory and Policy, New York-London 1978

Bader, Wolfgang, Neues Menschenbild für die Ökonomie, Ludwigsburg-Berlin 1994

Baron, James N., *Hannan, Michael T.*, The Impact of Economics on Contemporary Sociology, in:: Journal of Economic Literature, Vol. XXXII (1994), S. 1111-1146

Barro, Robert J., Makroökonomie, Regensburg 1986

Bartels, Hans G., Die Berechnung von internen Zinsfüßen und Kapitalwerten, in: WISU, Heft 11 (1986), S. 533-536

Beck, Ulrich, Giddens, Anthony, Lash, Scott, Reflexive Modernisierung. Eine Kontroverse, Frankfurt am Main 1996

Beck, Ulrich, Risikogesellschaft, Auf dem Weg in eine andere Moderne, Frankfurt am Main 1986

Bell, Daniel u.a. (Hg.), Die Krise in der Wirtschaftstheorie, Berlin-Heidelberg etc. 1984

Biervert, Bernd, Held, Martin (Hg.), Das Menschenbild in der ökonomischen Theorie. Zur Natur des Menschen, Frankfurt am Main-New York 1991

Blankart, Charles B., Öffentliche Finanzen in der Demokratie, 3. Aufl., München 1998

Bleses, Peter, u.a. Revision der Volkswirtschaftlichen Gesamtrechnungen 1999, in: Statistisches Bundesamt, Wirtschaft und Statistik (4/1999), Wiesbaden, S. 257-281

Blum, Reinhard, Die Zukunft des Homo oeconomicus, in: *Bernd Biervert, Martin Held* (Hg.), Das Menschenbild in der ökonomischen Theorie. Zur Natur des Menschen, Frankfurt am Main-New York 1991, S. 111-131

Böhm, Stephan, Einleitung, in: *Schumpeter*, Beiträge..., a.a.O., S. 13-37

Bombach, Gottfried u.a. (Hg.), Neuere Entwicklungen in der Investitionstheorie und -politik, Tübingen 1980

Branson, William H., Makroökonomie. Theorie und Politik, 4. Aufl.,

München-Wien 1997

Buchanan, James M., The Constitution of Economic Policy, in: American Economic Review, Bd. 77 (1987), S. 243-250

Buchanan, James M.; *Musgrave, Richard A.*, Public Finance and Public Choice: Two Contrasting Visions of the State, Cambridge, Mass. 1999

Burda, Michael, Wyplosz, Charles, Macroeconomics. A European Text, 2nd ed. Oxford etc. 1997

Buttler, Friedrich u.a. (Hg.), Staat und Beschäftigung. Angebots- und Nachfragepolitik in Theorie und Praxis, Beiträge zur Arbeitsmarkt- und Berufsforschung 88, Nürnberg 1985

Caesar, Rolf, Crowding out in der Bundesrepublik Deutschland: Eine empirische Bestandsaufnahme, in: Kredit und Kapital (1985), S. 265-276

Cezanne, Wolfgang, Grundzüge der Makroökonomik, 6.Aufl., München-Wien 1995

Christensen, John M., Zwischenbetriebliches Stoffstrommanagement in der Praxis – Die Industriesymbiose Kalundborg (Dänemark), in: *Liesegang, Dietfried G., Sterr, Thomas, Würzner, Eckart* (Hg.), Kostenvorteile durch Umweltmanagement-Netzwerke, IUWA Heidelberg, Oktober 1998, S. 99-110

Clement, Reiner, Terlau, Wiltrud, Grundlagen der Angewandten Makroökonomie. Eine Verbindung von Makroökonomie und Wirtschaftspolitik, München 1998

Costanza, Robert, Cumberland, John et al, An Introduction to Ecological Economics, Boca Raton 1997

Costanza, Robert, Segura, Olman, Martinez-Alier, Juan (Hg.), Getting Down To Earth – Practical Applications of Ecological Economics, Washington, D.C. 1996

Daly, Herman E., Beyond Growth – The Economics of Sustainable Development, Boston 1996

Daly, Herman E., Die Gefahren des freien Handels, in: Spektrum der Wissenschaft (Jan. 1994), S. 40-46

Damkowski, Wulf, Precht, Claus (Hg.), Moderne Verwaltung in Deutschland – Public Management in der Praxis, Stuttgart 1998

Dickertmann, Dietrich, Gelbhaar, Siegfried, Finanzwissenschaft, Herne-Berlin 2000

Dieckheuer, *Gustav*, Makroökonomik. Theorie und Politik, Berlin-Heidelberg etc. 1993

Diefenbacher, *Hans*, Der „Index of Sustainable Economic Welfare", Eine Fallstudie für die Bundesrepublik Deutschland 1950-1992, Texte und Materialien der Forschungsstätte der Evangelischen Studiengemeinschaft, Reihe B, Nr. 24, Heidelberg 1995

Dornbusch, *Rüdiger*, *Fischer*, *Stanley*, Makroökonomik, 5., völlig neu bearb. u. erw. Aufl., übersetzt v. *Ulrich Schittko*, München 1992

Duwendag, *Dieter*, *Ketterer*, *Karl-Heinz*, *Kösters*, *Wim*, *Pohl*, *Rüdiger*, *Simmert*, *Diethard B.*, Geldtheorie und Geldpolitik. Eine problemorientierte Einführung mit einem Kompendium monetärer Fachbegriffe, 4., überarb. und erw. Aufl., Köln 1993

Ehrlicher, *Werner*, u.a. (Hg), Kompendium der Volkswirtschaftslehre Bd. 1 und 2 , Göttingen 1968.

Eichner, *Alfred S.* (Hg.), Über *Keynes* hinaus. Eine Einführung in die postkeynesianische Ökonomie, Köln 1982

Endres, *Alfred*, Umweltökonomie – Eine Einführung, Darmstadt 1994

Erlei, *Mathias*, *Leschke*, *Martin*, *Sauerland*, *Dirk*, Neue Institutionenökonomik, Stuttgart 1999

Essig, *H.*, *Hartmann*, *N.*, Volkswirtschaftliche Gesamtrechnungen 1. Halbjahr 1999, in: Statistisches Bundesamt, Wirtschaft und Statistik (9/1999), S. 688-701

Essig, *H.*, Revision der Volkswirtschaftlichen Gesamtrechnungen 1999 – Anlaß, Konzeptänderungen und neue Begriffe, in: Wirtschaft und Statistik (4/1999), S. 1-50

Etioni, *Amitai*, Die Entdeckung des Gemeinwesens. Ansprüche, Verantwortlichkeiten und das Programm des Kommunitarismus, Frankfurt am Main 1998

Europäische Zentralbank, Die einheitliche Geldpolitik in Stufe 3: Allgemeine Regelungen für die geldpolitischen Instrumente und Verfahren des ESZB, September 1998

Faber, *M.*, *Proops*, *J. C.R.*, Evolution, Time, Production and the Environment, Berlin-Heidelberg etc. 1990

Felderer, *Bernhard*, *Homburg*, *Stefan*, Makroökonomik und neue Makroökonomik, 7. korr. Aufl., Berlin-Heidelberg etc. 1999

Fleig, Jürgen (Hg.), Zukunftsfähige Kreislaufwirtschaft, Stuttgart 2000

Fotiadis, Fokion u.a., Bestimmungsgründe des Konsumverhaltens, Berlin 1980

Fourastié, Jean, Die große Hoffnung des 20. Jahrhunderts, Köln 1954

Franz, Wolfgang, Arbeitsmarktökonomik, 4., überarb. Aufl., Berlin-Heidelberg etc. 1999

Frenkel, Michael, Stadtmann, Georg, Die geldpolitischen Instrumente der Europäischen Zentralbank, in: WISU Heft 4/99, S. 584 – 598

Frey, Bruno S., Internationale Politische Ökonomie, München 1985

Frey, Bruno, S., Politische und soziale Einflüsse auf das Wirtschaftsleben, in: Rheinisch-Westfälische Akademie der Wissenschaften, Vorträge N 357, Opladen 1988

Fuhrmann, Wilfried, Geld und Kredit. Prinzipien Monetärer Makroökonomie, 2. Aufl., München-Wien 1987

Funck, Rolf, Außenwirtschaft, in: *Werner Ehrlicher* et al. (Hg.), Kompendium der Volkswirtschaftslehre, Bd. 2, 1. Aufl., Göttingen 1968, S. 61-116

Giddens, Anthony, Konsequenzen der Moderne, Frankfurt am Main 1995

Gilder, George F., Reichtum und Armut, Berlin 1981

Görlitz, Axel, Prätorius, Rainer (Hg.), Handbuch Politikwissenschaft, Reinbek bei Hamburg, 1987

Grabher, Gernot (Hg.), The Embedded Firm. The Socio-economics of Interfirm Cooperation, Berlin 1993

Haken, Hermann, Erfolgsgeheimnisse der Natur, Synergetik: Die Lehre vom Zusammenwirken, Frankfurt am Main-Berlin 1988

Hardes, Heinz-Dieter, Schmitz, Frieder, Grundzüge der Volkswirtschaftslehre, München 2000

Hartfiel, Günter, Wirtschaftliche und soziale Rationalität. Untersuchungen zum Menschenbild in Ökonomie und Soziologie, Stuttgart 1968

Heubes, Jürgen, Das Akzeleratorprinzip, in: WiSt, Heft 4 (1981), S. 176-179

Hicks, John, Value and Capital, London 1948

Hipp, Christiane, Innovationsprozesse im Dienstleistungssektor – Eine theoretisch und empirisch basierte Innovationstypologie, Heidelberg 2000

Holub, Hans-Werner, Schnabl, Hermann, Input-Output-Rechnung: Input-Output-Analyse, München 1994

Holub, Hans-Werner, Schnabl, Hermann, Input-Output-Rechnung: Input-Output Tabellen. München-Wien 1982

Inglehart, Ronald, Modernisierung und Postmodernisierung. Kultureller, wirtschaftlicher und politischer Wandel in 43 Gesellschaften. Frankfurt am Main-New York 1998

Issing, Otmar, Einführung in die Geldtheorie, 11. Aufl., München 1998

Jänicke, Martin, Staatsversagen. Die Ohnmacht der Politik in der Industriegesellschaft, München-Zürich 1986

Jarchow, Hans-Joachim, Der Keynesianismus, in: WiSt, (9/1983), S. 463-469

Kaldor, Nicholas, Trevithik, J., Geldtheorie und Geldpolitik V: Aus keynesianischer Sicht, in: Handwörterbuch der Wirtschaftswissenschaften, Bd. 3, Stuttgart-New York etc. 1981, S. 412-422

Katona, George, Das Verhalten der Verbraucher und Unternehmer. Über die Beziehungen zwischen Nationalökonomie, Psychologie und Sozialpsychologie, Tübingen 1960

Kenen, Peter B., Monetary Policy in Stage Three: A Review of the Framework Proposed by the European Monetary Institute, in: International Journal of Finance and Economics, Vol. 3 (1998), s. 3 – 12

Keynes, John Maynard, Allgemeine Theorie der Beschäftigung, des Zinses und des Geldes, 5. Aufl., unveränderter Nachdruck der Erstauflage von 1936, Berlin 1974

Keynes, John Maynard, The General Theory of Employment, Interest, and Money, London 1936

Klauder, Wolfgang, Schnur, Peter, Zika, Gerd, Wege zu mehr Beschäftigung. Simulationsrechnungen bis zum Jahr 2005 am Beispiel Westdeutschland, IAB Werkstattbericht, Nr. 5/10.9.1996

Klaus, Joachim, Maußner, Alfred, Grundzüge der mikro- und der makroökonomischen Theorie, 2. Aufl., München 1997

Kleinewefers, Henner, Jans, Armin, Einführung in die volkswirtschaftliche und wirtschaftspolitische Modellbildung, München 1983

Krugman, Paul, The Self-organizing Economy, Cambridge, Mass. 1996

Leipert, Christian, Die Unzulänglichkeiten des Sozialprodukts in seiner Eigenschaft als Wohlstandsmaß, Tübingen 1975

Majer, Helge, „Wachstum" aus der Sicht der ökologischen Ökonomie, in: *Beckenbach, Frank* et al. (Hg.), Zwei Sichtweisen auf das Umweltproblem: Neoklassische Umweltökonomik versus Ökologische Ökonomik, Jahrbuch Ökologische Ökonomik, Band 1, Marburg 1999, S. 319-348

Majer, Helge, Chancen für einen ökologischen Generationenvertrag: Nachhaltige Entwicklung, in: *Reinhardt Rüdel, Carmen Stadelhofer* (Hg.), Interdisziplinäre Beiträge zur Nachhaltigkeit von Lebensstilen und neuen Biotechnologien, Bielefeld 1999, S. 46-67

Majer, Helge, Das Leitbild sustainable development und seine Konsequenzen für die ökonomische Theoriebildung, in: *Bernd Biervert, Martin Held* (Hg.), Zeit in der Ökonomik. Perspektiven für die Theoriebildung, Frankfurt am Main-New York 1995, S. 236-258

Majer, Helge, Die gesamtwirtschaftliche Angebotsfunktion, in: WiSt (6/1985), S. 281-286

Majer, Helge, Die gesamtwirtschaftliche Nachfragefunktion, in: WiSt (12/1984), S. 605612

Majer, Helge, Die Problematik der Bestimmung von Konflikten wirtschaftspolitischer Ziele, in: Jahrbücher für Nationalökonomie und Statistik, Bd. 193 (1978), S. 385-405

Majer, Helge, Entkoppelung, in: WISU (2/1996), S.150-156

Majer, Helge, Gesamtwirtschaftliche Angebots-Nachfrageanalyse, in: WiSt (2/1986), S. 77-82

Majer, Helge, Gesamtwirtschaftliche Angebots-Nachfrageanalyse, Tübingen 1982

Majer, Helge, Innere und äußere Stabilität in einem gesamtwirtschaftlichen Angebots-Nachfragesystem, in: WiSt, (11/1986), S. 551-558

Majer, Helge, Makroökonomik: Theorie und Politik. Eine anwendungsbezogene Einführung, München 1984

Majer, Helge, Makroökonomik: Theorie und Politik. Eine anwendungsbezogene Einführung, 3., völlig überarbeitete und erweiterte Auflage, München-Wien 1988

Majer, Helge, Makroökonomik. Theorie und Politik. Eine anwendungsbezogene Einführung, 6., durchges. Aufl., München 1997

Majer, Helge, Nachhaltige Entwicklung - vom globalen Konzept zur regionalen Werkstatt, in: WSI-Mitteilungen (4/1995), S. 220 –230

Majer, Helge, Ökologisches Wirtschaften - Wege zur Nachhaltigkeit in Fallbeispielen, Schriftenreihe des unw, Bd. 1, 2. Aufl., Ludwigsburg - Berlin 1995, 1996

Majer, Helge, Qualitatives Wachstum – Einführung in Konzeptionen der Lebensqualität, Frankfurt 1984

Majer, Helge, Qualitatives Wachstum, in: WISU, (3/1993), S. 218 –224

Majer, Helge, Repetitorium der Makroökonomik, 3., völlig überarbeitete und erweiterte Auflage, München-Wien 1988

Majer, Helge, Repetitorium Makroökonomik, 6. Aufl., München, 1995

Majer, Helge, technischer Fortschritt und Qualitätsveränderung: Die Identitätshypothese, in: *Tycho Seitz* (Hg.), Wirtschaftliche Dynamik und technischer Wandel. *Alfred E. Ott* zum 60. Geburtstag, Stuttgart-New York 1989, S. 1-17

Majer, Helge, Vornholz, Günter, Sustainable Development - zur Konzeption einer ökologisch tragfähigen Entwicklung, in: WISU (7/1994), S. 626-632

Majer, Helge, Wachstum, in: *G. Enderle, K. Hofmann* et al (Hg.), Lexikon der Wirtschaftsethik, Freiburg Basel- Wien 1993, S.1235-1244

Majer, Helge, Wagner, Adolf, Der internationale Konjunkturzusammenhang, Tübingen 1975

Majer, Helge, Wirtschaftswachstum und nachhaltige Entwicklung, 3. überarb. Aufl., München 1998

Makin, Tony, Global Finance and the Macroeconomy, New York, 2000

Maneval, Helmut, Die Phillipskurve, Tübingen 1973

Mankiw, Nicholas Gregory, Macroeconomics, 3. ed. - New York-Worth, 1997

Mankiw, Nicholas Gregory, Makroökonomik, 3. Aufl., Stuttgart 1998

Maslow, Abraham A., Motivation und Persönlichkeit, Olten-Freiburg i.B. 1977

Mayntz, Renate, Scharpf, Fritz W. (Hg.), Gesellschaftliche Selbstregelung und politische Steuerung, Frankfurt am Main 1995

Menkhoff, L., Geldpolitische Instrumente der Europäischen Zentralbank – Eine Analyse unter den Aspekten Effizienz, Wettbewerbsneutralität und Dezentralität, Stuttgart 1995

Mueller, Dennis C., Perspectives on Public Choice : A Handbook, Cambridge 1997

Müller-Wenk, Ruedi, Die ökologische Buchhaltung : ein Informations- und Steuerungsinstrument für umweltkonforme Unternehmenspolitik, Frankfurt am Main 1978

Nordhaus, William D.; *Tobin, James*; Is Growth Obsolete?, in: Economic Research: Retrospect and Prospect, Economic Growth, Fiftieth Anniversary Colloquium V, NBER, New York 1972, S. 1 ff.

Okun, Arthur M., Potential GNP: Its Measurement and Significance, in: Proceedings of the Business and Economic Statistics Section (1962), S. 98-104

Ott, Alfred E., Grundzüge der Preistheorie, 3. Aufl., Göttingen 1979

Parkin, Michael, Bade, Robin, Modern Macroeconomics, Oxford 1982

Parsons, Talcot, The Structure of Social Action, New York 1968

Pearce, David W., Turner, Kerry R., Economics of Natural Resources and the Environment, New York-London 1990

Pfenning, Uwe, Soziale Netzwerke in der Forschungspraxis: Zur theoretischen Perspektive, Vergleichbarkeit und Standardisierung von Erhebungsverfahren sozialer Netzwerke, Darmstadt 1995

Pohl, Rüdiger, Theorie der Inflation, Grundzüge der monetären Makroökonomik, München 1981

Pommerehne, Werner W., Frey, Bruno S., (Hg.), Ökonomische Theorie der Politik, Berlin-Heidelberg etc. 1979

Prigogine, Ilya; *Stengers, Isabelle*, Dialog mit der Natur : neue Wege naturwissenschaftlichen Denkens, 7. Aufl., München-Zürich 1993

Rabin, Matthew, Psychology and Economics, in: Journal of Economic Literature, Vol. XXXVI (March 1998), S. 11-46

Rao, Bhaskara B. (Hg.), Aggregate Demand and Supply. A Critique of Orthodox Macroeconomic Modelling, London 1998

Reich, Utz-Peter, Sonntag, Philipp, Holub, Hans-Werner, Arbeit-Konsum-

Rechnung. Axiomatische Kritik und Erweiterung der Volkswirtschaftlichen Gesamtrechnung, Köln 1977

Rennings, Klaus, Indikatoren für eine dauerhaft-umweltgerechte Entwicklung, in: Rat von Sachverständigen für Umweltfragen (Hg.): Materialien zur Umweltforschung, H. 24, Stuttgart 1994

Rettig, Rolf, Böckmann, Ludwig, Voggenreiter, Dieter, Makroökonomische Theorie, 7. neubearb. Aufl., Düsseldorf 1998

Richter, Rudolf, Bindseil, Ulrich, Neue Institutionenökonomik, in: WiSt Heft (3/1995), S. 132-140

Richter, Rudolf, Furubotn, Eirik, Neue Institutionenökonomik. Eine Einführung und kritische Würdigung, Tübingen 1999

Richter, Rudolf, Schlieper, Ulrich, Friedmann, Willy, Makroökonomik. Eine Einführung, 4. neubearb. u. erw. Aufl., Berlin-Heidelberg etc. 1981

Romer, David, Advanced Macroeconomics, New York etc. 1996

Rose, Klaus; Sauernheimer, Karlhans Theorie der Außenwirtschaft, 13., überarb. Aufl., München 1999

Rürup, Bert, Körner, Heiko, Finanzwissenschaft. Grundlagen der öffentlichen Finanzwirtschaft, 2. Aufl., Düsseldorf 1985

Sachverständigenrat zur Begutachtung der gesamtwirtschaftlichen Entwicklung (Hg.), Jahresgutachten 1999/2000 Bundesdrucksache 14/2223, Bonn 1999

Samuelson, Paul A.; Nordhaus, William D., Macroeconomics, 16. ed., Boston 1998

Scheidt, Beate, Die Einbindung junger Technologieunternehmen in Unternehmens- und Politiknetzwerke, Berlin 1995

Scherhorn, Gerhard, Autonomie und Empathie. Die Bedeutung der Freiheit für das verantwortliche Handeln: Zur Entwicklung eines neuen Menschenbildes, in: *Bernd Biervert, Martin Held* (Hg.), Das Menschenbild..., a.a.O., S. 153-172

Schirm, Stefan A., Globale Märkte, nationale Politik und regionale Kooperation, Baden-Baden 1999

Schirm, Stefan A., Krisen, Interessen und Instrumente – Zur Konzeption der Wirkungen globaler Märkte auf Staaten, in: Zeitschrift für Politikwissenschaft (2/1999), S. 479-498

Schlösser, Hans Jürgen, Das Menschenbild in der Ökonomie. Die Problematik von Menschenbildern in den Sozialwissenschaften – Dargestellt am Beispiel des homo oeconomicus in der Konsumtheorie, Köln 1992

Schmid, Hans, von Dosky, Doris, Oekonomik des Arbeitsmarktes, Bd. 1, Arbeitsmarkttheorien: Stärken und Schwächen, Bern-Stuttgart 1990

Schmid, Hans, von Dosky, Doris, Oekonomik des Arbeitsmarktes, Bd. 2, Problembereiche und Lösungsansätze, Bern-Stuttgart 1991

Schmölders, Günter, Verhaltensforschung im Wirtschaftsleben, Reinbek bei Hamburg 1984

Schnabl, Hermann, Struktur-Evolution, Innovation, Technologieverflechtung und sektoraler Strukturwandel, München 2000

Schneider, Friedrich, Polit-ökomische Modelle. Ein theoretischer und empirischer Ansatz, Königstein/T 1978

Schumpeter, Joseph Alois, Beiträge zur Sozialökonomik, hrsg. von *Stephan Böhm*, Wien-Köln-Graz 1987

Simonis, Ernst Udo (Hg.), Ökonomie und Ökologie. Auswege aus einem Konflikt, 3., überarb. Aufl., Karlsruhe 1985

Stahmer, Carsten, Kuhn, Michael, Braun, Norbert, Physische Input-Output-Tabellen 1990, Beiträge zu den Umweltökonomischen Gesamtrechnungen des Statistischen Bundesamtes, Bd. 1, Wiesbaden 1997

Statistisches Bundesamt (Hg.), Fachserie 18 – Volkswirtschaftliche Gesamtrechnungen, Reihe 1.3-Konten und Standardtabellen, 1998 Hauptberichte, Wiesbaden 1999

Statistisches Bundesamt (Hg.), Wirtschaft und Statistik, (4/1999), Wiesbaden 1999

Statistisches Bundesamt (Hg.), Wirtschaft und Statistik, (9/1999), Wiesbaden 1999

Stein, Jerome L., Monetarist, Keynesian and New Classical Economics, Oxford 1982

Stobbe, Alfred, Volkswirtschaftliches Rechnungswesen, 8., neu bearb. u. erw. Aufl., Berlin-Heidelberg-New-York 1994

Stobbe, Alfred, Wirtschaftskreislauf und Sozialprodukt, in: *Werner Ehrlicher*, u.a. (Hg.), Kompendium der Volkswirtschaftslehre, Bd. 1, 3. Aufl., Göttingen 1975

Ströbele, Wolfgang, Rohstoffökonomik. Theorie natürlicher Ressourcen mit Anwendungsbeispielen Öl, Kupfer, Uran und Fischerei, München

1987

Strumpel, Burkhard, Economic Behavior and Economic Welfare: Models and Interdisciplinary Approaches, in *Burkhard Strumpel* et al. (Hg.), Human Behavior..., a.a.O., S. 83-107

Strumpel, Burkhard, Morgan, James N., Zahn, Ernest (Hg.), Human Behavior in Economic Affairs. Essays in Honor of *George Katona,* Amsterdam-London-New-York 1972

Taylor, Mark P., The Economics of Exchange Rates, in: Journal of Economic Literature, Vol. XXXIII (March 1995), S. 13-47

Timmermann, Manfred, Zur Integration Sozio-ökonomischer Gesamtrechnungen, in: Kyklos, Vol. 32 (1/2/1972), S. 430-448

Tobin, James, Wealth, Liquidity, and the Propensity to Consume, in: Strumpel et al. (Hg.), Human Behavior..., a.a.O., S. 37-56

Van den Bergh, Jeroen C.J.M., Ecological Economics and Sustainable Development – Theory Methods and Applications, Cheltenham 1996

Wagner, Adolf, Makroökonomik, 2., bearb. und erw.Aufl., Stuttgart 1998

Wenzel, H.-D., Gesamtwirtschaftliche Nachfragefunktion, staatliche Budgetbeschränkung und Stabilität, in Jahrbücher für Nationalökonomie und Statistik, Bd. 196 (1981), S. 541553

Wiswede, Günter, Einführung in die Wirtschaftspsychologie, 2., neubearb. u. erw. Aufl., München-Basel 1995

Wohltmann, Hans-Werner, Grundzüge der makroökonomischen Theorie – Totalanalyse geschlossener und offener Volkswirtschaften, München 1994

Woll, Arthur, Allgemeine Volkswirtschaftslehre, 10. Aufl., München 2000

Woll, Helmut, Menschenbilder in der Ökonomie, München-Wien 1994

Zimmermann, Horst, Henke, Klaus-Dirk, Finanzwissenschaft, 7. Aufl., München 1994

Zukunftskommission der *Friedrich-Ebert*-Stiftung (Hrsg), Wirtschaftliche Leistungsfähigkeit, sozialer Zusammenhalt, ökologische Nachhaltigkeit. Drei Ziele – ein Weg, Bonn 1998

Stichwortverzeichnis